Klaus Lichtblau

Die Eigenart der kultur- und sozialwissenschaftlichen Begriffsbildung

Klaus Lichtblau

Die Eigenart der kultur- und sozial- wissenschaftlichen Begriffsbildung

VS VERLAG

Bibliografische Information der Deutschen Nationalbibliothek
Die Deutsche Nationalbibliothek verzeichnet diese Publikation in der
Deutschen Nationalbibliografie; detaillierte bibliografische Daten sind im Internet über
<http://dnb.d-nb.de> abrufbar.

1. Auflage 2011

Alle Rechte vorbehalten
© VS Verlag für Sozialwissenschaften | Springer Fachmedien Wiesbaden GmbH 2011

Lektorat: Frank Engelhardt | Katrin Emmerich

VS Verlag für Sozialwissenschaften ist eine Marke von Springer Fachmedien.
Springer Fachmedien ist Teil der Fachverlagsgruppe Springer Science+Business Media.
www.vs-verlag.de

Umschlaggestaltung: KünkelLopka Medienentwicklung, Heidelberg
Gedruckt auf säurefreiem und chlorfrei gebleichtem Papier
Printed in Germany

ISBN 978-3-531-16188-4

Inhalt

Vorwort

In diesem Band kommen Aufsätze, Rezensionen und fachpolitische Stellungnahmen zum Abdruck, die im Laufe des letzten Vierteljahrhunderts an sehr verschiedenen und zum Teil entlegenen Orten erschienen sind. Da diese Texte um ein und dasselbe Problem kreisen, das nichts von seiner Brisanz verloren hat, scheint es mir gerechtfertigt zu sein, sie erstmals zusammen zu veröffentlichen. Gemeint ist das Spannungsverhältnis zwischen ‚Kultur' und ‚Gesellschaft' sowie das Verhältnis der Soziologie zu einer kulturwissenschaftlichen Tradition, wie sie sich seit Ende des 19. Jahrhunderts nicht nur im Bereich der Philosophie, Geschichtswissenschaft und der Nationalökonomie, sondern auch im Bereich der Kunst- und Literaturwissenschaft sowie der Ethnologie und Kulturanthropologie herausgebildet hat. Denn bis heute ist weder zufriedenstellend geklärt, welcher logische Status einem interdisziplinären kulturwissenschaftlichen Ansatz zukommt, der auch gegenüber der Soziologie einen Universalitätsanspruch geltend zu machen versucht, noch ist die Frage beantwortet, wie sich die zeitgenössische Soziologie gegenüber einem solchen gut gemeinten ‚kulturwissenschaftlichen' Umarmungsversuch eigentlich verhalten soll.

Die vorliegenden Studien sind Ausdruck meiner langjährigen Bemühungen, dieses Spannungsverhältnis zwischen den Kulturwissenschaften und der Soziologie als produktive Herausforderung zu begreifen und entsprechend verantwortlich damit umzugehen. Da in den letzten Jahrzehnten im Rahmen des sogenannten ‚Cultural Turn' immer wieder auf ältere Traditionen der Soziologie Bezug genommen worden ist, um deren kulturwissenschaftliche ‚Anschlußfähigkeit' zu demonstrieren, lag es für mich nahe, die Legitimität einer solchen Bezugnahme auf die soziologischen Klassiker für eine ‚kulturwissenschaftliche' Erneuerung der zeitgenössischen Soziologie in Form von entsprechenden disziplingeschichtlichen Untersuchungen zu überprüfen. Überwog dabei ursprünglich noch die Hoffnung, daß dieser ‚Cultural Turn' auch nachhaltige Konsequenzen für die weitere Entwicklung meines eigenen Faches haben könnte, ist bei mir im Laufe der Zeit eine gewisse Ernüchterung hinsichtlich der Möglichkeit einer ‚kulturwissenschaftlichen Soziologie' eingetreten.

Anders gesprochen: Es gibt viele Gründe, die dafür sprechen, daß der um 1900 beginnende Prozeß der Ausdifferenzierung verschiedener wissenschaftlicher Disziplinen auch innerhalb der Kultur- und Sozialwissenschaften nicht mehr zugunsten einer universalistische Ansprüche stellenden ‚Kulturwissenschaft' rückgängig gemacht werden kann. Dafür spricht zum Beispiel der Umstand, daß Max Weber, dem wir einen der profiliertesten Versuche verdanken, die modernen Sozialwissenschaften als integralen Bestandteil der historischen Kulturwissenschaften zur Geltung zu bringen, dieses Programm allmählich zugunsten der Ausarbeitung seiner Verstehenden Soziologie aufgegeben hat. Denn letztere verdankt sich ganz anderen methodologischen Kriterien als eine an Heinrich Rickerts Theorie der historischen Begriffsbildung orientierte ‚Wissenschaftslehre'.

Max Webers Werk stellt insofern den eigentlichen Scheideweg zwischen einer dem deutschen Historismus verpflichteten Kulturwissenschaft einerseits und einer nach begrifflichen Verallgemeinerungen strebenden Sozialwissenschaft andererseits dar, ohne letztere auf ein an den modernen Naturwissenschaften orientiertes nomologisches Erkenntnisideal auszurichten. Vielmehr gelang es gerade Weber in beeindruckender Weise, die sich um 1900 abzeichnende *hermeneutische Wende* innerhalb der Geistes- und Kulturwissenschaften für sein eigenes Programm einer verstehenden Soziologie fruchtbar zu machen, das später innerhalb der phänomenologischen Tradition der Soziologie sowie in der von Karl Mannheim gegründeten Richtung der modernen Wissenssoziologie weiterentwickelt worden ist.

Aus diesem Grund sind zahlreiche Aufsätze, die in diesem Band zum Abdruck kommen, einer Klärung des wissenschaftsgeschichtlichen Status sowie der disziplinären Eigenart von Max Webers Werk gewidmet. Neben einer Reihe von überblicksartigen Aufsätzen zum historischen Verhältnis der Kulturwissenschaften zur modernen Soziologie kommen ferner Studien zum Werk von Ferdinand Tönnies, Georg Simmel, Ernst Troeltsch, Max Scheler und Karl Mannheim zum Abdruck. Ob entsprechende wissenschaftsgeschichtliche Untersuchungen allerdings überhaupt noch in der Lage sind, etwas über die gegenwärtigen Aussichten einer Annäherung zwischen den modernen Kulturwissenschaften und der Soziologie auszusagen, bleibt abzuwarten. Denn der mögliche Erfolg einer solchen fachgeschichtlichen Rückbesinnung hängt nicht zuletzt von der diesbezüglichen Rezeptionsbereitschaft ihrer potentiellen Adressaten ab.

Es ist mir ein besonderes Anliegen, mich an dieser Stelle bei drei Personen zu bedanken, ohne deren praktische und moralische Unterstützung diese Aufsatzsammlung nicht zustande gekommen wäre. Mein Frankfurter Mitarbeiter Jens Koolwaay hat mir nicht nur bei der Erstellung von digitalen Fassungen der älteren Texte wertvolle Hilfe geleistet, sondern mich auch bei der lokalen Organisation des Jubiläumskongresses der Deutschen Gesellschaft für Soziologie in einer Weise entlastet, die es mir möglich gemacht hat, die vorliegenden Aufsätze redaktionell zum Teil stark zu überarbeiten, um neuere Einsichten zu ergänzen und inhaltlich aufeinander abzustimmen. Frank Engelhardt hat mit einer Himmelsgeduld auf die Fertigstellung dieses Bandes gewartet und mich bis zuletzt vorbehaltlos bei seiner Realisierung unterstützt. Und mein Kasseler Kollege Johannes Weiß hat mich viele Jahre lang auf meinem wissenschaftlichen Weg begleitet und mir immer den Eindruck vermittelt, daß ich auf dem richtigen Weg bin, auch wenn ich mich gelegentlich verrannt haben sollte. Ihm ist diese Aufsatzsammlung zu seinem 70. Geburtstag gewidmet.

Aschaffenburg, im Februar 2011   *Klaus Lichtblau*

I

**‚Kultur‘ und ‚Gesellschaft‘ –
Probleme einer Unterscheidung**

1. Von der ‚Gesellschaft' zur ‚Vergesellschaftung'. Zur deutschen Tradition des Gesellschaftsbegriffs

Einleitung

In einer viel beachteten akademischen Rede aus dem Jahre 1888 hatte der Tübinger Jurist, Bevölkerungswissenschaftler und Statistiker Gustav Rümelin drei unterschiedliche Gebrauchsweisen des Gesellschaftsbegriffs einander gegenübergestellt. Diese verdeutlichen zugleich die Schwierigkeiten, die an den deutschen Universitäten noch gegen Ende des 19. Jahrhunderts mit dem Versuch verbunden waren, den Begriff der Gesellschaft zur Grundlage einer neuen Disziplin im überlieferten Konzert der Staatswissenschaften zu machen. ‚Gesellschaft' war für Rümelin zum einen der Inbegriff aller sozialen Beziehungen, die von den einzelnen Individuen ohne Verfolgung eines besonderen Zweckes ausschließlich zur Befriedigung ihres Geselligkeitsbedürfnisses eingegangen werden. Dieser unter Absehung aller verwandtschaftlichen und geschäftlichen Beziehungen stattfindende gesellige Umgang unter den Menschen kommt dabei in den verschiedensten Formen des Zusammenlebens zum Ausdruck. Er umfaßt sowohl intime Beziehungen wie die Freundschaft als auch die flüchtige Tisch-, Reise- und Badegesellschaft.[1] Der zweite Bedeutungsgehalt des Begriffs ‚Gesellschaft', auf den Rümelin hinwies, bezieht sich dagegen auf einen juristischen Sachverhalt. Dieser hat vermittels der Rezeption des römischen Rechts Eingang in die deutsche Sprache gefunden. Das ihm zugrunde liegende lateinische Wort *societas* wurde in diesem Zusammenhang zur Kennzeichnung eines Teilhabergeschäfts beziehungsweise einer Erwerbsgemeinschaft verwendet. In diesem übertragenen juristischen Sinne bezeichnet der Terminus ‚Gesellschaft' eine vertragliche Vereinigung zweier oder mehrerer Personen zur wechselseitigen Wahrnehmung ihrer gemeinsamen rechtlichen und ökonomischen Interessen.[2]

Rümelin machte aber auch noch auf einen weiteren Gebrauch des Gesellschaftsbegriffs aufmerksam, der als spezifisch ‚modern' angesehen werden kann. Er hatte dabei die Verwendung des Begriffs Gesellschaft „in der Einzahl und mit dem bestimmten Artikel" im Auge, die

---

1   Gustav Rümelin, Ueber den Begriff der Gesellschaft und einer Gesellschaftslehre, in: Deutsche Rundschau 61 (1889), S. 38.

2   Ebd., S. 39. Auf diesen privat- und obligationenrechtlichen Bedeutungsgehalt des neuzeitlichen Gesellschaftsbegriffs verweist auch Manfred Riedel, Art. „Gesellschaft, Gemeinschaft", in: Otto Brunner / Werner Conze / Reinhart Koselleck (Hrsg.), Geschichtliche Grundbegriffe. Historisches Lexikon zur politisch-sozialen Sprache in Deutschland, Band 2, Stuttgart 1975, S. 811: „Neben dem moralphilosophischen Sinn des Begriffs steht, relativ unverbunden (was sich u.a. darin ausdrückt, daß die Lexika des 17. und 18. Jahrhunderts dem Wort ‚Gesellschaft' stets zwei Artikel widmen), eine spezifisch rechtliche Bedeutung, ‚societas' als Terminus der Jurisprudenz. ‚Gesellschaft' heißt hier in der Regel die durch Vertrag (consensus, pactum) begründete Vereinigung zweier oder mehrerer Personen zur wechselseitigen Förderung ihrer – wirtschaftlichen oder sonstigen – Zwecke, unterschieden von ‚collegium' (= Vereinigung, die nicht, wie *societas*, auf eine bestimmte Zeit, sondern für immer konstituiert wird) und ‚communio' (= vertraglose Sachgemeinschaft)."

dazu tendiere, ihn zu einem unbestimmten Kollektivbegriff aufzublähen, der keine natürlichen Grenzen mehr kenne: „Der Begriff dehnt sich damit auf einmal ins Unbegrenzte aus und ergreift alle Berufsarten und Lebensstellungen; er überschreitet die Grenzpfähle, welche Völker und Staaten von einander trennen, Hochgebirge und Meere, die Schranken der Sprachen, der Bekenntnisse, der Bildungsstufen. Man weiß nicht, wo Halt machen, und ist in Gefahr, sich ins Unbestimmte und Nebelhafte zu verlieren. Denn zur Gesellschaft in diesem Sinne scheinen schließlich alle Leute zu gehören und nach allen ihren Lebensbeziehungen, und so droht der Begriff sich in den der Menschheit zu verflüchtigen und dann in diesem unterzugehen."[3]

Rümelin war also offensichtlich der Meinung, daß mit der dritten der von ihm unterschiedenen Gebrauchsweisen des Gesellschaftsbegriffs die Vorstellung verbunden sei, daß es letztlich nur eine einzige weltumspannende Gesellschaft gebe, die diesen Namen wirklich verdiene, auch wenn er das Wort ,Weltgesellschaft' selbst noch nicht gebrauchte, um diesen Tatbestand zu umschreiben. Wohl aber sah er sehr genau die ,weltgesellschaftliche Disponiertheit' dieser dritten Variante des Gesellschaftsbegriffs, die er nicht mit dem disziplinären Selbstverständnis für vereinbar hielt, das gegen Ende des 19. Jahrhunderts die einzelnen staatswissenschaftlichen Disziplinen an den deutschsprachigen Universitäten geprägt hatte.[4] Rümelin empfahl deshalb zum einen eine kulturwissenschaftliche Einschränkung des Gesellschaftsbegriffs. Denn von der Existenz einer einheitlichen Gesellschaft könne immer nur in Bezug auf jene Völker gesprochen werden, die eine gleichartige Welt- und Lebensauffassung teilen. Zum anderen vertrat er die Ansicht, daß der Begriff der Gesellschaft nicht so weit gefaßt werden dürfe, daß er auch noch die Sphäre des Staates in seinen Geltungsbereich mit einbezieht. Der Staat und die Gesellschaft seien vielmehr als zwei selbständige Gebilde zu betrachten. Zusammen mit dem Recht sollten sie deshalb als jene Sphären verstanden werden, auf die eine interne Differenzierung der Staatswissenschaften in drei getrennte und doch eng miteinander zusammenhängende Teildisziplinen Rücksicht zu nehmen habe.[5]

Rümelins Ausführungen sind deshalb auch heute noch von Interesse, weil sie auf das Spannungsverhältnis zwischen einer engen und einer weiten Fassung des Gesellschaftsbegriffs verweisen, das auch noch unseren gegenwärtigen Sprachgebrauch prägt. Die Vorstellung, daß wir es mit einer Vielzahl von nationalstaatlich verfaßten Gesellschaften zu tun haben, bis hin zur Ansicht, daß der Gesellschaftsbegriff letztlich nur ein einziges Mal vergeben werden kann – gleichgültig, ob wir dieses soziologische Konstrukt dann ,Weltgesellschaft' nennen oder aber schlichtweg als ,die Gesellschaft' im Singular bezeichnen –, bildet die Bandbreite der in diesem Zusammenhang vertretenen Positionen. Zwar ist es vielen nicht mehr bewußt, daß die Grundbegriffe der modernen Soziologie einstmals politische Kampfbegriffe innerhalb der Konfrontation der großen weltanschaulichen Lager waren, mit denen zugleich zentrale Richtungsentscheidungen bezüglich der zukünftigen Entwicklung der Sozialwissenschaften verbunden gewesen sind. Jedoch zeigen entsprechende begriffsgeschichtliche Untersuchungen, daß der im Laufe des 20. Jahrhunderts zum soziologischen Grundbegriff avancierte Gesellschaftsbegriff gerade in dieser Hinsicht lange Zeit äußerst umstritten war.

---

3   Rümelin, Ueber den Begriff der Gesellschaft und einer Gesellschaftslehre, a.a.O., S. 39.
4   Den Ausdruck ,weltgesellschaftliche Disponiertheit' ist dem Prospekt der Tagung „Die Gesellschaft und ihre Reichweite – Wie zwingend ist die ,Weltgesellschaft'?" entnommen, die am 28.-30. November 2002 in Bielefeld stattgefunden hat.
5   Siehe hierzu Rümelin, Ueber den Begriff der Gesellschaft und einer Gesellschaftslehre, a.a.O., S. 40 und 49.

Die Probleme, die mit dieser Durchsetzung eines emphatischen Verständnisses von Gesellschaft verbunden gewesen sind, ähneln offensichtlich nicht zufällig denen, die sich heute der allgemeinen Akzeptanz des Begriffs der *Weltgesellschaft* in den Weg stellen. Friedrich Tenbrucks Warnung vor einem ‚generalisierten Marxismus‘, durch den er die Zukunft der Soziologie bedroht sah, hatte hierbei nicht nur die Gefahr einer Vernachlässigung von kulturellen Faktoren zugunsten von sozialstrukturellen Erklärungsversuchen der gesellschaftlichen Entwicklung im Auge gehabt, sondern auch die intellektuelle Versuchung, die durch einen scheinbar unproblematischen Kollektivbegriff wie den der ‚Gesellschaft‘ beziehungsweise ‚Weltgesellschaft‘ ausgehen. Sein Hinweis darauf, daß unter den soziologischen Klassikern Georg Simmel und Max Weber den Gesellschaftsbegriff weitgehend zugunsten des Begriffs der *Vergesellschaftung* vermieden hatten und sein Plädoyer, den Begriff der ‚Gesellschaftsgeschichte‘ durch den der *Weltgeschichte* zu ersetzen, machen deutlich, daß er sich dabei auf intellektuelle Traditionen berief, die im deutschen Sprachraum bereits im 19. Jahrhundert zur Abwehr des ursprünglich von England und Frankreich ausgehenden modernen Gesellschaftsverständnisses entstanden sind.[6]

Dies verweist zugleich auf die Schwierigkeiten, die mit dem Versuch verbunden waren, dem Begriff der Gesellschaft eine ähnliche geschichtsphilosophische Bedeutung wie dem der *Geschichte* zukommen zu lassen, der sich Reinhart Koselleck zufolge bereits im 18. Jahrhundert erfolgreich als ‚Kollektivsingular‘ zu behaupten vermochte.[7] Das Spannungsverhältnis zwischen der Vielzahl der einzelnen Historien und der einen, umfassenden Weltgeschichte wiederholte sich so in dem Bestreben, die unterschiedlichen Rahmenbedingungen in den einzelnen europäischen Territorialstaaten zugunsten der Unterstellung einer übergreifenden gesellschaftlichen Entwicklungslogik zu relativieren. Der Begriff der Gesellschaft, wie er im Laufe des 19. Jahrhunderts im deutschen Sprachraum gebräuchlich wurde, stand somit für beides: Zum einen beinhaltete er eine Herausforderung gegenüber einer weltgeschichtlichen Betrachtungsweise, die zugleich die unterschiedlichen kulturellen Traditionen sowie die Haupt- und Staatsaktionen der einzelnen Territorialstaaten in die Untersuchung miteinbezog. Und zum anderen stand sein eigener universalistischer Bedeutungsgehalt im Widerspruch zur Vielzahl der sozialen Gruppen und Verbände, die augenscheinlich das moderne gesellschaftliche Leben prägen.

Die folgenden Ausführungen versuchen in diesem Zusammenhang zweierlei zu verdeutlichen. Zum einen belegen sie die anhaltenden Widerstände, auf die im Laufe des 19. Jahrhunderts die Rezeption des westeuropäischen Gesellschaftsverständnisses im deutschen Sprachraum stieß. Und zum anderen versuchen sie deutlich zu machen, welche weltgesellschaftlichen Implikationen mit der spezifisch deutschen Tradition des Gesellschaftsbegriffs verbunden waren. Die Tatsache, daß unter den soziologischen Klassikern Georg Simmel und Max Weber dazu neigten, den Begriff der ‚Vergesellschaftung‘ dem der ‚Gesellschaft‘ vor-

---

6   Vgl. Friedrich H. Tenbruck, Die Aufgaben der Kultursoziologie, in: Kölner Zeitschrift für Soziologie und Sozialpsychologie 31 (1979). S 399-421; ders., Emile Durkheim oder die Geburt der Gesellschaft aus dem Geist der Soziologie, in: Zeitschrift für Soziologie 10 (1981), S. 333-350; ders., Gesellschaftsgeschichte oder Weltgeschichte?, in: Kölner Zeitschrift für Soziologie und Sozialpsychologie 41 (1989), S. 417-439.

7   Siehe hierzu Reinhart Koselleck, Art. „Geschichte, Historie“, in: Otto Brunner / Werner Conze / Reinhart Koselleck (Hrsg.), Geschichtliche Grundbegriffe. Historisches Lexikon zur politisch-sozialen Sprache in Deutschland, Band 2, Stuttgart 1975, S. 647-717.

zuziehen, wird deshalb letztlich nur verständlich, wenn wir den fachgeschichtlichen Hintergrund berücksichtigen, vor dem sie ihr eigenes Verständnis von Soziologie entwickelt und durchzusetzen versucht haben.

Das aufklärerische Projekt einer ‚Weltbürgergesellschaft‘ im Kontext der Weltbegriffe um 1800

Umfassende historische Untersuchungen zur Geschichte des Begriffs der ‚Weltgesellschaft‘ liegen derzeit immer noch nicht vor. Dies spricht dafür, daß wir es hierbei offensichtlich mit einem neuartigen Sprachgebrauch zu tun haben, der noch keine nennenswerten begriffsgeschichtlichen Spuren hinterlassen hat.[8] Zwar häufen sich um 1800 jene Begriffe, die ein neues Bewußtsein von der Einheit der Welt artikulieren, das in begrifflichen Neuschöpfungen wie ‚Weltgeschichte‘, ‚Weltmarkt‘ und ‚Weltliteratur‘ zum Ausdruck kommt. Allein den Begriff der *Weltgesellschaft* sucht man mit einer gleich noch zu erwähnenden Einschränkung vergeblich in dieser sonst durchaus beeindruckenden Liste der neuzeitlichen Weltbegriffe.[9]

Einer der Gründe für diese Abwesenheit des Gesellschaftsbegriffs in der mit dem Terminus ‚Welt‘ gebildeten Komposita ist sicherlich darin zu sehen, daß im deutschen Sprachraum gemäß der aristotelischen Tradition der praktischen Philosophie bis Ende des 18. Jahrhunderts noch nicht zwischen der Sphäre des Staates und der der Gesellschaft unterschieden worden ist. Während in der schottischen Moralphilosophie zu dieser Zeit der Begriff der *bürgerlichen Gesellschaft* bereits zur Kennzeichnung jener ‚commercial society‘ verwendet wurde, die sich mit der beginnenden Industrialisierung allmählich als autonomes Wirtschaftssystem zu behaupten vermochte,[10] galt bei den deutschen Philosophen und Staatsrechtslehrern immer noch der Satz, daß die bürgerliche Gesellschaft mit dem Staat identisch sei. Denn gemäß der Lehre des Aristoteles war nur innerhalb der Polis, das heißt innerhalb des Stadtstaates ein freies bürgerliches Leben möglich, das streng von der herrschaftlichen Sphäre des Hauses als dem primären Ort der wirtschaftlichen Bedarfsdeckung unterschieden wurde.[11] „Der Staat, oder die bürgerliche Gesellschaft“ – civitas sive societas civilis sive res publica – war deshalb die Formel, die innerhalb dieser Tradition der praktischen Philosophie die Vorstel-

---

8   Dies gilt zumindest für den Zeitraum bis 1970. Zum entsprechenden zeitgenössischen Sprachgebrauch siehe die einschlägige Studie von Theresa Wobbe, Weltgesellschaft, Bielefeld 2000.

9   Vgl. Hermann Braun, Art. „Welt“, in: Otto Brunner / Werner Conze / Reinhart Koselleck (Hrsg.), Geschichtliche Grundbegriffe. Historisches Lexikon zur politisch-sozialen Sprache in Deutschland, Band 7, Stuttgart 1992, S. 488 ff.; Manfred Koch, Weimaraner Weltbewohner. Zur Genese von Goethes Begriff ‚Weltliteratur‘. Tübingen 2002, S. 43 ff.; Jürgen Kaube, Das veloziferische Zeitalter. Anläßlich einer Bielefelder Tagung über Weltbegriffe, in: Frankfurter Allgemeine Zeitung, 3. Dezember 2003, S. N 3.

10   Vgl. Hans Medick, Naturzustand und Naturgeschichte der bürgerlichen Gesellschaft. Die Ursprünge der bürgerlichen Sozialtheorie als Geschichtsphilosophie und Sozialwissenschaft bei Samuel Pufendorf, John Locke und Adam Smith, Göttingen 1973.

11   Dies ist auch der Grund, warum in der durch Aristoteles begründeten Tradition der praktischen Philosophie der Bereich der Politik strikt von dem der Ökonomie abgegrenzt worden ist. Eine ‚politische Ökonomie‘ mußte vor diesem Hintergrund deshalb lange Zeit notwendigerweise als eine contradictio in adjecto erscheinen. Vgl. Günter Bien, Art. „Haus“, in: Joachim Ritter / Karlfried Gründer (Hrsg.), Historisches Wörterbuch der Philosophie, Band 3, Basel / Stuttgart 1974, Spalte 1007-1017; Peter Koslowski, Haus und Geld. Zur aristotelischen Unterscheidung von Politik, Ökonomie und Chrematistik, in: Philosophisches Jahrbuch 86 (1979), S. 60-83; Klaus Lichtblau, Das Zeitalter der Entzweiung. Studien zur politischen Ideengeschichte des 19. und 20. Jahrhunderts, Berlin 1999, S. 157 ff.

lung einer nicht an die Existenz des Staates gebundenen Form des gesellschaftlichen Lebens erst gar nicht aufkommen ließ.[12] Bezeichnenderweise hatte auch noch Immanuel Kant den Begriff der ‚staatsbürgerlichen Gesellschaft' verwendet, um diese Identität von Staat und Gesellschaft hervorzuheben. Sein aufklärerisches Interesse an einer Form der Öffentlichkeit, die nicht mehr der Staatsgewalt unterworfen war, motivierte ihn jedoch dazu, zugleich die Vision einer ‚Weltbürgergesellschaft' zu entwickeln, die dem einzelnen Bürger ein freies Räsonieren ermöglichen sollte, ohne auf politische Beschränkungen Rücksicht nehmen zu müssen.[13]

Die Idee einer weltbürgerlichen Gesellschaft und eines ihr entsprechenden ‚Weltbürgerrechts' war dabei an geschichtsphilosophische Voraussetzungen gebunden, die Kant 1884 in seinem Programm einer „allgemeinen Geschichte in weltbürgerlicher Absicht" dargelegt hatte. Er ging von einem verborgenen Plan der Natur aus, der die Menschen dazu zwinge, alle Probleme, die sich im Rahmen ihres gesellschaftlichen Zusamenlebens stellen, letztlich in vernünftiger Weise zu regeln. Die Natur bediene sich dabei eines Kunstgriffes, indem sie von einem anthropologischen Tatbestand Gebrauch mache, den Kant als „ungesellige Geselligkeit des Menschen" umschrieb. Denn der Mensch habe sowohl die Neigung, sich zu vergesellschaften, als auch die Neigung, sich abzusondern, um seine eigenen Interessen ohne Rücksichtnahme auf andere zu verfolgen. Aufgrund dieses „Antagonismus" bedürfe es eines äußeren Zwanges, damit der Mensch den Naturzustand verläßt. Die „Zusammenstimmung zu einer Gesellschaft" müsse ihm also zunächst „pathologisch abgedrungen" werden, bevor sich diese in ein „moralisches Ganzes" zu verwandeln vermag.[14] Letzteres sei dann der Fall, wenn es eine gerechte staatsbürgerliche Verfassung gebe, die es dem einzelnen Bürger ermögliche, unter Einhaltung der bestehenden Rechtsnormen ein größtes Maß an persönlicher Freiheit zu entfalten. Die Errichtung einer solchen idealen Verfassung sei aber von einer entsprechenden rechtlichen Regulierung der zwischenstaatlichen Beziehungen abhängig. Denn solange die einzelnen Staaten ihre außenpolitischen Interessen noch mit Gewalt verfolgen und in den internationalen Beziehungen nicht das Völkerrecht, sondern der Naturzustand herrscht, ist Kant zufolge auch keine vollkommene moralische Ordnung innerhalb eines Staates möglich. Erst wenn im Gefolge der Globalisierung des ökonomischen Verkehrs der „Handelsgeist" die einzelnen Völker erfasse, sei die Gewähr dafür gegeben, daß die Verfolgung des jeweiligen Eigennutzens auch auf friedlichem Weg geschehen kann.[15]

Kant stellte deshalb drei Formen des öffentlichen Rechts einander gegenüber, die untrennbar miteinander verbunden sind: das Staatsbürgerrecht (*ius civitatis*), das Völkerrecht (*ius gentium*) und das Weltbürgerrecht (*ius cosmopoliticum*). Ersteres regelt die rechtlichen Beziehungen der Bürger innerhalb eines Staates, das Völkerrecht dagegen die außenpolitischen Be-

---

12   Vgl. Manfred Riedel, Studien zu Hegels Rechtsphilosophie. Frankfurt am Main 1969, S. 140 ff.; Ders., Art. „Gesellschaft, bürgerliche", in: Otto Brunner / Werner Conze / Reinhart Koselleck (Hrsg.), Geschichtliche Grundbegriffe. Historisches Lexikon zur politisch-sozialen Sprache in Deutschland, Band 2, Stuttgart: 1975, S. 738 ff.

13   Vgl. Immanuel Kant, Beantwortung der Frage: Was ist Aufklärung? (1784), in: Werke, Band IV, Darmstadt 1983, S. 55 ff.; Ders., Die Metaphysik der Sitten (1797), in: Werke, Band IV, Darmstadt 1983, S. 431 ff.

14   Ders., Idee zu einer allgemeinen Geschichte in weltbürgerlicher Absicht (1784), in: Werke, Band VI, Darmstadt 1983, S. 37 f.

15   Ders., Zum ewigen Frieden (1795), in: Werke, Band VI, Darmstadt 1983, S. 226. Vgl. Allen Wood, Recht, Staat und Völkerrecht bei Immanuel Kant, in: Dieter Hüning / Burkhard Tuschling (Hrsg.), Recht, Staat und Völkerrecht bei Immanuel Kant, Berlin 1998, S. 35-52.

ziehungen zwischen den einzelnen Staaten. Selbst im Falle der Bildung eines ‚Völkerbundes‘ bleibt dabei die Souveränität der einzelnen Staaten gewahrt. Der Begriff des Weltbürgerrechts beruht demgegenüber auf der fiktiven Annahme, daß alle Menschen als Bürger eines „allgemeinen Menschenstaats" anzusehen seien.[16] Ein solches Rechtsbewußtsein setzt unter anderem ein verschärftes Gefühl für Rechtsverletzungen jeglicher Art voraus, und zwar unabhängig davon, an welchem Ort der Erde sie begangen werden. Es ist insofern auf die Existenz eines weltweiten Verkehrs und einer entsprechenden Form von Öffentlichkeit angewiesen. Um zu gewährleisten, daß dieser globale Verkehr grundsätzlich auf friedlichem Wege verläuft, hatte Kant die Geltung des Weltbürgerrechts auf die „Bedingungen der allgemeinen Hospitalität" eingeschränkt sehen wollen. Er verstand darunter kein Gastrecht, sondern ein Besuchsrecht, das allen Menschen ermöglichen sollte, jedes Gebiet dieser Erde ohne Hindernisse zu bereisen.[17] Kant schränkte die Geltung des Weltbürgerrechts insofern auf die Sicherstellung von allgemeinen Rahmenbedingungen für den friedlichen Verkehr zwischen den einzelnen Völkern ein. Keinesfalls war damit jedoch die politische Forderung nach Errichtung eines ‚Völkerstaats‘ verbunden, da sich dieser ihm zufolge immer in eine despotische Zwangsanstalt zu verwandeln droht. Das von ihm postulierte Recht auf einen uneingeschränkten weltweiten Verkehr ist vielmehr in der Idee einer globalen Zivilgesellschaft begründet, die auf einer spezifisch bürgerlichen Form von Öffentlichkeit beruht.[18]

Der von Kant in diesem Zusammenhang geprägte Begriff der *Weltbürgergesellschaft* stellt dabei einen normativen Vorgriff auf einen universalistischen Vernunftgebrauch dar, der durch keine staatlichen Grenzen mehr beschränkt wird. Als eigentlicher Adressat dieses aufklärerischen Projektes muß deshalb ein kosmopolitisch geprägtes Publikum von Lesern angesehen werden, die weltweit miteinander in Verbindung stehen und sich in Form eines ungehinderten Austauschs von Informationen und Meinungen ein eigenes Urteil zu bilden vermögen.[19] Die hierbei vorweggenommene kommunikative Einheit der Welt im Medium einer übergreifenden Sphäre bürgerlicher Öffentlichkeit ist jedoch an die Möglichkeit einer Neutralisierung partikularer politischer Zugehörigkeiten gebunden, die offensichtlich eine breitere Rezeption dieser neuen Begriffsprägung verhindert hatte.[20] Zwar mehren sich zu Beginn des 19. Jahr-

---

16   Kant, Zum ewigen Frieden, a.a.O., S. 203.

17   Kant hatte dieses uneingeschränkte Reise- und Verkehrsrecht ursprünglich damit begründet, daß die Erdoberfläche als gemeinsamer Besitz der Menschheit anzusehen sei. Vgl. Kant, Zum ewigen Frieden, a.a.O., S. 213 f. In der *Metaphysik der Sitten* hatte Kant seinen Standpunkt später jedoch dahingehend präzisiert, daß er nun zwischen der „Gemeinschaft des Bodens" und der „rechtlichen Gemeinschaft des Besitzes" (*communio*) unterschied. Nun vertrat er den Standpunkt, daß sich aus der ursprünglichen Gemeinschaft des Bodens ausschließlich das Recht auf den „Verkehr" (*commercium*) ableiten lasse, nicht aber ein Recht auf das Eigentum beziehungsweise den Gebrauch desselben. Vgl. Kant, Die Metaphysik der Sitten, a.a.O., S. 476. Zur Vieldeutigkeit des Wortes ‚Gemeinschaft‘, das zu seiner Zeit sowohl im Sinne von *communio* als auch von *commercium* gebräuchlich war, siehe auch die entsprechenden Ausführungen in Immanuel Kant, Kritik der reinen Vernunft (1781-1787), Werke, Band II, Darmstadt 1983, S. 244 ff.

18   Vgl. Jürgen Habermas, Strukturwandel der Öffentlichkeit. Untersuchungen zu einer Kategorie der bürgerlichen Gesellschaft. 6. Aufl. Neuwied / Berlin 1974, S. 127 ff.; Ders., Kants Idee des Ewigen Friedens – aus dem historischen Abstand von 200 Jahren, in: Kritische Justiz 28 (1995), S. 294-301.

19   Vgl. Kant, Beantwortung der Frage: Was ist Aufklärung?, a.a.O., S. 55 ff.

20   Dieser Sachverhalt hatte Emanuel Richter dazu veranlaßt, die weitere Entwicklung des Diskurses über die Weltgesellschaft in Gestalt des Zerfallsprozesses einer ursprünglichen, apriorisch als vernünftig unterstellten ‚Welteinheit‘ zu rekonstruieren. Ob eine solche Betrachtungsweise jedoch ihrerseits ‚vernünftig‘ ist, steht dagegen auf einem anderen Blatt, zumal sie doch sehr an die fatale Geschichtskonstruktion von Georg Lukács‘

hunderts im deutschen Sprachraum die Stimmen, die unter dem Einfluß englischer und französischer Sozialtheorien von einem durch die geschichtliche Entwicklung bedingten „Auseinandertreten von Staat und Gesellschaft" ausgehen.[21] Die in diesem spezifisch modernen Begriff
der Gesellschaft implizierten universalistischen Bedeutungsgehalte werden jedoch meist dadurch verdeckt, daß das ihm zugrunde liegende Gesellschaftsverständnis noch zu sehr durch
den Gegensatz von Staat und Gesellschaft geprägt ist, der von vornherein den Blick auf andere Denkmöglichkeiten verstellt hatte. Die traditionelle Formel „Staat, oder Gesellschaft",
die ursprünglich eine unmittelbare Identität beider Sphären zum Ausdruck bringen sollte, verkehrt sich in der Folgezeit statt dessen zu einer weltanschaulichen Polarisierung, deren Extreme sich dadurch unterscheiden, daß die eine Seite die Gesellschaft in der übergreifenden
Einheit des Staates, die andere Seite dagegen den Staat in der übergreifenden Einheit der Gesellschaft aufgehen läßt. Eine vermittelnde Position zwischen beiden Lagern nehmen dagegen
jene Denker ein, die zwar eine selbständige Existenz der Gesellschaft nicht bestreiten, diese
aber durch dermaßen starke soziale Antagonismen geprägt sehen, daß ihrer Ansicht nach nur
noch ein weltanschaulich neutraler Staat in der Lage ist, den drohenden Zusammenbruch der
modernen Gesellschaft zu verhindern. Auch in diesem Fall wird jedoch der prinzipiell universalistische Gehalt des neuzeitlichen Gesellschaftsbegriffs zugunsten eines territorialen Verständnisses von Gesellschaft eingeschränkt.

Die Rezeption des neuzeitlichen Begriffs der ‚bürgerlichen Gesellschaft'

Ein gutes Beispiel für die Rezeption des neuzeitlichen Gesellschaftsbegriffs innerhalb des traditionellen Systems der Staatswissenschaften stellt Hegels *Rechtsphilosophie* von 1821 dar.
Zwar übernahm Hegel den Begriff der bürgerlichen Gesellschaft von englischen und französischen Nationalökonomen seiner Zeit, um mit ihm die Eigenart der modernen industriellen
Arbeitsgesellschaft kenntlich zu machen. Dieses „System der Bedürfnisse" ist deshalb nicht
mehr unmittelbar politisch verfaßt, sondern bildet eine „Stufe der Differenz" zwischen Familie und Staat, die Hegel als Sphäre der Besonderheit bezeichnete, weil in ihr jedes Individuum seine eigenen Interessen verfolgt.[22] Andererseits war für ihn die selbständige Existenz
der bürgerlichen Gesellschaft ein reiner „Schein". Denn zur bürgerlichen Gesellschaft zählte
Hegel nicht nur das System der Bedürfnisse, sondern auch die Rechtspflege sowie die Polizei und die Korporation. Unter ‚Polizei' verstand Hegel die Sicherung der Daseinsvorsorge
durch die Staatsverwaltung, unter ‚Korporation' dagegen eine berufsständische Organisation
der gewerblichen Arbeit, welche die Vereinzelung der Bürger tendenziell wieder aufhebt.[23] In
Hegels Verständnis der bürgerlichen Gesellschaft sind also selbst schon Momente enthalten,

---

Buch *Die Zerstörung der Vernunft* erinnert. Vgl. Emanuel Richter, Der Zerfall der Welteinheit. Vernunft und
Globalisierung in der Moderne, Frankfurt am Main / New York 1992.

21   Vgl. Erich Angermann, Das „Auseinandertreten von Staat und Gesellschaft" im Denken des 18. Jahrhunderts,
in: Zeitschrift für Politik 10 (1963), S. 89-101.

22   Vgl. Georg Wilhelm Friedrich Hegel, Grundlinien der Philosophie des Rechts oder Naturrecht und Staatswissenschaft im Grundrisse (1821), Theorie Werkausgabe, Band 7, Frankfurt am Main 1970, S. 338 ff.

23   Ebd., S. 382 ff.

die über die Sphäre der Besonderheit hinausweisen. Nicht zufällig bezeichnete er sie auch als den „äußerlichen Staat" beziehungsweise als „Not- und Verstandesstaat"[24].

Anders gesprochen: Diese ‚bürgerliche Gesellschaft‘ stellt selbst nur eine untergeordnete Sphäre in Hegels Darstellung der ‚Sittlichkeit‘ dar, die in der Souveränität des neuzeitlichen Anstaltstaates ihren krönenden Abschluß findet. Ihm zufolge ist es gerade die Existenz der Monarchie und des Erbadels, die es verhindert, daß die bürgerliche Gesellschaft an ihren eigenen Widersprüchen zugrunde geht.[25] Dies bedeutet jedoch nicht, daß deren Entwicklungsdynamik dauerhaft durch den Staat unterbunden werden könnte. Denn zum einen betonte Hegel selbst, daß die bürgerliche Gesellschaft durch die ungleiche Verteilung des ökonomischen Reichtums und die dadurch bedingte Erzeugung des „Pöbels" über sich hinausgetrieben werde, um im Handel mit anderen Völkern neue Konsumenten und die für sie erforderlichen Subsistenzmittel zu finden. In der Kolonisation sah er dabei eine von mehreren Möglichkeiten, wie die zukünftige Bedarfsdeckung einer entfalteten bürgerlichen Gesellschaft sichergestellt werden kann. Und zum anderen hob er hervor, daß der Selbstbehauptungswille eines einzelnen Staates an der Existenz anderer Staaten seine natürlichen Grenzen findet. Innerhalb der außenpolitischen Konfrontation zwischen den Staaten erweise sich deshalb die Weltgeschichte als das eigentliche „Weltgericht"[26].

Hegel gebrauchte in diesem Zusammenhang nicht zufällig verschiedene Weltbegriffe wie *Weltgeist* und *Weltgeschichte*, um die Expansion der bürgerlichen Gesellschaft über ihre territorialen Grenzen zu beschreiben, auch wenn sich diese zumindest bei ihm selbst noch nicht zu einem einheitlichen Begriff der ‚Weltgesellschaft‘ verdichtet haben.[27] Demgegenüber haben Marx und Engels die Entwicklung der bürgerlichen Gesellschaft von Anfang an in einen universalgeschichtlichen Zusammenhang gestellt. Unter ‚bürgerlicher Gesellschaft‘ verstanden sie dabei jenes auf Privateigentum beruhende System der materiellen Produktion und des gesellschaftlichen Verkehrs, das untrennbar mit der Geschichte des Handels und der Industrie verbunden ist. Ihrer Ansicht nach hat diese im 16.-18. Jahrhundert entstandene Gesellschaftsform überhaupt erst einen tieferen Einblick in die allgemeinen Bewegungsgesetze der gesellschaftlichen Entwicklung möglich gemacht. Denn als ökonomisch fortgeschrittenste Gesellschaftsformation stelle sie zugleich die geschichtliche Voraussetzung für ein adäquates Verständnis der ihr vorausgegangenen Entwicklungsstufen der materiellen Produktion und Reproduktion dar. Keinesfalls vertraten sie dabei jedoch die Auffassung, daß die ökonomischen

---

24   Ebd., S. 340. Manfred Riedel betont deshalb zu Recht, daß die von Hegel beschriebene bürgerliche Gesellschaft immer noch traditioneller sittlich-politischer Elemente bedarf, soll das „System der Bedürfnisse" nicht an seinen eigenen Widersprüchen zugrunde gehen. Vgl. Manfred Riedel, Bürgerliche Gesellschaft und Staat bei Hegel, Neuwied / Berlin 1970, S. 54 ff.

25   Hegel, Grundlinien der Philosophie des Rechts oder Naturrecht und Staatswissenschaft im Grundrisse, a.a.O., S. 441 ff. und 474 ff.

26   Ebd., S. 391 f. und 503 ff.

27   Zwar hatte Joachim Ritter in Bezug auf Hegels Darstellung der Entwicklungsdynamik der bürgerlichen Gesellschaft bereits von einer Vorwegnahme der sich am Horizont abzeichnenden „Weltgesellschaft" gesprochen. Er verstand darunter aber bezeichnenderweise nur „die sich über die Erde ausbreitende und potentiell universale Arbeitsgesellschaft". Vgl. Joachim Ritter, Hegel und die französische Revolution, Frankfurt am Main 1965, S. 57. Dagegen hatte Manfred Riedel die politische Inklusion der bürgerlichen Gesellschaft in die Weltgeschichte vermittels Hegels Staatsbegriff betont: „Die Unterordnung der bürgerlichen Gesellschaft unter den Staat steht zur Überordnung der Geschichte in einem komplementären Verhältnis." (Riedel, Bürgerliche Gesellschaft und Staat bei Hegel, a.a.O., S. 23).

Kategorien, die sie zur Beschreibung der ‚Anatomie‘ der bürgerlichen Gesellschaft verwendet haben, vorbehaltlos auf vormoderne Gesellschaften übertragen werden können. Die von ihnen im Rahmen ihrer materialistischen Geschichtsbetrachtung aufgestellte These vom Primat der Produktion gegenüber den sonstigen Lebensäußerungen der Menschen bezog sich vielmehr auf die Überlegung, daß nur unter den Bedingungen der modernen Industrie und der dadurch bewirkten ständigen Umgestaltung der technologischen Grundlagen der Produktion die menschliche Arbeit zur Schlüsselkategorie für ein adäquates Verständnisses des geschichtlichen Prozesses geworden sei.[28]

Marx und Engels kamen dabei zu dem Ergebnis, daß Rechtsverhältnisse und Staatsformen nicht aus sich selbst heraus begriffen werden könnten, sondern von der jeweils vorherrschenden Form des Privateigentums an den Produktionsmitteln abhängig seien. Die bürgerliche Gesellschaft bilde deshalb den „wahre[n] Herd und Schauplatz aller Geschichte" und gehe „insofern über den Staat und die Nation hinaus, obwohl sie andrerseits wieder nach Außen hin als Nationalität sich geltend machen, nach Innen als Staat sich gliedern muß"[29]. Ihre Apotheose der bürgerlichen Gesellschaft ging dabei so weit, daß sie die mit der modernen industriellen Produktionsweise untrennbar verbundene Klassenherrschaft der Bourgeoise als die eigentliche revolutionäre Umgestaltung der bisherigen Geschichte ansahen. Denn die Bourgeoisie habe alle feudalen und patriarchalischen Verhältnisse zerstört und die bisherigen Klassengegensätze auf den zentralen Antagonismus von Lohnarbeit und Kapital reduziert. Sie habe die große Industrie geschaffen und die Staatsgewalt ihren eigenen Zwecken unterworfen. Sie habe den Handel über die ganze Erde ausgebreitet und auch die nichteuropäischen Völker dazu gezwungen, bei Strafe ihres eigenen Untergangs sich ebenfalls die bürgerliche Produktionsweise zu eigen zu machen und sich dem durch die führenden europäischen Staaten erzwungenen System der internationalen Arbeitsteilung unterzuordnen.[30] Von einer ‚Weltgeschichte‘ könne jedoch erst dann gesprochen werden, wenn die Teilung der Arbeit so weit fortgeschritten sei, daß alle Nationen von der Entwicklung des *Weltmarktes* abhängig geworden seien. Sie ist also letztlich nur unter der Bedingung eines „Übergreifens der bürgerlichen Gesellschaft über den Staat" möglich.[31]

---

28 Vgl. Karl Marx, Grundrisse der Kritik der politischen Ökonomie (1857-58), Berlin 1953, S. 25 ff.; Ders., Zur Kritik der Politischen Ökonomie (1959), 8. Aufl. Berlin 1972, S. 14 ff.

29 Karl Marx / Friedrich Engels, Die deutsche Ideologie (1845-46), in: dies.,Werke, Band 3, Berlin 1973, S. 36. Dies ist auch der Grund, warum Marx ursprünglich neben den geplanten Büchern über das Kapital, das Grundeigentum und die Lohnarbeit noch drei weitere Bücher schreiben wollte, die auch den Staat, den auswärtigen Handel sowie den Weltmarkt umfassen sollten. Zu den Umständen, warum es dazu nicht mehr kam und warum sich Marx im Rahmen seiner Ökonomiekritik damit begnügte, sich auf das ‚Kapital‘ zu konzentrieren, siehe Roman Rodolsky, Zur Entstehungsgeschichte des Marxschen ‚Kapital‘. Der Rohentwurf des Kapital 1857-1858, 2. Aufl. Frankfurt am Main 1969, S. 24 ff.

30 Karl Marx / Friedrich Engels, Manifest der kommunistischen Partei (1848), in: Werke, Band 4, Berlin 1974, S. 464 ff.

31 Marx, Grundrisse der Kritik der politischen Ökonomie, a.a.O., S. 175. Diese These hatte Immanuel Wallerstein dazu veranlaßt, im Rahmen seiner Analysen der kapitalistischen Entwicklung nicht von den einzelnen europäischen Nationalstaaten, sondern von dem sich um 1500 allmählich etablierenden internationalen System der Arbeitsteilung und der damit verbundenen kapitalistischen Weltwirtschaft auszugehen: „Es waren also das Weltsystem und nicht die einzelnen ‚Gesellschaften‘, die sich ‚entwickelt‘ haben. Das heißt, nachdem sie einmal ins Leben gerufen worden war, wurde die kapitalistische Weltwirtschaft zunächst einmal konsolidiert, und dann nach und nach der Einfluß ihrer Grundstrukturen auf die gesellschaftlichen Prozesse innerhalb ihrer Grenzen vertieft und erweitert. Die ganzen Vorstellungen des Wachstumsprozesses von der Eichel zur Eiche, vom

Erst die Entstehung des Weltmarktes beziehungsweise eines „universellen Verkehrs" sorgt also dafür, daß die bisherige Geschichte sich vollständig in ein weltgeschichtliches Zusammenwirken der einzelnen Klassen und Nationen verwandelt, auch wenn Marx und Engels sagen, daß es sich unter den Bedingungen des Kapitalismus hierbei noch um eine „naturwüchsige Form" der Weltgeschichte handelt, die noch nicht unter der bewußten Kontrolle der Menschen steht.[32] Damit diese durch eine bewußte Form des allseitigen Zusammenwirkens ersetzt wird, bedarf es erst noch einer umfassenden sozialen Revolution, welche die bisherige Geschichte endgültig in die Vorgeschichte der Menschheit verweist. Da der Weltmarkt und seine Schwankungen die adäquate Daseinsform der bürgerlichen Gesellschaft bilde, könne deshalb auch das moderne Proletariat und die kommunistische Bewegung nur in einem *weltgeschichtlichen* Zusammenhang existieren. In dem von Marx später in seiner Kritik der politischen Ökonomie entfalteten Kapitalbegriff ist insofern nicht zufällig zugleich die Zusammenfassung der einzelnen nationalen Kapitalien durch die „unsichtbare Hand' des Weltmarktes geradezu zwingend impliziert. Daran ändert auch nichts der Sachverhalt, daß Marx selbst zu Lebzeiten „nur' dazu kam, den Begriff des „Kapitals im allgemeinen" darzustellen, während die von ihm ursprünglich geplante Darstellung der „Besonderheit" und der „Einzelheit" des Kapitals in Gestalt der einzelnen nationalen Volkswirtschaften und deren Synthese in Gestalt des Weltmarktes nicht mehr – wie noch 1857/58 in den *Grundrissen* ursprünglich vorgesehen – zur Ausführung kam.[33]

Anders gesprochen: Eine „kommunistische' Gesellschaft ist Marx und Engels zufolge letztendlich nur als *Weltgesellschaft* möglich! In ihr verwandelt sich die in der bürgerlichen Epoche noch „entfremdete' Form des Zusammenwirkens der Individuen in eine bewußte Kontrolle und Beherrschung jener anonymen Mächte, die bisher die gesellschaftliche Entwicklung bestimmt haben: „Der Kommunismus ist empirisch nur als die Tat der herrschenden Völker „auf einmal' und gleichzeitig möglich, was die universelle Entwicklung der Produktivkraft und den mit ihm zusammenhängenden Weltverkehr voraussetzt. [...] Das Proletariat kann also nur weltgeschichtlich existieren, wie der Kommunismus, seine Aktion, nur als „weltgeschichtliche' Existenz überhaupt vorhanden sein kann; weltgeschichtliche Existenz der Individuen, d.h. Existenz der Individuen, die unmittelbar mit der Weltgeschichte verknüpft ist."[34] In der

---

Keim zu seiner Entfaltung, gibt, wenn überhaupt, nur einen Sinn, wenn sie auf die einzigartige kapitalistische Weltwirtschaft als ein historisches System angewendet werden." Vgl. Immanuel Wallerstein, Gesellschaftliche Entwicklung oder Entwicklung des Weltsystems?, in: Burkhart Lutz (Hrsg.), Soziologie und gesellschaftliche Entwicklung. Verhandlungen des 22. Deutschen Soziologentages in Dortmund 1984, Frankfurt am Main / New York 1985, S. 85.

32   Marx / Engels, Die deutsche Ideologie, a.a.O., S. 35 und 37.

33   Vgl. Marx, Grundrisse der Kritik der politischen Ökonomie, a.a.O., S. 175 ff. und 186 ff.; Claudia von Braunmühl, Weltmarktbewegung des Kapitals, Imperialismus und Staat, in: Claudia von Braunmühl / Klaus Funken / Mario Cogoy / Joachim Hirsch, Probleme einer materialistischen Staatstheorie. Frankfurt am Main 1973, S. 11-91; Joachim Hirsch, Elemente einer materialistischen Staatstheorie, ebd., S. 199-266; Eike Hennig, Lesehinweise für die Lektüre der „politischen Schriften" von Marx und Engels, in: Karl Marx / Friedrich Engels, Staatstheorie. Materialien zur Rekonstruktion der marxistischen Staatstheorie, hrsg. von Eike Hennig / Joachim Hirsch / Helmut Reichelt / Gert Schäfer, Frankfurt am Main / Berlin / Wien 1974, S. LIX-XCII; Gert Schäfer, Einige Probleme des Verhältnisses von „ökonomischer" und „politischer" Herrschaft, ebd., S. XCIII-CXXXVIII; Klaus Lichtblau, Theorie der bürgerlichen Gesellschaft. Zum Verhältnis von Ökonomie, Recht und Politik, Gießen 1978, S. 164 ff., 227 ff. und 248 ff.

34   Marx / Engels, Die deutsche Ideologie, a.a.O., S. 35 f.

von Marx und Engels vertretenen Geschichtsauffassung ist also die Expansion der bürgerlichen Gesellschaft zu einem globalen System der wechselseitigen ökonomischen Abhängigkeit ausdrücklich benannt. Ihr entspricht in praktischer Hinsicht die Vorstellung, daß die internen Widersprüche dieser Gesellschaft nicht mehr immanent, sondern nur durch eine weltweite kommunistische Revolution und die damit – zumindest als Übergangsphase – notwendig werdende ‚Diktatur des Proletariats' aufgehoben werden können.[35]

Der Streit um die ‚Gesellschaftswissenschaft' im 19. Jahrhundert

Zu einer völlig anderen Schlußfolgerung kam dagegen Lorenz von Stein, dem wir es zusammen mit dem liberalen Staatsrechtslehrer Robert von Mohl zu verdanken haben, daß der Begriff der ‚Gesellschaft' seit Mitte des 19. Jahrhunderts im deutschen Sprachraum zum Schlüsselbegriff der modernen Gesellschafts- und Staatswissenschaften avanciert ist.[36] Während Stein sich als erster darum bemüht hatte, das in der Literatur des französischen Frühsozialismus zum Ausdruck kommende Gesellschaftsverständnis einem breiteren deutschsprachigen Publikum bekannt zu machen, verband Mohl damit zugleich das Ansinnen, einer neuen Disziplin – nämlich der ‚Gesellschaftswissenschaft'– in Abgrenzung zum überlieferten System der Staatswissenschaften zum Durchbruch zu verhelfen. Beide waren jedoch nicht bereit, die revolutionären Konsequenzen zu ziehen, die Marx und Engels aus dem Studium der Schriften der sozialistischen Theoretiker in England und Frankreich gezogen haben. Gleichwohl stieß auch Steins und Mohls Versuch, die neue Gesellschaftslehre an den deutschen Universitäten zu etablieren, auf erhebliche innerakademische Widerstände, die erklären, warum sich namhafte deutsche Soziologen um 1900 gezwungen sahen, die Soziologie in Deutschland unter weitgehendem Verzicht auf den Gesellschaftsbegriff noch einmal völlig neu zu begründen.[37]

Lorenz von Stein ging bei seinem Versuch, seinen Zeitgenossen die Bedeutung der ‚Gesellschaft' als einer historisch völlig neuen Kategorie und Schicksalsmacht näherzubringen, von einem Studium der sozialen Bewegungen aus, wie sie sich in Frankreich seit der Revolution von 1789 entwickelt hatten. Sein Gesellschaftsverständnis wurde dabei wesentlich durch die Schriften von Saint-Simon, Charles Fourier und Pierre-Joseph Proudhon geprägt. Stein war der erste Staatswissenschaftler im deutschen Sprachraum, der die Notwendigkeit einer selbständigen Lehre von der Gesellschaft ausdrücklich anerkannt hatte. Zentral war für ihn dabei der spezifisch moderne Gegensatz von Staat und Gesellschaft, die sich ihm zufolge in einem

---

35 Daß der Kampf der Arbeiterbewegung deshalb nur ‚der Form nach', nicht jedoch dem ‚Inhalt' nach national ausgerichtet sein konnte, hatte Marx nicht nur im *Kommunistischen Manifest*, sondern auch in seiner ätzenden Kritik des *Gothaer Programms* der deutschen Arbeiterpartei hervorgehoben. Vgl. Karl Marx, Kritik des Gothaer Programms (1875), in: Karl Marx / Friedrich Engels, Werke, Band 19, Berlin 1974, S. 23 ff.

36 Vgl. Erich Angermann: Zwei Typen des Ausgleichs gesellschaftlicher Interessen durch die Staatsgewalt. Ein Vergleich der Lehren Lorenz von Steins und Robert Mohls, in: Werner Conze (Hrsg.), Staat und Gesellschaft im deutschen Vormärz 1815-1848, Stuttgart 1962, S. 173-205.

37 Vgl. Karl-Siegbert Rehberg, Deutungswissen der Moderne oder ‚administrative Hilfswissenschaft'? Konservative Schwierigkeiten mit der Soziologie, in: Sven Papcke (Hrsg.), Ordnung und Theorie. Beiträge zur Geschichte der Soziologie in Deutschland, Darmstadt 1986, S. 7-47; Thomas Burger, Deutsche Geschichtstheorie und Webersche Soziologie, in: Gerhard Wagner / Heinz Zipprian (Hrsg.), Max Webers Wissenschaftslehre. Interpretation und Kritik, Frankfurt am Main 1994, S. 29-104; Klaus Lichtblau, Soziologie und Anti-Soziologie um 1900. Wilhelm Dilthey, Georg Simmel und Max Weber, in: Peter-Ulrich Merz-Benz / Gerhard Wagner (Hrsg.), Soziologie und Anti-Soziologie. Ein Diskurs und seine Rekonstruktion, Konstanz 2001, S. 17-35.

ständigen Kampf miteinander befinden, da sie auf unterschiedlichen Prinzipien beruhen. Denn während sich im Staat der Wille der Bürger in Form der „persönlichen Einheit" geltend mache, zeichne sich die Gesellschaft dadurch aus, daß hier die Verfolgung der privaten Interessen im Mittelpunkt stünde, wie sie sich aus der gewerblichen Arbeitsteilung ergebe. Die ungleiche Verteilung des gesellschaftlichen Reichtums schlage sich in der Existenz verschiedener sozialer Klassen nieder, wobei der Gegensatz von Lohnarbeit und Kapital der entscheidende Grund für die revolutionären Bewegungen der Gegenwart sei. Der Staat drohe dabei seine Selbständigkeit zu verlieren, wenn er unter den Einfluß einer der um die Macht kämpfenden sozialen Klassen gerate. Nur die Monarchie sei deshalb in der Lage, die bevorstehende politische und soziale Revolution zu verhindern, indem sie selbst die durch die moderne soziale Frage notwendig gewordenen gesellschaftlichen Reformen in Angriff nimmt und dabei den Zugriff der einzelnen gesellschaftlichen Klassen auf die Staatsgewalt erfolgreich abwehrt.[38]

Steins Lehre vom ‚sozialen Königtum‘ verfolgte eine strikt auf das Hoheitsgebiet der einzelnen Staaten beschränkte Gesellschaftsreform. Sie gipfelte dabei in dem Satz, „daß erst durch das Königtum der Staat seine Selbständigkeit außerhalb, *über* der Gesellschaft wiedergefunden hat"[39]. Jedoch gab er mit dieser schroffen Gegenüberstellung von Staat und Gesellschaft den entscheidenden Anstoß für die seit Mitte des 19. Jahrhunderts feststellbaren Bemühungen, die Gesellschaftswissenschaft als selbständigen Zweig neben den überkommenen staatswissenschaftlichen Disziplinen an den deutschen Universitäten zu etablieren.[40] Robert von Mohl bezog sich denn auch ausdrücklich auf die Schriften von Stein, als er empfahl, fortan strikt zwischen den „Gesellschafts-Wissenschaften" und den „Staats-Wissenschaften" zu unterscheiden.[41] Um die Selbständigkeit der modernen, primär durch die sozialen Bewegungen der Gegenwart gekennzeichneten Sphäre der Gesellschaft zu betonen, grenzte er sich zugleich von Hegel ab, dem er vorwarf, die ‚bürgerliche Gesellschaft‘ dem Staat untergeordnet zu haben. Gegenüber den Anhängern der „Gesellschafts-Umgestaltung" machte er dagegen den Einwand geltend, daß diese zwar viel zu einem besseren Verständnis der Gesellschaft beigetragen hätten, durch ihren politischen Aktionismus dagegen die weitere Entwicklung der Gesellschaftswissenschaft in Frage stellen würden.[42]

Um den Nachweis zu erbringen, daß sich diese neue Anschauungsweise nicht darauf reduzieren lasse, der sozialen Revolution den Weg zu ebnen, machte Mohl gegenüber der staat-

---

38   Vgl. Lorenz von Stein, Proletariat und Gesellschaft. Text nach der zweiten Auflage von „Der Sozialismus und Kommunismus des heutigen Frankreichs" (1848). Herausgegeben, eingeleitet und kommentiert von Manfred Hahn, München 1971; Lorenz von Stein, Der Begriff der Gesellschaft und die Gesetze ihrer Bewegung. Einleitung zur Geschichte der sozialen Bewegung Frankreichs seit 1789, in: Ernst Forsthoff (Hrsg.), Lorenz von Stein. Gesellschaft – Staat – Recht. Frankfurt am Main / Berlin / Wien 1972, S. 21-113; Ernst-Wolfgang Böckenförde, Lorenz von Stein als Theoretiker der Bewegung von Staat und Gesellschaft zum Sozialstaat, in: Alteuropa und die moderne Gesellschaft. Festschrift für Otto Brunner, Göttingen 1963, S. 248-277; Dirk Blasius, Lorenz von Steins Lehre vom Königtum der sozialen Reform und ihre verfassungspolitischen Grundlagen, in: Der Staat 10 (1971), S. 33-51.

39   Stein, Proletariat und Gesellschaft, a.a.O., S. 80.

40   Vgl. Eckart Pankoke, „Sociale Bewegung" – „Sociale Frage" – „Sociale Politik". Grundprobleme der deutschen „Socialwissenschaft" im 19. Jahrhundert, Stuttgart 1970.

41   Robert Mohl, Gesellschafts-Wissenschaften und Staats-Wissenschaften, in: Zeitschrift für die gesamte Staatswissenschaft 7 (1851), S. 21; ders., Die Geschichte und Literatur der Staatswissenschaften, Band 1 (1855), Graz 1960, S. 69 ff.

42   Ebd., S. 18 und 25 f.

lichen Organisation einen Bereich des sozialen Lebens geltend, der sich aus der gemeinsamen Interessenlage verschiedener Menschen ergebe und der zur Bildung entsprechender „Interessen-Genossenschaften" führe. Mohl machte dies unter anderem am Beispiel der sozialen Untergliederung der Gesellschaft in verschiedene Stände und Klassen sowie dem Gemeindeleben in den Kommunen und religiösen Gemeinschaften deutlich. Ihm zufolge ist es gerechtfertigt, für diese verschiedenen sozialen Kreise einen neuen Oberbegriff – eben den der ‚Gesellschaft' – einzuführen, um das gemeinsame Charakteristikum zu kennzeichnen, das ihnen zukomme und das sie vom Staat unterscheide: „Gesellschaftliche Lebenskreise sind also die einzelnen, je aus einem bestimmten Interesse sich entwickelnden natürlichen Genossenschaften, gleichgültig ob förmlich geordnet oder nicht; gesellschaftliche Zustände sind die Folgen, welche ein solches mächtiges Interesse zunächst für die Theilnehmer, dann aber auch mittelbar für die Nichtgenossen hat; die Gesellschaft endlich ist der Inbegriff aller in einem bestimmten Umkreise, z.B. Staate, Welttheile, thatsächlich bestehenden gesellschaftlichen Gestaltungen."[43]

Mohl hatte deshalb den traditionellen Staatswissenschaften ein „System der Gesellschaftswissenschaften" gegenübergestellt, das zum einen die „allgemeine Gesellschaftslehre" und zum anderen verschiedene historische und dogmatische Disziplinen umfaßte.[44] Dies hatte eine scharfe Kritik von seiten des jungen Heinrich von Treitschke provoziert, der sich in seiner 1859 veröffentlichten Habilitationsschrift leidenschaftlich mit diesen neuen Strömungen auseinandergesetzt hatte. Er sprach sich nicht nur dafür aus, die insbesondere von Robert Mohl vorgeschlagene Unterscheidung zwischen den Gesellschafts- und Staatswissenschaften wieder rückgängig zu machen, sondern er vertrat auch die Ansicht, daß es unmöglich sei, ein gemeinsames Kriterium für die verschiedenen gesellschaftlichen Bereiche anzugeben. Zwar könnten ökonomische, religiöse und künstlerische Genossenschaften jeweils für sich genommen untersucht werden. Dies bedeute jedoch nicht, daß es die Berechtigung für eine Wissenschaft gebe, welche alle diese „heterogenen Dinge" in einer eigenständigen Disziplin zusammenfasse.[45] Wenn schon der Versuch gemacht werde, die verschiedenen gesellschaftlichen Kreise in einer einzelnen Wissenschaft zu behandeln, so könne dies nur in Gestalt einer erst noch zu entwickelnden neuen Form der Kulturgeschichtsschreibung oder aber auf staatswissenschaftlichem Wege geschehen. Denn der Staat sei der „einheitliche politische Mittelpunkt" beziehungsweise die „eigentliche Organisation" der Gesellschaft. Deshalb stehe er auch im Gegensatz zum „Partikularismus der einzelnen sozialen Kreise".[46] Ein weiterer Grund, warum das Verhältnis zwischen Staat und Gesellschaft niemals völlig konfliktfrei sein könne, liegt Treitschke zufolge darin begründet, daß die Gesellschaft sich nicht in vorgegebene Staatsgrenzen einbinden läßt. Sein Verweis auf die Abhängigkeit des Staates von den „internationalen Verhältnissen" und die Existenz einer „Völkergesellschaft" jenseits der einzelnen Staaten macht deutlich, daß entsprechende Verkehrsbeziehungen und rechtli-

---

43   Ebd., S. 49.
44   Ebd., S. 56 ff.; Ders., Die Geschichte und Literatur der Staatswissenschaften, a.a.O., S. 103 ff.
45   Heinrich von Treitschke, Die Gesellschaftswissenschaft. Ein kritischer Versuch. Mit einem Vorwort zum Nachdruck von S. Papcke, Darmstadt 1980, S. 55 ff.
46   Ebd., S. 57 und 68.

che Vereinbarungen zwischen den einzelnen Staaten vielmehr von der Entwicklung gemeinsamer ethischer und kultureller Ideale abhängig sind.[47]

Treitschke hatte versucht, die disziplinäre Verselbständigung der Gesellschaftswissenschaften zu verhindern, indem er vorschlug, die im Gefolge der Rezeption englischer und französischer Ansätze entstandene neue Gesellschaftslehre in das überlieferte System der Staatswissenschaften zu integrieren. Es gab jedoch auch in den Geisteswissenschaften beträchtliche Wiederstände, den Begriff der ‚Gesellschaft' als Grundlage einer neuen Disziplin an den deutschen Universitäten zu akzeptieren. Symptomatisch hierfür ist die Kritik von Wilhelm Dilthey an der englischen und französischen Tradition der Soziologie des 19. Jahrhunderts. Dieser hatte in seiner 1883 erschienenen *Einleitung in die Geisteswissenschaften* gegenüber der durch Comte und Spencer geprägten positivistischen Richtung der modernen Soziologie den Vorwurf erhoben, daß sie keine wirkliche Wissenschaft sei, sondern das problematische Erbe der Geschichtsphilosophie angetreten habe. Insbesondere die Vorstellung, daß mit dem Gesellschaftsbegriff die Möglichkeit gegeben sei, alle Erscheinungsformen der geschichtlich-sozialen Welt auf ein gemeinsames Prinzip zurückzuführen, lehnte er als „metaphysisch" ab.[48] Dilthey unterschied dabei sehr genau zwischen jener „neuen erlösenden Wissenschaft der Gesellschaft", wie sie in den Arbeiten von Condorcet, Saint-Simon, Comte, John Stuart Mill und Herbert Spencer ihren Ausdruck fand, und der von Stein und Mohl vertretenen Gesellschaftslehre. War erstere darum bemüht, auch die Entwicklung der Kunst, Religion, Wissenschaft sowie der Sitte und des Rechts auf allgemeine Prinzipien und Gesetzmäßigkeiten der gesellschaftlichen Entwicklung zurückzuführen, so ging es seiner Meinung nach den deutschen Staatsrechtslehrern primär darum, die Eigenständigkeit der modernen Gesellschaft gegenüber dem neuzeitlichen Anstaltsstaat hervorzuheben, um eine entsprechende Abgrenzung zwischen den Gesellschafts- und Staatswissenschaften zu rechtfertigen.[49]

Dilthey ging auch dieser Vorschlag noch zu weit. Denn solange der Nachweis noch nicht erbracht worden war, daß es tatsächlich so etwas wie allgemeine Bewegungsgesetze der gesellschaftlichen Entwicklung gibt, stand ihm zufolge auch die von Stein und Mohl vertretene Gesellschaftslehre auf tönernen Füßen. Er stellte deshalb die von ihnen vorgenommene Trennung von Staat und Gesellschaft grundsätzlich in Frage. Überdies war er der Ansicht, daß sich die einzelnen Bereiche der Kultur nicht auf soziale oder politische Gesichtspunkte reduzieren lassen. Er grenzte deshalb diejenigen Disziplinen, welche die einzelnen „Systeme der Kultur" zum Gegenstand haben, von jenen Wissenschaften ab, die sich mit der „äußeren Organisation der Gesellschaft" befassen. Handelt es sich im ersten Fall um Zweckzusammenhänge, die wie die Kunst, Wissenschaft und Religion bestimmten sachlichen Gesichtspunkten folgen, so zielt der Begriff der „äußeren Organisation" dagegen primär auf Formen der Gemeinschafts- und der Verbandsbildung ab, in denen sich die Menschen einem objektiven Herrschaftsverhältnis unterordnen. Obwohl Dilthey zufolge das gesellschaftliche Leben auf einer Vielzahl

---

47   Ebd., S. 53 f. und 71. Auch Mohl hatte auf die Existenz der „Staatengesellschaft" hingewiesen, jedoch das Problem der internationalen Beziehungen bewußt ausgeklammert und sich in seinen entsprechenden Untersuchungen primär auf das „Verhältniss von Gesellschaft und Einzelnstaat" konzentriert. Vgl. ders., Gesellschafts-Wissenschaften und Staats-Wissenschaften, a.a.O., S. 28 f.

48   Wilhelm Dilthey, Einleitung in die Geisteswissenschaften. Versuch einer Grundlegung für das Studium der Gesellschaft und der Geschichte (1883). Gesammelte Schriften, Band 1, Leipzig / Berlin 1923, S. 86 ff. und 422.

49   Ebd., S. 36 und 90.

von Wechselwirkungen zwischen den Individuen beruht, die zum Teil einem reinen Gemeinschafts- beziehungsweise Geselligkeitsbedürfnis geschuldet sind, kommt es seiner Ansicht nach erst dann zur Entstehung dauerhafter sozialer Gebilde, wenn sich die einzelnen Akteure in Körperschaften und in Anstalten zu Verbänden vereinigen, wodurch äußere Bindungen und Abhängigkeiten entstehen, die von sehr unterschiedlicher Lebensdauer sein können.[50]

Diese starke Fokussierung auf die Rolle von Herrschafts- und Abhängigkeitsverhältnissen ist auch der Grund dafür, warum Dilthey das Studium der „äußeren Organisation der Gesellschaft" letztlich den Staatswissenschaften beziehungsweise einer allgemeinen Theorie der Verbände überlassen wollte und er selbst darauf verzichtete, eine gesellschaftstheoretische Grundlegung seiner Klassifikation der Geisteswissenschaften vorzunehmen, auch wenn sich diese bei einer unvoreingenommenen Betrachtungsweise geradezu aufdrängt. Denn schließlich war die „geschichtlich-gesellschaftliche Wirklichkeit" Gegenstand der geisteswissenschaftlichen Forschung, weshalb Dilthey zwischen einer weiten und einer engeren Fassung des Gesellschaftsbegriffs unterschied. Im ersten Fall subsumierte er auch die „Systeme der Kultur" unter den Begriff der Gesellschaft, im zweiten Fall dagegen nur die „äußere Organisation der Gesellschaft" beziehungsweise die einzelnen sozialen Verbände.[51] Obgleich Dilthey also durchaus auch selbst den Begriff der Gesellschaft als Oberbegriff gebrauchte, um damit den gemeinsamen Gegenstandsbereich der einzelnen geisteswissenschaftlichen Disziplinen zu kennzeichnen, war ihm zufolge jedoch allein eine „Kritik der historischen Vernunft" in der Lage, eine „Erkenntnis dieses Ganzen der geschichtlich-gesellschaftlichen Wirklichkeit" zu ermöglichen.[52] Später räumte er allerdings ein, daß zumindest die von Georg Simmel entwickelte Variante einer ‚formalen Soziologie' nicht von seiner Ablehnung der ‚Gesellschaftswissenschaft' betroffen sei, da Simmel es bewußt vermeide, der ‚Gesellschaft' eine unabhängige Existenz gegenüber den einzelnen Formen der sozialen Wechselwirkung zuzusprechen. Unabhängig davon hielt Dilthey jedoch bis zuletzt an seiner Überzeugung fest, daß seine ablehnende Haltung gegenüber der Soziologie einer akademischen Disziplin gelte, „welche alles dasjenige, was de facto in der menschlichen Gesellschaft stattfindet, in einer Wissenschaft zusammenfassen will"[53].

---

50   Ebd., S. 40 ff. und 64 ff.

51   Ebd., S. 35 ff. und 81 ff.

52   Ebd., S. 87 und 116. Diltheys diesbezügliche Ausführungen sind aufgrund seines schwankenden Sprachgebrauchs dabei allerdings nicht ganz frei von Widersprüchen. So spricht er selbst davon, daß die Klärung des Verhältnisses zwischen der staatlichen Zwangsgewalt und den einzelnen Kultursystemen eines der Hauptprobleme oder „Mechanik der Gesellschaft" darstelle. Und bezüglich der – von ihm freilich in Abrede gestellten – möglichen Ausarbeitung einer „allgemeinen Gesellschaftslehre" führt er aus, daß diese das „Bindeglied zwischen den Wissenschaften von den Systemen der Kultur und der Staatswissenschaft" darstellen würde (ebd., S. 70 und 85). Dilthey sieht zwar das Problem, ergreift aber selbst nicht die von ihm angedeutete Lösungsstrategie, weil er sie für nicht durchführbar hält. Daß er dennoch einer modernen soziologischen Problemlösung vorgearbeitet hat, begründet seine Stellung innerhalb der Geschichte der Soziologie. Siehe hierzu auch Hans Freyer, Diltheys System der Geisteswissenschaften und das Problem Geschichte und Soziologie, in: Kultur und Universalgeschichte. Walter Goetz zum 60. Geburtstag dargebracht, Leipzig / Berlin 1927, S. 485-500; Hans-Joachim Lieber, Geschichte und Gesellschaft im Denken Diltheys, in: Kölner Zeitschrift für Soziologie und Sozialpsychologie 17 (1965), S. 703-742; und – mit Blick auf die moderne Theorie sozialer Systeme – Alois Hahn, Die Systemtheorie Wilhelm Diltheys, in: Berliner Journal für Soziologie 9 (1999), S. 5-24.

53   Dilthey, Einleitung in die Geisteswissenschaften, a.a.O., S. 42. Zur ausführlichen Erörterung des spannungsreichen Verhältnisses zwischen Dilthey und Simmel siehe auch Hans Liebeschütz, Von Georg Simmel zu Franz Rosenzweig. Studien zum Jüdischen Denken im deutschen Kulturbereich, Tübingen 1970, S. 123 ff.; ferner

Der Gegensatz von ‚Gemeinschaft‘ und ‚Gesellschaft‘ und die ‚Weltstellung‘ der Gesellschaft

All dies gilt es zu berücksichtigen, wenn wir verstehen wollen, in welcher Weise der Begriff der Gesellschaft in der deutschen Soziologie um 1900 verwendet worden ist. Während Georg Simmel und Max Weber dabei der von Dilthey und Treitschke geäußerten Kritik an der neuen Gesellschaftslehre Rechnung zu tragen versuchten, indem sie im Rahmen ihrer Neugründung der Soziologie den Gesellschaftsbegriff weitgehend vermieden beziehungsweise synonym mit dem der ‚Vergesellschaftung‘ gebraucht hatten, konnte Ferdinand Tönnies die damit verbundene Aufregung jedoch nicht nachvollziehen. Insbesondere bestritt er, daß mit der seit Hegel üblichen Gegenüberstellung von Gesellschaft und Staat eine neue historische Erkenntnis gewonnen worden sei. Der in diesem Zusammenhang entwickelte Gesellschaftsbegriff sei nämlich in Wahrheit nichts anderes als „eine neue Fassung des alten ‚Natur-Zustandes‘ (*status naturalis*), der immer als unterhalb des Staates verharrend gedacht wurde"[54]. Auch Lorenz von Steins Lehre vom sozialen Königtum wiederhole im Grunde genommen nur die bereits von Thomas Hobbes vertretene Ansicht, daß nur ein starker Staat in der Lage sei, den Krieg aller gegen alle dauerhaft zu unterbinden. Daraus einen grundsätzlichen theoretischen Dualismus von Gesellschaft und Staat abzuleiten, war seiner Meinung nach allerdings nicht statthaft. Denn der Staat verkörpere im Rahmen der neuzeitlichen Vertragstheorie nichts anderes als die Gesellschaft selbst, die sich in dieser Gestalt gegenüber den einzelnen Individuen als fiktive Einheit geltend mache.[55]

Für Tönnies war deshalb auch nicht der Gegensatz von *Staat* und *Gesellschaft* entscheidend, sondern der Gegensatz von *Gemeinschaft* und *Gesellschaft*. Auf letzterem beruhen die Grundbegriffe seiner „reinen Soziologie", wie er sie in seinem erstmals 1887 erschienenen philosophisch-soziologischen Hauptwerk entwickelt hatte.[56] Tönnies versuchte dabei die historische und die rationale Betrachtungsweise miteinander zu verbinden. Während ihm zufolge die Gemeinschaft ein „lebendiger Organismus" darstellt, verkörpere die Gesellschaft dagegen ein „mechanisches Aggregat und Artefakt"[57]. Da das gemeinschaftliche Zusammenleben der Menschen das Natürliche und Ursprüngliche sei, beinhalte der Begriff der Gesellschaft demgegenüber zugleich den „gesetzmäßig-normalen Prozeß des Verfalls aller ‚Gemeinschaft‘"[58]. Tönnies unterschied deshalb zwischen einem „Zeitalter der Gemeinschaft" und einem „Zeit-

---

Klaus Christian Köhnke, Die Wechselwirkungen zwischen Diltheys Soziologiekritik und Simmels soziologischer Methodik, in: Dilthey-Jahrbuch für Philosophie und Geschichte der Geisteswissenschaften 6 (1989), S. 303-326.

54	Ferdinand Tönnies, Zur Einleitung in die Soziologie (1899), in: Gesamtausgabe, Band 15, Berlin / New York 2000, S. 118 f.

55	Ferdinand Tönnies, Gemeinschaft und Gesellschaft. Grundbegriffe der reinen Soziologie, Neudruck der 8. Aufl. von 1935, Darmstadt 1979, S. 198 f.; ders., Zur Einleitung in die Soziologie, a.a.O., S. 119 und 122.

56	Vgl. Tönnies, Gemeinschaft und Gesellschaft, a.a.O. Von „reiner Soziologie" sprach Tönnies allerdings erst seit der zweiten Auflage von *Gemeinschaft und Gesellschaft*, die 1912 erschienen ist und der er den Untertitel „Grundbegriffe der reinen Soziologie" gab. In der ersten Auflage von 1887 lautete der diesbezügliche Untertitel dagegen noch „Abhandlung des Kommunismus und des Sozialismus als empirische Kulturformen". Offenbar hatte Tönnies später das Bedürfnis, zumindest sprachlich eine allzu enge Bezugnahme auf die sozialen Bewegungen seiner Zeit zu relativieren, um den strikt akademischen Anspruch seines Hauptwerkes zu unterstreichen.

57	Ebd., S. 4.

58	Tönnies, Zur Einleitung in die Soziologie, a.a.O., S. 123.

alter der Gesellschaft". Während im ersten Fall die Verwandtschaft, Nachbarschaft und Freundschaft das soziale Leben prägten, sei das gesellschaftliche Zeitalter dagegen durch die Vorherrschaft abstrakter Verstandesbeziehungen gekennzeichnet. Indem Tönnies den Gesellschaftsbegriff aus der Tradition des Naturrechts und des Wirtschaftsliberalismus übernahm, konnte er im Anschluß an Henry Sumner Maine das historische Verhältnis zwischen Gemeinschaft und Gesellschaft auch als Übergang von primär *status*bezogenen hin zu primär *kontrakt*bezogenen Sozialbeziehungen deuten.[59] ‚Gesellschaft‘, ‚Tausch‘ und ‚Vertrag‘ waren für Tönnies dabei letztlich identische Begriffe. In ihnen kommt eine rein rationale Form der Interessenwahrnehmung zum Ausdruck, die Tönnies in Anlehnung an einen älteren deutschen Sprachgebrauch als „Willkür" beziehungsweise „Kürwille" bezeichnete und von dem in der Gemeinschaft vorherrschenden „Wesenwillen" abgegrenzt hatte.[60]

Tönnies' Gesellschaftsbegriff ist insofern mit der ‚bürgerlichen Gesellschaft‘ identisch, wie sie innerhalb der klassischen politischen Ökonomie von Adam Smith bis hin zu Karl Marx beschrieben worden ist. Das heißt er zielt auf ein tieferes Verständnis jener „Tauschgesellschaft" ab, die als System der allgemeinen Konkurrenz in der Entstehung eines Weltmarktes gipfelt, von dem schließlich alle übrigen Märkte abhängig werden. Tönnies konnte deshalb in Bezug auf die Entwicklung der modernen Gesellschaft auch sagen: „Es ist mithin immer ein werdendes Etwas, das hier als Subjekt des allgemeinen Willens oder der allgemeinen Vernunft gedacht werden soll. Und zugleich (wie wir wissen) ein fiktives und nominelles. Es schwebt gleichsam in der Luft, wie es aus den Köpfen seiner bewußten Träger hervorgegangen ist, die sich über alle Entfernungen, Grenzen und Bedenken hinweg tauschbegierig die Hände reichen, und diese spekulative Vollkommenheit begründen, als das einzige Land, die einzige Stadt, worin alle Glücksritter und Abenteurer (merchant adventures) ein wirklich gemeinsames Interesse haben. So wird sie repräsentiert, wie die Fiktion des Geldes durch Metall oder Papier, durch den ganzen Erdball, oder durch ein irgendwie abgegrenztes Territorium. [...] Gesellschaft als Gesamtheit, über welche sich ein konventionelles System von Regeln erstrecken soll, ist daher, ihrer Idee nach, unbegrenzt; ihre wirklichen und zufälligen Grenzen durchbricht sie fortwährend."[61]

Auch wenn bei solchen Formulierungen ein Verständnis von Gesellschaft zum Ausdruck kommt, in dem die ökonomischen Verhältnisse eine zentrale Rolle spielen, erwähnte Tönnies neben der Globalisierung des wirtschaftlichen Verkehrs noch weitere Errungenschaften der modernen Welt, die ihm zufolge deutlich machen, daß die Entstehung von Nationalstaaten nur eine „vorläufige Beschränkung der schrankenlosen Gesellschaft" darstellt.[62] So sah er auch in der internationalen Presse eine Macht, welche die Entstehung einer „Weltrepublik" begünstigte, deren Ausdehnung parallel mit der des Weltmarktes einhergehe. Und die moderne „Weltstadt" begriff er als einen Ort, an dem sich Menschen aus allen Gegenden der Erde treffen, um Informationen, Meinungen, Güter und Dienstleistungen auszutauschen. Tönnies schloß in diesem Zusammenhang die Entstehung einer „universalen Gesellschaft" beziehungsweise

---

59   Tönnies, Gemeinschaft und Gesellschaft, a.a.O., S. XXXIII und 158 f.

60   Ebd., S. 35 ff. und 73 ff.; vgl. Peter-Ulrich Merz-Benz, Die begriffliche Architektonik von „Gemeinschaft und Gesellschaft", in: Lars Clausen / Carsten Schlüter (Hrsg.), Hundert Jahre „Gemeinschaft und Gesellschaft". Ferdinand Tönnies in der internationalen Diskussion, Opladen 1991, S. 31-64.

61   Tönnies, Gemeinschaft und Gesellschaft, a.a.O., S. 44 f.

62   Ebd., S. 203.

einer „Weltordnung“ nicht aus. Diese sei in der Antike bereits durch das römische Weltreich vorweggenommen worden und habe zur Bildung eines entsprechenden „Weltrechts“ geführt, das später die Entfaltung des „Weltverkehrs“ begünstigt habe.[63] Es ist deshalb kein Zufall, daß Tönnies in seiner Vorrede zur dritten Auflage von *Gemeinschaft und Gesellschaft* bewußt den Terminus *Weltgesellschaft* gebraucht hat, um das durch die internationale Arbeitsteilung und den Weltmarkt begründete System der allseitigen ökonomischen Abhängigkeit zu kennzeichnen.[64] Daß er dies 1919 in einem polemischen Sinne tat, um damit die durch den Ausgang des Ersten Weltkrieges bewirkte internationale Vorherrschaft des angelsächsischen Kapitalismus zu kennzeichnen und daß er dieser westlich geprägten Weltgesellschaft die Idee eines deutschen Sozialismus gegenüberstellte, der vornehmlich auf gemeinwirtschaftlichen beziehungsweise genossenschaftlichen Grundlagen beruhen sollte, zeigt, in welcher Weise sich die Grundbegriffe seiner ‚reinen Soziologie‘ auch für zeitgenössische weltanschauliche Auseinandersetzungen instrumentalisieren ließen.[65]

Tönnies ist jedoch nicht der einzige deutsche Soziologe, der zu dieser Zeit auf die globalen Dimensionen des neuzeitlichen Gesellschaftsbegriffs hingewiesen hatte. Denn auch bereits Gustav Rümelin machte darauf aufmerksam, daß die Verwendung des Begriffs Gesellschaft „in der Einzahl und mit dem bestimmten Artikel“ dazu tendiere, ihn zu einem unbestimmten Kollektivbegriff aufzublähen, der keine natürlichen Grenzen mehr kenne.[66] Und Albert Schäffle sprach in seinem 1906 posthum erschienenen *Abriß der Soziologie* ausdrücklich davon, daß die moderne Soziologie bei ihrer Begriffsbildung von der „Weltstellung der menschlichen Gesellschaft“ beziehungsweise dem „Weltverkehr der Gesellschaft“ auszugehen habe.[67] Bezeichnend für dieses globale Verständnis von Gesellschaft ist folgender Passus: „Die Gesellschaft erstreckt sich über die bewohnbare Erde (Oekumene) und sendet ihre Verbindungsfäden und Mitteilungswellen durch das Luftmeer, die Wasser, über die Erddecken. Sie gehört zum Planeten und ist Bestandteil des Weltganzen. Die Weltstellung der Gesellschaft steht daher für die soziologische Betrachtung obenan.“[68] Er unterschied deshalb zwischen der „nationalen“ und der „internationalen Gesellschaft“. Daß eine solche internationale Gesellschaft im Ent-

---

63   Tönnies, Gemeinschaft und Gesellschaft, a.a.O., S. 180 f., 203 und 212

64   Ferdinand Tönnies, Gemeinschaft und Gesellschaft. Dritte durchgesehene Auflage, Vorrede (1919), in: Gesamtausgabe, Band 15, Berlin / New York 2000, S. 109 f.

65   Siehe hierzu auch Dirk Käsler, Erfolg eines Mißverständnisses? Zur Wirkungsgeschichte von „Gemeinschaft und Gesellschaft“ in der frühen deutschen Soziologie, in: Clausen / Schlüter (Hrsg.), Hundert Jahre „Gemeinschaft und Gesellschaft“, a.a.O., S. 517-526. Die spätere weltanschauliche Instrumentalisierung des von Tönnies zugespitzten Gegensatzes von ‚Gemeinschaft‘ und ‚Gesellschaft‘ war einer der Gründe, warum René König das soziologische Hauptwerk von Tönnies schließlich ganz in die philosophische Vorgeschichte der modernen Soziologie verbannt wissen wollte. Vgl. René König, Soziologie in Deutschland. Begründer, Verfechter, Verächter, München / Wien 1987, S. 122-197. Zur Debatte um die möglichen weltanschaulichen Implikationen der von Tönnies gebrauchten soziologischen Grundbegriffe siehe auch Stefan Breuer, Von Tönnies zu Weber. Zur Frage einer „deutschen Linie“ der Soziologie, in: Berliner Journal für Soziologie 6 (1996), S. 227-245; ferner Klaus Lichtblau, Vom Geist der Gemeinschaft zum Geist der Neuzeit, in: Tönnies-Forum 10 (2001), Heft 2, S. 41-60 (in diesem Band S. 85 ff.).

66   Rümelin, Ueber den Begriff der Gesellschaft und einer Gesellschaftslehre, a.a.O., S. 39.

67   Vgl. Albert E. F. Schäffle, Abriß der Soziologie. Hrsg. mit einem Vorwort von Karl Bücher, Tübingen 1906, S. 27 ff.

68   Ebd., S. 27.

stehen sei, beweise unter anderem die neue „Weltgeschichte" und „Weltpolitik".[69] Implizit
orientierte er sich dabei an Kants Begriff der *Weltbürgergesellschaft*, den er jedoch um einige
weitere Gesichtspunkte ergänzte, indem er folgende Ansprüche an eine Theorie der Weltgesellschaft stellte: „An die Spitze einer Soziologie der internationalen Gesellschaft könnte [...]
eine Lehre vom Völkerbewußtsein, von einer öffentlichen Weltmeinung, einer allgemeinen
internationalen Wertung alles Tun der zivilisierten Welt gestellt werden. [...] Eine Elementar-
lehre von der internationalen Gesellschaft würde nicht vom Lande, Volksvermögen und einer
Landesbevölkerung, sondern von der Länderwelt oder bewohnbaren Erde, von der internationalen Verteilung der Sachgüter, von Völkerkreisen auszugehen haben."[70]

Daß sich solche und ähnliche Begriffsbestimmungen jedoch nicht durchzusetzen vermochten, lag allerdings nicht nur an der damals vorherrschenden nationalistischen Einstellung in Europa, sondern auch daran, daß zu dieser Zeit zumindest im deutschen Sprachraum
die Forderung nach einer umfassenden Theorie der Gesellschaft in den maßgeblichen inner-
universitären Kreisen längst in Mißkredit geraten war.[71] Es ist deshalb bezeichnend, wie Georg Simmel und Max Weber auf die um 1900 festzustellende Krise des Gesellschaftsbegriffs
reagierten, als sie den Versuch unternahmen, die Soziologie als eine akademische Disziplin
noch einmal völlig neu zu gründen.

Soziologie als Lehre von den Formen der Vergesellschaftung

Simmels Auseinandersetzung mit dem Gesellschaftsbegriff stand im engen Zusammenhang
mit seinem Bemühen, der Soziologie eine sichere wissenschaftliche Grundlage zu verschaffen, die es ihr ermöglichen sollte, sich als eigenständige Disziplin im Konzert der überlieferten Geistes- und Staatswissenschaften erfolgreich zu behaupten.[72] Ausgehend von der Überlegung, daß es keinen Sinn mache, eine neue Wissenschaft zu gründen, indem man den bereits
bestehenden Disziplinen ihren eigenen Anspruch auf einen bestimmten Gegenstandsbereich
streitig macht und diesen für sich selbst reklamiert, konnte es seiner Meinung nur darum gehen, in Gestalt der Soziologie eine neue methodische Verfahrensweise einzuführen, die das
Material, das bereits die etablierten Wissenschaften zum Gegenstand haben, noch einmal einer gesonderten Betrachtung unterwirft. Wenn also die einzelnen Bereiche der Gesellschaft
wie die Politik, das Recht, die Religion und die Kultur bereits von den bestehenden Geistes-
und Staatswissenschaften ausgiebig erforscht werden, so bleibt Simmel zufolge nur noch eine
Möglichkeit übrig: nämlich die Frage zu stellen, welche Eigenschaften diese verschiedenen
Bereiche zugleich als spezifisch *gesellschaftliche* Phänomene ausweisen. Anders gesprochen:
Was geschieht, wenn wir diese einzelnen gesellschaftlichen Sphären nicht nach besonderen

---

69   Ebd., S. 129 ff. und 228 ff.

70   Ebd., S. 229.

71   Siehe hierzu auch die mit Blick auf die deutsche und französische Tradition der Soziologie angestellten Überlegungen von Bryan S. Turner, The Two Faces of Sociology: Global or National? in: Mike Featherstone (Hrsg.),
Global Culture. Nationalism, Globalization and Modernity, London 1990, S. 343-358.

72   Vgl. Heinz-Jürgen Dahme, Soziologie als exakte Wissenschaft. Georg Simmels Ansatz und seine Bedeutung
in der gegenwärtigen Soziologie, Stuttgart 1981, S. 350 ff.; Klaus Christian Köhnke, Der junge Simmel in
Theoriebeziehungen und sozialen Bewegungen. Frankfurt am Main 1996, S. 334 ff.; Andreas Ziemann, Die
Brücke zur Gesellschaft. Erkenntniskritische und topographische Implikationen der Soziologie Georg Simmels,
Konstanz 2000, S. 72 ff.

inhaltlichen Gesichtspunkten betrachten, sondern danach fragen, ob sich neue Gesichtspunkte ergeben, die sich ausschließlich aus der formalen Tatsache erklären lassen, daß diese Bereiche zugleich Teil der wie auch immer definierten Gesellschaft sind?[73]

Die intensive Beschäftigung mit dieser Frage hatte Simmel zugleich dazu veranlaßt, sich darüber Rechenschaft abzulegen, ob und wenn ja, in welchem Sinne man der „Gesellschaft' überhaupt eine eigenständige Realität zusprechen könne. Denn daß es sich hierbei um einen Bereich handelt, der eindeutig vom „Staat' beziehungsweise der „Gemeinschaft' abgegrenzt werden kann, war schließlich die Überzeugung, die so unterschiedliche Autoren wie Marx und Engels sowie Stein, Mohl und Tönnies miteinander verband. Bedenken gegenüber einem in der zweiten Hälfte des 19. Jahrhunderts ausufernden Gebrauch des Gesellschaftsbegriffs wurden dabei allerdings nicht nur von Autoren wie Dilthey und Treitschke geäußert, sondern auch von neueren Strömungen innerhalb der Wissenschafts- und Erkenntnistheorie, die sich generell dagegen wehrten, daß solche unbestimmten Allgemeinbegriffen wie „Gesellschaft', „Recht', „Staat' und „Kultur' neben ihrer Funktion, eine bestimmte Klasse von Phänomenen gegenüber anderen Erscheinungen in einer nominalistischen Weise abzugrenzen, zugleich eine reale Existenz zugesprochen wurde. „Real' konnte dieser Auffassung zufolge nämlich immer nur etwas „Individuelles' sein, das sich nicht mehr auf kleinere Bestandteile zurückführen ließ.

Simmel war gegenüber diesem Programm, alle Makrophänomene letztlich auf die Bewegungsgesetze von kleinsten Einheiten zurückzuführen, unter dem Eindruck des Erfolgs der analytischen Methode in den Naturwissenschaften zwar durchaus aufgeschlossen, er hat es sich aber nicht vollständig zu eigen gemacht.[74] Zwar stimmte er der Ansicht zu, daß der Begriff der „Gesellschaft' eine gedankliche Abstraktion darstellt. Jedoch verwies er darauf, daß von einer gesellschaftlichen „Einheit' ohnehin nur im Sinne einer Wechselwirkung ihrer Teile gesprochen werden könne. Denn jede Erscheinung lasse sich in einfachere Elemente zerlegen, was ihren Realitätsgehalt so lange nicht in Frage stelle, solange „jedes im Verhältnis zum andern einheitlich wirkt"[75]. Diese Eigenschaft gelte aber nicht nur für Personen, sondern auch für soziale Gruppen, die ihrerseits wieder größere Einheiten bilden können, die miteinander in Wechselwirkung stehen. Simmel zog daraus die Schlußfolgerung, daß der Begriff Gesellschaft einen bloßen „Namen" für die Summe der Wechselwirkungen darstellt, die zwischen den Individuen stattfinden.[76] Keinesfalls könne deshalb von der gesonderten Existenz der Gesellschaft neben diesen zahllosen sozialen Wechselwirkungen gesprochen werden. Denn

---

73   Simmel hat diese Frage erstmals 1890 in seiner Schrift *Über sociale Differenzierung* ausführlich behandelt und ist auch noch in seiner Gelegenheitsschrift über die *Grundfragen der Soziologie* von 1917 auf sie eingegangen, um das Forschungsgebiet der Soziologie gegenüber den anderen Disziplinen abzugrenzen. Es handelt sich hierbei also um eine übergreifende Fragestellung, die trotz der unterschiedlichen Phasen, die in der Entwicklung seines Denkens festzustellen sind, sein gesamtes soziologisches Werk prägt. Vgl. Georg Simmel, Über sociale Differenzierung (1890), in: Gesamtausgabe, Band 2, Frankfurt am Main 1989, S. 115-138; ders., Das Problem der Sociologie (1894), in: Gesamtausgabe, Band 5, Frankfurt am Main 1992, S. 52-61; ders., Soziologie. Untersuchungen über die Formen der Vergesellschaftung (1908), Gesamtausgabe, Band 11, Frankfurt am Main 1992, S. 13-62; ders., Grundfragen der Soziologie (1917), in: Gesamtausgabe, Band 16, Frankfurt am Main 1999, S. 62-87.

74   Vgl. Hannes Böhringer, Spuren von spekulativem Atomismus in Simmels formaler Soziologie, in: ders. / Karlfried Gründer (Hrsg.), Ästhetik und Soziologie um die Jahrhundertwende: Georg Simmel, Frankfurt am Main 1976, S. 105-117.

75   Georg Simmel, Über sociale Differenzierung, a.a.O., S. 131.

76   Ebd.

dies würde darauf hinauslaufen, einem nur im Denken existierenden Allgemeinbegriff eine „scheinbar selbständige historische Realität" zuzusprechen.[77]

Simmel schlug deshalb vor, von ‚Gesellschaft' ausschließlich im Sinne von etwas Funktionellem zu sprechen und diesen Begriff so weit wie möglich durch den der *Vergesellschaftung* zu ersetzen, um entsprechende Mißverständnisse zu vermeiden.[78] In der Gesellschaft zu sein, ist für ihn insofern bedeutungsgleich mit dem Umstand, sich zu vergesellschaften, ein Teil von ihr zu sein und damit zugleich einen Teil des eigenen Fürsichseins zu opfern, ohne daß damit ausgesagt wäre, daß die daran beteiligten Individuen vollständig in diesem Vergesellschaftungsprozeß aufgehen. Dies ist auch der Grund, warum der Begriff der Gesellschaft beziehungsweise der Vergesellschaftung einen graduellen Begriff darstellt, „von dem auch ein Mehr oder Weniger anwendbar ist, je nach der größeren Zahl und Innigkeit der zwischen den gegebenen Personen bestehenden Wechselwirkungen"[79]. Man kann deshalb die verschiedenen sozialen Wechselwirkungen dahingehend unterscheiden, wieviel Gesellschaft in ihnen enthalten ist beziehungsweise in welchem Umfang die daran beteiligten Individuen sozialisiert, das heißt vergesellschaftet sind.[80]

In seinem berühmten *Exkurs über das Problem: Wie ist Gesellschaft möglich?* aus dem Jahre 1908 hatte Simmel diesem Tatbestand Rechnung getragen, indem er drei formale Bedingungen nannte, die „apriorisch" gegeben sein müssen, damit sichergestellt ist, daß es sich bei solchen Wechselwirkungen um soziale beziehungsweise „seelische" Wechselwirkungen zwischen Individuen handelt, nicht aber bloß um rein mechanische Prozesse, die als solche noch keine ‚Vergesellschaftung' darstellen. Dieser erkenntnistheoretische Exkurs Simmels, der oft als Beitrag zu einer ‚verstehenden Soziologie' angesehen worden ist, hat primär die Funktion, die dialektische Beziehung zwischen dem ‚Fürsichsein' und dem ‚Vergesellschaftetsein' zu verdeutlichen. Das erste Apriori besagt, daß wir einen konkreten Menschen niemals vollständig in seiner eigenen Individualität wahrnehmen, sondern ihn immer in gewisser Weise verallgemeinern beziehungsweise typisieren.[81] Das zweite Apriori besagt demgegenüber, daß jeder Mensch nicht nur Teil der Gesellschaft, sondern außerdem noch etwas anderes ist beziehungsweise daß „die Art seines Vergesellschaftet-Seins [...] bestimmt oder mitbestimmt [ist] durch die Art seines Nicht-Vergesellschaftet-Seins"[82]. Und das dritte Apriori gibt die Bedingungen an, die erfüllt sein müssen, damit wir von einer „vollständigen" Vergesellschaftung eines Individuums sprechen können. Dies setzt aber voraus, daß jeder einzelne Mensch eine

---

77   Simmel, Soziologie, a.a.O., S. 24 f.

78   Ebd., S. 19 ff.; Ders., Grundfragen der Soziologie, a.a.O., S. 70.

79   Simmel, Über sociale Differenzierung, a.a.O., S. 131.

80   Simmel, Das Problem der Sociologie, a.a.O., S. 54 und 57. Simmel machte sich mit diesen Formulierungen eine Mehrdeutigkeit des Begriffs ‚Vergesellschaftung' zu eigen, der in der deutschen Sprache seit dem 17. Jahrhundert sowohl zur Kennzeichnung des psychologischen Gesetzes der ‚Ideenassoziation' als auch zur Bezeichnung eines zentralen sozialtheoretischen Sachverhaltes verwendet worden ist. Im letzteren Fall kann ‚Vergesellschaftung' sowohl den Zusammenschluß zweier oder mehrerer Individuen zu einer sozialen Gruppe als auch den Prozeß der ‚Sozialisation' eines Individuums bedeuten, vermittels dem es sukzessiv Teil einer bereits bestehenden Gesellschaft wird. Zu den entsprechenden begriffsgeschichtlichen Befunden, die in Simmels Sprachgebrauch Eingang gefunden haben, siehe auch Klaus Lichtblau, Art. „Vergesellschaftung", in: Joachim Ritter / Karlfried Gründer / Gottfried Gabriel (Hrsg.), Historisches Wörterbuch der Philosophie, Band 11, Basel 2001, Spalte 666-671.

81   Simmel, Soziologie, a.a.O., S. 47 ff.

82   Ebd., S. 51.

„Stelle" oder „Position" in einer objektiv vorgegebenen Sozialstruktur findet, die seinen persönlichen Neigungen entspricht. Ein solcher idealer Einklang zwischen den subjektiven Präferenzen der einzelnen Individuen und den objektiven Erfordernissen der Gesellschaft kommt Simmel zufolge in einem anspruchsvollen Verständnis des Begriffs „Beruf" zum Ausdruck. Die Tragik dieses dritten Apriori besteht allerdings darin, daß die in ihm angegebenen Bedingungen einen Grenzfall markieren, dessen Eintreten nicht ohne Weiteres als selbstverständlich angesehen werden kann. Ist nämlich in Bezug auf ein konkretes Individuum die hierbei unterstellte Voraussetzung nicht gegeben, so „ist es eben nicht vergesellschaftet, ist die Gesellschaft nicht die lückenlose Wechselwirksamkeit, die ihr Begriff aussagt"[83].

Simmel zufolge bildet also nicht die *Gemeinschaft* oder der *Staat*, sondern das *Individuum* den eigentlichen Gegenbegriff zu dem der Gesellschaft. Ihn interessierten dabei nicht die konkreten Motive, Zwecke und Interessen, welche die Menschen mit ihrem Handeln verfolgen, sondern die verschiedenen Arten und Grade ihres Vergesellschaftseins, die sich aus ihrem Aufeinanderwirken ergeben. Dies ist auch der Grund, warum er seine Soziologie als eine Lehre von den *Formen der Vergesellschaftung* verstanden wissen wollte.[84] Denn nur unter Absehung von den verschiedenen ‚inhaltlichen‘ Neigungen der Menschen war es ihm zufolge möglich, das zu beschreiben, was eine Masse von Individuen überhaupt erst zu einer ‚Gesellschaft‘ macht. Für Simmel ist es dabei nicht entscheidend, wie flüchtig oder dauerhaft beziehungsweise wie räumlich begrenzt oder ausgedehnt ihr „Miteinander"-, „Füreinander"- und „Gegeneinander-Handeln" ist.[85] Sein Gesellschaftsbegriff ist deshalb nach oben hin prinzipiell offen und auch im Hinblick auf eine Theorie der Weltgesellschaft anschlußfähig, auch wenn Simmel selbst es vorgezogen hat, sich primär mit jenen „mikroskopisch-molekularen Vorgängen" zu befassen, bei denen sich das soziale Geschehen noch nicht zu „festen, überindividuellen Gebilden" verfestigt hat, sondern sich die Gesellschaft gleichsam im Geburtszustand zeigt.[86] Vom Standpunkt seiner formalen Soziologie könnte man deshalb nur dann von der Existenz einer ‚Weltgesellschaft‘ sprechen, wenn tatsächlich globale Wechselwirkungen feststellbar sind, welche die Menschheit als Ganzes umfassen. Denn ihm zufolge kann man die Welt „nicht *eine* nennen, wenn nicht jeder ihrer Teile irgenwie jeden beeinflußte, wenn ir-

---

83   Ebd., S. 59.

84   Ebd., S. 19 ff.; vgl. Maria Steinhoff, Die Form als soziologische Grundkategorie bei Georg Simmel, in: Kölner Vierteljahreshefte für Soziologie 4 (1924-25), S. 214-259.

85   Simmel, Das Problem der Sociologie, a.a.O., S. 57; ders., Soziologie, a.a.O., S. 18.

86   Simmel, Soziologie, a.a.O., S. 33. In seiner Schrift *Über sociale Differenzierung* hatte Simmel demgegenüber den Begriff der Gesellschaft ursprünglich noch ausschließlich für jene objektiven Gebilde reserviert wissen wollen, in denen sich die einzelnen Wechselwirkungen zu Organisationen verdichtet bzw. ‚kristallisiert‘ haben, die unabhängig vom Eintritt oder Austritt einzelner Mitglieder existieren (vgl. dort S. 133 f.). Indem er später bewußt diese Engführung des Gesellschaftsbegriffs aufgab und in diesen auch den Bereich der elementaren alltäglichen Interaktionen mit einbezog, hat er ihn dermaßen ausgeweitet, daß er nun mit dem Begriff des Sozialen schlechthin identisch geworden ist. Dies ist auch der Grund, warum man Simmel keine gesellschaftstheoretischen Ambitionen im engeren Sinne unterstellen sollte, wie sie zum Beispiel in den entsprechenden Arbeiten von Talcott Parsons und Niklas Luhmann zum Ausdruck kommen. Denn bei Parsons und Luhmann gibt es neben der Gesellschaft auch noch andere soziale Systeme, bei Simmel dagegen nicht. Simmel gebrauchte darüber hinaus im Unterschied zu Parsons und Luhmann den Begriff ‚Gesellschaft‘ grundsätzlich im Singular, während er von den ‚Formen der Vergesellschaftung‘ nur im Plural sprach. Vgl. dagegen die an Luhmann orientierte Simmel-Interpretation von Ziemann, Die Brücke zur Gesellschaft, a.a.O. sowie die diesbezüglich berechtigte Kritik von Andreas Göbel, Die Form der Gesellschaft und die Form der Gesellschaftstheorie, in: Österreichische Zeitschrift für Soziologie 26 (2001), S. 88-99.

genwo die, wie immer vermittelte, Gegenseitigkeit der Einwirkungen abgeschnitten wäre"[87]. Dies würde jedoch nichts daran ändern, daß gemäß seinem Sprachgebrauch der Prozeß der Globalisierung nur eine spezifische Form der Vergesellschaftung darstellt, neben der auch noch zahlreiche andere Arten und Grade der Vergesellschaftung existieren.

Die Abdankung der Gesellschaftstheorie zugunsten der Universalgeschichte

Wenn Max Weber am Schluß dieses Überblicks über die deutsche Tradition des Gesellschaftsbegriffs steht, so hat dies nicht nur chronologische, sondern auch sachliche Gründe. Denn zum einen hatte sich Weber an dem Sprachgebrauch von Tönnies und Simmel orientiert und diesen in eigenartiger Weise weiterentwickelt. Zum anderen verstand Weber die Ausarbeitung entsprechender soziologischer Grundbegriffe nicht als Selbstzweck. Denn sie war bei ihm in den anspruchsvollen Versuch eingebettet, die universalgeschichtliche Eigenart des okzidentalen Rationalismus in Abgrenzung von den wichtigsten außereuropäischen Kulturkreisen auf vergleichendem Weg zu verdeutlichen. Webers universalgeschichtlich ausgerichtete Soziologie, wie sie in den beiden Fassungen von *Wirtschaft und Gesellschaft* sowie in seinen religionssoziologischen Schriften zum Ausdruck kommt, ist insofern in sehr spezifischer Art und Weise dem Problem der Rationalisierung der verschiedensten Lebensbereiche innerhalb des ursprünglich von Europa und Nordamerika ausgehenden Modernisierungs- und Globalisierungsprozesses verpflichtet.[88] Von Tönnies übernahm er dabei die Gegenüberstellung von gemeinschaftlichen und gesellschaftlichen Lebensformen, von Simmel dagegen die Anregung, daß die Hypostasierung der Gesellschaft zu einem Kollektivsubjekt zugunsten eines prozessualen Verständnisses von Vergesellschaftung zu vermeiden sei. Dies ist offensichtlich auch der Grund, warum Weber im älteren Teil von *Wirtschaft und Gesellschaft* nicht den Gesellschaftsbegriff, sondern den Gemeinschaftsbegriff sowie den von diesem abgeleiteten Begriff des „Gemeinschaftshandelns" als Oberbegriff für ganz unterschiedliche Formen der Gruppen- und Verbandsbildung gebraucht hat, während die Begriffe „Gesellschaftshandeln" und „Vergesellschaftung" bei ihm wesentlich enger gefaßt sind, da sie auf bestimmte Erscheinungsformen einer Rationalisierung und Versachlichung des sozialen Lebens Bezug nehmen.[89] Weber hatte diese entwicklungsgeschichtliche Gegenüberstellung von gemeinschaftlichen und gesellschaftlichen Lebensformen bereits in seiner Dissertation von 1889 im Auge, als er die Entstehung der geschlossenen Handelsgesellschaften im europäischen Mittelalter auf eine entspre-

---

87   Simmel, Soziologie, a.a.O., S. 18.

88   Vgl. Günter Abramowski, Das Geschichtsbild Max Webers. Universalgeschichte am Leitfaden des okzidentalen Rationalisierungsprozesses, Stuttgart 1966; Jürgen Habermas, Theorie des kommunikativen Handelns, Band 1: Handlungsrationalität und gesellschaftliche Rationalisierung, Frankfurt am Main 1981, S. 225-366; Wolfgang Schluchter, Religion und Lebensführung, Band 1: Studien zu Max Webers Kultur- und Werttheorie, Frankfurt am Main 1988, S. 23-113.

89   Vgl. Klaus Lichtblau, „Vergemeinschaftung" und „Vergesellschaftung" bei Max Weber. Eine Rekonstruktion seines Sprachgebrauchs, in: Zeitschrift für Soziologie 29 (2000), S. 423-443 (in diesem Band S. 261 ff.); Wolfgang J. Mommsen, Einleitung, in: Max Weber, Gesamtausgabe, Abteilung I, Band 22: Wirtschaft und Gesellschaft. Die Wirtschaft und die gesellschaftlichen Ordnungen und Mächte. Nachlaß, Teilband 1: Gemeinschaften. Herausgegeben von Wolfgang J. Mommsen in Zusammenarbeit mit Michael Meyer, Tübingen 2001, S. 1-65.

chende historische Entwicklungsstufe der Hausgemeinschaft zurückzuführen versuchte.[90] In dem Text über die „Hausgemeinschaften", der im älteren Teil von *Wirtschaft und Gesellschaft* Eingang fand, hatte Weber dann die These aufgestellt, daß es zwei unterschiedliche historische Entwicklungsformen der ursprünglichen Hausgemeinschaft gebe, die ihre universalgeschichtliche Bedeutung unterstreichen: nämlich den *Oikos* und den kapitalistischen *Betrieb*. Die eine Entwicklungsrichtung stelle dabei die ökonomische Grundlage für eine spezifisch traditionalistische Form der Herrschaft dar, während die andere den Übergang zur modernen Form der ökonomischen Bedarfsdeckung markiere.[91]

Weber hatte insofern bereits in seinen frühen Texten über die „Gemeinschaften" verschiedene universalgeschichtliche Entwicklungsmöglichkeiten angedeutet, die im engen Zusammenhang mit seiner Frage nach der epochalen Eigenart des okzidentalen Rationalismus standen, auch wenn diese dort noch nicht so differenziert ausgearbeitet waren wie jene Begriffstypologien, die Weber später seinen religions-, rechts- und herrschaftssoziologischen Untersuchungen zugrunde gelegt hat. Offensichtlich schwebte ihm ursprünglich eine Untergliederung seines eigenen Beitrages zu dem von ihm herausgegebenen *Grundriß der Sozialökonomik* vor, bei der die Darstellung der einzelnen Formen der Gemeinschaftsbildung im Rahmen einer relativ statischen Betrachtungsweise erfolgen sollte, während eine umfassende dynamische Betrachtungsweise der großen entwicklungsgeschichtlichen Prozesse erst in Gestalt des Einbezugs der Religions-, Rechts- und Herrschaftssoziologie geplant war. Denn er wies ausdrücklich darauf hin, daß es ihm in seinen frühen Untersuchungen nicht um die Beziehung der Wirtschaft zu den einzelnen „Kulturinhalten" ginge, sondern lediglich um „ihre Beziehung zur ‚Gesellschaft', das heißt in diesem Fall: den allgemeinen Strukturformen menschlicher Gemeinschaften". Diese *Strukturformen* hatte er darüber hinaus den *Entwicklungsformen* des Gemeinschaftshandelns gegenübergestellt, von denen Weber sagte, daß er sie in einigermaßen präziser Form erst im Zusammenhang mit der Kategorie der ‚Herrschaft' erörtern könne.[92]

Daraus kann jedoch nicht der Schluß gezogen werden, daß Weber erst im Rahmen seiner Arbeit an der Religions-, Rechts- und Herrschaftssoziologie die universalgeschichtliche Bedeutung des Problems der Rationalisierung der einzelnen Lebensbereiche erkannt habe.[93] Denn Weber hatte bereits in der ersten Phase seiner Arbeit an *Wirtschaft und Gesellschaft*, in der die Texte über die „Gemeinschaften" entstanden sind, von der später in seinem Kategorienaufsatz entwickelten Terminologie Gebrauch gemacht. Diese frühe Fassung seiner soziologischen Grundbegriffe sowie die ihnen zugrunde liegende entwicklungsgeschichtliche Be-

---

90   Vgl. Max Weber, Zur Geschichte der Handelsgesellschaften im Mittelalter (1889), in: Gesammelte Aufsätze zur Sozial- und Wirtschaftsgeschichte, Tübingen 1924, S. 416.

91   Vgl. Max Weber, Wirtschaft und Gesellschaft. Grundriß der verstehenden Soziologie, 5. Aufl. Tübingen 1972, S. 230 ff.; ders., Gemeinschaften, a.a.O., S. 155 ff.

92   Weber, Wirtschaft und Gesellschaft, a.a.O., S. 212; ders., Gemeinschaften, a.a.O., S. 114.

93   Genau dies unterstellt Wolfgang J. Mommsen in seiner ansonsten sehr verdienstvollen Einleitung zu der von ihm besorgten Herausgabe des Teilbandes „Gemeinschaften" innerhalb der Edition des Nachlasses von *Wirtschaft und Gesellschaft* im Rahmen der Max-Weber-Gesamtausgabe. Dies ist eine sehr gewagte Hypothese, die den engen werkgeschichtlichen Zusammenhang zwischen Webers Vorkriegsmanuskripten grundsätzlich in Frage stellt. Sie läuft streng genommen auf die Unterstellung hinaus, daß Weber nicht nur zwei, sondern sogar drei unterschiedliche Varianten von Soziologie ausgearbeitet hat. Dies vermutet zumindest Stefan Breuer, Ein neuer Band der Weber-Gesamtausgabe, in: Neue Zürcher Zeitung, 21. Mai 2002, S. 114. Zur ausführlichen Diskussion dieser fragwürdigen werkgeschichtlichen Hypothese siehe auch Klaus Lichtblau, Max Weber's Two Sociologies, in: Max Weber Studies 3 (2003), Heft 2, S. 233-237 (in diesem Band S. 389 ff.)

trachtungsweise stellen deshalb das eigentliche Bindeglied zwischen den einzelnen Texten aus dem Nachlaß von *Wirtschaft und Gesellschaft* dar, auch wenn Weber dort diese Begriffe in unterschiedlichem Umfang gebraucht hat. Zentral ist dabei die terminologische Abgrenzung des ‚Gemeinschaftshandelns‘ vom ‚Gesellschaftshandeln‘, die Weber in Anlehnung an Tönnies vorgenommen hat, sowie die damit eng im Zusammenhang stehende Unterscheidung zwischen ‚Vergemeinschaftung‘ und ‚Vergesellschaftung‘. Zwar trifft es nicht zu, daß Weber den Gesellschaftsbegriff überhaupt nicht verwendet hat; in seinem Kategorienaufsatz von 1913 und auch in seinen späteren *Soziologischen Grundbegriffen* taucht er allerdings nicht als Terminus technicus auf.[94] Statt dessen zog Weber dort ähnlich wie Simmel den Begriff der ‚Vergesellschaftung‘ dem der ‚Gesellschaft‘ vor, um den dynamischen und funktionalen Charakter des damit angesprochenen ‚Gesellschaftshandelns‘ zu betonen. Im Unterschied zu Simmels Sprachgebrauch ist dieser Begriff bei Weber jedoch auf einen besonderen Fall von sozialen Beziehungen beschränkt, der zugleich seine entwicklungsgeschichtliche Bedeutung unterstreicht. Denn Weber zufolge sind ‚Vergesellschaftung‘ und ‚Rationalisierung‘ identische Begriffe. Zentrale Beispiele für das Vorliegen einer Vergesellschaftung sind dabei ähnlich wie bei Tönnies der Tausch als Sonderfall einer vertraglichen Vereinbarung sowie die Orientierung des Handelns an einer „rationalen Ordnung“, wobei letztere frei vereinbart oder aber oktroyiert sein kann. Demgegenüber liegt nach Weber eine ‚Vergemeinschaftung‘ bereits dann vor, wenn das Handeln der Menschen sinnhaft aufeinander bezogen ist und insofern ein ‚Gemeinschaftshandeln‘ beziehungsweise ein *soziales Handeln* im Unterschied zu einem rein reaktiven Sichverhalten vorliegt.[95]

Das ‚Gesellschaftshandeln‘ stellt also einen Sonderfall des Gemeinschaftshandelns dar, der nur unter bestimmten entwicklungsgeschichtlichen Voraussetzungen massenhaft in Erscheinung tritt. Weber hatte in seiner späteren Terminologie für diesen Handlungstypus den Begriff des zweckrationalen und wertrationalen Handelns eingeführt, um die in ihm vorherrschende Sinnrichtung zu unterstreichen und ihn vom traditionalen und affektuellen Handeln abzugrenzen.[96] Während er nun darum bemüht war, die Vieldeutigkeit des Begriffs der ‚Rationalisierung‘ hervorzuheben, kam diesem in den älteren Manuskripten noch ein sehr präziser Sinn zu. Er meinte hier nämlich den Sonderfall der „Rationalisierung der Ordnungen einer Gemeinschaft“[97]. Dieser Rationalisierungsprozeß ließ sich seiner Meinung nach in Form einer Entwicklungsgeschichte rekonstruieren, bei der verschiedene Stufen voneinander unterschieden werden können und die aufgrund der herrschaftssoziologischen Engführung seiner damaligen Terminologie paradoxerweise nicht in der *Marktvergesellschaftung*, sondern in der „anstaltsmäßigen Vergesellschaftung“ ihren krönenden Abschluß gefunden hat.[98]

---

94 Vgl. Hartmann Tyrell, Max Webers Soziologie – eine Soziologie ohne „Gesellschaft“, in: Gerhard Wagner / Heinz Zipprian (Hrsg.), Max Webers Wissenschaftslehre. Interpretation und Kritik, Frankfurt am Main 1994, S. 390-414.

95 Vgl. Weber, Wirtschaft und Gesellschaft, a.a.O., S. 181 ff.; ders., Über einige Kategorien der verstehenden Soziologie (1913), in: Gesammelte Aufsätze zur Wissenschaftslehre, 6. Aufl. Tübingen 1985, S. 441 ff.

96 Weber, Wirtschaft und Gesellschaft, a.a.O., S. 12 ff.

97 Weber, Über einige Kategorien der verstehenden Soziologie, a.a.O., S. 471; vgl. ders., Wirtschaft und Gesellschaft, a.a.O., S. 181 ff.

98 Erst in der definitiven Fassung seiner soziologischen Grundbegriffe hatte Weber dann die *Marktvergesellschaftung* und die *anstaltsmäßige Vergesellschaftung* gleichberechtigt gegenübergestellt. Vgl. Max Weber, Wirtschaft und Gesellschaft, a.a.O., S. 21 ff.; ferner Lichtblau, „Vergemeinschaftung“ und „Vergesellschaftung“ bei Max

Die frühe Fassung seiner soziologischen Grundbegriffe ist also noch eng mit seiner universalgeschichtlichen Rationalisierungsthese verbunden, wie er sie insbesondere in seiner Religions-, Rechts- und Herrschaftssoziologie entwickelt hat. Obgleich er diese entwicklungsgeschichtliche Dimension seiner Grundbegriffe später zugunsten eines soziologischen Typenatomismus aufgab, den Talcott Parsons mit der Methode der Kreuztabellierung wieder zu überwinden versucht hatte, ändert dies nichts an der Tatsache, daß Weber kein ‚Gesellschaftstheoretiker' im heute gebräuchlichen Sinn dieses Wortes war. Denn er war bis zu seinem Tod primär an einer *historischen* Erklärung der Eigenart des okzidentalen Rationalismus und an einer *kulturvergleichenden* Analyse seiner verschiedenen Erscheinungsformen interessiert. Weber hätte sich deshalb vermutlich auch nicht an der Ausarbeitung einer Theorie der ‚Weltgesellschaft' beteiligt, obgleich gerade er in einer sehr spezifischen Art und Weise auf Entwicklungsprozesse von universalgeschichtlicher Bedeutung aufmerksam gemacht hat, von der auch noch die zeitgenössische Globalisierungsdebatte profitieren kann. Schließlich war der durch die zunehmende Rationalisierung und Intellektualisierung bedingte Prozeß der ‚Entzauberung der Welt' sein zentrales Thema. Ob dieser Rationalisierungsprozeß eines Tages jedoch tatsächlich weltweit zu einer ‚mechanischen Versteinerung' führen wird oder ob dereinst die ‚alten Götter' wieder aus dem Grab steigen und Einfluß auf unser Leben nehmen werden, ist dabei allerdings ebenso offen wie das Schicksal zahlreicher anderer soziologischer Zeitdiagnosen. Vielleicht ist deshalb auch nicht unbedingt die ‚Weltgesellschaft' oder gar die ‚Bürokratie' unser unentrinnbares Schicksal, wohl aber die *Weltgeschichte*, die nach einem berühmten Diktum von Friedrich Schiller ohnehin das eigentliche ‚Weltgericht' darstellt.

Weber, a.a.O., S. 436 ff. (in diesem Band S. 261 ff.). Zu Webers Verständnis von ‚Entwicklungsgeschichte' siehe auch Günther Roth, Politische Herrschaft und persönliche Freiheit. Heidelberger Max Weber-Vorlesungen 1983, Frankfurt am Main 1987, S. 283 ff.

2. Umstrittener Sinn – Zur logischen Begründung der historischen Kulturwissenschaften

Einleitung

Drei unterschiedliche philosophische Strömungen haben sich gegen Ende des 19. Jahrhunderts darum bemüht, die ursprünglich innerhalb der traditionellen Philosophischen Fakultät entstandenen und sich ihr gegenüber zunehmend verselbständigenden kulturwissenschaftlichen Disziplinen im Hinblick auf einen wissenschaftstheoretischen Kanon festzulegen, der einerseits die allmählich verloren zu gehen drohende Einheit der Wissenschaft zumindest auf einer hohen Abstraktionsebene garantieren sollte, andererseits aber offen genug war, um die Eigenart der Erkenntnis der geschichtlich-sozialen Welt gegenüber der modernen naturwissenschaftlichen Betrachtungsweise zu berücksichtigen. Die im Umkreis des europäischen Positivismus entstandenen einflußreichen logischen Systeme von John Stuart Mill und Wilhelm Wundt zeichneten sich dadurch aus, daß sie zwar den besonderen Status der ‚Moral Sciences' beziehungsweise der ‚Geisteswissenschaften' hervorhoben, diese letztlich aber dann doch wieder den Normen einer einheitswissenschaftlichen Betrachtungsweise unterwarfen, die sich an dem Vorbild der Naturwissenschaften orientiert hatte.[1]

Dieser Versuch, die Besonderheit der geschichtlich-sozialen Welt zugunsten einer einheitlichen Logik und Methodologie der Wissenschaften bewußt zu vernachlässigen, hatte im deutschsprachigen Raum jedoch zu zwei intellektuellen Gegenströmungen geführt, die darum bemüht waren, die disziplinäre Sonderstellung der historisch orientierten Geistes- und Kulturwissenschaften gegenüber dem Universalitätsanspruch des naturwissenschaftlichen Erkenntnisideals in Form einer ‚Kritik der historischen Vernunft' zur Geltung zu bringen. Neu war dabei nicht diese dualistische Klassifikation der Wissenschaften als solche, sondern der Versuch, den geistes- und kulturwissenschaftlichen Disziplinen eine eigenständige erkenntnistheoretische Grundlage zu geben, die sie gegenüber den Naturwissenschaften auszeichnen und dabei als prinzipiell gleichberechtigt ausweisen sollte.[2]

Die eine prominente Gegenströmung gegenüber dem positivistischen Ideal der Einheit der Wissenschaft wird durch eine bewußt lebensphilosophisch-hermeneutische Ausrichtung der geisteswissenschaftlichen Forschung verkörpert, die andere dagegen durch die verschiedenen Bemühungen im Umkreis des südwestdeutschen Neukantianismus, die Eigenart der kulturwis-

---

1 Vgl. John Stuart Mill, A System of Logic Ratiocinative and Inductive. People's Edition, London / New York 1891, S. 545 ff. ("On the Logic of the Moral Sciences"); Wilhelm Wundt, Logik. Eine Untersuchung der Prinzipien der Erkenntnis und der Methoden wissenschaftlicher Forschung, Stuttgart 1883, Band 2, S. 478 ff.

2 Siehe hierzu auch Herbert Schnädelbach, Philosophie in Deutschland 1831-1933, Frankfurt am Main 1983, S. 69 ff. und 154 ff.; ferner Gunter Scholtz, Zum Strukturwandel in den Grundlagen kulturwissenschaftlichen Denkens (1880-1945), in: Wolfgang Küttler / Jörn Rüsen / Ernst Schulin (Hrsg.), Geschichtsdiskurs, Band 4: Krisenbewußtsein, Katastrophenerfahrungen und Innovationen 1880-1945, Frankfurt am Main 1997, S. 19-50.

senschaftlichen Erkenntnis auf wertphilosophischer Grundlage in Form einer eigenständigen ,Logik der Kulturwissenschaften' zu begründen und strikt von den Naturwissenschaften ab-zugrenzen. Beide philosophische Richtungen zeichnen sich dadurch aus, daß sie gegenüber einem an allgemeinen Gesetzesaussagen orientierten Wissenschaftsideal ein entschiedenes Interesse an dem historisch Individuellen und Einmaligen einer gegebenen Erscheinung in den Mittelpunkt der Betrachtung stellten. Äußerst unterschiedlich war dagegen ihre jeweili-ge Einschätzung der Rolle der *Psychologie* und der Bedeutung des subjektiven *Erlebens* bei der Erforschung der geschichtlich-sozialen Welt, weshalb die Repräsentanten der geisteswis-senschaftlichen Psychologie in diesem Zusammenhang den Ausdruck *Geisteswissenschaften* vorgezogen hatten, die Vertreter des Neukantianismus dagegen von den *Kulturwissenschaf-ten* sprachen, um jene Disziplinen zu kennzeichnen, die um eine solche historische Form der Erkenntnis bemüht waren.[3] Nicht auf den Streit um den Namen dieser Disziplinen soll hier jedoch eingegangen werden, sondern auf die Frage, nach welchen Kriterien sie jeweils von den Naturwissenschaften unterschieden wurden und welche Bedeutung dabei der historischen Dimension bei ihrer erkenntnistheoretischen Grundlegung zugesprochen worden ist.

Wilhelm Diltheys ,Kritik der historischen Vernunft'

Die von Wilhelm Dilthey begründete Richtung der geisteswissenschaftlichen Psychologie ist darum bemüht, die spezifische Vorgehensweise der modernen Kulturwissenschaften auf der Grundlage des alltäglichen Verstehens von fremdpsychischen Erlebnisinhalten zu beschreiben und erkenntnistheoretisch zu fundieren. Nicht allein die philologische Auslegung von Texten, sondern das Verstehen aller kulturrelevanten Objektivationen einer geistigen Überlieferung soll gewährleisten, daß die modernen Geistes- und Kulturwissenschaften ihrerseits einen ei-genständigen Wahrheitsanspruch geltend machen können, der theoretisch vermittelt und em-pirisch überprüfbar ist. Dilthey zufolge ist es deshalb auch nicht das abstrakte Erkenntnissub-jekt Kants, sondern der ,ganze Mensch' mit seinem Denken, Fühlen und Wollen, von dem bei der Betrachtung des Aufbaus der geschichtlich-gesellschaftlichen Wirklichkeit ausgegangen werden muß.[4] Seine Einteilung der Wissenschaften geht zwar von der ,psycho-physischen Le-benseinheit der Menschennatur' aus, unterscheidet aber die Art und Weise, wie uns materiel-le und geistige Tatbestände gegeben sind, gemäß der ,äußeren' und ,inneren Erfahrung' des Menschen. Erstere sei die Grundlage aller Naturerkenntnis, letztere dagegen Voraussetzung für einen ungeschmälerten Zugang zu den Tatsachen des geistigen Lebens. Dies ist auch der Grund, weshalb eine auf das *Individuum* ausgerichtete deskriptive Psychologie und Anthropo-logie in Diltheys Theorie der Geisteswissenschaften den Status einer Grundlagenwissenschaft zugesprochen bekommen. Konsequenterweise gilt ihm die *Biographie* als diejenige Form der Darstellung historischer Sachverhalte, die nicht nur der psycho-physischen Lebenseinheit eines Menschen am adäquatesten Rechnung zu tragen vermag, sondern von der aus sich auch der

---

3   Vgl. Rudolf A. Makkreel, Dilthey. Philosoph der Geisteswissenschaften, Frankfurt am Main 1991, S. 41 ff.
4   Siehe hierzu und zum Folgenden auch Hans-Ulrich Lessing, Die Idee einer Kritik der historischen Vernunft. Wilhelm Diltheys erkenntnistheoretisch-logisch-methodologische Grundlegung der Geisteswissenschaften, Freiburg / München 1984, besonders S. 103 ff.

Aufbau größerer geschichtlicher Strukturen und Prozesse wie zum Beispiel die Eigenart eines ganzen Zeitalters und der Wandel von generationsspezifischen Erfahrungen erschließen läßt.[5]

Kennzeichnet das Individuum bei Dilthey eine Einheit, die nicht weiter auf elementarere leib-seelische Prozesse zurückgeführt werden kann, so stellt ihm zufolge jedoch die gesellschaftlich-kulturelle Bedingtheit von unterschiedlichen Formen von Individualität einen legitimen Gegenstand der geisteswissenschaftlichen Forschung dar. Deshalb ist seine Untergliederung der Geisteswissenschaften nach oben für einen systematischen Einbezug jener Wirklichkeitsbereiche offen, die den zentralen Gegenstandsbereich der Gesellschafts- und Staatswissenschaften des 19. Jahrhunderts bildeten. Er unterscheidet dabei zwar nicht in einem methodologischen Sinne zwischen den modernen Geistes- und Sozialwissenschaften, trägt aber dennoch dem Umstand Rechnung, daß hier die Möglichkeit eines weiteren disziplinären Ausdifferenzierungsprozesses gegeben ist, der sich einerseits an dem semantischen Feld der ‚Kultur‘ und andererseits an dem der ‚Gesellschaft‘ und des ‚Staates‘ orientiert. Denn um die Diskrepanz zwischen einer rein biographischen und einer dezidiert makrohistorischen Betrachtungsweise zu überbrücken, ist es ihm zufolge erforderlich, drei weitere Arten von Strukturbildungen zu berücksichtigen, deren komplexes Zusammenspiel überhaupt erst den Verlauf von übergreifenden geschichtlichen Prozessen verständlich zu machen vermag: nämlich die „äußere Organisation der Gesellschaft", die durch die Existenz von Macht- und Herrschaftsverhältnissen geprägt ist, die durch unterschiedliche Zweckzusammenhänge bestimmten „Systeme der Kultur" und die jeweilige charakteristische Eigenart der einzelnen Völker. Letztere läßt sich ihm zufolge aber nicht durch abstrakte Begriffe wie ‚Volksgeist‘ und ‚Nation‘ erschließen, sondern allein durch ein Studium des Zusammenwirkens der jeweiligen Sprache, Kunst und Religion eines Volkes, das seinerseits auf die Notwendigkeit einer umfassenden Analyse der geschichtlich-gesellschaftlichen Wirklichkeit verweist. Dilthey unterscheidet deshalb zwischen den „Wissenschaften von der äußeren Organisation der Gesellschaft" und den „Wissenschaften von den Systemen der Kultur", deren Wechselverhältnis er mit dem zu diesem Zeitpunkt sich bereits abzeichnenden Gegensatz zwischen der *politischen Geschichtsschreibung* und der *Kulturgeschichtsschreibung* vergleicht, ohne allerdings auf deren unterschiedlichen methodologischen Vorgehensweisen einzugehen.[6]

Eigenartig ambivalent bleibt in diesem Zusammenhang auch sein Verhältnis zur ‚Gesellschaftswissenschaft‘ sowie zur modernen Soziologie. Denn als ‚metaphysische‘ Deutung übergreifender sozialer Entwicklungsprozesse lehnt er sie ebenso eindeutig ab wie die historisch überlieferten geschichtsphilosophischen Konstruktionen. Als reine ‚Formensoziologie‘ in der Gestalt, wie sie von seinem Berliner Kollegen Georg Simmel entwickelt worden ist, sieht er dagegen den Spielraum für eine eigenständige Forschungsrichtung gegeben, nicht jedoch die Existenzberechtigung für eine neue geisteswissenschaftliche Disziplin.[7] Diltheys Antwort auf die von ihm gestellte Frage nach der möglichen inneren Einheit der einzelnen

---

5   Vgl. Wilhelm Dilthey, Einleitung in die Geisteswissenschaften. Versuch einer Grundlegung für das Studium der Gesellschaft und der Geschichte (1883), in: Gesammelte Schriften, Band 1, Leipzig / Berlin 1923, S. XVII f., 15 und 32 ff.

6   Ebd., S. 42 ff.

7   Vgl. ebd., S. 86 ff. und 420 ff. (= Zusatz aus den Jahren 1904-06). Zu Diltheys Verhältnis zu Simmel siehe auch Hans Liebeschütz, Von Georg Simmel zu Franz Rosenzweig. Studien zum Jüdischen Denken im deutschen Kulturbereich, Tübingen 1970, S. 123 ff.

geisteswissenschaftlichen Disziplinen beziehungsweise nach einer Gesamterkenntnis der geschichtlich-gesellschaftlichen Wirklichkeit fällt deshalb entsprechend negativ aus, da ihm zufolge die überlieferten geschichtsphilosophischen Konstruktionen und die Spekulationen der
großen positivistischen Systeme durch den Fortschritt der modernen Einzelwissenschaften
unwiderruflich ihre Glaubwürdigkeit verloren haben. Nur im Rahmen einer minutiösen Analyse des historischen Gesamtprozesses und seiner zahlreichen Untergliederungen wird ihm
zufolge eines Tages wieder eine auch philosophisch gehaltvolle Geschichtsschreibung möglich sein. Diese Auffassung hatten einige seiner Kritiker allerdings mit dem Vorwurf in Abrede gestellt, daß es sich hierbei um einen historischen Relativismus sowie einen Ausverkauf
von genuin philosophischen Grundsätzen handele.[8]

Die neukantianische Grundlegung der Kulturwissenschaften

Zu den entschiedensten Gegnern von Diltheys Theorie der Geisteswissenschaften gehörten
auch einige namhafte Vertreter des südwestdeutschen Neukantianismus, die ihrerseits darum
bemüht waren, die Eigenart der kulturwissenschaftlichen Forschung in strikter Abgrenzung
von dem naturwissenschaftlichen Erkenntnisideal zu bestimmen. Zum einen bestritten sie,
daß die grundbegriffliche Unterscheidung zwischen der ‚Natur' und dem ‚Geist' geeignet sei,
zwei unterschiedliche Klassen von Objekten und entsprechende Formen des wissenschaftlichen Denkens strikt voneinander abzugrenzen. Dies komme in dem eigentümlichen Status
der modernen *experimentellen Psychologie* zum Ausdruck, die eine Anwendung von naturwissenschaftlichen Methoden auf psychische Phänomene darstelle und sich insofern notwendigerweise einer solchen Wissenschaftsklassifikation entziehen müsse. Eine ‚psychologische'
Grundlegung der Geisteswissenschaften sei deshalb nicht geeignet, ihre spezifische Form der
Begriffsbildung eindeutig von der in den Naturwissenschaften gebräuchlichen abzugrenzen,
weshalb die Vertreter des südwestdeutschen Neukantianismus auch den Ausdruck ‚Kulturwissenschaften' bevorzugt hatten, um die nicht-naturwissenschaftlichen Disziplinen zu kennzeichnen. Zum anderen hielten sie es grundsätzlich nicht für möglich, dem geschichtlichen
Prozeß Kriterien für eine sinnvolle Ordnung und Strukturierung des überlieferten Quellen-
materials zu entnehmen, wenn nicht bereits vorgängige theoretische Selektionskriterien angegeben werden, nach denen entschieden werden kann, ob etwas für unser eigenes Selbstverständnis historisch bedeutsam ist oder aber nicht. Die historische Forschung bedürfe deshalb
einer Orientierung an ‚Werten', die überhaupt erst eine spezifische ‚Objektivität' der kulturwissenschaftlichen Erkenntnis möglich mache.[9]
    Wie stark dieses Verständnis von Kulturwissenschaft dabei mit einer methodologischen
Selbstreflexion der Bedingungen der Möglichkeit einer wissenschaftlichen Form der Geschichtsschreibung verbunden ist, wird an Wilhelm Windelbands Straßburger Rektoratsrede aus dem
Jahre 1894 deutlich, mit der er die für den südwestdeutschen Neukantianismus charakteristi-

---

8   Zur ausführlichen Kritik an Diltheys Konzeption einer philosophischen Geschichtsbetrachtung siehe insbe-
    sondere Wilhelm Windelband, Kritische oder genetische Methode? (1883), in: ders., Präludien. Aufsätze und
    Reden zur Philosophie und ihrer Geschichte, 9. Aufl. Tübingen 1924, S. 99-135; ferner Heinrich Rickert, Die
    Philosophie des Lebens. Darstellung und Kritik der philosophischen Modeströmungen unserer Zeit, Tübingen
    1920, S. 46 ff.

9   Vgl. Makkreel, Dilthey. Philosoph der Geisteswissenschaften, S. 45 ff. und 262 ff.

sche Gegenüberstellung von *Natur-* und *Kulturwissenschaften* begründet hatte. Denn das die Naturwissenschaften kennzeichnende Erkenntnisideal sei immer die Feststellung von allgemeinen Gesetzen des Geschehens, das der ‚historischen Disziplinen‘ dagegen die Erkenntnis einer immer nur individuell beschreibbaren Gestalt. Erstere verfahren also ‚nomothetisch‘, letztere dagegen ‚idiographisch‘. Deshalb sei hier auch eine gewisse Verwandtschaft mit der künstlerischen Tätigkeit gegeben, die ja ihrerseits das individuell Gegebene in konkreter Weise zu veranschaulichen versucht. Nur mit dem Einzelnen und Einmaligen verbinde sich aber ein spezifisches Wertgefühl, welches auch jeder historischen Erkenntnis zugrunde liege, da den Menschen immer dasjenige besonders anziehe, was nicht in der Masse aufgeht und sich insofern noch nicht im Besitz aller befindet. Eine solche Verbindung zwischen dem Individuellen und dem Werthaften kennzeichne aber nicht nur unsere Vorstellung von der unverwechselbaren Eigenart der menschlichen Persönlichkeit, sondern auch das christliche Verständnis der Universalgeschichte als einem heilsgeschichtlichen Prozeß. Die Grenzen des naturwissenschaftlichen Denkens liegen dieser Auffassung zufolge deshalb im Wesen des Historischen selbst begründet, das sich immer nur in einer individuellen Gestalt erschließen und zum Gegenstand einer eigenständigen Form von Erkenntnis machen lasse.[10]

Heinrich Rickert übernahm diese logische Unterscheidung zwischen Natur- und Geschichtswissenschaft in leicht modifizierter Gestalt und versuchte die Eigenart der historischen Begriffsbildung im Rahmen einer ‚Wissenschaftslehre‘ der historischen Kulturwissenschaften auf wertphilosophischer Grundlage systematisch weiterzuentwickeln. Obgleich sein eigenes Verständnis von Kulturwissenschaft sich nicht durchzusetzen vermochte und heute meist nur noch im Kontext der methodologischen Schriften von Max Weber rezipiert wird, muß er doch als ein bedeutender Gegenspieler von Wilhelm Dilthey angesehen werden, der nicht nur auf einige zentrale Schwächen in Diltheys Theorie der Geisteswissenschaften aufmerksam machte, sondern ihr auch eine ernstzunehmende theoretische Alternative gegenübergestellt hatte. Ähnlich wie Windelband ging auch Rickert davon aus, daß die für eine Betrachtung der Kulturobjekte allein adäquate Form der Darstellung die nach der ‚historischen Methode‘ sei. Entschiedener wie dieser wies er jedoch darauf hin, daß sich die logische Eigenart dieser Methode nur im Zusammenhang einer Erörterung des dabei zugrunde liegenden Kulturbegriffs klären läßt.[11]

Mit der Gegenüberstellung von *Gesetzeswissenschaft* und *Wirklichkeitswissenschaft* paraphrasierte Rickert eine Form der Unterscheidung zwischen einer Erkenntnis des Allgemeinen und einer Erkenntnis des Individuellen, die bereits Windelband in die Diskussion über die Grundlagen der kulturwissenschaftlichen Erkenntnis eingeführt hatte und die im Übrigen auch in Georg Simmels frühem Versuch einer erkenntnistheoretischen Grundlegung der Historik aus dem Jahre 1892 vorweggenommen worden ist.[12] Neu ist hingegen Rickerts Argument, daß unsere Vorstellung von ‚Kultur‘ untrennbar mit einem Wertbegriff verbunden sei, der den Menschen überhaupt erst als einen ‚Kulturmenschen‘ auszeichne und der sowohl in

---

10   Wilhelm Windelband, Geschichte und Naturwissenschaft (1894), in: ders., Präludien, Band 2, S. 144 ff.

11   Vgl. Heinrich Rickert, Kulturwissenschaft und Naturwissenschaft. Ein Vortrag, Freiburg i. Br. / Leipzig / Tübingen 1899; ders., Die Grenzen der naturwissenschaftlichen Begriffsbildung. Eine logische Einleitung in die historischen Wissenschaften, Tübingen / Leipzig 1902.

12   Vgl. Georg Simmel, Die Probleme der Geschichtsphilosophie (1892), in: ders., Gesamtausgabe, Band 2, Frankfurt am Main 1989, S. 346 ff.

dessen praktischen Zwecksetzungen und Kulturleistungen als auch in dem spezifischen Erkenntnisinteresse des Historikers zum Ausdruck komme. ‚Werthaft‘ ist für Rickert deshalb
beides: der Gegenstandsbereich der kulturwissenschaftlichen Forschung einerseits sowie die
jeweilige Selektivität ihres möglichen Zugriffes auf das historisch vorgegebene Material andererseits. Da es ihm zufolge jedoch nicht möglich ist, Geschichte in einem naturalistischen
Sinne zu schreiben, ‚wie es gewesen ist‘, weil wir sonst im Meer der überlieferten Quellen
ertrinken würden, bedarf die kulturwissenschaftliche Erkenntnis eines theoretischen Bezugs
auf ‚objektive Kulturwerte‘, welche die Art unserer Fragestellungen sowie die Auswahl unserer Quellen bestimmen. Allein durch eine solche *theoretische Wertbeziehung*, die nicht mit
einer praktisch-wertenden Stellungnahme verwechselt werden darf, ist es ihm zufolge möglich, eine sinnhafte Ordnung in die Betrachtung des historischen Materials zu bringen, nicht
aber dadurch, daß die kulturwissenschaftliche Forschung in positivistischer Manier vorgegebene Allgemeinbegriffe über ihren Gegenstand stülpt.[13] Sind es in der Physik die elementaren *Lehrsätze der Mechanik*, welche die Einheit der Naturerkenntnis garantieren und ihr eine
systematische Form zu geben vermögen, so tritt in den empirisch verfahrenden Kulturwissenschaften an ihre Stelle ein *System von Kulturwerten*, das eine spezifische ‚Objektivität‘ der
kulturwissenschaftlichen Erkenntnis ermöglichen soll. Ein prinzipieller Fortschritt innerhalb
dieses Bereiches ist insofern mit der Entwicklung eines allgemein gültigen Systems der Werte
identisch, an dem sich die empirische Forschung zu orientieren vermag und das dafür Sorge
trägt, daß deren Ergebnisse in einen systematischen Zusammenhang gebracht werden können.[14]

Rickerts Lösungsvorschlag für das Objektivitätsproblem der historischen Kulturwissenschaften besteht also darin, daß er dieses untrennbar mit der Existenz eines Systems von all-
gemeingültigen Kulturwerten verbindet, die nicht dem geschichtlichen Prozeß entnommen
werden können, sondern gleichsam ‚apriorisch‘ gelten. Denn ginge man bei einer solchen
axiologischen Grundlegung der kulturwissenschaftlichen Erkenntnis von den in den unterschiedlichen Epochen und Kulturkreisen faktisch anzutreffenden Wertvorstellungen aus, würde dies zu einem historischen und kulturellen Relativismus führen, der den Verdacht erhärten
würde, daß die methodologische Vorgehensweise der modernen Kulturwissenschaften mehr
der Kunst als der Wissenschaft entspricht. Rickert sieht zwar diese Gefahr eines möglichen
Pluralismus von ‚historischen Wahrheiten‘, steht aber allen Ansätzen grundsätzlich skeptisch
gegenüber, die versuchen, dieses Problem durch die Verwendung von generalisierenden Formen der Begriffsbildungen und Gesetzesannahmen im naturwissenschaftlichen Sinn in den
Griff zu bekommen. Der in den einzelnen Kulturwissenschaften zuweilen ja ebenfalls zur Anwendung kommende Gebrauch von ‚Gruppenbegriffen‘ und naturwissenschaftlichen Formen
des Denkens kann seiner Meinung nach dabei keinesfalls als eine prinzipielle Infragestellung
der primär *historischen* Ausrichtung und des damit verbundenen idiographischen Charakters
dieser Disziplinen verstanden werden. Allein die theoretische Beziehung auf ein System all-

---

13   Rickert hatte deshalb nicht nur eine generalisierend verfahrende Soziologie abgelehnt und die Auffassung
     vertreten, daß die Soziologie niemals an die Stelle der Geschichtsschreibung treten könne, sondern in diesem
     Zusammenhang auch Diltheys Kennzeichnung der Geisteswissenschaften als „geschichtlich-gesellschaftliche
     Wissenschaften“ kritisiert, weil hier nicht zureichend zwischen den *Geschichts-* und den *Gesellschaftswissen-
     schaften* unterschieden würde, die ihm zufolge „logisch völlig auseinanderfallen“ können. Vgl. Rickert, Die
     Grenzen der naturwissenschaftlichen Begriffsbildung, a.a.O., S. 294.
14   Rickert, Kulturwissenschaft und Naturwissenschaft, S. 62 ff.

gemeingültiger Werte ist ihm zufolge deshalb in der Lage, das Objektivitätsproblem der kulturwissenschaftlichen Forschung zu lösen, weshalb er sich in der Folgezeit wiederholt darum bemüht hatte, die Existenz solcher ‚absoluten' Werte philosophisch zu begründen, ohne dabei allerdings erfolgreich zu sein.[15] Man hat ihm deshalb vorgeworfen, im Rahmen seiner Wissenschaftslehre einem Irrweg verfallen zu sein, auf dem sich das Objektivitätsproblem der historischen Kulturwissenschaften niemals in einer logisch befriedigenden Art und Weise lösen lasse. Vielmehr hätten seine Arbeiten den entgegengesetzten Eindruck nur noch verstärkt, daß es keinen ‚objektiven Sinn' in der Geschichte gibt und daß sich deshalb jede sinnstiftende Leistung im Bereich der kulturwissenschaftlichen Forschung allein jenem erkennenden Subjekt verdankt, das die einzelnen historischen und kulturellen Tatbestände gemäß seinen eigenen Bewertungskriterien interpretiert.[16]

Max Webers Spagat zwischen Geschichtswissenschaft und Soziologie

Die Vertreter des südwestdeutschen Neukantianismus hatten die Eigenart der kulturwissenschaftlichen Erkenntnis in einer individualisierenden Form der Begriffsbildung gesehen, welche das historisch Individuelle und Einmalige zum Gegenstand hat. Mit ihrer entschiedenen Abgrenzung von einer ‚positivistischen' beziehungsweise ‚gesetzeswissenschaftlichen' Vorgehensweise in den modernen Kulturwissenschaften legten sie ihre eigene wissenschaftstheoretische Position jedoch dermaßen auf ein wertbeladenes individualistisches Verständnis von Geschichte und Kultur fest, daß von hier aus nicht mehr deutlich wurde, wie der um 1900 sich bereits abzeichnende Erfolg der sozial- und verhaltenswissenschaftlichen Forschung jemals im Rahmen eines solchen kulturwissenschaftlichen Konzepts berücksichtigt werden könnte. Die von ihnen vorgenommene logische Unterscheidung zwischen den Natur- und den Kulturwissenschaften ist nämlich viel zu grobmaschig, um nicht nur der *Psychologie*, sondern auch der modernen *Soziologie* einen eindeutigen Platz im Rahmen dieser Wissenschaftsklassifikation zusprechen zu können. Konsequenterweise sind es gerade diese beiden Erfahrungswissenschaften gewesen, deren positivistische Varianten wiederholt das Abgrenzungsbedürfnis der Geisteswissenschaften von einer naturalistischen Ausrichtung der kulturwissenschaftlichen Forschung provoziert hatten. Demgegenüber haben die verschiedenen zeitgenössischen Ansätze zur Entwicklung einer ‚verstehenden Psychologie' und ‚verstehenden Soziologie' aufgrund ihrer hermeneutischen Implikationen das von den Wissenschaftslogikern aufgestellte Abgrenzungskriterium gegenüber den Naturwissenschaften offenbar in einer zufriedenstellenden Art und Weise erfüllt.[17]

Die von Max Weber entwickelte Variante der verstehenden Soziologie stellt dabei den Versuch dar, den Gegensatz zwischen einer historisch-individualisierenden und einer begriff-

---

15   Ebd., S. 55 ff.; ferner Heinrich Rickert, Vom System der Werte, in: Logos 4 (1913), S. 295-327.

16   Vgl. Scholtz, Zum Strukturwandel in den Grundlagen kulturwissenschaftlichen Denkens, S. 25. Zur Kritik an Rickerts Wertlehre siehe auch Guy Oakes, Die Grenzen kulturwissenschaftlicher Begriffsbildung. Heidelberger Max Weber-Vorlesungen 1982, Frankfurt am Main 1990, S. 111 ff.

17   Vgl. hierzu Wilhelm Dilthey, Ideen über eine beschreibende und zergliedernde Psychologie (1894), in: Gesammelte Schriften, Band 5, Leipzig / Berlin 1924, S. 139-240; Heinrich Rickert, Die Grenzen der naturwissenschaftlichen Begriffsbildung, 3. und 4. Aufl. Tübingen 1921, S. XX; ferner Schnädelbach, Philosophie in Deutschland 1831-1933, a.a.O., S. 164 ff.

lich-generalisierenden Vorgehensweise innerhalb der kulturwissenschaftlichen Forschung zugunsten einer ‚idealtypischen' Form der Begriffsbildung zu überwinden, die gewissermaßen die Vorzüge beider methodischen Verfahrensweisen in sich vereint und damit zugleich in der Lage ist, dem Exaktheitsideal der naturwissenschaftlichen Forschung in einer nicht-reduktionistischen Weise Rechnung zu tragen. Webers ursprüngliche kritische Distanz gegenüber ‚soziologischen' Erklärungsversuchen von geschichtlich-kulturellen Tatbeständen ist dabei ebenso wie die diesbezüglichen Ansichten von Windelband und Rickert vornehmlich gegen die ‚positivistischen' Ansätze in den Gesellschaftswissenschaften gerichtet, die ihre an den modernen Naturwissenschaften orientierten methodologischen Verfahrensweisen unvermittelt auf die kultur- und sozialwissenschaftliche Forschung zu übertragen versucht hatten. Weber sah aber von Anfang an die methodischen Schwächen, die einer rein am Individuellen und historisch Einmaligen orientierten narrativen Form der Geschichtsschreibung anhafteten und die sie deshalb der Gefahr aussetzten, sich entweder in den Dienst einer antiquierten Form der Geschichtsbetrachtung zu stellen oder aber in eine prekäre Nähe zur Sphäre der Kunst zu geraten. Webers Lösungsvorschlag für das spezifische Objektivitätsproblem der Kulturwissenschaften bestand deshalb darin, daß er Rickerts Theorie der historischen Erkenntnis für seine eigene Auffassung bezüglich des idealtypischen Charakters der kulturwissenschaftlichen Begriffsbildung fruchtbar zu machen versucht hatte, die Bildung von Idealtypen darüber hinaus jedoch mit der Methode der ‚kausalen Zurechnung' einer strengen empirischen Kontrolle unterwarf.[18]

Max Webers eigene methodologische Position ist deshalb untrennbar mit einer Anwendung des Kausalitätsprinzips im Bereich der kulturwissenschaftlichen Forschung verbunden, die sie davor schützt, sich mit einer rein hermeneutischen Auslegung von kulturellen Objektivationen zufrieden zu geben. Sein Bedürfnis nach der kausalen Relevanz einer solchen Deutung ging jedoch nicht so weit, daß er die kausale Erklärung eines Ereignisses oder Tatbestandes mit dessen Subsumtion unter ein allgemein gültiges ‚Gesetz' gleichsetzte. Das spezifische kausale Interesse der Kulturwissenschaften bezieht sich ihm zufolge nämlich gerade nicht auf das Allgemeine und beständig Wiederkehrende, sondern auf das historisch Einmalige und kulturell Bedeutsame einer gegebenen Erscheinung, auch wenn er die Kenntnis von ‚generellen Regeln des Geschehens' und die Existenz eines entsprechenden nomologischen Wissen für eine wertvolle Hilfe innerhalb des Fortschritts der kulturwissenschaftlichen Erkenntnis hielt. Da es letztere im Unterschied zu den Naturwissenschaften aber prinzipiell mit menschlichen Handlungen und deren Verkettungen zu tun hat, deren ‚Sinn' wir prinzipiell verstehen können, wenn wir die subjektiven Motive der Handelnden kennen, auf die wir dann das einzelne Handlungsgeschehen kausal zurückzuführen vermögen, entzieht sich ein solcher Erklärungsansatz dem deduktiven Schema der Naturerkenntnis, ohne ihr gegenüber unbedingt an Exaktheit zu verlieren. Weber ging vielmehr davon aus, daß der Kulturwissenschaftler durch die Möglichkeit des Sinnverstehens auch diejenigen Handlungen eines Menschen noch rational zu erklären vermag, die im Rahmen einer naturwissenschaftlichen Betrachtungsweise aufgrund des damit verbundenen Absehens von den Motiven des Handelnden schlichtweg als ‚unverständlich' angesehen werden. Das Verstehen der Handlungsmotive ermöglicht also auch da

---

18   Vgl. hierzu insbesondere Max Weber, Die „Objektivität" sozialwissenschaftlicher und sozialpolitischer Erkenntnis (1904), in: ders., Gesammelte Aufsätze zur Wissenschaftslehre, 6. Aufl. Tübingen 1985, S. 146-214.

eine kausale Erklärung von Einzelhandlungen, wo wir es mit rein subjektiven Bedingungen des Handelns zu tun haben, auch wenn bei deren Deutung der externe Beobachter natürlich Gesichtspunkte heranzieht, die über den Einzelfall hinausweisen und dabei zugleich auf eine entsprechende *Typik* verweisen.[19]

Um die Vielzahl vergangener Ereignisse einzuschränken, denen wir auf diesem Weg prinzipiell einen ‚Sinn‘ abgewinnen können, gab Weber ein weiteres Kriterium an, das er von Rickert übernommen hat und an dem sich der historisch orientierte Kulturforscher bei seiner Arbeit orientieren soll. Ihm zufolge sind es nämlich immer die gegenwärtigen Wertideen und Kulturprobleme der eigenen Epoche, die darüber entscheiden, was im konkreten Fall überhaupt für uns ‚kulturbedeutsam‘ ist und vermittels einer vorgängigen theoretischen Wertbeziehung den Bereich des historisch zu Erklärenden festlegt. Weber brachte dies in der Formulierung zum Ausdruck, daß der Tatbestand, daß wir Kulturmenschen seien, als ‚transzendentale Voraussetzung‘ aller kulturwissenschaftlichen Erkenntnis angesehen werden müsse und daß mithin unser Verständnis von Kultur selbst auf einem Wertbegriff beruhe, der im Grunde der Diskussion entzogen sei, da er überhaupt erst festlege, welches Wissen uns als kulturbedeutsam erscheint und worüber zu streiten für uns auch existentiell wichtig ist. Rickerts Auffassung, daß allein die Existenz eines *Systems* von ‚objektiven Werten‘ die Möglichkeit einer historisch-kulturwissenschaftlichen Erkenntnis garantiere, wurde von Weber dabei in der Hinsicht modifiziert, daß er die theoretische Beziehung auf entsprechende Wertvorstellungen zwar ebenfalls für unerläßlich hielt, diesen Wertvorstellungen aber den Charakter einer überzeitlichen ‚Objektivität‘ abgesprochen hatte. Der spezifisch moderne ‚Kampf‘ zwischen den einzelnen Weltanschauungen verhindere es nämlich, daß über antagonistische Wertvorstellungen in Gestalt eines rationalen Diskurses entschieden werden könne, weshalb Weber das Prinzip der Wertfreiheit als unabdingbare Voraussetzung jeglicher wissenschaftlichen Arbeit angesehen hatte. Und der Umstand, daß die Problemstellungen und Perspektiven, an denen sich der Kulturwissenschaftler bei seiner Arbeit orientiert, selbst dem Fluß der Zeit unterworfen sind, also veralten und durch neue ersetzt werden können, galt ihm als Garantie für eine ‚ewige Jugendlichkeit‘ der modernen Kulturwissenschaften, die sich mit der historischen Veränderung ihrer sachlichen Gesichtspunkte und theoretisch leitenden Wertbeziehungen immer wieder zu erneuern vermögen.[20]

Weber hatte in seinen methodologischen Schriften im Anschluß an Rickert zunächst völlig undifferenziert von dem spezifischen Objektivitätsproblem der ‚historischen Kulturwissenschaften‘ gesprochen, im Laufe der Zeit jedoch zunehmend zwischen der Arbeit des *Historikers* und der des *Soziologen* unterschieden. Sein eigener Versuch zur Entwicklung einer soziologischen Begriffslehre war ursprünglich jedoch nicht als Verselbständigung einer eigenständigen Form der sozialwissenschaftlichen Theoriebildung gedacht, sondern sollte der historischen Forschung im Bereich verschiedener anderer kulturwissenschaftlichen Disziplinen wie der Religions- und Kulturgeschichte, den Rechts- und Staatswissenschaften sowie der Nationalökonomie dienend zur Seite stehen. Obgleich Weber auch in diesem Zusammenhang

---

19 Vgl. ders., Über einige Kategorien der verstehenden Soziologie (1913), ebd., S. 427-474.

20 Weber, Die „Objektivität" sozialwissenschaftlicher und sozialpolitischer Erkenntnis, S. 175 ff. und 205 ff.; zur methodologischen Bedeutung des Prinzips der Wertfreiheit siehe ferner ders., Der Sinn der „Wertfreiheit" der soziologischen und ökonomischen Wissenschaften (1917), ebd., S. 489-540.

von einem ‚idealtypischen‘ Charakter seiner Art der Begriffsbildung sprach, gebrauchte er den Ausdruck Idealtypus nun offensichtlich in einem anderen Sinne als in seinen früheren, stärker der Wissenschaftslehre von Heinrich Rickert verpflichteten methodologischen Schriften. In diesen sprach er nämlich dem Idealtypus ausdrücklich die Aufgabe zu, das historisch Einmalige einer gegebenen Erscheinung in Form einer bewußten Steigerung ihrer spezifischen Merkmale begrifflich herauszuarbeiten, auch wenn dabei die Gefahr nicht vermieden werden könne, daß aufgrund dieser Überzeichnung ein solcher idealtypischer Begriff immer von der historischen Realität abweicht und insofern einen ‚utopischen‘ beziehungsweise fiktiven Charakter besitzt.[21] Weber sah eine solche ‚Einseitigkeit‘ des idealtypischen Verfahrens der Begriffsbildung jedoch nicht als Nachteil an, sondern als Voraussetzung dafür, daß die Eigenart eines ‚historischen Individuums‘ auf dem Wege des Vergleichs und der hypothetischen Annäherung an die Wirklichkeit begrifflich klar herausgearbeitet werden kann. Diente hier die von ihm vorgeschlagene Art der Begriffsbildung noch vornehmlich der Erfassung des individuellen Charakters einer historischen Erscheinung, so verfolgen die Typen-Begriffe seiner späteren soziologischen Kasuistik offensichtlich einen anderen Zweck. Ihre Funktion ist jetzt die der begrifflichen Verallgemeinerung von vergleichbaren Sachverhalten, wie dies bei jeder ‚generalisierenden Wissenschaft‘ der Fall ist, weshalb Weber es nun als Aufgabe der Soziologie ansah, sich vornehmlich mit den *typischen* Abläufen des menschlichen Handelns und mit *regelmäßig* wiederkehrenden Ereignissen zu befassen, während die disziplinäre Eigenart der Geschichtswissenschaft seiner Ansicht nach vor allem in der „kausalen Zurechnung wichtiger, d.h. schicksalhafter, Einzelzusammenhänge" bestand.[22]

Die Renaissance der Geschichtsphilosophie bei Ernst Troeltsch

Webers eigener Beitrag zur Lösung des Objektivitätsproblems der historischen Kulturwissenschaften hatte entgegen seinen ursprünglichen Absichten eine Verselbständigung der sozialwissenschaftlichen Forschung und Theoriebildung in Gestalt der Ausdifferenzierung einer neuen Disziplin begünstigt, die seiner Ansicht nach allerdings selbst noch einen konstitutiven Bestandteil des modernen kulturwissenschaftlichen Fächerkanons bildet. Zugleich wurde mit der akademischen Etablierung der Soziologie in bewußter Abgrenzung von den klassischen philologisch-hermeneutischen Verfahrensweisen gewissermaßen ein externer Beobachterstandpunkt eingeführt, mit dem nun der Anspruch gestellt werden konnte, die einzelnen kulturellen Objektivationen nicht mehr mit einer ‚immanenten‘ Methode der Interpretation, sondern durch sehr viel stärker objektivierende Formen einer soziologischen ‚Ideologiekritik‘ zum Gegenstand der Forschung zu machen. Diese bereits in Max Webers Werk angelegte Entwicklung hatte in der Weimarer Republik zu einem bemerkenswerten Aufschwung der Kultur- und Wis-

---

21   Vgl. Weber, Die „Objektivität" sozialwissenschaftlicher und sozialpolitischer Erkenntnis, S. 190 ff.

22   Max Weber, Wirtschaft und Gesellschaft. Grundriß der verstehenden Soziologie (1921), 5. Aufl. Tübingen 1972, S. 9 ff. und 14. Zur ausführlichen Diskussion der entsprechenden Bedeutungsverschiebung in Webers Gebrauch des Wortes „Idealtypus" und der damit verbundenen theoretischen Implikationen siehe auch Wofgang J. Mommsen, Idealtypus und reiner Typus. Zwei Varianten der idealtypischen Methode Max Webers, in: Wolfgang Küttler (Hrsg.), Marxistische Typisierung und idealtypische Methode in der Geschichtswissenschaft, Berlin 1986, S. 60-76; ferner Thomas Burger, Deutsche Geschichtstheorie und Webersche Soziologie, in: Gerhard Wagner / Heinz Zipprian (Hrsg.), Max Webers Wissenschaftslehre. Interpretation und Kritik, Frankfurt am Main 1994, S. 29-104.

senssoziologie geführt, der nicht zufällig mit einer Renaissance des geschichtsphilosophischen Denkens einherging. Denn die durch diese gesteigerte Selbstreflexivität bedingte Verschärfung des Objektivitätsproblems der historischen Kulturwissenschaften schlug sich zugleich in der Forderung nach einer ‚neuen Kultursynthese' nieder, die es möglich machen sollte, die geschichtlich-gesellschaftliche Relativität jeder kulturwissenschaftlichen Erkenntnis durch ein Vertrauen auf die im realen historischen Prozeß selbst angelegten Tendenzen zur Bildung neuer Einsichten in den bisherigen Verlauf der abendländischen Geschichte zu überwinden.[23]

Dies war zumindest die Hoffnung von Ernst Troeltsch, der sich mit seinem eigenen Versuch der Ausarbeitung einer materialen Geschichtsphilosophie gegen die Vorstellung einer irreversibel gewordenen ‚Anarchie der Werte' gerichtet hatte. Dieser Werteantagonismus war ihm zufolge durch den Verlauf des Ersten Weltkrieges sogar noch radikalisiert worden und finde im historischen Denken des 19. Jahrhunderts seine eigentliche Begründung. Zwar sah Troeltsch, daß die großen entwicklungsgeschichtlichen Konstruktionen der modernen Soziologie ihrerseits den Anspruch auf eine geschichtsphilosophische Deutung der gegenwärtigen Lage stellen und deshalb bei einer neuen Kultursynthese berücksichtigt werden müssen. Allerdings geben sie seiner Ansicht nach keine befriedigende Antwort auf die Frage nach der spezifischen Art der ‚Darstellung' eines historischen Sinnzusammenhangs, wie sie für jede universalgeschichtliche Betrachtungsweise, aber auch für die gelungene Rekonstruktion einer einzelnen Epoche charakteristisch sei.[24] Den universalgeschichtlichen Ambitionen des zeitgenössischen ‚Literatentums' à la Oswald Spengler warf er dagegen vor, daß bei ihren im Einzelnen durchaus hochinteressanten Entwürfen nicht deutlich werde, welches eigentlich der Maßstab für ihre geschichtsphilosophischen Konstruktionen sei, weshalb sich hier immer wieder der Eindruck der Beliebigkeit solcher Art von Geschichtsdeutung aufdränge.[25] Troeltsch hielt deshalb eine Bezugnahme auf die konkrete ‚Logik' der empirischen historischen Forschung für unverzichtbar, um überhaupt Kriterien für eine synthetische Art der Geschichtsbetrachtung zu finden. *Geschichte* und *Normativität* sind für ihn nämlich keine unüberwindbaren Gegensätze, sondern dergestalt aufeinander verwiesen, daß die für die historische Erkenntnis leitenden Wertvorstellungen ihrerseits als Ergebnis einer geschichtlichen ‚Wertverwirklichung' angesehen und insofern selbst aus der wissenschaftlichen Erforschung der Geschichte gewonnen werden können. Keinesfalls dürfen sie jedoch wie Rickerts ‚System der Werte' von außen an das historische Material herangetragen und so jenseits aller geschichtlichen Bedingtheit in einer rein logischen Geltungssphäre verortet werden, soll der Bezug zur konkreten Überlieferung gewahrt bleiben und der Historismus tatsächlich mit seinen eigenen Mitteln überwunden werden.[26]

---

23 Zu der mit dieser geschichtsphilosophischen Diagnose verbundenen Krise des modernen historischen Weltbildes und der damit einhergehenden Konjunktur der kultur- und wissenssoziologischen Forschung zu Beginn der zwanziger Jahre siehe auch Carlo Antoni, Vom Historismus zur Soziologie, Stuttgart 1950, bes. S. 57 ff.; ferner Klaus Lichtblau, Kulturkrise und Soziologie um die Jahrhundertwende. Zur Genealogie der Kultursoziologie in Deutschland, Frankfurt am Main 1996, S. 458 ff.

24 Vgl. Ernst Troeltsch, Der Historismus und seine Probleme. Gesammelte Schriften, Band 3, Tübingen 1922, S. 30 und 66.

25 Troeltsch, Die Krisis des Historismus, in: Die neue Rundschau 33 (1922), S. 572-590 (hier S. 578 f.).

26 Siehe hierzu auch Hans-Georg Drescher, Ernst Troeltsch. Leben und Werk, Göttingen 1991, S. 482 ff.; vgl. ferner die einzelnen Beiträge in Friedrich Wilhelm Graf (Hrsg.), Ernst Troeltschs „Historismus" (= Troeltsch-Studien, Band 11), Gütersloh 2000.

Troeltsch variierte damit ein Thema, das er bereits 1902 in seinem Buch *Die Absolutheit des Christentums und die Religionsgeschichte* am Beispiel einer zentralen theologischen Problemstellung erörtert hatte und dem er nun eine für alle historischen Kulturwissenschaften gültige Fassung gab: nämlich die Frage, „wie von dem Historisch-Relativen der Weg zu geltenden Kulturwerten zu finden sei"[27]. Stellte sich ihm ursprünglich die Frage, wie trotz der Einsicht in die geschichtliche Bedingtheit der eigenen kulturellen Überlieferung dennoch an der normativen Vorstellung eines absoluten religiösen Wahrheitsanspruchs festgehalten werden kann, so verallgemeinerte Troeltsch dieses Problem nun dergestalt, daß er nach einer geeigneten werttheoretischen Grundlage jeder historischen Erkenntnis Ausschau hielt, die sowohl ihrer geschichtlichen Relativität als auch dem ihr zugrunde liegenden Objektivitätsanspruch Rechnung zu tragen vermag. Diese eigentümliche Verschränkung zwischen dem Individuellen und dem Allgemeinen beziehungsweise zwischen Geschichtsphilosophie und Ethik führte ihn zunächst zu einer engen Anlehnung an die bereits von Windelband und Rickert vertretene Lehre von der Eigenart der historischen Begriffsbildung. Deren methodologischen Rigorismus vermochte er nur deshalb nicht mit letzter Konsequenz zu folgen, weil ihm die Vorstellung einer ausschließlich durch das erkennende Subjekt erfolgenden ‚Gegenstandskonstitution' als suspekt erschien und nicht den seiner Ansicht nach naheliegenden Gedanken einer bereits in den Quellen selbst vorgegebenen sinnhaften Struktur zuläßt, an der sich die Darstellung eines geschichtlichen Zusammenhangs orientieren kann. Überdies empfand er insbesondere die Rickertsche Wissenschaftslehre als zu starr, um den prozeßhaften Charakter des Gegenstandes der historischen Erkenntnis zum Ausdruck zu bringen.[28]

Troeltsch wandte sich deshalb einer ausführlichen Analyse der verschiedenen historischen *Entwicklungsbegriffe* zu, um die Voraussetzungen für eine Aufdeckung des möglichen Zusammenhangs zwischen Vergangenheit, Gegenwart und Zukunft in universalgeschichtlicher Perspektive zu klären. Er kam dabei zu dem Ergebnis, daß von einer solchen *Universalgeschichte* allenfalls im Hinblick auf den europäischen Kulturkreis gesprochen werden könne und daß eine gegenwärtige Kultursynthese auf diesen durch die geschichtliche Überlieferung selbst vorgegebenen Bezugsrahmen beschränkt bleiben müsse. Dies erfordere deshalb eine Klärung des Aufbaus der „großen Schichtungen" des eigenen Kulturkreises, die dabei keinesfalls in einer rein ideengeschichtlichen beziehungsweise ‚ideologischen' Art erfolgen dürfe, weil durch die Ergebnisse der modernen sozialwissenschaftlichen Forschung die Bedeutung von sozioökonomischen Bestimmungsfaktoren der historischen Entwicklung in einer überzeugenden Art und Weise deutlich gemacht worden sei. Konsequenterweise machte Troeltsch deshalb die damit eng zusammenhängende „Marxistische Unterbau-Ueberbaulehre" in seinen religionsgeschichtlichen Untersuchungen über die Entwicklung der christlichen Sozialethik ausdrücklich zum Gegenstand der Erörterung.[29]

---

27   Troeltsch, Meine Bücher (1922), in: Gesammelte Schriften, Band 4, Tübingen 1925, S. 14.

28   Vgl. Troeltsch, Moderne Geschichtsphilosophie (1904), in: Gesammelte Schriften, Band 2, Tübingen 1913, S. 673 ff.; ders., Der Historismus und seine Probleme, S. 150 ff. und 221 ff.

29   Vgl. Troeltsch, Die Soziallehren der christlichen Kirchen und Gruppen (= Gesammelte Schriften, Band 1), Tübingen 1912; ders., Der Historismus und seine Probleme, S. 63 ff., 367 ff. und 694 ff.; ders., Meine Bücher, S. 11 f. Max Scheler sprach im Hinblick auf Troeltschs Religionssoziologie deshalb auch ironisch von einer „Resignationssoziologie". Vgl. ders., Ernst Troeltsch als Soziologe (1923), in: Gesammelte Werke, Band 6: Schriften zur Soziologie und Weltanschauungslehre, 2. Aufl. Bern / München 1963, S. 377-390; siehe ferner

Troeltschs Versuch, ausgehend von der Logik der empirischen Forschung eine materiale Geschichtsphilosophie zu entwickeln, um damit zugleich das in der Krise des Historismus zum Ausdruck kommende Problem der Objektivität der historischen Erkenntnis zu lösen, trägt mithin dem Spannungsverhältnis zwischen einer am Individuellen orientierten Geschichtsdarstellung und einer mehr generalisierend verfahrenden Form der kultur- und sozialwissenschaftlichen Forschung Rechnung. Den Mangel einer rein idiographischen Vorgehensweise, wie sie von Rickert vertreten wurde, sah er darin, daß diese nicht in der Lage sei, eine zufriedenstellende Form der Vermittlung zwischen dem singulären Charakter des geschichtlichen Geschehens und der Forderung nach der logischen Allgemeingültigkeit der historischen Erkenntnis anzugeben. Und an der typologisch-vergleichenden Vorgehensweise der modernen Sozialwissenschaftler kritisierte er, daß diese zwar ein unentbehrliches Hilfsmittel für die historische Forschung darstelle, aber nicht mit der Geschichtswissenschaft und der Geschichtsphilosophie identisch sei, weil sie noch keine Antwort auf das Problem zu geben vermag, wie sich im Einzelfall die ideellen und die sozialen Gegebenheiten einer konkreten historischen Totalität zueinander verhalten.

Troeltsch lehnte in diesem Zusammenhang eine dogmatische Lösung für das dabei angesprochene Basis-Überbau-Problem grundsätzlich ab und betonte ähnlich wie Max Weber die Autonomie der einzelnen kulturellen Wertsphären. Wie sich zum Beispiel religiöse und soziale Bestimmungsfaktoren im Einzelfall zueinander verhalten, ist ihm zufolge nicht bereits vorab geschichtsphilosophisch festgelegt, sondern nur auf dem Weg der historischen Forschung empirisch feststellbar. Und die Berücksichtigung der komplexen Wechselwirkungen zwischen diesen verschiedenen Bestimmungsfaktoren erschweren seiner Ansicht nach eine zufriedenstellende Klärung der gegenseitigen Bedingungsverhältnisse zwischen den sozialen, ökonomischen, politischen, technischen und kulturellen Gegebenheiten einer Epoche. Troeltsch sprach sich deshalb dafür aus, bei dem Versuch einer geschichtlichen Periodisierung zunächst primär von den ‚materiellen‘ Kriterien auszugehen und diese erst in einem zweiten Schritt durch die Berücksichtigung der ‚ideellen‘ Bestimmungsfaktoren zu ergänzen. So könnten die für eine neue Kultursynthese zentralen „Grundgewalten“ der europäischen Geschichte identifiziert werden, die für den europäisch-nordamerikanischen Kulturkreis trotz der Katastrophe des Ersten Weltkrieges von bleibender wirkungsgeschichtlicher Bedeutung seien und die deshalb auch den Ausgangspunkt für eine Überwindung der gegenwärtigen Kulturkrise zu bilden vermögen.[30]

Der geschichtsphilosophische Relativismus von Karl Mannheims Wissenssoziologie

Troeltsch war zunächst von rein erkenntnistheoretischen Überlegungen ausgegangen, um von hier aus die Notwendigkeit einer geschichtsphilosophischen Deutung der Grundlagenkrise der historischen Kulturwissenschaften zu unterstreichen. Dieser enge Zusammenhang zwischen dem Problem einer zufriedenstellenden logischen Begründung der modernen Kulturwissenschaften und der Ausarbeitung einer materialen Geschichtsphilosophie, welche die Aporien

Gianfranco Morra, Scheler und Troeltsch als Resignationssoziologen, in: Annali di Sociologia – Soziologisches Jahrbuch 2 (1986), Band II, S. 59-69.

30   Vgl. Troeltsch, Der Historismus und seine Probleme, S. 741 ff. und 765 ff.

des Historismus zu vermeiden vermag, ohne die mit ihm verbundenen positiven Erfahrungs-gehalte aufzugeben, wird auch in Karl Mannheims Schriften aus den zwanziger Jahren deut-lich.[31] Die hierbei zutage tretende Koinzidenz zwischen den erkenntnistheoretischen und den geschichtsphilosophischen Problemen ergab sich für Mannheim allein schon aufgrund seiner Überzeugung, daß die Entstehung der modernen Kulturwissenschaften selbst einen Bestand-teil dieses umfassenden, auf eine neue Synthese zusteuernden historischen Gesamtprozesses darstelle und daß innerhalb des engeren Bereichs der kulturwissenschaftlichen Erkenntnis insofern das Subjekt und Objekt dieser Wissenschaft gewissermaßen identisch seien. Vertrat bereits der Historismus die Auffassung, daß alle Denkstandpunkte relativ seien, so radikali-siert die moderne wissenssoziologische Betrachtungsweise Mannheim zufolge diese Einsicht in das historische Gewordensein unserer gegenwärtigen Situation, indem sie diese zugleich auf bestimmte sozialstrukturelle Differenzierungsformen zurückzuführen versucht. Anstel-le der ‚statischen‘ tritt deshalb bei ihm eine ‚dynamische Form‘ der kulturwissenschaftli-chen Begriffsbildung, welche der sozialen Bedingtheit und historischen Wandelbarkeit ihres Gegenstandes Rechnung trägt. Die Analyse der einzelnen Kulturgebilde gehe dabei von der Frage aus, welche Funktion diese in einem konkreten sozialen Lebens- und Erlebniszusam-menhang einzunehmen vermögen. Mannheim sprach in diesem Zusammenhang ursprünglich einer geisteswissenschaftlichen Psychologie im Sinne Diltheys die Aufgabe zu, immanent-ideengeschichtliche und extern-soziologische Zusammenhänge so aufeinander zu beziehen, daß sie als Ausdruck einer einheitlichen Weltanschauungsstruktur gedeutet werden können.[32]

In seinen späteren wissenssoziologischen Arbeiten versuchte Mannheim unter dem Ein-druck der Schriften von Max Scheler und Ernst Troeltsch diese dynamische und relationale Form der kulturwissenschaftlichen Analyse weiterzuentwickeln. Er sah ihre Aufgabe dabei darin, die innerhalb einer Epoche überhaupt mögliche Einsicht in das Wesen des historischen Gesamtprozesses zu vermitteln. Mannheim bezog sich hierbei auf den Zusammenbruch des einstmals geschlossenen mittelalterlichen Weltbildes und die dadurch bedingte Entstehung des neuzeitlichen Weltanschauungspluralismus, der das Problem der Relativität und Standortge-bundenheit des Denkens zum Thema einer eigenständigen Form von Ideologiekritik gemacht habe. Ihm zufolge ist jedoch nur das „seinsverbundene Denken“, das heißt das historisch-po-litische Denken, das geistes- und sozialwissenschaftliche Denken sowie das Denken des All-tags einer solchen Form der Destruktion scheinbar absoluter Geltungsansprüche zugänglich, nicht jedoch das naturwissenschaftliche Denken. Letzteres könne deshalb nur vermittels der diesem jeweils zugrunde liegende Weltanschauungsstruktur auf indirektem Weg zum Gegen-stand einer ideologiekritischen Betrachtungsweise gemacht werden.

Die wissenssoziologischen Analysen von Karl Mannheim sind insofern ebenfalls einem radikalen historischen Verständnis jener geschichtlich-gesellschaftlichen Wirklichkeit ver-

---

31   Siehe hierzu auch die einschlägige Untersuchung von Reinhard Laube, Karl Mannheim und die Krise des Historismus. Historismus als wissenssoziologischer Perspektivismus, Göttingen 2004.

32   Vgl. Karl Mannheim, Beiträge zur Theorie der Weltanschauungs-Interpretation (1921-22), in: ders., Schriften zur Wirtschafts- und Kultursoziologie, hrsg. von Amalia Barboza und Klaus Lichtblau, Wiesbaden 2009, S. 31-80; ferner ders., Über die Eigenart kultursoziologischer Erkenntnis (1922), in: ders., Strukturen des Denkens, Frankfurt am Main 1980, S. 33-159. Zu Mannheims Verhältnis zu Dilthey siehe auch Bernhard Plé, Anknüpfungen der Wissenssoziologie Mannheims an die Verstehensproblematik bei Dilthey. Zur Rolle der „Weltanschauungen“ als kulturelles und wissenschaftliches Problem, in: Dilthey-Jahrbuch für Philosophie und Geschichte der Geisteswissenschaften 9 (1994-95), S. 293-317.

pflichtet, die bereits Wilhelm Dilthey als eigentümlichen Gegenstand der Geisteswissenschaften ansah. Im Unterschied zu Dilthey begnügte sich Mannheim jedoch nicht mehr mit einem immanenten Verstehen der einzelnen geistigen Gebilde. Denn zum einen versuchte er ihre soziale Standortgebundenheit aufzuzeigen und zum anderen hat er nachzuweisen versucht, daß ihre geschichtliche Entwicklung nicht dem blinden Zufall folgt, sondern selbst spezifische Bewegungsformen besitzt. Im Unterschied zu Rickert und Max Scheler glaubte Mannheim auch nicht, daß es so etwas wie ‚absolute Werte' beziehungsweise eine ‚ewige Rangordnung der Werte' gibt, die gegenüber dem historischen Prozeß eine apriorische Geltung beanspruchen können. Ähnlich wie Max Weber war Mannheim vielmehr der Meinung, daß der Konflikt zwischen unterschiedlichen Weltanschauungen und Wertvorstellungen ein Kennzeichen des modernen Zeitalters darstellt und daß deshalb auch der Versuch einer Überwindung solcher Wertkonflikte durch die Bildung neuer Denkstandpunkte immer nur in einem relativen Sinne gelingen könne und insofern selbst dem historischen Wandel unterworfen sei. Im Gegensatz zu Weber war Mannheim jedoch der Ansicht, daß es innerhalb der Entwicklung des neuzeitlichen Denkens immer wieder zur Bildung von *Synthesen* zwischen unterschiedlichen weltanschaulichen Positionen gekommen ist und daß deshalb angenommen werden kann, daß solche Synthesen auch in Zukunft möglich sind, wenngleich er es für unwahrscheinlich hielt, daß es jemals so etwas wie eine ‚absolute Synthese' der einzelnen Geistesströmungen der Gegenwart geben wird.

Mannheim relativierte also die Ansicht von Ernst Troeltsch, daß es möglich sei, die Geschichte durch die Geschichte selbst zu überwinden. Er hielt es vielmehr für wahrscheinlich, daß eines Tages das gesamte historische Weltbild, das die europäische Geistesgeschichte seit Generationen geprägt hat, radikal in Frage gestellt und einem Denken Platz machen wird, das aufgrund seiner Vorliebe für immer wiederkehrende Strukturprinzipien nur noch als mythologisch bezeichnet werden kann. Sowohl die historischen Kulturwissenschaften als auch eine historisch verfahrende Soziologie hätten unter dieser Voraussetzung dann nicht nur ihren Gegenstand, sondern auch ihre eigene Existenzberechtigung verloren, weil es niemand mehr geben würde, der an einer solchen Form der Erkenntnis interessiert ist.[33] Von Karl Mannheim können wir auf jeden Fall lernen, daß auch die moderne kulturwissenschaftliche Forschung nur dann ihrem eigenen Anspruch gerecht wird, wenn wir das spannungsreiche Verhältnis zwischen der geschichtlichen Bedingtheit ihres Gegenstandes und ihrem eigenen Objektivitätsanspruch im Auge behalten und uns nicht vorschnell der Hoffnung hingeben, daß uns eine wie auch immer geartete ‚Kultursynthese' eines Tages dauerhaft vor solchen geschichtsphilosophischen und erkenntnistheoretischen Grundlagenproblemen zu bewahren vermag.

---

33   Vgl. Karl Mannheim, Ideologie und Utopie (1929), 5. Aufl. Frankfurt am Main 1969, S. 218 ff.

3. Soziologie als Kulturwissenschaft? Zur Rolle des Kulturbegriffs in der Selbstreflexion der deutschsprachigen Soziologie

Einleitung

In dem vor einigen Jahren erschienenen einschlägigen *Handbuch der Kulturwissenschaften*, das von verschiedenen Mitarbeitern des Kulturwissenschaftlichen Instituts in Essen betreut und herausgegeben wurde, ist der anspruchsvolle Versuch einer umfassenden Bestandsaufnahme des gegenwärtigen internationalen Standes der kulturwissenschaftlichen Forschung unternommen worden. In diesem in drei voluminöse Bände unterteilten und zusammen stattliche 1783 Druckseiten umfassenden interdisziplinären Handbuch werden unter anderem auch elementare soziologische Grundbegriffe und theoretische Grundannahmen ausführlich behandelt und einschlägige soziologische Forschungsgebiete als integraler Bestandteil eines Disziplinen übergreifenden kulturwissenschaftlichen Ansatzes dargestellt. Dabei werden nicht nur die verstehende Soziologie Max Webers, sondern auch die von Talcott Parsons und Niklas Luhmann entwickelten Varianten der sozialwissenschaftlichen Systemtheorie, die Theorie des kommunikativen Handelns von Jürgen Habermas, die Theorie der Strukturierung von Anthony Giddens und die Habitus-Theorie von Pierre Bourdieu sowie verschiedene andere Richtungen der soziologischen Handlungstheorie und der verstehenden Soziologie neben der ohnehin bereits einschlägig vorbelasteten Kultursoziologie ‚kulturwissenschaftlich' eingemeindet. Zwar hat man im Rahmen dieses Großprojektes auf den altherkömmlichen Gesellschaftsbegriff noch nicht ganz verzichtet, ihm nun jedoch unübersehbar den Begriff der ‚kulturellen Vergesellschaftung' gleichberechtigt an die Seite gestellt, um die Besonderheit des kulturwissenschaftlichen Blicks auf die moderne Gesellschaft hervorzuheben.[1]

In einer solchen illustren Nachbarschaft wie den verschiedenen Varianten des französischen Strukturalismus und Poststrukturalismus, der angloamerikanischen Tradition der ‚Cultural Studies' und den entsprechenden neueren kulturwissenschaftlichen Ansätzen in der Ethnologie und Kulturanthropologie, Geschichtswissenschaft und Psychologie, Kunst-, Literatur- und Medienwissenschaft sowie der Philosophie und Theologie könnte sich doch auch der gestandene Fachsoziologe darüber freuen, nun endlich ‚kulturwissenschaftlich' ernst genommen zu werden. Allerdings dürfte diese anfängliche Freude schon sehr bald von der Sorge überschattet werden, ob mit dieser feierlichen Erklärung der Soziologie zum integralen Bestandteil einer umfassenden Kultur- und Medienwissenschaft nicht vollends all jene Differenzen verschwimmen, die einstmals einen entscheidenden Unterschied zwischen den einzelnen geistes- und sozialwissenschaftlichen Fächern ausgemacht hatten. Zumindest muß die

---

[1] Vgl. Friedrich Jaeger / Burkhard Liebsch / Jörn Rüsen / Jürgen Straub (Hrsg.), Handbuch der Kulturwissenschaften, Band 1: Grundlagen und Schlüsselbegriffe; Band 2: Paradigmen und Disziplinen; Band 3: Themen und Tendenzen, Stuttgart / Weimar 2004.

Frage erlaubt sein, was die Soziologie angesichts ihrer ohnehin bereits beachtlichen eigenen Heterogenität eigentlich hinzugewinnt, wenn sie ohne Vorbehalte auf einen solchen gut gemeinten kulturwissenschaftlichen Umarmungsversuch wohlwollend eingeht.[2]

Gegenüber dieser skeptischen Haltung kann jedoch der Einwand geltend gemacht werden, daß zumindest innerhalb der deutschsprachigen Tradition der Soziologie auch wiederholt fachintern der Versuch unternommen worden ist, dieser Disziplin einen kulturwissenschaftlichen Charakter zuzusprechen. Dies legt die Vermutung nahe, daß im Umgang mit dem Kulturbegriff nicht nur das Verhältnis der modernen Soziologie zu den ihr benachbarten geistes- und sozialwissenschaftlichen Disziplinen, sondern zugleich ein elementares Identitätsproblem dieses Faches angesprochen ist. Nicht zufällig brechen solche Kontroversen immer wieder im Rahmen des Versuchs einer Klärung seiner theoretischen und methodologischen Grundlagen auf. Die Frage, ob die Soziologie eine ,Kulturwissenschaft' sei oder nicht, läßt sich deshalb auch nicht dadurch entschärfen, indem man ein neues Teilgebiet der soziologischen Forschung wie das der ,Kultursoziologie' kreiert und das Problem dadurch gleichsam externalisiert, sondern indem man diese Frage im Zentrum dieses Faches behandelt, wo ihre Sprengkraft am Deutlichsten wird: nämlich im Bereich der allgemeinen Soziologie beziehungsweise der allgemeinen Grundlagen der Soziologie. Nur dann, wenn sich nachweisen ließe, daß dem Begriff der *Kultur* neben dem der *Gesellschaft* beziehungsweise der Sozialstruktur seinerseits der Status eines soziologischen Grundbegriffes zukommt, gibt es dieser Überlegung zufolge berechtigte Gründe, aufgrund der dann gewährleisteten interdisziplinären Anschlußfähigkeit unter anderem auch von einem *kulturwissenschaftlichen* Charakter der Soziologie zu sprechen.

Da solche Richtungskämpfe in der Regel mit entsprechenden fachgeschichtlichen Selbstreflexionen verbunden sind, sollen im Folgenden drei unterschiedliche Epochen der Geschichte der deutschsprachigen Soziologie miteinander in Beziehung gesetzt werden. Ich beginne mit einer kurzen Darstellung einer Kontroverse, die vor 35 Jahren im Kontext der Gründung der *Sektion Kultursoziologie* der Deutschen Gesellschaft für Soziologie geführt worden ist. In dieser Kontroverse wurde wiederholt auf das Werk zweier ,Gründerväter' der modernen Soziologie Bezug genommen, die im Verdacht stehen, von besonderer kulturwissenschaftlicher Relevanz zu sein und auf die ich im zweiten Teil dieses Beitrages eingehen werde. Im dritten und letzten Teil soll dann abschließend die Frage gestellt werden, wie die Entwicklung der deutschsprachigen Soziologie in den letzten drei Jahrzehnten vor dem Hintergrund der seit 1900 geführten Kontroversen unter spezifisch ,kulturwissenschaftlichen' Gesichtspunkten zu beurteilen ist.

Die Renaissance der Kultursoziologie nach dem Zweiten Weltkrieg

Im Zeitraum zwischen 1945 und 1975 hatte die kultursoziologische Forschung im deutschen Sprachraum nur eine marginale Rolle gespielt. Zwar gab es bedeutende Außenseiter wie den in München lehrenden Soziologen Alfred von Martin, welche die Erinnerung an die deutsch-

---

2   Siehe hierzu die berechtigten Zweifel, die Josef Früchtel an dem grundsätzlichen Gelingen eines solchen ,transdisziplinären' Unterfangens gehegt hat. Vgl. ders., Etwas mehr Disziplin, meine Herren aus Essen! Das Handbuch der Kulturwissenschaften hantiert mit einem erfahrungsarmen Erfahrungsbegriff, in: Frankfurter Allgemeine Zeitung, 9. August 2004, S. 33.

sprachige Tradition der Kultursoziologie wachgehalten hatten, wie sie bis 1933 gepflegt worden ist.[3] Und auch die Untersuchungen von namhaften Vertretern der Kritischen Theorie über verschiedene Erscheinungsformen der modernen ‚Kulturindustrie' hielten das Thema Kultur im Fachgebiet Soziologie weiterhin präsent. Im ersten Fall war es jedoch zum exklusiven Gegenstand einer sogenannten ‚Bindestrich-Soziologie' geworden, im zweiten Fall fiel es dagegen in den Zuständigkeitsbereich einer materialistischen Kulturtheorie und Kulturkritik, die sich ihrerseits als Teil einer umfassenden *Theorie der Gesellschaft*, nicht aber als ‚Kulturwissenschaft' verstand.[4]

Die eigentliche Renaissance der Kultursoziologie, die unter anderem in die Gründung der Sektion *Kultursoziologie* der Deutschen Gesellschaft für Soziologie münden sollte, fand deshalb auch nicht im Umkreis des Neomarxismus oder der Kritischen Theorie statt, sondern wurde primär von deutschen, österreichischen und Schweizer Soziologen betrieben, die zumindest damals eher als ‚konservativ' beziehungsweise ‚bürgerlich' galten und sich dabei dem Verdacht ausgesetzt sahen, eine problematische Form der Traditionspflege zu betreiben. Auf die höchst interessante Gründungsgeschichte dieser Sektion kann an dieser Stelle leider nicht näher eingegangen werden, obgleich diese ein bezeichnendes Licht auf die damalige Lage der deutschsprachigen Soziologie werfen würde.[5] Statt dessen sei nur hervorgehoben, daß sich hier von Anfang an das Motiv, eine reine Bindestrich-Soziologie zu betreiben, mit den Bestrebungen zu einer weitgehenden Kursänderung der bisherigen Entwicklung dieses Faches fast bis zur Unkenntlichkeit miteinander vermischt hatten.[6]

Von den damaligen Protagonisten einer Renaissance der Kultursoziologie ragt aus verschiedenen Gründen eine Person besonders hervor, der man ohne Vorbehalte unterstellen darf, damals den ehrgeizigen Versuch einer dezidiert kulturwissenschaftlichen Erneuerung der Soziologie betrieben zu haben und die aufgrund ihrer fachgeschichtlichen Bedeutung hier etwas ausführlicher behandelt werden soll. Gemeint ist Friedrich H. Tenbruck, der Mitte der siebziger Jahre eine Reihe von bedeutenden Aufsätzen zum Werk Max Webers veröffentlicht hatte und dem es dabei unter anderem gelang, die Notwendigkeit einer historisch-kritischen Gesamtausgabe von Webers Schriften einer breiteren Öffentlichkeit zu verdeutlichen. Weber wurde in den Augen Tenbrucks aber auch zum Kronzeugen für die Möglichkeit einer ganz anderen Art von Soziologie als derjenigen, wie sie zu diesem Zeitpunkt weltweit betrieben worden ist. Denn Tenbruck warf der damaligen internationalen Mainstream-Soziologie vor, eine generalisierte Form des *Marxismus* darzustellen, die dessen Basis-Überbau-Theorem fortschreibe, ohne sich ausdrücklich zu diesem zentralen Glaubenssatz der modernen Sozio-

---

3   Siehe zu dieser älteren kultursoziologischen Tradition auch Klaus Lichtblau, Kulturkrise und Soziologie um die Jahrhundertwende. Zur Genealogie der Kultursoziologie in Deutschland, Frankfurt am Main 1996.

4   Vgl. Alfred von Martin, Gesellschaft und Kultur, in: Soziale Welt 5 (1954), S. 289-295; ferner Michael Kausch, Kulturindustrie und Populärkultur. Kritische Theorie der Massenmedien, Frankfurt am Main 1988.

5   Siehe hierzu auch die informative Schilderung der damaligen Situation innerhalb der neu gegründeten DGS-Sektion ‚Kultursoziologie', die seinerzeit Manfred Lauermann vorgenommen hatte. Vgl. ders., Ist Kultursoziologie institutionalisierbar? Zur Gründung der Sektion Kultursoziologie in der Deutschen Gesellschaft für Soziologie, in: Helmut Berking / Richard Faber (Hrsg.), Kultursoziologie – Symptom des Zeitgeistes?, Würzburg 1989, Dossier, S. 287-304. Die besagte DGS-Sektion hat sich in der Zwischenzeit zu einem allgemein geschätzten Forum der ‚transdisziplinären' Forschung im deutschen Sprachraum entwickelt.

6   Vgl. hierzu die entsprechenden Ausführungen von Wolfgang Lipp und Friedrich Tenbruck, Zum Neubeginn der Kultursoziologie, in: Kölner Zeitschrift für Soziologie und Sozialpsychologie 31 (1979), S. 393-398.

logie zu bekennen.[7] Worum ging es bei diesem damaligen Richtungsstreit, der weitgehend in Form einer immer anspruchsvoller werdenden Max-Weber-Rezeption beziehungsweise Max-Weber-Philologie verlief, die jene damals noch im linken Lager anzutreffenden Bemühungen um eine logische Rekonstruktion der Kapitalismusanalyse von Karl Marx schon bald in den Schatten stellen sollte?

Tenbrucks Hauptgegner war wie gesagt ein ,generalisierter Marxismus' beziehungsweise ein spezifisch *gesellschaftstheoretisches* Verständnis von Soziologie, dem er sein eigenes kultursoziologisches beziehungsweise kulturwissenschaftliches Verständnis von Max Webers Werk gegenüberstellte. Sein Angriff war insofern nicht nur gegen die damals ohnehin bereits in Auflösung befindliche marxistische Soziologie gerichtet, sondern auch gegen alle übrigen gesellschaftstheoretischen Ansätze innerhalb der Soziologie, wobei ihm insbesondere die systemtheoretisch inspirierte Max-Weber-Rezeption von Talcott Parsons ein Dorn im Auge war. Parsons hatte durch seine eigenen Schriften Webers Werk nach dem Zweiten Weltkrieg zwar international bekannt gemacht, diesem jedoch eine Deutung gegeben, die im Widerspruch zu Tenbrucks eigenen fachpolitischen Intentionen stand. Webers Werk mußte also gründlich ,entparsonisiert' werden, um es wieder kulturwissenschaftlich anschlußfähig zu machen. Denn Parsons hatte im Rahmen seiner systemtheoretischen Soziologie den Bereich der kulturellen Überlieferung zu einer soziologisch nicht mehr weiter bestimmbaren Residualkategorie erklärt, obgleich seiner Überzeugung nach solche Wertorientierungen eine erhebliche Rolle für die normative Integration einer Gesellschaft spielen. Nur war für Parsons dieses Verhältnis zwischen der Sozialstruktur und der Kultur ausschließlich durch den Prozeß der *Sozialisation* sichergestellt, vermittels dem die Individuen die vorgegebenen kulturellen Wertvorstellungen einer Gesellschaft rein behavioristisch zu ,internalisieren' haben. Die Vorstellung, daß mit kulturellen Überlieferungen auf dem Wege der individuellen Aneignung auch produktiv umgegangen und diese jeweils situations- und generationsspezifisch weiterentwickelt werden können, hatte dagegen in dem von Parsons propagierten soziologischen Weltbild keinen Eingang gefunden. Denn die obersten Wertvorstellungen einer Gesellschaft waren ihm zufolge ,transzendenter' Natur, das heißt religiös verankert und insofern der Verfügungsgewalt des menschlichen Handelns entzogen.[8]

Diesem Glauben an die soziale Entrücktheit der kulturellen Wertorientierungen stellte Tenbruck eine Max-Weber-Deutung gegenüber, in der nicht die Sozialstruktur, sondern die *Kultur* als Inbegriff aller überlieferten Sinnzusammenhänge und symbolischen Selbstdeutungen einer Gesellschaft im Zentrum der soziologischen Begriffsbildung stand. Konsequenterweise betrachtete Tenbruck auch nicht den unter dem Titel *Wirtschaft und Gesellschaft* berühmt gewordenen Schriftenkonvolut Max Webers, sondern dessen religionssoziologische

---

7   Friedrich Tenbruck, Die Aufgaben der Kultursoziologie, in: Kölner Zeitschrift für Soziologie und Sozialpsychologie 31 (1979), S. 408; ferner Lipp / Tenbruck, Zum Neubeginn der Kultursoziologie, S. 397.

8   Vgl. Talcott Parsons, The Place of Ultimate Values in Sociological Theory, in: International Journal of Ethics 45 (1935), S. 282-316; ders., The Role of Ideas in Social Action, in: American Sociological Review 3 (1938), S. 652-664; ders., The Superego and the Theory of Social Systems, in: Psychiatry 15 (1952), S. 15-25; ders., Culture and Social System Revisited, in: Social Science Quarterly 53 (1972), S. 253-266.

Abhandlungen als das eigentliche ‚Hauptwerk' von Max Weber, da in ihnen die historische Bedeutung von religiösen und kulturellen Überlieferungen überzeugend dargelegt worden sei.[9]

Weber war also in den Augen Tenbrucks primär ein Geistes- und Kulturwissenschaftler, in dessen Werk herrschaftssoziologische und klassentheoretische Überlegungen nur eine untergeordnete Rolle spielen, weshalb dieses auch keineswegs die vor allem im Umkreis der neueren Sozialgeschichtsschreibung so beliebt gewordenen Marx-Weber-Synthesen rechtfertige. Ein solch einseitiges, weil soziologistisches beziehungsweise materialistisches Verständnis von ‚Gesellschaftsgeschichte' verkenne vielmehr, was für Tenbruck im Zentrum von Webers kulturwissenschaftlicher Betrachtungsweise stand: nämlich die Vorstellung, daß der Mensch selbst es sei, welcher der Welt Sinn und Wert verleiht und sich dergestalt überhaupt erst als ein ‚Kulturmensch' gegenüber den ihn umgebenden Mächten zu behaupten vermag. Die von Max Weber begründete Richtung der verstehenden Soziologie habe deshalb im Unterschied zu dem von Emile Durkheim vertretenen Soziologismus auch nicht die Klärung von sozialen Sachverhalten als Selbstzweck verfolgt, sondern in den entsprechenden begrifflichen Typisierungen nur ein Mittel gesehen, um sich über die ‚Kulturbedeutung' einer gegebenen historischen Erscheinung Rechenschaft abzulegen.[10]

Die Bezugnahme auf ‚Kulturwerte' war dabei zugleich in einem doppelten Sinne zu verstehen: Zum einen seien soziale Sachverhalte im engeren Sinne immer zugleich kulturell vermittelt, weil menschliches Handeln sich notwendig an vorgegebenen Wertvorstellungen orientiere, weshalb die kulturellen Überlieferungen selbst als eine reale geschichtliche Kraft betrachtet werden müßten. Aus diesem Grund habe Weber auch den Gesellschaftsbegriff zu vermeiden versucht und an seiner Stelle ähnlich wie sein Berliner Kollege Georg Simmel den Begriff der ‚Vergesellschaftung' bevorzugt, um anzudeuten, daß das soziale Leben auf geschichtlichen und kulturellen Voraussetzungen beruht, die ihm überhaupt erst einen spezifischen Sinn verleihen. Zum anderen lasse sich aber auch der Kulturwissenschaftler bei der Auswahl seines Stoffes und der Verfolgung seiner Erkenntnisinteressen von solchen übergreifenden Wertvorstellungen leiten, über die er sich Rechenschaft abzulegen habe. Vermittels dieser theoretischen Wertbeziehungen komme der Bezugnahme auf Kulturerscheinungen deshalb auch eine eigenständige methodologische und forschungspragmatische Bedeutung zu, die sich deutlich von den theoretischen Generalisierungen einer am Vorbild der Naturwissenschaften orientierten und deshalb rein naturalistisch verfahrenden Soziologie unterscheide.[11]

Das von Tenbruck unter Bezugnahme auf Max Webers Werk skizzierte Programm einer kulturwissenschaftlichen Soziologie ging also weit über das Erkenntnisinteresse einer reinen Bindestrich-Soziologie hinaus und ist im Fach selbst insofern auch zu Recht als eine eindeutige Kampfansage an die Mainstream-Soziologie verstanden worden. Zugleich wird anhand der damals geführten Kontroversen deutlich, daß Tenbrucks emphatisches Verständnis von ‚Gesellschaft als Kultur' auf theoretischen und methodologischen Voraussetzungen beruht, die

---

9   Vgl. Friedrich Tenbruck, Das Werk Max Webers, in: Kölner Zeitschrift für Soziologie und Sozialpsychologie 27 (1975), S. 663-702.

10   Siehe hierzu auch Friedrich Tenbruck, Emile Durkheim oder die Geburt der Gesellschaft aus dem Geist der Soziologie, in: Zeitschrift für Soziologie 10 (1981), S. 333-350.

11   Tenbruck, Die Aufgaben der Kultursoziologie, a.a.O.; vgl. ferner ders., Die Wissenschaftslehre Max Webers. Voraussetzungen zu ihrem Verständnis, in: Gerhard Wagner / Heinz Zipprian (Hrsg.), Max Webers Wissenschaftslehre. Interpretation und Kritik, Frankfurt am Main 1994, S. 367-389.

sich der Gründungskonstellation der deutschsprachigen Tradition der Soziologie verdanken, wie sie um 1900 gegeben war. Angesichts der inzwischen erfolgten fachgeschichtlichen Entwicklung konnten diese deshalb gegenüber der Gegenwartssoziologie auch nicht mehr ohne Weiteres als unhinterfragte Norm geltend gemacht werden. Bevor ich jedoch auf die Reaktionen eingehe, die in der Folgezeit ein solches kulturwissenschaftliches Verständnis von Soziologie provoziert hat, möchte ich mich zunächst der Frage zuwenden, ob der Scheck überhaupt gedeckt gewesen ist, der hier unter Bezugnahme auf diverse soziologische Klassiker in Umlauf gebracht worden ist. Eine solche Vorgehensweise ist insofern gerechtfertigt, als auch außerhalb der Soziologie berühmte Gründergestalten dieses Faches wie Georg Simmel und Max Weber immer wieder als Kronzeugen einer angeblich notwendigen ‚kulturalistischen Wende' innerhalb der modernen Geistes- und Sozialwissenschaften aufgeführt werden. Hierbei wird oft in einer höchst undifferenzierten Art und Weise unterstellt, daß diese beiden Klassiker einen kulturwissenschaftlichen Forschungsansatz entwickelt haben, dem nicht nur für die moderne Soziologie, sondern auch für andere geistes- und sozialwissenschaftliche Disziplinen heute noch eine wegweisende Bedeutung zukomme. Woher stammt also dieses emphatische Verständnis von Kulturwissenschaft, dem unter anderem auch Georg Simmels und Max Webers Werk vorbehaltlos zugeordnet wird?[12] Und läßt sich mit ihm tatsächlich die Notwendigkeit einer ‚kulturwissenschaftlichen' Erneuerung der soziologischen Forschung und Lehre rechtfertigen, wie sie unter anderem Tenbruck gefordert hatte?

Historische Kulturwissenschaft und Soziologie um 1900

Zur Beantwortung dieser Frage müssen wir uns zunächst noch einmal der Gründungskonstellation der deutschsprachigen Tradition der Soziologie zuwenden, wie sie um 1900 gegeben war. Die Notwendigkeit eines solchen fachgeschichtlichen Rückblicks auf die Anfänge der modernen Soziologie verdankt sich dem Umstand, daß zu diesem Zeitraum im deutschen Sprachraum eine Form der Wissenschaftsklassifikation betrieben wurde, die so in anderen Ländern nicht anzutreffen ist und der wir ein auch heute noch immer wieder gern in Anspruch genommenes spezifisches Verständnis von ‚Kulturwissenschaft' verdanken. Es handelt sich dabei um eine dualistische Form der Wissenschaftsklassifikation, von der zwei Varianten überliefert sind, die für die Entwicklung der Soziologie im deutschen Sprachraum von erheblicher Bedeutung waren. Die eine Variante stammt von Wilhelm Dilthey und besagt, daß es neben den Naturwissenschaften noch das weite Feld der modernen *Geisteswissenschaften* gibt. Diese unterscheiden sich ihm zufolge dadurch von den Naturwissenschaften, daß sie ihren Gegenstand nicht

---

12   Vgl. in diesem Zusammenhang neben den bereits zitierten Arbeiten Tenbrucks insbesondere Karl-Siegbert Rehberg, Kultur versus Gesellschaft? Anmerkungen zu einer Streitfrage in der deutschen Soziologie, in: Friedhelm Neidhardt / M. Rainer Lepsius / Johannes Weiß (Hrsg.), Kultur und Gesellschaft. Kölner Zeitschrift für Soziologie und Sozialpsychologie, Sonderheft 27, Opladen 1986, S. 98 ff.; ders., Kulturwissenschaft und Handlungsbegrifflichkeit. Anthropologische Überlegungen zum Zusammenhang von Handlung und Ordnung in der Soziologie Max Webers, in: Wagner / Zipprian (Hrsg.), Max Webers Wissenschaftslehre, S. 602-661; Klaus Christian Köhnke, Soziologie als Kulturwissenschaft: Georg Simmel und die Völkerpsychologie, in: Archiv für Kulturgeschichte 72 (1990), S. 223-232; ferner Otthein Rammstedt, Soziologie und / oder Kulturwissenschaft. Georg Simmels theoretische Zugänge zum Gesellschaftlichen, in: Bernhard Schäfers (Hrsg.), Soziologie in Deutschland. Entwicklung – Institutionalisierung und Berufsfelder – Theoretische Kontroversen, Opladen 1995, S. 99-107.

von ‚außen' erklären, sondern von ‚innen' verstehen, da innerhalb der Geisteswissenschaften das erkennende Subjekt ja selbst Teil der geschichtlich-gesellschaftlichen Welt sei. Die geisteswissenschaftliche Erkenntnis ist also im Prinzip immer zugleich eine Selbsterkenntnis des Menschen, der sich dadurch seiner eigenen Geschichtlichkeit bewußt wird und sich in Form eines hermeneutischen Sinnverstehens die von ihm selbst geschaffenen kulturellen Objektivationen reflexiv anzueignen vermag. Obgleich bereits Dilthey innerhalb des Bereichs der geisteswissenschaftlichen Erkenntnis der ‚äußeren Organisation der Gesellschaft' die ‚Systeme der Kultur' gegenüberstellte, waren bei ihm mit dieser letzteren Unterscheidung aber noch keine entsprechenden methodologischen Konsequenzen verbunden, weshalb er auch den Begriff ‚Kulturwissenschaft' selbst nicht verwendet hat, sondern weiterhin undifferenziert von den ‚Geisteswissenschaften' sprach.[13] Soziologiegeschichtlich bedeutsam war Diltheys Theorie der Geisteswissenschaften jedoch nicht nur aufgrund ihres radikalen Historismus und der ihr zugrunde liegenden Methode des Sinnverstehens, sondern auch aufgrund der mit ihr verbundenen Ablehnung der *positivistischen* und der *gesellschaftstheoretischen* Traditionen innerhalb der Soziologie. Diesen mit den Namen von Auguste Comte, Herbert Spencer und Karl Marx verbundenen soziologischen Richtungen konnte Dilthey allenfalls den Status einer spekulativen Geschichtsphilosophie abgewinnen, die im Grunde genommen der konkreten einzelwissenschaftlichen Forschung nur im Wege stehe und deshalb aufs Schärfste abzulehnen sei. Mit Diltheys Gegenüberstellung von Natur- und Geisteswissenschaft war also zugleich eine radikale Soziologenschelte verbunden, die zumindest im deutschen Sprachraum für die weitere Geschichte dieses Faches nicht ohne Folgen bleiben sollte.[14]

Die zweite bedeutende Variante dieser dualistischen Wissenschaftsklassifikation stammt von den südwestdeutschen Neukantianern Wilhelm Windelband und Heinrich Rickert. Ihr verdanken wir jenen emphatischen Begriff der ‚Kulturwissenschaft', der auch heute noch gern von Vertretern diverser Disziplinen in Anspruch genommen wird, der jedoch von seinen Urhebern ausschließlich für den Sonderfall der *historischen* Kulturwissenschaften konzipiert worden ist.[15] Die ihm zugrunde liegende neukantianische Wissenschaftsklassifikation beruht dabei auf der Unterscheidung zwischen einer *generalisierenden* und einer *individualisierenden* Form der Begriffsbildung, die den Bereich der Naturwissenschaften unüberwindbar von dem der Kulturwissenschaften trennt. Rickert brachte diesen Hiatus auch dadurch zum Ausdruck, daß er die *Gesetzeswissenschaft* von der *Wirklichkeitswissenschaft* unterschied. Während für die erstere eine klassifizierende Form der Begriffsbildung kennzeichnend sei, die für eine unüberschaubare Vielzahl von Fällen gelte, beruhe letztere dagegen auf ‚individuellen' Begriffen, die ausschließlich in Bezug auf sogenannte ‚historische Individuen' Geltung beanspruchen können. Hiermit sind einmalige Erscheinungen beziehungsweise Erscheinungskomplexe gemeint, die durch eine spezifische Art der Begriffsbildung ‚idealtypisch' aus dem

13 Vgl. Wilhelm Dilthey, Einleitung in die Geisteswissenschaften. Versuch einer Grundlegung für das Studium der Gesellschaft und der Geschichte (1883). Gesammelte Schriften, Band I, Leipzig / Berlin 1923.

14 Siehe hierzu auch die einschlägige Untersuchung von Carlo Antoni, Vom Historismus zur Soziologie, Stuttgart 1950.

15 Vgl. Wilhelm Windelband, Geschichte und Naturwissenschaft (1894), in: ders., Präludien. Aufsätze und Reden zur Philosophie und ihrer Geschichte, 9. Aufl. Tübingen 1924, Band 2, S. 136-160; Heinrich Rickert, Kulturwissenschaft und Naturwissenschaft. Ein Vortrag, Freiburg i. Br. / Leipzig / Tübingen 1899; ders., Die Grenzen der naturwissenschaftlichen Begriffsbildung. Eine logische Einleitung in die historischen Wissenschaften, Tübingen / Leipzig 1902.

unendlichen Strom des Geschehens herausgegriffen werden, ohne daß damit notwendig ein Werturteil über die solcherart begrifflich ausgegrenzte Erscheinung verbunden ist. Entscheidend für diese spezifisch historische Form der Begriffsbildung ist allein das Erkenntnisinteresse, das der Kulturwissenschaftler verfolgt und für dessen heuristische Funktion Rickert den Ausdruck ‚theoretische Wertbeziehung' eingeführt hatte. Nur unter Bezugnahme auf solche vorgängigen ‚Kulturwerte' ist ihm zufolge überhaupt erst eine kulturwissenschaftliche Erkenntnis möglich. Sie gleichen also gewissermaßen Scheinwerfern, welche die ansonsten dunkle Nacht wenigstens partiell beleuchten. Ob diese Werte dagegen selbst in einem erkennbaren Zusammenhang stehen, ist dabei im Prinzip unerheblich. Rickert hatte sich jedoch später auf die Suche nach einem solchen Zusammenhang begeben und dabei im Laufe der Zeit ein eigenes ‚System der Werte' entwickelt, das allerdings so willkürlich konstruiert war, daß selbst Max Weber ihm in diesem Punkt nicht zu folgen vermochte.[16]

Gleichwohl war Max Weber eine Zeit lang ein gelehriger Schüler von Heinrich Rickert, worauf im Übrigen all jene Probleme zurückzuführen sind, mit denen wir uns auch heute noch konfrontiert sehen, wenn wir den in dieser Tradition geprägten Begriff der ‚Kulturwissenschaft' für die zeitgenössischen Geistes- und Sozialwissenschaften in Anspruch zu nehmen versuchen. Dies liegt nicht nur daran, daß mit ihm ein spezifisch *historisches* Verständnis von Kulturwissenschaft verbunden ist, sondern auch daran, daß Rickert und Weber diesen Ausdruck als Oberbegriff für eine ganze Reihe von kulturwissenschaftlichen Disziplinen gebrauchten, zu denen die zu diesem Zeitpunkt bereits bestehenden Richtungen der Soziologie eindeutig nicht gehörten. Zwar hatte Weber im Laufe der Zeit einen eigenen soziologischen Ansatz entwickelt, den er später als *Verstehende Soziologie* zu bezeichnen pflegte. Doch können wir verkürzt sagen, daß Weber um so mehr Kulturwissenschaftler im Rickertschen Sinne war, je weniger er noch Soziologe war und umgekehrt.[17] Dies liegt nicht nur daran, daß Rickerts Verständnis von Kulturwissenschaft ausschließlich der historischen Erkenntnis von rein individuell feststellbaren Sachverhalten gewidmet war, sondern auch daran, daß die für Webers Verstehende Soziologie charakteristische Verbindung zwischen dem ‚Erklären' und dem ‚Verstehen' in Rickerts Wissenschaftslehre noch überhaupt keine Rolle spielte. Wenn Webers Werk also in undifferenzierter Weise als ‚kulturwissenschaftlich' charakterisiert wird, so geschieht dies in der Regel in der Form, daß nicht zureichend zwischen der von ihm im Anschluß an Rickert entwickelten Logik der kulturwissenschaftlichen Erkenntnis einerseits und seinen eigentlichen soziologischen Arbeiten andererseits unterschieden wird.

---

16 Vgl. Heinrich Rickert, Vom System der Werte, in: Logos 4 (1913), S. 295-327. Weber hatte als Dank für die Zusendung dieses Aufsatzes Rickert den ersten Entwurf seiner eigenen ‚Religionssystematik' angekündigt, die später im älteren Teil von *Wirtschaft und Gesellschaft* veröffentlicht worden ist. Offensichtlich wollte Weber mit dieser ‚Religionssystematik' Rickert deutlich machen, wie man auf *empirischem* Weg universalgeschichtlich bedeutsame Wertorientierungen systematisch rekonstruieren kann. Vgl. Max Weber, Brief an Heinrich Rickert vom Juli 1913, in; Max-Weber-Gesamtausgabe, Abteilung II, Band 8: Briefe 1913-1914, hrsg. von M. Rainer Lepsius und Wolfgang J. Mommsen, Tübingen 2003, S. 262. Zur Diskussion von Webers ‚Religionssystematik' siehe auch die einzelnen Beiträge in Hans G. Kippenberg / Martin Riesebrodt (Hrsg.), Max Webers ‚Religionssystematik', Tübingen 2001.

17 Darauf verweist bereits der offensichtlich gänzlich in Vergessenheit geratene Aufsatz von Emerich Francis, Kultur und Gesellschaft in der Soziologie Max Webers, in: K. Engisch / B. Pfister / J. Winckelmann (Hrsg.), Max Weber. Gedächtnisschrift der Ludwigs-Maximilians-Universität München, Berlin 1966, S. 89-114.

Ohne eine entsprechende werkgeschichtliche Differenzierung läßt sich aber auch Webers Verhältnis zur Soziologie nicht adäquat verstehen, das sich im Laufe der Zeit beträchtlich verändert hatte. Denn ähnlich wie Dilthey hatte auch er die älteren Richtungen der Soziologie als spekulative Geschichtsphilosophie angesehen und deshalb abgelehnt. Dies ist auch der Grund, warum es für ihn ursprünglich sehr schwer war, dieser Disziplinenbezeichnung einen positiven Sinn abzugewinnen. Wissenschaftstheoretischer Gewährsmann seiner diesbezüglichen Soziologenschelte war allerdings nicht Dilthey, sondern in erster Linie Rickert. Von Letzterem übernahm er unter anderem auch die Vorstellung, daß sich der Kulturwissenschaftler immer an bestimmten Kulturwerten orientiert und auf diesem Weg eine idealtypische Form der Begriffsbildung vornimmt, die um die Erkenntnis der spezifischen Eigenart einer konkreten historischen Erscheinung bemüht ist. Zentrales Beispiel für dieses ursprüngliche kulturwissenschaftliche Erkenntnisinteresse von Max Weber sind seine berühmten Studien über die *Protestantische Ethik*, in denen er die Eigenart des modernen bürgerlichen Betriebskapitalismus auf das historische Vermächtnis einer spezifisch religiös geprägten Berufsethik zurückzuführen versucht hatte.[18]

Ausgehend von dieser Fragestellung begann sich Weber dann zunehmend für die Entwicklung der gesamten okzidentalen Kultur zu interessieren, deren universalgeschichtliche Eigenart er im Rahmen seiner späteren kulturvergleichenden Untersuchungen zu bestimmen versucht hatte. Es besteht hier noch insofern eine gewisse Parallele zu seinen Protestantismusstudien, als Weber auch die okzidentale Kulturentwicklung als einen universalgeschichtlichen Sonderfall betrachtet hat. Der entscheidende methodologische Unterschied zu einer Einzelfallanalyse besteht jedoch darin, daß Weber jetzt die Eigenart der okzidentalen Kultur kontrastiv, das heißt in Form eines *Kulturvergleichs* zu erklären unternahm. Im Rahmen dieses Kulturvergleichs hat er dann unter anderem auch eine eigene *Religions-*, *Wirtschafts-*, *Rechts-* und *Herrschaftssoziologie* ausgearbeitet, die funktional auf diesen Kulturvergleich bezogen waren. Obgleich er auch die gegen Ende seines Lebens von ihm entwickelten *Grundbegriffe* seiner Verstehenden Soziologie" in den Dienst der historischen Forschung gestellt wissen wollte, hatte er diese jedoch ausdrücklich als Beitrag zur *allgemeinen* Soziologie verstanden. Letzterer wies er nun die Aufgabe zu, allgemeine Typenbegriffe und „generelle Regeln des Geschehens" aufzustellen, während die historische Forschung im Gegensatz dazu die „kausale Analyse und Zurechnung individueller, kulturwichtiger, Handlungen, Gebilde, Persönlichkeiten" zum Gegenstand habe.[19] Im Zuge der Ausarbeitung seiner Verstehenden Soziologie hat sich Weber also zunehmend von den Vorgaben der Rickertschen Wissenschaftslehre befreit und eine völlig eigenständige Form der universalgeschichtlichen und kulturvergleichenden Forschung entwickelt, die untrennbar mit seinem eigenen Namen verbunden ist. Eine undifferenzierte Anwendung des Rickertschen Begriffs der ‚historischen Kulturwissenschaft' auf

---

18   Vgl. Max Weber, Die „Objektivität" sozialwissenschaftlicher und sozialpolitischer Erkenntnis (1904), in: ders., Gesammelte Aufsätze zur Wissenschaftslehre, 6. Aufl. Tübingen 1985, S. 146-214; ders., Die protestantische Ethik und der „Geist" des Kapitalismus. Textausgabe auf der Grundlage der ersten Fassung von 1904/05 mit einem Verzeichnis der wichtigsten Zusätze und Veränderungen aus der zweiten Fassung von 1920 hrsg. und eingeleitet von Klaus Lichtblau und Johannes Weiß, 3. Aufl. Weinheim 2000.

19   Max Weber, Wirtschaft und Gesellschaft. Grundriß der verstehenden Soziologie, 5. Aufl. Tübingen 1972, S. 8.

Webers Werk verdeckt insofern gerade die unterschiedlichen Erkenntnisinteressen, die Max Weber mit seinen diversen wissenschaftlichen Arbeiten verfolgt hatte.[20]

Ähnliches läßt sich auch in Bezug auf Georg Simmels Werk feststellen, das ebenfalls wiederholt ‚kulturwissenschaftlich‘ vereinnahmt worden ist, obwohl Simmel den Begriff ‚Kulturwissenschaft‘ für sein eigenes Werk nachweislich nicht in Anspruch genommen hatte. Auch die von Simmel begründete Richtung der *Formalen Soziologie* stellt keine ‚historische Kulturwissenschaft‘ in dem von Rickert intendierten Sinne dar. Dies liegt zum einen daran, daß Simmel im Unterschied zu Weber eine völlig *unhistorische* Form der soziologischen Analyse entwickelt hatte. Zum anderen hatte er das, was Individualität in einem emphatischen Sinne auszeichnet, bewußt aus dem Bezugsrahmen seiner Formalen Soziologie ausgeschlossen. Auch Simmel grenzte sich ähnlich wie Dilthey und Weber von jenen Richtungen innerhalb der Soziologie seiner Zeit ab, welche die Tradition der spekulativen Geschichtsphilosophie fortsetzen wollten. Er vermied es deshalb bewußt, den Begriff der ‚Gesellschaft‘ im Sinne eines Kollektivsubjekts zu gebrauchen und zog es statt dessen vor, von den verschiedenen *Formen der Vergesellschaftung* zu sprechen. Die Gesellschaft war für ihn im Grunde genommen in einem rein *nominalistischen* Sinne mit der ‚Summe‘ all jener Wechselwirkungsformen identisch, die zwischen den Individuen bestehen. Simmel unterschied dabei zwischen dem ‚Inhalt‘ beziehungsweise der ‚Materie‘ und den ‚Formen der Vergesellschaftung‘ und ging davon aus, daß die eigentlichen Interessen und Motive der handelnden Individuen nur insoweit Gegenstand der soziologischen Forschung sein können, als diese bereits in einer spezifischen Weise ‚vergesellschaftet‘ sind. Dies hatte zur Folge, daß Simmel nicht den Menschen an sich, sondern ausschließlich den *vergesellschafteten* Menschen in seine soziologische Betrachtungsweise mit einbezog.[21]

Als Niklas Luhmann einige Jahrzehnte später im Rahmen der Grundlegung seiner Systemtheorie den Menschen in die ‚Umwelt‘ der von ihm analysierten ‚sozialen Systeme‘ verbannte und damit endgültig aus der Soziologie ausschloß, hat er also im Grunde genommen nur die Konsequenz aus einer fachgeschichtlichen Entwicklung gezogen, die unter anderem bereits bei Simmel angelegt gewesen ist. Im Unterschied zu Luhmann hatte Simmel den Menschen dagegen zumindest noch als *philosophisches* Problem ernst genommen und ihm eine zentrale Rolle innerhalb der von ihm entwickelten *Kulturtheorie* zugesprochen. Diese war jedoch keine kulturwissenschaftliche, sondern eine *kulturphilosophische* Theorie, da Simmel solche Fragen wie der nach dem Sinn der menschlichen Existenz und der mit ihr verbundenen Kulturentwicklung ausdrücklich als ‚philosophisch‘, ja sogar als ‚metaphysisch‘ bezeichnet hatte und deshalb aus dem Gegenstandsbereich einer einzelwissenschaftlich verfahrenden Soziologie ausschloß.[22] In Simmels Werk finden wir insofern unter anderem eine *Geschichts-*

---

20 In diesem Zusammenhang sei noch einmal auf den bereits zitierten Aufsatz von Francis verwiesen, in dem Webers intellektuelle Entwicklung seit der Jahrhundertwende in einer auch heute noch vorbildhaften Weise rekonstruiert worden ist. Vgl. ferner Thomas Burger, Deutsche Geschichtstheorie und Webersche Soziologie, in: Wagner / Zipprian (Hrsg.), Max Webers Wissenschaftslehre, S. 29-104.

21 Vgl. Georg Simmel, Das Problem der Sociologie (1894), in: Gesamtausgabe, Band 5, Frankfurt am Main 1992, S. 52-61; ders., Soziologie. Untersuchungen über die Formen der Vergesellschaftung (1908), in: Gesamtausgabe, Band 11, Frankfurt am Main 1992, S. 13-62; ferner Klaus Lichtblau, Georg Simmel, Frankfurt am Main / New York 1997, S. 25 ff.

22 Soziologie, a.a.O., S. 858 ff.; vgl. ferner Georg Simmel, Philosophische Kultur. Gesammelte Essais (1911), in: Gesamtausgabe, Band 14, Frankfurt am Main 1996, S. 385 ff.

und *Kulturphilosophie* sowie den Entwurf einer *Formalen Soziologie*, jedoch keinen Ansatz zu einer universalistische Ansprüche stellenden ‚Kulturwissenschaft', wie sie heute wieder in Mode gekommen ist. Und sein eigenes Verständnis von Soziologie war so unprätentiös, daß selbst Dilthey diesem die Existenzberechtigung nicht abstritt, sondern ausdrücklich einen Platz innerhalb des von ihm entwickelten Systems der modernen Geisteswissenschaften eingeräumt hatte.[23]

Die ‚kulturalistische Wende' innerhalb der zeitgenössischen Soziologie

Das Werk von Georg Simmel und Max Weber läßt sich also offensichtlich überhaupt nicht beziehungsweise nur in einem sehr eingeschränkten Sinne für eine ‚kulturwissenschaftliche' Erneuerung der modernen Soziologie in Anspruch nehmen. Ähnliches gilt auch für die von Alfred Weber entwickelte Richtung der Kultursoziologie, die im Fach selbst aufgrund ihrer spekulativen geschichtsphilosophischen Grundlagen heute so gut wie keine Rolle mehr spielt. Und auch Karl Mannheims anspruchsvoller Versuch, im Anschluß an Dilthey und die Wiener kunstgeschichtliche Schule eine eigenständige Logik der kulturwissenschaftlichen Erkenntnis auszuarbeiten, kann an dieser Stelle vernachlässigt werden, weil in der gegenwärtigen kulturwissenschaftlichen Diskussion ohnehin kaum jemand darauf Bezug nimmt. Überdies hatte sich Mannheim später von seinen eigenen Überlegungen distanziert und die kultursoziologische Forschung ausdrücklich auf den Status einer reinen Bindestrich-Soziologie reduziert sehen wollen.[24] Wenn also dennoch in den letzten dreißig Jahren auch innerhalb der deutschsprachigen Soziologie eine beachtliche Zunahme von Forschungsarbeiten und Publikationen festzustellen ist, denen gewissermaßen ein ‚erweiterter', das heißt *unspezifischer* Kulturbegriff zugrunde liegt, so hat diese Konjunktur offensichtlich andere geistige Wurzeln und Hintergründe als die bisher erörterten fachgeschichtlichen Traditionen. Überdies sollte nicht vorschnell unterstellt werden, daß mit dieser Konjunktur ein einheitliches Kulturverständnis verbunden ist. Dagegen spricht allein schon die Unverbindlichkeit, mit der in diesem Zusammenhang der Begriff der Kultur gebraucht wird. Wie ist es jedoch zu dieser Konjunktur gekommen? Und kommt ihr überhaupt eine spezifische *kulturwissenschaftliche* Bedeutung zu?

Daß offensichtlich auch die zeitgenössische Soziologie für einen inflationären Gebrauch des Kulturbegriffs empfänglich ist, zeigte spätestens der Kongreß aller deutschsprachigen Soziologinnen und Soziologen, der 1988 in Zürich unter dem Titel *Kultur und Gesellschaft* stattgefunden hatte. Denn es gab dort kaum eine Plenarveranstaltung oder Sektion, die diesem Rahmenthema nicht eine entsprechende Bedeutung abzugewinnen vermochte. Von der Geschlechtskultur über die Organisationskultur, politische Kultur, Religionskultur, Sprachkultur, ökonomische Kultur, Stadtkultur, Arbeiterkultur, Alltagskultur, Wohlfahrtskultur, Wissens- und Freizeitkultur spann sich hier der illustre Bogen, der unter der Last eines solchen Sammelsuriums gänzlich zusammenzubrechen drohte.[25] Ich selbst habe anläßlich dieses So-

---

23   Vgl. Dilthey, Einleitung in die Geisteswissenschaften, S. 420 ff. (= Zusatz aus den Jahren 1904-06).

24   Vgl. zum Letzteren Karl Mannheim, Die Gegenwartsaufgaben der Soziologie. Ihre Lehrgestalt, Tübingen 1932, S. 22 ff.; ferner Lichtblau, Kulturkrise und Soziologie um die Jahrhundertwende, S. 492 ff.

25   Vgl. Max Haller / Hans-Jürgen Hoffmann-Nowotny / Wolfgang Zapf (Hrsg.), Kultur und Gesellschaft. Verhandlungen des 24. Deutschen Soziologentags, des 11. Österreichischen Soziologentags und des 8. Kongresses der Schweizerischen Gesellschaft für Soziologie in Zürich 1988, Frankfurt am Main / New York 1989; ferner

ziologiekongresses zusammen mit Johannes Weiß und in Kooperation mit dem Informationszentrum Sozialwissenschaften in Bonn eine Literaturdokumentation erstellt, die auf einer Auswertung von einschlägigen kultursoziologischen Veröffentlichungen beruht, die im Zeitraum zwischen 1979 und 1987 erschienen sind. Zur Klassifikation der zentralen Forschungsthemen auf diesem Gebiet haben wir dabei ein grobes Raster entwickelt, das sich auch in der Folgezeit für entsprechende Literaturrecherchen bewährt hat und das aus folgenden Rubriken besteht: 1. Kulturkonflikt und Kulturwandel; 2. Historisch-vergleichende Analysen; 3. Mentalitäten, Zeichen- und Symbolsysteme; 4. Kulturträger; 5. Klassenkultur und Alltagskultur; 6. Lebensweise und Lebensstil; 7. Kulturindustrie und Massenkultur; 8. Zeitdiagnose und Kulturkritik.[26] Eine solche Grobklassifikation der einschlägigen Fachliteratur stellt natürlich noch keine Antwort auf die Frage dar, welches eigentlich der kleinste gemeinsame Nenner dieser soziologischen Arbeitsgebiete ist, die in irgendeiner Weise mit dem Thema ‚Kultur‘ im Zusammenhang stehen. Ein Ausweg böte sich vielleicht an, indem man von der Themenebene auf die Methodenebene überwechselt und deklariert, daß all das von kulturwissenschaftlicher Relevanz sei, was zum Gegenstand von entsprechenden ‚Methoden der Kulturforschung‘ gemacht werden kann. Doch sind wir auch in diesem Bereich derzeit noch weit von einem Konsens darüber entfernt, welche Forschungsmethoden sich mit einem solchen Prädikat schmücken dürfen und welche nicht. Eine andere Alternative zur Klärung dieser Frage bestünde darin, nicht laufend neue kultursoziologische Teilgebiete in den verschiedensten Bereichen der empirischen Forschung zu gründen, sondern den damit angesprochenen Kulturbegriff dort zu behandeln, wo er im Grunde genommen hingehört: nämlich in den Bereich der *allgemeinen Soziologie.*

Daß eine solche Strategie jedoch nicht unbedingt selbstverständlich ist, sondern mit Widerspruch rechnen muß, läßt sich am folgenden Beispiel verdeutlichen. Bereits vor längerer Zeit hatte Niklas Luhmann den ernstgemeinten Vorschlag gemacht, die moderne Soziologie möchte sich doch von dem ohnehin vielfach belasteten und unbestimmten Kulturbegriff definitiv verabschieden beziehungsweise diesen als einen rein ‚historischen Begriff‘ betrachten, der in der allgemeinen Soziologie keinen Platz habe, sondern allenfalls zum Gegenstand einer wissenssoziologischen Untersuchung gemacht werden könne. Luhmann kam dieser Vorschlag jedoch deshalb so leicht über die Lippen, weil er mit dem Begriff der ‚gepflegten Semantik‘ beziehungsweise der ‚Selbstbeschreibung‘ moderner Gesellschaften gleichsam einen Ersatzbegriff in der Hinterhand hatte, dessen Hege und Pflege ihm bereits vor vielen Jahren zu einem persönlichen Anliegen geworden war.[27] Überdies wurde in diesem Zusammenhang von einem seiner Schüler der Verdacht geäußert, daß sich der Bielefelder Meister deshalb so abfällig über den Kulturbegriff geäußert habe, weil dieser gewissermaßen in einem Konkurrenzverhältnis zu dem überlieferten Gesellschaftsbegriff stehe, den Luhmann als Grundbegriff

---

Hans-Joachim Hoffmann-Nowotny (Hrsg.), Kultur und Gesellschaft. Beiträge der Forschungskomitees, Sektionen und Ad-hoc-Gruppen, Zürich 1989.

26 Ulrike Becker / Klaus Lichtblau / Hardo Müggenberg / Johannes Weiß, Kultur und Gesellschaft. Theoretische Ansätze – Zentrale Forschungsgebiete – Forschungsmethoden. Literaturdokumentation 1979-1987. Informationszentrum Sozialwissenschaften, Bonn 1988.

27 Vgl. Niklas Luhmann, Kultur als historischer Begriff, in: ders., Gesellschaftsstruktur und Semantik. Studien zur Wissenssoziologie der modernen Gesellschaft Band 4, Frankfurt am Main 1995, S. 31-54; ferner ders., Gesellschaftliche Struktur und semantische Tradition, ebd., Band 1, Frankfurt am Main 1980, S. 9-71; ders., Die Gesellschaft der Gesellschaft, Frankfurt am Main 1997, S. 866 ff.

seiner sozialwissenschaftlichen Systemtheorie bevorzugt hatte. Die von Autoren wie Dilthey, Max Weber und Tenbruck vorgenommene Verabschiedung des Gesellschaftsbegriffs zugunsten eines emphatischen Verständnisses von Kultur wurde also von Luhmann durch eine entsprechende Verabschiedung des Kulturbegriffs zugunsten seiner eigenen systemtheoretischen Gesellschaftstheorie beantwortet.[28]

Weiter als solche polemischen und insofern notwendig einseitigen Zuspitzungen führt deshalb vermutlich der Versuch, den Begriff der Gesellschaft und den der Kultur sowie die mit ihnen sinnverwandten Begriffe nicht in Gestalt eines wechselseitigen Ausschließungsverhältnisses zu definieren, sondern untrennbar miteinander zu verbinden. Dies ist im Laufe der Geschichte dieses Faches denn auch immer wieder mit Erfolg geschehen.[29] Bereits Max Weber hatte das Verhältnis zwischen den ‚Ideen‘ und den ‚Interessen‘ so bestimmt, daß letztere zwar die eigentlichen geschichtlich wirksamen Mächte seien, erstere dagegen die Weichen für eine erfolgreiche Interessenwahrnehmung stellen würden.[30] Ähnliches ließe sich auch über den Begriff ‚Sinn‘ sagen, der ja nicht zufällig im Zentrum aller Richtungen der ‚verstehenden‘ beziehungsweise ‚interpretativen‘ Soziologie steht. Man könnte deshalb in Anspielung auf ein berühmtes Kantsches Diktum sagen: Menschliches Handeln ohne sinnhafte Orientierung ist blind, Sinndeutungen ohne ein entsprechendes Handeln dagegen leer beziehungsweise sozial folgenlos. Anders gesprochen: Es ist im Grunde genommen gar nicht möglich, den Begriff der Gesellschaft ohne Bezugnahme auf den Kulturbegriff oder entsprechende Sinnstrukturen zu definieren und umgekehrt. Gerade die neuere empirische Sozialstrukturforschung zeigt eindrucksvoll, wie stark kulturelle Orientierungen und entsprechende Unterschiede in der Lebensführung inzwischen zu einer gesellschaftlichen Differenzierung ‚jenseits von Klasse und Schicht‘ geführt haben.[31] Ähnliche Entwicklungen lassen sich auch in anderen soziologischen Forschungsbereichen feststellen, die auf eine zunehmende Überlagerung von vormals ‚harten‘ durch eher ‚weiche‘ Merkmalsausprägungen und entsprechende Variablenkonstruktionen hinweisen.

---

28 Dirk Baecker, Unbestimmte Kultur, in: Albrecht Koschorke / Cornelia Vismann (Hrsg.), Widerstände der Systemtheorie. Kulturtheoretische Analysen zum Werk von Niklas Luhmann, Berlin 1999, S. 35 ff.

29 Siehe hierzu auch die einschlägigen Beiträge in Neidhardt / Lepsius / Weiß (Hrsg.), Kultur und Gesellschaft, a.a.O.; ferner die entsprechenden Hinweise bei Johannes Weiß, Art. „Kultursoziologie", in: Ulrich Ammon / Norbert Dittmar / Klaus J. Mattheier (Hrsg.), Soziolinguistik. Ein internationales Handbuch zur Wissenschaft von Sprache und Gesellschaft. Erster Halbband, Berlin / New York 1987, S. 510-514; Alf Mintzel, Kultur und Gesellschaft. Der Kulturbegriff in der Soziologie, in: Klaus P. Hansen (Hrsg.), Kulturbegriff und Methode. Der stille Paradigmenwechsel in den Geisteswissenschaften, Tübingen 1993, S. 171-199; Thomas Jung / Stefan Müller-Doohm, Art. „Kultursoziologie", in: Harald Kerber / Arnold Schmieder (Hrsg.), Spezielle Soziologien. Problemfelder, Forschungsbereiche, Anwendungsorientierungen, Reinbek 1994, S. 473-497; Hans-Peter Müller, Kultur und Gesellschaft. Auf dem Weg zu einer neuen Kultursoziologie?, in: Berliner Journal für Soziologie 4 (1994), S. 135-156.

30 Max Weber, Gesammelte Aufsätze zur Religionssoziologie, Band 1, Tübingen 1920, S. 252; vgl. auch M. Rainer Lepsius, Interessen und Ideen. Die Zurechnungsproblematik bei Max Weber, in: Neidhardt / Lepsius / Weiß (Hrsg.), Kultur und Gesellschaft, S. 20-31.

31 Siehe hierzu Ulrich Beck, Risikogesellschaft. Auf dem Weg in eine andere Moderne, Frankfurt am Main 1986, S. 121 ff.; Stefan Hradil, Sozialstrukturanalyse in einer fortgeschrittenen Gesellschaft. Von Klassen und Schichten zu Lagen und Milieus, Opladen 1987, S. 139 ff.; Hans-Peter Müller, Sozialstruktur und Lebensstile. Der neuere theoretische Diskurs über soziale Ungleichheit, Frankfurt am Main 1992; Gerhard Schulze, Die Erlebnisgesellschaft. Kultursoziologie der Gegenwart, Frankfurt am Main / New York 1992. Vgl. ferner die einzelnen Beiträge in Stefan Hradil (Hrsg.), Zwischen Bewußtsein und Sein. Die Vermittlung „objektiver" Lebensbedingungen und „subjektiver" Lebensweisen, Opladen 1992.

Ob solche fachgeschichtliche Entwicklungstendenzen zugleich eine ‚kulturwissenschaft-liche Wende' beinhalten oder aber nicht, hängt jedoch letztlich davon ab, in welchem Sinn hier der Begriff *Kulturwissenschaft* gebraucht wird. Ein zur Beantwortung dieser Frage notwendi-ges einheitliches Verständnis von ‚Kulturwissenschaft' existiert aber innerhalb der zeitgenös-sischen Soziologie derzeit leider nicht. Fest steht auf jeden Fall, daß zumindest die Rickertsche Wissenschaftslehre für die heutige Soziologie nur noch von historischem Interesse ist. Und auch die methodologische Position, die Max Weber zur Zeit der Niederschrift seiner Protestan-tismusstudien und seines berühmten Objektivitätsaufsatzes vertreten hat, beinhaltet keine auch heute noch anschlußfähige ‚kulturwissenschaftliche Soziologie'.[32] Wenn man jedoch seine spä-teren *kulturvergleichenden* und *universalgeschichtlichen* Untersuchungen zum Maßstab eines spezifisch *soziologischen* Verständnisses von ‚Kulturwissenschaft' machen würde, könnte dies vielleicht eines Tages nicht nur innerhalb der Soziologie auf eine breitere Zustimmung stoßen.

Postskriptum

Uwe Barrelmeyer und Volker Kruse haben in einer Erwiderung auf diesen Beitrag den Ein-wand geltend gemacht, daß ich mit meiner auf das Werk Max Webers bezogenen Argumen-tation das Kind gleichsam mit dem Bade ausschütten und Webers Bemühungen hinsichtlich der Ausarbeitung einer *historischen Soziologie* einen Bärendienst erweisen würde.[33] Obgleich wir viele Standpunkte miteinander teilen, bleibt dennoch ein Dissens in einigen Punkten be-stehen, die an dieser Stelle zu erwähnen vielleicht sinnvoll ist, weil sie eine nicht zu unter-schätzende Rolle innerhalb der gegenwärtigen Diskussion über den disziplinären Status von Max Webers Werk spielen. Was mich von Barrelmeyer und Kruse grundsätzlich unterschei-det, ist der Umstand, daß sie nicht in der Lage sind, die fachspezifischen Unterschiede zu be-rücksichtigen, die zwischen der *Geschichtswissenschaft* und der *Soziologie* bestehen. Konse-quenterweise bleibt in ihrem Diskussionsbeitrag der spezifisch *soziologische* Ansatz, der den universalgeschichtlichen und kulturvergleichenden Arbeiten Max Webers zugrunde liegt, ei-genartig unterbelichtet. Nichtsdestotrotz besteht zunächst in folgenden Punkten eine grund-legende Übereinstimmung zwischen meiner Sicht der Dinge und der von Barrelmeyer und Kruse vertretenen Position:

a. Max Webers Studien über die ‚Protestantische Ethik' von 1904/05 behandeln ein spezifi-sches *historisches* Kausalproblem: nämlich die Entstehung der modernen kapitalistischen Berufsethik innerhalb der okzidentalen Welt. Es handelt sich bei ihnen insofern auch nicht um soziologische, sondern um *kulturgeschichtliche* Abhandlungen, worauf Weber in einem diesbezüglichen Schreiben an Heinrich Rickert ausdrücklich hingewiesen hatte. Daß diese historischen *Einzelfallanalysen* in methodologischer Hinsicht dem Standpunkt

---

32 Siehe hierzu auch die entsprechenden Argumente von Guy Oakes, Die Grenzen kulturwissenschaftlicher Begriffsbildung. Heidelberger Max Weber-Vorlesungen 1982, Frankfurt am Main 1990; vgl. ferner Gerhard Wagner, Geltung und normativer Zwang. Eine Untersuchung zu den neukantianischen Grundlagen der Wis-senschaftslehre Max Webers, Freiburg / München 1987.

33 Vgl. Uwe Barrelmeyer / Volker Kruse, Sind die methodologischen Arbeiten Max Webers für die gegenwärtige kulturwissenschaftliche Soziologie nicht anschlußfähig? Einige Überlegungen zu Klaus Lichtblau Aufsatz „Soziologie als Kulturwissenschaft?", in: Soziologie. Forum der Deutschen Gesellschaft für Soziologie, Heft 3 (2002), S. 5-22.

seines ‚Objektivitätsaufsatzes' von 1904 entsprechen, zeigt, daß diese Abhandlungen primär der Eigenart einer *historischen* Form der Begriffsbildung verpflichtet sind.

b. Auch seine späteren kultur- und universalgeschichtlichen Untersuchungen stehen im Dienst einer historischen Kausalerklärung. Nur geht es in diesem Fall nicht mehr ausschließlich um die Entstehung des modernen kapitalistischen ‚Geistes', sondern um die epochale Eigenart des ‚okzidentalen Rationalismus' in seinen verschiedenen Erscheinungsformen. Es handelt sich also auch in diesem Fall um ein ‚historisches Individuum', für dessen kausale Erklärung unter anderem auch Webers Überlegungen über die ‚objektive Möglichkeit' und die ‚adäquate Verursachung', die er erstmals in seiner Auseinandersetzung mit dem Berliner Althistoriker Eduard Meyer entwickelt hatte, von bleibendem methodologischen Wert sind.[34]

So viel zum *Historiker* Max Weber, auf den sich der diesbezügliche Diskussionsbeitrag von Barrelmeyer und Kruse primär bezieht. Folgende Differenzen bleiben aber auch weiterhin zwischen meiner Position und der von Barrelmeyer und Kruse vertretenen Argumentation bestehen:

a. In dem Diskussionsbeitrag von Barrelmeyer und Kruse fehlt völlig der Hinweis auf die Eigenart der *soziologischen* Begriffsbildung, die Weber seit 1910 entwickelt hat und die nicht nur in den beiden Fassungen von *Wirtschaft und Gesellschaft* zum Ausdruck kommt, sondern auch in seine vergleichenden Untersuchungen über die Wirtschaftsethik der Weltreligionen Eingang gefunden hat. Über die Methode der Begriffsbildung, die Weber zum Beispiel in seiner ‚Religionssystematik' von 1913 angewendet hat[35] und die offensichtlich nicht mit der in seinem ‚Objektivitätsaufsatz' dargestellten Vorgehensweise identisch ist, erfährt man in Barrelmeyers und Kruses Diskussionsbeitrag zu meinem Aufsatz leider nichts. Gerade diese systematische Form der soziologischen Begriffsbildung – und dies betrifft nicht nur seine *Religionssoziologie*, sondern auch seine *Wirtschafts-*, *Rechts-* und *Herrschaftssoziologie* – bildet aber die eigentliche Grundlage der umfassenden kultur- und universalgeschichtlichen Vergleiche, die Weber in seinen späteren Arbeiten vorgenommen hatte.

b. Erschwerend kommt leider hinzu, daß uns Weber nicht nur *eine*, sondern *zwei verschiedene Fassungen* seiner ‚Soziologie' hinterlassen hat, die keineswegs miteinander identisch sind: nämlich eine ältere *entwicklungsgeschichtliche* Fassung und eine neuere, primär *handlungstheoretisch* verfahrende Fassung, die er selbst als eine ‚verstehende' Soziologie bezeichnet hatte. Erstere kommt in Webers *Wissenschaftslehre* überhaupt nicht vor und steht zudem im Widerspruch zu den dort angestellten methodologischen Überlegungen, während seine spätere, handlungstheoretisch fundierte *Verstehende Soziologie* ausdrücklich den Unterschied zwischen einem *historischen* und einem *soziologischen* Erklärungsanspruch betonte.[36] Insofern kann auch nicht unhinterfragt davon ausgegangen werden, daß seine methodologischen Überlegungen bezüglich der Eigenart

---

34 Vgl. Max Weber, Kritische Studien auf dem Gebiet der kulturwissenschaftlichen Logik (1906), in: Gesammelte Aufsätze zur Wissenschaftslehre, S. 215-290.

35 Vgl. Max Weber, Gesamtausgabe, Abteilung I, Band 22-2: Religiöse Gemeinschaften, Tübingen 2001; ferner Kippenberg / Riesebrodt (Hrsg.), Max Webers ‚Religionssystematik', a.a.O.

36 Vgl. Weber, Wirtschaft und Gesellschaft, S. 9 f.

der historischen Begriffsbildung und der historischen Kausalerklärung für sein späteres Verständnis von Soziologie maßgeblich geblieben sind.

c. Wenn ich also davon ausgehe, daß Webers spätere *kulturvergleichende* Soziologie auch heute noch für die Entwicklung einer ,kulturwissenschaftlichen' Soziologie von Relevanz sein könnte, meine ich damit primär die beiden Fassungen seiner ,Soziologie', wie sie in *Wirtschaft und Gesellschaft* ihren Niederschlag gefunden haben, sowie seine diversen Beiträge zur *Wirtschaftsethik der Weltreligionen*. Daß diese im Rahmen einer universalgeschichtlichen Fragestellung entstanden sind, bleibt ebenso unbestritten wie der Umstand, daß für letztere auch Max Webers methodologische Überlegungen bezüglich der Eigenart der historischen Kausalerklärung von Bedeutung sind. Nur bestreite ich, daß seine frühen methodologischen Arbeiten, die vor 1910 entstanden sind, für ein besseres Verständnis der beiden Fassungen seiner Soziologie hilfreich sind.

4. Der Streit um den Kulturbegriff in der Soziologie

Einleitung

Seit Mitte der siebziger Jahre des 20. Jahrhunderts ist weltweit eine Renaissance kulturbezogener Themen und Fragestellungen innerhalb der Soziologie festzustellen. Diese Renaissance ging einher mit dem zunehmenden Bedeutungsverlust der vornehmlich marxistisch inspirierten Tradition der Gesellschaftstheorie. Und sie war eingebettet in einen allgemeinen ‚cultural turn‘, der inzwischen in den verschiedensten akademischen Disziplinen seinen Niederschlag gefunden hat.[1]

Allerdings hat diese Renaissance der Kultursoziologie leider nicht dazu geführt, den Gebrauch des Kulturbegriffs innerhalb der Soziologie in einer verbindlichen Weise zu klären. Handelt es sich hierbei um einen soziologischen Grundbegriff, dem der gleiche Status wie dem der *Gesellschaft* beziehungsweise der ‚Sozialstruktur‘ zugesprochen werden muß, wie dies seinerzeit noch Friedrich H. Tenbruck meinte? Oder ist er für die Zwecke der soziologischen Forschung und Lehre zugunsten einer universalistische Ansprüche stellenden Systemtheorie entbehrlich geworden, die ohnehin in allen gesellschaftlichen Bereichen dieselben grundbegrifflichen Unterscheidungen einführt, weshalb Niklas Luhmann im überlieferten Kulturbegriff nur noch einen ‚historischen‘ Begriff zu erblicken vermochte, den es stillschweigend zu beerdigen gilt? Kann es unter diesen Voraussetzungen überhaupt eine ‚kulturwissenschaftliche Soziologie‘ geben, die dann selbst als integraler Bestandteil einer ‚allgemeinen Kulturwissenschaft‘ aufzufassen wäre? Oder sperrt sich die Soziologie aus guten Gründen gegen eine solche wohlgemeinte kulturwissenschaftliche Vereinnahmung, weil damit ihre eigene Identität als ‚Gesellschaftswissenschaft‘ in Frage gestellt wird?

Einer der prononciertesten Vertreter einer ‚kulturwissenschaftlichen Soziologie‘ war der streitbare Tübinger Gelehrte Friedrich Tenbruck, der nicht müde wurde, die moderne Soziologie an ihre vermeintliche kulturwissenschaftliche Herkunft zu erinnern und dem Fach Soziologie diese Erbschaft zugleich als zukunftsweisend anzuempfehlen. Tenbruck warf nämlich der nach dem Zweiten Weltkrieg sich weltweit durchsetzenden Variante von Soziologie vor, kulturelle Tatbestände sträflich zugunsten von sozialstrukturellen Tatbeständen zu vernachlässigen. Diesen Siegeszug der ‚Gesellschaft‘ auf Kosten der ‚Kultur‘ sah Tenbruck übrigens nicht nur in den Gebieten des damals noch existierenden ‚realen Sozialismus‘, sondern auch in der westlichen Welt als weit fortschritten an, weshalb Tenbruck in diesem Zusammenhang spöttisch von einem „generalisierten Marxismus" gesprochen hatte. Sein Kronzeuge für die

---

1   Vgl. Hartmut Böhme / Peter Matussek / Lothar Müller, Orientierung Kulturwissenschaft. Was sie kann, was sie will, Reinbek 2000; Urte Helduser / Thomas Schwietring (Hrsg.), Kultur und ihre Wissenschaft. Beiträge zu einem reflexiven Verhältnis, Konstanz 2002; Doris Bachmann-Medick, Cultural Turns. Neuorientierungen in den Kulturwissenschaften, Reinbek 2006.

Notwendigkeit einer kulturwissenschaftlichen Erneuerung war dabei Max Weber, der in seinem Werk mustergültig gezeigt habe, wie religionsgeschichtliche und weltanschauliche Tatbestände in eine Erklärung der Entwicklungsdynamik moderner Gesellschaften mit einbezogen werden könnten, ohne diese unter ein ausschließlich auf das ‚Soziale‘ beschränktes Verständnis von Gesellschaft zu subsumieren.[2]

Tenbruck machte in diesem Zusammenhang zum einen wissenschaftshistorische Überlegungen geltend, die einer genaueren Überprüfung bedürfen. Denn er spielte dabei auf intellektuelle Traditionen an, die sich in der über 150-jährigen Geschichte der Soziologie in dem von ihm unterstellten Sinne aus guten Gründen zu keinem Zeitpunkt durchgesetzt haben. Denn hätten sie es getan, so hätte sich die Soziologie zu einer geistes- beziehungsweise kulturwissenschaftlichen Disziplin entwickelt, die zwar für die Erforschung historischer Ereignisse und Konstellationen geeignet gewesen wäre. Sie hätte dann aber zugleich auf jene Allgemeinheitsansprüche verzichten müssen, die geradezu zu einem Markenzeichen der modernen Soziologie geworden sind. Zum anderen brachte er mit seiner Forderung, die kulturelle und die soziale Dimension untrennbar miteinander zu verbinden und insofern die ‚kulturelle Vergesellschaftung‘ in den Mittelpunkt der fachlichen Überlegungen zu stellen, eine Aporie zum Ausdruck, die seit gut 150 Jahren offensichtlich in ständig neuen Versionen wiederkehrt, ohne daß diese jemals zufriedenstellend gelöst worden ist. Ich meine damit die Frage, wie kulturelle und soziale Tatbestände so miteinander verbunden gedacht werden können, ohne daß einer der beiden Bereiche zugunsten des anderen vernachlässigt wird beziehungsweise ohne daß sich eine ausufernde ‚Gesellschaftswissenschaft‘ und eine ‚allgemeine Kulturwissenschaft‘ wechselseitig das Existenzrecht absprechen. Ich beginne deshalb mit einigen wissenschaftsgeschichtlichen Feststellungen, bevor ich dieses Problem in einer mehr systematischen Art und Weise anzugehen versuche.

Die Entstehung des Gegensatzes von ‚Gesellschaft‘ und ‚Kultur‘

Auffallend ist zunächst der Umstand, daß im deutschen Sprachraum die Forderung nach der Entwicklung einer selbständigen ‚Gesellschaftslehre‘ und einer ‚allgemeinen Kulturwissenschaft‘ ungefähr zum selben Zeitpunkt gestellt worden sind und seither die fachgeschichtlichen Kontroversen bestimmen. Im ersten Fall ist es der auf die Klassenkämpfe in Frankreich und die englische politische Ökonomie Bezug nehmende Versuch von Robert von Mohl und Lorenz von Stein, der Wissenschaft von der Gesellschaft gegenüber den überlieferten Staatswissenschaften ein unbestreitbares Existenzrecht zuzusprechen.[3] Im zweiten Fall ging es darum, eine ‚allgemeine Kulturwissenschaft‘ als Grundlage für die kulturgeschichtliche und ethnologische Forschung zu etablieren, die ihrerseits ähnlich wie die um 1850 entwickelte Gesellschaftslehre einen sehr weit gefaßten Erklärungsanspruch verfolgt hatte, der auch Ein-

---

2   Vgl. Friedrich H. Tenbruck, Perspektiven der Kultursoziologie. Gesammelte Aufsätze, Opladen 1996, besonders
     S. 48 ff. und 99 ff.

3   Vgl. Klaus Lichtblau, Von der „Gesellschaft“ zur „Vergesellschaftung“. Zur deutschen Tradition des Gesell-
     schaftsbegriffs, in: Bettina Heintz / Richard Münch / Hartmann Tyrell (Hrsg.), Weltgesellschaft. Theoretische
     Zugänge und empirische Problemlagen (= Sonderheft der Zeitschrift für Soziologie), Stuttgart 2005, S. 68-88,
     hier S. 75 ff. (in diesem Band S. 11 ff.).

fluß auf die spätere Entwicklung der Soziologie nehmen sollte. Ich wende mich an dieser Stelle primär dem letzteren Aspekt zu.

Eine solche sich auch heute wieder großer Beliebtheit erfreuende *allgemeine Kulturwissenschaft* ist bereits 1851 von dem Dresdner Bibliothekar und Museumsdirektor Gustav Klemm gefordert worden. Jedoch kann nicht davon ausgegangen werden, daß bereits zu diesem Zeitpunkt die Voraussetzungen für eine zufriedenstellende Einlösung eines solch anspruchsvollen und weitreichenden Programms gegeben waren. Indem Klemm der von ihm propagierten Kulturwissenschaft nämlich die Aufgabe zusprach, „die Menschheit der Natur gegenüber als ein Ganzes, als ein Individuum darzustellen"[4], ließ er sich von einem enzyklopädischen Verständnis von Kultur leiten, das noch zu keinem klar abgegrenzten Aufgabengebiet einer solchen zukünftigen Disziplin geführt hatte. Als der britische Anthropologe und Religionswissenschaftler Edward Burnett Tylor zwei Jahrzehnte später unter ausdrücklicher Berufung auf Klemm *Kultur* als „that complex whole" definierte, „which includes knowledge, belief, art, law, morals, customs, and any other capabilities and habits acquired by man as a member of society"[5], brachte er damit ebenfalls ein extrem weit gefaßtes Kulturverständnis zum Ausdruck, unter das im Grunde genommen alles subsumiert werden konnte, was andere Autoren später als Eigenart des *gesellschaftlichen* Lebens der Menschen betrachteten. Klemms ‚Allgemeine Culturwissenschaft' und Tylors ‚Science of Culture' vermochten insofern auch nicht, die mögliche Eigenständigkeit der kulturwissenschaftlichen Forschung gegenüber anderen disziplinären Zugangsweisen zu verdeutlichen.

Wie sehr um die Mitte des 19. Jahrhunderts der Begriff der Kulturwissenschaft mit der Vorstellung einer alle Tätigkeitsbereiche des Menschen umfassenden Einheitswissenschaft identisch war, zeigt übrigens auch das Beispiel des jungen Heinrich von Treitschke. Dieser hatte ihr nämlich unter Bezugnahme auf die kulturhistorischen Arbeiten von Wilhelm Heinrich Riehl die Aufgabe zugesprochen, „die Einheit und Nothwendigkeit der Entwickelung aller Zweige der menschlichen Thätigkeit zu begreifen" und ihren disziplinären Statuts folgendermaßen bestimmt: „Das wäre jene Philosophie der Geschichte, für welche alle Resultate der gesammten historischen, politischen und socialen Wissenschaften nur Bausteine sind."[6] Freilich beurteilte Treitschke die Erfolgsaussichten einer solchen universalistischen Kulturwissenschaft recht skeptisch, da diese ihm zufolge im Widerspruch zum Prinzip der wissenschaftlichen Arbeitsteilung stand und insofern gerade das wieder in Frage zu stellen drohte, was den bisherigen Erfolg der modernen Einzelwissenschaften ermöglicht hatte. Demgegenüber rechtfertigte der Berliner Völkerpsychologe Moritz Lazarus zumindest im Hinblick auf die *Kulturgeschichte* eine generalisierende Vorgehensweise, welche die einzelnen empirischen Befunde in den Gesamtzusammenhang der Kulturentwicklung einzuordnen versucht: „In der That aber muß es neben der Geschichte der Cultur nicht bloß eine Beschreibung ihrer gegenwärtigen Zustände (die man Cultur-Geographie zu nennen hätte), sondern auch eine eigentli-

---

4   Gustav Klemm, Grundideen zu einer allgemeinen Cultur-Wissenschaft, in: Sitzungsberichte der philosophisch-historischen Classe der kaiserlichen Akademie der Wissenschaften zu Wien, Band VII (1851), Heft 2, S. 167-190, hier S. 168. Vgl. ders., Allgemeine Culturwissenschaft, 2 Bände, Leipzig 1854 und 1855.

5   Edward B. Tylor, Primitive Culture. Researches into the Development of Mythology, Philosophy, Religion, Art, and Custom, London 1871, Band 1, S. 1.

6   Heinrich von Treitschke, Die Gesellschaftswissenschaft. Ein kritischer Versuch, Leipzig 1859, S. 72.

che Cultur-Wissenschaft geben, welche sich zur Culturgeschichte ganz ebenso verhielte, wie die Wissenschaft der Politik zur politischen Geschichte."[7]

Es war insofern ein folgenreicher Schritt, als namhafte Vertreter des südwestdeutschen Neukantianismus wie Wilhelm Windelband und Heinrich Rickert gegen Ende des 19. Jahrhunderts den viel beachteten Versuch unternahmen, den Bereich der Kulturwissenschaften auf den der *historischen* Kulturwissenschaften einzuschränken und diesen dabei auf eine historische Form der Begriffsbildung zu verpflichten. Nicht ständig wiederkehrende Zusammenhänge und statistisch feststellbare Regelmäßigkeiten, sondern einmalige Konstellationen, einzelne Epochen und individuell zurechenbare Handlungen sollten ihnen zufolge den Gegenstand der kulturwissenschaftlichen Forschung bilden, deren Eigenart sie von der generalisierenden Vorgehensweise der Naturwissenschaften abzugrenzen bemüht waren.[8]

Während sich die Vertreter des südwestdeutschen Neukantianismus dabei auf allgemeine wissenschafts- und erkenntnistheoretische Grundlagenprobleme der modernen Kulturwissenschaften konzentriert hatten, war der Berliner Philosoph und Soziologe Georg Simmel zu dieser Zeit demgegenüber auch um die Ausarbeitung einer materialen Kulturphilosophie bemüht. Dieser hatte bereits in seiner *Philosophie des Geldes* von 1900 die Grundzüge seiner Kulturtheorie entwickelt und sie später zum Gegenstand einer Reihe von weiterführenden Studien gemacht. Simmel sprach von einer ‚Tragödie' der Kultur, die er in dem zunehmenden Auseinanderfallen zwischen der ‚subjektiven' und der ‚objektiven' Kultur, das heißt der Kultur der Individuen und der kulturellen Eigenlogik der vom Menschen geprägten Welt gegeben sah. War es dem einzelnen Menschen um 1800 noch möglich, sich die verschiedenen kulturellen Objektivationen bildungsmäßig anzueignen, so versage ein solcher Umgang mit der Kulturwelt angesichts des fortgeschrittenen Standes der gesellschaftlichen Arbeitsteilung und der wissenschaftlichen Spezialisierung. Simmel war deshalb der Ansicht, daß die innere Weiterentwicklung und Vervollkommnung des modernen Menschen nicht mehr über den ‚Umweg' der objektiven Kultur verlaufen könne.[9]

Mit seinen verschiedenen Publikationen hatte Simmel übrigens auch maßgeblich das inhaltliche Profil der Zeitschrift LOGOS mitgeprägt, die zwischen 1910 und 1933 erschienen ist und sich selbst als eine „Internationale Zeitschrift für Philosophie der Kultur" verstand. Neben ihm und Heinrich Rickert waren unter anderem auch Wilhelm Windelband, Max Weber, Ernst Troeltsch, Edmund Husserl, Friedrich Meinecke und Heinrich Wölfflin an der Arbeit dieser angesehenen kulturphilosophischen Zeitschrift beteiligt. Ihr Anspruch war eine „einheitliche, wissenschaftlich-philosophische Durchdringung aller Kulturgebiete", um „die ganze Fülle der in der Gesamtheit der Kultur zu findenden treibenden Motive in das philo-

---

7   Moritz Lazarus, Geographie und Psychologie, in: Zeitschrift für Völkerpsychologie und Sprachwissenschaft 1 (1860), S. 212-221, hier S. 214 f.

8   Vgl. Wilhelm Windelband, Geschichte und Naturwissenschaft (Straßburger Rektoratsrede 1894), in: ders., Präludien, Band 2, Tübingen 1924, S. 136-160; Heinrich Rickert, Kulturwissenschaft und Naturwissenschaft. Sechste und siebente durchgesehene und ergänzte Auflage, Tübingen 1926; ders., Die Grenzen der naturwissenschaftlichen Begriffsbildung. Eine logische Einleitung in die historischen Wissenschaften, 2 Bände, Tübingen / Leipzig 1896-1902.

9   Vgl. Georg Simmel, Philosophie des Geldes. Gesamtausgabe, Band 6, Frankfurt am Main 1989, S. 617 ff.; ders., Der Begriff und die Tragödie der Kultur. Gesamtausgabe, Band 12, Frankfurt am Main 2001, S. 194-223.

sophische Bewusstsein zu erheben"[10]. Die angestrebte Internationalität konnte der LOGOS allerdings nur in der kurzen Zeitspanne von seiner Gründung bis zum Ausbruch des Ersten Weltkrieges realisieren. Jedoch gelang es ihm, sich zumindest im deutschen Sprachraum als führendes kulturphilosophisches Forum seiner Zeit zu behaupten.

Auffallenderweise vermied es Simmel jedoch, den Kulturbegriff im Rahmen seiner *Formalen Soziologie* zu verwenden. Denn Simmel war seinem eigenen disziplinären Selbstverständnis nach kein Kultursoziologe, sondern ein *Kulturphilosoph*, der sich trotz seiner zahlreichen soziologischen Untersuchungen eindeutig zur Tradition der Philosophia perennis bekannt hatte. Auch den Begriff der ,Kulturwissenschaft', der sich bei den Vertretern des südwestdeutschen Neukantianismus einer solch großen Beliebtheit erfreut hatte, sucht man in Simmels Werk aus guten Gründen vergeblich. Daß ein solches historisierendes Verständnis der kulturwissenschaftlichen Forschung, wie man es bei Windelband und Rickert antrifft, zu dieser Zeit nicht einmal im Bereich der Kulturgeschichte unumstritten war, zeigt die Kontroverse, die um die Jahrhundertwende anläßlich des Erscheinens der ersten Bände von Karl Lamprechts monumentalem Hauptwerks *Deutsche Geschichte* geführt worden ist. Obgleich sich die Kulturgeschichtsschreibung, wie sie unter anderem in den Werken von Wilhelm Heinrich Riehl, Gustav Freytag und Jacob Burckhardt zum Ausdruck kommt, im 19. Jahrhundert einer großen Beliebtheit erfreut hatte, war diese in inhaltlicher Hinsicht viel zu heterogen und in methodischer Hinsicht zu diffus, um daraus einen eigenständigen Ansatz der historischen Forschung abzuleiten. Erst als der Versuch unternommen worden ist, mit der Kulturgeschichtsschreibung einen programmatischen Anspruch zu verbinden, der sich bewußt gegen die Dominanz der politischen Geschichtsschreibung richtete, wuchs der Widerstand gegenüber diesem vormals von der Fachhistorie eher belächelten Genre.

Dies wird bereits in dem zwischen Dietrich Schäfer und Eberhein Gothein geführten Streit um den Status der Kulturgeschichte deutlich, in dem es um die Rolle der Ideengeschichte im Verhältnis zur politischen Ereignisgeschichte ging und der noch recht moderat verlief.[11] Mit dem Erscheinen der ersten Bände von Lamprechts *Deutscher Geschichte* änderte sich jedoch grundsätzlich die Lage. Denn Lamprecht war ein Vertreter der ,kollektivistischen' Methode innerhalb der Geschichtsschreibung und versuchte die Begriffe und Methoden der modernen *Sozialpsychologie* für die kulturgeschichtliche Forschung fruchtbar zu machen. Indem er nicht den Staat, sondern die *Nation* und die von ihr begründete *Kultur* in den Mittelpunkt seiner Geschichtsbetrachtung stellte, gab er seiner Überzeugung Ausdruck, daß es kollektive psychische Veranlagungen der Menschen seien, welche die Entwicklung der materiellen und der geistigen Kultur bestimmen und deren Einklang sicherstellen. Sein Glaube an die Existenz typischer sozialpsychischer Entwicklungsstufen, die sich im Leben einer Nation in Gestalt eindeutig voneinander unterscheidbarer ,Kulturzeitalter' widerspiegeln, war dabei nicht nur als eine Absage an die politische Geschichtsschreibung im engeren Sinn gedacht, son-

---

10   Freiburger Programm des LOGOS vom Juli 1909, zitiert bei Rüdiger Kramme, „Kulturphilosophie" und „Internationalität" des „LOGOS" im Spiegel seiner Selbstbeschreibungen, in: Gangolf Hübinger / Rüdiger vom Bruch / Friedrich Wilhelm Graf (Hrsg.), Kultur und Kulturwissenschaften um 1900, Band II: Idealismus und Positivismus, Stuttgart 1997, S. 125.

11   Vgl. Eberhard Gothein, Die Aufgaben der Kulturgeschichte, Leipzig 1889; Dietrich Schäfer, Geschichte und Kulturgeschichte. Eine Erwiderung (1891), in: ders., Aufsätze, Vorträge und Reden, Band 1, Jena: 1913, S. 291-351.

dern zugleich als eine Herausforderung der ‚individualistischen‘ Methode innerhalb der Geschichtswissenschaft, die von Windelband und Rickert zum Kennzeichen der modernen Kulturwissenschaften erhoben worden ist.[12]

Die von Lamprecht gegen Ende des 19. Jahrhunderts innerhalb der deutschen Geschichtswissenschaft provozierte Kontroverse war insofern folgenreich, als sie zum einen sein gesamtes Lebenswerk aufgrund der massiven Kritik, die er sich mit seinem umstrittenen methodologischen Ansatz einhandelte, in Frage stellte, und zum anderen jeden weiteren Versuch einer
‚kulturwissenschaftlichen‘ Erneuerung der Geschichtsschreibung diskreditiert hatte. Dies war
insofern fatal, als damit nicht nur das vorläufige Schicksal der Kulturgeschichtsschreibung im
deutschen Sprachraum besiegelt zu sein schien, sondern auch das Problem ungelöst blieb, wie
jene Disziplinen, die eine generalisierende Form der Begriffsbildung bevorzugten, jemals in
den Kanon der historischen Kulturwissenschaften eingemeindet werden sollten.

Bezeichnenderweise war es die *Nationalökonomie*, in der zu dieser Zeit ein ähnlich leidenschaftlicher Methodenstreit wie in der Geschichtswissenschaft ausgefochten worden ist. Hier
war es mit Gustav Schmoller ein Schulhaupt der Historischen Schule der deutschen Nationalökonomie, der sich gegen die von Carl Menger vertretene ‚exakte‘, das heißt auf der modernen
Grenznutzenlehre beruhende Form der nationalökonomischen Theoriebildung zur Wehr setzte.[13] Dieser Streit betraf aber nicht nur die Nationalökonomie im engeren Sinne, sondern hatte
für die gesamten Sozialwissenschaften Konsequenzen, da deren einzelnen Disziplinen gemäß
dem Selbstverständnis der Historischen Schule eng miteinander verbunden waren.[14] Darüber
hinaus war es gerade die Nationalökonomie, in der neben der Geschichtswissenschaft und
der Philosophie gegen Ende des 19. Jahrhunderts auch das Problem der ‚Kultur‘ in den Mittelpunkt des Interesses getreten ist. Denn auch die ‚soziale Frage‘ wurde nun als eine ‚kulturelle Frage‘ im weitesten Sinne verstanden. Dies wird unter anderem im *Geleitwort* deutlich,
das Max Weber zusammen mit Werner Sombart und Edgar Jaffé anläßlich ihrer Übernahme
der Herausgeberschaft des „Archivs für Sozialwissenschaften und Sozialpolitik“ veröffentlicht hatten. Denn dort wurde nun ausdrücklich „die historische und theoretische Erkenntnis
der *allgemeinen Kulturbedeutung der kapitalistischen Entwicklung*“ als wichtigste Aufgabe
dieser in der Folgezeit sehr einflußreichen Fachzeitschrift angegeben, der ein ausgesprochen

---

12   Vgl. Karl Lamprecht, Deutsche Geschichte, 1891 ff.; ders., Was ist Kulturgeschichte? Beitrag zu einer empiri-
     schen Historik, in: Deutsche Zeitschrift für Geschichtswissenschaft 1 (1896), S. 75-150; ders., Alte und neue
     Richtungen in der Geschichtswissenschaft, Berlin 1896. Zum Streit um die von Karl Lamprecht vertretene
     Variante der Kulturgeschichtsschreibung siehe auch Friedrich Seifert, Der Streit um Karl Lamprechts Ge-
     schichtsphilosophie. Eine historisch-kritische Studie, Augsburg 1925; Ernst Engelberg, Zum Methodenstreit
     um Karl Lamprecht, in: Karl-Marx-Universität Leipzig. 1409-1959. Beiträge zur Universitätsgeschichte, Band
     2, Leipzig 1959, S. 23-38; ferner Karl H. Metz, „Der Methodenstreit in der deutschen Geschichtswissenschaft
     (1891-99)“: Bemerkungen zum sozialen Kontext wissenschaftlicher Auseinandersetzungen, in: Storia della
     Storiografia 6 (1984), S. 3-20.
13   Vgl. Gustav Schmoller, Die Schriften von K. Menger und W. Dilthey zur Methodologie der Staats- und Sozial-
     Wissenschaften (1883), in: ders., Zur Litteraturgeschichte der Staats- und Sozialwissenschaften, Leipzig 1888,
     S. 275-304; Carl Menger, Die Irrthümer des Historismus in der deutschen Nationalökonomie, Wien 1884.
14   Vgl. Eckart Pankoke, Sociale Bewegung – Sociale Frage – Sociale Politik. Grundfragen der deutschen „Soci-
     alwissenschaft“ im 19. Jahrhundert, Stuttgart 1970.

interdisziplinäres Verständnis von ‚Sozialwissenschaft' im Sinne einer an die Marxsche Kritik der politischen Ökonomie erinnernde *Sozialökonomik* zugrunde lag.[15]

Von der Kapitalismustheorie zur modernen Wissenssoziologie

Werner Sombart und Max Weber hatten mit ihren eigenen Arbeiten selbst maßgeblich dazu beigetragen, daß die weltanschauliche Einseitigkeit der materialistischen Geschichtsbetrachtung allmählich zugunsten einer umfassenden *kulturgeschichtlichen* Analyse der Entstehung des modernen Kapitalismus überwunden worden ist. Sie standen dabei unter dem Einfluß von Georg Simmels *Philosophie des Geldes*, in der Simmel den Versuch unternommen hatte, die sozialpsychologischen Voraussetzungen sowie die kulturellen Implikationen der modernen Geldwirtschaft in eindringlicher Weise deutlich zu machen. Simmels Analyse der psychologischen Voraussetzungen des Geldgebrauchs und seine Darstellung der Auswirkungen der Geldwirtschaft auf den modernen Lebensstil hatten jene entscheidenden kulturphilosophischen Themen vorgegeben, die sich in der Folgezeit Werner Sombart und Max Weber in einem strikt *wirtschaftsgeschichtlichen* Sinne zu eigen gemacht hatten. Sie hatten dabei die den modernen Kapitalismus kennzeichnende Form des ökonomischen Rationalismus auf eine spezifische Mentalität der für die kapitalistische Entwicklung maßgeblichen sozialen Trägerschichten zurückzuführen versucht. Die Entstehung des modernen Kapitalismus war ihnen zufolge nämlich nicht nur an bestimmte *institutionelle* Voraussetzungen wie die mittelalterliche Geldwirtschaft und den modernen Territorialstaat, sondern auch an bestimmte *psychische* Dispositionen und eine methodisch-rationale Form der *Lebensführung* gebunden, die ihnen zufolge in letzter Instanz religiös begründet war, auch wenn Sombart und Weber in der Frage uneins waren, um welche religiöse Traditionen es sich dabei handelt. Denn Sombart sprach dem Judentum eine führende Rolle bei der Entstehung des modernen Kapitalismus zu, während Max Weber eine innere Verwandtschaft zwischen den verschiedenen Strömungen des asketischen Protestantismus und dem ‚Geist' des Kapitalismus gegeben sah. Unabhängig davon teilten sie jedoch die Ansicht, daß das Schicksal des Kapitalismus untrennbar mit dem eines besonderen Typus Mensch verbunden war und daß seine eigene historische Bedeutung davon abhängt, *welche Art* des Menschentums die weitere kapitalistische Entwicklung prägt.[16]

Die von Sombart und Weber aufgeworfene Frage nach dem historischen Ursprung und der epochalen Eigenart des modernen Kapitalismus bewegte sich noch ganz in der Tradition der Historischen Schule innerhalb der deutschen Nationalökonomie und orientierte sich dabei

---

15 Edgar Jaffé / Werner Sombart / Max Weber, Geleitwort, in: Archiv für Sozialwissenschaft und Sozialpolitik 19 (1904), S. V.

16 Werner Sombart, Der moderne Kapitalismus, 2 Bände, Leipzig 1902; ders., Die Juden und das Wirtschaftsleben, Leipzig 1911; ders., Der Bourgeois. Zur Geistesgeschichte des modernen Wirtschaftsmenschen, München / Leipzig 1913; Max Weber, Die protestantische Ethik und der „Geist" des Kapitalismus. Textausgabe auf der Grundlage der ersten Fassung von 1904/05 mit einem Verzeichnis der wichtigsten Zusätze und Veränderungen aus der zweiten Fassung von 1920 herausgegeben und eingeleitet von Klaus Lichtblau und Johannes Weiß, 3. Aufl. Weinheim 2000. Zu der zwischen Sombart und Weber geführten Kontroverse siehe auch Freddy Raphael, Judaisme et capitalisme. Essai sur la controverse entre Max Weber et Werner Sombart, Paris 1982; Avraham Barkai, Judentum, Juden und Kapitalismus. Ökonomische Vorstellungen von Max Weber und Werner Sombart, in: Menora. Jahrbuch für deutsch-jüdische Geschichte 5 (1994), S. 25-38; ferner Friedrich Lenger, Max Weber, Werner Sombart und der Geist des modernen Kapitalismus, in: Edith Hanke / Wolfgang J. Mommsen (Hrsg.), Max Webers Herrschaftssoziologie, Tübingen 2003, S. 167-186.

im Falle Webers ursprünglich an einer Logik der *kulturwissenschaftlichen* Begriffsbildung, wie sie im Umkreis der neukantianischen Wissenschaftslehre dieser Zeit namentlich von Heinrich Rickert vertreten worden ist. Bezeichnenderweise hatte Max Weber zur Zeit der Niederschrift seiner berühmten Studie über die protestantische Ethik und den ‚Geist‘ des Kapitalismus einen bedeutenden methodologischen Aufsatz veröffentlicht, in dem er weitgehend die Rickertsche Position geteilt hatte. Er versuchte damit nicht zuletzt die Aporien zu vermeiden, die mit der von Karl Lamprecht entwickelten Variante der Kulturgeschichtsschreibung verbunden waren.[17]

Die weitere Entwicklung von Max Webers Werk zeigt jedoch, daß auch er sich zunehmend der Einsicht gebeugt hatte, daß eine ausschließlich an der Erkenntnis von ‚historischen Individuen‘ orientierte Form der Begriffsbildung nicht in der Lage ist, dem gesamten Spektrum der modernen sozial- und kulturwissenschaftlichen Forschung gerecht zu werden. Als ihm klar wurde, daß der moderne Kapitalismus selbst nur eine besondere Erscheinungsform des okzidentalen Rationalismus verkörperte und er nun versuchte, dessen kulturelle Eigenart zu bestimmen, sah er sich zum einen gezwungen, auch auf die Ergebnisse verschiedener vergleichender Forschungsansatze innerhalb der Religionswissenschaft und der Völkerkunde zurückzugreifen. Zum anderen entwickelte Weber eine eigene soziologische Begrifflichkeit, die es ihm ermöglichte, seine späteren kultur- und universalgeschichtlichen Studien in einer komparativen Perspektive durchzuführen. Zwar begriff er auch jetzt noch die einzelnen Kultur- und Weltreligionen als historische Individuen, deren Eigenart es zu bestimmen galt. Die Geltung der von ihm in diesem Zusammenhang ausgearbeiteten Wirtschafts-, Rechts-, Religions- und Herrschaftssoziologie war nun jedoch auf keinen bestimmten Kulturkreis mehr beschränkt, da die von ihm in diesem Zusammenhang entwickelten Begriffstypologien jetzt so konstruiert waren, daß mit ihnen universalgeschichtliche Zusammenhänge wiedergegeben und der entwicklungsgeschichtliche Standort jeder einzelnen Kultur in Form von komparativen Analysen deutlich gemacht werden konnte.[18]

Auch die von Max Weber gegen Ende seines Lebens vertretene Variante der verstehenden Soziologie verstand sich insofern noch als Teil der historischen Kulturwissenschaften, als sie unter anderem dazu dienen sollte, der historischen Forschung eine begriffliche Grundlage zu geben. Gleichwohl stellt sie bereits den Übergang zu einer *systematischen* Form der soziologischen Begriffsbildung dar, die sich dem Geltungsanspruch der von Windelband und Rickert vertretenen neukantianischen Wissenschaftslehre entzieht und insofern einer eigenständigen methodologischen Begründung bedurfte. Diese hatte Weber sowohl in seinem Kategorienaufsatz von 1913 als auch in seinen *Soziologischen Grundbegriffen* von 1920 unternommen.[19]

Neben den religionssoziologischen Arbeiten Max Webers war es insbesondere die zu Beginn des 20. Jahrhunderts einsetzende kultursoziologische Forschung im deutschen Sprachraum, die entscheidend mit dazu beigetragen hatte, daß auch die moderne Soziologie einen

---

17 Vgl. Max Weber, Die „Objektivität“ sozialwissenschaftlicher und sozialpolitischer Erkenntnis (1904), in: ders., Gesammelte Aufsätze zur Wissenschaftslehre, 6. Aufl. Tübingen 1985, S. 146-214.

18 Vgl. Max Weber, Wirtschaft und Gesellschaft, 5. Aufl. Tübingen 1972; ders., Gesammelte Aufsätze zur Religionssoziologie, 3 Bände, Tübingen 1920-21. Zu der damit einhergehenden veränderten methodischen Ausrichtung von Webers Werk siehe auch Pietro Rossi, Vom Historismus zur historischen Sozialwissenschaft. Heidelberger Max Weber-Vorlesungen 1985, Frankfurt am Main 1987, besonders S. 20-62.

19 Vgl. Max Weber, Über einige Kategorien der verstehenden Soziologie (1913), in: ders., Gesammelte Aufsätze zur Wissenschaftslehre, a.a.O., S. 427-474; ders., Soziologische Grundbegriffe, in: ders., Wirtschaft und Gesellschaft, a.a.O., S. 1-30.

maßgeblichen Anteil bei der Behandlung von kulturtheoretischen Themenstellungen zu übernehmen begann. Es war jedoch Max Webers Bruder Alfred Weber vorbehalten, erstmals ein
Verständnis von Kultur auszuformulieren, mit dem ein eigenständiges *kultursoziologisches*
Forschungsprogramm verbunden war, das sich nicht mehr wie noch im Fall von Georg Simmel
auf *kulturphilosophische* Überlegungen oder wie im Falle Max Webers auf eine nicht weiter
ausgeführte ‚Soziologie der Kultur*inhalte*‘ beschränkte. Die von Alfred Weber um 1910 ein-
geführte und seitdem viel beachtete Unterscheidung zwischen dem *Gesellschaftsprozeß*, dem
Zivilisationsprozeß und der *Kulturbewegung* machte vielmehr deutlich, daß die moderne kultursoziologische Forschung nun ihrerseits einen Erkenntnisanspruch geltend machte, der sich
nicht mehr im Rahmen einer ‚Gesellschaftslehre‘ einlösen ließ, wie sie in der zweiten Hälfte
des 19. Jahrhunderts entwickelt worden ist. Alfred Weber ging bei seiner programmatischen
Grundlegung der Kultursoziologie dabei von einer kulturellen Eigenlogik aus, die sich ihm
zufolge dem ‚Lebensgefühl‘ der Menschen verdankt und sich insofern auch nicht auf gesellschaftliche Entwicklungsprozesse zurückführen läßt.[20]

Die damit verbundenen spekulativen geschichtsphilosophischen Annahmen hatten jedoch schon früh eine pikanterweise offensichtlich von seinem älteren Bruder veranlaßte Kritik von seiten des jungen Georg von Lukács provoziert. Lukács, der damals im Heidelberger
Kreis von Max Weber verkehrte und sich damals bereits durch bedeutende literatursoziologische Arbeiten einen Namen gemacht hatte, charakterisierte die zentrale Fragestellung jeder
kultursoziologischen Forschung in einer auch heute noch mustergültigen Art und Weise folgendermaßen: „Wenn es eine Soziologie der Kultur als eigene Wissenschaft geben soll (und
es ist, wenn von Soziologie gesprochen wird, immer etwas von Kulturgeschichte und Geschichtsphilosophie Verschiedenes gemeint), so kann ihre Grundfrage nur die sein: welche
neue Gesichtspunkte entstehen, wenn wir Kulturobjektivationen als gesellschaftliche Erscheinungen betrachten? Transzendentallogisch ausgedrückt: Was ändert sich an Sinn, Gehalt und
Struktur der Kulturobjektivationen, wenn sie von der methodisch-soziologischen Form, die
sie als Gesellschaftsprodukte und so als Gegenstände der Soziologie erscheinen läßt, umklei-
det werden?"[21] Es ist nicht zuletzt dem Ausbruch des Ersten Weltkrieges und den damit verbundenen weltanschaulichen Umorientierungen zu verdanken, daß diese anspruchsvollen programmatischen Überlegungen des jungen Lukács auf nicht allzu viel Gehör gestoßen sind und
insofern wirkungslos verhallten. Lukács selbst hatte sich in der Folgezeit übrigens aufgrund
seiner akademischen Aspirationen zunächst in verschiedenen, letztlich gescheiterten Anläu-
fen zu einer philosophischen Ästhetik verrannt, bevor ihn der Zusammenbruch der Habsbur-
ger-Monarchie und die Proklamation der ungarischen Räterepublik von seinen Schreibtisch-
problemen zugunsten einer ‚Ethik der Tat‘ befreit hatten.

Zu Beginn der Weimarer Republik waren es neben Alfred Weber dann insbesondere Max
Scheler und Karl Mannheim, die sich um eine Weiterentwicklung der kultursoziologischen

---

20 Vgl. Alfred Weber, Kulturprobleme im Zeitalter des Kapitalismus (1910/12), in: ders., Gesamtausgabe, Band 8:
    Schriften zur Kultur- und Geschichtssoziologie (1906-1958), Marburg 2000, S. 263-314; ders., Der soziologische
    Kulturbegriff, in: Abhandlungen des Zweiten Deutschen Soziologentages vom 20.-22. Oktober 1912 in Berlin,
    Tübingen 1913, S. 1-20; ders., Prinzipielles zur Kultursoziologie (Gesellschaftsprozeß, Zivilisationsprozeß und
    Kulturbewegung), in: Archiv für Sozialwissenschaft und Sozialpolitik 47 (1920-21), S. 1-49.

21 Georg v. Lukács, Zum Wesen und zur Methode der Kultursoziologie, in: Archiv für Sozialwissenschaft und
    Sozialpolitik 39 (1915), S. 216-222, hier S. 218.

Forschung in Deutschland bemüht hatten und mit dieser zugleich einen eigenständigen programmatischen Anspruch verbanden.[22] Der Status der Kultursoziologie ist im Rahmen dieser Tradition jedoch durch eine eigentümliche Ambivalenz gekennzeichnet. Denn zum einen verkörpert sie in diesem Zusammenhang eine sogenannte ‚Bindestrichsoziologie', die sich dadurch auszeichnet, daß allgemein gebräuchliche Begriffe und Methoden der Soziologie in einer wenig spektakulären Weise auf einen besonderen Gegenstandsbereich angewendet werden, der dieser Auffassung zufolge keinen anderen Status für sich in Anspruch nimmt als dies beispielsweise auch bei der Industrie- oder der Medizinsoziologie der Fall ist. Zum anderen wird dabei aber auch eine besondere Richtung innerhalb der *allgemeinen* Soziologie mit sehr viel weitergehenden Aspirationen verstanden, die durch ein explizites ‚kulturwissenschaftliches' Selbstverständnis gekennzeichnet sind und die sich als Alternative zu einer rein ‚gesellschaftswissenschaftlich' verfahrenden Soziologie verstehen.

Paradigmatisch kommt dieses viel weiter gefaßte und an die älteren Definitionen einer ‚allgemeinen Kulturwissenschaft' erinnerndes Verständnis von Kultursoziologie bei Karl Mannheim zum Ausdruck, der 1932 einen viel beachteten Versuch unternommen hatte, die zukünftige *Lehrgestalt* der Soziologie an den deutschen Universitäten zu umreißen. Als eine „Lehre vom Gesamtzusammenhang des gesellschaftlich-geistigen Geschehens" bestimmte Mannheim das Aufgabengebiet der Kultursoziologie folgendermaßen: „Die Kultursoziologie unterscheidet sich von den Soziologien der Einzelgebiete dadurch, daß sie nicht jeweils ein bestimmtes Gebiet auf den Gesellschaftsprozeß bezieht, sondern die Gesamtheit der kulturellen Gebiete im Zusammenhang mit dem gesellschaftlichen Leben beobachtet. Hierbei betrachtet sie diese entweder als *Ausdruck* des Lebens der hinter ihnen stehenden Gesellschaft, oder sie nimmt ein *Kausalitäts-* oder *Wechselwirkungsverhältnis* zwischen Gesellschaft und Kultursphäre an, oder sie setzt eine *dialektische Entfaltung* voraus, in der Gesellschaftsleben und Kultur erst zusammen das Bewegungsganze ergeben. Wie in der Einzelausführung auch diese Kultursoziologie ausfallen mag, so bedeutet sie doch darin eine einheitliche Aufgabe, daß sie die Synthese zwischen jenen Geschehensreihen wagt, die die geistesgeschichtlichen Einzeldisziplinen und die Wirtschafts- und Sozialgeschichte auseinandergerissen haben."[23]

Offensichtlich kommt Mannheim mit diesem Verständnis von ‚Kultursoziologie' dem sehr nahe, was innerhalb der marxistischen Denktradition einstmals mit einem ‚universellen Vermittlungszusammenhang' gemeint war beziehungsweise als ‚gesellschaftliche Totalität' bezeichnet worden ist. Mannheim war sich dieser Parallele durchaus bewußt, wenn er in diesem Zusammenhang von einer „Verklammerungsproblematik" sprach, auch wenn er dabei dem „marxistischen Problemansatz" ähnlich wie der „positivistischen Stufentheorie" Alfred Webers lediglich einen „heuristischen" beziehungsweise „hypothetischen" Wert zusprach, der sich letztlich an ihrer empirischen Relevanz bemißt. Nicht zufällig wies er auf die Gefahr der Spekulation hin, sollten sich solche universalen geschichtsphilosophischen Deutungsmuster und Erklärungsansätze nicht ihrerseits dem Test des empirisch Feststellbaren und Beobachtbaren aussetzen.[24]

---

22   Vgl. Klaus Lichtblau, Auf der Suche nach einer neuen Kultursynthese. Zur Genealogie der Wissenssoziologie Max Schelers und Karl Mannheims, in: Sociologia Internationalis 30 (1992), S. 1-33 (in diesem Band S. 291 ff.).

23   Karl Mannheim, Die Gegenwartsaufgaben der Soziologie. Ihre Lehrgestalt, Tübingen 1932, S. 22.

24   Mannheim stellte in diesem Zusammenhang lakonisch fest: „Die sich selbst überlassene Totalitätsfragestellung wird zur spekulativen Geschichtsphilosophie" (ebd., S. 27; vgl. dort auch S. 26).

Damit hatte Karl Mannheim nicht mehr, aber auch nicht weniger über die Umrisse eines solchen letztlich nur auf interdisziplinärem Wege einlösbaren Forschungsprogramms ausgesagt als dies bereits in Max Horkheimers Frankfurter Antrittsvorlesung über „Die gegenwärtige Lage der Sozialphilosophie und die Aufgaben eines Instituts für Sozialforschung" von 1931 der Fall war, die Mannheim bekannt gewesen sein dürfte, zumal er zu diesem Zeitpunkt bereits an der Universität Frankfurt forschte und lehrte und sich mit Horkheimer das Institutsgebäude teilte.[25] Nicht um diesen Streit bezüglich des Erstgeburtrechts geht es mir jedoch in diesem Zusammenhang, sondern um den Hinweis darauf, daß es zu diesem Zeitpunkt im deutschsprachigen Raum ein wohldefiniertes und wohletabliertes Paradigma gab, in dem sozialwissenschaftliche ebenso wie kulturwissenschaftliche Aspekte hinsichtlich des Studiums der ‚Gesellschaft' beziehungsweise der ‚Kultur' untrennbar miteinander verbunden waren.

‚Kultur' und ‚Gesellschaft' – revisited

Dies alles gilt es im Auge zu behalten, wenn verstanden werden soll, welcher Einschnitt innerhalb dieser fachgeschichtlichen Tradition der von Talcott Parsons und Alfred Kroeber in dem von ihnen 1958 gemeinsam veröffentlichten Statement über ‚The Concepts of Culture and of Social System' darstellt. Es handelt sich dabei nämlich um nichts Geringeres als um eine verbindliche Regelung des Gebrauchs der Begriffe ‚Kultur' und ‚Gesellschaft' in den Sozialwissenschaften, die sich in der Folgezeit weltweit durchgesetzt hat. Parsons und Kroeber gingen dabei von der Feststellung aus, daß an den sozialwissenschaftlichen Departments der USA die Anthropologen zu dieser Zeit den Kulturbegriff in derselben universalistischen Art und Weise zur Kennzeichnung eines Sachverhaltes gebrauchten, den die Soziologen als ‚Gesellschaft' bezeichnet hatten. Sie empfahlen deshalb, fortan dergestalt eine analytische Unterscheidung zwischen dem Begriff der ‚Gesellschaft' und dem Begriff der ‚Kultur' vorzunehmen, daß ersterer auf den Bereich der Interaktionen und ihrer Strukturen (*patterns of interaction*), letzterer dagegen auf den gesamten Bereich der symbolischen Bedeutungen bezogen werden sollte, wobei in diesem Fall das Spektrum von der Kunst über die Literatur sowie die Philosophie bis zur Religion reichte.[26]

Auch wenn Parsons selbst nicht müde zu betonen geworden ist, daß es sich dabei lediglich um eine ‚analytische' Unterscheidung handele, weil in der Realität beide Aspekte untrennbar miteinander verbunden seien, konnte er damit jedoch nicht hinwegtäuschen, daß sich im Rahmen seiner allgemeinen Theorie des Handlungssystems die Gesellschaft und Kultur neben der Persönlichkeit und dem organischen Substrat aller menschlichen Existenz längst zu verschiedenen ‚Subsystemen' verselbständigt hatten. Zwar betonte auch Parsons die Existenz von Austauschprozessen beziehungsweise ‚Interpenetrationen' zwischen diesen einzelnen Subsystemen des allgemeinen Handlungssystems. Jedoch waren letztere aufgrund der sei-

---

25 Vgl. Max Horkheimer, Sozialphilosophische Studien. Aufsätze, Reden und Vorträge 1930-1972, Frankfurt am Main 1972, S. 33-46.

26 Vgl. Alfred L. Kroeber / Talcott Parsons, The Concepts of Culture and of Social System, in: American Sociological Review 23 (1958), S. 582-583. Zu der sich unmittelbar daran anschließenden Kontroverse, die insbesondere den wissenschaftslogischen Gehalt der von Parsons und Kroeber als ‚analytisch' verstandenen Unterscheidung zwischen Kultur und Gesellschaft betraf, vgl. die einzelnen Stellungnahmen in der American Sociological Review 24 (1959), S. 246-250.

nem berühmten AGIL-Schema folgenden Logik der funktionalen Differenzierung nicht mehr dialektisch miteinander vermittelt. Marxistisch gesprochen verfehlt deshalb die von Parsons vertretene Richtung des soziologischen Strukturfunktionalismus das Wesen der gesellschaftlichen Totalität, zumal sich Parsons unter Bezugnahme auf Max Webers Werk ausdrücklich zu einem „kulturellen Determinismus' bekannt hatte. Denn im Rahmen des von ihm entwickelten Modells einer „kybernetischen Kontrollhierarchie' sprach er letztlich der *Kultur* einen richtungsweisenden Einfluß auf die gesellschaftliche Entwicklung zu.[27]

Es war insofern nur eine Frage der Zeit, bis einer seiner Schüler dieses Bedingungsverhältnis zwischen Kultur und Gesellschaft wieder vom Kopf auf die Füße stellte. Dieser Schüler war kein Geringerer als der Bielefelder Soziologe Niklas Luhmann, der damit zugleich das Kind mit dem Bade ausschüttete, indem er im Rahmen der von ihm entwickelten Variante der Systemtheorie ausschließlich dem Sozialsystem *Gesellschaft* einen maßgeblichen Stellenwert hinsichtlich der soziokulturellen Evolution zusprach. Konsequenterweise erklärte Luhmann die *Kultur* zu einem rein „historischen' Begriff, das heißt zu einer – zumindest für die Soziologie – vernachlässigenswerten Kategorie.[28]

Luhmann bezog sich dabei auf die Entstehung des Kulturbegriffs in der zweiten Hälfte des 18. Jahrhunderts, in der er eine spezifische Form von „Vergleichstechnik' gegeben sah, die es erstmals erlaubt habe, regionale Unterschiede innerhalb der in Entstehung begriffenen „Weltgesellschaft' wahrzunehmen, um so die gemeinsamen Merkmale der einzelnen Kulturkreisen und Regionen identifizieren zu können. Mit der voll entwickelten und auf dem Prinzip der funktionalen Differenzierung beruhenden modernen *Weltgesellschaft* sei die Semantik des Kulturbegriffs jedoch durch den Gesellschaftsbegriff erfolgreich verdrängt und in soziologischer Hinsicht überflüssig geworden. Einer Renaissance der Kultursoziologie, wie sie sich in der zweiten Hälfte der 1970er Jahre abzeichnete, konnte Luhmann deshalb ähnlich wie der Exegese des Werkes von soziologischen Klassikern nur noch den bemitleidenswerten Status eines nostalgischen Rückblicks auf ein längst vergangenes Stadium der eigenen Fachgeschichte abgewinnen.

Diese polemisch gemeinte Verabschiedung des Kulturbegriffs zugunsten einer Metaphysik des Sozialen ist von zahlreichen Schülern Luhmanns inzwischen in auffallender Weise wieder revidiert worden, um Anschlußfähigkeit an den sogenannten „Cultural Turn' in den Geistes- und Sozialwissenschaften zu signalisieren. Luhmanns Werk wird inzwischen ähnlich wie das von Michel Foucault und anderen Vertretern des „Poststrukturalismus' beziehungs-

---

27 Siehe hierzu Talcott Parsons' Einleitung zu dem von ihm mitherausgegebenen Band „Theories of Society. Foundations of Modern Sociological Theory", New York / London 1961, Part Four: Culture and Social System, S. 963-993; vgl. ferner ders., Culture and Social System Revisited, in Social Science Quarterly 53 (1972), S. 253-266: In seinem für didaktische Zwecke geschriebenen gesellschaftstheoretischen Einführungsband meinte Parsons lakonisch: „I am a cultural determinist." (Talcott Parsons, Societies. Evolutionary and Comparative Perspectives, Englewood Cliffs / N.J. 1966, S. 113). Parsons berief sich in diesem Zusammenhang nicht zuletzt auf Max Weber, obgleich Weber gerade die *Wechselwirkung* zwischen den „Ideen' und den „Interessen' hervorgehoben hatte. Allerdings sprach bereits Max Weber den Weltbildern die Funktion einer „Weichenstellung'" für die Entwicklung der materialen Kultur zu, auf die sich später auch Jürgen Habermas in seiner Theorie des Kommunikativen Handelns bezogen hatte. Vgl. Max Weber, Gesammelte Aufsätze zur Religionssoziologie, a.a.O., Band 2, S. 252.; ferner Jürgen Habermas, Theorie des kommunikativen Handelns, Band 1, Frankfurt am Main 1981, S. 72 ff. und 262 ff.

28 Vgl. Niklas Luhmann, Kultur als historischer Begriff, in: ders., Gesellschaftsstruktur und Semantik, Band 4, Frankfurt am Main 1995, S. 31-54.

weise ‚Postmodernismus' nun selbst gleichsam gegen den Strich in den ‚Culture Club' aufgenommen.[29] Ein vager ‚Kulturalismus' sorgt nämlich schon seit geraumer Zeit dafür, daß
inzwischen all jene Differenzen, die einstmals noch einen entscheidenden Unterschied ausgemacht hatten, zugunsten einer nebulösen ‚Kulturwissenschaft im Singular' entweder nicht
mehr wahrgenommen oder bewußt aufgegeben werden, was nicht gerade für eine entsprechende Schärfung des kollektiven Urteilsvermögens spricht. Wofür das Spannungsverhältnis
zwischen ‚Kultur' und ‚Gesellschaft' einstmals stand, droht sich nun vollends in einer mas-
senmedial vermittelten Spaß- und Spielgesellschaft aufzulösen. Wenn Einschalt- und Absatz-
quoten nun auch zum Kriterium der Beurteilung von wissenschaftlichen und kulturellen Pro-
duktionen avancieren, hat die ‚Gesellschaft' endgültig den Sieg über die ‚Kultur' errungen.

Welchen Preis man dafür zu zahlen hat, wenn man sich in eine solch schlechte Gesellschaft begibt, haben bereits Horkheimer und Adorno in ihrer *Dialektik der Aufklärung* eindrucksvoll beschrieben. Ein generalisierter Kulturalismus stellt aber letztlich nur das seiten-
verkehrte Spiegelbild eines generalisierten Marxismus beziehungsweise Soziologismus dar.
Beide verfahren in einer jeweils spezifischen Art und Weise gemäß einer entsprechenden
Identitätslogik. Es bleibt deshalb offensichtlich nur noch die Möglichkeit, immer wieder die
unaufhebbare Differenz zwischen *Kultur* und *Gesellschaft* zu betonen, will man nicht erneut
den gleichen Kategorienfehler begehen, der von Anfang an im Projekt einer universalistische
Züge tragenden ‚Kulturwissenschaft' sowie ‚Gesellschaftslehre' angelegt gewesen ist. Solche ‚asymmetrische Gegenbegriffe' haben nämlich die fatale Neigung, ihre Benutzer entweder auf die eine oder aber die andere Seite dieser Unterscheidung festzulegen.[30] Der damit
verbundene ‚Verlust der Mitte' mag zwar für polemische Vereinfachungen nützlich sein, auch
wenn hierbei das begriffliche Differenzierungsvermögen konsequenterweise auf der Strecke
bleibt. Einen Ersatz für *Theorie* im strikten Sinne des Wortes stellt er jedoch nicht dar. Darüber
sollte auch die großzügige Verabschiedung von der eigenen Fachgeschichte nicht hinwegtäuschen, wie sie in bestimmten Kreisen seit geraumer Zeit üblich geworden ist und auch noch
als Tugend gefeiert wird, um sich auf dem Weg der Selbstermächtigung von den traditionellen Geisteswissenschaften abzugrenzen. Es ist insofern kein Zufall, daß der viel beschworene
‚Cultural Turn' in den Geisteswissenschaften zeitlich mit der sogenannten ‚autopoietischen
Wende' innerhalb der sozialwissenschaftlichen Systemtheorie zusammenfällt und dabei zu
erstaunlichen intellektuellen Bündnissen geführt hat, die vor drei Jahrzehnten noch nicht für
möglich gehalten worden wären. Dafür, daß die Soziologie mit diesem ‚Face Lifting' den sicheren Gang einer *Wissenschaft* angetreten hat, spricht dies jedenfalls nicht!

---

29   Vgl. Dirk Baecker, Der Einwand der Kultur, in: Berliner Journal für Soziologie 6 (1996), S. 5-14; ders.,
      Unbestimmte Kultur, in: Albrecht Koschorke / Cornelia Vismann (Hrsg.), Widerstände der Systemtheorie.
      Kulturtheoretische Analysen zum Werk von Niklas Luhmann, Berlin 1999, S. 29-48; Rudolf Helmstetter, Der
      gordische Knoten von Kultur & Gesellschaft und Luhmanns Rasiermesser. Fragen eines fluchenden Ruderers,
      ebd., S. 77-96; Wolfgang Hagen, Niklas Luhmann (1927-1998). Luhmanns Medien – Luhmanns Matrix, in:
      Martin Ludwig Hofmann / Tobias F. Korta / Sibylle Niekisch (Hrsg.), Culture Club. Klassiker der Kulturtheorie,
      Frankfurt am Main 2004, S. 187-203. Siehe ferner die einzelnen Beiträge in Günter Burkhart / Gunter Runkel
      (Hrsg.), Luhmann und die Kulturtheorie, Frankfurt am Main 2004.
30   Zur polemologischen Logik solcher asymmetrischen Gegenbegriffe siehe auch die an Carl Schmitt orientierte
      Untersuchung von Reinhart Koselleck, Zur historisch-politischen Semantik asymmetrischer Gegenbegriffe,
      in: Harald Weinrich (Hrsg.), Positionen der Negativität (= Poetik und Hermeneutik, Band VI), München 1975,
      S. 65-104.

II
Deutsche Soziologie um 1900

1. Vom ‚Geist der Gemeinschaft' zum ‚Geist der Neuzeit'. Annotationen zur Ferdinand-Tönnies-Gesamtausgabe

Einleitung

Es gibt zwei Arten von sozialwissenschaftlichen Denkern, die sich im Laufe der Zeit aus höchst unterschiedlichen Gründen in das Gedächtnis eines größeren Publikums eingraben. Der eine Typus besticht durch die Vielzahl an grundbegrifflichen Unterscheidungen, die in seinen Schriften zum Vorschein kommen und von denen es meist mehrere Fassungen gibt, so daß sich bereits zu seinen Lebzeiten die Veröffentlichung eines Glossars des jeweils aktuellen Sprachgebrauchs oder aber eine posthume Rekonstruktion der einzelnen Begriffsfassungen sowie der damit verbundenen Werkgeschichte im Rahmen einer historisch-kritischen Gesamtausgabe empfiehlt. Der andere Typus zeichnet sich dagegen durch die Suggestivkraft einer einzigen grundlegenden Unterscheidung aus, die in seinem Werk beständig wiederkehrt, so daß sich dieses dem Leser gewissermaßen als ein Thema mit Variationen darbietet. Dem ersten Typus lassen sich Autoren wie Max Weber und Niklas Luhmann zurechnen, zum zweiten Typus gehören dagegen Denker wie Ferdinand Tönnies und Jürgen Habermas, in deren weit gespanntem Werk dennoch immer wieder dieselbe Grundmelodie erkennbar bleibt. Während in Habermas' Schriften dem Gegensatz von *Arbeit* und *Interaktion* beziehungsweise ‚erfolgsorientiertem' und ‚verständigungsorientiertem' Handeln die Funktion einer solchen Leitdifferenz zukommt, ist es bei Tönnies der Gegensatz von *Gemeinschaft* und *Gesellschaft*, der seine Schriften wie einen roten Faden durchzieht.

Dieser rote Faden wird auch bei einer näheren Betrachtung der Ferdinand-Tönnies-Gesamtausgabe deutlich, in deren Rahmen insgesamt 24 Bände geplant sind und von der inzwischen bereits sieben Bände erschienen sind.[1] Es handelt sich hierbei nicht um eine historisch-kritische, sondern ‚nur' um eine kritische Gesamtausgabe, worauf der Kieler Soziologe Lars Clausen in dem zuerst erschienenen und von ihm edierten Band 22 ausdrücklich verweist, wobei es allerdings eine Ausnahme geben soll – nämlich Tönnies' Hauptwerk *Gemeinschaft und Gesellschaft*. Denn für dieses ist eine historisch-kritische Edition im Rahmen dieser Gesamtausgabe geplant ist, die zugleich den werkgeschichtlichen Kontext dieser für die Geschichte

---

[1] Vgl. Ferdinand Tönnies, Gesamtausgabe. Im Auftrag der Ferdinand-Tönnies-Gesellschaft e.V. hrsg. von Lars Clausen, Alexander Deichsel, Cornelius Bickel, Rolf Fechner und Carsten Schlüter-Knauer. Bereits erschienen sind Band 7: 1905-1906, hrsg. von Arno Bammé und Rolf Fechner, Berlin New York 2009; Band 9: 1911-1915, hrsg. von Arno Mohr in Zusammenarbeit mit Rolf Fechner, Berlin / New York 2000; Band 10: 1916-1918, hrsg. von Arno Mohr und Rolf Fechner, Berlin / New York 2008; Band 14: 1922, hrsg. von Alexander Deichsel, Rolf Fechner und Rainer Waßner, Berlin / New York 2002; Band 15: 1923-1925, herausgegeben von Dieter Haselbach, Berlin / New York 2000; Band 22: 1932-1936, hrsg. von Lars Clausen, Berlin / New York 1998; Band 23/II: 1919-1936, hrsg. von Brigitte Zander-Lüllwitz und Jürgen Zander, Berlin / New York 2005.

der modernen Soziologie bahnbrechenden Untersuchung verdeutlichen soll.[2] Im Unterschied
zu der sich am ehesten für einen Vergleich aufdrängenden Max-Weber-Gesamtausgabe hat man
im Falle von Tönnies ferner darauf verzichtet, die Gesamtausgabe seiner Schriften in mehrere Abteilungen zu untergliedern. Statt dessen werden die in den einzelnen Bänden in chro-
nologischer Folge zum Abdruck kommenden Texte in drei Textsorten unterschieden und den
drei Rubriken ‚Monographien‘, ‚Schriften‘ und ‚Rezensionen‘ zugeordnet. Die umfangreiche
Korrespondenz von Tönnies, die seit vielen Jahren in der Schleswig-Holsteinischen Landes-
bibliothek in Kiel ruht, findet leider keinen Eingang in diese dennoch äußerst verdienstvolle
Klassiker-Gesamtausgabe. Und auch für den umfangreichen Nachlaß von Tönnies ist nur ein
einziger Band vorgesehen, in dem die literarisch selbständigen nachgelassenen Schriften von
Tönnies aufgenommen werden sollen. Der Tönnies-Freund und Tönnies-Forscher wird also
auch in Zukunft noch genug Gründe dafür haben, die Dienste dieses gastlichen Hauses in Anspruch zu nehmen, von denen in den letzten Jahrzehnten übrigens nicht nur die Tönnies-For-
schung, sondern zum Beispiel auch die Max-Weber-Forschung erheblich profitiert hat.[3] Und
das ist auch gut so. Denn schließlich kann auch eine solche Gesamtausgabe nur wenig von
der Aura vermitteln, welche die inzwischen zum Teil über hundert Jahre alten Originalmanuskripte eines soziologischen Klassikers auch heute noch auszustrahlen vermögen.

Neben all dem Positiven, das in Bezug auf die editorische Glanzleistung der Herausgeber der Tönnies-Gesamtausgabe bereits anderen Ortes gesagt worden ist[4], hat der bekannte Hamburger Tönnies-Forscher und Tönnies-Kritiker Stefan Breuer vor einiger Zeit einen
Wehrmutstropfen in das Faß seiner Besprechung dieser Gesamtausgabe geträufelt, die ansonsten voll des Lobes für dieses editorische Großunternehmen ist. Denn Breuer moniert, daß
sich die Herausgeber der Tönnies-Gesamtausgabe für eine weitere Abweichung von den ihrer Arbeit zugrunde liegenden Editionsprinzipien entschieden haben. Gemeint ist hierbei das
zumindest in einem Punkt in Frage gestellte Prinzip, die Texte von Tönnies in der Reihenfolge ihrer historischen Entstehung zum Abdruck zu bringen, die sie angesichts der von ihnen gewählten Form der Publikation seiner dreibändigen, erstmals in den zwanziger Jahren
erschienenen Aufsatzsammlung *Soziologische* Studien und Kritiken zu verantworten haben.
Denn obgleich Tönnies die in dieser Aufsatzsammlung zusammengefaßten Texte weitgehend
unverändert wiederveröffentlicht hat, sind diese Texte, die im Zeitraum zwischen 1880 und
1927 entstanden sind, nun in den auf die Jahre 1923 bis 1930 bezogenen Bände 15, 17 und
19 der Tönnies-Gesamtausgabe aufgenommen worden, von denen inzwischen der Band 15
vorliegt. Dafür klaffen in all den anderen Bänden dieser Ausgabe an jenen Stellen, an denen
diese Texte gemäß dem chronologischen Prinzip ihrer Entstehung hätten aufgenommen werden müssen, zahlreiche weiße Stellen, die allerdings den interessierten Leser zumindest auf

---

2   Vgl. Tönnies-Gesamtausgabe, Band 22, S. XXII und 518.

3   Dies liegt nicht nur an der umfangreichen Korrespondenz, die Tönnies sein langes gelehrtes Leben geführt
     hat, sondern auch an seiner leitenden Tätigkeit im Rahmen der 1909 gegründeten *Deutschen Gesellschaft für
     Soziologie*, deren Akten bis zum Jahre 1933 fast vollständig im Nachlaß von Tönnies in Kiel aufbewahrt wor-
     den sind. Es handelt sich hierbei um eine für die Geschichte der deutschsprachigen Soziologie unverzichtbare
     Quelle ersten Ranges.

4   Vgl. Klaus Lichtblau, Wie viele Klassiker verträgt die Soziologie? Ferdinand Tönnies ante portas, in: Sozio-
     logische Revue 24 (2001), S. 401-407.

die entsprechenden Bände verweisen, in denen diese Texte innerhalb der Tönnies-Gesamt-ausgabe zu finden sind.[5]

Es ist müßig, an dieser Stelle weiteres Öl in das sich sonst noch mehr um sich greifen-de Feuer zu schütten. Denn die Alternative, die den Herausgebern der Tönnies-Gesamtaus-gabe natürlich nicht entgangen ist, liegt auf der Hand und braucht hier nicht weiter erörtert zu werden. Statt dessen sollen an dieser Stelle die Vorteile verdeutlicht werden, die sich für den Leser aufgrund dieser eigenwilligen Publikationsweise ergeben. Denn die nun vorlie-genden sieben Bände der Tönnies-Gesamtausgabe erlauben bereits jetzt eine diachrone Form der Lektüre seines Werkes, das den Zeitraum von 1880/81 bis 1936 umfaßt. Mit diesen und den noch in naher Zukunft zu erwartenden weiteren Bänden tritt Tönnies neben Georg Sim-mel und Max Weber endgültig gleichberechtigt in jenen erlauchten Kreis von Gelehrten ein, die sich vor einem Jahrhundert im deutschen Sprachraum als ‚Gründerväter‘ der modernen Soziologie profiliert haben und deren Werk neben dem des Theologen und Religionssoziolo-gen Ernst Troeltsch seit einiger Zeit für würdig empfunden worden ist, zum Gegenstand einer huldvollen Verehrung in Gestalt einer entsprechenden Klassiker-Gesamtausgabe gemacht zu werden. Während es im Falle Georg Simmels und Max Webers jedoch bis heute strittig ge-blieben ist, welche unter ihren zahlreichen Veröffentlichungen eigentlich als ihr ‚soziologi-sches Hauptwerk‘ zu betrachten ist, stand dies bei Tönnies von Anfang an außer Frage, ob-gleich das Buch, das ihn später berühmt gemacht hatte und dessen erste Auflage 1887 unter dem Titel *Gemeinschaft und Gesellschaft. Abhandlung des Communismus und des Socialismus als empirischer Culturformen* erschienen ist, eingestandenermaßen an ein ‚philosophisches‘ Publikum gerichtet war.[6] Im Falle von Tönnies ist im Unterschied zu den Kontroversen, die anläßlich der Werke von Simmel und Weber geführt worden sind, mit einer eklatanten Aus-nahme denn auch so gut wie niemand auf die Idee gekommen, die Bedeutung des soziologi-schen Teils innerhalb seines Gesamtwerkes herunterzuspielen, obgleich er wie Simmel seine akademische Karriere als Philosoph begann und später seine Lehrverpflichtungen ähnlich wie Max Weber vor allem im Bereich der Nationalökonomie beziehungsweise der ‚wirtschaftli-chen Staatswissenschaften‘ und der Bevölkerungs- und Moral-Statistik wahrgenommen hat-te.[7] Sein unbestrittener Ruhm als ‚Altmeister‘ der deutschen Soziologie hatte ihm vielmehr schon anläßlich der Gründung der *Deutschen Gesellschaft für Soziologie* die Mitgliedschaft im Präsidium dieser Gelehrtengesellschaft gesichert, deren förmlicher Präsident er schließ-lich seit 1922 bis zum Zeitpunkt der nationalsozialistischen Machtergreifung und der damit erzwungenen Stillegung dieses Berufsverbandes war.[8]

---

5   Vgl. Stefan Breuer, Ächzen unterm Gelehrtengezänk. Werkbesichtigung: Wieviel Respekt verdient Ferdinand Tönnies? In: Frankfurter Allgemeine Zeitung Nr. 147, 28. Juni 2001, S. 51.

6   Darauf wies Tönnies ausdrücklich in der Vorrede zur zweiten Auflage dieses Buches aus dem Jahre 1912 hin, das seit dieser Neuauflage auch einen völlig neuen Untertitel – nämlich *Grundbegriffe der reinen Soziologie* – trägt. Vgl. Tönnies-Gesamtausgabe, Band 15, S. 83 ff.

7   Die unrühmliche Ausnahme betrifft René König, der 1955 anläßlich des 100. Geburtstages von Tönnies eine umfangreiche Abhandlung veröffentlicht hatte, in der er Tönnies‘ Werk gänzlich in die *Philosophiegeschichte* verbannt wissen wollte. Vgl. René König, Soziologie in Deutschland. Begründer / Verächter / Verfechter, München 1987, S. 122 ff., hier S. 189.

8   Zu Tönnies‘ Rolle in der Deutschen Gesellschaft für Soziologie und der bis heute umstrittenen Stillegung dieser Gesellschaft durch Hans Freyer zu Beginn der nationalsozialistischen Schreckensherrschaft siehe E. G. Jacoby, Die moderne Gesellschaft im sozialwissenschaftlichen Denken von Ferdinand Tönnies. Eine biographische

An Tönnies kommt also keiner vorbei, der sich mit der philosophischen Vorgeschichte der modernen Soziologie sowie der Institutionalisierung der soziologischen Forschung und Lehre im Zweiten Deutschen Kaiserreich bis hin zur nationalsozialistischen Schreckensherrschaft in Deutschland befaßt. Darüber hinaus ist Tönnies aber auch ein Zeitzeuge deutscher und europäischer Geschichte ersten Grades, die er seit dem deutsch-dänischen Krieg von 1864 und der damit verbundenen Annexion Schleswig-Holsteins durch Österreich und Preußen bis kurz vor Ausbruch des Zweiten Weltkrieges intensiv mitverfolgt und in zahlreichen Schriften kommentiert hat. Unter den ‚Gründervätern‘ der deutschen Soziologie ist er insofern der einzige, der noch den Aufstieg Hitlers und das Ende der Weimarer Republik persönlich erlebt hat. Um den historischen Kontext zu verdeutlichen, in dem Tönnies' Leben und Werk zu sehen ist, sei deshalb zunächst noch einmal an einige wichtige Daten aus seinem Leben erinnert, bevor anschließend einige Grundzüge seines soziologischen Werkes unter Bezugnahme auf die inzwischen bereits erschienenen Bände der Tönnies-Gesamtausgabe skizziert werden.

Zur Herkunft des Gegensatzes von ‚Gemeinschaft‘ und ‚Gesellschaft‘

Tönnies wurde 1855 auf der zum Herzogtum Schleswig gehörenden Halbinsel Eiderstedt geboren und starb 1936 verarmt und zurückgezogen in Kiel, nachdem ihm die neuen Machthaber seinen dortigen Lehrauftrag entzogen und die ihm gesetzlich zustehenden Altersversorgungsansprüche ersatzlos gestrichen hatten. Sein Bildungsweg ist ähnlich komplex wie der von Georg Simmel und Max Weber und hat ihn wie diese durch eine Reihe von Fächern und Disziplinen geführt, die zwar die Hinwendung zu sozialwissenschaftlichen Fragestellungen begünstigten, jedoch noch genug Spielraum für darüber hinausgehende Forschungs- und Erkenntnisinteressen boten. Als Student ist er zeitweilig dem Einfluß der Schriften von Schopenhauer und Nietzsche erlegen, dem er sich allerdings bald wieder zu entziehen vermochte. Nach seiner Tübinger Promotion im Jahre 1877 wandte sich Tönnies auf Anraten des Berliner Philosophen und Pädagogen Friedrich Paulsen dann dem Studium der Schriften von Thomas Hobbes zu, das er bis zu seinem Tode betrieb und mit dem er sich den Ruf eines international angesehenen Hobbes-Forschers erwarb.

Parallel zu seinen Hobbes-Forschungen, die ihn auch für einige Wochen an das Britische Museum in London führten, nahm Tönnies ferner die Lektüre der nationalökonomischen Schriften von Adam Smith, David Ricardo, Wilhelm Roscher und Karl Marx auf, die sein Interesse für die Bevölkerungs- und Moralstatistik weckten und ihn zur persönlichen Kontaktaufnahme mit den Berliner ‚Katheder-Sozialisten‘ Karl Rodbertus und Adolph Wagner veranlaßten. Zur Vorbereitung seiner Habilitation las Tönnies ferner die Werke von Spinoza, Samuel Pufendorf, Christian Wolff, Rousseau, Kant, Adam Müller, Comte, Spencer, Lewis H. Morgan, Henry Sumner Maine, Fustel de Coulanges, Johann Jakob Bachofen, Otto von Gierke, Rudolf Jhering, Albert Schäffle, Eduard Meyer und Friedrich Engels, auf deren Grundlage er einen ersten Entwurf von *Gemeinschaft und Gesellschaft* ausarbeitete, der zusammen mit seiner

Einführung, Stuttgart 1971, S. 158 ff., 183 ff. und 249 ff.; vgl. ferner Ursula Karger, Institutionsgeschichtliche Zäsuren in der deutschen Soziologie. Dargestellt am Beispiel der Deutschen Soziologentage. Inauguraldissertation zur Erlangung des akademischen Grades eines Doktors der Sozialwissenschaft der Ruhr-Universität Bochum, Abteilung für Sozialwissenschaft, Bochum 1978, S. 106 ff.

Schrift *Anmerkungen über die Philosophie des Hobbes* im Sommer 1881 von der Philosophischen Fakultät der Universität Kiel als habilitationsadäquate Leistung angenommen wurde.

Seine dortige Lehrtätigkeit als Privatdozent war nicht gerade von überschäumendem Erfolg gekrönt, weshalb Tönnies schon früh das Leben eines Privatgelehrten und engagierten Publizisten führte, da an der offiziellen Übernahme eines Lehramtes aufgrund seiner stark sozialistisch und freidenkerisch geprägten Gesinnung ohnehin vorläufig nicht zu denken war. Erst vier Jahre nach der Veröffentlichung von *Gemeinschaft und Gesellschaft* erhielt er formell den Professorentitel an der Universität Kiel. Eine Berufung auf einen ordentlichen Lehrstuhl für Nationalökonomie scheiterte jedoch an den Bedingungen, die Friedrich Althoff als der damals für Berufungsfragen zuständige Ministerialbeamte im Preußischen Kultusministerium damit verknüpft hatte.

1894 besuchte Tönnies Friedrich Engels in London, nachdem er kurz zuvor geheiratet und seinen Wohnsitz nach Hamburg verlegt hatte. 1896 wurde er dort Zeuge des großen Hamburger Hafenarbeiterstreiks, über den er ausführlich berichtete und der ihm aufgrund seines damit verbundenen Engagements den damals noch berufsschädigenden Ruf einbrachte, ein ‚Sozialdemokrat‘ zu sein. Erst 1913 bekam Tönnies das planmäßige Ordinariat für ‚Wirtschaftliche Staatswissenschaften‘ an der Universität Kiel zuerkannt und hielt dort seitdem Vorlesungen über theoretische und praktische Nationalökonomie. Nachdem er bereits 1916 aus Altersgründen wieder von seinen Lehrverpflichtungen entbunden wurde, übernahm er 1921 einen Lehrauftrag für Soziologie in Kiel, den er bis 1933 ausübte. Obgleich er 1930 demonstrativ in die SPD eintrat und seitdem publizistisch gegen die NS-Bewegung zu Felde gezogen ist, gelang es ihm trotz des über ihn anschließend verhängten Berufsverbotes doch noch, 1935 sein Alterswerk *Geist der Neuzeit* zu veröffentlichen, bevor er ein Jahr später in Kiel verstarb.[9]

Wie bereits erwähnt war das umfangreiche wissenschaftliche Werk von Tönnies der Ausarbeitung eines grundlegenden Themas gewidmet, mit dem er sich seit seinen frühen Hobbes-Studien bis zum *Geist der Neuzeit* intensiv auseinandergesetzt hatte und das ihm den Rang eines ‚Klassikers‘ der Soziologie verschafft hatte: nämlich die Frage, wodurch sich die in Westeuropa und Nordamerika entstandene moderne Gesellschaft von allen übrigen Gesellschaften einschließlich den mit ihnen verbundenen traditionalen Gemeinschaftsformen unterscheidet.[10] Mit dieser Fragestellung war sowohl ein typologisches als auch ein entwicklungsgeschichtliches Problem verbunden. In typologischer Hinsicht ging es ihm darum, den Gegensatz von *Tradition* und *Moderne* durch möglichst markante Grundbegriffe zu beschreiben und die beiden Seiten der dabei vorgenommenen Unterscheidung eindeutig voneinander abzugrenzen. In entwicklungsgeschichtlicher Hinsicht interessierte ihn dagegen die Frage nach der Her-

---

9   Die meisten der hier aufgeführten Daten sind der Selbstdarstellung entnommen, die Ferdinand Tönnies Anfang der zwanziger Jahre verfaßt hat. Vgl. Raymund Schmidt (Hrsg.), Die Philosophie der Gegenwart in Selbstdarstellungen, Band 3, Leipzig 1922, S. 199-234. Siehe ferner Tönnies-Gesamtausgabe, Band 22, S. 327 ff. sowie E. G. Jacoby, Die moderne Gesellschaft im sozialwissenschaftlichen Denken von Ferdinand Tönnies, a.a.O.

10 In der ersten Fassung von *Gemeinschaft und Gesellschaft*, die Tönnies 1881 bei der philosophischen Fakultät der Universität Kiel als Habilitationsschrift eingereicht hatte, ist der Geltungsbereich seiner diesbezüglichen Untersuchung folgendermaßen bestimmt worden: „Ich werde mich daher zunächst auf die historischen und gegenwärtigen Zustände der *arischen Völker* beschränken und werde mithin auf das, was dieselben mit anderen Völkern der Erde Gemeinsames und Ähnliches darbieten, nur geringe und gelegentliche Rücksicht nehmen, noch geringere aber auf dasjenige, was sich etwa mit quasi-sozialen Tatsachen unter den Tieren möchte vergleichen lassen.“ (Tönnies-Gesamtausgabe, Band 15, S. 67).

kunft und dem mutmaßlichen Schicksal der neuzeitlichen Gesellschaft, die für ihn mit dem Begriff der ‚Gesellschaft‘ schlechthin identisch war und der er die überlieferten Formen eines ‚gemeinschaftlichen‘ Zusammenlebens der Menschen gegenübergestellt hatte. Der historische Prozeß, den es zu begreifen galt, war also jene Entwicklung ‚von Gemeinschaft zu Gesellschaft‘, die das evolutionstheoretische Denken des 19. Jahrhunderts inspiriert hatte und die auch im Werk von Tönnies seinen nachhaltigen Niederschlag fand.[11]

Zwei Umschreibungen dieses universalgeschichtlichen Entwicklungsprozesses hatten dabei besonders Tönnies' Beachtung gefunden. Die eine stammt von dem englischen Rechtshistoriker Henry Sumner Maine und besagt, daß es sich hierbei um einen Übergang von statusbezogenen zu rein vertraglich geregelten Sozialverhältnissen handelt, das heißt um eine Entwicklung vom *Status* zum *Kontrakt*.[12] Die andere ist im Grunde mit der alten aristotelischen Unterscheidung zwischen der ‚Haushaltungskunst‘ und der ‚Erwerbskunst‘ identisch und besagt, daß es zwei völlig unterschiedliche Arten von ‚Ökonomien‘ gibt: nämlich eine, die mit der Verwaltung eines ‚Hauses‘ (*oikos*) identisch ist, und eine, in der der Erwerb von Reichtum zum Selbstzweck geworden ist.[13] Die erste Art von Ökonomie bezeichnet also eine im Wesentlichen noch autarke Form der Hauswirtschaft, in welcher der Tausch beziehungsweise der Handel mit anderen Wirtschaftseinheiten nur eine marginale Rolle spielt. Letztere ist dagegen mit dem modernen industriellen Kapitalismus und der durch ihn geprägten Weltwirtschaft identisch.[14] Wenn Tönnies also den Begriff der Gemeinschaft dem der *Gesellschaft* antipodisch gegenüberstellt, so bezieht er sich in ökonomischer Hinsicht auf jene Tradition des ‚ganzen Hauses‘, der der konservative Kulturhistoriker Wilhelm Heinrich Riehl in seiner *Naturgeschichte des Volkes* ein bleibendes literarisches Denkmal gesetzt hat und die im Laufe des 19. Jahrhunderts im Gefolge des Siegeszuges der kapitalistischen Form der Arbeitsteilung und der mit ihr verbundenen Industrialisierung allmählich bedeutungslos geworden ist.[15] In der Beschreibung der Wirtschaftsordnung der ‚Gesellschaft‘ schließt sich Tönnies dagegen weitgehend Marx und Engels an, so daß sich der entsprechende Teil von *Gemeinschaft und Gesellschaft* streckenweise wie eine Paraphrase von deren Kapitalismusanalyse liest.[16]

Neben der ökonomischen Charakterisierung des Gegensatzes von ‚Gemeinschaft‘ und ‚Gesellschaft‘ sind für das von Tönnies entwickelte Geschichtsbild aber auch deren unterschiedliche *normative* Grundlagen von entscheidender Bedeutung. Zur Beschreibung vormoderner Formen des Rechts greift Tönnies dabei auf Autoren wie Maine, Gierke und Jhering zurück,

11   Vgl. Tönnies-Gesamtausgabe, Band 22, S. 31.

12   Henry Sumner Maine, Ancient Law. Its Connection With the Early History of Society, and Its Relation to Modern Ideals, New York 1864, S. 165 (vgl. Tönnies-Gesamtausgabe, Band 15, S. 81 und 95 ff.).

13   Siehe hierzu auch Klaus Lichtblau, Art. „Ökonomie, politische“, in: Joachim Ritter / Karlfried Gründer (Hrsg.), Historisches Wörterbuch der Philosophie, Band 6, Basel / Stuttgart 1984, Spalte 1163-1173; ferner ders., Das Zeitalter der Entzweiung. Studien zur politischen Ideengeschichte des 19. und 20. Jahrhunderts, Berlin 2001, S. 157 ff.

14   Vgl. Tönnies-Gesamtausgabe, Band 15, S. 117 ff.

15   Vgl. Wilhelm Heinrich Riehl, Die Naturgeschichte des Volkes als Grundlage einer deutschen Social-Politik, Band 3: Die Familie, Stuttgart / Augsburg 1855, S. 142 ff.

16   Tönnies hatte sich übrigens nicht nur in den verschiedenen ‚Vorreden‘ zu *Gemeinschaft und Gesellschaft*, sondern auch in verschiedenen anderen Schriften immer wieder dazu bekannt, wieviel er den Begründern des ‚wissenschaftlichen Sozialismus‘ verdankt. Vgl. zum Beispiel Tönnies-Gesamtausgabe, Band 15, S. 81 und 123.

während für ihn der Inbegriff des ‚gesellschaftlichen‘ Rechts in der Tradition des rationalen Naturrechts zum Ausdruck kommt. Denn die von Hobbes bis Rousseau entwickelten Lehren vom Gesellschafts- und Staatsvertrag zeichnen sich ja gerade dadurch aus, daß in ihnen nicht eine überlieferte Form von Sittlichkeit, sondern eine ‚willkürliche‘ beziehungsweise *vertraglich* geregelte Konvention für das Zustandekommen und die Bestandssicherung einer gesellschaftlichen und staatlichen Ordnung verantwortlich gemacht wird. In der Sprache Max Webers liegen hier also zwei unterschiedliche Formen der ‚legitimen Ordnung‘ vor: nämlich eine, die auf Herkommen und Tradition beruht, sowie eine, die im Unterschied dazu ausschließlich aufgrund der Existenz von rationalen Satzungen und Vereinbarungen als ‚legitim‘ gilt.[17]

Tönnies hat sich jedoch nicht mit dieser typologischen Gegenüberstellung zweier unterschiedlicher Formen der sozialen Ordnung begnügt, sondern ihnen zugleich zwei unterschiedliche Formen des menschlichen Willens zugeordnet, um gleichsam eine ‚psychologische‘ Innenansicht der durch sie konstituierten Ordnungen zu ermöglichen: nämlich den *Wesenwillen* und den *Kürwillen*. Bei dem ‚Wesenwillen‘ handelt es sich um eine Form des Willens, bei der die gefühlsmäßige Seite gegenüber der kognitiven überwiegt. Die andere dagegen, die er ursprünglich als ‚Willkür‘ bezeichnet hatte und die er seit der dritten Auflage von *Gemeinschaft und Gesellschaft* ‚Kürwille‘ nannte, bezieht sich dabei nicht nur auf den ‚appetitus rationalis‘, wie er den individualistischen Vertragstheorien zugrunde liegt, sondern stellt zugleich eine Anspielung auf eine eigentümliche Rechtsform dar, die bereits im Rahmen der mittelalterlichen Städteverfassung entwickelt worden ist. Denn gemäß dem älteren deutschen Recht bezeichnet die ‚Willkür‘ das Recht auf eine autonome Gesetzgebung, das von den deutschen Städten als Teil ihrer Korporationsverfassung in Anspruch genommen worden ist, ohne daß dieses ausdrücklich von ihren jeweiligen Stadtherren verbrieft gewesen war.[18] Max Weber hatte diesen Tatbestand später am Beispiel der Eidverschwörung der Bürger durch eine rituelle ‚Verbrüderung‘ beschrieben, vermittels der sich die mittelalterliche Stadtgemeinde in Gestalt einer revolutionären Machtusurpierung als eigenständige rechtsfähige Korporation konstituiert hatte und in Konkurrenz zu den überlieferten ‚legitimen‘ Mächten trat.[19]

Obwohl eine solche ‚Willkür‘ zum Ausgangspunkt einer historisch völlig neuen Form der Gemeindebildung werden konnte, wie sie für das okzidentale Bürgertum charakteristisch gewesen ist, nahm Tönnies diesen Begriff aufgrund der mit ihm verbundenen revolutionären Machtergreifung jedoch nicht zur Kennzeichnung der normativen Grundlagen der *Gemeinschaft*, sondern zur Kennzeichnung des in der *Gesellschaft* geltenden Rechts in Anspruch. Er wurde für ihn insofern zum Inbegriff einer ausschließlich durch rationale Erwägungen getroffenen Vereinbarung, wie sie auch der Beendigung des konfessionellen Bürgerkriegs durch jenen Leviathan zugrunde liegt, den der englische Philosoph und Theoretiker des Gesellschaftsvertrages Thomas Hobbes im 17. Jahrhundert so eindrucksvoll geschildert hatte. Die für die ‚Gemeinschaft‘ charakteristische Form der sozialen Ordnung ist Tönnies zufolge dagegen aus-

---

17 Vgl. Max Weber, Die drei reinen Typen der legitimen Herrschaft. Eine soziologische Studie, in: Preußische Jahrbücher 187 (1922), S. 1-12: ferner ders., Wirtschaft und Gesellschaft. Grundriß der verstehenden Soziologie, 5. Aufl. Tübingen 1972, S. 16 ff., 122 ff. und 541 ff.

18 Vgl. Tönnies-Gesamtausgabe, Band 15, S. 53 ff. und 124 ff.; ferner Wilhelm Ebel, Die Willkür. Eine Studie zu den Denkformen des älteren deutschen Rechts, Göttingen 1953.

19 Max Weber, Gesamtausgabe, Abteilung I: Schriften und Reden, Band 22-5: Die Stadt, herausgegeben von Wilfried Nippel, Tübingen 1999, S. 20 ff. und 124 ff.

schließlich in Herkommen, Tradition und Sitte begründet, was patriarchalische Herrschafts-formen im Rahmen der häuslichen Gemeinschaft zugestandenermaßen nicht ausschließt. Die *Gemeinschaft* wird von ihm deshalb auch als „reales und organisches Leben" begriffen, die *Gesellschaft* dagegen als „ideelle und mechanische Bildung"; erstere ist ein „lebendiger Or-ganismus", letztere dagegen ein „mechanisches Aggregat und Artefakt"[20]. Deshalb kann Tön-nies auch sagen, daß alle Gebilde der *Neuzeit* die Züge des „Unlebendigen" tragen: „Es sind mechanische Gebilde: sie haben keinen Wert, außer in bezug auf ihren Zweck, den äußeren Vorteil den sie gewähren; sie entspringen der kalten kalkulierenden Vernunft: der Nutzen ist, wie Schiller schon klagte, das große Idol der Zeit."[21]

Tönnies als erster soziologischer Theoretiker der ‚Weltgesellschaft'

In Tönnies' Bild der Neuzeit mischen sich insofern in eigenartiger Weise Motive, die sich der Kapitalismuskritik namhafter sozialistischer Theoretiker des 19. Jahrhunderts verdanken, mit jener Kritik an einer rein instrumentell verfahrenden Vernunft, wie sie bereits im Übergang von der Aufklärung zur Romantik unüberhörbar geworden ist. Entsprechend unerbittlich ist auch seine eigene Zeitdiagnose, die sich wie eine Vorwegnahme der *Dialektik der Aufklärung* von Max Horkheimer und Theodor W. Adorno liest: „Die moderne Kultur ist in einem unauf-haltsamen Zersetzungsprozeß begriffen. Ihr Fortschritt ist ihr Untergang."[22] Doch was ver-steht Tönnies unter dieser angeblich zum Untergang verurteilten ‚modernen Kultur'? Und ist sein Geschichtsbild tatsächlich so pessimistisch, daß dieses nicht nur als Präludium zu Oswald Spenglers Untergang *des Abendlandes*, sondern zugleich als Vorwegnahme jener ‚völkischen Bewegung' verstanden werden muß, die in der ersten Hälfte des 20. Jahrhunderts solch verhee-rende Auswirkungen gehabt hatte und die tatsächlich meinte, daß der ‚Geist der Gemeinschaft' auch unter spezifisch modernen Bedingungen eine Wiederauferstehung erfahren könnte?[23]

Auf die erste Frage gibt uns Tönnies' Buch *Geist der Neuzeit* eine unmißverständliche Antwort, das kurz vor seinem Tod erschienen ist und dessen zentrale Themen bereits in dem 1913 erschienenen Aufsatz „Individuum und Welt in der Neuzeit" vorweggenommen wor-den sind.[24] ‚Neuzeit' ist für Tönnies ein weit gespannter Begriff. Insofern vermeidet er be-

---

20   Ferdinand Tönnies, Gemeinschaft und Gesellschaft, Grundbegriffe der reinen Soziologie, Darmstadt 1977, S. 3 f.

21   Tönnies-Gesamtausgabe, Band 9, S. 332.

22   Ebd.

23   Dieser Auffassung ist offenbar Stefan Breuer. Vgl. ders., Von Tönnies zu Weber. Zur Frage einer „deutschen Linie" der Soziologie, in: Berliner Journal für Soziologie 6 (1996), S. 227-245, wieder abgedruckt in: Tönnies-Forum, Jg. 5 (1996), Heft 2, S. 14-41. Etwas vorsichtiger argumentiert dagegen Arthur Mitzman, Tönnies and German Society, 1887-1914: From Cultural Pessimism to Celebration of the *Volksgemeinschaft*, in: Journal of the History of Ideas 32 (1971), S. 507-524. Vgl. auch ders., Sociology and Estrangement. Three Sociologists of Imperial Germany. With a New Introduction by the Author, New Brunswick, N.J. 1987, S. 101 ff. Zur ver-hängnisvollen Wirkungsgeschichte des Gemeinschaftsbegriffs innerhalb der deutschen Rechtsgeschichte siehe auch Hubert Treiber, Die (Wieder-)Geburt der nationalsozialistischen „Volksgemeinschaft" aus dem Geist der deutschen Rechtsgeschichte – Eine Skizze, in: Keebet von Benda-Beckmann / André Hoekema (Red.), Over de grenzen van gemeenschappen. Gemeenschap, staat en recht, ‚s-Gravenhage 1998, S. 93-108.

24   Vgl. Tönnies-Gesamtausgabe, Band 9, S. 299 f. Tönnies hatte später darauf hingewiesen, daß ihm die Grund-ideen zu diesem Buch bereits zu diesem Zeitpunkt klar vor Augen lagen, daß aber der Ausbruch des Ersten Weltkrieges ihre Niederschrift verhindert hatte, so daß er sich noch im hohen Alter mit der Ausarbeitung dieses

wußt dessen Engführung auf jenes Verständnis von ‚Moderne', das den sozialwissenschaftlichen Modernisierungstheorien der zweiten Hälfte des 20. Jahrhunderts zugrunde liegt und
das sich im Wesentlichen auf das Zeitalter bezieht, das durch die industrielle Revolution in
England und der Französische Revolution von 1789 eingeläutet worden ist.[25] Tönnies arbeitet
mit einer Unterscheidung von Antike, Mittelalter und Neuzeit, die sowohl die jeweilige Eigenart dieser Kulturepochen als auch das sie jeweils Verbindende hervorhebt. Im *Mittelalter*
ist es die römisch-katholische Kirche, die das Erbe des Imperium Romanum antritt und insofern sowohl etwas Neues verkörpert als auch eine Kontinuität zur Alten Welt herstellt, der
sie ihre eigene religiöse Überlieferung verdankt. Auch der zeitlich mit der Entdeckung Ame-
rikas zusammenfallende Beginn der *Neuzeit* ist ihm zufolge gewissermaßen ‚organisch' aus
dem Mittelalter herausgewachsen. Gleichwohl verkörpert die Neuzeit eine Reihe von aufein-
anderfolgenden Revolutionen, so daß sich das Mittelalter und die Neuzeit wie der „Geist der
Beharrung, der Überlieferung, der Erhaltung" und der „Geist der Veränderung, der Umgestaltung und Umwälzung" zueinander verhalten beziehungsweise wie *Gemeinschaft* und *Gesellschaft* einander gegenüberstehen.[26]

Unter den spezifisch ‚neuzeitlichen' Revolutionen, die Tönnies besonders hervorhebt, gehören neben der durch den wissenschaftlichen und technischen Fortschritt bedingten übersee-
ischen Expansion Europas auch die konfessionelle Spaltung der römisch-katholischen Kirche
sowie die Entstehung eines kapitalistisch geprägten Weltmarktes. Obgleich Tönnies ebenfalls
die wirtschaftliche Bedeutung von religiösen Minderheiten in der Neuzeit betont, geht er jedoch nicht so weit wie Max Weber, der den ‚Geist' des modernen Kapitalismus aus einer religiös geprägten Berufsauffassung innerhalb des asketischen Protestantismus zu deduzieren
versucht hatte. Tönnies zufolge ist es vielmehr der *fremde Händler*, dessen spezifisches öko-
misches Gebaren überhaupt erst die kapitalistische Weltwirtschaft möglich gemacht hat. Denn
nur eine kaufmännische Gesinnung, die ohne Rücksicht auf die überlieferte Brüderlichkeitsethik in der Familie, Nachbarschaft und Dorfgemeinschaft den jeweiligen Geschäftspartner
wie einen Glaubens- und Stammesfremden behandelt, war ihm zufolge in der Lage, jene ge-
waltige ökonomische Umwälzung einzuleiten, die schließlich zur industriellen Revolution in
Europa und Nordamerika geführt hatte. Tönnies sieht den historischen Ursprung des modernen Kapitalismus deshalb auch nicht in der *Produktion*, sondern im *Handel* begründet. Letzterer ist es nämlich, der seiner Ansicht nach für die Auflösung der mittelalterlichen Zunftver-
fassung mitverantwortlich ist und die damit verbundene Neuorganisation der gewerblichen
Arbeit selbst in die Hand genommen hatte.[27] Es ist insofern kein Zufall, daß Tönnies in dieser
Hinsicht nicht weiter zwischen der ökonomischen Bedeutung des Judentums und dem wirtschaftlichen Gebaren der radikalen protestantischen Sekten in Westeuropa und Nordamerika
unterscheidet, obgleich er ähnlich wie Max Weber einen engen Zusammenhang zwischen

---

Buches befassen mußte, was ihm eingestandenermaßen sehr schwer fiel. Vgl. Tönnies-Gesamtausgabe, Band
22, S. 519. Die Umstände, unter denen das Buch dann doch noch erschienen ist, zeigen, daß Tönnies es als
sein eigentliches intellektuelles Vermächtnis verstanden wissen wollte.

25   Siehe hierzu auch Klaus Lichtblau, Transformationen der Moderne, Berlin 2002, besonders S. 136 ff.

26   Vgl. Tönnies-Gesamtausgabe, Band 22, S. 26.

27   Ebd., S. 98 f.

dem „religiösen Befreiungskampf" und dem politischen und ökonomischen Liberalismus der Neuzeit gegeben sieht.[28]

Tönnies zufolge ist das Wesen der modernen Kultur aus diesem Grund auch mit einem progressiven Individualismus identisch. Denn sie beruht nicht nur auf Religions-, Denk- und Gewerbefreiheit, sondern auch auf einer Reihe von politischen Freiheitsrechten, deren verfassungsmäßige Institutionalisierung zur Voraussetzung der staatsbürgerlichen Gleichheit geworden ist, die in den westlichen Demokratien zunehmend an die Stelle der alten ständischen Ordnung getreten ist. Tönnies kann in dem auf diesem Boden entstandenen modernen *Nationalstaat* deshalb auch nur ein künstliches Gebilde wahrnehmen, das im Unterschied zum *Volk* alle Züge der ‚Gesellschaft', nicht aber der ‚Gemeinschaft' trägt.[29] Dies ist auch der Grund, warum sein Verhältnis zum modernen National- und Verfassungsstaat durch eine tiefe Ambivalenz geprägt ist. Denn einerseits gehört dieses künstliche staatliche Gebilde, dessen Funktionsweise Hobbes mit der Schreckensherrschaft des alttestamentlichen Leviathans verglichen hatte, selbst zu jener neuzeitlichen gesellschaftlichen Ordnung, die nach Tönnies' Überzeugung unwiderruflich zum Untergang verurteilt ist. Andererseits greift Tönnies hinsichtlich der mit der modernen sozialen Frage verbundenen Probleme selbst immer wieder auf jenen Rechts- und Wohlfahrtsstaat zurück, dem bereits Hegel und Lorenz von Stein die Funktion eines Ausgleichs der in der bürgerlichen Gesellschaft zur Entfaltung kommenden Gegensätze zugesprochen hatten.[30] Nicht zufällig hat Tönnies 1892 in einem anonym erschienenen Aufsatz die Ansicht vertreten, daß jene geschichtliche Bewegung vom Status zum Kontrakt, die Henry Sumner Maine so eindrucksvoll beschrieben hatte, ja noch gar nicht zu einem Abschluß gekommen sei und daß es zur Beseitigung der im preußischen Staat existierenden politischen und sozialen Ungleichheiten darum gehe, überhaupt erst einmal „die Grundlage unserer heutigen Gesellschaftsordnung, den contractus, in der Weise an[zu]erkennen, daß wir alle Bedingungen schaffen, die nöthig sind, um ihn zur Wahrheit zu machen"[31].

Der Kampf um soziale Gerechtigkeit ist also auch Tönnies zufolge zunächst ein Kampf um formale Gleichberechtigung, das heißt: ein *Kampf ums Recht*. Darüber hinaus greift Tönnies ähnlich wie die Kathedersozialisten immer dann auf die kameralwissenschaftliche Tradition des alten deutschen Polizei- und Wohlfahrtsstaates zurück, wenn es darum geht, den

---

28 Tönnies-Gesamtausgabe, Band 9, S. 318 ff. In dem zwischen Werner Sombart und Max Weber geführten Streit über die Ursprünge der modernen kapitalistischen Wirtschaftsgesinnung vertrat Tönnies gewissermaßen einen mittleren Standpunkt. Denn während Sombart in der jüdischen Wirtschaftsethik eine Vorwegnahme der puritanischen Berufsethik gegeben sah, hatte Max Weber demgegenüber gerade deren spezifische Differenz hervorgehoben. Weber zufolge läßt sich der ‚Geist' des modernen Kapitalismus deshalb auch nicht aus der religiösen Überlieferung des Judentums ableiten, während ‚Judaismus' und ‚Kapitalismus' für Sombart im Grunde genommen identische Begriffe sind. Tönnies zufolge verkörpert das Judentum demgegenüber nur einen besonders markanten Fall jenes ökonomischen Gebarens von religiösen Minderheiten, das auch in den verschiedenen Strömungen des asketischen Protestantismus anzutreffen ist. Vgl. Tönnies-Gesamtausgabe, Band 9, S. 320. Zur Rekonstruktion des entsprechenden Diskussionszusammenhanges, auf den sich Tönnies hierbei bezieht, siehe Hartmann Tyrell, Kapitalismus, Zins und Religion bei Werner Sombart und Max Weber. Ein Rückblick, in: Johannes Heil / Bernd Wacker (Hrsg.), Shylock? Zinsverbot und Geldverleih in jüdischer und christlicher Tradition, München 1997, S. 193-217.

29 Tönnies-Gesamtausgabe, Band 15, S. 122.

30 Vgl. Tönnies-Gesamtausgabe, Band 9, S. 413 ff.; ferner Band 22, S. 247 ff.

31 (Ferdinand Tönnies), *Status* und *contractus*. Eine sozialpolitische Betrachtung, in: Die Zukunft 1 (1892), S. 257.

benachteiligten gesellschaftlichen Schichten auch im materiellen Sinne ein Stück ausgleichender Gerechtigkeit zukommen zu lassen. Die moderne *Konsum- und Genossenschaftsbewegung*, von der er sich einen so großen Beitrag zur gesellschaftlichen Reform erhofft hatte, stellt für ihn also nicht die einzige Möglichkeit dar, wieder ein Stück von jener bereits verloren gegangenen ‚Gemeinschaft‘ im Rahmen der kapitalistischen Wirtschaftsordnung wiederzubeleben. Denn auch die alte *wohlfahrtsstaatliche* Tradition, die in dem von Bismarck geschaffenen Zweiten Deutschen Kaiserreich in Gestalt der Sozialpolitik eine gewisse Renaissance erfuhr, hatte ihm zufolge „etwas von gemeinschaftlichem Charakter besessen, der in allgemeiner Wehrpflicht, allgemeiner Schulpflicht und allgemeiner Versicherungspflicht wenn auch mangelhaft zum Ausdruck kam"[32]. Wenn sich Tönnies also vom Ausbruch des Ersten Weltkrieges eine Wiedergeburt der verloren gegangenen ‚Volksgemeinschaft‘ erhofft hatte, so lag das nicht nur an der kriegsbedingten Begeisterung für jenes nationale Einheitsgefühl, dem zu dieser Zeit auch zahlreiche andere deutsche Wissenschaftler und Intellektuelle zeitweise erlegen sind, sondern an jener grundbegrifflichen Unterscheidung, die ihn weltberühmt gemacht hatte und die sich jetzt auch vortrefflich für die ideologische Auseinandersetzung mit der ‚westlichen Welt‘ instrumentalisieren ließ. Denn war dies nicht auch ein Kampf zwischen den Resten der ‚Gemeinschaft‘ und der sich bereits am Horizont abzeichnenden modernen ‚‚Weltgesellschaft‘, deren Konturen bereits von Tönnies wahrgenommen worden sind und die von der zeitgenössischen Soziologie eine Zeit lang zu einem zentralen Untersuchungsgegenstand der modernen sozialwissenschaftlichen Forschung erhoben wurden?[33] Sozialismus und Staatssozialismus gingen in seinen Augen angesichts des Verlaufs des Ersten Weltkrieges insofern ununterscheidbar ineinander über und nährten in ihm zugleich die Hoffnung, daß nach dem Krieg im Gefolge der anstehenden Sozialisierungen endlich das realisiert werden könnte, was er als die eigentliche Idee der europäischen Arbeiterbewegung verstanden hatte: nämlich die „Wiederherstellung der Gemeinschaft" und die „Schaffung einer neuen sozialen Grundlage, eines neuen Geistes, neuen Willens, neuer Sittlichkeit", wobei er zugleich einschränkend die Frage hinzufügte, ob sich so etwas überhaupt bewußt „schaffen" lasse? Denn schließlich war für ihn die ‚Gemeinschaft‘ etwas „organisch" Gewachsenes, nicht aber „künstlich" Geschaffenes.[34]

Als jedoch im Umkreis der ‚völkischen Bewegung‘ ernstzunehmende Bemühungen unternommen wurden, nach dem verloren gegangenen Krieg den ‚Geist der Gemeinschaft‘ un-

---

32 Tönnies-Gesamtausgabe, Band 15, S. 108.

33 Noch im Spätherbst 1918 schrieb Tönnies angesichts der Kriegsniederlage: „Deutschland legt nunmehr seine Waffen nieder, [...] aber Deutschland legt nicht die Waffen seines Geistes nieder, die es vielmehr verstärken und verfeinern wird, um der Welt das Verständnis eines Gemeinwesens und eines Kulturideals einzuflößen, die den Widerspruch gegen die Weltgesellschaft und ihren Mammonismus in wissenschaftlicher Gestalt darstellen, welche eben dadurch zu einer *ethischen Macht* wird, zur Macht des Gedankens der Gemeinschaft. Diesen *durch* den gegebenen – modernen – Staat in die gegebene – moderne – Gesellschaft hineinzutragen, liegt den Deutschen ob, bei Strafe des Unterganges." (Tönnies-Gesamtausgabe, Band 15, S. 109). Zur Karriere des Topos der *Weltgesellschaft* innerhalb der modernen Soziologie, die sich offensichtlich des historischen Ursprungs dieses Grundbegriffes der sozialwissenschaftlichen Forschung nicht mehr bewußt ist und ihre eigene Geschichtsvergessenheit sogar noch als eine Tugend feiert, siehe Rudolf Stichweh, Die Weltgesellschaft. Soziologische Analysen, Frankfurt am Main 2000; Theresa Wobbe, Weltgesellschaft, Bielefeld 2000; ferner Klaus Lichtblau, Von der ‚Gesellschaft‘ zur ‚Vergesellschaftung‘. Zur deutschen Tradition des Gesellschaftsbegriffs (in diesem Band S. 11 ff.).

34 Tönnies-Gesamtausgabe, Band 15, S. 106.

ter völlig veränderten Vorzeichen wieder auferstehen zu lassen, besann sich Tönnies darauf zurück, daß er diesen Begriff ja nur im Sinne einer ‚reinen Soziologie' verstanden wissen wollte und daß zumindest in seinem Sprachgebrauch mit ihm insofern auch kein ‚Werturteil' über die moderne Gesellschaft verbunden sei. Den Versuch, sein Denken in irgendeiner Weise mit der neuromantischen Bewegung in Deutschland in einen Zusammenhang zu bringen, fand er nun so abwegig, daß er diesem das von ihm eigentlich Gemeinte gegenüberhielt: „Es ist allerdings mein Gedanke, daß selbst in dem Falle, den ich als den günstigsten für die gegenwärtige Zivilisation schätze: daß es nämlich gelingen werde, sie in allmählichem Fortschritt durch sozialistische Organisation abzulösen, das Ende unabwendbar wäre, nicht das Ende der Menschheit, auch nicht das der Zivilisation oder Kultur, wohl aber das Ende dieser Kultur, deren Merkmale durch das Erbe Roms bezeichnet werden."[35] Und als dann die Stimme jenes österreichischen Gefreiten unüberhörbar wurde, der sich lautstark für die Errichtung eines völlig neuen Reiches auf deutschem Boden einsetzte, trat der alte Tönnies diesem „armseligen Judenfresser" mutig entgegen, weil er wußte, „daß der angebliche Retter uns in den Abgrund stoßen würde"[36]. Ihm war nämlich inzwischen klar geworden, daß die Verabschiedung der Neuzeit mit einer fürchterlichen entwicklungsgeschichtlichen Regression verbunden sein würde und daß die Beschwörung einer neuen *Gemeinschaft* noch keine Auskunft darüber gibt, durch welchen ‚Geist' diese dereinst beseelt sein würde. Vielleicht hatte Tönnies ja auch deshalb in einer bereits Habermas' *Projekt der Moderne* vorwegnehmenden Weise davon gesprochen, daß „wir den Geist der Neuzeit als einen unvollendeten und noch werdenden erkennen müssen"[37].

---

35   Tönnies-Gesamtausgabe, Band 22, S. 336.

36   Ebd., S. 267. Obwohl Tönnies zu Beginn des Ersten Weltkrieges die Deutschösterreicher ursprünglich noch als Teil der Deutschen Nation betrachtet hatte, war dies für ihn nun Grund genug, Österreich jetzt definitiv zum Ausland zu erklären und öffentlich gegen jene Partei anzutreten, „die *einen Ausländer*, der unsere Verhältnisse gar nicht kennt, *zum Führer hat*, einen Mann, den ein unklares, schwärmerisches, auf *Unkenntnis der Wirklichkeit* beruhendes Denken auszeichnet, der mit seinem *schwachen Geiste* sich einbildet, Probleme zu lösen, an denen teils durch die Jahrhunderte, teils wenigstens seit etwa hundert Jahren die besten Geister der Nation gearbeitet haben; sie ist eine Partei, deren Endziel *eine heillose Zerrüttung* aller Verhältnisse sein würde." (ebd., S. 300; vgl. ferner Band 9, S. 406).

37   Tönnies-Gesamtausgabe, Band 22, S. 186. Das Werk von Jürgen Habermas wurde im Rahmen dieses Essays nicht zufällig in einen engen Zusammenhang mit dem von Ferdinand Tönnies gestellt. Denn zehrt nicht auch Habermas' These bezüglich einer immer weiter um sich greifenden ‚Kolonialisierung der Lebenswelt' durch die ‚Systeme des zweckrationalen Handelns' noch von dem bereits von Tönnies beschriebenen Gegensatz von Gemeinschaft und Gesellschaft? Der Sprachgebrauch Max Webers im älteren Teil von *Wirtschaft und Gesellschaft*, den Habermas später als eine implizite Vorwegnahme seiner eigenen Unterscheidung zwischen dem ‚erfolgsorientierten' und dem ‚verständigungsorientierten' Handeln verstanden wissen wollte, geht übrigens ebenfalls auf Tönnies zurück. An Tönnies kommt also selbst ein Habermas nicht ungeschoren vorbei, obgleich er ihn in diesem Zusammenhang natürlich nicht zitiert hat, um selbst nicht in Verdacht zu geraten, ein Kapitel deutscher Sozial-Romantik wiederzubeleben. Die Berufung auf den Wertagnostiker Max Weber ist da scheinbar viel unverdächtiger, zumal letzterer jeder Art von Romantik entschieden den Krieg erklärt hatte. Allerdings ist gerade dieser Kronzeuge von Habermas' *Theorie des kommunikativen Handelns* stark durch Tönnies beeinflußt worden, was sich nicht zuletzt an der ganzen begrifflichen Architektonik des älteren Teils von *Wirtschaft und Gesellschaft* zeigen läßt, auf den sich Habermas in diesem Zusammenhang so gewinnbringend bezieht. Vgl. Jürgen Habermas, Theorie des kommunikativen Handelns, Frankfurt am Main 1981, Band 1, S. 381 ff.; ferner Klaus Lichtblau, „Vergemeinschaftung" und „Vergesellschaftung" bei Max Weber. Eine Rekonstruktion seines Sprachgebrauchs, in: Zeitschrift für Soziologie 29 (2000), S. 423-443 (in diesem Band S. 261 ff.).

2. Das ‚Pathos der Distanz' – Präliminarien zur Nietzsche-Rezeption bei Georg Simmel

> *„Distantia, ae, f. g. Difference, distance, lointainete,*
> *Disto, as, are, Estre loin.*
> *Plin. Estre different et dissemblable."*
>
> Dictionarium Latino Gallicum (1585)

> *„Hauptgesichtspunkt: Distanzen aufreißen, aber keine Gegensätze schaffen.*
> *Die Mittelgebilde ablösen und im Einfluß verringern:*
> *Hauptmittel, um Distanzen zu erhalten."*
>
> Friedrich Nietzsche

> *„Es wird immer einen Typus von Personen geben, deren soziale Wertgedanken*
> *mit der Gleichheit Aller schlechthin abschließen, so nebelhaft und gar nicht im*
> *einzelnen ausdenkbar dieses Ideal sei – gerade wie für einen andern Typus die*
> *Unterschiede und Distanzen einen letzten unreduzierbaren, durch sich selbst*
> *gerechtfertigten Wert der gesellschaftlichen Existenzformen ausmachen."*
>
> Georg Simmel

Einleitung

Die Beschreibung von Prozessen der ‚Distanzierung', der ‚Distanznahme' und des ‚Distanz-wahrens' stellt ein zentrales Leitmotiv in Georg Simmels Werk dar. Wie vielleicht keine ande-re ‚durchlaufende Kategorie' ist nämlich die der *Distanz* dazu geeignet, das zu leisten, als des-sen bestimmte Negation sie doch gedacht zu sein schien und das bis heute ein vordringliches Problem der Simmel-Forschung angesichts des breiten Spektrums seines Œuvres geblieben ist: nämlich die *Vermittlung* zwischen seinen einzelnen Bestandteilen in einem noch zu spezi-fizierenden Sinn. Zu Recht hat Donald Levine auf den zentralen Stellenwert dieser Kategorie in Simmels soziologischen Untersuchungen hingewiesen, als er schrieb: "The assumption that distance is the main dimension in social life accounts for a great many of Simmel's choices of topics. For one thing, Simmel wrote a pioneering and penetrating account of the influence of physical distance and human relations. Furthermore, nearly all of the social processes and social types treated by Simmel may readily be understood in terms of social distance. Domi-nation and subordination, the aristocrat and the bourgeois, have to do with relations defined in terms of 'above' and 'below'. Secrecy, arbitration, the poor man, and the stranger are some of the topics related to the inside-outside dimension."[1]

Mit dieser Konzentration auf den wirkungsgeschichtlichen Zusammenhang einer ‚Sozio-logie der zwischenmenschlichen Distanz' ist aber die Bedeutung dieses Topos für das Gesamt-werk Georg Simmels noch keinesfalls erschöpft.[2] Bereits ein oberflächlicher Blick auf seine

---

1   Donald N. Levine, The structure of Simmel's social thought, in: Georg Simmel. 1858-1918. A collection of essays, hrsg. von Kurt H. Wolff, Ohio State University 1959, S. 23.

2   Daß Simmels soziologischen Untersuchungen in dieser Hinsicht zu Recht eine Pioniersfunktion zugesprochen werden kann, zeigt auch die Studie von L. H. Adolph Geck, Zur Dogmengeschichte einer allgemein-soziologi-schen Theorie der zwischenmenschlichen Distanz, in: Studien zur Soziologie. Festgabe für Leopold v. Wiese,

verschiedenen Arbeiten zeigt nämlich, daß Simmel nicht nur in seinen sozialwissenschaftlichen Untersuchungen im engeren Sinne, sondern auch in seinen erkenntnistheoretischen, ästhetischen und kulturphilosophischen Schriften der Beschreibung von Prozessen der Distanzierung und der Distanzwahrung einen ausgezeichneten Stellenwert eingeräumt hat. Allein
aufgrund dieser methodischen und thematischen Analogie in der Beschreibung von sozialen,
kulturellen, ästhetischen und kognitiven Prozessen bereits auf den Verdacht eines ‚Ästhetizismus‘ von Simmels Gesamtwerk zu schließen, würde allerdings sicherlich zu weit führen
– zumindest solange jedenfalls, als noch nicht überzeugend nachgewiesen worden ist, daß
es primär die *ästhetische* Distanzierungsweise es ist, die das heuristische Vorbild seines methodischen Vorgehens innerhalb seiner einzelnen Arbeitsgebiete darstellt.[3] Zumindest muß
eine solche Deutung auch jene Distanz zur Kenntnis nehmen und mit einbeziehen können,
die Simmel hinsichtlich des Verhältnisses seiner verschiedenen Arbeitsgebiete zueinander
selbst immer wieder betont hat. Gemeint ist damit nicht jene Attitüde selbstgenügsamer Abgeschlossenheit, die Simmels Werk nach Meinung einiger seiner Interpreten als Resultat einer
Distanzierung von allen unmittelbaren theoretischen und praktischen Auseinandersetzungen
seiner Zeit kennzeichnen soll.[4] Vielmehr ist hier jener Akt der Distanzierung gemeint, vermittels dem Simmel seine soziologischen Forschungen im engeren Sinne von einer umfassenden Philosophie der Kultur und der Individualität strikt abzugrenzen bemüht hat und der die
Simmel-Rezeption bis heute in ein entweder vornehmlich an seinen soziologischen oder aber
seinen philosophischen und ästhetischen Arbeiten orientiertes Publikum gespalten hat. Sollte
dieser Tatbestand aber nicht nur in unserem arbeitsteilig organisierten Wissenschaftsbetrieb,
sondern im Werk von Georg Simmel selbst seinen tieferen Grund haben, bleibt dennoch die
Frage zu beantworten, als Symptom wofür die von Simmel betont vorgenommene Abgrenzung zwischen Soziologie, Philosophie und ästhetischer Theorie eigentlich aufzufassen ist.

Mainz 1948, S. 19-37. Insofern erscheint es nachträglich gesehen als etwas verwunderlich, daß Leopold von
Wiese noch 1924 die Untersuchung der unterschiedlichen Formen sozialer Distanzierung als soziologisches
Neuland verstanden hatte, ohne in gebührender Weise die diesbezüglichen Untersuchungen von Simmel zu
berücksichtigen, indem er konstatiert: „Nietzsches ‚Pathos der Distanz‘ ist eine soziale Kraft, deren Wirkungen
zu untersuchen reizvoll wäre." (Leopold v. Wiese, Allgemeine Soziologie, München / Leipzig 1924, S. 104). Zu
einer umfassenden Rekonstruktion der Begriffsgeschichte von ‚Distanz‘ siehe auch L. H. A. Geck, Sprachliches
zum Problem der zwischenmenschlichen Distanz, in: Gegenwartsprobleme der Soziologie. Alfred Vierkandt
zum 80. Geburtstag, hrsg. von Gottfried Eisermann, Potsdam 1949, S. 231-253. Zur Wirkungsgeschichte dieses
Topos innerhalb der amerikanischen Soziologie vgl. ferner Georg Simmel, On Individuality and Social Forum,
Chicago 1971, Einleitung von Donald N. Levine, S. Liv ff.

3   Um diesen Nachweis bemühen sich z.B. Murray S. Davis, Georg Simmel and the Aesthetics of Social Reality, in:
       Social Forces 51 (1973), S. 320-329; Sibylle Hübner-Funk, Ästhetizismus und Soziologie bei Georg Simmel, in:
       Hannes Böhringer / Karlfried Gründer (Hrsg.), Ästhetik und Soziologie der Jahrhundertwende: Georg Simmel,
       Frankfurt 1976, S. 44-70; David Frisby, Sociological Impressionism. A Reassesment of Georg Simmel's Social
       Theory, London 1981; ferner Sibylle Hübner-Funk, Georg Simmels Konzeption von Gesellschaft, Köln 1982.

4   Vgl. Max Frischeisen-Köhler, Georg Simmel, in: Kant-Studien 24 (1919/20), S. 4 f.: „Den Werken selber kann
       man nicht entnehmen, wann sie entstanden sind, welche Anregungen etwa auf sie eingewirkt haben, wo sie in
       den Gang der wissenschaftlichen Entwicklung eingreifen möchten, welche Standpunkte und Theorien sie etwa
       bekämpfen. Sie sind selbstgenügsame, gleichsam zeitlose Gebilde, die, wie in einem unsichtbaren Rahmen
       eingeschlossen, in stolzer und vornehmer Zurückhaltung das ‚Pathos der Distanz‘ nach allen Richtungen hin
       wahren." Siehe ferner Rudolf Goldscheid, Rezension von Georg Simmel, Philosophie des Geldes, in: Archiv
       für systematische Philosophie 10 (1904), S. 412 sowie Rudolph H. Weingartner, Experience and Culture. The
       Philosophy of Georg Simmel, Middletown (Conn.) 1960, S. 13.

Zwei konkurrierende Deutungen bieten sich an, die sich beide mit Recht auf Simmel berufen können und die sich wechselseitig auszuschließen scheinen:

a. Die eine geht davon aus, daß Simmels Versuch einer Grenzbestimmung des Gebiets der soziologischen Forschung in erster Linie die Absicht verfolgt habe, der Soziologie in Abgrenzung von der philosophischen Tradition einen zu seiner Zeit noch umstrittenen Platz als ‚exakter Wissenschaft' im Fächerkanon der deutschen Universitäten der Jahrhundertwende abzusichern. Er berücksichtige dabei die von Wilhelm Dilthey 1883 in seiner *Einleitung in die Geisteswissenschaften* geäußerte Kritik an der spekulativen Geschichtsphilosophie und Soziologie des 19. Jahrhunderts und bestimme deshalb das Gebiet der Soziologie als eine reine Lehre von den ‚Formen der Vergesellschaftung', die gegenüber den überlieferten Geistes- und Staatswissenschaften keinen besonderen Gegenstandsbereich für sich beanspruche und die analog zur Geometrie das bloß ‚formale gesellschaftliche Moment' aus der ‚Totalität der Menschheitsgeschichte' herausabstrahiere.[5] In zugespitzter Form ließe sich dann sagen, daß Simmel mit diesem Versuch einer rein *formalen* Bestimmung des Gegenstandes der Soziologie ihr den Status einer autonomen Wissenschaft geben wollte, die den ganzen Problembereich der *Kultur*, der *personalen* Identität sowie der *Kunst* ausgrenzt und anderen Disziplinen wie der Philosophie, Psychologie und Ästhetik überläßt.[6]

b. Es läßt sich aber genauso gut der umgekehrte Standpunkt vertreten, daß Simmel vor allem bewußt die Grenzen seiner Formalen Soziologie deutlich machen wollte, um darauf hinzuweisen, daß diese durch eine umfassende Philosophie der Kultur und der Individualität ergänzt werden muß, um so eine umfassendere Betrachtungsweise der menschlichen Existenz zu ermöglichen. Auch wenn die spezifisch soziologische Perspektive in diesem Kontext nach wie vor ihr relatives Recht behält, wird doch deutlich, daß sich diese Notwendigkeit einer disziplinären Ergänzung der Soziologie Ansprüchen und Bedürfnissen verdankt, die *von außen* an sie herangetragen werden. Die radikalste Variante dieser Deutung des Abgrenzungsproblems zwischen Philosophie, Ästhetik und Soziologie in Simmels Werk vertritt in diesem Zusammenhang den zugespitzten Stand-

---

5   Vgl. Georg Simmel, Das Problem der Sociologie, in: Jahrbuch für Gesetzgebung, Verwaltung und Volkswirtschaft im Deutschen Reich 18 (1894), S. 1301-1307; ders., Soziologie. Untersuchungen über die Formen der Vergesellschaftung (1908), 5. Aufl. Berlin 1968, S. 1-31. Zu dem damit angesprochenen Abgrenzungsproblem siehe auch Heinz Jürgen Dahme, Soziologie als exakte Wissenschaft. Georg Simmels Ansatz und seine Bedeutung in der gegenwärtigen Soziologie, Stuttgart 1981, S. 248 ff. Vgl. ferner ders., Das „Abgrenzungsproblem" von Philosophie und Wissenschaft bei Georg Simmel. Zur Genese und Systematik einer Problemstellung, in: ders. / Otthein Rammstedt (Hrsg.), Georg Simmel und die Moderne, Frankfurt am Main 1984, S. 202-230.

6   Dies soll natürlich nicht heißen, daß Simmels *Philosophie des Geldes* sowie seine spätere kulturphilosophischen Arbeiten für die weitere Entwicklung der deutschen Soziologie irrelevant seien. Im Gegenteil! Denn gerade in rezeptionsgeschichtlicher Hinsicht stellen die kulturphilosophischen Arbeiten Simmels den Ausgangspunkt für viele zentrale Fragestellungen in den wirtschafts-, kultur- und religionssoziologischen Forschungen von Werner Sombart, Max und Alfred Weber, Ernst Troeltsch, Hans Freyer u.a. dar. Vgl. hierzu auch die entsprechenden Hinweise bei Frischeisen-Köhler, a.a.O., S. 18 und Georg Lukács, Erinnerungen an Simmel, in: Buch des Dankes an Georg Simmel, hrsg. von Kurt Gassen und Michael Landmann, Berlin 1958, S. 175. Soziologiegeschichtlich bedeutsam ist in diesem Zusammenhang insbesondere die Frage, warum Simmel seine kulturphilosophischen Arbeiten noch strikt von seinen genuin soziologischen Untersuchungen meinte trennen zu müssen, um einen eng begrenzten Begriff von Soziologie akademisch reputationsfähig zu machen, während andere soziologische Klassiker gerade von seinen kulturphilosophischen Arbeiten wesentliche Anregungen für ihre eigenen soziologischen Forschungen erhalten haben.

punkt, daß seine philosophischen und ästhetischen Fragestellungen in überhaupt keinem inhaltlichen Bezug zu seinen soziologischen Arbeiten stünden und daß sich Simmel im Laufe der Zeit auch deshalb von der Soziologie abgewendet habe, weil diese ihn auch persönlich nicht mehr interessiert habe.[7]

Der ‚aristokratische Radikalismus' von Friedrich Nietzsche

Im Folgenden soll gezeigt werden, daß Simmels Rezeption von Friedrich Nietzsches Werk bereits im Laufe der 1890er Jahre seine Distanzierung von einer rein soziologischen und in methodischer Hinsicht ‚positivistischen' Erörterung der Probleme des gesellschaftlichen Rationalisierungs- und Differenzierungsprozesses bewirkt und zunehmend verstärkt hat. Es ist nicht allein die grundsätzliche Anerkennung jenes metaphysischen und ästhetischen Bedürfnisses, das die größten philosophischen und künstlerischen Persönlichkeiten einer Epoche immer wieder dazu motiviert hatte, die spezifischen Erfahrungen und seelischen Gegensätze ihrer Zeit zur „formalen Geschlossenheit" einer Weltanschauung abzurunden und zu einem „subjektiv befriedigenden, ästhetisch vollendeten Bau" zu verarbeiten, dessen Berechtigung Simmel aus Nietzsches Schriften entnahm.[8] Vielmehr ist es die spezifische ‚Botschaft' jener Weltanschauung, die seit 1890 in der gebildeten und literarischen Öffentlichkeit des kaiserlichen Deutschland mit dem Werk Nietzsches verbunden wurde, die Simmel spätestens zu diesem Zeitpunkt intensiv beschäftigen sollte.[9]

Insbesondere zwei Motive sind es, die Simmel dazu veranlaßt haben, sich in steigendem Maße mit dem ‚Fall' Nietzsche zu beschäftigen:

Zum einen gerät ihm Nietzsches Werk und dessen zeitgenössische Rezeption zur Jahrhundertwende zunehmend zum *Symptom* eines tiefgreifenden weltanschaulichen Gegensat-

7   Diese Auffassung geht auf eine mündliche Mitteilung zurück, die Simmel in den letzten Jahren seines Lebens gegenüber Ernst Troeltsch verschiedentlich geäußert haben soll und die durch Troeltschs eigene Simmel-Interpretation weitere Nahrung gefunden hatte. Vgl. Ernst Troeltsch, Der Historismus und seine Probleme, Tübingen 1922 (Gesammelte Schriften, Band 3), S. S73 ff. Siehe hierzu ferner Dahme, Soziologie als exakte Wissenschaft, a.a.O., S. 264 ff.

8   Simmel hatte unter dem Eindruck der 1883 erschienenen *Einleitung in die Geisteswissenschaften* von Wilhelm Dilthey bereits anhand der Werke Dantes und Goethes die Bedeutung des weltanschaulichen Elements für das tiefere Verständnis einer Epoche hervorgehoben. Vgl. Simmel, Dantes Psychologie, in: Zeitschrift für Völkerpsychologie und Sprachwissenschaft 15 (1884), S. 18-69 und 239-276, siehe ferner ders., Einige Bemerkungen über Goethes Verhältnis zur Ethik, in: Zeitschrift für Philosophie und philosophische Kritik 9 (1888), S. 101-106. Zur diesbezüglichen ‚Wahlverwandtschaft' zwischen vielen Aspekten in den Werken von Simmel und Dilthey vgl. Hans Liebeschütz, Von Georg Simmel zu Franz Rosenzweig. Studien zum Jüdischen Denken im deutschen Kulturbereich, Tübingen 1970. S. 123 f., ferner Uta Gerhardt, Immanenz und Widerspruch. Die philosophischen Grundlagen der Soziologie Georg Simmels und ihr Verhältnis zur Lebensphilosophie Wilhelm Diltheys, in: Zeitschrift für philosophische Forschung 25 (1971), S. 276-292.

9   Zum Beginn der Nietzsche-Rezeption in Deutschland und ihrem zunehmenden Einfluß auf den ‚Zeitgeist' der Jahrhundertwende siehe Gisela Deesz, Die Entwicklung des Nietzsche-Bildes in Deutschland, Würzburg 1933; R. A. Nicholls, Beginnings of the Nietzsche vogue in Germany, in: Modern Philology 56 (1958), S. 24-37; Subhash C. Kashyap, The Unkown Nietzsche. His Socio-Political Thought and Legacy, Delhi 1970, S. 125 ff.; Jodle Philippi-Barron, Das Nietzsche-Bild in der deutschen Zeitschriftenpresse der Jahrhundertwende, Diss. Saarbrücken 1970; Richard Frank Krummel, Nietzsche und der deutsche Geist. Ausbreitung und Wirkung des Nietzscheschen Werkes im deutschen Sprachraum bis zum Todesjahr des Philosophen, Berlin /New York 1974; Bruno Hillebrand, Frühe Nietzsche-Rezeption in Deutschland, in: ders. (Hrsg.), Nietzsche und die deutsche Literatur, München 1978, Band 1, S. 1-55.

zes, der das moderne Lebensgefühl im Unterschied zu dem selbstgenügsamen Materialismus und Optimismus der Gründerjahre geprägt hat.[10] Der Autor der *Unzeitgemäßen Betrachtungen* gilt nämlich spätestens seit 1890 nicht nur als Vertreter einer Weltanschauung von ungeheurer ‚Modernität'. Vielmehr wird diese von Simmel zugleich als Ausdruck jener seelischen Zerrissenheit der Seele und Stillosigkeit der modernen Kultur gedeutet, die er in seiner *Philosophie des Geldes* folgendermaßen beschreibt: „Ich glaube, daß diese heimliche Unruhe, dies ratlose Dringen unter der Schwelle des Bewußtseins, das den jetzigen Menschen vom Sozialismus zu Nietzsche, von Böcklin zum Impressionismus, von Hegel zu Schopenhauer und wieder zurück jagt – nicht nur der äußeren Hast und Aufgeregtheit des modernen Lebens entstammt, sondern daß umgekehrt diese vielfach der Ausdruck, die Erscheinung, die Entladung jenes innersten Zustandes ist. Der Mangel an Definitivem an Zentrum der Seele treibt dazu, in immer neuen Anregungen, Sensationen, äußeren Aktivitäten eine momentane Befriedigung zu suchen; so verstrickt uns dieser erst seinerseits in die wirre Halt- und Ratlosigkeit, die sich bald als Tumult der Großstadt, bald als Reisemanie, bald als die wilde Jagd der Konkurrenz, bald als die spezifisch moderne Treulosigkeit auf den Gebieten des Geschmacks, der Stile, der Gesinnungen, der Beziehungen offenbart."[11]

Erscheint so die Rezeption von Nietzsches Werk um 1900 zum einen als Ausdruck der weltanschaulichen Zerrissenheit des modernen Lebens und als Symptom einer übersteigerten Genußsucht, die sich nur noch im permanenten Wechsel zwischen den radikalsten Extremen kurzfristig und oberflächlich zu befriedigen vermag, so beinhaltet dieses Werk aber zugleich sowohl eine spezifische Diagnose als auch einen Therapievorschlag zur Überwindung dieser Paradoxien und Pathologien der Moderne. In Nietzsches Augen stellt die im 19. Jahrhundert entstandene Soziologie dabei nichts anderes als ein Symptom eines umfassenden Verfallsprozesses der abendländischen Kultur dar. Ihm zufolge verkörpert nämlich die englische und französische Soziologie des 19. Jahrhunderts jenen Geist der *Décadence,* der in dem okzidentalen Zivilisationsprozeß in Gestalt einer zunehmenden *Nivellierung* aller aristokratischen Rang- und Standesunterschiede zum Ausdruck kommt und der auch in der Entstehung der ‚socialen Frage' sowie im modernen Sozialismus seinen Niederschlag gefunden hat: „Die Zeiten sind zu messen nach ihren *positiven Kräften* – und dabei ergibt sich jene so verschwenderische und verhängnisreiche Zeit der Renaissance als die letzte *große* Zeit, und wir, wir Modernen mit unsrer ängstlichen Selbst-Fürsorge und Nächstenliebe, mit unsern Tugenden der Arbeit, der Anspruchslosigkeit, der Rechtlichkeit, der Wissenschaftlichkeit – sammelnd, ökonomisch, machinal – als eine *schwache* Zeit. [...] Die ‚Gleichheit', eine gewisse tatsächliche Anähnlichung, die sich in der Theorie von ‚gleichen Rechten' nur zum Ausdruck bringt, gehört wesentlich zum Niedergang: die Kluft zwischen Mensch und Mensch, Stand und Stand, die Vielheit der Typen, der Wille, selbst zu sein, sich abzuheben – das, was ich *Pathos der Distanz* nenne, ist jeder *starken* Zeit zu eigen. Die Spannkraft, die Spannweite zwischen den Extremen wird heute immer kleiner – die Extreme selbst verwischen sich endlich bis zur Ähnlichkeit [...] die unbewußte Wirkung der *décadence* ist bis in die Ideale einzelner Wissenschaften hinein Herr

---

10   Vgl. Simmel, Tendencies in German Life and Thought since 1870, in: International Monthly 5 (1902), S. 93-111 und 166-184.; ferner ders., Der Krieg und die geistigen Entscheidungen, München / Leipzig 1917, S. 22 ff.

11   Georg Simmel, Philosophie des Geldes (1900). 4. Aufl. München / Leipzig 1922, S. 551; ders., Soziologische Aesthetik, in: Die Zukunft 17 (1896), S. 216; ders., Schopenhauer und Nietzsche. Ein Vortragszyklus, Leipzig 1907, S. 220.

geworden. Mein Einwand gegen die ganze Soziologie in England und Frankreich bleibt, daß sie nur die *Verfalls-Gebilde* der Sozietät aus Erfahrung kennt und vollkommen unschuldig die eignen Verfalls-Instinkte als Norm des soziologischen Werturteils nimmt."[12]

Auch wenn Nietzsche deshalb die reflexiven Voraussetzungen der modernen Soziologie seiner Zeit nicht teilt, so bilden diese doch in zweierlei Hinsicht den Gegenstand seiner eigenen Untersuchung. Zum einen tritt bei ihm nämlich anstelle der soziologischen Forschung eine genealogisch verfahrende ‚Psychologie‘, die ihrerseits „nach Ursprung und Geschichte der sogenannten moralischen Empfindungen fragt und welche im Fortschreiten die verwickelten soziologischen Probleme aufzustellen und zu lösen hat"[13]. Und zweitens wird ihm nicht nur der Gegenstand der soziologischen Begriffs- und Theoriebildung zum Problem, sondern die soziologische Denk- und Wertungsweise selbst, deren geschichtliche Herkunft er im Rahmen einer groß angelegten *Genealogie der Moral* vermittels seiner eigenen differentiellen, typologischen und genealogischen Untersuchungsmethode zu rekonstruieren versucht hat.[14] Kulturverfall als die praktische Konklusion der nihilistischen Wertetafeln des okzidentalen Zivilisationsprozesses und allgemeine Dekadenz der Lebensformen einerseits, Notwendigkeit umfassender moralgeschichtlicher Untersuchungen und eines neuen Verständnisses von Gesellschaft als *Kultur* andererseits – dies ist die radikale Botschaft Nietzsches, die auch für die Entwicklung der deutschen Soziologie um die Jahrhundertwende nicht ohne Konsequenzen bleiben sollte.[15]

Es ist Georg Simmel gewesen, der neben Ferdinand Tönnies zuerst dieser Herausforderung der modernen Soziologie durch Nietzsches ‚Anti-Soziologie‘ mit seinem eigenen Werk explizit Rechnung getragen hatte. Tönnies, der seit seiner Jugend mit Nietzsches Schriften vertraut war und zeitweilig auch Kontakt mit Paul Rée und Lou Salomé unterhielt, wandte sich unter dem Einfluß seines Lehrers Friedrich Paulsen später jedoch entschieden von Nietzsche ab und trat schließlich selbst in die Reihe der akademischen Nietzsche-Kritiker ein.[16] Simmel hat dagegen eindeutig *positive* Impulse aus seiner Beschäftigung mit Nietzsche für sei-

---

12   Friedrich Nietzsche, Götzen-Dämmerung. Streifzüge eines Unzeitgemäßen, Aphorismus 37, in: Werke, hrsg. von Karl Schlechta, 6. Aufl. München 1969, Band II, S. 1013 f. Zu der in Nietzsches Moral- und Kulturkritik implizierten ‚Anti-Soziologie‘ siehe auch Horst Baier, Die Gesellschaft – ein langer Schatten des toten Gottes. Friedrich Nietzsche und die Entstehung der Soziologie aus dem Geist der décadence, in: Nietzsche-Studien 10-11 (1981/82), S. 6-33. Baier spricht von einer „positiven Gegen-Soziologie", um Nietzsches Position gegenüber der Soziologie des 19. Jahrhunderts zu charakterisieren (vgl. ebd., S. 18 und 27).

13   Nietzsche, Menschliches, Allzumenschliches I, Aphorismus 7, in Werke, Band I, S. 477.

14   Vgl. Nietzsche, Zur Genealogie der Moral. Eine Streitschrift, Leipzig 1887, in: Werke, Band II, S. 761 ff. Zur Charakterisierung des methodischen Verfahrens Nietzsches siehe Gilles Deleuze, Nietzsche und die Philosophie, München 1976, besonders S. 86 f.; ferner Michel Foucault, Nietzsche, la généalogie, l'histoire, in: Hommage à Jean Hyppolite, Paris 1971, S. 145-172.

15   Siehe hierzu die programmatischen Ausführungen von Horst Baier, a.a.O., S. 25 ff. und 31 ff., ferner die Studie von Eugène Fleischmann, De Weber à Nietzsche, in: Archives Européennes de Sociologie 5 (1964), S. 190-238.

16   Vgl. Ferdinand Tönnies, Nietzsche-Narren, in: ders., „Ethische Kultur" und ihr Geleite, Berlin 1893, S. 5-29; ders., Der Nietzsche-Kultus. Eine Kritik, Leipzig 1897. Simmel hat diesem Buch von 1897 eine scharfsinnige Rezension gewidmet, in der er sowohl den soziologischen Maßstab als auch die Schlußfolgerungen von Tönnies' Nietzsche-Kritik weitgehend abgelehnt hatte. Vgl. Deutsche Literaturzeitung, Jg. 18, Nr. 42 (1897), Spalte 1645-1651. Zur Frage möglicher Reminiszenzen von Tönnies' Nietzsche-Lektüre in seinem soziologischen Hauptwerk *Gemeinschaft und Gesellschaft* siehe die kontroversen Ausführungen von Jürgen Zander und Jendris Alwast in der Festschrift „Ankunft bei Tönnies. Soziologische Beiträge zum 125. Geburtstag von Ferdinand Tönnies", hrsg. von Lars Clausen und Franz Urban Pappi, Kiel 1981, S. 185 ff. und 228 ff.

ne eigenen Arbeiten erhalten. Simmel erwähnt Nietzsches Namen zum ersten Mal 1890 im Rahmen seiner Besprechung von Julius Langbehns Buch *Rembrandt als Erzieher* und beteiligt sich seit Mitte der neunziger Jahre selbst an der öffentlich geführten Diskussion über den kulturkritischen und weltanschaulichen Status von Nietzsches Philosophie. Diese von Simmel sowohl mit tagesschriftstellerischem als auch fachphilosophischem Anspruch geführte Auseinandersetzung mit Nietzsches Werk findet schließlich ihren definitiven Niederschlag in seinem 1907 erschienenen Buch *Schopenhauer und Nietzsche*, das bis heute seinen Stellenwert als eines der frühen Standardwerke im Rahmen der Nietzsche-Forschung und Nietzsche-Rezeption behaupten konnte.[17] Ferner liest Simmel seit der Jahrhundertwende an der Berliner Universität regelmäßig über die „Philosophie des 19. Jahrhunderts von Fichte bis Nietzsche", die er in leicht veränderter Form bis in seine Straßburger Zeit behandelt.[18] Daneben existieren seit 1895 in Simmels Arbeiten eine Fülle von expliziten Nietzsche-Bezügen, die allesamt die Funktion übernehmen, in der Auseinandersetzung mit Nietzsche seinen eigenen philosophischen und soziologischen Standpunkt zu bestimmen.[19] Schließlich sind sowohl in seinen soziologischen Untersuchungen als auch in seiner *Philosophie des Geldes* eine Reihe von Themen feststellbar, die sich mehr oder weniger eindeutig als eine Auseinandersetzung mit erstmals von Nietzsche gestellten Fragen interpretieren lassen.

Im Folgenden soll gezeigt werden, welche Bedeutung dieser Rezeption von Nietzsches Moral- und Kulturkritik für Simmels Verständnis von Gesellschaft und Kultur und für das damit implizierte Problem des Wechselverhältnisses zwischen seinen soziologischen, philosophischen und ästhetischen Arbeiten zukommt. Zum einen soll geklärt werden, wie das von Herbert Spencer übernommene Theorem der Entwicklung „von der undifferenzierten Einheit über die differenzierte Mannigfaltigkeit zu der differenzierten Einheit"[20] im Rahmen ei-

---

17   Vgl. Simmel, „Rembrandt als Erzieher", in: Vossische Zeitung, 1. Juni 1890, Sonntagsbeilage Nr. 22, Spalte 7-10; ders., Elisabeth Försters Nietzsche-Biographie, in: Berliner Tagesblatt, 26. 8. 1895, Beilage „Der Zeitgeist", Nr. 34, Spalte 1-4; ders., Friedrich Nietzsche. Eine moralphilosophische Silhouette, in: Zeitschrift für Philosophie und philosophische Kritik, Neue Folge 107 (1896). S. 202-215; ders., Rezension von F. Tönnies, Der Nietzsche-Kultus, a.a.O.; ders., Zum Verständnis Nietzsches, in: Das Freie Wort 2 (1902), S. 6-11; ders., Nietzsche und Kant, in: Frankfurter Zeitung, 50. Jg., Nr. 5, 6. Januar 1906. Morgenblatt, wieder abgedruckt in: Brücke und Tür. Essays des Philosophen zur Geschichte, Religion, Kunst und Gesellschaft. Im Verein mit Margarete Susman hrsg. von Michael Landmann, Stuttgart 1957, S. 178-186; ders., Schopenhauer und Nietzsche, Leipzig 1907.

18   Siehe hierzu Kurt Gassen / Michael Landmann (Hrsg.), Buch des Dankes an Georg Simmel, Berlin 1958, S. 345-349. Im Nachlaß 125 (Michael Landmann) der Handschriftenabteilung der Staatsbibliothek Preußischer Kulturbesitz in Berlin befindet sich eine Kollegnachschrift der Vorlesung „Die Philosophie des 19. Jahrhunderts: Von Fichte bis Nietzsche und Maeterlinck", die Simmel im Wintersemester 1907/08 an der Berliner Universität gehalten hatte. Leider bricht diese zu Beginn der Behandlung der Philosophie Schopenhauers bereits ab.

19   Vgl. z.B. „Soziologische Aesthetik", a.a.O.; *Philosophie des Geldes*, S. 251, 293, 431 ff., 501 und 550 ff.; Simmel, Die beiden Formen des Individualismus, in: Das Freie Wort I (1901/02), S. 397-403; ders., „Tendencies in German Life and Thought since 1870", S. 105 ff.; ders., Die Großstädte und das Geistesleben (1903), in: Brücke und Tür, a.a.O., S. 227-242; ders., Hauptprobleme der Philosophie, Leipzig 1910, S. 85 und 171 ff.; ders., Das individuelle Gesetz (1913), in: Das individuelle Gesetz. Philosophische Exkurse, hrsg. von Michael Landmann, Frankfurt 1968, S. 190; ders., Der Krieg und die geistigen Entscheidungen, a.a.O., S. 16, 23 ff., 40. 56 ff, 60 und 69; ders., Grundfragen der Soziologie (1917), 3. Aufl. Berlin 1970, S. 70 ff.; ders., Der Konflikt der modernen Kultur (1918), in: Das individuelle Gesetz, a.a.O., S. 154; ders., Lebensanschauung. Vier metaphysische Kapitel, München / Leipzig 1918, S. 20. 168 und 241.

20   *Grundfragen der Soziologie*, S. 25. Spencer selbst sprach von der „Umwandlung einer unbestimmten Gleichartigkeit in eine bestimmte Ungleichartigkeit" (vgl. Herbert Spencer, Grundlagen der Philosophie, Stuttgart

ner nietzscheanischen Re-Lektüre des Simmelschen Werkes so interpretiert werden kann, daß
deutlich wird, in welchem Sinne die moralgenealogischen Untersuchungen Nietzsches von
Simmel aufgenommen und fortgesetzt worden sind. Zum anderen sollen die Motive verdeut-
lich werden, die Simmel dazu bewegt haben, sich sowohl von einer ausschließlich soziologischen als auch einer rein nietzscheanischen Betrachtungsweise der gesamtgesellschaftlichen Entwicklung abzugrenzen. Ferner soll gefragt werden, in welchem Verhältnis Simmels
Philosophie der Kultur und der Individualität zu seiner Rezeption von Nietzsches Werk steht
und welche Anregungen sie von diesem erfahren hat. Schließlich sollen die eigenartigen Parallelen, die zwischen Simmels Kriegsschriften und Nietzsches ,Umwertungsprogramm' der
1880er Jahre bestehen, sowie die spätere Distanzierung seiner Lebensphilosophie von Nietzsches Lehre vom ,Willen zur Macht' im Rahmen einer Betrachtung von Simmels Diagnose
der Krisis der modernen Kultur angesprochen werden.

Simmels frühe Nietzsche-Rezeption

Obgleich Simmels Nietzsche-Lektüre bereits in die achtziger Jahre zurückreicht – eine ge-
nauere zeitliche Datierung der Anfänge dieses Rezeptionsprozesses verbietet sich allerdings
aufgrund der unzureichenden Quellenlage –[21], scheint seine erste Bekanntschaft mit Nietzsches Werk zunächst ohne unmittelbare Folgen für seine eigenen Arbeiten geblieben zu sein.
Ja, es lassen sich sogar Gründe dafür angeben, daß diese anfängliche Rezeption im Rahmen
der denkbar ungünstigsten Voraussetzungen stattgefunden haben muß. Denn der junge Simmel war nicht nur Anhänger der Darwinschen und Spencerschen Entwicklungslehre, des modernen Pragmatismus und aufgeschlossen gegenüber den zeitgenössischen Versuchen hinsichtlich der Entwicklung einer eudämonistischen Sozialethik, sondern in methodologischer
Hinsicht auch strikter Verfechter eines naturwissenschaftlichen Erkenntnisideals, das sich bei
ihm unter dem Einfluß der Atomlehre Gustav Theodor Fechners im regulativen Prinzip eines
,spekulativen Atomismus' niedergeschlagen hat – alles Voraussetzungen, die durch Nietzsche
explizit in Frage gestellt worden sind.[22]

    Als symptomatisch für diese Rezeptionslage kann auch Simmels Besprechung von Juli-
us Langbehns Buch *Rembrandt als Erzieher* von 1890 angesehen werden, in der Simmel zum
ersten Mal Nietzsche namentlich erwähnt. Simmel wendet sich nämlich mit seiner Kritik an
dem ,Rembrandt-Deutschen', die implizit auch als eine Kritik von Nietzsches ,Botschaft' verstanden werden kann, nicht nur entschieden gegen jeden Versuch, die Vorherrschaft des naturwissenschaftlichen Weltbildes durch eine ,künstlerische Weltanschauung' abzulösen. Denn
er polemisiert auch vehement gegen jenen ,Individualismus' sowie die ,aristokratische Tendenz', die in Langbehns Kritik am modernen „Geist des Nivellements" und dem Übergewicht
des „Sozialinteresses" gegenüber dem „Individualinteresse" zum Ausdruck kommt und die

---

    1875, S. 489).

21   Zur Identifizierung früher Nietzsche-Bezüge in Aufsätzen und Rezensionen Simmels aus den achtziger Jahren
    siehe Klaus Christian Köhnke, Von der Völkerpsychologie zur Soziologie. Unbekannte Texte des jungen Simmel,
    in: Heinz-Jürgen Dahme / Otthein Rammstedt (Hrsg.), Georg Simmel und die Moderne, a.a.O., S. 388-49.

22   Vgl. Michael Landmann, Einleitung zu Simmel, Das individuelle Gesetz, a.a.O. S. 7 ff.; ders., Georg Simmel,
    Konturen seines Denkens, a.a.O. S. 3 ff.; Hannes Böhringer, Spuren von spekulativem Atomismus in Simmels
    formaler Soziologie, in: Ästhetik und Soziologie um die Jahrhundertwende, a.a.O., S. 105-117.

dieser ähnlich wie Nietzsche sowohl auf künstlerischem als auch auf lebenspraktischem Gebiet auszutragen versucht hat.[23] Der spätere Verfasser des *Individuellen Gesetzes* sieht nämlich zu diesem Zeitpunkt in dem „Individuellen als solchem" nicht nur „eine an und für sich leere und in ihrem Werthe völlig problematische Form"[24], sondern hält auch die Zerrüttung unumkehrbar, die der Prozeß der sozialen und Differenzierung an dem Bild des Menschen als einem in sich geschlossenen, aus sich selbst verständlichen und selbstverantwortlichen Wesen bewirkt hat: „Die neue historisch soziologische Anschauung revolutioniert diese Vorstellung vollkommen; sie versteht den Einzelnen als ein Produkt der historischen Entwicklung seiner Gattung, als einen bloßen Schnittpunkt sozialer Fäden; sie entkleidet ihn der falschen Einheitlichkeit und Selbständigkeit und löst ihn auf in eine Summe von Eigenschaften und Kräften, die uns aus dem Nacheinander der Gattungsschicksale und aus dem Nebeneinander der augenblicklichen Gesellschaft verständlich sind. Für die Erkenntnis wie für die Sittlichkeit erscheint der Einzelne als solcher immer gleichgültiger, immer mehr als bloßes Glied am Gesellschaftskörper, als Durchgangspunkt sozialer Entwicklung."[25]

Und gegenüber dem romantisch-mythologischen Versuch, das Ideal eines einheitlichen, in sich ruhenden und in sich geschlossenen Menschen erneut zum Zentrum der Weltbetrachtung zu erheben, verweist Simmel auf jene neue Art der „Wirklichkeitspoesie", welche die Entzauberung der Welt und die mit ihr einher gehende „Verödung des Weltbildes" im Gefolge der Vorherrschaft des seelenlosen Mechanismus der modernen Naturwissenschaften in Gestalt der Heraufkunft einer neuen, spezifisch modernen Lebensanschauung kompensiert hat: „Wie das einzelne Wort als solches bedeutungslos und prosaisch ist, im Gedichte aber das Kunstwerk zu Stande bringen hilft und durch dieses Ganze wieder von poetischem Glanze und tieferer Bedeutung durchleuchtet wird: so bedarf jedes Individuum, jede Spezialität unserer Kultur nur, daß man sie als Glieder des großen Ganzen betrachte, um die scheinbar verlorene Bedeutung und Möglichkeit einer poetischen Auffassung wieder zu erhalten. [...] Und von hier aus wird die Klage hinfällig, daß die Arbeitsteilung und Spezialisierung unserer Zeit dem Leben seine Harmonie und Abrundung nähme; freilich, der Einzelne ist nicht mehr ein abgerundetes Ganze, aber die Gesamtheit ist es durch das Zusammenwirken aller ihrer Glieder."[26]

Simmels Auseinandersetzung mit Langbehn stellt noch eine definitive Absage an die Proklamation eines neuen aristokratischen Individualismus[27] sowie eine Kritik am Versuch einer anthropozentrischen Reästhetisierung des Weltbildes dar, die sich auf die neue ‚Wirklichkeitspoesie' der modernen, arbeitsteilig differenzierten Gesellschaft beruft. Sie findet ihre eigentliche erkenntniskritische, evolutionstheoretische und sozialwissenschaftliche Begründung in jenen theoretischen Prinzipien, die seinem ebenfalls 1890 erschienenen Buch *Über sociale*

---

23   Simmel, „Rembrandt als Erzieher", Spalte 7 und 9.
24   Ebd., Spalte 9.
25   Ebd., Spalte 8.
26   Ebd.
27   Dieser ‚aristokratische Radikalismus' ist um 1890 untrennbar mit dem Namen Nietzsches verbunden. Vgl. Georg Brandes, Aristokratischer Radikalismus. Eine Abhandlung über Friedrich Nietzsche, in: Deutsche Rundschau 63 (1890), S. 52-89; ferner Georg Adler, Nietzsche. Der Sozialphilosoph der Aristokratie, in: Nord und Süd 56 (1891), S. 224-240. Zur Gleichsetzung des „Aristokratismus" mit dem „Individualismus" siehe auch Georg Simmel, Einleitung in die Moralwissenschaft. Eine Kritik der ethischen Grundbegriffe, Berlin 1892-1893, Band I, S. 370 f.

Differenzierung zugrunde liegen.[28] Die vermittels der Erweiterung der ‚socialen Kreise' bewirkte zunehmende Individualisierung wird hier innerhalb eines entwicklungsgeschichtlichen Bezugsrahmens als Korrelat des Vergesellschaftungsprozesses gedeutet. Innerhalb dieses Prozesses werde die ursprünglich substantielle Einheit der anfänglich strikt voneinander
abgegrenzten archaischen Gemeinwesen in eine Vielzahl übergreifender sozialer Interaktionen und ‚Wechselwirkungen' aufgelöst.

Je weiter dieses „Reziprozitätsverhältnis von Individualisierung und Verallgemeinerung"[29]
fortschreite, um so mehr erweise sich das einzelne Individuum nicht nur von dem engeren Sozialverband getrennt, dem es entstammt, sondern zugleich in einen größeren kosmopolitischen
Zusammenhang gestellt. Dieser spezifisch moderne Individualismus finde dabei sein Pendant
in der allgemeinen Anerkennung des Prinzips der formalen Gleichheit aller Menschen.[30] Je
mehr sich die Individuen nämlich in personaler Hinsicht abzugrenzen und zu unterscheiden
beginnen, um so mehr bewirke diese Differenzierung zugleich die Ausbildung einer Form
des Individuellen, vermittels der sie sich trotz ihrer Verschiedenheit zumindest in begrifflicher Hinsicht als miteinander vergleichbar erweisen. Denn gemäß dem erkenntniskritischen
Programm des ‚spekulativen Atomismus' stellt dieser Prozeß der individualisierenden Differenzierung das Korrelat einer fortschreitenden Entwicklung von begrifflichen Verallgemeinerungen dar: „Ich bin überzeugt: wenn alle Bewegungen der Welt auf die allbeherrschende
Gesetzmäßigkeit der Atome zurückgeführt wären, so würden wir schärfer als je vorher erkennen, worin sich jedes Wesen von jedem anderen unterscheidet."[31]

In dieser paradoxen Identität von sozialer *Differenzierung* und *Nivellierung* wird deutlich, daß nach Maßgabe des ihr zugrunde liegenden Entwicklungsbegriffs sich auch das Ausmaß der Steigerung von Formen der Individualität notwendig an jener Zahl der verschiedenen
Kreise bemißt, „in denen der Einzelne darin steht"[32]. Auch Simmels soziologisches Verständnis von Individualität beruht insofern auf jenem „Sieg des rational sachlichen Prinzips", dem
zufolge die „Vereinigung des sachlich Homogenen aus heterogenen Kreisen" die höhere Entwicklungsstufe darstellt.[33]

Dieser strikt relationale Persönlichkeitsbegriff stellt aber selbst noch eine Spielart jenes
quantitativen Individualismus dar, den Simmel später als weltanschaulichen Ausdruck des
Rationalismus des 18. Jahrhunderts gedeutet hatte und der ihm zufolge in der Philosophie
Kants seine reifste Darstellung gefunden hat.[34] Weit sind wir hier noch von jener Gegenströmung des *qualitativen Individualismus* entfernt, die Simmel dann mit den Namen von Goethe, Schleiermacher, Nietzsche und Stefan George verband; ebenso weit aber auch noch von

---

28   Georg Simmel, Über sociale Differenzierung. Sociologische und psychologische Untersuchungen, Leipzig
      1890.
29   Ebd., S. 65.
30   Ebd.. S. 56.
31   Ebd., S. 68. Dieses Diktum hat Simmel später auch in seiner *Soziologie* von 1908 wörtlich übernommen (vgl.
      dort S. 569).
32   *Über sociale Differenzierung*, S. 102.
33   Ebd., S. 113.
34   Vgl. Simmel, „Die beiden Formen des Individualismus", a.a.O.; ferner *Grundfragen der Soziologie*, S. 85 ff.
      Zum historischen Wechselverhältnis zwischen dem ‚quantitativen' und dem ‚qualitativen' Individualismus siehe
      auch die durch Simmel inspirierte Studie von Hermann Schmalenbach, Individualität und Individualismus, in:
      Kant-Studien 24 (1919/20), S. 365-388.

jener Bewertung dieses sozialen Differenzierungs- und Nivellierungsprozesses als ein Symptom des kulturellen Niedergangs, wie sie sich aus der Perspektive von Nietzsches Diktum bezüglich des Verfalls des ‚Pathos der Distanz‘ ergibt.

Und dennoch sind in diesem frühen Werk Simmels bereits alle jene Elemente enthalten, die auch seiner zehn Jahre später erschienenen *Philosophie des Geldes* zugrunde liegen. Mit letzterer wollte Simmel dem Historischen Materialismus dergestalt ein ‚Stockwerk‘ unterbauen, „daß der Einbeziehung des wirtschaftlichen Lebens in die Ursachen der geistigen Kultur ihr Erklärungswert gewahrt wird, aber eben jene wirtschaftlichen Formen selbst als das Ergebnis tieferer Wertungen und Strömungen, psychologischer, ja metaphysischer Voraussetzungen erkannt werden"[35]. Es fragt sich dann aber, aus welchem Holz dieses ‚Stockwerk‘ innerhalb eines Buches eigentlich gebaut ist, von dem Simmel sagt, daß keine Zeile in ihm ‚nationalökonomisch‘ gemeint sei. Und es stellt sich die Frage, welche Bedeutung wir in diesem Zusammenhang seiner Nietzsche-Rezeption zusprechen können, um nicht nur die *Philosophie des Geldes*, sondern auch seine Untersuchung *Über sociale Differenzierung* im Hinblick auf die spätere Entwicklung seines Werkes besser verstehen zu können.

Die ‚Umwertung der Werte‘ – soziologisch betrachtet

Um diese ‚Umwertung‘ von Simmels Werk aus der Perspektive seiner Nietzsche-Rezeption nachzuvollziehen, müssen wir uns zunächst fragen, ob dem ‚Kulturwert der Differenzierung‘, von dem Simmel spricht, nicht noch ein anderer Wertmaßstab zugrunde gelegt werden kann als das ‚Prinzip der Kraftersparnis‘, das Simmel in seiner Schrift *Über sociale Differenzierung* von 1890 als den entscheidenden „evolutionistische[n] Vorteil der Differenzierung" angibt.[36] Simmel spricht nämlich bereits dort im Rahmen seiner Untersuchung des Verhältnisses zwischen der Entwicklung des „sozialen" und des „individuellen Niveaus" von einem „Interesse an der Differenziertheit", das *nicht* innerhalb der ökonomischen Rationalität von Prozessen der gesellschaftlichen Arbeitsteilung und Differenzierung aufgeht.[37] Die Wertschätzung, die das „Seltene, Individuelle, von der Norm sich Abhebende" genießt und die mit seiner „Form als solches" verbunden ist,[38] stellt aber nicht nur eine besondere ‚psychologische‘ Vorzugsregel dar, sondern verweist zugleich auf jene fundamentale Kategorie des *Wertes*, die Simmel später seiner *Philosophie des Geldes* zugrunde gelegt hat. Als Ausdruck eines praktischen Urteils sowie eines ihm entsprechenden willensmäßigen Begehrens könne der Wertbegriff weder auf einen rein psychologischen Vorgang reduziert noch auf die dem naturwissenschaftlichen Weltbild zugrunde liegende Kategorie des *Seins* zurückgeführt werden, da er gewissermaßen ein ‚Urphänomen‘ darstellt: „Die Wertung, als ein wirklicher psychologischer Vorgang, ist ein Stück der natürlichen Welt; das aber, was wir mit ihr meinen, ihr begrifflicher Sinn, ist etwas

---

35   *Philosophie des Geldes*, S. VIII.

36   *Über sociale Differenzierung*, S. 118. Zu der mit diesem Prinzip der Kraftersparnis verbundenen Vorstellung der sozialen Differenzierung als einer physikalischen Reibungsminderung zwischen den in Wechselwirkung zueinander stehenden Teilen und als einem ‚Läuterungsprozeß‘ der Materie siehe auch die bereits zitierte Untersuchung von Hannes Böhringer, Spuren von spekulativem Atomismus in Simmels formaler Soziologie, a.a.O., S. 107 ff.

37   *Über sociale Differenzierung*, S. 71 f.

38   Ebd., S. 70.

dieser Welt unabhängig Gegenüberstehendes, und so wenig ein Stück ihrer, daß es vielmehr die ganze Welt ist, von einem besonderen Gesichtspunkt angesehen."[39]

Gegenüber der „gleichgültigen Notwendigkeit", die das naturwissenschaftliche Erkenntnisideal prägt, verweist eine praktische Wertschätzung immer zugleich auf eine *Rangordnung der Werte*, „in der die Allgleichheit völlig durchbrochen ist, in der die höchste Erhebung des einen Punktes neben dem entschiedensten Herabdrücken des anderen steht, und deren tiefstes Wesen nicht die Einheit, sondern der Unterschied ist."[40] Diesen Wertbegriff, der seiner *Philosophie des Geldes* zugrunde liegt, hatte Simmel 1896 in seiner Studie über die „Soziologische Aesthetik" im Rahmen einer Betrachtung des ästhetischen Wertempfindens eingeführt. Auch hier erscheint die Existenz einer Rangordnung der Werte als unabdingbare Voraussetzung einer ästhetischen Wertschätzung, auch wenn deren beide Extremformen des ‚Pantheismus' und des ‚Individualismus' sich dahingehend unterscheiden, ob sie diese *Distanz* zwischen den Dingen und ihren Wertschätzungen entweder in Form der „ästhetischen Ausgleichung oder Differenzierung aufblühen lassen."[41] Denn auch jedes ästhetische Wertempfinden „knüpft den Werth der Dinge an ihren Abstand von einander: auf eben diesem Abstand an und für sich ruht ein Schönheitswerth."[42]

Simmel hat in diesem Zusammenhang auch eine direkte Verbindung zwischen dem ästhetischen Individualismus der Moderne und der eigentümlichen, auf das *Pathos der Distanz* bezogenen Wertungsweise des ‚aristokratischen Individualismus' Nietzsches hergestellt.[43] Sowohl die explizite Thematisierung dieses Zusammenhangs als auch der im gleichen Jahr erschienene erste größere Aufsatz über Nietzsches Moralphilosophie machen deutlich, daß Simmel in diesem ‚Pathos der Distanz' nicht nur eine tiefere Gemeinsamkeit zwischen der *ethischen* und der *ästhetischen* Wertschätzungsweise Nietzsches, sondern auch eine völlig neuartige Kategorie des Wertes als solcher gegeben sah.[44] Ausgangspunkt seiner Rekonstruktion und Interpretation von Nietzsches ‚Werttheorie' ist die Annahme einer natürlichen Distanz zwischen den Menschen. Die Natur hat die Gaben der Stärke, der Schönheit und der Gesundheit ungleich verteilt und so die Menschheit in eine Majorität der Schwachen, Mittelmäßigen und Unbedeutenden einerseits und in eine Minorität der Starken, Vornehmen und sich ihres Eigenwertes bewußten Herrschergestalten andererseits differenziert. Diese natürliche *Rangordnung der Individuen nach Werten* beruht auf dem Prinzip der größtmöglichen

39 *Philosophie des Geldes*, S. 4; vgl. ebd., S. 6. Bereits in seiner *Einleitung in die Moralwissenschaft* hatte Simmel im Begriff des *Sollens* eine „Urthatsache" zugrunde liegen sehen, die sich ähnlich wie der Begriff der *Wirklichkeit* einer weiteren kategorialen Ableitung entzieht: „Es gibt keine Definition des Sollens" (Bd. I, S. 12). In der Kant-Vorlesung von 1904 wird dagegen das ‚Sollen' mit dem Wertbegriff identifiziert: „Diese fundamentale Tatsache des Wertens, ohne die ersichtlich unser ganzes seelisches Leben in unausdenklicher Weise abgeändert werden, ja, stillstehen würde, ist vielleicht nur noch durch einen einzigen Begriff zu umschreiben: durch das Sollen. Das Wertvolle *soll* sein, sein Gegenteil *soll* nicht sein." (Simmel, Kant. Sechzehn Vorlesungen gehalten an der Berliner Universität, Leipzig 1904, S. 80 f.).

40 *Philosophie des Geldes*, S. 3.

41 „Soziologische Aesthetik", S. 207.

42 Ebd., S. 206. Zu dieser zentralen Funktion der ‚Distanz' und der ‚Distanzierung' in Simmels Beschreibungen des ästhetischen Wertempfindens siehe auch Hübner-Funk, Georg Simmels Konzeption von Gesellschaft, S. 61 ff.

43 Vgl. „Soziologische Aesthetik", S. 212.

44 „Friedrich Nietzsche", S. 211; vgl. ferner Simmel, Rezension von Tönnies' Buch *Der Nietzsche-Kultus*, Spalte 1648; „Zum Verständnis Nietzsches", S. 10; *Schopenhauer und Nietzsche*, S. 260.

Distanz unter den Menschen, die an sich kein Mittel zu einem außerhalb ihr liegenden Zweck darstellt, sondern selbst einen nicht weiter zurückführbaren *Endzweck* kennzeichnet.[45] Die sich an diese extremen Distanzen knüpfenden und nicht weiter zurückführbaren Werteinheiten des ‚Vornehmen‘ und des ‚Gemeinen‘ hatte Simmel schon implizit in seinem Buch *Über sociale Differenzierung* vor Augen, als er im Anschluß an die diesbezüglichen etymologischen Reflexionen in Nietzsches *Genealogie der Moral* von 1887 schrieb: „Schon die Sprache läßt die ‚Seltenheit‘ zugleich als Vorzüglichkeit und etwas ‚ganz Besonderes‘ ohne weiteren Zusatz, als etwas ganz besonders Gutes gelten, während das Gemeine, d.h. das dem weitesten Kreise Eigene, Unindividuelle, zugleich das Niedrige und Wertlose bezeichnet.“[46]

Bemißt sich der Eigenwert eines Menschen allein anhand der Größe der Distanz, die ihn von dem ‚Durchschnittstypus‘ Mensch trennt, dann kann auch der Gradmesser der Entwicklung einer Kultur nicht mehr in dem Maße der Verallgemeinerung und der Nivellierung der Unterschiede zwischen den einzelnen Individuen bestehen, sondern ausschließlich im Ausmaß der Steigerung der ‚natürlichen‘ Distanz, welche die ‚Vornehmen‘ von den ‚Gemeinen‘ trennt. Das *Ideal der Vornehmheit,* wie Simmel Nietzsches ‚Pathos der Distanz‘ auch später bezeichnet hatte, stelle dabei eine ganz einzigartige Kombination von Unterschiedsgefühlen, die auf Vergleichung beruhen, und stolzem Ablehnen jeder Vergleichung überhaupt dar: „Der Unterschied betont hier einerseits den positiven Ausschluß des Verwechseltwerdens, der Reduktion auf einen gleichen Nenner, des ‚Sichgemeinmachens‘; andrerseits darf er doch nicht so hervortreten, um das Vornehme aus seinem Sich-selbst-Genügen, seiner Reserve und inneren Geschlossenheit herauszulocken und sein Wesen in eine Relation zu Anderen, und sei es auch nur die Relation des Unterschiedes, zu verlegen. Der vornehme Mensch ist der ganz Persönliche, der seine Persönlichkeit doch ganz reserviert.“[47]

Repräsentiert Nietzsche zufolge das Pathos der Vornehmheit und der Distanz jenen Typus des selbstgenügsamen, in sich geschlossenen *aktiven* Menschen, der im Unterschied zu dem auf die Vergleichung angewiesenen ‚gemeinen‘ Typus des *reaktiven* Menschen sich das Herren-Recht vorbehält, die höchsten rangordnenden und rang-abhebenden Werte selbst zu bestimmen,[48] so kann diese ‚soziale‘ Wirksamkeit der vornehmen Haltung dennoch nicht in handlungstheoretischen Kategorien erfaßt werden. Das *Pathos* kennzeichnet nämlich bereits in der Tragödienschrift des jungen Nietzsche einen zentralen Gegenbegriff zu dem der ‚Handlung‘ und sollte jenen eigentlichen Kern des dramatischen Geschehens verdeutlichen, der sich einer handlungstheoretischen Interpretation des antiken griechischen Dramas gerade entzieht, wie sie später durch die Rezeptionsgeschichte der Aristotelischen *Poetik* begünstigt worden ist.[49] Nicht im ‚Tun‘ beziehungsweise im ‚Handeln‘ liegt Nietzsche zufolge die

---

45   „Friedrich Nietzsche“, S. 205. ff.; *Schopenhauer und Nietzsche*, S. 211 f.

46   *Über sociale Differenzierung*, S. 70; vgl. ferner Simmel, Zur Psychologie des Pessimismus, in: Baltische Monatsschrift 35 (1888), S. 557-566 (hier: 564); *Einleitung in die Moralwissenschaft*, Band I, S. 79 und 396. Zu den diesbezüglichen Ausführungen Nietzsches vgl. Zur Genealogie der Moral, I. Abhandlung, Aphorismus 2-5, in: Werke, Band II, S. 772 ff.; ferner ders., Jenseits von Gut und Böse, § 43, in: Werke, Band II, S. 605.

47   *Philosophie des Geldes*, S. 431.

48   Vgl. Nietzsche, Zur Genealogie der Moral, 1. Abhandlung, Aphorismus 2, in: Werke, Band II, S. 773; ders., Jenseits von Gut und Böse, Neuntes Hauptstück: Was ist vornehm?, in: Werke, Band II, S. 727 ff.; Simmel, Schopenhauer und Nietzsche. Achter Vortrag: Die Moral der Vornehmheit, a.a.O., S. 233 ff..

49   Vgl. Nietzsche, Die Geburt der Tragödie oder Griechentum und Pessimismus, in: Werke, Band I, S. 7-134. Zum Gegensatz zwischen *Pathos* und *Handlung* in Nietzsches Interpretation der Poetik des Aristoteles siehe

Vornehmheit begründet, sondern in der *Unmittelbarkeit*, im *Anderssein*, in der *Rangdistanz* der vornehmen Haltung.

Auch Simmel sieht in der Vornehmheit eine nicht weiter zurückführbare Kategorie, die insofern einen Grenzbegriff der soziologischen Analyse beinhaltet, als die Würde, Abgeschlossenheit und Selbstgenügsamkeit des vornehmen Menschen nicht in intentionaler Weise auf einen Kommunikationsadressaten oder auf eine Reziprozität sozialer Beziehungen und Wechselwirkungen ausgerichtet sind, sondern in der Unmittelbarkeit vornehmer Selbstbezüglichkeit beruhen. Gerade durch diese völlige Abstinenz von jeglicher sozialen Bezugnahme in Form reziproker Handlungsverkettungen entfalten sie dabei ihre spezifische soziale Wirksamkeit. Ihm zufolge sind nämlich all jene edlen Eigenschaften wie „Kraft und Schönheit, Denktiefe und Gesinnungsgröße, Milde und Vornehmheit, Mut und Herzensreinheit – von einer autonomen Bedeutung, die von ihren sozialen Verflechtungen völlig unabhängig ist. Es sind Werte des menschlichen Seins und als solche von den sozialen Werten, die immer auf den *Wirkungen* von Personen beruhen, durchaus getrennt; sie sind freilich zugleich Elemente des sozialen Geschehens, als Wirkungen wie als Ursachen, aber dies ist nur *eine* Seite ihrer Bedeutung, während die andere in der bloßen, nicht über sich hinausweisenden Tatsache Ihres Daseins an der Persönlichkeit besteht."[50]

Erweist sich somit das Pathos der Vornehmheit und der Distanz als eine völlig eigentümliche Form der Entfaltung sozialer Wirksamkeit, die sich dem soziologischen Modell der sozialen Wechselwirkung entzieht, so kennzeichnet der Unterschied zwischen dem Typus des ‚vornehmen' und des ‚gemeinen' Menschen zugleich jene unüberbrückbare Distanz, welche das Entwicklungsideal des ‚aristokratischen Individualismus' von dem sozialeudämonistischen Ideal des Liberalismus, Konservativismus und Sozialismus des 19. Jahrhunderts trennt. Denn dieses Pathos der Distanz impliziert gleichsam eine „umgekehrte Theorie des

---

auch Klaus Lichtblau, Das Zeitalter der Entzweiung. Studien zur politischen Ideengeschichte des 19. und 20. Jahrhunderts, Berlin 1999, S. 61 f.

50 Grundfragen der Soziologie. S. 73; vgl. ferner Kant, S. 179. Hinsichtlich der heuristischen Funktion der Kategorie der ‚Vornehmheit' für ein tieferes Verständnis der „inneren soziologischen Struktur des Adels" vgl. *Soziologie*, S. 545-552. Simmel hat diesem Sachverhalt auch in seiner Untersuchung über „Das Geheimnis und die geheime Gesellschaft" Rechnung getragen. In ihr hebt er zugleich den eigentümlichen Unterschied zwischen dem *Adel* und einem *vornehmen Individuum* hervor. Denn während politische Aristokratien sich der Geheimhaltung als Hilfsmittel zur Absicherung ihrer Herrschaft bedienen, zeichnet sich die Vornehmheit eines Individuums gerade durch eine grundsätzliche Offenheit aus, die von seinem sozialen Umfeld nicht als Offenheit durchschaut, sondern ihrerseits als *Maske* verstanden wird: „Die vollkommene Vornehmheit in sittlicher wie in geistiger Hinsicht verschmäht jedes Verbergen, weil ihre innere Sicherheit sie gleichgültig dagegen macht, was andre von uns wissen oder nicht wissen, ja was sie richtig oder falsch, hoch oder niedrig schätzen. Die Heimlichkeit ist ihr eine Konzession an die Außenstehenden, eine Abhängigkeit des Benehmens von der Rücksicht auf sie. Darum ist die ‚Maske', die so mancher für das Zeichen und den Beweis seiner aristokratischen, der Menge abgewandten Seele hält, gerade der Beweis der Bedeutung, die die Menge für ihn hat. Die Maske des wahrhaft Vornehmen ist, daß die Vielen ihn doch nicht verstehen, ihn sozusagen überhaupt nicht sehen, auch wenn er sich hüllenlos zeigt" (ebd., S. 296). Simmel bezieht sich hierbei auf ein zentrales Motiv der Philosophie Nietzsches, die in der ‚Maske› nicht nur eine adäquate Form der *Verbergung*, sondern zugleich eine spezifische Form der *Offenbarung* eines wahrhaft ‚freien' Geistes erblickt. Vgl. hierzu Walter Kaufmann, Nietzsches Philosophie der Masken, in: Nietzsche-Studien 10-11 (1981/82), S. 111-131. Zur Bedeutung von Nietzsches Begriff der ‚Maske' für die Entwicklung der soziologischen Rollentheorie siehe auch Charles D. Kaplan / Karl Weiglus, Beneath role theory: reformulating a theory with Nietzsche's philosophy, in: Philosophy & Social Criticism 6 (1979) S. 289-305.

Grenznutzens",[51] welche die Höherentwicklung einer Kultur nicht mehr am größtmöglichen Wohl der größtmöglichen Zahl, sondern ausschließlich an der Existenz eines „Luxus-Überschusses der Menschheit" bemißt.[52] Nur an seinen *höchsten Exemplaren* bemißt sich nach dieser neuen Art der Wertschätzung noch der „Wert des Ganzen", nicht aber am Entwicklungsniveau des Durchschnitts, das für sich genommen überhaupt keine Wertsteigerung darstellt – dies ist die *kopernikanische Wende,* die Simmel zufolge Nietzsche auf dem Gebiet der Ethik vollzogen hat und die auch dessen Wertlehre als einen radikalen Bruch mir jeglicher sozialeudämonistischen Vorstellung von ‚Sittlichkeit' ausweist: „Während sonst die Bedeutung des einzelnen dadurch sittlich gerechtfertigt wurde, daß sie sich zurückwandte auf die anderen, auf das sociale Ganze, wird hier umgekehrt das zeitweilige Vorkommen der großen Menschen der Rechtfertigungsgrund für das Dasein der Niederungen der Menschheit. Die Qualitäten der einzelnen, die ihre sittliche Würde bisher auf dem Umwege über die Allgemeinheit erhielten, besitzen sie nun unmittelbar, und die Allgemeinheit bedarf des Umweges über sie, um ihrerseits sittliche Würde zu besitzen. Es ist eine Kopernikanische That. Zentrum und Peripherie wechseln die Stellen."[53]

---

51   „Friedrich Nietzsche", S. 207. Dieser interessante Vergleich mit der modernen nationalökonomischen Grenznutzenlehre wird in Simmels Buch *Schopenhauer und Nietzsche* ausführlicher behandelt (vgl. dort S. 224).

52   Vgl. Nietzsche, Aus dem Nachlaß der Achtzigerjahre, Werke, Band III, S. 628 f. Diese Formulierung und der auf ihn bezogene Aphorismus befindet sich am Ende der 2. Aufl. des vom Weimarer Nietzsche-Archiv kompilierten Nachlaßbandes *Der Wille zur Macht,* der zuerst 1906 als Band IX und X der von Elisabeth Förster-Nietzsche und Peter Gast herausgegebenen „Taschenausgabe" der Werke Nietzsches bei Naumann und Kröner in Leipzig erschien und 1911 in den Bänden XV und XVI der Naumannschen „Großoktavausgabe" erneut zum Abdruck gekommen ist (vgl. dort den Aphorismus 866). Gleichwohl treffen bereits Simmels Aufsätze aus den 1890er Jahren den Kern seiner Interpretation von Nietzsches Wertlehre. Diese ist von ihm in seinem dann unter Kenntnisnahme dieser Ausgabe des *Willens zur Macht* geschriebenen Buch *Schopenhauer und Nietzsche* später in keinem entscheidenden Punkt mehr modifiziert worden. Simmel war übrigens bereits 1896 davon überzeugt, in dieser Hinsicht später keine grundlegenden Änderungen innerhalb seiner Nietzsche-Interpretation mehr vornehmen zu müssen. In seinem Nietzsche-Aufsatz von 1896 bemerkte er jedenfalls selbstsicher in einer Fußnote: „Die folgenden Angaben sind sämtlich den nach 1882 erschienenen Werken Nietzsches entnommen. Diese zeichnen eine derart in sich geschlossene Weltanschauung, daß es zu ihrer Darstellung im nicht biographischen, sondern rein moralphilosophischen Interesse weder eines Einbeziehens des früheren, noch nicht in gleichem Maße selbständigen Werke, noch des Wartens auf weitere Veröffentlichungen seiner Manuskripte bedarf. Denn diese letzteren gehören entweder zu demselben Gedankenkern, oder, wenn sie etwa noch ganz neue Theorien böten, würden sie jene Werke vom Zarathustra bis zur Götzendämmerung um so mehr als ein selbständig darstellbares Ganzes erscheinen lassen." („Friedrich Nietzsche", S. 204).

53   Ebd., S. 211. Bereits 1892 hatte Simmel im Rahmen einer Erörterung des Prinzips der ‚Glückseligkeit' die sozialethische Alternative zwischen einer Politik des ‚sozialistischen Nivellements' und dem ‚Eigenwert der kulturellen Differenzierung' auf diesen entscheidenden Gegensatz hin zugespitzt, ohne sich jedoch zu diesem Zeitpunkt bereits auf eine dieser beiden Möglichkeiten festgelegt zu haben: „Auf den entschiedensten Ausdruck gebracht, ist die Angelegenheit die: soll die Kultur sammt der Ausbildung differenzirter Persönlichkeiten als Endzweck gelten, zu dem die Vertheilung des Glücks nur Mittel ist; oder ist eine gleichmäßige Vertheilung des Glücks der absolute sittliche Endzweck, zu dem Kultur und Persönlichkeitssteigerung ein Mittel ist?" (*Einleitung in die Moralwissenschaft,* Band I, S. 365). Diesem weltanschaulichen Antagonismus zwischen einem aristokratischen Individualismus nietzscheanischer Provenienz und der ‚Allgestaltlosigkeit' des Sozialismus und des Kommunismus als jenem „Urbrei, in dem alle spezifischen Unterschiede verschwinden sollen, die uns allein zu spezifischen Empfindungen in Lust und Leid anregen" (ebd., S. 342), stellte Simmel damals noch das ‚Ideal der sozialeudämonistischen Kontinuität' beziehungsweise das ‚Ideal der Kontinuität der Lagen' gegenüber, das gewissermaßen eine Synthese dieser beiden zentralen weltanschaulichen Strömungen darstellt. Denn Simmel zufolge soll die Differenzierung zwischen dem ‚Höchsten' und dem ‚Niedrigsten' durch die Existenz zahlreicher ‚Zwischenstufen' dergestalt abgemildert werden, daß zwar zum einen das Spannungsverhältnis zwischen den beiden Extremen erhalten bleibt, zum anderen aber auch das Ideal der Gleichheit wenigstens

Jetzt verstehen wir auch besser, warum Nietzsches Werttheorie und die auf ihr beruhende Moral- und Kulturkritik in gewisser Hinsicht als eine *Anti-Soziologie* verstanden werden kann. Denn sie durchbricht nicht nur die „moderne Identifizierung von Gesellschaft und
Menschheit",[54] sondern sie durchschaut auch die Herkunft und den spezifischen Partikularismus jenes sozialen, sozialgeschichtlichen, sozialpsychologischen und sozialethischen ‚Gesichtspunktes‘, den das 19. Jahrhundert zu seinem Wappenzeichen gemacht und als eine
kulturelle Errungenschaft gefeiert hatte.[55] Und jetzt verstehen wir auch besser, warum diese
aristokratische Distanzierungsweise so eng mit dem *ästhetischen* Wertempfinden verbunden
ist: „An diesem Hauptpunkte der Nietzscheschen Wertlehre zeigt sich vielleicht klarer als ir-
gendwo sonst der Einfluß ästhetischen Empfindens. Denn in der Kunst entscheidet sich allerdings der Wert einer gegebenen Epoche nicht nach der Höhe der Durchschnittsleistungen,
sondern allein nach der Höhe der höchsten Leistung; nicht die Summe des Achtbaren, sondern gerade der Abstand des Hervorragendsten von diesem bloß Achtbaren mißt die Bedeutung der Kunstepoche – während in allen sonstigen eudämonistischen, ethischen, kulturellen
Beziehungen bisher gerade der Durchschnitt, das Verbreitungsmaß erwünschter Zustände den
Wert der Epoche bestimmte."[56]

Die ‚Indifferenz‘ des Geldes

Dieser von Nietzsche in seinen kulturkritischen und moralgenealogischen Untersuchungen
entwickelte Wertbegriff erlaubt es, zwei Arten der Entwicklung von Kultur- und Herrschafts-
gebilden strikt voneinander abzugrenzen. So bilden der *Aufstieg* und *Niedergang* einer Kultur
die beiden gegensätzlichen Formen einer möglichen Wertentwicklungsreihe, die sich entweder als *Steigerung* oder als *Verfall* des ‚Pathos der Distanz‘ charakterisieren lassen. Während
im ersten Falle die *Gesellschaft* nur den „Unterbau" und das „Untergestell" für eine Höherentwicklung des ‚aristokratischen‘ Typus Mensch darstellt, bildet sie im anderen Falle den
teleologischen Fluchtpunkt eines umfassenden Nivellierungsprozesses, der alle rang- und
standesbezogenen Unterschiede auflöst und die Entstehung eines den Gesetzen der ‚Masse‘
folgenden Menschentypus begünstigt.[57]

Wie fügt sich aber diese neue Wertschätzungsweise in die Darstellung des Prozesses der
Arbeitsteilung und der sozialen Differenzierung ein, die in Simmels diesbezüglicher Untersuchung von 1890 und in seiner *Philosophie des Geldes* zum Ausdruck kommt? Kehren wir noch
einmal zu jener Kategorie des *Wertes* zurück, die Simmel seiner Analyse des Geldes zugrunde
gelegt hat, um diese Frage zu beantworten. Auch der ‚wirtschaftliche‘ Wert beruht Simmel zufolge auf einem Prozeß der Distanzierung, vermittels dem die Gegenstände des menschlichen
Bedarfs überhaupt erst eine spezifisch *ökonomische* Bedeutung für den Menschen erlangen.[58]

---

insofern annäherungsweise erreicht wir, als sich die unmittelbar in Nachbarschaft zueinander befindenden
Glieder einer Hierarchie kaum mehr voneinander unterscheiden sollen (vgl. ebd., S. 366-371).

54   *Schopenhauer und Nietzsche*, S. 208.

55   Ebd., S. 207.

56   „Friedrich Nietzsche", S. 206; vgl. auch *Schopenhauer und Nietzsche*, S. 226 und „Soziologische Aesthetik",
     S. 211 ff.

57   Vgl. Nietzsche, Jenseits von Gut und Böse, Aphorismus. 257-262, in: Werke, Band II, S. 727 ff.

58   *Philosophie des Geldes*, S. 24.

Nicht die unmittelbare Triebbefriedigung ist es, die einen wirtschaftlichen Wert konstituiert, sondern die Widerstände und Hemmnisse, die sich einer solchen unmittelbaren Bedürfnisbefriedigung in den Weg stellen, kennzeichnen den Wert der Dinge als Gegenstand eines *Begehrens,* in dem sich die Unmittelbarkeit des Genusses durch eine Distanzierung zwischen dem Subjekt und dem Objekt des Begehrens aufgebrochen worden ist.[59] Genau diese Distanz ist es, die den ökonomischen Wert als differentielle und relationale Bezugsgröße charakterisiert. Denn nur durch die Seltenheit eines Objekts, durch die Schwierigkeit seiner Erlangung und durch die Notwendigkeit des Verzichts auf den unmittelbaren Konsum erlangen die Dinge jene Bedeutung für uns, die sie als Gegenstände des wirtschaftlichen Verkehrs qualifizieren.

Dennoch sind es dieselben Gegenstände. die sich vermittels des „aufopfernden Tausches"[60] nicht nur immer weiter von uns entfernen, sondern deren Nähe wir immer wieder neu begehren. Indem der Tausch diese beiden differentiellen Bestimmungen des ökonomischen Wertes immer weiter auseinandertreibt, erweist er sich nach Maßgabe des evolutionistischen Wertmaßstabs der ‚bestimmten Ungleichartigkeit' als ein genuines *Kulturprinzip:* „Der Sinn jener Distanzierung ist, daß sie überwunden werde. Die Sehnsucht, Bemühung, Aufopferung, die sich zwischen uns und die Dinge schieben, sind es doch, die sie uns zuführen sollen. Distanzierung und Annäherung sind auch im Praktischen Wechselbegriffe, jedes das andere voraussetzend und beide die Seiten der Beziehung zu den Dingen bildend, die wir, subjektiv, unser Begehren, objektiv, ihren Wert nennen. Den genossenen Gegenstand freilich müssen wir von uns entfernen, um ihn zu begehren; dem fernen gegenüber aber ist dies Begehren die erste Stufe der Annäherung, die erste ideelle Beziehung zu ihm. [...] Der Kulturprozeß – eben der, der die subjektiven Zustände des Triebes und Genießens in die Wertung der Objekte überführt – treibt die Elemente unseres Doppelverhältnisses von Nähe und Entfernung den Dingen gegenüber immer schärfer auseinander."[61]

Im Tausch wird der Wert des einen Gegenstandes eingesetzt, um den eines anderen zu erlangen. Indem so die einzelnen Begehrungsintensitäten wechselseitig miteinander verglichen werden, verläuft nun „die „Erscheinung so, als ob die Dinge sich ihren Wert *gegenseitig* bestimmten".[62] Diese *Dezentrierung* der tauschenden Subjekte im Akt des Tauschens, vermittels der sich die „reinste wirtschaftliche Objektivität" herausbildet, ist aber zugleich auch die „entschiedenste Folge und Ausdruck der Distanzierung der Gegenstände vom Subjekt."[63] Die relationale und differentielle Bestimmtheit eines Wertes, die ihm ursprünglich als Ausdruck einer subjektiven Wertschätzung zukommt, verlagert sich somit in die Austauschrelationen, in denen sich der ökonomische Wert immer weiter von seinem subjektiven Endzweck entfernt und in einer reinen „Gegenseitigkeit unpersönlicher Wertwirkungen" aufzugehen scheint.[64]

Im *Geld* hat Simmel zufolge dieser selbstgenügsame Prozeß der wirtschaftlichen Wechselwirkungen seine „reinste Darstellung" gefunden. Denn es verkörpert aufgrund seiner „völligen Inhaltslosigkeit" nicht nur das Werkzeug und die Mittelhaftigkeit schlechthin,[65] son-

---

59   Ebd., S. 12.
60   Ebd., S. 35.
61   Ebd., S. 24-25.
62   Ebd., S. 28.
63   Ebd.
64   Ebd., S. 29.
65   Ebd., S. 206 ff.

dern es ist zugleich die *reine Indifferenz*, insofern „seine ganze Zweckbedeutung nicht in ihm selbst, sondern nur in seiner Umsetzung in andere Werte liegt"[66]. Damit wird es zugleich zum adäquatesten Ausdruck eines Weltbildes, das auf einer Auflösung aller substantiellen Bindungen zwischen den Dingen und den Menschen beruht und das eine spezifische ‚Modernität' verkörpert, welche die moderne wirtschaftliche Arbeitsteilung zur Voraussetzung hat. So spiegelt dieses Weltbild den allgemeinen „Relativitätscharakter des Seins", der im Geld „ebenso den real wirksamen Träger wie das abspiegelnde Symbol seiner Formen und Bewegungen gefunden hat"[67].

Erscheint das Geld unter dem Gesichtspunkt der Steigerung der gesellschaftlichen Arbeitsteilung als Ausdruck höchster ökonomischer Rationalität, so bewirkt es dagegen hinsichtlich der Rangordnung der ‚personalen Werte' sowie des modernen Lebensstils aufgrund der ihm zugrunde liegenden Reduktion des Qualitativen auf reine Quantitätsdifferenzen eine ungeheure Nivellierung und Umwertung der bisherigen Lebenswerte, die durch die ‚Charakterlosigkeit' des reinen Geldwertes und der ihm entsprechenden ‚Rechenhaftigkeit' in den Prozeß einer allgemeinen Substituierbarkeit der Menschen und der Dinge hineingezogen werden: „Indem das Geld alle Mannigfaltigkeiten der Dinge gleichmäßig aufwiegt, alle qualitativen Unterschiede zwischen ihnen durch Unterschiede des Wieviel ausdrückt, indem das Geld, mit seiner Farblosigkeit und Indifferenz, sich zum Generalnenner aller Werte aufwirft, wird es der fürchterlichste Nivellierer, es höhlt den Kern der Dinge, ihre Eigenart, ihren spezifischen Wert, ihre Unvergleichbarkeit rettungslos aus. Sie schwimmen alle mit gleichem spezifischen Gewicht in dem fortwährenden bewegten Geldstrom, liegen alle in derselben Ebene und unterscheiden sich nur durch die Größe der Stücke, die sie von dieser decken."[68]

War es bei Nietzsche noch die religiöse und metaphysische Annahme einer transzendenten Welt, die im Rahmen eines universalgeschichtlichen ‚Sklavenaufstandes in der Moral' die Entwertung aller bisherigen aristokratischen Wertrangordnungen bewirkt hatte,[69] ist es in den Augen Simmels dagegen das Geld, das als der „Generalnenner aller Werte" diese nihilistische und nivellierende Umwertung bewirkt.[70] Und doch gibt es auch verschwiegene Gemeinsamkeiten zwischen der transzendenten Gottesvorstellung des Judentums und Christentums einerseits und jenem Götzen der Moderne andererseits, die Simmel bereits 1889 in seinem Aufsatz „Zur Psychologie des Geldes" vor Augen hatte und die auch auf ein zentrales Thema der Marxschen Religionskritik und ihre nachträgliche Transformation in eine ‚Kritik

---

66 Ebd., S. VIII.

67 Ebd., S. 585.

68 „Die Großstädte und das Geistesleben", S. 232 f.

69 Vgl. Nietzsche, Zur Genealogie der Moral, I. Abhandlung, Aphorismus 7 ff., in: Werke, Band II, S. 778 ff.

70 Karl Joël hat in seiner kongenialen Rezension der *Philosophie des Geldes* aufgrund dieses unterschiedlichen Blickwinkels sogar einen radikalen Gegensatz zwischen Nietzsches ‚Umwertungs'- und Simmels ‚Entwertungsprogramm' zu konstruieren versucht, der allerdings verkennt, daß Nietzsche zufolge die jüdisch-christliche Umwertung der aristokratischen Werte gerade vermittels einer *Entwertung* der bisherigen Wertschätzungsweise stattfindet. Vgl. K. Joël, Eine Zeitphilosophie, in: Neue Deutsche Rundschau 12 (1901), S. 812: „Das Geld kommt nicht als *der* große Umwerter, sondern als der Allesentwerter, weil es alles wertet, und alles nur an sich als einzigartigem Wert; es schwemmt Nietzsches hoch aufgespannte Distanzierungen hinweg, es verlöscht Böcklins absolute Farben, es entgeistert alles zu bloßen Nuancen seiner eigenen, unreinen Farbe, und wir leben nun einmal im Zeitalter der Nuancierungen, der Übergänge und Relativitäten, der Aufhebung aller Gegensätze unter der Herrschaft des Bestimmungslosen, alles bestimmenden Geldes."

der politischen Ökonomie‘ verweist: „Wenn man, in elegischem wie in sarkastischem Tone, ausgesprochen hat, daß das Geld der Gott unserer Zeit wäre, so sind in der That bedeutsame psychologische Beziehungen zwischen scheinbar so entgegengesetzten Vorstellungen aufzu-finden. [...] In beiden Fällen ist es die Erhebung über das Einzelne, die wir in dem ersehn-ten Objekt finden, das Zutrauen in die Allmacht des höchsten Prinzips, uns dieses Einzelne und Niedrigere in jedem Augenblick gewähren, sich sozusagen wieder in dieses umsetzen zu können. Gerade wie Gott in der Form des Glaubens, so ist das Geld in der Form des Konkre-ten die höchste Abstraktion, zu der die praktische Vernunft aufgestiegen ist.“[71] Und in die-sem Aufsatz von 1889 erfahren wir auch bereits, warum das Geld notwendigerweise den Ei-genwert des ‚Ideals der Vornehmheit‘ auflösen mußte, indem seine eigene ‚Indifferenz‘ und ‚Charakterlosigkeit‘ zu einer begrifflich reinen Form ‚herausläutert‘ worden ist: „Das Geld ist ‚gemein‘ weil es das Äquivalent für all und jedes ist; nur das Individuelle ist vornehm; was vielen gleich ist, ist dem Niedrigsten von diesem gleich und zieht deshalb auch das Höchste darunter auf das Niveau des Niedrigsten hinab.“[72]

Steht so das Prinzip der Geldwirtschaft in einem radikalen Gegensatz zum aristokrati-schen Ethos der Vornehmheit, indem es die ‚absolute Differenz‘ und ‚Distanz‘ zwischen den Individuen auf einen bloßen *Quantitätsunterschied* zurückführen will und diesen damit das Recht abspricht, „jedes Verhältnis überhaupt, jede Qualifikation durch die wie auch ausfal-lende Vergleichung mit anderen abzulehnen“[73], so erweist sich diese Reduktion des Qualita-tiven auf das Quantitative zugleich als Ursache jener „tragischen Folge jeder Nivellierung“, die Simmel später als *soziologische Tragik* bezeichnet hatte. Genau diese Tragik verbindet zugleich seine Untersuchung über das Verhältnis zwischen dem ‚individuellen‘ und dem ‚so-zialen Niveau‘ von 1890 nicht nur mit der *Philosophie des Geldes*, sondern auch mit der Kul-turkritik Nietzsches: „Was Allen gemeinsam ist, kann nur der Besitz des am wenigsten Besit-zenden sein. [...] Nivellierung aber ist nur so möglich, daß die Höheren weiter herabgedrückt, als die Tieferen emporgezogen werden.“[74]

---

71   Simmel, Zur Psychologie des Geldes, in: Jahrbuch für Gesetzgebung, Verwaltung und Volkswirtschaft im Deutschen Reich 13 (1889), S. 1264. Simmel hat die Implikationen dieser Analogie allerdings nicht im Sinne einer Synthese von Nietzsches Moralgenealogie und der Kapitalismuskritik von Karl Marx weiter verfolgt, wie sie dann später in Max Webers universalgeschichtlicher Betrachtung des okzidentalen Rationalisierungs- und Modernisierungsprozesses ihren Niederschlag gefunden hat. Vielmehr ist er auch in seiner *Philosophie des Geldes* bei der reinen Konstatierung der formalen Analogien zwischen der ‚Absolutheit‘ des Geldes und den anderen zentralen ‚Lebensmächten‘ wie Religion, Staat und Metaphysik stehen geblieben (vgl. dort S. 565 ff.). In seinen religionsphilosophischen und religionssoziologischen Studien hatte Simmel dagegen ähnlich wie nach ihm Durkheim die Genese der transzendenten Gottesvorstellung als Verabsolutierung der intersubjektiven Einheit einer sozialen Gruppe aufgefaßt, ohne diese Annahme weiter mit seiner Geldanalyse zu verbinden. Vgl. Simmel, Die Religion (1906), 2. Aufl. Frankfurt 1912, S. 30 ff. und 86 ff. Siehe hierzu auch meinen Auf-satz „Die Einheit der Differenz. Georg Simmel und Ernst Troeltsch als Religionssoziologen“, in: Sociologia Internationalis 38 (2000), S. 144-151 (in diesem Band S. 141 ff.)

72   „Zur Psychologie des Geldes“, S. 1259. Zum Verfall des Vornehmheitsideals im Rahmen der entfalteten Geld-wirtschaft vgl. ferner *Philosophie des Geldes*, S. 430 ff.

73   Ebd., S. 436.

74   *Über soziale Differenzierung*, S. 79; vgl. ferner *Philosophie des Geldes*, S. 433 sowie *Grundfragen der Soziolo-gie*, S. 38 f. Insofern muß Axelrod zugestimmt werden, der die Ähnlichkeit zwischen Nietzsches und Simmels Auffassung bezüglich des Verhältnisses zwischen dem ‚individuellen‘ und dem ‚sozialen‘ Entwicklungsniveau betont hat. Vgl. Charles D. Axelrod, Toward an Appreciation of Simmel’s Fragmentary Style, in: Sociological Quarterly 18 (1977), S. 190.

Simmels ‚Anti-Soziologie‘

Lassen sich Simmels Analysen des Vergesellschaftungsprozesses aus der Perspektive Nietzsches insofern als eine Verfallsgeschichte der aristokratischen, auf das Pathos der Distanz bezogenen Wertungsweise interpretieren und verfolgt Simmel in gewisser Hinsicht selbst das kritische Programm, das Nietzsche in den achtziger Jahren entwickelt hatte, so weicht er dennoch in einer entscheidenden Hinsicht von den Vorgaben Nietzsches ab. Denn während Nietzsche den Verfall sowie die Wiederkehr des Pathos der Distanz in Gestalt der Heraufkunft einer neuen Kultur und eines neuen Menschen beziehungsweise ‚Über-Menschen‘ als zwei strikt zu unterscheidende Prozesse begreift, stellen Simmel zufolge Verfall und Erneuerung der Kultur zwei unterschiedliche perspektivische Wahrnehmungen eines einheitlichen Gesamtprozesses dar. Aufstieg und Niedergang einer Kultur finden seiner Ansicht nach also *gleichzeitig* statt.

Dies ist auch der Grund, warum er Nietzsches Wertschätzung des ‚aristokratischen Individualismus‘ in seiner *Philosophie des Geldes* nicht von außen gegenüber dem okzidentalen Entwicklungsprozeß geltend macht, sondern in dessen Rekonstruktion immanent berücksichtigt. Und dies ist ferner der Grund, warum sich in Simmels Werk Philosophie, Ästhetik und Soziologie wechselseitig ergänzen. Denn Simmel hat später sowohl in seiner ‚großen‘ als auch in seiner ‚kleinen‘ Soziologie nicht nur die prinzipielle Gleichberechtigung der soziologischen, philosophischen und ästhetischen Betrachtungsweise der Welt anerkannt, sondern zugleich unterstrichen, daß die Kategorie der *Gesellschaft* nur einen partikularen Zugang zur Wirklichkeit eröffnet und insofern durch eine Betrachtungsweise ergänzt werden müsse, welche die Entwicklung der Menschheit sowie die unverwechselbare personale Einheit des *Individuums* zum Gegenstand haben: „Den Unterschied zwischen dem Menschheitsinteresse und dem sozialen Interesse hat, wie es scheint, zuerst Nietzsche mit prinzipieller Deutlichkeit gefühlt. Die Gesellschaft ist *eine* der Formungen, in die die Menschheit die Inhalte ihres Lebens bringt; aber weder ist sie für diese *alle* wesentlich, noch ist sie die einzige, innerhalb deren die Entwicklung des Menschlichen sich vollzieht. Alle rein sachlichen Bedeutsamkeiten, an denen unsere Seele irgendwie teilhat, die logische Erkenntnis und die metaphysische Phantasie über die Dinge, die Schönheit des Daseins und sein Bild in der Selbstherrlichkeit der Kunst, das Reich der Religion und der Natur – alles dies, soweit es zu unserem Besitz wird, hat innerlich und seinem Wesen nach mit ‚Gesellschaft‘ nicht das mindeste zu schaffen.“[75]

Unter Berücksichtigung dieser entscheidenden Differenz ist es dennoch wiederum Nietzsche, auf den sich Simmel bei dieser Transzendierung seiner Formalen Soziologie erneut beruft. Denn auch Simmel läßt das ‚Pathos der Distanz‘ sowie das ‚Interesse an der Differenziertheit‘ nicht los. Und auch Simmel wird neben seinem soziologischen Verständnis von Kultur und Individualität einen weiteren Kultur- und Identitätsbegriff vertreten, der den Rahmen einer rein soziologischen Betrachtungsweise sprengt. Gleichwohl bleibt dieser emphatische Begriff von Kultur und Individualität, den Simmel später als „Weg der Seele zu sich selbst“ bezeichnet hatte, jenem soziologischen „Kulturprinzip“ verpflichtet, das „von der Einheit einer Idee aus differenteste Inhalte des Lebens zu weiterer Ausgeprägtheit und Vertiefung differenziert“[76]. Denn nicht nur für Nietzsche, sondern auch für Simmel ist die ‚Gesellschaft‘

75   *Grundfragen der Soziologie*, S. 72; vgl. ferner *Soziologie*, S. 571 ff.
76   *Über sociale Differenzierung*, S. 44. Vgl. hierbei die auffallende Parallele zu Simmels Definition der Kultur von 1911: „Kultur ist der Weg von der geschlossenen Einheit durch die entfaltete Vielheit zur entfalteten Einheit.“

als solche kein Selbstzweck, sondern nur ‚Unterbau‘ und ‚Gestell‘ einer Höherentwicklung des Typus Mensch, die den fortschreitenden Vergesellschaftungsprozeß als einen grandiosen Umweg kenntlich macht, in dem nicht nur die ‚Indifferenz‘ des *Geldes*, sondern auch die menschliche *Seele* ‚herausgeläutert‘ wird: „Die rätselhafte Einheit der Seele ist unserem Vorstellen nicht unmittelbar zugängig, sondern nur, wenn sie sich in eine Vielzahl von Strahlen gebrochen hat, durch deren Synthese sie dann erst wieder als diese eine und bestimmte bezeichenbar wird. [...] Indem wir die Dinge kultivieren, d.h. ihr Wertmaß über das durch ihren natürlichen Mechanismus uns geleistete hinaus steigern, kultivieren wir uns selbst: es ist der gleiche, von uns ausgehende und in uns zurückkehrende Werterhöhungsprozeß, der die Natur außer uns oder die Natur in uns ergreift.“[77]

Auch in einer strikt soziologischen Hinsicht ist das einmal erreichte Entwicklungsniveau der Vergesellschaftung – sei es die qualitative Indifferenz der modernen Geldwirtschaft oder das Nivellement der Masse – immer wieder Ausgangspunkt eines neuen Prozesses der sozialen Differenzierung. Denn auch der Kampf um soziale Gleichheit ist Simmel zufolge immer nur der Ausgangspunkt für die Ausbildung einer erneut gesteigerten ‚Unterschiedsempfindlichkeit‘ sowie die Herstellung von neuen Formen der Herrschaft beziehungsweise der sozialen Über- und Unterordnung.[78] Aber auch die fortschreitende Geldwirtschaft erzeugt eine neue Form der sozialen Differenzierung aufgrund der von ihr bewirkten Nivellierung der qualitativen Unterschiede zwischen den Individuen. Denn in ihrem Gefolge lassen sich nicht nur die einzelnen Menschen nach Maßgabe der Größe ihres Vermögens voneinander unterscheiden, sondern auch deren jeweiliger sozialer Status. Selbst die öffentliche Zugänglichkeit zu allgemeinen Bildungsinhalten bildet Simmel zufolge einen idealen Ausgangspunkt für die Rekrutierung einer neuen, ihm zufolge am wenigsten angreifbaren ‚Aristokratie‘, weil der prinzipiell ‚kommunistische‘ Charakter des menschlichen Wissens die Unterschiede zwischen der individuellen Begabung und der Fähigkeit zur Aneignung dieses Wissens noch viel mehr verstärkt als traditionelle Formen der sozialen Ungleichheit.[79]

Es ist jedoch nicht dieser soziologisch rekonstruierbare Prozeß der sozialen Differenzierung, der die eigentliche kulturelle Höherentwicklung der Individuen bewirkt. Denn der eigentliche ‚Sklavenaufstand in der Moral‘, den es Simmel zufolge wieder rückgängig zu machen beziehungsweise zu kompensieren gilt, findet gar nicht auf der Ebene der *sozialen* Über- und Unterordnungen statt, sondern innerhalb jenes *sachlichen* Herrschaftsverhältnisses, das in einer Umkehrung der ‚teleologischen Reihe‘ zum Ausdruck kommt, vermittels der die Menschen ihre eigenen Zwecksetzungen gegenüber einer widerständigen äußeren Natur zu realisieren versuchen: „Der Satz, daß wir die Natur beherrschen, indem wir ihr dienen, hat den fürchterlichen Revers, daß wir ihr dienen, indem wir sie beherrschen. Es ist sehr mißver-

---

(„Der Begriff und die Tragödie der Kultur“, S. 118; vgl. dort ferner S. 116).

77   *Philosophie des Geldes*, S. 312 und 503. Diesen ‚Umweg‘ des kulturellen Werterhöhungsprozesses hatte Simmel später auch als das „Paradoxon der Kultur“ bezeichnet. Vgl. „Der Begriff und die Tragödie der Kultur“, S. 120; siehe hierzu ferner *Über soziale Differenzierung*, S. 42 ff.

78   Ebd., S. 96 ff.; ders., Soziologie der Über- und Unterordnung, in: Archiv für Sozialwissenschaft und Sozialpolitik 24 (1907), S. 444 f. und S. 463 f.; ferner *Soziologie*, S. 164 ff. Zu Simmels Analyse dieser historischen Entwicklung der ‚Unterschiedsempfindlichkeit‘ und seinen diesbezüglichen anthropologisch-psychologischen Grundannahmen siehe auch Hübner-Funk, Georg Simmels Konzeption von Gesellschaft, S. 51 ff.

79   *Philosophie des Geldes*, S. 493.

ständlich, daß die Bedeutsamkeit und geistige Potenz des modernen Lebens aus der Form des
Individuums in die der Massen übergegangen wäre; viel eher ist sie in die Form der Sachen
übergegangen, lebt sich aus in der unübersehbaren Fülle, wunderbaren Zweckmäßigkeit, komplizierten Feinheit der Maschinen, der Produkte, der überindividuellen Organisationen der jetzigen Kultur. Und entsprechend ist der ‚Sklavenaufstand‘, der die Selbstherrlichkeit und den
normgebenden Charakter des starken Einzelnen zu entthronen droht, nicht der Aufstand der
Massen, sondern der der Sachen. [...] Damit hat das Dominieren der Mittel nicht nur einzelne Zwecke, sondern den Sitz der Zwecke überhaupt ergriffen, den Punkt, in dem alle Zwecke zusammenlaufen, weil sie, soweit sie wirklich Endzwecke sind, nur aus ihm entspringen
können. So ist der Mensch gleichsam aus sich selbst entfernt, zwischen ihn und sein Eigent-
lichstes, Wesentlichstes, hat sich eine Unübersteigbarkeit von Mittelbarkeiten, Fähigkeiten,
Genießbarkeiten geschoben.“[80]
     In dieser Umkehrung der gesellschaftlichen Naturaneignung sieht Simmel nicht nur eine
tragische Dezentrierung des Menschen, sondern zugleich die einzige Gewähr dafür, daß seine ‚subjektive Seelenhaftigkeit‘ um so mehr an *innerer* Freiheit gewinnt, je mehr sie sich von
der Äußerlichkeit des sachlichen Tuns und von der unmittelbaren Nähe zu den Dingen vermittels der distanzierenden Funktion des Geldes zurückgezogen hat.[81] Die ‚Tragödie der Kultur‘, die Simmel in diesem Zusammenhang als ein unentrinnbares Schicksal des okzidentalen
Rationalisierungsprozesses diagnostiziert hatte, schlägt sich ihm zufolge in einer zunehmend
unüberwindbar werdenden Differenzierung zwischen der *subjektiven* und der *objektiven Kultur* nieder. Diese betrifft jedoch letztlich nur die Vergegenständlichungsformen des menschlichen *Geistes*, der sich innerhalb einer nun autonom gewordenen „kulturellen Logik der Objekte“ verselbständigt hat, nicht jedoch jenes Innerste des Menschen, das Simmel als rätselhafte
Einheit der *Seele* beschrieben hat. Denn als „Quelle alles Wertes“ stelle die Seele eine nicht
weiter zurückführbare Werteinheit dar, die durch dieses Übergewicht des ‚objektiven Geistes‘ im Grunde gar nicht ernsthaft berührt wird. Sie stellt Simmel zufolge im Rahmen eines
„Ideals absolut reinlicher Scheidung“ vielmehr die Chance für eine autonome Entfaltung eines „nicht zu verdinglichenden Rests“ an Innerlichkeit dar, die sich „nun in eigensten Grenzen ausbauen kann“[82].

---

80   Ebd., S. 549 f.
81   Ebd., S. 531 ff.
82   „Der Begriff und die Tragödie der Kultur“, S. 116 ff. und 142 ff.; *Philosophie des Geldes*, S. 527 ff. Simmel
      hatte diese ‚Herausläuterung‘ der Seele im Gefolge der menschlichen Naturaneignung übrigens bereits 1891
      als Pendant der naturwissenschaftlichen ‚Entzauberung‘ der Welt begriffen. Nur setzte Simmel damals den
      damit verbundenen seelischen Läuterungsprozeß noch nicht mit dem neuen Wertbegriff des aristokratischen
      Individualismus gleich, sondern mit jenen sozialethischen Programmen der Lebensgestaltung, die in den
      sozialistischen Bewegungen des 19. Jahrhunderts zum Ausdruck kamen. Vgl. hierzu Simmels Rezension
      von Rudolf Euckens Buch *Die Lebensanschauungen der großen Denker* (Leipzig 1890), in der er sich noch
      eindeutig gegen Euckens Kritik des modernen naturwissenschaftlichen Weltbildes und der damit verbundenen
      Herabsetzung der Kulturbedeutung des modernen Sozialismus ausgesprochen hatte: „Ja, ich möchte glauben,
      daß die Entgötterung und Mechanisirung der Natur die Innigkeit des Seelenlebens steigert und ihm erst seine
      wahre Heimath anweist. [...] So erscheinen mir die Bewegungen nach der Mechanisirung der Naturprozesse
      einerseits, nach der sozialethischen Lebensgestaltung andererseits als die zusammengehörenden Seiten eines
      großen Differenzierungsprozesses. Während die mythische, spekulirende und theologisirende Betrachtung
      der Natur aus ihr ein Mittelding zwischen Beseeltem und Unbeseeltem, zwischen Materiellem und Geistigem
      schuf, legt die Bewegung der neuen Kultur beides auseinander, weist jedem sein Gebiet an: die äußere Natur
      dem Mechanismus, die Menschenwelt dem Triebe der Seele, ein Beseeltes außer sich zu finden. Darwinismus

Die durch die Geldwirtschaft bewirkte Versachlichung ist deshalb sowohl die entwicklungsgeschichtliche als auch die apriorische Voraussetzung dafür, daß sich der Werterhöhungsprozeß der Kultur und der Individuen in Form der Philosophie, der Kunst, der Religion und anderer autonomen Wertsphären auch in Zukunft fortsetzen kann. Denn die „Einheit der Welt" ist vermittels dieser „großen Achsendrehung des Lebens"[83] und dessen Hinwendung zum Bereich des Ideellen nicht mehr der vorgegebene Rahmen, an dem sich die philosophische, künstlerische und religiöse Weltauslegung orientieren kann. Vielmehr stellen diese verschiedenen Perspektiven und Distanznahmen gegenüber den ‚Inhalten des Lebens‘ und der ‚Totalität des Seins‘ jede für sich die *ganze Welt* von einem *besonderen* Gesichtspunkt aus gesehen dar: „Daß hiermit die Welt von einem Zentrum aus gesehen wird, das schafft Distanzen, Akzentuierungen, perspektivische Verschiebungen und Überschneidungen sinnlicher wie geistiger Art, zu denen es in der objektiven Ausgebreitetheit des Daseins gar keine Analogie gibt. Das Leben ist jetzt nicht mehr einfach in den Ablauf der Welt versponnen, sondern seinen inneren Antrieben und Gesetzen folgend, schneidet es aus der Vorstellung gewordenen Welt Stücke heraus, die es Gegenstände nennt, verbindet Fernes, trennt Nahes, setzt wechselnde Wertakzente ein, deutet das bloße Geschehen nach Ideen. Kurz, indem das Leben die Stufe des Geistes ersteigt, bildet es Formen aus, die einen irgendwie gegebenen Stoff gestalten, und baut sich, indem sein *Prozeß* weiter und weiter verläuft, eine Welt geistiger *Inhalte* auf."[84]

Das ‚Pathos der Distanz‘, das Simmel erstmals 1890 im Rahmen seiner Analyse des Prozesses der sozialen Differenzierung thematisiere hatte, wird so beim späteren Simmel zur grundlegenden Formel einer ‚Artistenmetaphysik‘, in welcher der Absolutheitsanspruch der ‚wirklichen Welt‘ zugunsten eines Pluralismus der wissenschaftlichen, philosophischen, künstlerischen und religiösen Weltentwürfe abgelöst wird. Mit dieser Auflösung der Identität von ‚Welt‘ und ‚wirklicher Welt‘ wird erstere auf einen rein *formalen* Begriff reduziert, der nur noch ein Abstraktum der möglichen Inhalte dieser verschiedenen Weltentwürfe bezeichnet. Es ist nicht mehr das unerkennbare ‚Ding an sich‘ Kants, sondern die konkreten Inhalte der einzelnen Weltbezüge, die jeweils für sich eine ‚Welt-Ganzheit‘ bilden und in denen der elementare Lebensprozeß jeweils spezifisch zum Ausdruck kommt.[85]

Die ‚ewige Wiederkehr des Gleichen‘ als kategorischer Imperativ

Simmel hat später diese im Medium seiner Nietzsche-Rezeption gewonnene neue Art der Wertschätzung der geistigen Inhalte des Lebens zu seiner sogenannten ‚Attitüdenlehre‘ weiterent-

---

und Sozialismus sind nur einzelne, aber bedeutungsvolle Etappen auf diesem Wege der Weltgeschichte, der das unklar Verschmolzene zu klarer Sonderung führt und jeder Kraft unserer Seele die sichere Stelle anweist, an der sie heimathsberechtigt ist." (Sonntagsbeilage zur Vossischen Zeitung Nr. 26, 28. Juni 1891, Spalte 7 und 8). Hinsichtlich seiner Einschätzung der Mechanisierung des Umgangs mit der Natur ist sich Simmel insofern immer treu geblieben; hinsichtlich seiner Bewertung der Kulturbedeutung des modernen Sozialismus dagegen nicht.

83   *Lebensanschauung*, S. 38.

84   Simmel, Der Fragmentcharakter des Lebens. Aus den Vorstudien zu einer Metaphysik, in: Logos 6 (1916/17), S. 30.

85   Vgl. *Hauptprobleme der Philosophie*, S. 34 ff.; „Der Fragmentcharakter des Lebens", S. 33 ff.; *Lebensanschauung*, S. 28 ff. Zu dieser Vorstellung eines ‚Parallelismus der Welten‘ siehe auch Nietzsche, Der Wille zur Macht, 2. Aufl., Aphorismus 677.

wickelt.[86] In diesem Zusammenhang hat er die Bedeutung der *Persönlichkeit* hervorgehoben, die dieser bei der Entstehung eines großen künstlerischen Werkes und einer eigenständigen philosophischen Weltanschauung zukommt. Denn auch die Philosophie reflektiert in ihren Begriffen nicht die jeweilige Besonderheit der Dinge, sondern nur die „Allgemeinheit einer individuell-geistigen, aber dabei typischen Reaktion auf sie" und drückt dergestalt „das Tiefste und Letzte einer persönlichen Attitüde zur Welt in der Sprache eines Weltbildes aus"[87]. Und auch die Geschlossenheit des Kunstwerks stellt ein ‚individuelles Allgemeines' dar, in dem nicht nur die Persönlichkeit eines großen Künstlers zum Ausdruck kommt, sondern zugleich ein Allgemeinheitsanspruch, in dem sich das ‚Gesetz der Kunst' erfüllt. Dieser Auffassung zufolge erweist sich nur derjenige als großer Künstler, „dessen naturhaft, impulsiv, dynamisch herausdrängenden Kräfte von sich aus in einem Gebilde äußern, das jenen objektiv-idealen, gegen alles Genetische gleichgültigen, rein artistisch-zeitlosen Forderungen entspricht – als hätten diese sich mit Werdekraft geladen und von sich aus das Gebilde geschaffen, das doch tatsächlich aus einer ganz anderen, der historisch-seelisch-dynamischen Reihe entstammt"[88].

Wie sehr Simmel diesen objektiven Wert der *Form des Individuellen* im Bereich der philosophischen Weltanschauung und der Kunst mit dem neuen Wertbegriff Nietzsches verbindet, zeigt auch seine Interpretation von dessen Theorem der ‚ewigen Wiederkehr des Gleichen', dem er neben einer *kosmologischen* Dimension zugleich eine *ethische* Bedeutung abzugewinnen versucht hat.[89] Gegenüber dem bohemienhaften Nietzscheanismus der Jahrhundertwende, der in Zarathustras Verkündungen den Aufruf zu einem übersteigerten subjektivistischen Eudämonismus und einer allgemeinen Libertinage entnehmen zu können meinte, begriff Simmel den ‚züchtenden' und ‚züchtigenden' Gedanken der ewigen Wiederkunft nämlich als konsequenten Ausdruck eines radikalen *Verantwortungsprinzips,* das die individuelle Verantwortlichkeit des menschlichen Handelns bis ins Unermeßliche steigert. Nicht die zweifelhafte Realität der ewigen Wiederkehr, sondern allein ihre *Idee* besitze eine ethisch-psychologische Bedeutung, die Simmel zufolge deutlich macht, daß Nietzsche im Unterschied zu Kant die sittliche Verallgemeinerung einer individuellen Handlung nicht mehr an der unendlichen Wiederholung dieser Handlung im „Nebeneinander der Gesellschaft", sondern im „endlosen Nacheinander an dem gleichen Individuum" bemißt.[90] Zwar hätten beide Ethiken die regulative Funktion, den Sinn der einzelnen Handlung der Zufälligkeit des Hier und Jetzt zu entheben und somit die individuelle Verantwortlichkeit des Handelns im Blick auf eine verallgemeinerbare Norm zu steigern. Jedoch bleibe bei Nietzsche im Unterschied zu Kant das einzelne Individuum der letzte Bezugspunkt, an dem sich das jeweilige ‚Sollen' an einem ungeheue-

---

86   Vgl. Troeltsch, Der Historismus und seine Probleme, S. 573 f.

87   *Hauptprobleme der Philosophie*, S. 28 und 41 f.; vgl. ferner *Philosophie des Geldes*, S. 515 f.

88   Simmel, Fragmente und Aufsätze aus dem Nachlaß und Veröffentlichungen der letzten Jahre, hrsg. von Gertrud Kantorowicz, München 1923, S. 287 f.

89   Simmel hat dieses Theorem, das zwar im *Zarathustra* Nietzsches bereits anklingt, aber erst in Nietzsches Nachlaß aus den achtziger Jahren ausführlich behandelt worden ist, bereits unmittelbar zum Zeitpunkt der Veröffentlichung der zweiten Auflage des *Willens zur Macht* von 1906 in seine Nietzsche-Interpretation mit einbezogen. Vgl. *Nietzsche und Kant*, S. 181 ff.; ferner *Schopenhauer und Nietzsche*, S. 246 ff. Zu Simmels Interpretation dieses Theorems, dessen kosmologische Grundannahmen er für nicht beweisbar hielt und deshalb abgelehnt hatte, siehe auch Bernd Magnus, Nietzsche's Existential Imperative, Bloomington / London 1978, S. 90 ff.

90   „Nietzsche und Kant", S. 181 ff.; *Schopenhauer und Nietzsche*, S. 248.

ren *Wollen* bemißt. Simmel hat diese Neuformulierung des Verantwortungsprinzips durch die Lehre der ‚ewigen Wiederkunft‘ in einer Weise umschrieben, die auch die begeisterte Zustimmung Max Webers erfahren hat: „Darf man dies mit einer von Kant geschaffenen Kategorie formulieren: so sollen wir in jedem Augenblick, gleichviel wie er in Wirklichkeit beschaffen ist, leben, *als ob* wir uns zu dem, was auf der ideellen Entwicklungslinie über diese momentane Wirklichkeit unser selbst hinausliegt, entwickeln wollten – wie wir so leben sollen, *als ob* wir ewig lebten, d.h. als ob es eine ewige Wiederkunft gäbe."[91]

Erscheint so Nietzsches Lehre von der ‚ewigen Wiederkunft‘ als die höchstmögliche verantwortungsethische Zuspitzung eines Vornehmheitsideals, das den Wert einer verallgemeinerungsfähigen Handlungsmaxime ausschließlich an der Bedeutung bemißt, die einer konkreten Handlung hinsichtlich eines rein *individuellen* Wollens und einer immer *individuell zu treffenden* Entscheidung des Einzelnen zukommt, so steht diese „wunderlichste Lehre Nietzsches"[92] aber bereits an der Schwelle jenes ‚individuellen Gesetzes‘, das Simmel innerhalb seiner späteren philosophischen Ethik entwickelt hat. Nur wird Simmel die ethische Verallgemeinerung der einzelnen Handlung nicht mehr von der kosmologischen Annahme einer ‚ewigen Wiederkehr des Gleichen‘ abhängig machen, sondern von der Verantwortung, die jedem einzelnen Handeln für unseren eigenen Lebensentwurf und unsere *Lebensgeschichte* zukommt: „Statt des eigentlich öden Nietzscheschen Gedankens: Kannst du wollen, daß dieses dein Tun unzählige Male wiederkehre – setze ich: Kannst du wollen, daß dieses dein Tun dein ganzes Leben bestimme?"[93] Und er wird Nietzsche in diesem Zusammenhang den erstaunlichen Vorwurf machen, den obersten Grundsatz seiner Verantwortungsethik aus einer rein immanenten Betrachtungsweise der Wertsteigerung des Lebensprozesses noch zu sehr *herausgelöst* zu haben: „Der Imperativ, der dem Leben gegenübersteht, scheint als solcher nicht ‚lebendig‘ sein zu können. Auch Nietzsche gab ihm ja nur das Leben zum *Inhalt,* aber die ideelle Form des Sollens blieb eben doch die ‚Tafel‘, die ‚über das Leben‘ gestellt ist. Es ist noch eine von Nietzsche selbst nicht gestellte Frage, ob das Sollen seiner Form nach lebendig, ein Analogon des Lebens oder eine Kategorie sein könne, unter der es sich seiner selbst bewußt wird."[94]

Erstaunlich ist dieser Vorwurf deshalb, weil Nietzsche selbst eine radikale Kritik an jenen ‚asketischen Idealen‘ in der Moral, Religion, Philosophie und Wissenschaft geleistet hatte, die an die Betrachtung des Lebensprozesses von *außen* als Wertmaßstab herangetragen werden und diesen damit seiner eigenen positiven Werte berauben. Erstaunlich auch deshalb, weil auch Simmel zufolge Nietzsche der Lebensphilosoph par excellence ist, der den Kulturpessimismus des 19. Jahrhunderts durch eine der reinen Immanenz des Lebensprozesses verhaftet

---

91 *Schopenhauer und Nietzsche*, S. 254. Max Webers positive Bewertung dieser verantwortungsethischen Reformulierung des kategorischen Imperativ Kants wird in seinen Unterstreichungen und Randbemerkungen deutlich, die er anläßlich der Lektüre von Simmels Buch *Schopenhauer und Nietzsche* in seinem eigenen Handexemplar vorgenommen hatte. Vgl. Wolfgang Mommsen, Universalgeschichtliches und politisches Denken, in: ders., Max Weber, Gesellschaft, Politik und Geschichte, Frankfurt am Main 1974, S. 255 f. Das aus der Handbibliothek Max Webers stemmende Exemplar dieses Buches befindet sich heute im Max-Weber-Archiv der Bayerischen Akademie der Wissenschaften in München. Zu Webers Vergleich des Theorems der ‚ewigen Wiederkunft‘ mit der calvinistischen Prädestinationslehre vgl. ders., Die protestantische Ethik und der Geist des Kapitalismus, in: Gesammelte Aufsätze zur Religionssoziologie, Band I, Tübingen 1920, S. 111.

92 *Schopenhauer und Nietzsche*, S. 246.

93 *Lebensanschauung*, S. 241 f.; vgl. ferner „Das individuelle Gesetz", S. 190 ff. und 228 ff.

94 *Lebensanschauung*, S. 168

bleibenden Wert- und Entwicklungslehre überwunden hat und damit mit Dilthey und Bergson zusammen die Grundlagen für die moderne Lebensphilosophie geschaffen hat.[95] Und schließlich erstaunlich deshalb, weil Simmel selbst es ist, der die in Nietzsches Lehre vom ‚Willen zur Macht‘ und vom ‚Übermenschen‘ zum Ausdruck kommende Vorstellung einer Selbsttranszendenz des Lebens als zu einseitig vitalistisch und willensmäßig gefaßt sieht und deshalb diesen nietzscheanischen Gedanken einer Steigerung des Lebens in Gestalt eines *Mehr-Leben* durch den des *Mehr-als-Leben* ergänzt, mit dem Simmel die notwendige „Selbstentfremdung des Lebens" im Rahmen einer Rekonstruktion der Entstehung autonomer ideeller Wertsphären auf der „Stufe des Geistes" zu beschreiben versucht.[96]

Der Erste Weltkrieg als erneute ‚Umwertung aller Werte‘

Simmel hat diese Unterschiede zwischen seiner eigenen ‚Lebensanschauung‘ und Nietzsches Lehre vom ‚Willen zur Macht‘ nie geleugnet, sondern sie allenfalls mit problematischen Akzentuierungen versehen. Er hat sie auf jeden Fall nie so groß veranschlagt, daß ihm dabei jemals die Gemeinsamkeiten aus den Augen geraten wären, die seine eigenen intellektuellen Anstrengungen zur Überwindung des modernen Nihilismus mit dem Werk Nietzsches verbinden. Selbst seine Kriegsschriften geraten ihm noch zum Versuch, Nietzsches Kritik am Materialismus der Gründerjahre und dessen Hohn über die „Exstirpation des deutschen Geistes zugunsten des ‚deutschen Reiches‘"[97] einerseits als zu zeitbedingt zu relativieren, andererseits aber auch zur Versuchung, wie viele seiner Zeitgenossen den Krieg von 1914 in engste Beziehung zu dem von Nietzsche verkündeten neuen ‚Umwertungsprogramm‘ sowie seiner Erwartung der Heraufkunft eines ‚neuen Menschen‘ zu stellen.[98] Simmel sieht nämlich im Ausbruch dieses Krieges ein Ausdruck jener *Krisis der Kultur*, welche die Epoche zwischen 1870 und 1914 gekennzeichnet habe und die in dem nicht überbrückbaren Gegensatz zwischen einer *materialistischen* und einer *ästhetisierenden* Lebensführung zum Ausdruck komme: „Vielleicht war der Materialismus der zuerst unvermeidliche Schatten jenes wirtschaftlichen Aufschwungs – der dann als seinen nicht minder extremen Gegenschlag die blasse Überfeinerung des Ästheten hervorrief. Es besteht eine tiefe innere Verbindung zwischen der zu nahen Fesselung an die Dinge und dem zu weiten Abstand, der uns mit einer Art von ‚Berührungsangst‘ ins Leere stellte. Wir wußten längst, daß wir an beiden zugleich krank und doch zur Gesundung reif waren, die wir von der Krisis des Krieges ersehnen."[99]

---

95   *Hauptprobleme der Philosophie*, S. 171 ff.; „Der Konflikt der modernen Kultur", S. 151 ff. Siehe hierzu auch
      Max Scheler, Versuche einer Philosophie des Lebens, in: Die Weissen Blätter I (1913/14), S. 203-233; ferner
      Heinrich Rickert, Die Philosophie des Lebens. Darstellung und Kritik der philosophischen Modeströmungen
      unserer Zeit, 2. Aufl. Tübingen 1922, S. 17 ff.

96   *Lebensanschauung*, S 20 ff. und 97.

97   Vgl. Nietzsche, Unzeitgemäße Betrachtungen. Erstes Stück: David Strauss, der Bekenner und Schriftsteller,
      Aphorismus I, in: Werke, Band I, S. 137.

98   Zu einer einschlägigen Analyse der philosophisch angehauchten Kriegsliteratur, in welcher der Krieg von
      1914-1918 oft als der ‚Krieg Nietzsches‘ bezeichnet worden ist und in deren Kontext auch Simmels eigene
      Kriegsschriften anzusiedeln sind, siehe Hermann Lübbe, Politische Philosophie in Deutschland. Studien zu
      ihrer Geschichte, Basel 1963, S. 171 ff.

99   *Der Krieg und die geistigen Entscheidungen*, S. 25.

Simmel hatte zu diesem Zeitpunkt deshalb nicht nur die ästhetisch-kontemplative *Distanz* radikal in Frage gestellt, die zwischen der Welt der Dinge und der Welt der Menschen besteht, sondern auch jene „mechanische Teilung" zwischen dem Individuellen und dem Allgemeinen, die nun durch die Herausbildung einer „überindividuellen Ganzheit" abgelöst werden soll, „in der das Individuellste und das Allgemeinste sich an jedem Punkt zur Lebenseinheit durchdringen"[100]. Der Krieg stellt aber Simmel zufolge auch die bisherige Rangordnung der Werte radikal in Frage, indem er eine Korrektur jener ‚teleologischen Reihe‘ bewirkt, vermittels der das Geld von einem reinen Mittel des Tausches zu einem Selbstzweck geworden ist. Ihm zufolge führt der Krieg aufgrund der durch ihn bewirkten Konzentration aller Lebensinhalte auf eine *absolute Situation* und eine *absolute Entscheidung* notwendigerweise zu einer „neuen Wertrangierung"[101]. Diese neuerliche Umwertung aller bisherigen Werte stelle ebenso wie die durch den Krieg bedingte Steigerung der *Verantwortlichkeit* jeder einzelnen Handlung für die Gestaltung der Zukunft aber auch in sozialer Hinsicht einen großen „Scheidungsprozeß zwischen Licht und Finsternis, zwischen dem Edlen und dem Gemeinen, denen die läßliche Friedenszeit unentschiedenere Grenzen gestatten konnte; so zwischen den Völkern wie innerhalb der Völker, ja innerhalb der Individuen. Es scheint zum Lebensrhythmus der Menschheit zu gehören, daß sie von Zeit zu Zeit solche Epochen der Differenzierung erfährt, in denen Farbe bekannt wird und aus denen sie dann wieder in eine mehr kontinuierliche Verbindung ihrer Pole, in einen toleranteren Relativismus ihrer Werte übergeht. Der Krieg hat dem Leben eine ungeheure Intensitätssteigerung gebracht, in der die wundervollen Menschen noch wundervoller, die Lumpen noch lumpiger geworden sind."[102]

Simmels Versuch, der nihilistischen Selbstzerstörung der europäischen Staatenwelt und ihres gemeinsamen kulturellen Erbes trotz der Zweifel, die er hegte, dennoch einen tieferen ‚metaphysischen‘ Sinn abzugewinnen, gerann ihm gleichwohl nur zur Beschreibung einer Szene beziehungsweise eines Aktes innerhalb eines endlosen ‚Dramas‘, in dem sich die „Tragödie der Kultur" vollzieht.[103] Zwar besteht die Eigenart der Krisis der modernen Kultur Simmel zufolge darin, daß sich in ihr der Lebensprozeß nun nicht mehr gegen eine *bestimmte* Form der objektiven Kultur, sondern gegen das *Prinzip der Form* als solches wendet. Dennoch hielt er weiterhin an der Unhintergehbarkeit jenes ‚Pathos der Distanz‘ fest, das die Vorstellung einer ‚umweglosen‘ Selbstoffenbarung des Lebens verwirft und diese auf die prinzipielle Unvermeidbarkeit der ‚Form‘ beziehungsweise der ‚Formung‘ verweist.[104] Insofern er diesen Werterhöhungsprozeß des Lebens als einen ewigen Kampf um *Mehr-Leben* umschrieben hat, ist er Nietzsche bis zuletzt treu geblieben. Insofern er den Kampf um einen neuen geistigen Lebensinhalt dagegen als einen Kampf um *Mehr-als-Leben* verstand, hat er zugleich versucht, über ihn *hinauszudenken*. Damit ist zugleich jene Tragödie zum Ausdruck gebracht, die ihm zufolge nicht nur die *typische Tragödie des Geistes* kennzeichnet, sondern die auch seine *eigene* persönliche Tragödie widerspiegelt: nämlich den unlösbaren Konflikt, „das Seiende lie-

---

100   Ebd., S. 10 f.

101   Ebd., S. 20 und 59.

102   Ebd., S. 16. Zu diesem prinzipiell möglichen grundlegenden Wandel der Form der sozialen Differenzierung vgl. ferner *Einleitung in die Moralwissenschaft*, Band I, S. 362 f.

103   Ebd., S. 63 ff.

104   „Der Konflikt der modernen Kultur", S. 150 ff. und 172.

ben zu müssen, weil es als solches doch die Wirklichkeit der Idee ist – und es hassen zu müssen, weil es eben Wirklichkeit und als solche nicht Idee ist"[105].

---

105 *Hauptprobleme der Philosophie*, S. 111.

3. Die Seele und das Geld – Kulturtheoretische Implikationen in Georg Simmels „Philosophie des Geldes"

> *„Ich weiß, daß ich ohne geistige Erben sterben werde (und es ist gut so). Meine Hinterlassenschaft ist wie eine in barem Gelde, das an viele Erben verteilt wird, und jeder setzt sein Teil in irgend einen Erwerb um, der seiner Natur entspricht: dem die Provenienz aus jener Hinterlassenschaft nicht anzusehen ist."*
>
> Georg Simmel

Philosophie, Ästhetik und Soziologie

Das Werk Georg Simmels im Hinblick auf seine Bedeutung für die Grundlegung einer spezifischen Tradition der Kultursoziologie zu würdigen, wie sie unter anderem in den Arbeiten von Max und Alfred Weber, Werner Sombart und Karl Mannheim zum Ausdruck kommt, heißt vor allem, sich über den kategorialen Status sowie die methodologischen Implikationen seiner 1900 erschienenen *Philosophie des Geldes* Gewißheit zu verschaffen.[1] Denn in ihr hat Simmel nicht nur eine genuine Theorie der Moderne auf der Grundlage seiner Rekonstruktion der Entstehung der modernen Geldwirtschaft entwickelt, die in Max Webers Untersuchungen über die Entwicklung des okzidentalen Rationalismus ihren bedeutendsten rezeptionsgeschichtlichen Niederschlag gefunden hat. In seiner *Philosophie des Geldes* skizzierte er nämlich zugleich die Grundlagen seiner späteren Kulturtheorie, die er nach der Jahrhundertwende in seinen verschiedenen kulturphilosophischen Essays weiterentwickelt hat, welche die in seiner 1911 erschienenen Aufsatzsammlung *Philosophische Kultur* Eingang gefunden haben.[2] Simmels Bedeutung als einer der ‚Ahnen des Kulturbolschewismus', wie ihn Walter Benjamin einmal bezeichnet hat[3], ist jedoch weniger in diesen späteren kulturphilosophischen Essays begründet, in denen er die Marxsche Analyse des Warenfetischismus und der in dieser implizierten ‚Entfremdung' der Produzenten von den Produktionsmitteln und den Produkten ihrer Arbeit zu einer universellen, geschichtsübergreifenden ‚Krise' und ‚Tragödie der Kultur' verallgemeinert hat. Sie ist vielmehr untrennbar mit seiner *Philosophie des Geldes* verbunden, in der er die Bedeutung der modernen Geldwirtschaft hinsichtlich der Prägung des modernen ‚Lebensstils' sowie der ‚seelischen' Verfassung der Individuen aufzuzeigen versuchte. Die spezifische Erfahrung von *Modernität*, wie sie im Gefolge des neuzeitlichen Prozesses der Rationalisierung aller Lebensbereiche, der Ausbreitung eines alle Kontinente, Staa-

---

1   Georg Simmel, Philosophie des Geldes (1900), 4. Aufl. München / Leipzig 1922. Die folgenden Zitate beziehen sich ausschließlich auf diese Auflage.

2   Vgl. ders., Philosophische Kultur. Über das Abenteuer, die Geschlechter und die Krise der Moderne, Neuauflage Berlin 1983. Als weitere Arbeiten Simmels, die diesem Themenkreis zuzuordnen sind, seien ferner aufgeführt: Vom Wesen der Kultur, in: Österreichische Rundschau 15 (1908), S. 36-42; Die Krisis der Kultur. Rede, gehalten in Wien, Januar 1916; in: ders., Der Krieg und die geistigen Entscheidungen. Reden und Aufsätze, München / Leipzig 1917; Der Konflikt der modernen Kultur (1918), in: ders., Das individuelle Gesetz. Philosophische Exkurse, Frankfurt 1968, S. 148-173.

3   Walter Benjamin, Brief an Theodor W. Adorno vom 23. Februar 1939, in: Hannes Böhringer / Karlfried Gründer (Hrsg.), Ästhetik und Soziologie um die Jahrhundertwende: Georg Simmel, Frankfurt am Main 1976, S. 65.

ten und gesellschaftliche Ordnungen umfassenden Geld- und Nachrichtenverkehrs sowie in der Ausbildung spezifisch großstädtischer Lebensformen zum Ausdruck kommt, ist denn auch der empirische Bezugspunkt, von dem die einzelnen kulturtheoretischen Analysen Simmels ausgehen[4]. Aber nur in seiner *Philosophie des Geldes* hat Simmel einen systematischen Bezugsrahmen entwickelt, in dem diese Studien verankert sind und der insofern einen Aufschluß über deren Status in Simmels Werk zu geben vermag.

In diesem bahnbrechenden Buch der Jahrhundertwende wird das Geld als das zentrale Medium der Vergesellschaftung sowie als „Ergebnis tieferer Wertungen und Strömungen, psychologischer, ja metaphysischer Voraussetzungen" dargestellt und seine Auswirkungen auf das Verhältnis zwischen der ‚subjektiven' und der ‚objektiven Kultur' behandelt.[5] Mit seiner *Philosophie des Geldes* sind aber zugleich eine Reihe von Implikationen verbunden, die ihr Verhältnis zu einer ‚materialistischen' Geschichtsbetrachtung betreffen, von der sich Simmel kritisch abgegrenzt hat: „Die Behauptung des historischen Materialismus, der alle Formen und Inhalte der Kultur aus den jeweiligen Verhältnissen der Wirtschaft aufwachsen läßt, ergänze ich durch den Nachweis, daß die ökonomischen Wertungen und Bewegungen ihrerseits den Ausdruck tieferliegender Strömungen des individuellen und des gesellschaftlichen Geistes sind. Jeder Begründung des intellektuellen oder sittlichen, des religiösen oder des künstlerischen Daseins auf die Kräfte und Wandlungen des Materiellen steht die Möglichkeit gegenüber, für diese letzteren ein weiteres Fundament aufzugraben und den Verlauf der Geschichte als ein Wechselspiel zwischen den materiellen und den ideellen Faktoren zu begreifen, in dem keiner der erste und keiner der letzte ist. Indem ich dies an den Verhältnissen zwischen den uns bekannten Formen der Wirtschaft und den großen Interessenprovinzen der Innerlichkeit durchzuführen versuche, soll damit die Überzeugung belegt werden, daß sich von jedem Punkte der gleichgültigsten, unidealsten Oberfläche des Lebens ein Senkblei in seine letzten Tiefen werfen läßt, daß jede seiner Einzelheiten die Ganzheit seines Sinnes trägt und von ihr getragen wird."[6]

Gegenüber Simmels methodischer Vorgehensweise ist oft der Vorwurf des ‚Ästhetizismus' erhoben worden[7]. In der Tat ist seine *Philosophie des Geldes* durch eine enge Beziehung

---

4   Siehe hierzu insbesondere die verdienstvollen Untersuchungen von David P. Frisby, Georg Simmels Theorie der Moderne, in: Heinz-Jürgen Dahme / Otthein Rammstedt (Hrsg.), Georg Simmel und die Moderne. Neue Interpretationen und Materialien, Frankfurt am Main 1984, S. 9-79; ders., Sociological Impressionism. A Reassessment of Georg Simmel's Social Theory, London 1981, besonders S. 68 ff., 102 ff. und 132; ders., Fragments of Modernity. Theories of Modernity in the Work of Simmel, Kracauer and Benjamin, Cambridge 1985. Vgl. auch Jürgen Habermas, Simmel als Zeitdiagnostiker, in: Philosophische Kultur, a.a.O., S. 243-252; ferner Georg Lohmann, Die zögernde Begrüßung der Moderne. Zu Georg Simmels Diagnose moderner Lebensstile, in: Burkart Lutz (Hrsg.), Soziologie und gesellschaftliche Entwicklung. Verhandlungen des 22. Deutschen Soziologentages in Dortmund 1984, Frankfurt am Main 1985, S. 543-548.

5   *Philosophie des Geldes*, S. VIII.

6   Georg Simmel, „Philosophie des Geldes" (Selbstanzeige), in: Das freie Wort 1 (1901-02), S. 170 f. Zu einer ähnlichen Bestimmung des Wechselverhältnisses zwischen den ‚Ideen' und den ‚Interessen' vgl. auch Max Weber, Die Wirtschaftsethik der Weltreligionen. Einleitung, in: ders., Gesammelte Aufsätze zur Religionssoziologie, Band 1, Tübingen 1920, S. 252 ff.; ders., Die „Objektivität" sozialwissenschaftlicher und sozialpolitischer Erkenntnis, in: Archiv für Sozialwissenschaften und Sozialpolitik 19 (1904), S. 37 ff.

7   Vgl. Max Frischeisen-Köhler, Georg Simmel, in: Kant-Studien 24 (1919-20), S. 1-51, besonders S. 4, 7, 18 und 34; Murray S. Davis, Georg Simmel and the Aesthetics of Social Reality, in: Social Forces 51 (1973), S. 320-329; Sibylle Hübner-Funk, Ästhetizismus und Soziologie bei Georg Simmel, in: Böhringer / Gründer (Hrsg.), Ästhetik und Soziologie um die Jahrhundertwende, a.a.O., S. 44-70; dies., Georg Simmels Konzeption

zwischen einer philosophisch-metaphysischen und einer ästhetischen Betrachtungsweise gekennzeichnet. Sie verdeutlicht zugleich den Abstand, der die *Philosophie des Geldes* von der metaphysischen Tradition trennt. Nicht zufällig ist Georg Simmels Werk neben dem von Ernst Troeltsch als Bahnbereiter einer ‚Auferstehung der Metaphysik' verstanden worden.[8] Man könnte sogar das eigentliche Anliegen seiner *Philosophie des Geldes* in Anlehnung an eine ursprünglich von Kant gestellte Frage folgendermaßen zum Ausdruck bringen: Wie ist ‚Metaphysik', das heißt eine einheitliche Deutung der Welt in einer auf funktionaler Differenzierung und fortschreitender Rationalisierung beruhenden Gesellschaft überhaupt noch möglich?

Daß die *Philosophie des Geldes* tatsächlich eine Antwort auf diese Frage zu geben versucht, wird anhand ihres eigentümlichen Verhältnisses zur Tradition der Philosophia perennis sowie zur Kunst deutlich. Denn während die Kunst von etwas Einzelnem ausgeht und an ihm exemplarisch das Allgemeine aufzuzeigen versucht, zielt die traditionelle Metaphysik demgegenüber auf eine unmittelbare Interpretation der ‚Gesamtheit des Daseins' ab. Insofern stellt die *Philosophie des Geldes* eine Synthese beider Verfahrensweisen dar, da sie von einem Einzelfall – nämlich dem Geld – ausgeht, um ihm anschließend „durch seine Erweiterung und Hinausführung zur Totalität und zum Allgemeinsten gerecht zu werden"[9]. Nur in dieser vermittelten Form ist Simmel zufolge vor dem Hintergrund der spezifischen Erfahrung der Moderne noch eine Antwort auf die traditionelle philosophische Frage nach der Einheit der Welt möglich. Dies hat zur Konsequenz – und dies ist genau die ‚kopernikanische Wende', welche die *Philosophie des Geldes* innerhalb der Philosophiegeschichte des 20. Jahrhunderts darstellt – daß sie sich notwendigerweise mit den verschiedenen Erscheinungsformen des alltäglichen Lebens auseinandersetzen muß und an jedem einzelnen Sachverhalt zugleich jenes Allgemeine aufzeigt, das ihnen gemeinsam ist und sie miteinander verbindet.

Aber nicht nur indem sie auf ein solches ‚individuelles Allgemeines' abzielt, unterhält die *Philosophie des Geldes* eine engere Beziehung zu ästhetische Verfahrensweisen. Es ist vor allem der Charakter des *Symbolischen*, der Simmel zufolge sowohl ihren Gegenstand als auch ihre spezifische Form der Annäherung an die Wirklichkeit kennzeichnet, welche diese auffallende ‚Wahlverwandtschaft' zwischen Ästhetik und Philosophie bedingt. Bereits in seiner Abhandlung über *Die Probleme der Geschichtsphilosophie* von 1892 hatte Simmel die Eigenart der philosophisch-metaphysischen Spekulation darin gesehen, daß sie zum einen eine mögliche „Anticipation des realistischen Erkennens" beinhalte und insofern immer nur eine „vorläufige Wissenschaft" darstelle.[10] Andererseits habe sie den bleibenden „formalen Wert, überhaupt ein vollendetes Weltbild nach durchgehenden Prinzipien anzustreben"[11]. So ver-

---

von Gesellschaft, Köln 1982; dies., Die ästhetische Konstituierung gesellschaftlicher Erkenntnis am Beispiel der „Philosophie des Geldes", in: Dahme / Rammstedt (Hrsg.), Georg Simmels Theorie der Moderne, a.a.O., S. 183-201; Hannes Böhringer, Die „Philosophie des Geldes" als ästhetische Theorie. Stichworte zur Aktualität Georg Simmels für die moderne bildende Kunst, ebd., S. 178-182; Frisby, Sociological Impressionism, a.a.O.

8   Peter Wust, Die Auferstehung der Metaphysik, Hamburg 1963 (zuerst 1920), S. 204 ff.

9   *Philosophie des Geldes*, S. VIII.

10   Georg Simmel, Die Probleme der Geschichtsphilosophie. Eine erkenntnistheoretische Studie, Leipzig 1892, S. 60 f.

11   Ebd., S. 63.

schaffe sich die menschliche Phantasie auf *symbolischem* Wege die Befriedigung eines metaphysischen Bedürfnisses, die ihm auf realistischem Wege versagt bleibe.[12].

Es ist nicht zu übersehen, daß sich Simmel zufolge auch die durch die moderne Geldwirtschaft geprägte soziale Welt dem Blick eines unbefangenen Beobachters dermaßen fragmentarisch darstellt, daß sie die Möglichkeit ihrer unvermittelten begrifflichen Erkenntnis grundsätzlich ausschließt. Gerade die geldwirtschaftlich bedingte ‚Distanz' zu den Dingen und die durch sie bedingte ‚Hyperästhesie' impliziere den Reiz des *Fragmentes*, der bloßen *Andeutung*, des *Aphorismus* und des *Symbols*: „Die Wirklichkeit giebt sich in ihnen nicht mit gerader Sicherheit, sondern mit gleich zurückgezogenen Fingerspitzen."[13] Simmels 1908 erschienene *Soziologie* trägt dieser Eigenart der modernen Wirklichkeitserfahrung dahingehend Rechnung, daß sie auf eine vorschnelle Systematisierung ihrer Untersuchungsergebnisse in Gestalt einer ‚Theorie der Gesellschaft' bewußt verzichtet und sich in methodischer Hinsicht auf eine Ansammlung von Beispielen, in inhaltlicher Sicht dagegen auf eine Zusammenstellung von Fragmenten beschränkt.[14] Und seine *Philosophie des Geldes* versucht auf symbolischem Weg eine Annäherung an jene ‚Ganzheit des Lebens' zu erreichen, die sich ihm zufolge sowohl einer rein empirischen als auch einer begrifflich-rationalen Erfassung entzieht.[15]

Stellt die *Philosophie des Geldes* somit nicht nur eine *Metaphysik der Moderne*, sondern in gewisser Hinsicht zugleich ein *Gesamtkunstwerk* dar, so läßt sie sich dennoch weder auf eine rein ästhetische Betrachtungsweise reduzieren noch ist sie damit schon zureichend als eine ernstzunehmende Kulturtheorie bestimmt, Dies läßt sich anhand des Status eines Kunstwerks verdeutlichen. Zwar bestreitet Simmel nicht grundsätzlich den autonomen Status der Kunst, sondern ganz im Gegenteil![16] *Kulturell* bedeutsam ist ihm zufolge ein Kunstwerk jedoch nur dann, wenn es nicht in seiner selbstgenügsamen Geschlossenheit, sondern als Teil der *allgemeinen Kultur* und ihrer Entwicklung betrachtet wird. Denn auch das künstlerische Werk gilt nur dann als ein ‚Kulturwert', wenn es in eine ‚Kulturreihe' gestellt und „auf seine Bedeutung für die Gesamtentwicklung der einzelnen Individuen und ihrer Summe hin angesehen wird"[17]. In dieser Hinsicht kommt aber auch dem Kunstwerk zugleich etwas Allgemeines zu, das es über seinen Status als Emanation der Persönlichkeit eines einzelnen Subjektes heraushebt und mit verschiedenen anderen Ausdrucksformen der menschlichen ‚Seele' verbindet.

Simmel bezeichnet dieses Allgemeine, das nicht nur die verschiedensten Werke der Kunst als Glieder einer einheitlichen ‚Kulturreihe' mit einschließt, sondern prinzipiell alle

---

12 Vgl. ebd., S. 106 ff.

13 Georg Simmel, Soziologische Ästhetik, in: Die Zukunft 17 (1896), S. 204.

14 Vgl. ders., Soziologie, Untersuchungen über die Formen der Vergesellschaftung, 5. Aufl. Berlin 1968, S. 14. Murray S. Davis spricht in diesem Zusammenhang von einer „universalization through particularization", um die fragmentarische, auf ein konkretes Phänomen bezogene Untersuchungsweise Simmels zu charakterisieren (a.a.O., S. 327). Siehe hierzu auch Charles D. Axelrod, Toward an Appreciation of Simmel's Fragmentary Style, in: Sociological Quarterly 18 (1977), S. 185-196. Zur Verallgemeinerung dieses methodischen Ansatzes zu einer lebensphilosophischen Grunderfahrung vgl. Simmel, Der Fragmentcharakter des Lebens. Aus den Vorstudien zu einer Metaphysik, in: Logos 6 (1916-17), S. 29-40.

15 Vgl. *Philosophie des Geldes*, S. V.

16 Simmel vertritt eine hermetische Auffassung des Kunstwerks, die vor dem Hintergrund der zeitgenössischen Kunst geradezu antiquiert wirkt. Vgl. hierzu seine einzelnen kunsttheoretischen Untersuchungen und Künstlermonographien, insbesondere seinen Aufsatz über „L'art pour l'art" in: ders., Zur Philosophie der Kunst. Philosophische und kunstphilosophische Aufsätze, Potsdam 1922.

17 „Vom Wesen der Kultur", S. 40.

Objektivationen und Gestaltungen des Lebens, sofern sie nicht rein autonome Gebilde sind, sondern im Hinblick auf ihre spezifische ‚Kulturbedeutsamkeit‘ betrachtet werden, als ihren *Stil*. Denn dem Stil kommt sowohl als einem Gestaltungsprinzip der künstlerischen Produktion als auch der praktischen Lebensführung die Bedeutung zu, „eine beliebige Verschiedenheit von Inhalten sich formgleich ausdrücken zu lassen"[18]. Insofern erfüllt die Kategorie des Stils eine ähnliche synthetische Funktion wie der Begriff der *Form*, den Simmel seinen soziologischen Untersuchungen zugrunde gelegt hat.[19] Während der Begriff der Form jedoch eine Abstraktion von jenen ‚Inhalten‘ beinhaltet, die in sie als ‚Material‘ eingehen, bewahrt der *Stil* zugleich die Eigenart des Individuellen, dessen Allgemeinheitscharakter er in Gestalt einer ‚Formgleichheit‘ mit anderen Inhalten zum Ausdruck bringt. Deshalb spricht Simmel in diesem Zusammenhang auch oft von einer *Analogie*, um deutlich zu machen, daß dieser Typus der stilistischen Entsprechung zwischen verschiedenen objektiven Gebilden zugleich deren Eigenart bewahrt und sie somit als Ausdruck derselben Form von ‚Seelenhaftigkeit‘ kennzeichnet.[20] Als genuiner ‚Kategorie der Kultur‘ bleibt beim Stilbegriff somit der konstitutive Bezug auf die Entwicklungs- und Äußerungsformen der ‚Innerlichkeit‘ bewahrt, ohne daß diese sich wie bei der Betrachtung eines autonomen Kunstwerks auf eine ‚personale Einheit‘ reduzieren läßt.

Insofern ist jeder Stil durch ein gesellschaftliches Moment gekennzeichnet, das Simmel zufolge dem ‚großen Kunstwerk‘ gerade abgesprochen werden muß, da dieses die Äußerungsform einer ganz außergewöhnlichen Persönlichkeit darstellt. Das *ästhetische Ideal* ist somit streng vom *Kulturideal* zu unterscheiden: „Je getrennter ein Produkt von der subjektiven Seelenhaftigkeit seines Schöpfers ist, je mehr es in eine objektive, für sich geltende Ordnung eingestellt ist, desto spezifischer ist seine *kulturelle* Bedeutung, desto geeigneter ist es, als ein allgemeines Mittel in die Ausbildung vieler Seelen einbezogen zu werden. Es verhält sich damit, wie mit dem ‚Stil‘ eines Kunstwerkes. Das ganz große Kunstwerk, in dem eine souveräne Seele einen nur ihr eigenen Ausdruck gefunden hat, pflegen wir kaum nach seinem Stil zu fragen; denn dieser ist eine *allgemeine* Ausdrucksart, vielen Äußerungen gemeinsam, eine von ihrem jeweiligen Inhalt ideell trennbare Form. […] Und ebenso findet das ganz Große und ganz Persönliche überhaupt, so erheblich seine Kultureinwirkung auch tatsächlich sein mag, doch unter dieser Kategorie nicht seine bedeutsamste, seinem Wert am meisten akzentuierende Stelle; diese bietet sich vielmehr den ihrem inneren Wesen nach allgemeineren, unpersönlicheren Leistungen an, die in größere Distanz vom Subjekt hin objektiviert sind und sich damit gewissermaßen ‚selbstloser‘ zu Stationen der seelischen Entwicklungen hergeben."[21]

---

18 *Philosophie des Geldes*, S. 529; vgl. *Soziologie*, S. 280. Siehe ferner Simmels ausführliche Behandlung dieses Themas in seinem Aufsatz „Das Problem des Stiles", in: Die Kunst - Dekorative Kunst 11 (1908), S. 307-316.

19 Zur ausführlichen Diskussion des Formbegriffs in Simmels soziologischen Untersuchungen siehe Maria Steinhoff, Die Form als soziologische Grundkategorie bei Georg Simmel, in: Kölner Vierteljahrshefte für Soziologie 4 (1924-25), S. 214-259; Hans-Joachim Lieber / Peter Furth, Zur Dialektik der Simmelschen Konzeption einer formalen Soziologie, in: Kurt Gassen / Michael Landmann (Hrsg.), Buch des Dankes an Georg Simmel. Briefe, Erinnerungen, Bibliographie, Berlin 1958, S. 39-60; ferner A.M. Bevers, Dynamik der Formen bei Georg Simmel. Eine Studie über die methodische und theoretische Einheit seines Gesamtwerkes, Berlin 1985, besonders S. 72 ff.

20 Zu Simmels extensivem Gebrauch von Analogiebildungen siehe Siegfried Kracauer, Georg Simmel, in: Logos 9 (1920-21), S. 307-338.

21 „Vom Wesen der Kultur", S. 41; vgl. *Soziologie*, .S. 550 f.; *Philosophie des Geldes*, S. 503 und 537.

Indem Simmel die Entwicklung des *Menschentums* als den „eigentlichen Gegenstand der Kultur" ansieht, da nur sie die „Forderung einer Vollendung" beinhaltet, weil allein die menschliche *Seele* jene Entfaltungsmöglichkeiten enthält,[22] werden zugleich die kategorialen Grenzen zwischen einer formalsoziologischen Analyse von Vergesellschaftungsprozessen und einer immanenten Interpretation von geistigen Gebilden deutlich. Genau diese disziplinären Grenzziehungen versucht seine *Philosophie des Geldes* zu überschreiten, indem sie alle Objektivationen nur dann als ‚Kulturwert' und ‚Kulturfaktor' ansieht, wenn sie zugleich ein „Mittel für die Bildung einer seelischen Gesamtheit" darstellen.[23] Innerhalb dieser kulturtheoretischen Betrachtungsweise stellt sich deshalb nicht nur die Frage: Wie ist Gesellschaft überhaupt als eine „objektive Form subjektiver Seelen" möglich?[24], sondern auch die Frage: Wie sind die objektiven Inhalte der Kunst, Religion und Metaphysik zugleich als „Kategorien der Kultur, d.h. als Entwicklung unserer inneren Totalität" denkbar?[25] Anders gesprochen: „Der Gesellschaft gegenüber ergibt diese geistige Attitüde Fragen wie diese: Ist die Gesellschaft der Zweck der menschlichen Existenz oder ein Mittel für das Individuum? Ist sie etwa für dieses nicht einmal ein Mittel, sondern umgekehrt eine Hemmung? Liegt ihr Wert in ihrem funktionellen Leben oder in der Erzeugung eines objektiven Geistes oder in den ethischen Qualitäten, die sie an dem Einzelnen hervorruft? Offenbart sich in den typischen Entwicklungsstadien der Gesellschaften eine kosmische Analogie? – so daß die sozialen Beziehungen der Menschen in eine allgemeine, für sich nicht in die Erscheinung tretende, alle Erscheinungen aber fundamentierende Form oder Rhythmus einzuordnen wären, die auch die Wurzelkräfte der materiellen Tatsachen lenkt? Kann es überhaupt eine metaphysisch-religiöse Bedeutung von Gesamtheiten geben, oder ist diese den individuellen Seelen vorbehalten?"[26]

Simmel hat das Problem, inwieweit nicht nur der ‚individuellen Seele', sondern auch Kollektivgebilden eine ‚metaphysisch-religiöse Bedeutung' zugesprochen werden kann, am Beispiel seiner Analyse der Entwicklung der Geldwirtschaft zu lösen versucht, indem er diese zugleich mit einer Entwicklungsgeschichte der menschlichen ‚Seele' verbindet, in der die ‚subjektive' und die ‚objektive Kultur', das heißt die ‚Kultur der Individuen' und die ‚kulturelle Logik der Objekte' zunehmend auseinandertreten und sich voneinander entfernen. Im Folgenden soll deshalb dieses Differenzierungstheorem, das Simmel erlaubt, den kulturellen Entwicklungsprozeß sowohl als ‚Läuterungsprozeß' des Geldes *als auch* als ‚Weg der Seele zu sich selbst' zu bezeichnen, kurz dargestellt werden, bevor wir uns der Frage zuwenden, in welcher Weise Simmel die methodischen Instrumentarien der Symbolisierung, der Analogiebildung und der Stilanalyse für seine kulturtheoretischen Untersuchungen der Moderne fruchtbar gemacht hat.

---

22   „Vom Wesen der Kultur", S. 38.
23   Ebd., S. 41.
24   *Soziologie*, S. 21.
25   „Vom Wesen der Kultur", S. 40.
26   *Soziologie*, S. 20.

Metaphysik der Seele und des Geldes

Ausgangspunkt von Simmels Theorie der gesellschaftlichen Entwicklung ist die Überlegung, daß die ursprüngliche Einheit von belebter und unbelebter Natur, wie sie noch im mythischen Bild der Welt zum Ausdruck kommt, aufgrund der instrumentellen Bearbeitung und Aneignung der äußeren Natur, der fortschreitenden gesellschaftlichen Arbeitsteilung und sozialen Differenzierung sowie der durch die Geldwirtschaft ermöglichten Austauschprozesse zwischen den unterschiedlichen Stammesgesellschaften und Territorialstaaten durch das dadurch bedingte Auseinandertreten von ‚Natur‘ und ‚Kultur‘, ‚Subjekt‘ und ‚Objekt‘ sowie ‚Wirklichkeit‘ und ‚Wert‘ aufgelöst wird.[27] Der ‚Kulturwert der Differenzierung‘ besteht Simmel zufolge gerade darin, diesen ursprünglichen Indifferenzzustand, d.h. die ungebrochene Einheit von Mensch und Welt in eine Vielzahl von ‚Relationen‘ und ‚Wechselwirkungen‘ zwischen den differentesten Bereichen aufzubrechen.[28] Eine Erkenntnistheorie der Sozialwissenschaften muß aber diesem Umstand Rechnung tragen, indem sie bei ihren Begriffsbildungen nicht mehr von der scheinbaren Gewißheit vorgegebener ‚Substanzen‘ ausgeht, sondern von einer grundlegenden Erfahrung der Differenz. Simmel hat in seiner Untersuchung *Über sociale Differenzierung* dabei das Programm eines ‚spekulativen Atomismus‘ angedeutet, in dem die Möglichkeit von begrifflichen Verallgemeinerungen und der Formulierung von naturwissenschaftlichen Gesetzesaussagen an eine progressive Überwindung jeder ‚Schwelle der Zerkleinerung‘ gebunden ist. Die durch die zunehmende Differenzierung bewirkten Individualisierungsprozesse und die damit einhergehenden begrifflichen Verallgemeinerungen verhalten sich dabei reziprok zueinander. Simmel kann deshalb auch folgendes Credo verkünden: „Ich bin überzeugt: wenn alle Bewegungen der Welt auf die allbeherrschende Gesetzmäßigkeit der Mechanik der Atome zurückgeführt wären, so würden wir schärfer als je vorher erkennen, worin sich jedes Wesen von jedem andern unterscheidet.“[29]

Subsumieren die Naturwissenschaften die qualitative Verschiedenheit der Phänomene unter die Herrschaft eines allgemeinen Gesetzes, ist jedoch auch noch eine andere Umgangsweise mit ihnen möglich, „in der die Allgleichheit völlig durchbrochen ist, in der die höchste Erhebung des einen Punktes neben dem entschiedensten Herabdrücken des anderen steht, und deren tiefstes Wesen nicht die Einheit, sondern der Unterschied ist: die Rangierung nach Werten“[30]. Dieses ‚innere Bild‘ der Dinge ist es, das Simmels *Philosophie des Geldes* zugrunde liegt, um die Frage zu beantworten, welche engeren Beziehungen zwischen der Entstehung des naturwissenschaftlichen Weltbildes der Neuzeit und der Entwicklung der Geldwirtschaft

---

27 Vgl. *Philosophie des Geldes*, S. 9 ff., 502 ff. und 532. Simmel schließt hierbei an Überlegungen an, die er bereits in seiner früheren Schrift *Über sociale Differenzierung* angestellt hatte (vgl. dort besonders S. 45 ff.). Siehe ferner Georg Simmel, Rudolf Euckens „Lebensanschauungen“, in: Sonntagsbeilage Nr. 26 zur Vossischen Zeitung vom 28.6.1891, Spalte 7-8.

28 Vgl. *Über sociale Differenzierung*, S. 99. Zur ausführlichen Diskussion des ‚Kulturwerts der Differenzierung‘ siehe auch Klaus Lichtblau, Das „Pathos der Distanz“ Präliminarien zur Nietzsche-Rezeption bei Georg Simmel, in Dahme / Rammstedt (Hrsg.), Georg Simmel und die Moderne, a.a.O., S. 231-281 (in diesem Band S. 97 ff.).

29 *Über sociale Differenzierung*, S. 68. Zu diesem Programms eines ‚spekulativen Atomismus‘, der eine Synthese von Herbert Spencers Evolutionstheorie und der Atomlehre von *Gustav Theodor Fechner* darstellt, siehe Hannes Böhringer, Spuren von spekulativem Atomismus in Simmels formaler Soziologie, in: Böhringer / Gründer (Hrsg.), Ästhetik und Soziologie um die Jahrhundertwende, a.a.O., S. 105-117.

30 *Philosophie des Geldes*, S. 12.

bestehen. Beinhaltet jede Wertung an sich keine reale Eigenschaft der Dinge, sondern „ein im Subjekt verbleibendes Urteil über sie"[31], so möchte Simmel am Beispiel des wirtschaftlichen Wertes aufzeigen, wie trotz des subjektiven Ursprungs jeder Wertung dennoch eine überindividuelle Objektivität und Intersubjektivität von Werten möglich ist. Simmels Rekonstruktion der Entstehung der modernen Geldwirtschaft stellt somit eine Analyse jenes Objektivationsprozesses des wirtschaftlichen Wertes dar, der zugleich mit einer zunehmenden *Distanzierung* identisch ist, die sich zwischen den begehrenden Subjekten und den Gegenständen dieses Begehrens aufspannt und in der vormals rein innerpsychische Willens- und Gefühlsinhalte allmählich eine gegenständliche Form annehmen.[32]

Diese Vergegenständlichung des wirtschaftlichen Wertes findet Simmel zufolge in Gestalt des „aufopfernden Tausches" statt.[33] Denn nur innerhalb sozialer Austauschprozesse werden individuelle Wertschätzungen ‚übersubjektiv' und der Wert eines begehrten Objektes überhaupt erst zu einem ‚wirtschaftlichen' Wert. Denn im Tausch werden zwei verschiedene Begehrungsintensitäten, die sich auf die Seltenheit und subjektive Brauchbarkeit der ausgetauschten Gegenstände beziehen, aneinander gemessen. Der Tausch erweist sich somit als ein „soziologisches Gebilde sui generis", d.h. als eine elementare Form der Vergesellschaftung, welche die ‚Gesellschaft' als ein „übersinguläres Gebilde, das doch nicht abstrakt ist", überhaupt erst ermöglicht.[34] Ähnlich wie die in seiner *Soziologie* von 1908 zusammengefaßten Einzeluntersuchungen hat auch seine *Philosophie des Geldes* diese ‚Gesellschaft' beziehungsweise ‚Vergesellschaftung' somit „gleichsam im status nascens" zum Gegenstand, d.h. als ein „ewiges Fließen und Pulsieren, das die Individuen verkettet, auch wo es nicht zu eigentlichen Organisationen aufsteigt"[35]. In Gestalt des Geldes erhält diese „Überindividualität der Wechselwirkung mit andern Seelen" dabei ihren reinsten und symbolisch adäquatesten Ausdruck.[36] In ihm haben die sozialen Wechselwirkungen ihre „reinste Darstellung" gefunden; es ist die „Greifbarkeit des Abstraktesten, das Einzelgebilde, das am meisten seinen Sinn in der Übereinzelheit hat"[37].

Dieser symbolische Charakter des Geldes, der auf einer Abstraktion von den Gebrauchswerten zugunsten ihres Tauschwertes beruht, kennzeichnet zugleich seine allgemeine Kulturbedeutung. Simmel zufolge kann man verschiedene Kulturstufen nämlich dahingehend charakterisieren und voneinander abgrenzen, in welchem Ausmaß sie beim Umgang mit der äußeren Welt von Werkzeugen und Symbolen Gebrauch machen.[38] Im Unterschied zum reinen Werk-

---

31 Ebd., S. 8.

32 Vgl. ebd., S. 11 ff. und 24 ff.

33 Ebd., S. 35 ff.

34 Ebd., S. 59 ff. und 160. Zu dieser vergesellschaftenden Funktion des Tausche siehe auch Yoshio Atoji, An Unnoticed Exchange Theory, in: Sociologica 9 (1984), S. 12-43.

35 *Soziologie*, S. 15.

36 Ebd., S. 567.

37 *Philosophie des Geldes*, S. 99.

38 Vgl. *Philosophie des Geldes*, S. 100, 123 ff. und 197 ff. Simmel zitiert an dieser Stelle ausdrücklich Marx, um anzudeuten, daß seine eigenen Analysen als eine Rekonstruktion der philosophischen und kulturellen Implikationen der Marxschen Theorie des Warenfetischismus aufzufassen sind. Zur Diskussion des Verhältnisses von Marx' Ökonomiekritik und der philosophischen und psychologischen Fundierung der ökonomischen Wertlehre Simmels siehe August Koppel, Für oder wider Karl Marx. Prolegomena zu einer Biographie, Karlsruhe 1905, besonders S. 22 f., 38 ff, 83 f., 91 f. 115 f. und 131 ff.

zeug ist der Symbolisierung aber eigentümlich, daß sie zum einen eine abstrakte, d.h. intellektuelle Verknüpfung zwischen ihrer Ausdrucksform und den durch sie dargestellten Inhalten bewirkt und daß sie zum anderen eine rein seelische Empfindung in einer räumlichen oder
einer zeitlichen Analogie darstellt. Da uns aber fremdpsychische Erlebnisse und Wertgefühle
nicht unmittelbar zugänglich sind, sondern nur in vermittelter Form, kann Simmel zugleich
sagen, daß „wir ohne diese Symbolik keine innere *Anschauung* und keinen Namen für solche Erlebnisse hätten"[39], und „daß die Seele das Bild der Gesellschaft und die Gesellschaft
das Bild der Seele ist"[40]. Simmel übernimmt insofern Kants Bestimmung der Erfahrungser-
kenntnis, der zufolge Gedanken ohne Inhalte leer, Anschauungen ohne Begriffe aber blind
sind, in diesem Zusammenhang dergestalt, daß er von der Notwendigkeit einer *gegenseitigen
symbolischen Deutung* zwischen „seelischen" und „körperhaften Daseinsinhalten" spricht.[41]

Nur unter Berücksichtigung dieses Sachverhaltes wird deutlich, warum Simmel dem Geld
eine herausragende Bedeutung für seine kulturtheoretische Analyse der Moderne zuspricht.
Denn indem es sich „zu der Reinheit des Begriffes aufläutert", wird es nicht nur zum adäquaten Symbol einer Epoche, deren Eigenart darin besteht, „das Feste, sich selbst Gleiche, Substantielle in Funktion, Kraft, Bewegung aufzulösen und in allem Sein den historischen Prozeß seines Werdens zu erkennen"[42]. Vielmehr bestätigt die Vorherrschaft des Geldes aufgrund
seiner eigenen ‚Indifferenz' und ‚Charakterlosigkeit', insofern „seine ganze Zweckbedeutung
nicht in ihm selbst, sondern nur in seiner Umsetzung in andere Werte liegt"[43], jenen relativistischen Charakter des modernen Wertempfindens, dem zufolge die Dinge nicht mehr an ihrem Eigenwert gemessen werden, sondern nur noch gemäß dem Kriterium gelten, inwieweit
ihr Sinn sowie ihre praktische Bedeutung durch eine Bezugnahme auf andere Dinge im Sinne des Äquivalententausches bestimmt wird.

Das Geld hält somit der Gesellschaft den Spiegel vor; es spiegelt aber auch zugleich seine eigene ‚Charakterlosigkeit' und ‚Indifferenz' in die Gesellschaft zurück.[44] Dies ist nicht
der Ort, an dem die menschliche ‚Seele' gedeiht, da er durch die Vorherrschaft des rein Äußerlichen und Relativen gekennzeichnet ist, die Simmel später als ‚Mammonismus' gegei-
ßelt hatte.[45] Und doch spricht Simmel zugleich von einem „Weg der Seele zu sich selbst",
um die eigentliche Kulturbedeutung dieses universalgeschichtlichen Entwicklungsprozesses
hervorzuheben.[46] Denn nicht nur das *Geld* muß sich zur ‚Reinheit seines Begriffs' läutern,
bevor es zum adäquaten Symbol der Moderne werden konnte. Vielmehr muß auch die *Seele*
einen entsprechenden Läuterungsprozeß durchmachen: „Die rätselhafte Einheit der Seele ist
unserem Vorstellen nicht unmittelbar zugängig, sondern nur, wenn sie sich in eine Vielzahl
von Strahlen gebrochen hat, durch deren Synthese sie dann erst wieder als diese eine und bestimmte bezeichenbar wird."[47]

---

39   Soziologie, S. 567.

40   Ebd., S. 568.

41   Vgl. *Philosophie des Geldes*, S. 534 ff.

42   *Über sociale Differenzierung*, S. 13; *Philosophie des Geldes*, S. 96.

43   *Philosophie des Geldes*, S. VIII und 486.

44   Vgl. ebd., S. 499 f.

45   *Der Krieg und die geistigen Entscheidungen*, S. 14 f

46   Simmel, Der Begriff und die Tragödie der Kultur (1911), in: *Das individuelle Gesetz*, S. 116.

47   *Philosophie des Geldes*, S. 312.

War die Differenzierung zwischen ‚Natur' und ‚Kultur' die Voraussetzung dafür, daß die eigentliche ‚Kulturgeschichte" anstelle der ‚Naturgeschichte' tritt, so muß auch das ‚seelische Leben' sich von jenem Indifferenzzustand befreien, in dem es sich ursprünglich befindet und „in dem das Ich und seine Objekte noch ungeschieden ruhen"[48]. Dazu bedarf es aber dieser Differenzierung zwischen dem ‚Innerlichem' und dem ‚Äußerlichen'. Dazu bedarf die Seele ferner der Vermittlung mit den entsprechenden ‚Sachreihen'. Gemeint ist damit der Bezug zur „Eigenlogik des Objekts", um als „subjektive Seelenhaftigkeit" und „Innerlichkeit" zu sich selbst zu kommen, um so einen Kultivierungsprozeß zu durchlaufen, der sie von ihrer ursprünglichen Indifferenz gegenüber der Welt der Objekte befreit und es ihr ermöglicht, „Herr im eigenen Hause" zu werden.[49] Die menschliche Aneignung der äußeren Natur sowie die Ausbildung der Innerlichkeit hängen somit untrennbar miteinander zusammen. Sie bilden zwei verschiedene Seiten desselben Kulturprozesses: „Indem wir die Dinge kultivieren, d.h. ihr Wertmaß über das durch ihren natürlichen Mechanismus uns geleistete hinaus steigern, kultivieren wir uns selbst: es ist der gleiche, von uns ausgehende und in uns zurückkehrende Werterhöhungsprozeß, der die Natur außer uns oder die Natur in uns ergreift."[50]

Das Objektive muß subjektiv und das Subjektive muß objektiv werden: Dies ist das ‚Paradoxon der Kultur', von dem Simmel später sprechen wird und das zugleich auf eine *Tragödie der Kultur* verweist.[51] Denn die ‚Seele' stellt eine nicht weiter zurückführbare „Form persönlicher Einheit" und insofern eine „Quelle alles Wertes" dar.[52] Diese Eigenart der Seele kann sich somit nur in Erscheinungsformen objektivieren, welche die Einheit der Persönlichkeit ungebrochen zum Ausdruck bringen. Die zentralen Beispiele für eine solch unverfälschte Form der Objektivierung des menschlichen Seelenlebens sind Simmel zufolge das große *Kunstwerk*, in dem sich eine bedeutende Künstlerpersönlichkeit offenbart, sowie die *Philosophie*, in deren verschiedenen metaphysischen Systemen sich zugleich eine „persönliche Attitüde" zur Welt Geltung verschafft.[53] Als exzeptionelle Leistungen stehen die Kunst und die Philosophie aber gerade außerhalb jener ‚Kulturreihe', in der die menschlichen Werke zugleich als konstitutiver Bestandteil eines kulturellen Entwicklungsprozesses eingehen. Sie erscheinen vielmehr als zeitlose Gebilde, deren Geschlossenheit und Selbstgenügsamkeit dem Kulturmenschen gleichsam als Monumente einer anderen Welt gegenübertreten, die auf jeden Fall nicht die seine ist. Das ‚Kulturmenschentum' entäußert sich dagegen in Gestalt der *objektiven Kultur*, die eine Kristallisationsform des menschlichen Geistes darstellt, die auf *Arbeitsteilung* beruht sowie in die Kulturarbeit von vielen Generationen und individuellen Seelen eingeht. Insofern stellt die objektive Kultur ein überindividuelles Gebilde dar, das allmählich in einen sich immer mehr verschärfenden Gegensatz zur *subjektiven Kultur* be-

---

48   Ebd., S. 9.
49   Vgl. ebd., S. 502 ff. und 529; „Der Begriff und die Tragödie der Kultur", S. 120 ff.
50   *Philosophie des Geldes*, S. 503.
51   „Der Begriff und die Tragödie der Kultur", S. 121.
52   *Philosophie des Geldes*, S. 528 f.; „Der Begriff und die Tragödie der Kultur", S. 125.
53   Simmel versucht diese Möglichkeit einer authentischen Ausdrucksform der menschlichen Seele in seinen Studien über Dante, Michelangelo, Rembrandt, Goethe, Schopenhauer, Nietzsche, Auguste Rodin und Stefan George exemplarisch zu verdeutlichen. Zu seiner diesbezüglichen ‚Attitüdenlehre' vgl. ders., Hauptprobleme der Philosophie, Leipzig 1910, S. 20 ff.

ziehungsweise der „Kultur der Individuen" tritt[54]. So findet sich die individuelle Seele in der sich verselbständigenden „kulturellen Logik der Objekte" nicht wieder. [55] Simmel trägt diesem Sachverhalt Rechnung, indem er eine semantische Unterscheidung zwischen *Seele* und *Geist* einführt. Allein der ‚Geist' objektiviert sich ihm zufolge in den kollektiven Gebilden der Kultur, die auf einer Zusammenfassung und Verdichtung der verschiedensten individuellen Leistungen beruhen. Er ist deshalb „nicht an die Gestaltung zur Einheit gebunden, ohne die es keine Seele gibt. […] Und zwar wächst der Abstand zwischen beiden offenbar in demselben Maße, in dem der Gegenstand durch das arbeitsteilige Zusammenwirken einer wachsenden Anzahl von Persönlichkeiten entsteht; denn in eben diesem Maß wird es unmöglich, in das Werk die Einheit der Persönlichkeit hineinzuarbeiten, hineinzuleben, an welche sich für uns gerade der Wert, die Wärme, die Eigenart der Seele knüpft."[56]

Paradoxerweise ist es aber gerade die *Indifferenz* des Geldes und des modernen Intellektualismus, die Simmel zufolge nicht nur diese Entfremdung zwischen der subjektiven und der objektiven Kultur bewirken, sondern zugleich einen logischen Ort darstellen, an dem sich die menschliche Seele einrichten und weiter entwickeln kann. Denn indem das Geld alle natürlichen Rangordnungen zwischen den Dingen und ihren Werten nivelliert, da es sie auf reine Quantitätsdifferenzen reduziert, und indem es die Distanz zwischen den Individuen und den Dingen zunehmend in einer Welt von Mittelbarkeiten objektiviert, zwingt es die Menschen zu einer *Objektivität der Lebensführung*, welche es diesen nicht mehr erlaubt, sich in der Welt der Dinge und des sozialen Austauschs heimisch zu fühlen. Die durch die Vorherrschaft des Geldes bewirkte Entmythologisierung und Dehumanisierung der Welt führt so jenen großen universalgeschichtlichen Differenzierungsprozeß zu einem logischen Abschluß, in dem das Innerlichste und das Äußerlichste, die Seele und das Geld, sich nach Maßgabe eines ‚Ideals absolut reinlicher Scheidung' als zwei völlig verschiedene Welten gegenüberstehen. Das Geld ist der große Entzauberer und Allesentwerter, der alle natürlichen Differenzen hinwegfegt und zu Makulatur werden läßt. Zugleich ist es aber auch der *Torhüter zum Innerlichsten*, „damit der nicht zu verdinglichende Rest desselben um so persönlicher, ein um so unbestreitbareres Eigen des Ich werde"[57].

Das Geld hat das Prinzip der Indifferenz in das praktische Leben eingeführt und dieses im Laufe der Zeit dem naturwissenschaftlichen Weltbild angeglichen. Es hat ferner die menschliche Seele aus ihrem ursprünglichen ‚Indifferenzzustand' herausgeführt und in die ungewisse Zukunft einer ausschließlich auf die ‚Innerlichkeit' abgestellten Lebensführung entlassen. Beide gehen fortan getrennte Wege. ‚Mein Reich ist nicht von dieser Welt!' – sagt die Seele. ‚Du sollst neben mir keine anderen Götter haben!' – spricht das Geld. Dergestalt erweist sich Simmels *Philosophie des Geldes* als gelungenes Beispiel jenes Kulturprinzips, „das von der Einheit einer Idee aus differenteste Inhalte des Lebens zu weiterer Ausgeprägtheit und Vertiefung differenziert"[58].

---

54 Vgl. *Philosophie des Geldes*, S. 505 ff.
55 „Der Begriff und die Tragödie der Kultur", S. 141.
56 *Philosophie des Geldes*, S. 527.
57 Ebd., S. 532.
58 *Über sociale Differenzierung*, S. 44.

Lebensstilanalyse

Die *Philosophie des Geldes* hat zum einen den langen Weg des Rückzugs der menschlichen Seele in die Reservate der Innerlichkeit zum Gegenstand, die sich fortan nur noch innerhalb der Kunst, der Religion und der Metaphysik weiter entwickeln kann. Sie beschreibt darüber hinaus die Auswirkungen der Geldwirtschaft auf die allgemeine Kultur sowie die Lebensführung der Menschen, vermittels denen dem modernen Kulturmensch eine über seine eigene Subjektivität hinausweisende Sachlichkeit im Umgang mit den Gegenständen des alltäglichen Lebens sowie seinen Mitmenschen möglich wird. Simmel hat diese allgemeine Kulturbedeutung des Geldes im letzten Kapitel seiner *Philosophie des Geldes* in Form einer *Stilanalyse* durchgeführt. Dieses trägt den prosaischen Titel „Der Stil des Lebens"[59]. Die in diesem Kapitel vorgenommene Analyse des modernen Lebensstils hat die Rezeptionsgeschichte seiner *Philosophie des Geldes* entscheidend geprägt.[60]. Diese Stilanalyse wird dabei auf zwei unterschiedlichen Abstraktionsebenen durchgeführt. Zum einen geht Simmel dem Problem nach, welche Gemeinsamkeiten die Entstehung der modernen, auf Arbeitsteilung und Privateigentum beruhenden Geldwirtschaft mit jenem Rationalismus und Intellektualismus der Neuzeit verbindet, der auch den „anderen großen historischen Potenzen" wie dem modernen Recht und der modernen Wissenschaft eigentümlich ist.[61] Zum anderen stellt Simmel die Frage, wie weit die durch das Vorherrschen der Geldwirtschaft bedingte Rationalität und Objektivität der modernen Lebensführung in den unterschiedlichsten Formen des alltäglichen Lebens zum Ausdruck kommt und sie als Manifestationen ein und desselben Zeitgeistes, d.h. ein und desselben Lebensstils sowie Lebensgefühls erweist.[62]

Die zentrale Stellung des Stilbegriffs in Simmels kulturtheoretischen Untersuchungen verweist zugleich darauf, daß es ihm nicht darum geht, einer einseitigen kausalgenetischen Betrachtungsweise des Vergesellschaftungsprozesses von der Art das Wort zu reden, daß er einer dieser verschiedenen ‚Mächte' beziehungsweise Sinnprovinzen einen Primat gegenüber den anderen zusprechen oder gar ein hierarchisches Bedingungsverhältnis zwischen ihnen unterstellen würde. Er spricht deshalb auch nur von *Analogien, Korrelationen* und *Wechselwirkungen*, um eine reine *Formentsprechung* zwischen ihnen zu betonen. Diese verweisen aber zugleich auf ein ihnen gemeinsames Prinzip, „das die Gleichheit ihrer Entwicklung trägt"[63]. Dieses Prinzip ist Simmel zufolge mit dem der *Indifferenz* und der *Charakterlosigkeit*, d.h. dem ‚Charakter des Rationellen und Logischen' identisch, der sowohl das Geld, den Intellektualismus als auch das moderne Recht kennzeichnet: „Alle drei: das Recht, die Intellektualität, das Geld, sind durch die Gleichgültigkeit gegen individuelle Eigenheit charakterisiert; alle drei ziehen aus der konkreten Ganzheit der Lebensbewegungen einen abstrakten, allgemei-

---

59   *Philosophie des Geldes*, S. 480-585.

60   Auch Habermas kommt zu diesem Schluß, indem er die Vermutung äußert: „Ich denke, daß Simmel seine erstaunliche, wenn auch vielfach anonyme Wirkung jener kulturphilosophisch begründeten Zeitdiagnose verdankt, die er zuerst im Schlußkapitel der *Philosophie des Geldes* (1900) entwickelt hat" (a.a.O., S. 246).

61   Vgl. *Philosophie des Geldes*, S. 488 ff.

62   Vgl. Frisby, Georg Simmels Theorie der Moderne, a.a.O.; ferner Lohmann, Die zögernde Begrüßung der Moderne, a.a.O.

63   *Philosophie des Geldes*, S. 489 und 494.

nen Faktor heraus, der sich nach eigenen und selbständigen Normen entwickelt und von diesen aus in jene Gesamtheit der Interessen des Daseins eingreift und sie nach sich bestimmt."[64]

Diese formalen Entsprechungen zwischen dem Geld, dem Intellekt und dem Recht verdanken sich Simmel zufolge ihrer gemeinsamen Herkunft aus jenem umfassenden Entwicklungsprozeß des zweckrationalen Handelns, der die verstandesmäßigen Funktionen des menschlichen Geistes zunehmend aus ihrer Abhängigkeit von Gefühlsorientierungen und subjektiven Gemütszuständen befreit, indem er zwischen den eigentlichen subjektiven ‚Endzwecken' eine Welt von Mittelbarkeiten schiebt, welche die an die eigentlichen Zwecke orientierten Gefühlsfunktionen allmählich neutralisiert und dabei die einseitig auf die reine Mittelberechnung bezogene Ausbildung des Intellekts begünstigt.[65] Das Geld erscheint innerhalb des praktischen Lebens als das Mittel schlechthin, dessen Erwerb sich selbst zu einem Endzweck verkehrt, obgleich sein eigener Wert doch nur in jener vermittelnden Funktion besteht. In ihm kommt das „messende, wägende, rechnerisch exakte Wesen der Neuzeit" auch im praktischen Handeln in reinster Form zum Ausdruck, so daß es zur Voraussetzung einer umfassenden Rationalisierung aller Lebensbereiche wird.[66] Es ist diese abstrakte Natur des Geldes, die ihrerseits auf die Dinge „zurückstrahlt" und somit seine Sonderstellung im Konzert der anderen „großen historischen Potenzen" unterstreicht.[67] Diese strukturellen Analogien schließen dabei eine kausale Analyse ihres wechselseitigen Bedingungsverhältnisses selbstverständlich nicht aus. Denn sie deuten lediglich an, was wir *bisher* über ihren Zusammenhang wissen: nämlich die Existenz entsprechender ‚stilistischer' Entsprechungen.[68]

Simmel hat diese Stilanalyse auch im Rahmen seiner Untersuchung dieser ‚großen historischen Potenzen' verwendet, um sie als Ausdrucksformen derselben Kulturepoche kenntlich zu machen. Damit wird überhaupt erst der Universalitätsanspruch der *Moderne* im Vergleich zu anderen Epochen der Menschheitsgeschichte deutlich.[69] Die konkreten Erscheinungsformen

---

64   Ebd., S. 495. Vgl. ebd., S. 483, 486 und 494.

65   Ebd., S. 480 ff.

66   Ebd., S. 499.

67   Ebd., S. 500.

68   Alfred Vierkandt hatte seinen tiefen Unmut gegenüber dieser Form der kulturwissenschaftlichen Analyse unverhohlen ausgesprochen: „Die apriorische Behandlungsweise, die Simmel für den Stoff gewählt hat, läßt den Leser vielfach ein gewisses logisches Unbehagen nicht loswerden. Die feinsinnigen Erörterungen des Verfassers über den Parallelismus zwischen dem wirtschaftlichen Wandel einerseits und dem Wandel des ganzen geistigen Lebens der Neuzeit andererseits wird jedermann ohne weiteres als äusserst zutreffend anerkennen und bewundern. Aber immer wieder drängt sich dabei die Frage nach der Natur dieses Parallelismus auf: handelt es sich hier um Wechselwirkungen zwischen wirtschaftlichen und geistigen Zuständen oder um einseitige Verursachung von der einen oder anderen Seite oder um parallele Wirkungen, um verschiedene Äußerungen eines und desselben Wandels? Dass der Zusammenhang der ganzen Betrachtung mit dem Gelde stellenweise etwas locker ist, geht auch daraus hervor, dass Simmel den Begriff des Geldes vielfach als ein Symbol, namentlich stellvertretend für die verwandten Prozesse und Zustände der Arbeitsteilung, des Kapitalismus und des Industrialismus verwendet." (Alfred Vierkandt, Einige neue Werke zur Kultur- und Gesellschaftslehre, in: Zeitschrift für Sozialwissenschaft 4 [1901], S. 640). Damit hat Vierkandt die Grenzen von Simmels Stilanalyse zwar zutreffend benannt, ihren heuristischen Stellenwert aber dennoch *verkannt*!

69   Die zentrale Rolle, die Simmel zufolge dabei der Stilanalyse bei der Charakterisierung eines Zeitalters zukommt, wird deutlich, wenn er schreibt: „Wir nennen es den *Stil* der Zeit oder des Volkes, der Lebensäußerungen überhaupt, die sich in jeweils begrenzten Abschnitten von Raum und Zeit ergeben; und diese Gemeinsamkeit des Stiles, die wir selten genau beschreiben können, aber sozusagen als unverkennliche Familienähnlichkeit fühlen, läßt uns einen solchen jeweiligen Abschnitt des Menschheitslebens eben als *eine* Kulturepoche, als *einen* fest charakterisierten unter den Beziehungen des Lebens erscheinen." (Germanischer und klassisch-romanischer Stil

dieses ‚Stilbildes der Moderne' hatte Simmel in seinen minutiösen Untersuchungen über die
einzelnen Erscheinungsformen der Gegenwartskultur und der modernen Lebensführung ausführlich analysiert. In ihnen kommt jene spezifische Erfahrung der Modernität zum Ausdruck,
die sich in dem „Widerstand des Subjekts, in einem gesellschaftlich-technischen Mechanismus nivelliert und verbraucht zu werden", manifestiert.[70] Die zunehmende Rationalisierung
der Lebensführung infolge des universalgeschichtlichen Siegeszuges der Geldwirtschaft, die
steigende Distanz zwischen den Menschen und den sie umgebenden Dingen sowie die Reiz-
überflutung des Nervenlebens durch den raschen Wechsel der äußeren und inneren Eindrü-
cke innerhalb des großstädtischen Lebens führen Simmel zufolge zu einer Erosion der traditionellen, ursprünglich auf das Leben in dörflichen Gemeinschaften ausgerichteten Schemata
der Lebensorientierung, auf die der moderne Kulturmensch mit einer wachsenden *Stilisierung*
seiner Lebensführung reagiert. Diese ‚Vielheit der Stile' ist aber zugleich die Voraussetzung
dafür, daß der ‚Stil' überhaupt zu etwas Objektivem wird, „dessen Gültigkeit vom Subjekte
und dessen Interessen, Wirksamkeiten, Gefallen oder Mißfallen unabhängig ist"[71]. Aufgrund
eines „Mangels an Definitivem im Zentrum der Seele" wird die Stilisierung des menschlichen
Verhaltens zu einem Mittel, um die durch den Konformitätsdruck gesteigerte Unterschiedsempfindlichkeit der Individuen in einer äußerlichen Form zum Ausdruck zu bringen.[72] Dadurch wird zum einen das wachsende Differenzierungsbedürfnis der einzelnen Persönlichkeit
befriedigt. Zum anderen wird das einzelne Individuum aber zugleich in die Form einer Allgemeinheit gehüllt, die einen hypertrophen und sich selbst zersetzenden, weil orientierungs-
los gewordenen Subjektivismus abschwächt und überdies einen permanenten Wandel seiner
Ausdrucksformen ermöglicht.[73]

Simmel hat dieses spezifisch moderne Lebensgefühl, in dem die historische Zeit zu einem reinem Wechsel von in inhaltlicher Hinsicht völlig gleichgültigen ‚Trends' gerinnt und
insofern durch ein starkes *Gegenwartsgefühl* ersetzt wird, am Beispiel der *Mode* ausführlicher beschrieben.[74]. Als der „Wechsel- und Gegensatzform des Lebens" bietet sie dem ruhe-
losen Gegenwartsmenschen die Möglichkeit, dem ‚Tempo' seiner inneren Nervosität einen
äußeren Ausdruck zu verleihen. Sie befriedigt zum einen das gesteigerte Unterschieds- und
Abgrenzungsbedürfnis, das den modernen großstädtischen Individualismus kennzeichnet.
Zum anderen bedient sie aber auch das Nachahmungs- und Zusammenschlußbedürfnis, das
dem Menschen als sozialem Wesen eigentümlich ist, sofern er nicht eine außergewöhnliche,
ihn aus der Masse weit heraushebende Persönlichkeit darstellt. Insofern ist die Mode zugleich
Ausdruck der Zugehörigkeit zu einer bestimmten sozialen Gruppe, die sich durch äußerliche Kennzeichen und Verhaltensweisen von ihrer Umwelt abgrenzt. Und die Intensität ihres

---

[1918], in: Ders., Brücke und Tür. Essays des Philosophen zur Geschichte, Religion, Kunst und Gesellschaft,
Stuttgart 1957, S. 160.

70   „Die Großstädte und das Geistesleben" (1903), ebd., S. 227.

71   *Philosophie des Geldes*, S. 523.

72   Ebd., S. 551.

73   Vgl. „Das Problem des Stiles", S. 314.

74   *Philosophie des Geldes*, S. 521 f.; „Die Mode" (1911), in: *Philosophische Kultur*, S. 26-51. Zur ausführlichen
Analyse der soziologischen Bedeutung der Mode siehe auch René König, Menschheit auf dem Laufsteg. Die
Mode im Zivilisationsprozeß, München 1985.

Wechsels zeigt zugleich das „Maß der Abgestumpftheit der Nervenreize an; je nervöser ein Zeitalter ist, desto rascher werden seine Moden wechseln"[75].

Diese „spezifisch moderne Treulosigkeit auf den Gebieten des Geschmacks, der Stile, der Gesinnungen, der Beziehungen" ist aber ein Beleg dafür, daß „die großen, dauernden, unfraglichen Überzeugungen mehr und mehr an Kraft verlieren"[76]. Sie macht zugleich die Sehnsucht nach neuen „Festigkeitsbegriffen" verständlich, die Simmel im Entstehen einer Vielzahl antimodernistischer Bewegungen im Bereich der Kunst, der Philosophie, der Religion und in verschiedenen lebenspraktischen Reformbestrebungen um die Jahrhundertwende gegeben sah.[77] Das damit einher gehende Bedürfnis nach neuer Substantialität, der Aufhebung der sozialen Arbeitsteilung und des Geschlechtergegensatzes, der Versöhnung der ‚subjektiven‘ und ‚objektiven‘ Kultur, einer neuen Form der personalen Identität sowie neuen emphatischen Gemeinschaftserlebnissen, die *jenseits* des Wechsels der Trends und Moden des großstädtischen Lebens stehen, unterstreichen in eindrucksvoller Weise die bleibende Aktualität von Simmels Analyse des modernen Lebensstils.

Simmels *Philosophie des Geldes* ist ein zutiefst philosophisches Buch. Zum Schluß des letzten Kapitels holt er erneut weit aus, um dem modernen Stil des Lebens eine symbolische Deutung zu geben, deren gegensätzliche Bestimmungen weit genug gefaßt sind, „um ein Weltbild darein zu fassen"[78]. Simmel bezieht sich dabei auf die transzendentale Ästhetik von Kants *Kritik der reinen Vernunft*, um dessen Bestimmung von *Raum* und *Zeit* für eine Charakterisierung des modernen Lebensstils fruchtbar zu machen. Ihm zufolge stellt die *Distanz* eine räumliche, *Rhythmus* und *Symmetrie* eine zeitlich-räumliche und das *Tempo* eine zeitliche Analogie des modernen Lebensstils dar.[79] Seiner *Philosophie des Geldes* aber allein aufgrund ihrer Zugehörigkeit zur Tradition der Philosophia perennis grundsätzlich eine soziologische Bedeutung abzusprechen, liefe allerdings darauf hinaus, ihre ungeheure Wirkungsgeschichte bezüglich der Entstehung einer spezifisch *kultursoziologischen* Betrachtungsweise innerhalb der deutschen Soziologie zu bestreiten. Insbesondere Simmels Methode der *Stilanalyse* verdient in diesem Zusammenhang besonders hervorgehoben zu werden. So wären Max Webers Untersuchungen über den ‚Geist‘ des Kapitalismus und die durch den Puritanismus bewirkte methodische Rationalisierung der Lebensführung ohne Simmels Vorarbeiten in der vorliegenden Form wohl kaum möglich gewesen.[80] Ferner hat auch Werner Sombart im Anschluß an Simmel dem Stil des modernen Wirtschaftslebens in einer Analyse des *Geistes* und der *Form* der modernen Wirtschaftsführung und Wirtschaftsgesinnung entsprechende Untersuchungen

---

75   „Die Mode", S. 33.

76   *Philosophie des Geldes*, S. 551; „Die Mode", S. 35.

77   Vgl. Georg Simmel, Anfang einer unvollendeten Selbstdarstellung, in: Gassen / Landmann (Hrsg.), Buch des Dankes an Georg Simmel, a.a.O., S. 9.

78   *Philosophie des Geldes*, S. 582.

79   Vgl. ebd., S. 534 ff.

80   Sieh hierzu die entsprechenden Hinweise bei Max Frischeisen-Köhler, a.a.O., S. 18; Friedrich H. Tenbruck, Georg Simmel (1858-1918), in: Kölner Zeitschrift für Soziologie und Sozialpsychologie 10 (1958), S. 606 f.; Peter-Ernst Schnabel, Die soziologische Gesamtkonzeption Georg Simmels, Stuttgart 1974, S. 110 ff.; Friedrich Pohlmann, Individualität, Geld und Rationalität. Georg Simmel zwischen Karl Marx und Max Weber, Stuttgart 1987, besonders S. 97 ff.; Yoshio Atoji, Sociology at the Turn of the Century. On G. Simmel in Comparison with F. Tönnies, M. Weber and E. Durkheim, Tokio 1984, S. 45-95.

gewidmet.[81] Was Georg Lukács' frühe Arbeiten einschließlich seiner bahnbrechenden Aufsatzsammlung *Geschichte und Klassenbewußtsein* Simmel verdanken, ist inzwischen nachlesbar.[82] In den kultur- und wissenssoziologischen Analysen von Max Scheler und Karl Mannheim
taucht der Stilbegriff ebenfalls an zentraler Stelle auf, um die Möglichkeit einer Verbindung
von sozioökonomischen und kulturellen Prozessen anzuzeigen[83]. Über Lukács vermittelt ist
Simmels Theorie der Moderne in die Tradition des westlichen Marxismus eingegangen und
hat zu vielen analytischen Verfeinerungen von Erscheinungsformen kultureller Entfremdung
beigetragen[84]. Und auch Walter Benjamin und Theodor W. Adorno verdanken ihm sehr viel,
ohne allerdings immer gut über ihn zu sprechen.[85] Eine ausführliche Rezeptionsgeschichte
von Simmels *Philosophie des Geldes*, die ihrer wahren wirkungsgeschichtlichen Bedeutung
gerecht wird, müßte jedoch noch geschrieben werden. Doch dies ist eine andere Geschichte.

---

81 Werner Sombart, Der Stil des modernen Wirtschaftslebens, in: Archiv für soziale Gesetzgebung und Statistik 17
    (1902), S. 1-20, wieder aufgenommen in: ders., Der moderne Kapitalismus, Band 2: Die Theorie der kapitalis-
    tischen Entwicklung, Leipzig 1902, S. 68-89; vgl. ferner ders., Der moderne Kapitalismus, 7. Aufl. München /
    Leipzig 1928, Band 2: Das europäische Wirtschaftsleben im Zeitalter des Frühkapitalismus, S. 23 ff. und 53 ff.

82 Siehe hierzu Silvia Racker, Totalität als ethisches und ästhetisches Problem, in: Text + Kontext 39/40 (1973),
    S. 52 ff.; David Frisby, Introduction to the Translation, in: Georg Simmel, The Philosophy of Money, London
    1978, S. 15 ff.; Michael Grauer, Die entzauberte Welt. Tragik und Dialektik der Moderne im Werk von Georg
    Lukács, Königstein (Taunus) 1985, S. 9 ff.

83 Max Scheler, Probleme einer Soziologie des Wissens, in: ders., Die Wissensformen und die Gesellschaft, 3. Aufl.
    Bern / München 1980, S. 41 und 75; Karl Mannheim, Über die Eigenart kultursoziologischer Erkenntnis, in:
    ders., Strukturen des Denkens, Frankfurt am Main 1980, S. 95 ff. und 142; ders., Das konservative Denken,
    in: Wissenssoziologie, Neuwied / Berlin 1964, S. 447; ders., Die Bedeutung der Konkurrenz im Gebiete des
    Geistigen, ebd., S. 590.

84 Vgl. Frisby, Introduction to the Translation, a.a.O, S. 20 ff.

85 Vgl. Michael Landmann, Georg Simmel als Prügelknabe, in: Philosophische Rundschau 14 (1967), S. 258-274.

4. Die Einheit der Differenz. Georg Simmel und Ernst Troeltsch als Religionssoziologen

Das Spannungsverhältnis zwischen Religionsphilosophie und Religionssoziologie bei Georg Simmel

Ähnlich wie die Kultursoziologie hat auch die Religionssoziologie in den letzten Jahren eine bemerkenswerte Renaissance erfahren. In beiden Fällen findet dabei neben der Klärung der theoretischen und methodologischen Grundlagen der gegenwärtigen Forschung auf diesen Gebieten zugleich eine kritische Bestandsaufnahme der jeweiligen fachgeschichtlichen Tradition zwecks Etablierung eines gewissen intellektuellen Anspruchsniveaus sowie der Sicherstellung der eigenen interdisziplinären Anschlußfähigkeit im Konzert der historischen Kulturwissenschaften statt. In diesem Zusammenhang sind auch zwei 1998 veröffentlichte Dissertationen zu sehen, die sich um eine Rekonstruktion des religionssoziologischen Beitrages von Georg Simmel und Ernst Troeltsch bemühen. Auffallend an diesen beiden Publikationen ist nicht nur die hohe fachliche Versiertheit ihrer beiden Autoren, sondern auch deren dezidiert wissenschafts- und ideengeschichtliche Herangehensweise, die von einer gewissen Unbefangenheit gegenüber der sich inzwischen fast ausschließlich als ‚Gegenwartswissenschaft‘ verstehenden soziologischen Profession zeugt. Konsequenterweise sind denn auch beide Arbeiten im engen Kontext zweier bedeutender Klassiker-Editionen entstanden. Die Bielefelder Dissertation von Volkhard Krech ist nämlich im Umkreis der inzwischen kurz vor dem Abschluß stehenden *Georg-Simmel-Gesamtausgabe* angesiedelt, während die Dissertation von Friedemann Voigt von den langjährigen Bemühungen von Trutz Rendtorff und Friedrich Wilhelm Graf profitiert hat, eine historisch-kritische Gesamtausgabe der Schriften von *Ernst Troeltsch* in Angriff zu nehmen, von der inzwischen bereits die ersten Bände erschienen sind. Während sich Krech dabei um eine Rekonstruktion der ‚impliziten‘ Religionssoziologie in Simmels Werk bemüht, wird dessen religionssoziologisches Potential bei Voigt dagegen primär aus dem Blickwinkel der Simmel-Rezeption von Ernst Troeltsch freigelegt.[1] Inhaltlich überschneiden sich die Arbeiten zum Teil, weshalb im Folgenden die mit einer immanenten Rekonstruktion von Simmels Religionsverständnis verbundenen Probleme primär am Beispiel der Arbeit von Krech aufgezeigt werden, während anschließend Ernst Troeltsch als Leser Georg Simmels anhand der gleichnamigen Untersuchung von Voigt vorgestellt wird. Diese Vorgehensweise rechtfertigt sich auch insofern, als Voigt sich bei seiner eigenen Simmel-Deutung auf Vorveröffentlichungen von Krech stützen konnte, die ebenfalls Simmels Religionsverständnis zum Gegenstand haben.

---

[1] Vgl. Volkhard Krech, Georg Simmels Religionstheorie (= Religion und Aufklärung, Band 4), Tübingen 1998; Friedemann Voigt, „Die Tragödie des Reiches Gottes?" Ernst Troeltsch als Leser Georg Simmels (= Troeltsch-Studien, Band 10), Gütersloh 1998.

Im Falle Simmels ist es eher ungewohnt, diesen auch einmal als einen *religionssoziolo-gischen* Klassiker vorgeführt zu bekommen. Denn diesen Rang bekamen bisher eher Autoren wie Emile Durkheim, Max Weber und Ernst Troeltsch zugesprochen, während Simmel selbst ähnlich wie Max Scheler allenfalls als *Religionsphilosoph* die Aufmerksamkeit auf sich len-ken konnte. Simmels religionsbezügliche Arbeiten vermeiden im Übrigen entweder alle dis-ziplinenspezifische Festlegungen oder geben sich bereits im Titel als Beitrag zur *Erkenntnis-theorie der Religion* beziehungsweise zur Religionsphilosophie zu erkennen. Nur bei einer einzigen Veröffentlichung hatte Simmel für diese den Status einer ‚Soziologie der Religion‘ in Anspruch genommen: nämlich für seinen gleichnamigen Aufsatz aus dem Jahre 1898, den er bezeichnenderweise nicht in seine große *Soziologie* von 1908 mit aufgenommen hatte, son-dern teilweise in seine 1906 separat erschienene Schrift *Die Religion* eingearbeitet hat, die 1912 in einer überarbeiteten und erweiterten Form ihre endgültige Gestalt annahm.[2] Bereits Ernst Troeltsch wies deshalb zu Recht darauf hin, daß Simmel im Grunde genommen keine materiale Soziologie im Sinne einer eigenständigen Kultur- und Religionssoziologie ausgear-beitet hat. Denn offensichtlich hatte er aus gutem Grund die Anwendung seines formalsozio-logischen Untersuchungsansatzes auf solche Themenbereiche bewußt unterlassen und letzte-re als ein *philosophisches* Anliegen verstanden.[3]

Um so überraschender ist es, daß Krech mit seiner Dissertation den anspruchsvollen Ver-such unternimmt, Simmels Schriften zur formalen Soziologie ‚gegen den Strich‘ zu le-sen, um die in ihnen implizierte Religionssoziologie freizulegen.[4] Zwar erkennt auch er die Vielfalt der Perspektiven und methodologischen Zugangsweisen an, mit denen Simmel das Phänomen Religion einzukreisen versucht hat, wobei Krech in biographischer Hinsicht eine Schwerpunktverschiebung innerhalb des Simmelschen Untersuchungsansatzes von der So-ziologie über die ‚Kulturwissenschaft‘ beziehungsweise Kulturphilosophie bis hin zu seiner späteren Lebensphilosophie gegeben sieht.[5] Gleichwohl kommt Krech im dritten Teil seiner Arbeit zu dem Ergebnis, daß es trotz der Vielheit der ‚Schichten‘, die in Simmels Analysen religiöser Phänomene Eingang gefunden haben, so etwas wie einen „systematischen Nukle-us“ beziehungsweise einen „einheitlichen Fluchtpunkt“ gebe und daß dieser im Grunde ge-nommen mit Simmels „soziologischem Ansatz“ identisch sei.[6] Also doch formale Soziolo-gie als Grundlage von Simmels Religionstheorie – trotz Troeltschs Feststellung des Fehlens einer genuinen Kultur- und Religionssoziologie in Simmels Werk?

So einfach macht es sich Krech bei seiner zuweilen etwas angestrengt wirkenden Beweis-führung natürlich nicht. Denn auch er betont ausdrücklich, daß es bei Simmel keinen exklu-siven Zugang zur Analyse religiöser Sachverhalte gebe und daß insofern der Vielzahl seiner disziplinären Vorgehensweisen Rechnung zu tragen sei, die schließlich in der endgültigen Fas-sung seines Buches *Die Religion* Eingang gefunden haben. Und überdies unterscheidet Krech auch noch zwischen einem historisch-genetischen und einem rein formalsoziologischen Un-tersuchungsansatz, um der Entwicklung von Simmels Soziologieverständnis ausgehend von

---

2   Vgl. Georg Simmel, Die Religion, in: Gesamtausgabe, Band 10, Frankfurt am Main 1995, S. 39-118.
3   Vgl. Voigt, „Die Tragödie des Reiches Gottes?“, S. 56.
4   Krech, Georg Simmels Religionstheorie, S. 34 und 66.
5   Ebd., S. 9.
6   Ebd., S. 227 und 231.

seiner Schrift *Über sociale Differenzierung* aus dem Jahre 1890 bis hin zum Erscheinen seiner ‚großen‘ *Soziologie* von 1908 Rechnung zu tragen. Denn ursprünglich hatte Simmel ähnlich wie Durkheim noch das Programm einer *genetischen* Zurückführung religiöser Bewußtseinsformen auf soziale Sachverhalte verfolgt und diese in einem Analogieschlußverfahren gleichsam wissenssoziologisch miteinander in Beziehung zu setzen versucht, wobei Simmel damals allerdings noch nicht zufriedenstellend zwischen den *sozialen Formen* im Allgemeinen und der *religiösen Form* im Besonderen unterschieden hatte.[7] Entsprechend schwankend ist deshalb zu diesem Zeitpunkt auch die Anwendung seiner *Form/Inhalt-Unterscheidung* auf religiöse Sachverhalte, da diese von ihm sowohl unter dem Aspekt der religiösen (Über-)Formung von sozialen Beziehungen als auch als „selbständiger Lebensinhalt“ betrachtet worden sind.[8] Eine entsprechende terminologische Klärung hatte Simmel in dieser Hinsicht erst in seiner um 1900 einsetzenden ‚transzendentallogischen‘ beziehungsweise ‚kulturphilosophischen‘ Phase erreicht, indem er nun der religiösen Sphäre ein eigenständiges, auf soziale Sachverhalte nicht mehr weiter zurückführbares ‚Apriori‘ zusprach, das dieser den Status einer autonomen Wertsphäre sichern sollte. War damit definitiv klargestellt, daß die religiöse Formung keine *soziale Form* im formalsoziologischen Sinn darstellt, sondern ähnlich wie die Kunst und die Wissenschaft eine völlig eigenständige ‚Kategorie‘ beinhaltet, so hielt Simmel allerdings auch in dieser Phase noch an der Überzeugung fest, daß es im engeren Bereich des Sozialen dennoch so etwas wie „religiöse Halbprodukte“ gibt, die deshalb als „religioid“ zu bezeichnen sind, weil sie auf eine *formale Analogie* mit den eigentlichen religiösen Erscheinungsformen hinweisen.[9]

Auf die zentrale Bedeutung dieser Analogie für Simmels Religionsverständnis wird noch später einzugehen sein. Festzuhalten bleibt an dieser Stelle, daß Simmel entsprechend seiner Unterscheidung zwischen ‚objektiver‘ und ‚subjektiver Kultur‘ strikt zwischen *Religion* und *Religiosität* unterschieden hatte, wobei erstere den institutionalisierten Bereich des religiösen Lebens, letztere dagegen die religiöse ‚Stimmung‘ beziehungsweise die subjektive Frömmigkeit im Sinne eines rein innerpsychischen ‚Erlebnisses‘ kennzeichnen soll. Mit dieser für sein Religionsverständnis zentralen Gegenüberstellung hatte Simmel aber eine grundbegriffliche Unterscheidung eingeführt, die auch für seine spätere lebensphilosophische Phase entscheidend werden sollte. Denn fortan unterschied Simmel auch zwischen der *Kategorie* und der *Funktion* des Religiösen, was besagen soll, daß die ‚religiöse Funktion‘ beziehungsweise das religiöse Bedürfnis auch dann noch nicht erloschen ist, wenn diesem gar keine sichtbare institutionelle Gestalt der Religion mehr entspricht und dieses deshalb nun in ganz anderen Gebieten wie zum Beispiel der Kunst, der Liebe oder gar einer bestimmten Art der Stilisierung der eigenen Lebensführung in Erscheinung treten kann, was Simmel im letzteren Fall dann als das ‚individuelle Gesetz‘ dieser Art der Lebensführung zu bezeichnen pflegte. Simmels spezifisch ‚moderne‘ Antwort auf den von Friedrich Nietzsche proklamierten ‚Tod Gottes‘ lief denn auch darauf hinaus, die Zukunft der Religion nicht mehr in ihren kristallisierten *institutionellen* Erscheinungsformen zu suchen, sondern nur noch in jener vagabundierenden *subjektiven Frömmigkeit*, die sich prinzipiell an jedem beliebigen Lebensinhalt zu entzünden

---

7   Ebd., S. 57 ff.
8   Ebd., S. 60 f.
9   Ebd., S. 66.

vermag. Deshalb kam Simmel gegen Ende seines eigenen Lebens auch zu dem Schluß, daß das Leben selbst im Grunde genommen zutiefst durch eine ‚religiöse' Struktur gekennzeichnet sei, weshalb er in diesem Zusammenhang auch von einer *Religion des Lebens* gesprochen hatte.[10]

Hängen diese unterschiedlichen ‚Schichten' von Simmels Äußerungen über religiöse beziehungsweise ‚religioide' Sachverhalte in einer ersichtlichen Art und Weise miteinander zusammen? Und wenn ja, lassen sie sich tatsächlich auf einen systematischen – insbesondere *soziologischen* – Kern zurückführen, wie Krech dies im dritten Teil seiner Arbeit zu zeigen beabsichtigt? Krech unternimmt zu diesem Zweck den aufwendigen Versuch einer ‚spezifisch soziologischen Lesart' der nicht-soziologischen Texte Simmels und arbeitet dabei mit der problematischen Prämisse, „daß die Kulturwissenschaft bei Simmel zugleich auch – freilich in einem erweiterten Sinne – Soziologie ist" beziehungsweise daß Simmels Soziologie eine „soziologische Kulturwissenschaft" sei, wobei er den von Troeltsch gegebenen Hinweis, daß es sich bei Simmels religionstheoretischen Schriften im Grunde genommen um *Religionspsychologie* handelt, leider nicht weiter verfolgt.[11] Eine spezifische „religionssoziologische Perspektive" gewinne Simmel dadurch, daß er eine Analogie zwischen dem Verhältnis *Individuum-Gesellschaft* und *Individuum-Gott* herstelle, wodurch sich das dabei jeweils auftretende Spannungsverhältnis zwischen Individualismus und Universalismus als „strukturell vergleichbar" erweise.[12] Die Feststellung einer solchen *Analogie* legt natürlich die Suche nach einem Tertium comparationis nahe, das Krech in der ‚religiösen Kategorie' beziehungsweise in dem ‚religiösen Apriori' gegeben sieht, das sich innerhalb der einzelnen Vergesellschaftungsprozesse als ‚religiöse Halbprodukte', im Bereich der Religion dagegen in Gestalt der religiösen Dogmen und Institutionen geltend mache. Einmal ausdifferenziert, wirke diese institutionelle Form der Religion dann ihrerseits auf das soziale Leben mit all seinen proto-religiösen Erscheinungsformen zurück. Aufgabe der *Religionssoziologie* sei dabei die genetische Zurückführung des religiösen Lebens auf soziale Differenzierungsprozesse, Aufgabe der *Religionsphilosophie* dagegen die immanente Klärung des spezifischen Wahrheitsanspruchs von religiösen Deutungssystemen.[13]

So weit, so gut. Wie weit reicht aber ein solches reduktionistisches Programm der Zurückführung von spezifisch religiösen Glaubensinhalten und religiösen Formen der praktischen Lebensführung auf soziale Differenzierungsprozesse, das Simmel 1898 im Anschluß an entsprechende materialistische und positivistische Vorbilder aus dem 19. Jahrhundert aufgestellt hatte, mit der Entwicklung seiner eigenen formalen Soziologie dann jedoch nicht mehr weiter verfolgt hat? Seine spätere Bevorzugung einer Analyse der ‚Differenzierung im Nebeneinander' gegenüber der ‚Differenzierung im Nacheinander' war ja wohl auch der entscheidende Grund dafür, warum er den Aufsatz „Soziologie der Religion" aus dem Jahre 1898 nicht in seine 1908 erschienene soziologische Schriftensammlung mit aufgenommen hatte. Und begeht man nicht eine Petitio principii, wenn man diesen sozialen Formen, aus denen das religiöse Leben überhaupt erst abgeleitet werden soll, ihrerseits einen „religioiden" Charakter zuspricht? Unter solchen Voraussetzungen ist nämlich im Grunde genommen beides möglich:

---

10   Ebd., S. 115 f. und 147 ff.
11   Ebd., S. 228 f. und 242.
12   Ebd., S. 235.
13   Ebd., S. 236 ff.

Ableitung des Religiösen aus dem Sozialen, und umgekehrt: Ableitung des Sozialen aus dem Religiösen! Nicht zufällig hält Krech ja selbst Simmels Religionsphilosophie für die geheime Quelle seiner Religionssoziologie und vice versa.[14] Damit wird aber die alte Frage, wer vorher da war – das Ei oder die Henne – unentscheidbar, was bereits Max Weber zu der kritisch gegen Simmel gerichteten Bemerkung veranlaßt hatte, daß man über solche Analogiebildungen niemals zur Feststellung von historischen Kausalbeziehungen komme, da erstere nur einen heuristischen Wert für die eigentliche kulturwissenschaftliche Forschung besäßen, das Problem der kausalen Zurechnung im Übrigen aber nicht zu lösen vermögen.[15]

Die Eigenart der ‚religiösen Form‘

Die in Volker Krechs Verständnis der Simmelschen Religionstheorie zutage getretenen Aporien scheinen dem unbefangenen Beobachter vielleicht vernachlässigenswert zu sein, sie sind es aber nicht. Denn Simmel arbeitet in seinen religionsbezüglichen Arbeiten von Anfang an mit der Unterscheidung zwischen den *Inhalten* des Lebens und der *religiösen Form* beziehungsweise den logischen Eigengesetzlichkeiten der religiösen Sphäre, die auch noch in seiner Gelegenheitsschrift *Grundfragen der Soziologie* aus dem Jahre 1917 Eingang gefunden hat.[16] Hartmann Tyrell hat diese Schrift unlängst als Beleg für einen Kurswechsel Simmels in Richtung auf eine soziologische Erforschung der einzelnen Kulturinhalte interpretiert, die in Übereinstimmung mit Durkheims Soziologieverständnis stehe, das nicht nur seinen eigenen Arbeiten zugrunde liege, sondern auch in den einzelnen Beiträgen des zentralen publizistischen Organs *L'Année Sociologique* der Durkheim-Schule zum Ausdruck komme. Spätestens jetzt sei Simmel also definitiv zu einem ‚Religionssoziologen‘ geworden, der „die großen Inhalte des geschichtlichen Lebens" wie die Sprache und die Religion sowie die gesamte „materielle Kultur" zum Gegenstand einer universalistische Ansprüche stellenden Soziologie mache.[17]

    Was diese Interpretation allerdings verkennt, ist der Umstand, daß Simmels Anerkennung einer spezifisch „religiösen Logik" und einer „besonderen Gesetzlichkeit" der religiösen Sphäre[18] auf einer anderen Verhältnisbestimmung des *Religiösen* und des *Sozialen* beruht als bei Durkheim. War bei letzterem das archaische religiöse Leben gleichsam der Nukleus, der eine *religionssoziologische* Vergleichbarkeit der großen Weltreligionen garantieren sollte und aus dem sich später auch die logischen Kategorien des menschlichen Verstandes entwickelt hätten, kehrt Simmel dieses von Durkheim beschriebene wissenssoziologische Bedingungsverhältnis gleichsam um. Denn ihm zufolge setzt die „Form der religiösen Beziehung" an Lebensinhalten an, die sowohl die *Form der Sitte* und die *Form des Rechts* als auch die

---

14   Ebd., S. 233 und 250.

15   Vgl. Max Weber, Georg Simmel als Soziologe und Theoretiker der Geldwirtschaft, in: Simmel Newsletter 1 (1991), S. 9-13.

16   Vgl. *Die Religion*, S. 43 ff; ders., *Grundfragen der Soziologie*, Gesamtausgabe, Band 16, Frankfurt am Main 1999, S. 7 f.

17   Hartmann Tyrell, Georg Simmels „große" Soziologie (1908). Einige Überlegungen anläßlich des bevorstehenden 100. Geburtstages, in: Simmel Studies, Jahrgang 17 (2007), Heft 1, S. 23 f. Tyrell bezieht sich bei dieser Interpretation auf die oben aufgeführte Stelle in Simmels Buch *Grundfragen der Soziologie*, die er offensichtlich mißversteht, wie noch zu zeigen sein wird.

18   Ebd., S. 44 f.

Form der Religion annehmen können. Die Religion ist ihm zufolge im Unterschied zu Durkheim also keine primordiale Sphäre, sondern bezeichnet das „Religiöswerden von Verhältnissen" als eines ihrer Entwicklungsstadien, die auch durch andere Formgebungen bestimmt werden können. Der Ursprungszustand dieser ganzen historischen Entwicklung ist ihm zufolge in disziplinärer Hinsicht dabei völlig *indifferent*: „Ja, es scheint, daß die notwendige Ordnung der Gesellschaft vielfach von einer ganz undifferenzierten Form ausgegangen wäre, in der die moralische, die religiöse, die juristische Sanktion noch in ungeschiedener Einheit geruht hätten [...] und daß dann je nach den verschiedenen historischen Umständen bald die eine, bald die andere Bildungsform sich zum Träger solcher Ordnungen entwickelt habe."[19] Was der Gleichstellung dieser spekulativen Überlegungen Simmels mit Spencers Evolutionismus im Wege steht, ist der Umstand, daß Simmel jedoch die nicht weiter ableitbare Existenz einer autonomen religiösen Form beziehungsweise eines „religiösen Aprioris" voraussetzt, welches das „Religiöswerden von (sozialen) Verhältnissen" überhaupt erst ermöglicht.[20]

Die Religion ist in dieser Hinsicht mit der *Kunst* vergleichbar, die dem gleichen Lebensinhalt beziehungsweise dem „gleichen Material" gemäß einem besonderen Gesichtspunkt eine besondere Form verleiht. Insofern beinhaltet nicht nur die Religion, sondern auch die Kunst eine „Totalität des Weltbildes", die sich „mit den nach anderen Kategorien erbauten Weltbildern" weder kreuzen noch deren spezifischen „Wahrheitsgehalt" in Frage stellen kann.[21] Simmel spricht deshalb auch von einer Aufnahme gewisser „sozialer Beziehungen", „Gefühlsspannungen" und „Bedeutungen" in die *religiöse Form*, ohne daß dabei präjudiziert wäre, daß sich Soziales auf Religiöses oder Religiöses auf Soziales reduzieren läßt. Die „religiöse Form" oder „Kategorie" könne insofern die sozialen Beziehungen als ihr „Material" beziehungsweise „Inhalt" nur durchdringen und formen, sie aber nicht selbst schaffen und umgekehrt.[22] Dies meinte Simmel übrigens in seinen *Grundfragen der Soziologie* mit dem Hinweis, „daß auch das in sich geschlossene religiöse Leben Momente enthält, die nicht spezifisch religiös, sondern sozial sind, bestimmte Arten der gegenseitigen Gesinnung und Praxis, die freilich mit der religiösen Stimmung organisch verwachsen, aber erst, indem sie soziologisch herausanalysiert werden, erkennen lassen, was denn an dem religiösen Verhalten als die rein religiösen – und als solche gegen alles Soziale gleichgültigen – Elemente gelten dürfte"[23]. Dies erklärt auch, warum sich die *religiöse Form* und die *Form der Vergesellschaftung* wechselseitig zum ,Inhalt' nehmen können und insofern die eine Formgebung die andere zugleich als ihr spezifisches ,Material' betrachten kann. Konstitutionstheoretisch gesprochen liegt dabei folgende Beziehung vor: „Es gibt eben soziale Verhältnisse, Relationen der Menschen untereinander, die sozusagen ihrer Form nach religiöse Halbprodukte sind. Es sind dieselben Beziehungswerte, die von ihrem sozialen Interessengehalt gelöst und in die transzendente Dimension erhoben, Religion im engeren, selbständigen Sinn bedeuten."[24] Daß Simmel in diesem Zusammenhang auch von einem ,religioiden' Moment gewisser Erscheinungsformen des sozialen

19   *Die Religion*, S. 56.
20   Ebd., S. 55 ff.
21   Ebd., S. 43 f. und 45.
22   Ebd., S. 59.
23   *Grundfragen der Soziologie*, S. 75.
24   *Die Religion*, S. 61.

Lebens spricht, darf nicht darüber hinwegtäuschen, daß dieses mit der „Religion als differenziertem Gebiet" nichts zu tun hat.

Simmels Begriff der *religiösen Form* beruht insofern auf einer anderen – nämlich transzendental- und lebensphilosophischen – Gegenüberstellung von ‚Form' und ‚Inhalt', als sie seinem formalsoziologischem Ansatz zugrunde liegt. Hätte Simmel seinen Aufsatz *Zur Soziologie der Religion* von 1898 in seine ‚große' Soziologie von 1908 mit aufgenommen, so hätte er die methodologischen Voraussetzungen in Frage gestellt, auf deren Grundlage er das Gebiet der Soziologie von anderen Sachgebieten abgegrenzt hat. Hinzu kommt, daß im Unterschied zu den verschiedenen Formen der Vergesellschaftung für die *religiöse Form* die Beziehung auf spezifische ‚Stimmungen' und ‚Gefühlsinhalte', d.h. sowohl auf innerpsychische als auch „sozialpsychologische" Befindlichkeiten konstitutiv ist.[25] Die religiöse Form besitzt insofern eine formale und funktionelle Gemeinsamkeit mit einer Reihe anderer Formen und ‚Grundkategorien' wie dem *sozialen*, dem *literarischen*, dem *personalen* und dem *ökonomischen* Leben, die im Prinzip die gesamte Welt von einem besonderen Gesichtspunkt aus betrachten.[26] Daß Simmel seinen Aufsatz von 1898 als einen Beitrag zur *Religionssoziologie* etikettiert hatte, kann insofern als ein Selbstmißverständnis gedeutet werden, das er nachträglich selbst korrigiert hat.

Als ‚soziologisch' im engeren Sinn können dabei zwei unterschiedliche Weisen von Simmels Umgang mit religiösen Phänomenen eingestuft werden. Zum einen können religiöse Erscheinungsformen wie das Priestertum, die Kirche, die Sekte und der religiöse Ketzer selbst zum Gegenstand einer formalsoziologischen Betrachtung gemacht werden, wobei Simmel zufolge das religiöse Leben unter anderem durch das Fehlen der *Konkurrenz* in der religiösen Gemeinschaft gekennzeichnet ist.[27] Zum anderen können spezifische Erscheinungsformen des religiösen Lebens aufgrund ihrer inneren ‚Verwandtschaft' in einem *genetischen* beziehungsweise *differenzierungstheoretischen* Sinn auf außerreligiöse Phänomene wie zum Beispiel eine bestimmte Stammesorganisation zurückgeführt werden. Dies setzt allerdings den Begriff der religiösen Form in einem konstitutionstheoretischen Sinn gleichsam apriorisch voraus. Und dies betrifft auch nicht den ‚Inhalt' beziehungsweise den objektiven Wahrheitswert der Religion und ihrer Dogmen. Überdies kann mit einer solchen genetischen Zurückführung des religiösen Lebens auf soziale Sachverhalte nicht der „historische Hergang der Religionsschöpfung" beschrieben werden, sondern allenfalls „einer ihrer vielen Quellen" aufgewiesen werden.[28]

Eine solche Form der „genetischen Erklärung" bezieht sich ferner nicht ausschließlich auf den „historischen Ursprung ihrer Traditionen", sondern schließt auch jene konstitutionstheoretischen „Ursprünge" der Religion mit ein, „deren Auftreten und Wirksamkeit lange nach der Zeit des ‚Ursprungs' der Religion liegt"[29]. Letztere stellen dabei die Voraussetzung dafür dar, daß der historische Ursprung der Religion und deren Abgrenzung von anderen Lebensbereichen überhaupt als solche identifiziert werden können. Dies meinte Simmel übrigens, als

---

25   Ebd., S. 64 ff.

26   Georg Simmel, Zur Soziologie der Religion, in: Gesamtausgabe, Band 5, Frankfurt am Main 1992, S. 273.

27   Ebd., S. 279.

28   Ebd., S. 284.

29   Ebd., S. 285.

er in einem anderen Zusammenhang bezüglich der Evolution unserer wissenschaftlichen Erkenntnis von einer ‚genetischen Zurückführung des Apriori' sprach. Insofern entspricht das
Verhältnis zwischen der religiösen Form und dem sozialen Leben zugleich jenem Verhältnis,
das Simmel in seiner *Philosophie des Geldes* in Gestalt des Verhältnisses zwischen der ‚Wirklichkeit' und dem ‚ökonomischen Wert' beziehungsweise dem nationalökonomischen Wert-
verständnis beschrieben hatte. Denn auch in diesem Fall gilt der Satz, daß beide grundsätzlich
nicht aufeinander zurückgeführt werden können, auch wenn es zahlreiche ‚Analogien' zwischen dem ökonomischen, dem sozialen und dem religiösen Leben gibt. Nicht zufällig stellte Simmel seinen Aufsatz „Zur Soziologie der Religion" von 1898 in eine Reihe derjenigen
Untersuchungen, die auf die gesamten „Fundamente des Weltbildes" abzielen.[30] Und dazu gehört wie gesagt unter anderem auch seine *Philosophie des Geldes*.

Vielleicht sollte man deshalb die prinzipiell zum Scheitern verursachte Hypostasierung
von Kausalbeziehungen auf der Grundlage von reinen Analogiebildungen vermeiden und statt
dessen die Frage stellen, ob Simmel mit seiner ‚religioiden' Deutung des Sozialen nicht dergestalt einer Projektion verfallen ist, daß er bei dieser Interpretation ein spezifisch *modernes* Religionsverständnis auch auf vormoderne Phänomene übertrug und nun überall Erscheinungsformen des ‚Religiösen' zu entdecken vermeint hatte, wobei ihm schließlich das gesamte Leben
nicht nur zu einem *Kunstwerk*, sondern auch zu einer *Religion* geriet. Genau diesen Vorwurf
machte Ernst Troeltsch gegenüber Simmels Religionsverständnis, das er als charakteristisch
für das religiös wurzellos gewordene und insofern weltanschaulich freischwebende Literaten-
und Ästhetentum der Jahrhundertwende betrachtete und zu dem er offensichtlich auch den
von ihm hoch geschätzten ewigen Berliner Privatdozenten Simmel zählte, dessen Berufung
nach Heidelberg auf den vakant gewordenen philosophischen Lehrstuhl von Kuno Fischer er
aus genau diesem Grund zu verhindern half, wie Friedemann Voigt in seiner höchst informativen Untersuchung gezeigt hat, auf die im Folgenden näher einzugehen sein wird, bevor eine
abschließende Beurteilung der beiden hier diskutierten Arbeiten vorgenommen werden soll.

Das Spannungsverhältnis zwischen ‚subjektiver Religiosität' und ‚Volkskirchentum' bei Ernst Troeltsch

Die sich über ein Vierteljahrhundert hinziehende Auseinandersetzung von Troeltsch mit dem
Werk von Georg Simmel, dem er zahlreiche, von Voigt ausführlich dargestellte Rezensionen
gewidmet hat, ist in zweierlei Hinsicht von wissenschaftsgeschichtlichem Interesse. Zum einen kommt in Troeltschs Ablehnung von Simmels Religionsverständnis ein folgenreicher Dissens über die Zukunft der Religion in der Moderne zum Ausdruck, der über das persönliche
Verhältnis dieser beiden soziologischen und kulturphilosophischen Klassiker hinaus von para-
digmatischer Bedeutung für die gegenwärtige religionssoziologische Forschung ist. Und zum
anderen zeigt Troeltschs Auseinandersetzung mit dem von Simmel vertretenen formalsoziologischen Ansatz, den er sich schließlich für die Ausarbeitung seiner berühmten Darstellung
der *Soziallehren der christlichen Kirchen und Gruppen* zu eigen gemacht hat, in welcher Weise die ursprünglich in England und Frankreich entstandene moderne Soziologie im deutschen
Sprachraum um 1900 noch einmal völlig neu erfunden werden mußte, um vor dem obersten

---

30   Ebd., S. 284.

Gerichtshof eines durch die Historische Schule und den südwestdeutschen Neukantianismus geprägten kulturwissenschaftlichen Fächerkanons bestehen zu können und allmählich auch im Zweiten Deutschen Kaiserreich Eingang in die akademische Forschung und Lehre zu finden. Troeltschs Haltung in dieser fachgeschichtlich höchst spannenden Frage entspricht dabei durchaus der Position, wie sie zu dieser Zeit auch von Wilhelm Dilthey und Max Weber vertreten worden ist und kann mithin als symptomatisch für die entsprechende Einstellung der namhaftesten Vertreter der historischen Kulturwissenschaften in Deutschland gegenüber der um akademische Anerkennung ringenden sozialwissenschaftlichen Forschung der Jahrhundertwende gelten.

In diesem Zusammenhang muß allerdings auf die eigentümliche Paradoxie eingegangen werden, wie es möglich war, daß Troeltsch zum einen Simmels Religionsverständnis als völlig ‚substanzlos‘ strikt ablehnte, andererseits dessen formale Soziologie zur Grundlage seines eigenen religionssoziologischen Forschungsansatzes machen konnte. Bezüglich Simmels Religionsverständnis machte Troeltsch nämlich den Einwand geltend, daß dieser mit seiner Fixierung auf die spezifisch moderne Erscheinungsform einer subjektiven *Religiosität* im Sinne einer rein persönlichen Form von Frömmigkeit die institutionelle Bedeutung der Existenz großer *Volkskirchen* verkenne und damit die Religion zu einem „Stimmungszustand für Ästheten und Literaten" individualisiere. Als Vertreter eines „gänzlich innerlichen Spiritualismus" begreife Simmel so die Religion „rein als Zuständlichkeit ohne jeden bestimmten Inhalt und Antrieb" und schließe daher auch „jede geschichtliche und kultische Beziehung" aus.[31] Mit seinen Analogiebildungen zwischen *Gott* und *Gesellschaft* und seinem Versuch einer genetischen Zurückführung von Religion auf Soziales verkenne er überdies die Eigenständigkeit des religiösen Lebens, dessen Existenz als autonome Wertsphäre er in der Tradition der aufklärerischen Religionskritik und der westlichen, insbesondere in England und Frankreich entstandenen Soziologie radikal in Frage stelle.[32] Neben dem Psychologismus-Vorwurf gesellt sich bei Troeltsch insofern auch der Soziologismus-Vorwurf gegenüber Simmels Religionsverständnis, dem er nur noch den Sinn einer „Religion ohne Gott, bloße Religiosität als qualitativer Zustand" und – wissenschaftstheoretisch gewendet – eine „völlige Substanzlosigkeit des Ganzen, das Aufgehen in einem Spiel mit Formen, Gesetzen und ApriorItäten" abzugewinnen vermochte.[33]

In die allgemeine Soziologenschelte Troeltschs ist Simmel jedoch nur in dem Maße mit einbezogen gewesen, als dieser den Versuch gemacht hatte, die Eigenständigkeit religiöser Phänomene zugunsten deren Zurückführung auf soziale Sachverhalte radikal in Frage zu stellen. Dagegen hat Troeltsch im Laufe seiner Auseinandersetzung mit der Entwicklung von Simmels Werk, die Voigt mit großer Quellenbeherrschung auf dem neuesten Stand der Forschung minutiös rekonstruiert, dessen formalsoziologischen Untersuchungsansatz zunehmend als eine „wichtige Hilfswissenschaft für die Historie und für die Kulturphilosophie" anerkannt.[34] Seine auch heute noch aktuelle und insofern gewissen Vertretern dieser Disziplin zur Lektüre empfohlene Soziologenschelte richtete sich nämlich primär gegen eine Hypos-

---

31 Voigt, „Die Tragödie des Reiches Gottes?", S. 37 f.
32 Ebd., S. 33 f.
33 Ebd., S. 57 und 60.
34 Ebd., S. 105.

tasierung der Soziologie zu einer alles umfassenden ‚Gesellschaftstheorie‘, die in der Tradition der spekulativen Geschichtsphilosophie des 18. und 19. Jahrhunderts den letztlich zum Scheitern verurteilten Versuch einer umfassenden Erklärung der Menschheitsgeschichte aus einem einzigen Prinzip heraus unternommen hatte. Ähnlich wie Georg Simmel und Max Weber vertrat Troeltsch demgegenüber eine Geschichtsauffassung, die von einer Vielzahl von autonomen ‚Wertsphären‘ beziehungsweise geschichtsmächtigen Faktoren ausging und die im Rahmen dieses heuristischen Bezugsmodells auch der Religion den Status einer kausalgenetisch nicht weiter zurückführbaren und insofern unabhängigen, sich primär eigengesetzlich entwickelnden Variablen zusprach.

Im Rahmen dieses Geschichtsbildes kommt dem seit 1907 in Angriff genommenen und 1912 in der endgültigen monographischen Form erschienen Buch *Die Soziallehren der christlichen Kirchen und Gruppen* von Ernst Troeltsch eine besondere Bedeutung zu. Unternimmt Troeltsch in dieser beeindruckenden historischen Untersuchung doch den anspruchsvollen Versuch, die „soziologische Idee“ beziehungsweise die „soziologischen Grundanschauungen des Christentums“ selbst als eine die soziale und geschichtliche Realität gestaltende und überformende Kraft vorzuführen.[35] Voigt macht in diesem Zusammenhang deutlich, daß bei dieser „Neubestimmung der Religion als Kulturmacht“ nicht nur Max Webers *Protestantische Ethik* Troeltsch zu dieser monumentalen Darlegung der christlichen Soziallehren motiviert hatte, wie vielfach angenommen wird, sondern daß es in erster Linie Simmels Entwurf einer formalen Soziologie war, den Troeltsch der Untergliederung seines umfangreichen historischen Materials zugrunde gelegt hat. Deshalb könne auch nur eine an Simmel geschulte Lektüre der *Soziallehren* Aufschluß über Troeltschs eigene religionssoziologische Forschungen geben.[36]

Voigt verdeutlicht diesen Simmelschen Einfluß auf die *Soziallehren* zum einen insbesondere an den von Troeltsch gebrauchten soziologischen Grundbegriffen, die auf Simmels „Gruppensoziologie“ und seine „Soziologie der Über- und Unterordnung“ verweisen.[37] Zum anderen veranschaulicht er diesen Einfluß anhand dem für beide Autoren zentralen Spannungsverhältnis zwischen *Individualismus* und *Universalismus*, das Troeltsch zu seiner bekannten typologischen Unterscheidung zwischen *Kirche, Sekte* und *Mystik* als den grundlegenden sozialen Organisationsformen des religiösen Lebens geführt habe. Voigt macht in diesem Zusammenhang zugleich deutlich, daß Simmels individualistisches Religionsverständnis zwar für Troeltschs Mystik-Verständnis Pate stand, aber mit diesem nicht identisch sei.[38] Schließlich verweist Voigt auf die Bedeutung der Unterscheidung zwischen *dyadischen* und *triadischen* Sozialbeziehungen bei beiden Klassikern und zeigt, daß auch Troeltschs Plädoyer für eine „elastisch gemachte Volkskirche“ zumindest terminologisch in Simmels Schuld steht, da bereits Simmel das Merkmal der ‚Elastizität‘ als charakteristisch für die soziale Struktur des Mittelstandes hervorgehoben hatte.[39] Dagegen stehen sich Simmels individualistisches Reli-

---

35 Vgl. Ernst Troeltsch, Gesammelte Schriften, Band 1: Die Soziallehren der christlichen Kirchen und Gruppen, Tübingen 1912, S. 14. Zur Diskussion dieses bisher noch nicht im Rahmen der *Kritischen Gesamtausgabe* erschienenen Hauptwerks von Troeltsch siehe Friedrich Wilhelm Graf / Trutz Rendtorff (Hrsg.), Ernst Troeltschs Soziallehren. Studien zu ihrer Interpretation (= Troeltsch-Studien, Band 6), Gütersloh 1993.

36 Voigt, „Die Tragödie des Reiches Gottes?“, S. 96 ff. und 161 ff.

37 Ebd., S. 201 ff. und 219 ff.

38 Ebd., S. 184 ff. und 222 ff.

39 Ebd., S. 268 ff. und 289 ff.

gionsverständnis und Troeltschs Betonung der Bedeutung des Volkskirchentums unversöhnlich gegenüber und verweisen zugleich auf zwei unterschiedliche Diagnosen bezüglich der Zukunft der Religion in modernen westlichen Gesellschaften. Voigt betont zwar ausdrücklich deren Unvereinbarkeit, auch wenn er in diesem Zusammenhang ähnlich wie Krech darauf verweist, daß gerade Simmels individualistisches Verständnis von Religiosität von der zeitgenössischen religionssoziologischen Forschung rezipiert und zu dem heuristischen Modell einer ‚vagabundierenden Religion‘ weiterentwickelt worden ist, während – so müßte man zur Ergänzung hinzufügen – das noch ungebrochene Vertrauen von Troeltsch in die Zukunftsfähigkeit des Volkskirchentums zumindest in bestimmten protestantischen Kreisen inzwischen doch erheblich erschüttert worden ist, was erneut auf die Aktualität der von Simmel vertretenen Position verweist.[40]

Gemäß der Lesart von Voigt ist also Simmel primär qua Umweg über Ernst Troeltschs *Soziallehren* als religionssoziologischer Anreger ersten Grades wieder zu entdecken. Nach Krech kommt ihm diese Bedeutung dagegen auch immanent zu, wobei die Begriffsakrobatik in seinem diesbezüglichen Rekonstruktionsversuch gewisse Assoziationen zu entsprechend paradoxen Argumentationsfiguren innerhalb der Tradition der Negativen Theologie hervorruft. Beide Arbeiten machen jedoch in sich jeweils ergänzender Weise eindrucksvoll deutlich, daß Simmels Werk nicht nur in wissenschaftsgeschichtlicher Hinsicht, sondern gerade auch für die zeitgenössische religionssoziologische Forschung von erheblicher Bedeutung ist und daß diese Bedeutung in den nächsten Jahren aller Voraussicht nach auch noch zunehmen wird. Dazu möglicherweise selbst beigetragen zu haben, ist vielleicht das nicht geringste Verdienst beider hier diskutierten Arbeiten, in denen sich die langjährigen Bemühungen um eine historisch-kritische Edition der Werke von Simmel und Troeltsch auf hohem Niveau widerspiegeln.

Wenn zum Schluß dennoch ein kleines Fragezeichen hinter beide Arbeiten angebracht werden soll, so betrifft dies weniger inhaltliche Probleme im engeren Sinne, sondern die terminologische Akkomodation an ein inzwischen wieder in Mode gekommenes Schlagwort, das Simmel selbst nicht verwendet hatte, weil es nicht seiner eigenen Wissenschaftsklassifikation entsprach, das aber von Krech und Voigt dennoch vorbehaltlos auf bestimmte Teile von Simmels Werk appliziert wird: nämlich das der ‚Kulturwissenschaft‘. Voigt gebraucht diesen Begriff neben der von ihm selbst neu eingeführten und nicht ganz nachvollziehbaren Unterscheidung zwischen einem „quantitativen“ und einem „qualitativen“ Soziologieverständnis Simmels für all jene „angrenzenden Disziplinen“, zu denen er auch dessen formale Soziologie zählt.[41] Krech will dagegen die gesamte mittlere Werkphase Simmels, die in der bisherigen Sekundärliteratur mit den Stichwörtern ‚Kulturphilosophie‘ beziehungsweise ‚Wertphilosophie‘ gekennzeichnet worden ist, nun unter dem unverbindlichen Terminus ‚Kulturwissenschaft‘ zusammengefaßt sehen.[42] Natürlich lassen sich Begriffe, die einer anderen Wissenschaftssystematik entstammen, auch auf bestimmte Teile des Simmelschen Werkes anwenden. Nur muß dann aber auch konkret gesagt werden, in welchem Sinne hier überhaupt von einem ‚kulturwissenschaftlichen Ansatz‘ gesprochen wird. Sollte damit die von Wilhelm Windelband und Heinrich Rickert begründete und von Max Weber weiter entwickelte Vari-

---

40   Ebd., S. 293 ff.; vgl. Krech, Georg Simmels Religionstheorie, S. 252 ff.

41   Voigt, „Die Tragödie des Reiches Gottes?“, S. 108 ff. und 119 ff.

42   Krech, Georg Simmels Religionstheorie, S. 86 ff.

ante der *historischen Kulturwissenschaft* gemeint sein, so kann dieser Begriff dann allerdings nicht auf Simmels formalsoziologischen Ansatz angewendet werden (was jedoch beide Simmel-Interpreten machen), da im Zentrum von Simmels Soziologie nicht das ‚historische Individuum‘, sondern in der Geschichte und Gegenwart ständig wiederkehrende *Formen der Vergesellschaftung* stehen. Sollte damit dagegen eine generalisierend verfahrende Kulturwissenschaft im Sinne der positivistischen Wissenschaftradition des 19. Jahrhunderts gemeint sein, wie sie im deutschen Sprachraum um 1900 insbesondere an der Leipziger Universität vertreten worden ist, lassen sich dann zwar Simmels soziologische Schriften, mit Sicherheit aber weder seine *Philosophie des Geldes* noch seine Beiträge zu einer *Erkenntnistheorie der Historik* unter einen solchen problematischen Oberbegriff subsumieren. Wie man die Sache auch dreht und wendet: In Bezug auf Simmels Werk macht diese unbestimmte Art der Anwendung des Begriffs ‚Kulturwissenschaft‘ keinen Sinn! Deshalb sei den beiden hier in den Mittelpunkt gestellten Autoren der gut gemeinte Rat gegeben, in Zukunft nicht mehr alle modischen Sottisen des zeitgenössischen Wissenschaftsbetriebes mitzumachen, auch wenn diese in prominenter Weise vorgeführt werden. Es empfiehlt sich deshalb, auch in diesem Falle strikt *historisch-kritisch* vorzugehen und bezüglich des Umgangs mit Simmels Werk seine eigene Wissenschaftsklassifikation zu berücksichtigen und dabei die von ihm in diesem Zusammenhang selbst gebrauchte Fachterminologie zu respektieren. Denn nur so kann verhindert werden, daß nicht alle strengen Unterscheidungen aufgehoben werden, die überhaupt erst einen relevanten Unterschied ausmachen, was gemäß einer uralten Unterscheidungslehre übrigens ein gangbarer Weg wäre, eines Tages auch die *eigentliche* ‚Einheit der Differenz‘ wieder in den Blick zu bekommen.

5. ‚Innerweltliche Erlösung vom Rationalen' oder ‚Reich diabolischer Herrlichkeit'? Zum Verhältnis von Kunst und Religion bei Georg Simmel und Max Weber

Die ‚Moderne' um 1900

Wenn heute von ‚Kunstreligion' die Rede ist, so denken wir in erster Linie an jene spezifisch *frühromantische* Vermischung von Kunst und Literatur mit dem genuin religiösen Erleben, wie sie um 1800 in Friedrich Schlegels Konzeption einer ‚progressiven Universalpoesie' beziehungsweise in der maßgeblich vom jungen Schelling geprägten Programmschrift einer ‚neuen Mythologie' zum Ausdruck kommt. Und auch Schleiermachers Versuch, der modernen Kunst zugleich die Funktion einer symbolischen Veranschaulichung von religiösen Erlebnisinhalten zuzusprechen beziehungsweise die Religion als „Sinn und Geschmack fürs Unendliche" zu bestimmen, ist nur vor dem Hintergrund der für die deutsche Frühromantik charakteristischen Verschmelzung der verschiedensten Wertsphären innerhalb eines Systems der unendlichen Übergänge zwischen Kunst, Wissenschaft und Religion zu verstehen.[1]

Wenn also um 1900 im Zeichen einer ‚neuen Romantik' beziehungsweise ‚Neuro-Mantik' erneut Bestrebungen festzustellen sind, mit verschiedenen Erscheinungsformen der Kunst der Jahrhundertwende zugleich eine Ästhetisierung des religiösen Empfindens sowie eine Sakralisierung des modernen Kunstgenusses zu verbinden, so muß gefragt werden, ob es sich hierbei ebenfalls um ein Modell der gleitenden Übergänge zwischen disparaten Erscheinungsformen des menschlichen Erlebens handelt oder aber nicht viel eher um den Versuch, gewisse ‚Wahlverwandtschaften' zwischen den künstlerischen und religiösen Ausdrucksformen der ‚modernen Seele' vor dem Hintergrund einer fortgeschrittenen funktionalen Differenzierung der einzelnen gesellschaftlichen Teilsysteme zum Gegenstand einer kulturtheoretisch reflektierten Gegenwartsanalyse zu machen. Denn die in den Werken von Georg Simmel, Max Weber und Emile Durkheim zum Ausdruck kommende Analyse der epochalen Eigenart der Moderne beruht ja ihrerseits ganz wesentlich auf der Einsicht, daß die spezifischen Erfahrungsgehalte des modernen Lebens nur dann einer genuin soziologischen Analyse zugänglich sind, wenn zugleich berücksichtigt wird, daß die für sie charakteristische Form der kulturellen Vergesellschaftung durch eine strikte Trennung ihrer einzelnen ‚Wertsphären' gekennzeichnet ist.[2]

---

1   Vgl. A. Halder, Art. „Kunstreligion", in: Joachim Ritter / Karlfried Gründer (Hrsg.), Historisches Wörterbuch der Philosophie, Band 4, Basel 1976, Spalte 1458-1459; ferner Jan Rolfs, „Sinn und Geschmack für Unendliche" – Aspekte romantischer Kunstreligion, in: Neue Zeitschrift für systematische Theologie und Religionsphilosophie 27 (1985), S. 1-24.

2   Zu dem für die soziologische Tradition grundlegenden Theorem der funktionalen Differenzierung moderner Gesellschaften siehe insbesondere Hartmann Tyrell, Anfragen an die Theorie der gesellschaftlichen Differenzierung, in: Zeitschrift für Soziologie 7 (1978), S. 175-193; Renate Mayntz u.a., Differenzierung und Verselbständigung. Zur Entwicklung gesellschaftlicher Teilsysteme, Frankfurt am Main / New York 1988;

In welcher Hinsicht kann also für die Zeit um 1900 von der Existenz einer zeitspezifischen Erscheinungsform der ‚Kunstreligion' gesprochen werden, die zugleich diese epochalen Erfahrungsgehalte der Moderne berücksichtigt? Und in welcher Form wird bei den Gründungsvätern der deutschsprachigen Tradition der Soziologie nun ihrerseits das Spannungsverhältnis zwischen Kunst und Religion zum Thema? Und zwar dergestalt, daß wir trotz der insbesondere im Werk von Georg Simmel und Max Weber zum Ausdruck kommenden neukantianischen Unterscheidung zwischen den jeweiligen ‚Eigengesetzlichkeiten' der einzelnen gesellschaftlichen und kulturellen Wertsphären dennoch davon ausgehen können, daß auch sie selbst um eine typologische Bestimmung des logischen Ortes der um 1900 propagierten Form einer modernen ‚Kunstreligion' bemüht waren? Im Folgenden soll eine Antwort auf diese Frage gegeben werden, indem zunächst auf einige charakteristische Erscheinungsformen der *ästhetischen Kultur* der Jahrhundertwende eingegangen werden soll, die deutlich machen werden, auf welche empirischen Befunde die im Werk von Simmel und Weber anzutreffenden kunsttheoretischen und religionssoziologischen Gegenwartsanalysen Bezug nehmen. Anschließend soll auf ihre entsprechenden Ausführungen über das Spannungsverhältnis zwischen Kunst und Religion sowie über eine spezifisch ästhetische Form der Kompensation der mit den Paradoxien und Pathologien der Moderne verbundenen Erfahrungsgehalte des menschlichen Lebens eingegangen werden.

Der Reformtheologie und erster Vorsitzender des Deutschen Monistenbundes Albert Kalthoff hatte in seinem 1905 beim Eugen Diederichs Verlag erschienenen Buch *Die Religion der Modernen* darauf hingewiesen, daß die spezifischen Erfahrungsgehalte des ästhetischen und literarischen Modernismus der Jahrhundertwende offensichtlich nicht nur das religiöse Empfinden der Zeit zu imprägnieren begannen. Vielmehr wies er zugleich darauf hin, daß die unter dem Eindruck der Verkündung eines ‚neuen Menschen', wie sie unter anderem in den Werken von Friedrich Nietzsche, Richard Wagner, Ellen Key, Dostojewski, Tolstoi und Maurice Maeterlinck zum Ausdruck kommt, die moderne Kunst und Literatur sich nun offensichtlich selber anmaßten, ein spezifisches ‚Erlösungsbedürfnis' zu artikulieren und anstelle der Religion mit den zweifelhaften Mitteln eines ästhetisch-literarischen Schein-Surrogates zu befriedigen. Die Antikirchlichkeit des modernen Kunstempfindens sei in diesem Zusammenhang aber nur die Kehrseite einer zunehmenden Individualisierung aller Lebensbereiche, in der das religiöse Erlösungsbedürfnis, dem einstmals der Charakter des Überpersönlichen und Allgemeinsten schlechthin zugesprochen wurde, nun selbst zu einem rein privaten Anliegen mit entsprechenden persönlichen Stilisierungen des religiösen Empfindens geworden ist. Kalthoff kam aber den ‚Modernen' immerhin so weit entgegen, daß er in der dadurch bewirkten „Vielgestaltigkeit des religiösen Lebens" in der Gegenwart mit seiner „unendliche[n] Feinheit der Mischungen und Abtönungen im Seelenleben" nicht nur das Zeichen eines Verfalls des religiösen Lebens gegeben sah, sondern zugleich die Möglichkeit einer Renaissance des echten religiösen Empfindens, die ihrerseits von dieser Privatisierung und Ästhetisierung des modernen Erlösungsbedürfnisses profitiert habe. Denn schließlich sei zwar die überkommene dogmatische Gestalt der Religion dem modernen Geschmacksempfinden zuwider geworden,

Hans van der Loo / Willem van Reijen, Modernisierung. Projekt und Paradox, München 1992, S. 81 ff.; ferner Uwe Schimank, Theorien gesellschaftlicher Differenzierung, Opladen 1996. Bezüglich der entsprechenden religionssoziologischen Grundlagendiskussion der Jahrhundertwende siehe auch die einzelnen Beiträge in Volkhard Krech / Hartmann Tyrell (Hrsg.), Religionssoziologie um 1900, Würzburg 1995.

nicht aber die Erfahrung des Religiösen als eine alle Lebensbereiche durchdringende Macht. Deshalb meinte Kalthoff zugleich die Feststellung treffen zu können, daß eine solche individualistische Form der Religion nun ihrerseits immer mehr den „verborgenen Mittelpunkt" bilde, dem die ganze moderne Literatur zustrebe und daß zu seiner Zeit deshalb kaum ein Buch mit tieferem Gehalt gefunden werden könne, „in dem nicht religiöse Töne angeschlagen werden" beziehungsweise zumindest „anklingen und durchklingen"[3].

Wie stark diese ‚religiöse‘ Prägung der modernen künstlerischen Produktion von zeitgenössischen Beobachtern als eine ‚ewige Wiederkehr‘ von genuin romantischen Stimmungs- und Erfahrungsgehalte wahrgenommen worden ist, wird auch in dem ebenfalls bei Eugen Diederichs erschienenen Buch *Moderne Religion* von Heinrich Meyer-Benfey aus dem Jahre 1902 deutlich, das eine vergleichende Betrachtung der Werke von Schleiermacher und Maeterlinck zum Gegenstand hat. Meyer-Benfey stellte in diesem Zusammenhang nämlich fest, daß nach der Vorherrschaft eines durch die modernen Naturwissenschaften geprägten Weltbildes das religiöse Empfinden um 1900 eine „ebenso unerwartete wie imposante Erneuerung" erfahren habe, die sich gegen einen solchen platten ‚Materialismus‘ richtete und nun einer „mystisch-naturpantheistischen" Stimmung Platz mache. Gerade diese neue Stimmungslage befriedige sich aber nicht nur an den Erzeugnissen der modernen Kunst und Literatur, sondern habe auch neuen Formen der Gemeinschaftsbildung den Weg geebnet, die das Christentum entweder in seiner ursprünglichen Gestalt wiederherzustellen versuchten oder es „den Forderungen der Gegenwart gemäß umgestalten" und mit dem „modernen Geist" versöhnen und zu einer „neuen Einheit" verschmelzen wollten.[4]

Diese auch in zahlreichen anderen literarischen Dokumenten dieser Zeit anzutreffende Beobachtung deckt sich mit der zeitgleichen Feststellung des österreichischen Kunsthistorikers Alois Riegl, daß die moderne künstlerische Produktion durch eine spezifische ‚Stimmungskunst‘ gekennzeichnet sei. In dieser habe sich das unstillbare Bedürfnis des modernen Menschen nach Eintracht und Harmonie Ausdruck verschafft und gegenüber dem durch „Kampf, Zerstörung, Mißklang" geprägten modernen Leben einen Gegenweltbedarf geltend gemacht, der zumindest eine „Ahnung der Ordnung und Gesetzlichkeit über dem Chaos" vermittle. Riegl sah diese „erlösende Stimmung" sowohl im Naturerlebnis als auch in der zeitgenössischen Kunst gegeben, wobei er insbesondere die Bedeutung der Reformation und der durch sie geprägten protestantischen Länder für die Entstehung einer solchen Form von ‚Stimmungskunst‘ im Gefolge der „Trennung von Glauben und Wissen" meinte hervorheben zu müssen und zugleich die Nähe zwischen „Stimmung" und „Andacht" betont hatte. Eine durch die zersetzende Wirkung der modernen Einzelwissenschaften wie der Psychophysik, Ethnologie und der Sozialwissenschaften geprägte und insofern „geistig tief erregte Zeit" müsse deshalb gerade von der *Kunst* eine ‚Erlösung‘ von jenen Problemen des modernen Lebens erhoffen, wie sie mit dem Siegeszug des naturwissenschaftlichen Weltbildes und eines entsprechend geprägten Lebensstiles verbunden sind. Denn neben der Religion beinhalte nur noch die zeitgenössische Kunst ein Glücksversprechen bezüglich einer möglichen Überwindung jener Ge-

---

3　Albert Kalthoff, Die Religion der Modernen, Jena / Leipzig 1905, S. 10.

4　Heinrich Meyer-Benfey, Moderne Religion. Schleiermacher. Maeterlinck, Leipzig 1902, S. 8 ff.

gensätze und Konflikte des modernen Lebens, wie sie um 1900 auch von den soziologischen Klassikern beschrieben worden sind.[5]

Riegl formulierte in seinem Aufsatz „Die Stimmung als Inhalt der modernen Kunst" von 1899 mit wenigen Worten ein spezifisch modernes Anliegen, das auch in den kunsttheoretischen und religionssoziologischen Arbeiten von Georg Simmel und Max Weber ausführlich behandelt worden ist. Simmel hatte schon 1895 innerhalb der modernen bürgerlichen Kultur einen entsprechenden ‚Gegenweltsbedarf' festgestellt, den zu befriedigen sich um die Jahrhundertwende verschiedene Erscheinungsformen der modernen Kunst anschickten.[6] Simmels eigene Ausführungen über diese ‚Kunstreligion' stehen dabei in einem spannungsreichen Verhältnis zu seinen zahlreichen Untersuchungen über bestimmte alltagsästhetische Erscheinungsformen des modernen Lebens, die er zum einen auf die Eigenart der modernen kunstgewerblichen Produktion zurückgeführt hatte, zum anderen aber auch als legitimen Gegenstand einer *soziologischen Ästhetik* betrachtete. Unter welchen Voraussetzungen kommt aber der Kunst zugleich eine erlösende Funktion hinsichtlich der Probleme des modernen Lebens zu? Und welche Erscheinungsformen der Kunst hatte Simmel eigentlich im Auge, als er dieser eine solche ‚erlösende' Funktion zusprach und hierbei zugleich eine ‚Analogie' mit dem genuin religiösen Erlösungsbedürfnis gegeben sah?

Nun, offensichtlich sind es weder die ästhetisch gestalteten Objekte des alltäglichen Lebens noch der schnelle Wechsel zwischen den verschiedenen künstlerischen und literarischen Strömungen, denen Simmel eine ‚versöhnende' beziehungsweise ‚erlösende' Funktion zusprach. Dieser permanente Wechsel der Moden innerhalb der modernen ästhetischen Kultur bringt ihm zufolge ihrerseits eine spezifische „Unruhe" und „Unbefriedigtheit" des modernen Lebens zum Ausdruck, die Simmel als Eigenart seiner Zeit ansah und in der er einen spezifisch *innerweltlichen* ‚Erlösungsbedarf' gegeben sah. Sein eigenes „Stilbild der Moderne", wie er es im letzten Kapitel seiner 1900 erschienenen *Philosophie des Geldes* ausgearbeitet hatte, zehrt ja seinerseits von jener explosiven Kraft der kulturellen Moderne, der zufolge keine einzige singuläre Erscheinungsform des modernen Lebens mehr den Anspruch auf Allgemeingültigkeit stellen kann, sondern nur eine exemplarische Ausdrucksform der Signatur dieser Zeit darstellt. Simmels Versuch, mit genuin ästhetischen Mitteln, d.h. mit räumlichen, zeitlichen und raumzeitlichen ‚Symbolisierungen' beziehungsweise ‚Analogien' wie der *Distanz*, dem *Rhythmus* und der *Symmetrie* eine Ahnung von jenem ‚Absoluten' zu vermitteln, das die Moderne gewissermaßen mit einem „umgekehrten Vorzeichen" verkörpere, beruht ja seinerseits auf der Erfahrung einer Fragmentierung des alltäglichen Lebens, die sich offensichtlich nur noch in Form eines ästhetischen ‚Stilbildes' veranschaulichen läßt und dabei keine Versöhnung der Konflikte des modernen Lebens verspricht. Seine eigene Analyse des modernen Lebensstils bestätigt insofern jene um 1900 weit verbreitete Auffassung, daß sich

---

5   Alois Riegl, Die Stimmung als Inhalt der modernen Kunst, in: Graphische Künste 22 (1899), S. 47-56.

6   Siehe hierzu auch die entsprechenden Ausführungen bei Volkhard Krech, Zwischen Historisierung und Transformation von Religion: Diagnosen zur religiösen Lage um 1900 bei Max Weber, Georg Simmel und Ernst Troeltsch, in: Krech / Tyrell (Hrsg.), Religionssoziologie um 1900, a.a.O., S. 313 ff. Zu diesem ‚Gegenweltbedarf' der bürgerlichen Kultur der Jahrhundertwende vgl. auch Thomas Nipperdey, Wie das Bürgertum die Moderne fand, Berlin 1988, besonders S. 85 ff.; ders., Deutsche Geschichte 1866-1918, Band I: Arbeitswelt und Bürgergeist, München 1990, S. 692 ff. Zu einer stärker ideologiekritisch orientierten Beschreibung dieses spezifisch bürgerlichen ‚Gegenweltbedarfs' siehe auch Richard Hamann / Jost Hermand, Epochen deutscher Kultur von 1870 bis zur Gegenwart, Band 4: Stilkunst um 1900, Frankfurt am Main 1977, S. 121 ff.

die ‚Moderne‘ nicht mehr in Gestalt einer *zeitlichen Folge* des Wechsels der verschiedenen künstlerischen und literarischen Strömungen beschreiben lasse, sondern nur noch in Gestalt einer *Gleichzeitigkeit* der unterschiedlichsten modernistischen Strömungen charakterisierbar sei, die sich nun gegenseitig den Anspruch auf ‚Zeitgemäßheit‘ streitig machen.[7]

Gerade in diesem um die Jahrhundertwende sich zuspitzenden ‚Stilpluralismus‘ kommt aber zugleich eine spezifische Erfahrung von Modernität sowie ein grundlegender ‚Widerspruch der Werte‘ zum Ausdruck, den Friedrich Nietzsche bereits 1888 in seiner berühmten Streitschrift „Der Fall Wagner" beschrieben hatte und demzufolge die moderne *Unentschiedenheit* beziehungsweise ‚Unerlöstheit‘ dadurch gekennzeichnet ist, daß der Mensch gewissermaßen zwischen zwei Stühlen sitzt und in einem Atemzug sowohl *ja* als auch *nein* sagt, ohne sich in den zentralen Fragen entscheiden zu können.[8] Dieser ‚Widerspruch der Werte‘ innerhalb der modernen Weltanschauung läßt sich übrigens auch an der um 1890 einsetzenden Nietzsche-Rezeption in Deutschland verdeutlichen, in deren Gefolge Nietzsches ‚aristokratischer Radikalismus‘ und illusionsloser Pessimismus einer rein materialistisch orientierten Fortschrittsgläubigkeit sowie den egalitären Ansprüchen der parlamentarischen Demokratie und der sozialistischen Agitation gegenübergestellt worden ist. Aber auch innerhalb der ‚ästhetischen Opposition‘ gegen die sozialen und kulturellen Folgen des fortschreitenden Industrialisierungsprozesses läßt sich ein Spannungsverhältnis zwischen einer sich noch prinzipiell dem modernen naturwissenschaftlichen Weltbild verpflichtet fühlenden naturalistischen Form der Kunst und Literatur einerseits sowie einem sich nun selbst als ‚neuidealistisch‘ beziehungsweise ‚neuromantisch‘ verstehenden Kunstverständnis andererseits feststellen. Die zögerliche Akzeptanz der verschiedenen Strömungen der ästhetischen und literarischen Moderne in Deutschland muß insofern vor dem Hintergrund der erfolgreichen Propagierung eines Kunstideals gesehen werden, das sich kritisch gegen zentrale Erscheinungsformen der kulturellen Moderne gerichtet hatte und nun in Gestalt einer verstärkten Zuwendung zu den in den ‚klassischen‘ Werken von Dürer, Rembrandt, Schiller und Goethe zum Ausdruck kommenden ‚zeitlosen‘ ästhetischen Normen einen entsprechenden ‚Gegenweltbedarf‘ geltend zu machen versucht hatte.[9]

---

7   Siehe hierzu insbesondere die ausführliche Analyse des modernen Lebensstils in Simmels *Philosophie des Geldes*, in: Gesamtausgabe, Band 6, Frankfurt am Main 1989, S. 617 ff. Vgl. ferner die einschlägigen, auf Simmels Ästhetik des modernen Lebens bezogenen Arbeiten von David Frisby, Sociological Impressionism. A Reassessment of Georg Simmel's Social Theory, London 1981; ders., Fragmente der Moderne. Georg Simmel – Siegfried Kracauer – Walter Benjamin, Rheda-Wiedenbrück 1989; ders., Simmel and Since. Essays on Georg Simmel's Social Theory, London / New York 1992, besonders S. 64 ff. und 135 ff.

8   Vgl. Friedrich Nietzsche, Der Fall Wagner. Ein Musikanten-Problem (1888), in: Sämtliche Werke. Kritische Studienausgabe, München 1980, Band 6, S. 52 f.

9   Siehe in diesem Zusammenhang neben den bereits zitierten Untersuchungen von Thomas Nipperdey auch die auf einer Auswertung der zentralen Rundschauzeitschriften im deutschen Kaiserreich beruhenden Studie von Birgit Kulhoff, Bürgerliche Selbstbehauptung im Spiegel der Kunst. Untersuchungen zur Kulturpublizistik der Rundschauzeitschriften im Kaiserreich (1871-1914), Bochum 1990, besonders S. 73 ff. Vgl. ferner Torsten Bügner / Gerhard Wagner, Die Alten und die Jungen im Deutschen Reich. Literatursoziologische Anmerkungen zum Verhältnis der Generationen 1871-1918, in: Zeitschrift für Soziologie 20 (1991), S. 177-190; Hans Joachim Eberhard, Intellektuelle der Kaiserzeit. Ein sozialpsychologischer Streifzug durch Naturalismus, Antinaturalismus und Frühexpressionismus, Frankfurt am Main 1991; Wolfgang J. Mommsen, Kultur und Politik im deutschen Kaiserreich, in: ders., Der autoritäre Nationalstaat. Verfassung, Gesellschaft und Kultur im deutschen Kaiserreich, Frankfurt am Main 1990, S. 257-286; ders., Bürgerliche Kultur und künstlerische Avantgarde 1870-1918. Kultur und Politik im deutschen Kaiserreich, Frankfurt am Main / Berlin 1994, S. 41 ff.

Charakteristisch für diese ‚Gleichzeitigkeit des Ungleichzeitigen‘ innerhalb der ästhetischen Kultur der Jahrhundertwende ist zum Beispiel der vom heutigen Standpunkt aus nicht
mehr nachvollziehbare Erfolg von Julius Langbehns Buch *Rembrandt als Erzieher* in den
neunziger Jahren, in dem der ‚Rembrandt-Deutsche‘ ein bevorstehendes ‚Kunstzeitalter‘ pro-
klamiert hatte, das sich dem Ideal einer an Rembrandt und Goethe orientierten ästhetischen
Erziehung des deutschen Volkes verpflichtet fühlte und dabei den ‚demokratisierenden‘, ‚ni-
vellierenden‘ und ‚atomisierenden‘ Geist des 19. Jahrhunderts durch eine Rückbesinnung auf
die eigene kulturelle Überlieferung im Sinne einer ins Mythologische erhobenen Wertschätzung des ‚germanischen Individualismus‘ überwinden sollte.[10] Bezeichnend ist in diesem Zusammenhang ferner, daß der gegenüber dem ästhetischen Modernismen höchst aufgeschlosse-
ne österreichische Kunsthistoriker Hermann Bahr bereits 1891 eine definitive „Überwindung
des Naturalismus" glaubte feststellen zu können – zu einem Zeitpunkt also, zu dem sich diese Kunstrichtung überhaupt erst innerhalb einer breiteren deutschsprachigen Öffentlichkeit
durchzusetzen begann.[11] Und auch Max Weber hatte noch 1910 in einer Diskussionsbemer-
kung während des Ersten Deutschen Soziologentages in Frankfurt am Main auf eine klassen-
spezifische ‚Ungleichzeitigkeit‘ aufmerksam gemacht, der zufolge zumindest noch die deutsche Arbeiterklasse ihre literarischen Bedürfnisse eher in den Werken von Friedrich Schiller
als „bei moderner naturalistischer Kunst" zu befriedigen versuchte, obgleich gerade dem Naturalismus oft eine innere weltanschauliche Verwandtschaft mit dem modernen Sozialismus
unterstellt worden ist.[12]
Wie widersprüchlich und schillernd auch immer das Erscheinungsbild der ästhetischen
Kultur der Jahrhundertwende war – zumindest eines bleibt durch zahlreiche zeitgenössische
Äußerungen belegt und somit unbestritten: nämlich daß spätestens um 1900 eine genuin ästhetische Weltanschauung den Siegeszug des durch die modernen Naturwissenschaften geprägten Weltbildes radikal in Frage gestellt hatte. Diese zeitdiagnostische Einschätzung kommt
auch in folgender Feststellung des Leipziger Kuturhistorikers Karl Lamprecht aus dem Jahre
1902 zum Ausdruck, die zugleich auf einen eigentümlichen ‚Epochenwandel‘ innerhalb der
deutschen Kultur der Jahrhundertwende hinweist: „Um die Mitte des 19. Jahrhunderts noch
Herrschaft der Naturwissenschaften und des Historismus, Unterwerfung der Kunst unter eine
philosophische Ästhetik, eine Wissenschaft, die der Kunst selbst oft recht fern stand – jetzt,
seit Ende des 19. Jahrhunderts Sieg der Kunst und die Wissenschaften in Gefahr, den normativ durchgebildeten Erfahrungen der Kunst und den praktischen Vorschriften einer ästhetischen Sittenlehre zu unterliegen: das ist der Wechsel."[13]

---

10   Vgl. Julius Langbehn, Rembrandt als Erzieher. Von einem Deutschen, Leipzig 1890. Diese ursprünglich
     anonym erschienene Streitschrift ist bereits 1891 in 37. Auflage erschienen und stellt neben der beginnenden
     Nietzsche-Rezeption Anfang der neunziger Jahre *das* Medienereignis schlechthin im deutschen Sprachraum dar.
     Siehe hierzu auch die ausführliche Untersuchung von Bernd Behrendt, Zwischen Paradox und Paralogismus.
     Weltanschauliche Grundzüge einer Kulturkritik in den neunziger Jahren des 19. Jahrhunderts am Beispiel
     August Julius Langbehn, Frankfurt am Main 1984.
11   Siehe hierzu Hermann Bahr, Zur Überwindung des Naturalismus. Theoretische Schriften 1887-1904. Ausge-
     wählt, eingeleitet und erläutert von Gotthart Wunberg, Stuttgart 1968, S. 33 ff.
12   Vgl. Max Weber, Gesammelte Aufsätze zur Soziologie und Sozialpolitik, Tübingen 1924, S. 452.
13   Karl Lamprecht, Deutsche Geschichte, Ergänzungsband I: Zur jüngsten deutschen Vergangenheit, 1. Band:
     Tonkunst – Bildende Kunst – Dichtung – Weltanschauung (1902), 4. Aufl. Berlin 1922, S. 451.

Georg Simmels ‚Moderne‘

Ähnlich wie Hermann Bahr und Karl Lamprecht hatte auch Georg Simmel recht früh diesen fundamentalen Wandel innerhalb des wilhelminischen Zeitgeistes von einem eher dem Naturalismus und dem Historismus verpflichteten Zeitgeist hin zu einer neuen ästhetischen Weltanschauung wahrgenommen und anhand von charakteristischen Erscheinungsformen wie dem modernen Kunstgewerbe und einem symbolistischen beziehungsweise neoidealistischen Kunstempfinden beschrieben. Obgleich er sich ursprünglich selbst den naturalistischen Bestrebungen innerhalb der modernen Kunst verpflichtet fühlte und von dieser Position aus Julius Langbehns Proklamation eines neuen künstlerischen Zeitalters zunächst abwehrend gegenüberstand, wurde Simmel unter dem Eindruck seiner intensiven Auseinandersetzung mit dem Werk Nietzsches seit 1895 nun selbst zum zentralen Repräsentanten dieser in der Tradition der klassischen deutschen und niederländischen Kunst stehenden neuen ästhetischen Weltanschauung.[14] Hatte Simmel diesem neuen ästhetischen Selbstverständnis zunächst noch in feinfühligen Analysen der Werke von zeitgenössischen Künstlern wie Arnold Böcklin, Stefan George und Auguste Rodin Rechnung getragen, so überwiegen seit 1905 ganz eindeutig jene Schriften im Rahmen seines Oeuvres, die das künstlerische Erbe der klassischen deutschen und niederländischen Kunst und Literatur zum Gegenstand haben.

Zentrale Motive, die Simmel als Repräsentant einer modernen ‚Kunstreligion‘ ausweisen, lassen sich allerdings bereits seinen frühen Arbeiten über Böcklin und George entnehmen. Sie stehen dabei von Anfang an in einem spannungsreichen Verhältnis zu jenen Erfahrungsgehalten des modernen Lebens, die er als legitimen Gegenstand einer ‚soziologischen Ästhetik‘ angesehen hatte. Bereits in seinem Aufsatz „Böcklins Landschaften“ von 1895 wies er auf spezifische Eigentümlichkeiten von Böcklins Bilder hin, die Alois Riegl einige Jahre später als Signum der modernen Kunst schlechthin verstanden wissen wollte.[15] Denn Simmel sah in Böcklins Landschaftsmalerei die künstlerische Wiederherstellung einer Einheit, die durch das moderne naturwissenschaftliche Weltbild verloren gegangen sei und insofern nur noch in einer artistischen, d.h. der Wirklichkeit selbst nicht zu entnehmenden Art und Weise im Kunstwerk wieder hergestellt werden könne. Indem Böcklin die Dinge „rein nach ihrer inneren Notwendigkeit und Bedeutsamkeit“ gleichsam *sub specie aeternitatis* betrachte, bringe diese „Überzeitlichkeit“ seiner meist durch mythologische Motive geprägten Bilder eine spezifisch ‚unhistorische‘ Empfindungsweise zum Ausdruck, die bereits Nietzsche in seiner zweiten „Unzeitgemäßen Betrachtung“ als Eigentümlichkeit der *Jugend* angesehen hatte und die bald darauf einer neuen künstlerischen Bewegung den Namen geben sollte. Zugleich vermitteln Simmel zufolge Böcklins Bilder aufgrund der zeitlosen Entrücktheit ihrer Motive „aus

---

14   Zur Bedeutung der Nietzsche-Rezeption für die weitere Entwicklung von Simmels Werk siehe auch Klaus Lichtblau, Das „Pathos der Distanz“. Präliminarien zur Nietzsche-Rezeption bei Georg Simmel, in: Heinz-Jürgen Dahme / Otthein Rammstedt (Hrsg.), Georg Simmel und die Moderne. Neue Interpretationen und Materialien, Frankfurt am Main 1984, S. 231-281 (in diesem Band S. 97 ff.).

15   Zur Stellung Böcklins innerhalb der kunstwissenschaftlichen Diskussion der Jahrhundertwende siehe auch Julius Meier-Graefe, Der Fall Böcklin und Die Lehre von den Einheiten, Stuttgart 1905; Ingrid Koszinowski, Böcklin und seine Kritiker. Zu Ideologie und Kunstbegriff um 1900, in: Ekkehard Mai / Stephan Waetzold / Gerd Wolandt (Hrsg.), Ideengeschichte und Kunstwissenschaft. Philosophie und bildende Kunst im Kaiserreich, Berlin 1983, S. 279-292; Peter Ulrich Hein, Transformation der Kunst. Ziele und Wirkungen der deutschen Kultur- und Kunsterziehungsbewegung, Köln / Wien 1991, S. 165 ff.

allen bloßen Relationen" ein spezifisches Gefühl der ‚Freiheit', dem Simmel eine kathartische Funktion zugeschrieben hatte und dessen „erlösende Wirkung" er fortan als Wesen aller ‚großen' Kunst ansah. Denn nur diese ermögliche noch jene vom modernen Menschen ersehnte *Coincidentia oppositorum*, die innerhalb der jüdisch-christlichen Überlieferung einstmals als Wesen der transzendenten Gottheit angesehen worden ist und die nun von einem auratischen Kunstwerk erhofft wurde. Die traditionelle theologische Unterscheidung zwischen *Immanenz* und *Transzendenz* wird von Simmel dabei auf die inselhafte Stellung eines großen Kunstwerks innerhalb des kontinuierlich fließenden Lebensprozesses übertragen, wobei er diese „Verneinung des Wirklichen" im selbstgenügsam gewordenen Kunstwerk aber nicht im Sinne eines *l'art pour l'art*, sondern als ein „positives Verhältnis" zum Leben im Sinne eines *l'art pour la vie* verstanden wissen wollte. Aus diesem Grund sei deshalb auch die Alternative „realistisch oder nicht realistisch?" grundsätzlich falsch gestellt.[16]

In einer kunstphilosophischen Studie über die Lyrik Stefan Georges aus dem Jahre 1901 hat Simmel diesen sakralen Bedeutungsgehalt jeder großen Kunst weiter präzisiert. Nun wird noch stärker als bisher die Eigenart der menschlichen Seele betont, selbst eine spezifische Einheitsform zu verkörpern, die gegenüber dem raumzeitlichen „Nebeneinander" in der natürlichen Welt überhaupt erst so etwas wie eine „Einheit des Mannigfaltigen" herzustellen vermag. Die „mit nichts vergleichbare Einheit des Kunstwerks" wird jetzt als Ausdruck der menschlichen *Seele* beschrieben, die sich im Unterschied zur arbeitsteiligen Differenziertheit des menschlichen *Geistes* beziehungsweise Intellekts in der Geschlossenheit und Zeitlosigkeit des Kunstwerkes widerspiegele und gerade in der künstlerischen Produktion ihre adäquate Ausdrucksgestalt finde. Die bereits dem kulturtheoretischen Teil von Simmels *Philosophie des Geldes* zugrunde liegende grundbegriffliche Differenz zwischen ‚Seele' und ‚Geist' wird nun zur Erklärung dafür herangezogen, warum sich der moderne Mensch in seinen übrigen, auf Prozessen der Arbeitsteilung beruhenden kulturellen Objektivationen nicht mehr wiederfinden könne und deshalb die kulturelle Höherentwicklung nicht mehr mit einer Verfeinerung des menschlichen Seelenlebens identisch ist. Der „Weg der Seele zu sich selbst" müsse deshalb fortan den Umweg über die Welt der objektiven Kultur vermeiden und in einer selbstgenügsamen Form möglich sein. Dem zufolge kann aber auch das *kulturelle Ideal* nicht mehr mit dem *künstlerischen Ideal* identisch sein. Denn während eine kulturelle Höherentwicklung ihm zufolge nach wie vor ausschließlich mit einer fortschreitenden sozialen Differenzierung und Arbeitsteilung einher gehen kann, ist die in sich ruhende Seele demgegenüber immer schon bei sich angekommen und bedarf nur eines äußeren *Symbols*, um seine Autarkie und Autonomie in einem Spiegel vorgeführt zu bekommen.[17]

---

16 Vgl. Simmel, Böcklins Landschaften (1895), in: Zur Philosophie der Kunst, Potsdam 1922, S. 7-16; ders., L'Art pour l'Art (1914), ebd., S. 79-86; siehe ferner Simmel, Zum Problem des Naturalismus, in: Fragmente und Aufsätze. Aus dem Nachlaß und Veröffentlichungen der letzten Jahre, hrsg. mit einem Vorwort von Gertrud Kantorowicz, München 1923, S. 267-304.

17 Vgl. Simmel, Stefan George. Eine kunstphilosophische Studie (1901), in: Zur Philosophie der Kunst, S. 29-45; ders., Der Bildrahmen (1902), ebd., S. 46-54; *Philosophie des Geldes*, S. 617 ff.; Der Begriff und die Tragödie der Kultur (1911), in: Georg Simmel, Philosophische Kultur. Über das Abenteuer, die Geschlechter und die Krise der Moderne. Gesammelte Essais. Mit einem Nachwort von Jürgen Habermas, Berlin 1983, S. 183-207. Siehe hierzu ferner Klaus Lichtblau, Die Seele und das Geld. Kulturtheoretische Implikationen in Georg Simmels „Philosophie des Geldes", in: Friedhelm Neidhardt /M. Rainer Lepsius / Johannes Weiß (Hrsg.), Kultur

Dieser Spiegel ist aber unter den spezifischen Bedingungen der Moderne mit dem Wesen eines großen Kunstwerkes identisch. Denn indem das Kunstwerk eine Eigenschaft verkörpert, die sonst nur noch der menschlichen Seele zukommt – nämlich eine beseelte Form der „Einheit aus Einzelheiten" darzustellen, die sich von der übrigen Welt abgrenzt und deren insulare Stellung im Falle des Kunstwerkes am adäquatesten durch den *Bildrahmen* symbolisiert wird, der es von seiner Umgebung abhebt –, wird es so zum Ausdruck eines großen künstlerischen Genies. Dessen Werk ermögliche dabei eine zeitlose Kommunikation zwischen dem Kunstschaffenden und dem Kunstrezipienten, die an eine ‚Anschauung‘ der im Kunstwerk objektivierten seelenhafte Einheit gebunden ist. Simmel grenzt aus diesem Grund auch die *ästhetische* Betrachtung eines Kunstwerkes von seinem *genetischen* beziehungsweise *historisch-psychologischen* Verständnis strikt ab. Zugleich macht er darauf aufmerksam, daß der „Begriff einer das Werk tragenden Persönlichkeit" seinerseits nur das Konstrukt eines einfühlsamen Kunstbetrachters ist, der selbst erst auf dem Weg der Kontemplation beziehungsweise der „Kunstandacht" jenen inneren Zusammenhang zwischen den verschiedenen Teilen eines Werkes herstellt, „der es für uns zur Einheit macht". Simmels eigene Künstlermonographien über Goethe und Rembrandt dürfen deshalb auch keinesfalls mit einer *biographischen* Betrachtung dieser beiden Künstlerpersönlichkeiten verwechselt werden. Ihm geht es nämlich in beiden Fällen vielmehr nur um die ‚Idee‘, d.h. um ein entsprechendes künstlerisches „Urphänomen", das es erlaubt, einer Reihe von Werken einen einheitlichen Namen im Sinne einer fiktiven persönlichen „Kristallisation des inneren Gesetzes der gegebenen Erscheinung" zu geben. Dabei werde das Kunstwerk selbst zu einer Analogie der „Persönlichkeit Gottes" beziehungsweise zu einem „Gefäß" für die letzten überhaupt vorstellbaren „Persönlichkeitswerthe"[18].

Simmels Beschreibung des Verhältnisses von Kunst und Religion sowie der um 1900 anzutreffenden Erscheinungsformen einer spezifisch modernen ‚Kunstreligion‘ müssen also vor dem Hintergrund jener Individualitätsproblematik gesehen werden, die in einem engen Zusammenhang mit der personalistischen Gottesauffassung des Christentums steht und die ihm zufolge seit dem 17. Jahrhundert in den Werken von Rembrandt in Gestalt einer spezifischen Form der subjektiven Frömmigkeit erstmals auch künstlerisch zum Ausdruck gebracht worden ist. Seine Interpretation von Rembrandts Werk stellt insofern einen bewußten Brückenschlag zu jener „protestantisch-germanischen" Anschauung von Individualität dar, wie sie Simmel in einer auf das subjektive Seelenleben sowie den damit einhergehenden Erlösungsbedarfs gegeben sieht.[19] Rembrandt und Goethe werden ihm zufolge deshalb zu Repräsentanten einer Form von Religiosität, die sich nicht mehr in Abgrenzung von der bestehenden Welt de-

---

und Gesellschaft (= Kölner Zeitschrift für Soziologie und Sozialpsychologie, Sonderheft 27), Opladen 1986, S. 57-74 (in diesem Band S. 125 ff.)..

18   Vgl. „Stefan George", a.a.O., S. 45.; „Der Bildrahmen", a.a.O. Zur entsprechenden Analogie mit der „Persönlichkeit Gottes" siehe auch den gleichnamigen Aufsatz von Simmel in *Philosophische Kultur*, S. 154 ff. sowie die daran anschließenden Überlegungen von Volkhard Krech, Religion zwischen Soziologie und Philosophie. Entwicklungslinien und Einheit des Religionsverständnisses Georg Simmels, in: Simmels Newsletter 2 (1992), S. 124-138.

19   Siehe hierzu auch Felicitas Dörr, Die Kunst als Gegenstand der Kulturanalyse im Werk Georg Simmels, Berlin 1993, besonders S. 61 ff. Zum ‚protestantisch-germanischen‘ Charakter von Simmels späteren kunstphilosophischen und kunsthistorischen Arbeiten vgl. ferner Beat Wyss, Simmels Rembrandt, in: Georg Simmel, Rembrandt. Ein kunstphilosophischer Versuch. Eingeleitet von Beat Wyss, München 1985, S. VII-XXI.

finiert, sondern innerhalb des alltäglichen Lebens die Möglichkeit einer Repräsentation des Absoluten im Individuellen gegeben sieht.

Die ‚Frömmigkeit' ist Simmel zufolge dabei eine subjektive Einstellung gegenüber der Welt, die im Prinzip jedes beliebige Objekt zum Gegenstand haben kann. Denn diese stelle sich unter den Bedingungen der Moderne nicht mehr in einer „objektiv frommen Welt" ein. Vielmehr sei das moderne Individuum unter bestimmten Voraussetzungen gerade in einer objektiv indifferenten Welt „als Subjekt fromm"[20]. Simmel zeigt am Beispiel der von Rembrandt dargestellten Menschen exemplarisch auf, daß diese sogar „in dieser Frömmigkeit leben würden, auch wenn kein Gott existierte oder geglaubt würde"[21]. Das ‚Wunder' der Rembrandtschen Kunst und letztendlich aller großen Kunst besteht ihm zufolge gerade darin, sich von einem spezifischen Inhalt der natürlichen Welt zu lösen und das Kunstwerke selbst als *Symbol* der Ganzheit des Lebens sowie als Aufforderung zu einer Umkehrung der Richtung des menschlichen Seelenlebens zu begreifen.

Diesen Prozeß der Transzendierung des Lebens hatte Simmel später in Abgrenzung von Nietzsches Willensmetaphysik als „große Achsendrehung des Lebens" und als „Wendung zur Idee" bezeichnet.[22] Hinsichtlich dieser Umkehrung der Richtung des elementaren Lebensprozesses bestätigt sich aber zugleich eindrucksvoll die von Simmel wiederholt betonten formalen Parallelen zwischen der Kunst und der Religion. Denn beide beruhen auf einem „räumlichen Gleichnis" der *Nähe* und *Distanz* gegenüber dem Leben, wobei im Hinblick auf das ‚Jenseits' eine solche Distanz zumindest im Falle der Religion eine mögliche „mystische Einswerdung" mit ihm gerade nicht ausschließe. Dieses Doppelverhältnis von Immanenz und Transzendenz gegenüber der Wirklichkeit kennzeichne aber zugleich auch die gesellschaftliche Stellung der Kunst. Denn auch sie selbst ist „das Andere des Lebens, die Erlösung von ihm durch seinen Gegensatz"[23]. Das ‚Wunder' der Kunst besteht Simmel zufolge nämlich darin, „daß sie Werte und Reihen des empirischen Lebens, die sonst beziehungslos und unversöhnt nebeneinander liegen, als zueinander gehörig und Glieder einer Einheit schauen läßt"[24]. Insofern liege das „Erlösende in der Hingabe an ein Kunstwerk" gerade darin, „daß sie einem in sich ganz Geschlossenen, der Welt Unbedürftigen, auch dem Genießenden gegenüber Souveränen und Selbstgenugsamen gilt. [...] In diese, um uns und alle Verflechtungen der Realität unbekümmerte Welt eintretend, sind wir gleichsam von uns selbst und unserem, in diesen Verflechtungen ablaufenden Leben befreit. Zugleich aber ist das Erlebnis des Kunstwerks doch in unser Leben eingestellt und von ihm umfaßt; das Außerhalb unseres Lebens, zu dem uns das Kunstwerk erlöst, ist doch eine Form dieses Lebens selbst."[25]

Diese *innerweltliche* Erlösung von den Gegensätzen des modernen Lebens ist aber der entscheidende Grund, warum nun die Kunst selbst eine Funktion zu übernehmen vermag, die einst nur den großen Erlösungsreligionen zugekommen ist. Mit dem Bedeutungsverlust der

20   Georg Simmel, Rembrandt. Ein kunstphilosophischer Versuch, Leipzig 1916, S. 146.

21   Ebd., S. 163.

22   Vgl. Georg Simmel, Lebensanschauung. Vier metaphysische Kapitel, München / Leipzig 1918, S. 20 ff. und 38 ff. sowie Lichtblau, Das „Pathos der Distanz", a.a.O., bes. S. 259 ff.

23   Georg Simmel, Das Christentum und die Kunst (1907), in: Brücke und Tür. Essays des Philosophen zur Geschichte, Religion, Kunst und Gesellschaft, Stuttgart 1957, S. 129-140 (hier S. 130).

24   Georg Simmel, Der siebente Ring (1909), in: *Zur Philosophie der Kunst*, S. 74-78 (hier S. 78).

25   „ L'Art pour l'Art", S. 84.

„absoluten Realität des Transzendenten", den Simmel im „mystisch-romantischen Spiel" mit dem Unverfügbaren bei „gewissen geistig hochstehenden Kreisen" seiner Zeit gegeben sah, bestätige sich aber gerade die unaufhebbare Existenz eines fundamentalen menschlichen Bedürfnisses nach Erlösung, das Simmel trotz des von ihm geteilten Diktum Nietzsches vom ‚Tod Gottes‘ nach wie vor als ein genuin religiöses gekennzeichnet hat und das „bisher durch religiöse Erfüllungen befriedigt worden ist"[26]. Und dies ist auch der Grund, warum aufgrund gewisser „psychologischer Verwandtschaften" zwischen dem künstlerischen und dem religiösen Erleben dieses elementare menschliche Bedürfnis nach Transzendenz zum Gegenstand einer sich selbst in quasi-religiösen Begriffen beschreibenden Kunstproduktion und Kunstrezeption geworden ist.

Der von ihm betonte fragmentarische Charakter der menschlichen Existenz, die durch unaufhebbare Gegensätze, Konflikte und den Kampf als elementare Bewegungsform gekennzeichnet ist, motivierte Simmel deshalb dazu, innerhalb der Geschichte der genuin religiösen Kunst nach Beispielen für eine befriedigende Lösung des zentralen Gegensatzes zwischen dem Individuellen und dem Allgemeinen sowie der *Form* und dem *Leben* zu suchen, die er auch in verschiedenen Bestrebungen zur Entwicklung einer spezifisch modernen Kunstreligion gegeben sah. Ihm zufolge scheiterte noch die religiöse Kunst Michelangelos daran, daß es diesem nicht gelungen sei, „die erlösende Vollendung des Lebens im Leben selbst zu finden" und somit „das Absolute in die Form des Endlichen zu gestalten", weshalb seine künstlerische Bewältigung des Gegensatzes zwischen der Endlichkeit und der Unendlichkeit als „unerlöst" gelten müsse.[27] Demgegenüber gelinge es Rembrandt erstmals innerhalb der europäischen Kunstgeschichte, die „Diesseitigkeitswerte" und die „Jenseitigkeitswerte" in eine „neue Nähe" zu bringen und dabei das Religiöse innerhalb der Darstellung konkreter Menschen und ihres alltäglichen Lebens künstlerisch zu veranschaulichen. Nicht die Darstellung des Religiösen, sondern die *religiöse Darstellung* sei dabei für Rembrandts Kunst entscheidend. Denn nicht die Inhalte seien es, die den religiösen Charakter seiner Kunst gewährleisten, sondern die *Form* seiner Darstellung, die sich nicht am Einzelnen, sondern allein am Ganzen des Dargestellten beziehungsweise in Gestalt einer „allgemeinen stilistischen Geste der Produktion" zu bewähren habe.[28] Dabei werde deutlich, daß hierbei die Religion nicht mehr in einem ‚objektiven‘ Sinne, sondern nur noch in einem „funktionellen Sinne", das heißt als Religiosität des subjektiven Seelenlebens „unter Ausschaltung alles kirchlich Traditionellen und seines jenseitigen Inhaltes" erfaßt worden sei.[29]

Indem Rembrandt gerade den individuellen Menschen in seiner alltäglichen Existenz zum Gegenstand einer künstlerischen Darstellung mache, gelinge ihm aber zugleich eine Versöhnung zwischen Immanenz und Transzendenz, Individualität und Allgemeinheit sowie Leben und Form, die Simmel zugleich als Aufgabe einer spezifisch modernen Form der Kunstreligion angesehen hatte und die in der leuchtenden Gestalt des ‚Urphänomens‘ Goethe ihren bisher unerreichten und deshalb auch für die Gegenwart vorbildlichen Höhepunkt gefunden habe. Denn gerade Goethe bestätigt Simmel zufolge eindrucksvoll mit seinem Werk sowie seiner

---

26   Simmel, Das Problem der religiösen Lage (1911), in: Philosophische Kultur, S. 168-182 (hier S. 169).

27   Vgl. Simmel, Michelangelo (1910-11), in: Philosophische Kultur, S. 119 ff.

28   Vgl. Simmel, Rembrandt, S. 141 ff. (besonders S. 169 ff.).

29   Ebd., S. 173.

Art der Lebensführung jenes uralte christologische Paradox, „daß einer der größten und exzep-
tionellsten Menschen aller Zeiten genau den Weg dieses Allgemein-Menschlichen gegangen
ist" und insofern gerade im Leben selbst den Gegensatz zwischen Kunst und Religion beziehungsweise Kunst, Religion und Leben in Form einer individuellen Erscheinung von gleichwohl allgemeinster Bedeutung zur Versöhnung beziehungsweise Aufhebung gebracht habe.[30]
Insofern sei der „geistige Sinn der Goetheschen Existenz" zugleich die Antwort auf jene Frage,
die Simmel zufolge um 1900 in der Entwicklung einer entsprechend gearteten ‚Kunstreligion'
innerhalb eines breiteren bildungsbürgerlichen Publikums ihren Niederschlag gefunden hat.

Max Webers ‚Moderne'

Max Webers Auseinandersetzung mit der modernen ‚Erlebniskunst' und der um 1900 erneut
einsetzenden Verehrung des großen künstlerischen Genies stellt in gewisser Weise einen kritischen Dialog mit den von Simmel und anderen vertretenen kunstphilosophischen Auffassungen dar. Denn im Unterschied zu den entsprechenden Auffassungen von Georg Simmel,
Werner Sombart und Ernst Troeltsch hatte Weber gegenüber den verschiedenen Erscheinungsformen einer modernen ‚Kunstreligion' eine eindeutig *ablehnende* Haltung eingenommen.
Zwar hatte auch er in seinen nach der Jahrhundertwende erschienenen Schriften zunehmend
der Aufwertung des Ästhetischen zu einer eigenständigen ‚Kulturmacht' und zu einem zentralen Bestimmungsfaktor des modernen Lebensstils seinen Tribut gezollt, obgleich er von seinen
persönlichen weltanschaulichen Überzeugungen her dieser Proklamation eines neuen ‚künstlerischen Zeitalters' bis an sein Lebensende äußerst skeptisch gegenüberstand. Seine prinzipielle Aufgeschlossenheit gegenüber zahlreichen Erscheinungsformen der modernen Kunst,
Literatur und Musik sind inzwischen hinreichend belegt und auch seine entsprechenden persönlichen Vorlieben bekannt. Dennoch sprach er sich äußerst polemisch gegen all jene Versuche aus, die dem Bereich der ästhetischen Erfahrung zugleich eine unmittelbare Bedeutung
im Hinblick auf die praktische Lebensführung abzugewinnen können meinten.[31] Sein durch
die Tradition des asketischen Protestantismus geprägtes Menschen- und Weltbild veranlaßte ihn vielmehr bereits früh zu einer scharfen Kritik an allen zeitgenössischen Bestrebungen,
nun auch noch das eigene Leben zu einem ‚Kunstwerk' zu gestalten, was ihm selbst bei einer
Persönlichkeit wie Goethe als höchst problematisch erschienen ist. Denn schließlich war gerade der „auf der Höhe seiner Lebensweisheit" stehende Goethe Webers zentraler Kronzeuge dafür, daß mit der Vorherrschaft der durch die moderne Berufsethik geprägten Form von
„Facharbeit" die moderne bürgerliche Form der Lebensführung unwiderruflich mit dem Verzicht auf die „faustische Allseitigkeit" und einem „entsagenden Abschied von einer Zeit vol-

---

30   Georg Simmel, Goethe, 2. Aufl., Leipzig 1913, S. 264.

31   Zu Webers Auseinandersetzung mit der ästhetischen und literarischen Moderne siehe Arthur Mitzman, The
      Iron Cage. A Historical Interpretation of Max Weber, New York 1970, S. 256 ff. Vgl. ferner Wolf Lepenies,
      Die drei Kulturen. Soziologie zwischen Literatur und Wissenschaft, München 1985, S. 339 ff. und 357 ff.;
      Harvey Goldman, Max Weber and Thomas Mann. Calling and the Shaping of the Self, Berkeley / Los Angeles/
      Oxford 1988; ders., Politics, Death, and the Devil. Self and Power in Max Weber and Thomas Mann, Berkeley
      / Los Angeles / Oxford 1992; Lawrence Scaff, Fleeing the Iron Cage. Culture, Politics, and Modernity in the
      Thought of Max Weber, Berkeley / Los Angeles 1989, besonders S. 79 ff., 102 ff. und 215 ff.; Christoph Braun,
      Max Webers „Musiksoziologie", Laaber 1992; ferner Edith Weiller, Max Weber und die literarische Moderne.
      Ambivalente Begegnungen zweier Kulturen, Stuttgart 1994.

len und schönen Menschentums“ einher gegangen sei, der nur um den Preis einer entwicklungsgeschichtlichen Regression der bürgerlichen Kultur sowie der Gefahr einer allgemeinen
Stillosigkeit rückgängig gemacht werden könne.[32] Konsequenterweise hatte Weber denn auch
wiederholt die spezifisch moderne „Jagd nach dem Erleben“, die „Romantik des intellektuell Interessanten“ sowie jene „ästhetischen Dämmerstimmungen“, die „heute wieder so gern
durch musikalische und optische Mystifizierung erzielt werden“, als Ausdruck einer überhol-
ten Gefühlskultur und insofern als ein typisches Dekadenzphänomen verstanden.[33]

Ähnlich wie Ernst Troeltsch hatte auch Max Weber eine die künstlerische Entfaltung hem-
menden von einer sie fördernden Einwirkung des religiösen Lebens auf die Entstehung von
spezifisch formalästhetischen Ausdruckswerten unterschieden, um zugleich den universalgeschichtlichen Ort der verschiedenen Erscheinungsformen einer spezifisch modernen Kunstreligion anzugeben. Denn auch Troeltsch hatte bereits 1906 in seinem Vortrag „Die Bedeutung
des Protestantismus für die Entstehung der modernen Welt“ darauf hingewiesen, daß dem Protestantismus seit Beginn der Frühen Neuzeit nicht nur eine negative Beziehung zur künstlerischen Sphäre zugesprochen werden kann, wie sie in Gestalt des calvinistischen Bildersturmes
am deutlichsten zum Ausdruck komme. Vielmehr habe der Protestantismus auch eine *positive*
Rolle bei der Entfaltung des subjektiven Gefühlslebens und der mit ihr verbundenen künstlerischen, literarischen und musikalischen Kultur der Neuzeit gespielt, die zugleich als Vorwegnahme der modernen ästhetischen Kultur der Jahrhundertwende angesehen werden könne.
Gleichwohl wies Troeltsch entschieden darauf hin, daß die in den pietistischen, mystischen
und spiritualistischen Kreisen des Protestantismus begünstigte Entwicklung einer religiösen
Kunst und Musik keine grundlegende Einschränkung des insbesondere im ‚Altprotestantismus‘ sowie im angelsächsischen Puritanismus anzutreffenden ‚Sinnenfeindschaft‘ zu bewirken vermochte. Letztere hätten insofern noch nicht das spezifisch künstlerische Empfinden zu
einem Motiv der Weltanschauung, der Metaphysik und der Ethik gemacht. Deshalb stelle die
moderne Kunst überall das „Ende der protestantischen Askese und damit ein seinem Wesen
entgegengesetztes Prinzip“ dar. Troeltsch zog daraus den Schluß, daß der Klassizismus und
die Romantik diesen asketischen Erscheinungsformen des Protestantismus im Grunde fremd
geblieben seien und daß insofern erst die durch John Ruskin begonnene „Ästhetisierung des
modernen England“ das Ende des Puritanismus eingeleitet hätten.[34]

Troeltsch spielte in diesem Vortrag auf eine zentrale These Max Webers über das Verhältnis zwischen der asketischen Lebensreglementierung und der künstlerischen Weltauffassung an, welche dieser in seiner *Protestantischen Ethik* vertreten hatte. Denn auch Weber war
nicht ausschließlich an den repressiven Auswirkungen der calvinistischen Berufsethik auf das

---

32 Vgl. Max Weber, Die protestantische Ethik und der „Geist“ des Kapitalismus. Textausgabe auf der Grundlage
der 1. Fassung von 1904/05 mit einem Verzeichnis der wichtigsten Zusätze und Veränderungen aus der 2.
Fassung von 1920, hrsg. und eingeleitet von Klaus Lichtblau und Johannes Weiß, 3. Aufl. Weinheim 2000, S.
153; ders., Gesammelte Aufsätze zur Religionssoziologie, Band I, Tübingen 1920 S. 203 (im folgenden zitiert
als GARS I); ders., Wissenschaft als Beruf, in: Gesammelte Aufsätze zur Wissenschaftslehre, 6. Aufl. Tübingen
1985, S. 591.

33 Max Weber, „Kirchen“ und „Sekten“ in Nordamerika, in: Christliche Welt, Jg. 20, Nr. 25 (21.6.1906), Spalte
582; *Wissenschaftslehre*, S. 519; Politik als Beruf, in: ders., Gesammelte politische Schriften, 4. Aufl. Tübingen
1980, S. 546.

34 Ernst Troeltsch, Die Bedeutung des Protestantismus für die Entstehung der modernen Welt, in: Historische
Zeitschrift 97 (1906), S. 53 ff. (hier S. 55).

Sinnenleben, sondern zugleich an der Entstehung von spezifisch *formalästhetischen* Werten innerhalb der puritanischen Art der Lebensführung interessiert. Er hatte dabei die spezifische Dynamik, die sich in der Neuzeit aus den Wechselwirkungen zwischen der ‚Form' und dem ‚Geist' des modernen kapitalistischen Wirtschaftslebens ergeben hatte, auch dahingehend umschrieben, daß es ihm in seinen Protestantismusstudien zugleich um eine Klärung der Frage ging, „in welchem Sinne man allenfalls von ‚Anpassung' (der verschiedenen Kulturelemente aneinander) in diesen Zusammenhängen reden könne"[35]. Er stellte diese Frage dabei zugleich in Bezug auf den kunst- und kulturgeschichtlichen Bereich, um herauszufinden, wie sich solche ‚sinnadäquaten' Beziehungen bis in die konkrete künstlerische Gestaltung von epochenspezifischen Problemkonstellationen zurückverfolgen lassen. So stellte Weber in einem Schreiben an den Kunsthistoriker Aby Warburg aus dem Jahre 1907 fest, daß die ‚unsterbliche' Eigenart des Florentiner Renaissance-Bürgertums durch jenes Spannungsverhältnis zwischen seiner ‚Wirtschaftsform' und seinem ‚ethischen Lebensstil' gekennzeichnet sei, das aus dem Fehlen einer entsprechenden Berufsethik zu erklären sei: „Und daß sich dies im Ringen mit künstlerischen Problemen nachweisen läßt, das ist es, was mich so freudig überrascht hat."[36]

Weber hatte in seinen Protestantismusstudien am Beispiel der religiösen Kunst Rembrandts und der Auswirkungen des englischen Puritanismus auf das allgemeine Kulturleben aber auch den umgekehrten Fall beschrieben – nämlich was sich ergibt, wenn ein asketischer Lebensstil und eine ihm adäquate Wirtschaftsform aufeinanderstoßen und einen wechselseitigen Einfluß auf ihre jeweilige Entwicklung nehmen. So sah Weber innerhalb des angelsächsischen Puritanismus nicht nur eine Vernichtung des unbefangenen „triebhaften" Lebensgenusses sowie eine Tendenz zur Uniformierung des alltäglichen Lebensstils gegeben, sondern auch die Verwerfung aller „Sinnenkunst", d.h. das „Ausscheiden des Erotischen und der Nuditäten" aus dem Bereich der Kunst und Literatur. Dies habe zugleich zu einer Vernachlässigung der bildenden Kunst und des Volksliedes sowie zu einem „Absturz" der musikalischen Kultur geführt, wie er bei den angelsächsischen Völkern bis in die Gegenwart festzustellen sei.[37] Am Beispiel Rembrandts könne man dagegen den umgekehrten Fall studieren, nämlich „inwieweit dem asketischen Protestantismus positive, die Kunst befruchtende, Wirkungen zuzuschreiben sind"[38].

---

35 Max Weber, Die protestantische Ethik II. Kritiken und Antikritiken, hrsg. von Johannes Winckelmann, 2. Aufl. Hamburg 1972 (im Folgenden zitiert als PE II), S. 53.

36 Brief an Aby Warburg vom 10. September 1907, in: Max-Weber-Gesamtausgabe, Abteilung II, Band 5: Briefe 1906-1908, hrsg. von M. Rainer Lepsius und Wolfgang J. Mommsen, Tübingen 1990, S. 390 f.; vgl. auch die implizite Bezugnahme auf Aby Warburg in PE II, S. 53.

37 *Die protestantische Ethik und der „Geist" des Kapitalismus*, S. 139 ff.; GARS I, S. 184 ff. Zu den negativen Auswirkungen des asketischen Protestantismus auf die weitere Entwicklung der Kunst, Literatur und Musik siehe auch die weiterführenden Überlegungen von Werner Stark, der hierbei die im Schatten des alttestamentlichen Bilderverbotes stehende grundsätzliche „Abwendung vom religiösen, und damit auch vom künstlerischen Symbolismus" als eigentliche Ursache für die zum Teil extreme Kunstfeindschaft und die „verhältnismäßige Schwäche des Kunstschaffens in den kalvinistischen Ländern" angesehen hatte. Vgl. ders., Die kalvinistische Ethik und der Geist der Kunst, in: Justin Stagl (Hrsg.), Aspekte der Kultursoziologie. Aufsätze zur Soziologie, Philosophie, Anthropologie und Geschichte der Kultur, Berlin 1982, S. 87-96, hier: S. 88 und 92.

38 *Die protestantische Ethik und der „Geist" des Kapitalismus*, S. 141; GARS I, S. 186. Weber bezog sich dabei insbesondere auf die zeitgenössische Rembrandt-Studie des Kunsthistorikers Carl Neumann. Zur Rembrandt-Diskussion der Jahrhundertwende siehe auch Johannes Stückelberger, Rembrandt und die Moderne. Der Dialog mit Rembrandt in der deutschen Kunst um 1900, München 1996; ferner Beat Wyss, Simmels Rembrandt, a.a.O.

Weber hat diese in seiner Aufsatzfolge über die ‚Protestantische Ethik' und den ‚Geist' des Kapitalismus angestellten kunstsoziologischen Überlegungen jedoch nicht weiter verfolgt, sondern in seinen späteren religionssoziologischen Untersuchungen den eigentümlichen Status der ästhetischen Sphäre innerhalb der modernen okzidentalen Kultur völlig neu zu bestimmen versucht. Zwar griff er auch im älteren Fragment seines Beitrages zum *Grundriß der Sozialökonomik* sowie in der „Zwischenbetrachtung" zu seinen *Gesammelten Aufsätzen zur Religionssoziologie* jetzt auf evolutionstheoretische beziehungsweise entsprechende ‚entwicklungsgeschichtliche' Konstruktionen zurück.[39] Das eigentliche Anliegen dieser späteren Schriften war es jedoch, die historische Entstehung sowie die kulturelle Eigenart einer spezifisch modernen Form von Kunstreligion verständlich zu machen, um eine Antwort auf die Frage zu geben, warum gerade die Kunst ähnlich wie auch die erotische Sphäre für den modernen großstädtischen, durch den okzidentalen Rationalismus und Intellektualismus geprägten Menschen zunehmend die Funktion einer innerweltlichen Erlösung vom ‚Alltag' sowie den durch diesen ‚Rationalismus' bedingten Fesseln übernehmen konnte. Weber versuchte dabei zugleich der Proklamation eines neuen ‚künstlerischen Zeitalters' sowie der seit der Jahrhundertwende einsetzenden Hinwendung zu einer Kultur der ‚Innerlichkeit' in weiten Teilen des deutschen Bildungsbürgertums Rechnung zu tragen, wie sie unter anderem in der Verherrlichung der großen Künstlerpersönlichkeiten und im subjektiven Kunstgenuß seiner Zeit zum Ausdruck kamen. Innerhalb eines theoretischen Modells, das die Spannungen und Konflikte" zwischen den einzelnen kulturellen ‚Wertsphären' in idealtypischer Weise „herauspräpariert", wurde von ihm nun die Eigenart der Entwicklung des ästhetischen ‚Erlebens' in einem universalgeschichtlichen Zusammenhang reflektiert und dabei auch mit dem Geltungsanspruch eines genuin religiösen Lebens konfrontiert.[40]

In seinen religionssoziologischen Untersuchungen hob Weber zunächst den ursprünglich engen Zusammenhang zwischen den magisch-religiösen Kulthandlungen einerseits und der dadurch bedingten Entwicklung von spezifisch künstlerischen Ausdrucksformen wie der Musik, dem Tanz und den Stilbildungen im Bereich der bildenden Kunst andererseits hervor. *Magische Kunst* ist für ihn dabei der Inbegriff einer Überlagerung der urwüchsigen ‚naturalistischen' Weltauffassung durch eine Welt der Zeichen, Symbole und Bedeutungen, die durch bestimmte Stereotypisierungen und Stilisierungen des „symbolischen Handelns" dem Gemeinschaftsleben in einem kultischen Sinne zugänglich gemacht werden sollen.[41] Weber betonte in diesem Zusammenhang sowohl die „Stilisierung durch Traditionsbildung" als auch

---

39   Siehe hierzu auch die instruktiven Überlegungen von Guenther Roth, Max Webers Entwicklungsgeschichte und historische Soziologie, in: ders., Politische Herrschaft und persönliche Freiheit. Heidelberger Max Weber-Vorlesungen 1983, Frankfurt am Main 1987, S. 283 ff.

40   Vgl. Max Weber, Wirtschaft und Gesellschaft. Grundriß der verstehenden Soziologie, 5. Aufl. Tübingen 1972, S. 348 ff. und 365 ff.; ders., Zwischenbetrachtung. Stufen und Richtungen der religiösen Weltablehnung, in: Archiv für Sozialwissenschaft und Sozialpolitik 41 (1915), S. 387-421; diese berühmte „Zwischenbetrachtung" wurde ferner in erweiterter Form abgedruckt in: GARS I, S. 536-573. Siehe hierzu auch Sam Whimster, The Secular Ethic and the Culture of Modernism, in: Scott Lash / Sam Whimster (Hrsg.), Max Weber, Rationality and Modernity, London 1987, S. 259-290; Lawrence Scaff, Fleeing the Iron Cage, a.a.O., S. 93 ff. und 186 ff.: Werner Gephart, Religiöse Ethik und ästhetischer „Rationalismus". Zur Soziologie der Kunst im Werk Max Webers, in: Sociologia Internationalis 31 (1993), S. 101-121.

41   *Wirtschaft und Gesellschaft*, S. 248 ff.; Max Weber, Die rationalen und soziologischen Grundlagen der Musik (1921), Neuauflage Tübingen 1972, S. 26.

die positive Förderung der „künstlerischen Entfaltungsmöglichkeiten", die ursprünglich durch die enge Beziehung zwischen der religionsgeschichtlichen und der kunstgeschichtlichen Entwicklungsdynamik bestimmt gewesen waren. Innerhalb seiner universalgeschichtlichen Forschungsperspektive war Weber dabei insbesondere an einer Analyse jenes übergreifenden gesellschaftlichen Rationalisierungs- und Intellektualisierungsprozesses interessiert, der innerhalb der okzidentalen Kultur zur Ausdifferenzierung der Kunst als einer vom Bereich der religiösen Überlieferung völlig unabhängigen und eigensinnigen Wertsphäre geführt hatte.

Daß Weber bezüglich des Bereichs der Kunst dabei den Begriff der ‚Rationalisierung' offensichtlich in einer anderen Bedeutung gebraucht hat als im Sinne eines rein ‚technischen Fortschrittes' der künstlerischen Ausdrucksmittel, wird allein schon daran deutlich, daß er nun den Bereich des Ästhetischen zusammen mit der erotischen Sphäre den spezifischen Eigengesetzlichkeiten der Systeme des zweckrationalen Handelns als genuin antirationale Lebensmächte gegenüberstellt und mit den „Irrationalitäten der außerreligiösen Gefühlssphäre" gleichsetzt hatte.[42] Seine Typologie der möglichen Konflikte zwischen den einzelnen Lebensordnungen beruht dabei auf dem Modell einer gesamtgesellschaftlichen Differenzierung, in dem die einzelnen ‚Wertsphären' in recht unterschiedlicher Art und Weise ihrem jeweils eigenen ‚Gebot der Konsequenz' folgen und sich zunehmend unabhängig von einer Rücksichtnahme auf die anderen Lebensordnungen machen. Um diese Entwicklung der inneren Eigengesetzlichkeit der ästhetischen Sphäre im Gegensatz zu den ‚rationalen' Formen der Lebensführung terminologisch zum Ausdruck zu bringen, gibt es gute Gründe dafür, den von Weber im Hinblick auf die Verinnerlichung und reflexive Bewußtwerdung der einzelnen Wertsphären häufig verwendeten Begriff der *Sublimierung* zumindest im Bereich der ästhetischen und der erotischen Sphäre dem Begriff der ‚Rationalisierung' vorzuziehen. Denn nur so kann eine Gleichsetzung der ästhetischen Form von ‚Rationalität', wie er sie am Beispiel der musikgeschichtlichen Entwicklung untersucht hatte, mit der Steigerung des Eigensinns dieser beiden ‚irrationalen' Sphären vermieden werden.[43]

Die Entfaltung der ‚Eigengesetzlichkeit' der Kunst steht dabei in einem engen Zusammenhang mit der historischen Entstehung von „intellektualistischen Zivilisationen", die grundsätzlich dazu neigen, die ursprüngliche Bedeutung des Inhalts sowie den gemeinschaftsstiftenden Charakter der Kunst zugunsten einer Konzentration auf rein ästhetische Formwerte zu vernachlässigen. Mit dieser Entwicklung der Kunst zu einem „Kosmos immer bewußter erfaßter selbständiger Eigenwerte" tritt sie aber zunehmend in einen Gegensatz zu jeder rationalen religiösen Ethik, welche die künstlerische Form bewußt zugunsten ihrer heilsgeschichtli-

---

42   GARS I, S. 554; *Wirtschaft und Gesellschaft*, S. 362.

43   Zu dieser sich bezüglich der Eigenart der ‚ästhetischen Evolution' anbietenden terminologischen Unterscheidung zwischen *Rationalisierung* und *Sublimierung* siehe auch Howard L. Kaye, Rationalization as Sublimation: On the Cultural Analysis of Weber and Freud, in: Theory, Culture & Society, Jg. 9 (1992), Heft 4, S. 45-74; Gephart, Religiöse Ethik und ästhetischer „Rationalismus", S. 117. Der vor dem Hintergrund von Webers Freud-Lektüre zu sehende Begriff der ‚Sublimierung' von genuin ästhetischen und erotischen Erfahrungsgehalten entspricht dem, was Georg Simmel am Beispiel des Geldes sowie der ‚modernen Seele' als einen *Läuterungsprozeß* im Sinne einer immer reinlicheren Scheidung von vormals bis zur Ununterscheidbarkeit vermengten Sinnsphären bezeichnet hatte. Vgl. hierzu auch Hannes Böhringer, Spuren von spekulativem Atomismus in Simmels formaler Soziologie, in: Hannes Böhringer / Gründer (Hrsg.), Ästhetik und Soziologie um die Jahrhundertwende: Georg Simmel, Frankfurt am Main: Klostermann 1976, S. 105-117 sowie Klaus Lichtblau, Die Seele und das Geld, a.a.O.

chen Überzeugung vernachlässigt.[44] Im Extremfall steigert sich dieser prinzipielle Gegensatz zwischen der künstlerischen Formung und der Erlösungsreligiosität zu einem Spannungsverhältnis, in dem das ästhetische Erleben und Genießen der Formwerte der Kunst in ein direktes Konkurrenzverhältnis zum religiösen Erleben tritt. Der universalgeschichtliche Prozeß der Rationalisierung und ‚Entzauberung der Welt‘ hat mithin eine Aufwertung des ästhetisch-expressiven Bereiches zur Folge, die in der Moderne zu einem ‚Gegenweltbedarf‘ führt, in dem zugleich der Anspruch auf eine mögliche Befreiung von den Zwängen des modernen Rationalismus und Intellektualismus zum Ausdruck kommt.

Weber setzte sich dabei insbesondere mit der Entstehung von spezifisch zeitgenössischen Erscheinungsformen einer modernen Kunstreligion auseinander, die auf der spezifischen ‚Irrationalität‘ des subjektiven Erlebens beruhen. Einerseits ist für ihn diese „Jagd nach dem ‚Erlebnis‘ – dem eigentlichen Modewort der deutschen Gegenwart – in sehr starkem Maß Produkt abnehmender Kraft [...], den ‚Alltag‘ innerlich zu bestehen“, was er als einen „Verlust an Distanz – und also an Stil und Würdegefühl“ angesehen hatte. Ein ‚Fortschritt‘ im Sinne einer entsprechenden ‚Differenzierung‘ des subjektiven Erlebens ist ihm dabei „zunächst nur in dem intellektualistischen Sinn der Vermehrung des zunehmend bewußten Erlebens oder der zunehmenden Ausdrucksfähigkeit und Kommunikabilität“ identisch.[45] Andererseits betonte Weber zugleich den genuin „inkommunikativen Charakter“ jeder Erlebniskunst, die in der Moderne ähnlich wie das „erotische Erlebnis“ in eine gefährliche Konkurrenzsituation zum religiösen Erleben tritt.[46] Die moderne „Eigengesetzlichkeit“ der Kunst besteht ihm zufolge zum einen darin, daß sie im Sinne eines „verantwortungslosen Genießens“ dazu neige, „ethisch gemeinte Werturteile in Geschmacksurteile umzuformen“, deren „Inappellabilität“ eine ernstzunehmende Diskussion ausschließe. Zum anderen bestehe der insbesondere von Georg Lukács unterstrichene „luziferische Charakter“ der modernen Erlebniskunst darin, daß diese ähnlich wie das mystische Erlebnis das trügerische Versprechen einer innerweltlichen Erlösung vom Alltag impliziere, die auf der „psychologischen Verwandtschaft der künstlerischen mit der religiösen Erschütterung“ beruhe.[47]

Weber hatte in diesem Zusammenhang aber zugleich darauf aufmerksam gemacht, daß ein als ‚Eigenwert‘ empfundener subjektive Kunstgenuß notwendig in einen schroffen Widerspruch zu dem Universalitätsanspruch der jeder ‚echten‘ Erlösungsreligion zugrunde liegenden *Brüderlichkeitsethik* treten und in deren Sicht nur als eine „vorgetäuschte“ und „verantwortungslose Surrogatform“ des religiösen Erlebens bewertet werden müsse.[48] Die Grenzen der

---

44   Vgl. GARS I, S. 555.

45   *Wissenschaftslehre*, S. 519.

46   Zu dieser „inneren Verwandtschaft“ zwischen dem ästhetischen, erotischen und dem religiösen ‚Erleben‘ vgl. GARS I, S. 554 ff.

47   Ebd.

48   Ebd., S. 555 f.; Zur „luziferischen Konkurrenz“ zwischen der modernen ästhetischen Kultur und einer genuin religiösen Brüderlichkeitsethik, auf die zu dieser Zeit insbesondere der im Weber-Kreis verkehrende Budapester Philosoph Georg von Lukács hingewiesen hatte, siehe auch Marianne Weber, Max Weber. Ein Lebensbild, Tübingen 1926, S. 474. Vgl. hierzu ferner die entsprechenden Ausführungen bei György Márkus, Die Seele und das Leben. Der junge Lukács und das Problem der „Kultur“, in: Agnes Heller u.a., Die Seele und das Leben. Studien zum frühen Lukács, Frankfurt am Main 1977, S. 99 ff.; Werner Jung, Wandlungen einer ästhetischen Theorie – Georg Lukács‘ Werke 1907 bis 1923. Beiträge zur deutschen Ideologiegeschichte, Köln 1981; Ernst Keller, Der junge Lukács. Antibürger und wesentliches Leben. Literatur- und Kulturkritik 1902-1915, Frankfurt

modernen autonomen Kunst sind insofern zugleich mit einer grundsätzlichen Infragestellung
der geheimen „Lieblosigkeit" sowie „Unbrüderlichkeit" eines solchen „Kultus des Ästhetentums" identisch, wie sie vom Standpunkt einer rigorosen ethisch-religiösen Stellungnahme
zur Welt vorgenommen wird: „Die Tatsache, daß es Kunstwerke gibt, ist der Aesthetik gegeben. Sie sucht zu ergründen, unter welchen Bedingungen dieser Sachverhalt vorliegt. Aber
sie wirft die Frage nicht auf, ob das Reich der Kunst nicht vielleicht ein Reich diabolischer
Herrlichkeit sei, ein Reich von dieser Welt, deshalb widergöttlich im tiefsten Innern und in
seinem tiefinnerlichst aristokratischen Geist widerbrüderlich. Danach also fragt sie nicht: ob
es Kunstwerke geben solle."[49]

Aufgrund dieser prinzipiellen Unversöhnlichkeit zwischen den Forderungen der *Ethik* einerseits und der *Ästhetik* andererseits ging Weber deshalb auch von der Existenz eines unlösbaren Konfliktes zwischen den einzelnen Wertordnungen aus, in dem sich der „ewige Kampf"
der Götter in einer spezifisch modernen Form widerspiegele. Sein Verweis auf Nietzsche und
Baudelaire, denen zufolge „etwas schön sein kann nicht nur: obwohl, sondern: in dem, worin
es nicht gut ist", macht ferner deutlich, daß Weber die Autonomie des Ästhetischen auch gegenüber jenen fundamentalistischen Kritikern der Moderne zu verteidigen versucht hatte, die
unter Berufung auf eine radikale Gesinnungsethik das ‚Projekt der Moderne' im Sinne einer
Eigengesetzlichkeit der einzelnen kulturellen Wertsphären grundsätzlich in Frage gestellt haben.[50] Zugleich wies Weber in diesem Zusammenhang darauf hin, daß im Gefolge der ‚Entzauberung der Welt' auch jenen Versuchen zu mißtrauen sei, die darauf ausgerichtet seien,
eine ‚monumentale' Kunstgesinnung im Dienste eines entsprechenden Gemeinschaftsanliegens
zu erzwingen. Ein – zeitlich und sachlich begrenzter – ästhetischer Ausweg aus den „Zwängen der Rationalisierung" war für ihn deshalb nur noch in Form einer *intimen*, nicht aber einer *monumentalen* Kunst möglich. Denn nur innerhalb der „kleinsten Gemeinschaftskreise,
von Mensch zu Mensch" sah Weber noch die Möglichkeit gegeben, etwas von jener intensiven Leidenschaft zu bewahren, die einstmals auch große religiöse Gemeinschaften zusam-
menzuschweißen vermochte.[51] Sowohl eine *ästhetische* ‚Wiederverzauberung' der Welt als
auch eine *ethisch-religiöse* Infragestellung der spezifischen Erfahrungsgehalte der Moderne

---

am Main 1984, S. 83 ff.; Michael Grauer, Die entzauberte Welt. Tragik und Dialektik der Moderne im frühen
Werk von Georg Lukács, Königstein/Ts. 1985, S. 15-82; Mary Gluck, Georg Lukács and his Generation 1900-
1918, Cambridge, Mass. / London 1985, S. 134 ff.; Ute Luckhardt, „Aus dem Tempel der Sehnsucht". Georg
Simmel und Georg Lukács: Wege in und aus der Moderne, Butzbach 1994, besonders S. 133 ff.

49   *Wissenschaft als Beruf*, S. 600; *Wirtschaft und Gesellschaft*, S. 366.

50   *Wissenschaft als Beruf*, S. 603 ff.

51   Ebd., S. 612. Insofern ist es etwas irreführend, wenn Stefan Breuer den ‚Gegenweltbedarf' des deutschen
Bürgertums der Jahrhundertwende als „ästhetischen Fundamentalismus" zu charakterisieren versucht und
dabei nicht nur den für Max Weber selbst, sondern auch für Simmels kunstphilosophisches Selbstverständnis
zentralen Unterschied zwischen ‚intimer' und ‚monumentaler' Kunst nicht weiter berücksichtigt. Für eine
‚monumentale' Kunstgesinnung im Sinne des „ästhetischen Fundamentalismus" des George-Kreises lassen
sich Simmels Schriften über Stefan George wohl kaum als Beleg heranziehen. Vgl. Stefan Breuer, Ästhetischer
Fundamentalismus. Stefan George und der deutsche Antimodernismus, Darmstadt 1995, S. 169 ff. (hier besonders S. 181 f.). Zu der Art, wie sich um die Jahrhundertwende „gerade in der Öffentlichkeit die am Beispiel
der Musik entwickelte, private und verinnerlichte Rezeptionsweise durchsetzte, die ja bis heute gilt", vgl. Karl
Schawelka, Klimts Beethovenfries und das Ideal des „Musikalischen", in: Jürgen Nautz / Richard Vahrenkamp
(Hrsg.), Wiener Jahrhundertwende. Einflüsse – Umwelt – Wirkungen, Wien / Köln / Graz 1993, S. 575. Schawelka gibt uns zugleich den entscheidenden Hinweis für eine kunstgeschichtliche Einordnung von Max Webers
Gegenüberstellung von ‚monumentaler' und ‚intimer Kunst': „Nicht die Kategorie des Gesamtkunstwerks,

waren Weber zufolge insofern trotz aller grundsätzlichen Bedenken gegenüber einer hyper-troph gewordenen Verherrlichung des Ästhetentums seiner Zeit nur noch um den Preis eines ‚irrationalistischen‘ Rückfalls in eine entwicklungsgeschichtlich längst überholte Form der ‚kulturellen Vergesellschaftung‘ vorstellbar.

---

sondern die im Ausstellungsraum durch die Hinweise im Werk selbst erreichte *private Kunstkontemplation* liefert den entscheidenden Unterschied" (ebd.).

6. ,Kausalität' oder ,Wechselwirkung'? – Simmel, Weber und die ,verstehende Soziologie'

> *"Hinter der ,Handlung' steht: der Mensch."*
> Max Weber

> *"Für das Gewebe des socialen Lebens gilt es ganz besonders:*
> *Was er webt, das weiß kein Weber."*
> Georg Simmel

> *"Max Weber hatte den Versuch gemacht, die Idee – man möchte beinahe sagen – hinauszuwerfen und nur den ,subjektiv gemeinten Sinn' (die Parallele zu Sombarts ,Motiv') beizubehalten, um auf diese Weise die historisch-soziale Welt aufzubauen. Man kann wohl heute feststellen, daß dieser in seiner Monumentalität unübertreffliche Versuch in dieser Beziehung gescheitert ist. Ganz lassen sich die objektivierten Zusammenhänge (,Gebilde') nicht in nominalistischer Weise auflösen."*
> Karl Mannheim

> *"Kausalität ist in gewisser Weise enttäuschend: als ein Prinzip der Verhältnißmäßigkeit von Ursache und Wirkung schließt sie Signifikanz aus. Wenn die Verzichte spürbar werden, unter denen uns Wissenschaft Lebensbedingungen gewährleistet, aber Fragen abschneidet, liegt Mythologie nahe, denn die ,eigentlich bewegende Frage' ist nicht auch notwendig die, von deren Lösung unser pures Existierenkönnen abhängt.*
> Hans Blumenberg

Einleitung

Im Gefolge der Rückbesinnung auf den historischen Ursprung der modernen Soziologie ist in der Vergangenheit auch das wechselseitige Verhältnis zwischen dem Werk von Georg Simmel und Max Weber verstärkt in den Blickpunkt der Forschung getreten. Dieses Interesse verdankt sich nicht nur der internationalen Diskussion über die Eigenart der kulturellen Moderne, sondern ist zugleich Ausdruck einer Irritation über das akademische Selbstverständnis der modernen Soziologie, die den ,Hiatus irrationalis' zwischen der begrifflich-theoretischen Arbeit und der empirischen Forschung nie vollständig hat überwinden können. Hinzu kommt der Umstand, daß mit den Werken von Simmel und Weber – zumindest was ihre Rezeptionsgeschichte betrifft – zwei unterschiedliche Traditionen des soziologischen Forschens und Denkens ihren Ausgangspunkt nehmen. Die Unterschiede zwischen diesen beiden soziologischen Traditionen scheinen dabei durch die nordamerikanische Rezeption der Werke von Simmel und Weber – d.h. durch Albion W. Small und Robert E. Park einerseits sowie durch Talcott Parsons andererseits – eher noch verstärkt worden zu sein.[1] Simmels mikroskopische Analysen des alltäglichen Lebens und Webers universalgeschichtliche Untersuchungen stehen sich

---

1   Vgl. Donald N. Levine, Einleitung zu Georg Simmel, On Individuality and Social Forms. Selected Writings. Edited and with an Introduction by D. N. Levine, Chicago 1971, S. xlviii ff.; Jim Faught, Neglected Affinities. Max Weber and Georg Simmel, in: British Journal of Sociology 36 (1985), S. 156 ff.; Gary D. Jaworski, Georg Simmel and the American Prospect, New York 1997.

so gleichsam wie zwei fremde Welten gegenüber, die durch Simmels Vorliebe für eine auch in literarischer Hinsicht anspruchsvolle Ausdrucksweise und Webers Insistieren auf eine allen stilistischen Reizes entbehrende ‚exakte‘ Begriffsbildung noch weiter auseinanderzudriften scheinen. Jedoch sind in der einschlägigen Sekundärliteratur bereits früh auch eine ganze Reihe von sachlichen Gemeinsamkeiten in den Werken dieser beiden ‚Gründerväter‘ der modernen Soziologie wahrgenommen worden, welche zugleich die Frage nach ihrer jeweiligen erkenntnistheoretischen und methodologischen Standpunkte akut werden ließen.

Insbesondere scheint eine weit verbreitete Einigkeit darüber zu bestehen, daß Simmels *Philosophie des Geldes* ein nicht zu unterschätzender Stellenwert für Webers kulturgeschichtliche und religionssoziologische Studien sowie für die in ihnen implizierte Theorie des okzidentalen Rationalismus zugesprochen werden muß – eine Einschätzung, die übrigens durch Webers diesbezüglich positive Bezugnahme auf Simmels *Philosophie des Geldes* nachhaltig gestärkt worden ist.[2] Daß sich diese Gemeinsamkeiten unter anderem ihrer Infragestellung eines naiven Fortschrittsoptimismus verdanken und insofern einem ‚tragischen‘ Bewußtsein innerhalb der deutschsprachigen Soziologie den Weg ebneten,[3] kann dabei ebenso als Konsens gelten wie Ansicht, daß sich die Entstehung des ‚westlichen‘ Marxismus sowie zentrale Motive der ‚Kritischen Theorie‘ der eigenwilligen Simmel-Weber-Synthese verdanken, wie sie der junge Georg Lukács zu Beginn des 20. Jahrhunderts In Angriff genommen hatte.[4] Es ist insofern kein Zufall, daß im Laufe der Zeit das Interesse zugenommen hatte, das diesbezügliche Werk von Simmel und Weber in einer *vergleichenden* Perspektive zu würdigen.[5] Sim-

---

2   Vgl. Max Weber, Gesammelte Aufsätze zur Religionssoziologie, Band 1, Tübingen 1920, S. 34; Max Frischeisen-Köhler, Georg Simmel, in: Kant-Studien 24 (1919/20), S. 18; Georg Lukács, Georg Simmel, in: Kurt Gassen / Michael Landmann (Hrsg.), Buch des Dankes an Georg Simmel, Berlin 1958, S. 175; Karl Mannheim, Strukturen des Denkens, Frankfurt am Main 1980, S. 313; Albert Salomon, German Sociology, in: Georges Gurvitch / William E. Moore (Hrsg.), Twentieth Century Sociology, New York 1945, S. 606; Friedrich H. Tenbruck, Die Genesis der Methodologie Max Webers, in: Kölner Zeitschrift für Soziologie und Sozialpsychologie 11 (1959), S. 622 ff.; David Frisby, Introduction to the Translation, in: Georg Simmel, The Philosophy of Money. Translated by Tom Bottomore and David Frisby, London 1978, S. 22 ff.; Faught, Neglected Affinities, a.a.O., S. 155-174; Friedrich Pohlmann, Individualität, Geld und Rationalität. Georg Simmel zwischen Karl Marx und Max Weber, Stuttgart 1987; Klaus Lichtblau, Gesellschaftliche Rationalität und individuelle Freiheit. Georg Simmel und Max Weber im Vergleich, Fernuniversität Hagen 1988, S. 33 ff.

3   Kurt Lenk, Das tragische Bewußtsein in der deutschen Soziologie, in: Kölner Zeitschrift für Soziologie und Sozialpsychologie 16 (1964), S. 257-287; Heinz-Jürgen Dahme, Der Verlust des Fortschrittsglaubens und die Verwissenschaftlichung der Soziologie. Ein Vergleich von Georg Simmel, Ferdinand Tönnies und Max Weber, in: Otthein Rammstedt (Hrsg.), Simmel und die frühen Soziologen, Frankfurt am Main 1988, S. 222-274; Harry Liebersohn, Fate and Utopia in German Sociology, 1870-1923, Cambridge 1988.

4   Vgl. Peter-Ernst Schnabel, Die soziologische Gesamtkonzeption Georg Simmels, Stuttgart 1974, S. 110 ff.; Frisby, Introduction to the Translation, a.a.O., S. 22 ff.; Kurt Beiersdorfer, Max Weber und Georg Lukács. Über die Beziehung von Verstehender Soziologie und westlichem Marxismus, Frankfurt am Main 1986; Bryan S. Turner, Simmel, Rationalisation and the Sociology of Money, in: The Sociological Review 34 (1986), S. 93-114; Rüdiger Dannemann, Das Prinzip Verdinglichung. Studie zur Philosophie Georg Lukács, Frankfurt am Main 1987, S. 61 ff. und 83 ff.; Lawrence A. Scaff, Weber, Simmel und die Kultursoziologie, in: Kölner Zeitschrift für Soziologie und Sozialpsychologie 39 (1987), S. 255-277; ders., Fleeing Iron Cage. Culture, Politics, and Modernity in the Thought of Max Weber, Berkeley 1989.

5   Vgl. Scaff, Weber, Simmel und die Kultursoziologie, a.a.O.; ders., Fleeing the Iron Cage, a.a.O.; Sam Whimster, The Secular Ethic and the Culture of Modernism, in: Scott Lash / Sam Whimster (Hrsg.), Max Weber, Rationality and Modernity, London 1987, S. 268 ff.; David Frisby, Die Ambiguität der Moderne: Max Weber und Georg Simmel, in: Wolfgang J. Mommsen / Wolfgang Schwentker (Hrsg.), Max Weber und seine Zeitgenossen, Göttingen 1988, S. 580-594; ders., Soziologie und Moderne: Ferdinand Tönnies, Georg Simmel und

mels Diagnose einer Auseinanderentwicklung der ‚subjektiven‘ und der ‚objektiven Kultur‘ in der Moderne einerseits und Webers Analyse der Versachlichung und Veralltäglichung von ursprünglich genuin persönlichen Herrschaftsbeziehungen andererseits sind dabei als Vorwegnahme von Lukács' Kritik der ‚Verdinglichung‘ des Bewußtseins innerhalb der bürgerlichen Gesellschaft gewürdigt worden und haben dabei die Frage nach den verbliebenen Handlungsspielräumen der Individuen im Gefolge dieser Verselbständigung der ‚sozialen Formen‘ zu einem ‚stahlharten Gehäuse‘ akut werden lassen.[6]

Aufgrund dieser inhaltlichen Gemeinsamkeiten zwischen Simmels und Webers Werk haben im Laufe der Zeit auch ihre unterschiedlichen Auffassungen über den Status der Soziologie als einer ‚exakten‘ Wissenschaft eine entsprechende Aufmerksamkeit gefunden. Dies hat zu Versuchen geführt, ihre Bemühungen bezüglich einer Institutionalisierung der Soziologie als einer akademischen Disziplin in einer vergleichenden Perspektive zu untersuchen.[7] Darüber hinaus gibt es inzwischen auch eine ganze Reihe von Studien, die etwas mehr Licht in das verschlungene Verhältnis zwischen Simmels Konzeption einer *formalen* Soziologie und Webers Entwurf einer *verstehenden Soziologie* zu bringen versuchen. Dabei lassen sich zwei unterschiedliche Strategien feststellen, welche diese methodologische Diskussion beherrschen. Zum einen wird unter Bezugnahme auf Simmels Buch *Die Probleme der Geschichtsphilosophie* aus dem Jahr 1892, das 1905 in einer stark überarbeiteten zweiten Auflage erschienen ist, die dort explizierte Konzeption einer ‚Wirklichkeitswissenschaft‘, d.h. die bereits bei Simmel in Ansätzen entwickelte Theorie des Verstehens und Methode der idealtypischen Begriffsbildung als möglicher Bezugsrahmen von Webers eigenen methodologischen Arbeiten diskutiert.[8] Zum anderen wird gleichzeitig darauf hingewiesen, daß diese erkenntnistheoretische Untersuchung über die apriorischen Voraussetzungen der Historik, die für Webers Werk so wichtig werden sollte, nicht die methodologische Grundlegung von Simmels formaler So-

Max Weber, in: Simmel und die frühen Soziologen, S. 196-221; Lichtblau, Gesellschaftliche Rationalität und individuelle Freiheit, a.a.O.; ders., Eros and Culture. Gender Theory in Simmel, Tönnies and Weber, in: Telos 82 (1989-90), S. 89-110.

6   Murray S. Davis, Georg Simmel and the Aesthetics of Social Reality, in: Social Forces 51 (1973), S. 322; A. M. Bevers, Dynamik der Formen bei Georg Simmel. Eine Studie über die methodische und theoretische Einheit eines Gesamtwerkes, Berlin 1985, S. 140; Lichtblau, Gesellschaftliche Rationalität und individuelle Freiheit, a.a.O., S. 87 ff.

7   Heinz-Jürgen Dahme / Otthein Rammstedt, Die zeitlose Modernität der soziologischen Klassiker. Überlegungen zur Theoriekonstruktion von Emile Durkheim, Ferdinand Tönnies, Max Weber und besonders Georg Simmel, in: dies. (Hrsg.), Georg Simmel und die Moderne, Frankfurt am Main 1984, S. 449-478; Otthein Rammstedt, Zweifel am Fortschritt und Hoffen aufs Individuum. Zur Konstitution der modernen Soziologie im ausgehenden 19. Jahrhundert, in: Soziale Welt 36 (1985), S. 483-502; ders., Die Attitüden der Klassiker als unsere soziologischen Selbstverständlichkeiten. Durkheim, Simmel, Weber und die Konstitution der modernen Soziologie, in: Simmel und die frühen Soziologen, S. 275-307; Johannes Weiß, Georg Simmel, Max Weber und die ‚Soziologie‘, ebd., S. 36-63.

8   Friedrich H. Tenbruck, Georg Simmel (1888-1918), in: Kölner Zeitschrift für Soziologie und Sozialpsychologie 10 (1958), S. 604 ff.; ders., Die Genesis der Methodologie Max Webers, a.a.O., S. 622 ff.; Levine, Introduction, a.a.O., S. xlv; ders., Ambivalente Begegnungen: „Negationen" Simmels durch Durkheim, Weber, Lukács, Park und Parsons, in: Georg Simmel und die Moderne, a.a.O., S. 326 ff.; Schnabel, Die soziologische Gesamtkonzeption Georg Simmels, a.a.O., S. 104 ff.; Bevers, Dynamik der Formen bei Georg Simmel, a.a.O., S. 125 ff.; Sandro Segre, Weber contro Simmel. L'epistemologia di Simmel alla prova della "sociologia comprendenete", Genova 1987; Lichtblau, Gesellschaftliche Rationalität und individuelle Freiheit, a.a.O., S. 20 ff.

ziologie darstellt und daß diese insofern auch nicht vorschnell mit Webers Programm einer ‚verstehenden Soziologie' gleichgesetzt werden darf.[9]

Völlig verworren wird die Lage ferner, wenn man in diese Diskussion auch noch den eigenartigen Status von Simmels *Philosophie des Geldes* mit einbezieht, die für Webers intellektuelle Selbstverständigung und Entwicklung zum Zeitpunkt seiner beginnenden Genesung von nicht minder großer Bedeutung als Simmels Buch *Die Probleme der Geschichtsphilosophie* war. Denn Simmels eigenen Bekundungen zufolge stellt seine *Philosophie des Geldes* weder eine ökonomische Untersuchung im engeren Sinne dar noch beinhaltet sie einen spezifischen Gegenstandsbereich seiner *Soziologie*.[10] Rätselhaft bleiben ferner die spärlichen Äußerungen Webers über Simmels soziologische ‚Methode', die für die heutige Konfusion bezüglich der Bedeutung von Simmels Werk für Webers Entwurf einer ‚verstehenden Soziologie' mit verantwortlich sind. Vermutlich ist Webers mangelndes Verständnis der Eigenart von Simmels Arbeiten auf die Unsicherheit Webers bezüglich seines *eigenen* soziologischen Selbstverständnisses zurückzuführen, die sich auch in seinem widersprüchlichen Urteil über Simmels Werk niedergeschlagen hat.

Symptomatisch für Webers Mißverständnis des kognitiven Status und der methodologischen Eigenart von Simmels Werk ist dabei der Umstand, daß er überhaupt nicht zwischen den verschiedenen Textsorten Simmels und ihren jeweiligen disziplinären Zuordnungen unterscheidet, sondern auf sie völlig undifferenziert und höchst selektiv im Rahmen seines eigenen Klärungsversuchs der ‚logischen' Probleme der *historischen* Kulturwissenschaften Bezug nimmt. Letztere werden von Simmel aber nur in den verschiedenen Auflagen seiner *Probleme der Geschichtsphilosophie* sowie in seinen späteren Arbeiten über „Das Problem der historischen Zeit" (1916), „Die historische Formung" (1917/18) und „Vom Wesen des historischen Verstehens" (1918b) behandelt, die Weber bezeichnenderweise überhaupt nicht zur Kenntnis genommen hat. Ferner ist er nicht in der Lage, den spezifischen Status von Simmels *Philosophie des Geldes* sowie die Eigenart von dessen soziologischen Schriften wahrzunehmen.[11] Im Unterschied zu Weber hatte Simmel bereits 1894 in seinem Aufsatz „Das Problem der Soziologie" ein präzises Verständnis von Soziologie als einer neuen, in ihrem Erkenntnisanspruch durchaus beschränkten Einzelwissenschaft vertreten. Er versteht sie nämlich seitdem als eine ‚formale' Wissenschaft sowie als eine spezifische *Forschungsmethode*, die zu den überlieferten Geistes- und Kulturwissenschaften" im Verhältnis von ‚Form' zu ‚Inhalt' steht.[12] Eine wichtige Ergänzung dieses bereits in den 1890er Jahren entwickelten Programms einer ‚for-

---

9   Tenbruck, Georg Simmel, a.a.O., S. 604 ff.; ders., Die Genesis der Methodologie Max Webers, a.a.O., S. 622 ff.; Yoshio Atoji, Georg Simmel and Max Weber, in: Sociologia 7 (1982), Heft 1, S. 5 ff.; Bevers, Dynamik der Formen bei Georg Simmel, a.a.O., S. 125 ff.; Birgitta Nedelmann, „Psychologismus" oder Soziologie der Emotionen? Max Webers Kritik an der Soziologie Georg Simmels, in: Simmel und die frühen Soziologen, a.a.O., S. 11-35.

10   Vgl. Klaus Lichtblau, Die Seele und das Geld. kulturtheoretische Implikationen in Georg Simmels „Philosophie des Geldes", in: Friedhelm Neidhardt / M. Rainer Lepsius / Johannes Weiß (Hrsg.), Kultur und Gesellschaft. Kölner Zeitschrift für Soziologie und Sozialpsychologie, Sonderheft 27. Opladen 1986, S. 57-74 (in diesem Band S. 125 ff.)..

11   Georg Simmel, Das Problem der historischen Zeit, Berlin 1916; ders., Die historische Formung, in: Logos (1917/18), S. 113-152; ders., Vom Wesen des historischen Verstehens, Berlin 1918.

12   Vgl. Georg Simmel, Das Problem der Soziologie, in: Jahrbuch für Gesetzgebung, Verwaltung und Volkswirtschaft im Deutschen Reich 18 (1894), S. 1301-1307.

malen Soziologie‘ stellt dabei nur noch der in seine *Soziologie* von 1908 aufgenommene „Exkurs über das Problem: Wie ist Gesellschaft möglich?“ dar, in dem Simmel den *apriorischen* Charakter der ‚reinen‘ Formen der Vergesellschaftung hervorgehoben hat.[13] Demgegenüber stellt seine Gelegenheitsschrift *Grundfragen der Soziologie* von 1917 keine Weiterentwicklung seines soziologischen Ansatzes dar, sondern nur eine zu didaktischen Zwecken vorgenommene Präzisierung des Verhältnisses der ‚reinen‘ beziehungsweise ‚formalen‘ Soziologie zur *Erkenntnistheorie* der Sozialwissenschaften einerseits und der *Sozialphilosophie* beziehungsweise „philosophischen Soziologie“ andererseits.[14] Daß Max Weber zumindest in soziologiegeschichtlicher Hinsicht genau genommen kein ‚Zeitgenosse‘ von Simmel war, sondern bereits einer neuen Generation angehörte, wird auch dadurch erhärtet, daß Simmel zum Zeitpunkt, an dem sich Weber verstärkt der soziologischen Forschung und den Problemen ihrer methodologischen Begründung zuwandte, dieses Arbeitsgebiet bereits zugunsten neuer, ihm nun persönlich wichtiger erscheinenden Themen aufgegeben hatte.[15]

Im Unterschied zu Simmel beabsichtigte Weber auch nicht von Anfang, eine einzelwissenschaftlich verfahrende ‚Soziologie‘ als Alternative zur älteren Tradition der spekulativen Geschichtsphilosophie und ‚Gesellschaftslehre‘ zu gründen. Seine eigenen Versuche, die innerhalb des nationalökonomischen Methodenstreits zwischen Gustav Schmoller und Carl Menger einerseits sowie im Streit um das kulturgeschichtliche Werk von Karl Lamprecht andererseits ausgebrochenen Kontroversen und deutlich gewordenen Probleme zu lösen, besitzen eher den Charakter von Gelegenheitsschriften, die nicht schon von Anfang an die Entwicklung einer ‚verstehenden‘ Richtung der Soziologie intendiert hatten. Selbst seine in *Wirtschaft und Gesellschaft* erschienenen „Soziologische Grundbegriffe“ waren Webers Selbstverständnis zufolge als ein begriffliches Hilfsmittel für die historisch-vergleichende Forschung gedacht und wurden erst nachträglich von seinen Adepten zu einem Selbstzweck hypostasiert.[16] Dies mag auch ein Grund dafür gewesen sein, daß Weber sich so wenig über Simmels soziologische Schriften im engeren Sinn äußerte und sich sehr viel stärker für den ‚Logiker‘ und ‚Kulturphilosophen‘ Simmel interessiert hatte.

Im Folgenden sollen diese ‚ambivalenten Begegnungen‘ zwischen Simmels und Webers Werk dahingehend diskutiert werden, welche Bedeutung Simmels Arbeiten in methodologischer Hinsicht für Webers Versuch einer Klärung der ‚logischen Probleme‘ der *historischen Kulturwissenschaften* besaßen. Zu diesem Zweck sollen zum einen die verschiedenen Bezugnahmen Webers auf Simmels Werk sowie die in ihnen zum Ausdruck kommende Simmel-Kri-

---

13   Vgl. Georg Simmel, Soziologie. Untersuchungen über die Formen der Vergesellschaftung, Berlin 1968, S. 21-30. Siehe hierzu auch Otthein Rammstedt, Programm und Voraussetzungen der *Soziologie* Simmels, in: Simmel-Newsletter, Jahrgang 2 (1992), Heft 1, S. 3-21.

14   Georg Simmel, Grundfragen der Soziologie, Berlin 1970, S. 5-32; vgl. Heinz-Jürgen Dahme, Soziologie als exakte Wissenschaft. Georg Simmels Ansatz und seine Bedeutung in der gegenwärtigen Soziologie, Stuttgart 1981, S. 248 ff.; ders., Das „Abgrenzungsproblem“ von Philosophie und Wissenschaft bei Georg Simmel, in: Georg Simmel und die Moderne, a.a.O., S. 202-230.

15   Vgl. Ernst Troeltsch, Der Historismus und seine Problem, Tübingen 1922, S. 572 ff.; Tenbruck, Georg Simmel, a.a.O., S. 593

16   Vgl. Max Weber, Wirtschaft und Gesellschaft. Grundriß der verstehenden Soziologie, 5. Aufl. Tübingen 1972, S. 1-180; Tenbruck, Die Genesis der Methodologie Max Webers, a.a.O.; Wilhelm Hennis, Max Webers Fragestellung. Studien zur Biographie seines Werks, Tübingen 1987; Johannes Weiß, Einführung zu: ders., (Hrsg.), Max Weber heute. Erträge und Probleme der Forschung, Frankfurt am Main 1989, S. 7-19.

tik Webers diskutiert werden. Zum anderen soll in diesem Zusammenhang die Unangemessenheit von Webers Simmel-Kritik unter Bezugnahme auf Simmels eigenes Werkverständnis deutlich gemacht werden, um die Frage zu beantworten, in welchem Verhältnis Simmels ‚formale' Soziologie zu dem von Weber verfolgten Projekt einer ‚verstehenden' Soziologie steht.

‚Objektiver' versus ‚subjektiv gemeinter' Sinn

Georg Simmel hat sich sowohl in den zu seiner Lebzeit als auch in seinen posthum erschienenen Schriften nie direkt über Max Webers Werk und dem von diesem vertretenen Verständnis von Soziologie geäußert. Dies mag neben seiner durch eine ästhetische ‚Attitüde' bedingte Praxis der Vermeidung von Zitaten und Fußnoten auch an der bereits eingangs erwähnten zeitlichen Differenz zwischen der jeweiligen soziologischen Schaffensperiode dieser beiden Klassiker gelegen haben. Weber bezieht sich dagegen nicht nur in den verschiedenen Aufsätzen seiner *Wissenschaftslehre* und in seinen religionssoziologischen Schriften sowie zu Beginn seiner „Soziologischen Grundbegriffe" in *Wirtschaft und Gesellschaft* auf Simmels Werk, sondern begann auch 1908 eine bereits in seinem Aufsatz über seinen Heidelberger Vorgänger und Lehrer Karl Knies angekündigte kritische Stellungnahme zu Simmels Soziologieverständnis in Angriff zu nehmen, die erstmals 1991 in einer fragmentarischen Form veröffentlicht worden ist.[17] Unter Zugrundelegung von Webers Erörterungen der ‚logischen Probleme' der historischen Kulturwissenschaften und der Berücksichtigung dieser verschiedenen, direkt auf Simmels Werk bezogenen Äußerungen Webers sollen im Folgenden die zentralen Kritikpunkte rekonstruiert werden, die Weber gegenüber Simmels soziologischem Selbstverständnis und dessen wissenschaftliche Arbeitsweise glaubte geltend machen zu müssen. Es wird sich dabei zeigen, daß Weber Simmels Werk mit einem Maßstab zu erfassen versucht, der diesem gegenüber nicht nur völlig unangemessen ist, sondern auch ein Licht auf Webers eigene Praxis des ‚Verstehens' wirft.

Zunächst sei noch einmal daran erinnert, daß Weber sowohl Simmels *Probleme der Geschichtsphilosophie* als auch seine *Philosophie des Geldes* sowie dessen eigentliche soziologische Schriften ausschließlich hinsichtlich ihres möglichen Beitrages zu einer Lösung der Grundlagenprobleme der historischen Kulturwissenschaften rezipiert und diskutiert hat. Auffallend ist in diesem Zusammenhang ferner, daß er Simmels Behandlung der erkenntnistheoretischen Probleme der modernen Geschichtswissenschaft und die dabei von ihm skizzierte Theorie des ‚historischen Verstehens' überwiegend positiv beurteilt hat, der *Philosophie des Geldes* sowie Simmels *Soziologie* von 1908 dagegen kritisch bis ablehnend gegenüberstand. Verunsichert fühlte sich Weber in diesem Zusammenhang gleichwohl durch den Umstand, daß es gerade diese beiden in seinen eigenen Augen ‚soziologische Hauptwerke' Simmels es gewesen sind, denen er in *inhaltlicher* Hinsicht so viele Anregungen verdankte. Wenden wir uns deshalb zunächst Webers positiven Bezugnahmen auf Simmels Schriften zu, bevor wir

---

17   Vgl. Max Weber, Georg Simmel als Theoretiker und Soziologe der Geldwirtschaft, in: Simmel Newsletter, Jahrgang 1 (1991), Heft 1, S. 9-13. Das gegenüber der Erstveröffentlichung umfangreichere Originalmanuskript dieses Aufsatzes wird in der Bayerischen Staatsbibliothek in München im Depositum Max Webers unter dem Sigel „Ana 446" aufbewahrt und ist der Öffentlichkeit derzeit nicht zugänglich. Eine Veröffentlichung dieses hinterlassenen Manuskriptes innerhalb der Max-Weber-Gesamtausgabe ist bereits seit langer Zeit vorgesehen, aber immer noch nicht erfolgt.

anschließend Webers Kritik an Simmels ‚soziologischer Methode' einer eingehenden Erörterung unterziehen.

Weber spricht Simmel bereits früh das Verdienst zu, insbesondere in der zweiten Auflage seiner *Probleme der Geschichtsphilosophie* die „logisch weitaus entwickelsten Ansätze einer *Theorie* des ‚Verstehens'“ ausgearbeitet zu haben.[18] Insbesondere die Unterscheidung zwischen *Gesetzes-* und *Wirklichkeitswissenschaft* ist es, die Weber von Georg Simmel, Wilhelm Windelband und Heinrich Rickert übernimmt, um die Eigenart der kulturwissenschaftlichen Begriffsbildung gegenüber einem ‚naturalistischen' Selbstmißverständnis der Historiker und Nationalökonomen seiner Epoche hervorzuheben.[19] Den rein *hypothetischen* Charakters der idealtypischen Beschreibung von historischen Prozessen begründet Weber ähnlich wie Simmel und Rickert mit dem Argument, daß die ‚Wirklichkeit' als solche eine „intensive Unendlichkeit *alles* empirisch gegebenen Mannigfaltigen“ darstelle, die den Forscher notwendig zu einer rigiden „Stoff-Auslese“ zwinge, um so eine *gedachte Ordnung* aus diesem ‚heterogenen Kontinuum' herauszudestillieren beziehungsweise durch den Bezug auf einen ‚adäquat' gedachten und ‚kausal relevanten' Sinnzusammenhang verständlich zu machen.[20] Ähnlich wie Simmel betont auch Weber dabei eine ‚untere' Schwelle des historischen Verstehens, als dessen Kriterium Simmel das jeweilige ‚Folgenquantum' eines historischen Ereignisses geltend macht und das Weber als das ‚kausal Erhebliche' einer historischen Erscheinung bezeichnet hatte.[21]

Positiv Bezug nimmt Weber ferner auf Simmels Betonung des *individuellen* Charakters von ‚Massenerscheinungen', soweit sie mit der ‚Methode des Verstehens' rekonstruiert werden können, sowie auf die Notwendigkeit von spezifischen ‚Wertbeziehungen', die den Forscher bei der Auswahl seines Materials und der Erstellung seiner hypothetischen Konstruktion von möglichen historischen Sinnzusammenhängen leiten. Ähnlich wie Simmel vertritt auch Weber die Ansicht, daß nicht nur stark ausgeprägte historische Persönlichkeiten und deren Handlungsmotive am besten verstanden werden können, sondern daß auch eine entsprechende Persönlichkeit des Historikers die optimale Voraussetzung für das Verstehen von historischen Prozessen und das sinnhafte Erfassen von scheinbar ‚abwegigen' Ereignissen und Massenerscheinungen darstelle.[22] Und wie Simmel sieht auch Weber in sozialen Konflikten sowie im ‚Kampf' zwischen unvereinbaren Wertvorstellungen einen zentralen Bestandteil von Vergesellschaftungsprozessen. Dieser Antagonismus zwischen den unterschiedlichen Wertvorstellungen findet ihm zufolge in der modernen Kultur in Gestalt eines entsprechenden Pluralismus beziehungsweise *Polytheismus der Werte* seinen Niederschlag. Während Weber damit zugleich die Möglichkeit eines „tödlichen Kampf, so wie zwischen Gott und Teufel“ gegeben sieht, reduziert Simmel diesen ‚Kampf der Götter' dagegen auf einen logischen *Parallelismus*

---

18   *Wissenschaftslehre*, S. 92.

19   Ebd., S. 4, 146 und 237; vgl. Georg Simmel, Die Probleme der Geschichtsphilosophie. Eine erkenntnistheoretische Studie, Leipzig 1892, S. 41 ff.; ders., Die Probleme der Geschichtsphilosophie, 2. völlig veränderte Aufl. Leipzig 1905, S. 40 ff.

20   *Wissenschaftslehre*, S. 75 und 114.

21   *Die Probleme der Geschichtsphilosophie*, 2. Aufl. S. 131; Georg Simmel, Brücke und Tür. Essays des Philosophen zur Geschichte, Religion, Kunst und Gesellschaft, Stuttgart 1957, S. 57; *Wissenschaftslehre*, S. 233.

22   *Die Probleme der Geschichtsphilosophie*, 2. Aufl. S. 52 ff.; *Gesammelte Aufsätze zur Wissenschaftslehre*, S. 48, 101 und 548.

zwischen den verschiedenen Wertsphären.[23] Schließlich sieht Weber ähnlich wie Simmel in der Rekonstruktion der verschiedenen Prozesse der *Rationalisierung*, welche die Ausbildung der modernen okzidentalen Kultur entscheidend geprägt haben, eine der Hauptaufgaben der Soziologie und einer ihr entsprechenden Kulturtheorie.[24]

Kritisch bis ablehnend steht Weber dagegen der Auffassung von Simmel und Karl Lamprecht gegenüber, daß mit diesem gesamtgesellschaftlichen Rationalisierungsprozeß zugleich eine entsprechende Steigerung und zunehmende Differenzierung des subjektiven ‚Erlebens‘ einhergehe. Weber kritisiert an der Kulturgeschichtsschreibung Karl Lamprechts nämlich nicht nur die Annahme der Existenz eines „angeblich gesetzlich gleichmäßigen Ablaufs der verschiedenen ‚Impressionismen‘ in der Sozialpsyche", sondern macht auch gegenüber Simmels ‚Impressionismus‘ den Einwand geltend, daß die zunehmende Bedeutung von ‚Gefühlsnuancen‘ innerhalb der modernen Kultur nicht notwendig zugleich eine zunehmende Differenzierung der Formen des ‚Erlebens‘ beinhalten müsse. Die für die Gegenwart charakteristische „Jagd nach dem Erlebnis" und dem „intellektuell Interessanten" stellt ihm zufolge eher ein „Produkt abnehmender Kraft, den Alltag innerlich zu bestehen" und einer im ‚Fin de siècle‘ um sich greifenden „ästhetischen Dämmerstimmung" dar.[25] Weber teilt zwar selbst die Auffassung, daß von einem ‚Fortschritt‘ der gesellschaftlichen Rationalisierung und Differenzierung gesprochen werden könne, sofern mit diesem die Steigerung einer *rationalen gesellschaftlichen Organisation* gemeint ist Er besteht aber darauf, daß vor der naiven Übertragung eines der Biologie entlehnten Differenzierungsschemas auf soziokulturelle Prozesse zuerst die Frage geklärt werden müsse, „wie in den Frühstadien der menschlichen sozialen Differenzierung der Bereich rein mechanisch-*instinktiver* Differenzierung im Verhältnis zum individuell sinnhaft Verständlichen und weiter zum *bewußt* rational Geschaffenen einzuschätzen ist"[26].

Von erheblicher Brisanz ist auch die von Weber gestellte Frage, in welchem Verhältnis in Simmels *Soziologie* der ‚subjektiv gemeinte Sinn‘ zum ‚objektiv gültigen Sinn‘ steht. Zwar gesteht Weber zu, daß Simmels Schrift *Die Probleme der Geschichtsphilosophie* das Verdienst zukomme, „das objektive ‚Verstehen‘ des *Sinnes* einer Aeußerung von der subjektiven ‚Deutung‘ der *Motive* eines (sprechenden oder handelnden) Menschen klar geschieden zu haben". Er wirft ihm aber zugleich wiederholt vor, insbesondere in der *Philosophie des Geldes* den *gemeinten* von dem *objektiv gültigen* Sinn „absichtsvoll ineinander fließen" zu lassen, die Weber zufolge „scharf zu scheiden" sind.[27] Der scheinbare Wiederspruch zwischen diesen beiden Ur-

23   Ebd., S. 463 und 507 f.; vgl. Georg Simmel, Hauptprobleme der Philosophie, Leipzig 1910, S. 23 ff.; ders., Lebensanschauung. Vier metaphysische Kapitel, Leipzig 1918, S. 30 ff.

24   *Wissenschaftslehre*, S. 525 f.; vgl. *Die Probleme der Geschichtsphilosophie*, 2. Aufl., S. 40 ff.; Georg Simmel, Philosophie des Geldes, 4. Aufl. Leipzig 1922, S. 480 ff.; *Soziologie*, S. 147 ff.

25   *Wissenschaftslehre*, S. 7 f. und 518 f.; Max Weber, „Kirchen" und „Sekten" in Nordamerika. Eine kirchen- und sozialpolitische Skizze, in: Christliche Welt 25 (1906), S. 582. Zur ausführlichen Diskussion von Simmels ‚Impressionismus‘ vgl. David Frisby, Sociological Impressionism. A Reassessment of Georg Simmel's Social Theory, London 1981; ferner Hannes Böhringer, Simmels Impressionismus, in: Wilhelm Schmidt-Biggemann (Hrsg.), Disiecta Membra. Studien. Karlfried Gründer zum 60. Geburtstag, Basel 1989, S. 151-155.

26   *Wissenschaftslehre*, S. 461, 473 und 576 f. Simmel hatte seine Theorie der sozialen Differenzierung erstmals 1890 in seiner gleichnamigen Schrift entwickelt und später sowohl seiner *Philosophie des Geldes* als auch seiner *Soziologie* von 1908 zugrunde gelegt. Zur Diskussion dieser Differenzierungstheorie Simmels siehe Klaus Lichtblau, Das „Pathos der Distanz". Präliminarien zur Nietzsche-Rezeption bei Georg Simmel, in: Georg Simmel und die Moderne, a.a.O., S. 231-281 (in diesem Band S. 97 ff.).

27   *Wissenschaftslehre*, S. 427 und 541

teilungen Webers löst sich dahingehend auf, daß es Simmel in *Die Probleme der Geschichtsphilosophie* bei der entsprechenden Stelle um die Unterscheidung zwischen dem Verstehen eines *Satzsinnes* unabhängig von dem Kontext, in dem er erstmals ausgesprochen wurde, und dem Verstehen der *Intentionen* der entsprechenden Personen ging. Im zweiten Fall macht er Simmel dagegen den Vorwurf, daß dessen ‚soziologische Methode‘ nicht zureichend zwischen dem Verstehen der *Motive* der sozialen Akteure einerseits und dem durch den Forscher rekonstruierten *objektiven Sinnzusammenhang* unterschieden habe, in dem sich die Deutung einer *Handlung* als ‚sinnadäquat‘ und zugleich ‚kausal relevant‘ erweist.[28]

Dieser zentrale Einwand, den Weber gegen Simmels ‚Methode‘ erhebt, wird durch eine Reihe von weiteren Kritikpunkten ergänzt, die Weber gegen Simmels *Philosophie des Geldes* sowie dessen *Soziologie* geltend macht. Denn Weber wirft ihm nicht nur vor, daß dieser die eigentlichen ‚Seinsprobleme‘ oft als ‚Sinnprobleme‘ mißverstehe und sie deshalb ‚metaphysisch‘ behandle, sondern daß Simmel überdies auch *Illustrationen* und *Analogien* für das ‚Verstehen‘ von soziologisch relevanten Sachverhalten gebrauche. Zwar erkennt auch Weber den *heuristischen* Wert des Aufdeckens von „Parallelismen“ zwischen den verschiedensten „Kausalreihen“ und „Sinnzusammenhängen“ bei der Konstruktion von „verständlichen Bildern“ des Geschehens an. Er sieht im Unterschied zu Simmel in der „Vergleichung ‚analoger‘ Vorgänge“ jedoch nur eines von mehreren Mitteln der ‚Zurechnung‘ und deshalb auch lediglich eine *Vorstufe* der eigentlichen Aufgabe einer ‚verstehenden‘ Soziologie – nämlich der Bildung „scharfer Begriffe“ und „reiner Typen“ von kausaler Relevanz – gegeben. Dagegen werde bei Simmel immer wieder die als „analog“ herangezogene Seite einer konkreten Erscheinung zu deren „eigentlichem Wesen“ erhoben und dabei letztlich von ihrer *kausalen* Bedingtheit abstrahiert.[29]

Mit dem Vorwurf der kausaltheoretischen Irrelevanz von Simmels kulturphilosophischen und soziologischen Untersuchungen versucht Weber zugleich das Herz von Simmels ‚soziologischer Methode‘ zu treffen. Bereits 1905 hatte Weber auf die Problematik der „in seinen verschiedenen Schriften verstreuten Aeußerungen über den Gesellschaftsbegriff und die Aufgaben der Soziologie“ verwiesen und in diesem Zusammenhang zum ersten Mal die entsprechende Kritik von Othmar Spann an Simmels soziologischer Vorgehensweise zitiert.[30] In seinem Fragment gebliebenen Manuskript „Georg Simmel als Soziologe und Theoretiker der Geldwirtschaft“ von 1908 wiederholt Weber diese positive Berufung auf Spanns Simmel-Kritik, an die er dabei „in manchen wesentlichen Punkten“ anschließt, obgleich dieser Simmels *Soziologie* aus dem Jahre 1908 gar nicht mehr berücksichtigt hat und der Weber immerhin „gegenüber von Simmels früherem, von Spann kritisierten Standpunkte einige merkliche, jedoch nicht grundsätzliche Modifikationen“ zugesteht. Überdies nimmt er jetzt selbst den Grundbegriff von Simmels soziologischen Arbeiten genauer unter die Lupe, den bereits Spann kritisiert hatte: nämlich den von Simmel als „regulatives Weltprinzip“ verstandenen Begriff der

---

28   Vgl. Levine, Ambivalente Begegnungen, a.a.O., S. 328-334; Nedelmann, „Psychologismus“ oder Soziologie der Emotionen?, a.a.O., S. 13 ff.

29   „Georg Simmel als Soziologe und Theoretiker der Geldwirtschaft“, S. 10 f.; *Wissenschaftslehre*, S. 14, 26 ff., 124 und 232. Zur positiven Bewertung der „glänzenden Bilder“ in *Simmels Philosophie des Geldes* siehe Weber, Gesammelte Aufsätze zur Religionssoziologie, Band 1, a.a.O., S. 34.

30   *Wissenschaftslehre*, S. 93.

Wechselwirkung.[31] Zwar erkennt Weber an, daß für Simmel die Soziologie eine Wissenschaft sei, die sich mit den *Wechselwirkungen zwischen Individuen* befasse; gleichwohl erscheint ihm dieser Begriff als etwas zutiefst „Vieldeutiges", da eine „nicht irgendwie ‚gegenseitige' Beziehung [...] innerhalb der physischen Wirklichkeit im strengsten Wortsinn und als eine *generelle* Erscheinung kaum konstruierbar" sei. Weber kommt deshalb zu dem vernichtenden Schluß, daß der Begriff der Wechselwirkung seinem Inhalt nach so abstrakt und umfassend sei, „daß sich nur mit der größten Künstlichkeit eine rein ‚einseitige', d.h. *nicht* irgendwie ein Moment von ‚Wechselwirkung' enthaltender Beeinflussung eines Menschen durch einen anderen ausdenken ließe"[32].

Noch deutlicher wird die Stoßrichtung von Webers Argument, wenn wir in diesem Zusammenhang die von Othmar Spann gegenüber Simmels ‚formaler' Soziologie geltend gemachte Kritik mit einbeziehen, auf die Weber mehrmals zustimmend hingewiesen hatte.[33] Spann erkannte nämlich bereits sehr früh ein zentrales Problem von Simmels soziologischem Ansatz, auf das Simmel erst 1908 eine zufriedenstellende Antwort geben sollte – nämlich die Frage: „Wie ist Sozialwissenschaft als Wissenschaft von *Komplexen,* deren Elemente ja bereits allseitiger Erforschung unterliegen, möglich?" Und er hielt Simmels „Lösung dieser erkenntnistheoretischen Vorfrage" durch den Begriff der *Wechselwirkung* „in ihrer Durchführung und Anwendung unzulänglich und in ihrer Konstruktion widerspruchsvoll und metaphysisch"[34]. Spann kritisierte Simmels Auffassung, daß es ‚Gesetze des Geschehens' im Prinzip nur hinsichtlich der „kleinsten Teile" der physikalischen Welt geben könne, mit dem Argument, daß im Rahmen einer solchen erkenntnistheoretischen Prämisse nicht gezeigt werden könne, in welcher Form dann noch für den „Komplex als solchen", d.h. das „Ganze" der sozialen Erscheinungen ein „selbständiges Gesetz" aufgestellt werden könne. Die „Verflüchtigung des Gesellschaftsbegriffs" zu einem reinen ‚Namen' für die Summe aller sozialen Wechselwirkungen sei deshalb die notwendige Konsequenz von Simmels ‚formaler' Soziologie, wodurch die ‚Gesellschaftswissenschaft' als eine selbständige Wissenschaft unmöglich werde. Spann insistierte demgegenüber auf der einheitlichen, d.h. nicht rein graduellen Wirkung der sozialen Gebilde, die im Prinzip ebenfalls einer kausalen Analyse zugänglich sei. Er sah insofern auch in Simmels Begriff der Wechselwirkung nur den „Spezialfall eines Doppelkausalverhältnisses" im Sinne eines „gegenseitigen Abhängigkeitsverhältnisses zweier Größen", deren

---

31 Georg Simmel, Über sociale Differenzierung. Soziologische und psychologische Untersuchungen, Leipzig 1890, S. 13 ff.; Othmar Spann, Untersuchungen über den Gesellschaftsbegriff zur Einleitung in die Soziologie. Erster Teil: Zur Kritik des Gesellschaftsbegriffes der modernen Soziologie. Dritter Artikel: Die realistische Lösung, in: Zeitschrift für die gesamte Staatswissenschaft 61 (1905), S. 301-344; ders., Wirtschaft und Gesellschaft. Eine dogmenkritische Untersuchung, Dresden 1907, S. 178 ff.

32 „Georg Simmel als Soziologe und Theoretiker der Geldwirtschaft", S. 12.

33 Die Problematik von Webers positiver Bezugnahme auf Spanns Simmel-Kritik liegt freilich darin begründet, daß Webers ‚methodologischer Individualismus' später von Spanns ‚Universalismus' ebenfalls einer scharfen Kritik unterzogen worden ist. Vgl. Othmar Spann, Bemerkungen zu Max Webers Soziologie, in: Zeitschrift für Volkswirtschaft und Sozialpolitik 3 (1923), S. 761-770; ders., Tote und lebendige Wissenschaft. Abhandlungen zur Auseinandersetzung mit Individualismus und Marxismus, Jena 1925, S. 149-167. Zu Webers späterer Distanzierung von Spanns ‚universalistischer Methode' vgl. *Wissenschaftslehre,* S. 557. f.

34 Spann, Untersuchungen über den Gesellschaftsbegriff zur Einleitung in die Soziologie, a.a.O., S. 310. Zur ausführlichen Diskussion von Simmels Programm eines ‚spekulativen Atomismus' siehe Hannes Böhringer, Spuren von spekulativem Atomismus in Simmels formaler Soziologie, in: Hannes Böhringer / Karlfried Gründer (Hrsg.), Ästhetik und Soziologie um die Jahrhundertwende: Georg Simmel, Frankfurt 1976, S. 105-117.

„exakte kausaltheoretische Bestimmung und Rechtfertigung" in Simmels Soziologie jedoch ebenso wie die Ausformulierung eines „materiellen Gesellschaftsbegriffs" aufgrund seines zu abstrakt und inhaltsleer gefaßten Prinzips der Wechselwirkung ein Desiderat bleibe. Spann schloß seine Kritik an der Unzulänglichkeit von Simmels erkenntnistheoretischer Grundlegung der Sozialwissenschaften mit dem Verdikt, daß bezüglich der von Simmel vertretenen Prämissen erst noch gezeigt werden müsse, wodurch sich die von ihm untersuchten Wechselwirkungen und Erscheinungskomplexe überhaupt als *gesellschaftliche* Phänomene auszeichnen.[35]

Im Folgenden soll gezeigt werden, daß die von Weber und Spann gegenüber Simmels soziologischer ‚Methode‘ geltend gemachten Einwände dessen erkenntnistheoretische Grundlegung der modernen Sozialwissenschaften sachlich nicht gerecht werden. Denn Simmel hat diese gegenüber seinem methodologischen Ansatz geltend gemachten Kritikpunkte sowohl in der zweiten Auflage seines Buches *Die Probleme der* Geschichtsphilosophie von 1905 als auch in seinem berühmten „Exkurs über das Problem: Wie ist Gesellschaft möglich?" aus dem Jahre 1908 vermittels einer logisch konsistenten *Theorie des Verstehens* in einer Weise gelöst, die nicht nur Webers und Spanns Kritik als unhaltbar erweist, sondern die auch eher als Webers eigener Ansatz den Ansprüchen gerecht zu werden vermag, die an eine ‚verstehende Soziologie‘ zu stellen sind. In diesem Zusammenhang soll zugleich verdeutlicht werden, welche Absichten Simmel mit seiner wohl durchdachten Dreiteilung der einzelnen geistes- und sozialwissenschaftlichen Disziplinen in einen *erkenntnistheoretischen*, einen *wirklichkeitswissenschaftlichen* und einen *philosophisch-metaphysischen* Teil verfolgt hatte.

‚Kausalität‘ versus ‚Wechselwirkung‘

Um den Unterschied zwischen den erkenntnistheoretischen Grundpositionen von Simmel und Weber zu verdeutlichen, lohnt es sich, kurz einen Blick auf die Geschichte des Begriffs der *Kausalität* sowie des Begriffs der *Wechselwirkung* zu werfen. Zunächst muß betont werden, daß Webers Insistieren auf der Notwendigkeit von Kausalanalysen innerhalb der Kultur- und Sozialwissenschaften zu Beginn des 20. Jahrhunderts keine Selbstverständlichkeit war. Im Gefolge der Revolutionierung des naturwissenschaftlichen Weltbildes ist nämlich die Tauglichkeit des Kausalprinzips selbst innerhalb der modernen Physik grundsätzlich in Frage gestellt worden. Die Krise des mechanischen Weltbildes verdankt sich dabei der mikrophysikalischen Einsicht, daß sich im Rahmen der von Max Planck und Albert Einstein entwickelten Physik der elementaren Gebilde die Wechselwirkungen zwischen den ‚Elementarmengen‘ beziehungsweise den ‚Quanten‘ und der ‚Materie‘ nicht mehr gemäß dem Schema von Ursache und Wirkung rekonstruieren lassen. Dies bedeutet, daß sich im Rahmen der Quantenphysik die konstanten Beziehungen der Veränderungen in der Zeit nur noch im Sinne einer grundsätzlichen *Relativität*, d.h. „Abhängigkeit der Erscheinungen voneinander" (Ernst Mach) beschrieben werden können.[36] Indem Weber die noch für die klassische Mechanik grundlegende Beziehung zwischen der *Kausalität* und der *Gesetzmäßigkeit* vollends durchschneidet,

---

35   Vgl. Spann, Untersuchungen über den Gesellschaftsbegriff zur Einleitung in die Soziologie, a.a.O., S. 310-335; ders., Wirtschaft und Gesellschaft, a.a.O., S. 189-220; ders., Gesellschaftslehre, Leipzig 1923, S. 25-46.

36   Siehe hierzu die auch für den physikalischen Laien verständliche Darstellung der Elementarteilchenphysik von Klaus Bethge & Ulrich E. Schröder, Elementarteilchen und ihre Wechselwirkungen, 3. Aufl. Heidelberg 2006.

reagiert er zwar auf die Grundlagenkrise des modernen naturwissenschaftlichen Weltbildes. Er löst dabei den Begriff der Kausalität jedoch zugleich in eine am *juristischen* Denken orientierte reine *Zurechnungsfrage* auf.[37]

Bereits das Kausalverständnis des mechanistischen Weltbildes stellt eine Herauslösung der ‚Causa efficiens' aus einem umfassenderen Verständnis des Seins dar, wie es für die griechische Antike und das europäische Mittelalter noch selbstverständlich war. So unterschied die für dieses Zeitalter bestimmende aristotelische Lehrtradition noch vier verschiedene Arten von ‚Ursachen', die innerhalb des ihr zugrunde liegenden teleologischen Weltbildes in einem inneren Zusammenhang standen: nämlich den *Stoff* (Materie), die *Form*, den *Bewegungsantrieb* (Causa efficiens) und den *Zweck* (Telos). Der ‚Urheber' beziehungsweise die ‚Causa efficiens', die dabei mit dem neuzeitlichen Kausalverständnis identisch ist, war diesem Denken zufolge nicht die einzige Voraussetzung für das ‚Sein des Gemachten', sondern in ein durch diesen übergreifenden Zweckgedanken geprägtes *Strukturganzes* eingebettet.[38] Indem Simmel auf die für sein Denken grundlegende Kategorie der *Wechselwirkung* zurückgreift, trägt er nicht nur dem relativistischen Weltbild der modernen Physik Rechnung. Er sucht darüber hinaus bewußt den Anschluß an eine Tradition, die immer schon eine Alternative zur neuzeitlichen Vorherrschaft des Kausalprinzips dargestellt hatte.

In wortgeschichtlicher Hinsicht stellt der Begriff des ‚Wechsels' im Sinne des *Austauschs von Waren* einen der ältesten deutschen Handelsausdrücke dar. In der Philosophie Kants wird der Begriff der ‚Wechselwirkung' explizit mit dem der *Gemeinschaft* gleichgesetzt und als „Analogie der Erfahrung" nach dem „Grundsatz des Zugleichseins der Substanzen im Raum" bestimmt.[39] In der romantischen Naturphilosophie wird der Begriff der Wechselwirkung dagegen zur Umschreibung eines *Organismus* herangezogen, in dem das Ganze den Teilen *vorausgeht*. Folglich können deren ‚unendliche Wechselwirkungen' auch nicht gemäß dem neuzeitlichen physikalischen Kausalitätsprinzips gedeutet werden. Friedrich Schleiermacher hatte diese Vorstellung eines grundsätzlichen *Zugleich* der Wechselwirkungsmomente im Rahmen seiner „Theorie des geselligen Betragens" aus dem Jahre 1799 dann erstmals in einem genuin sozialphilosophischen Sinn fruchtbar zu machen versucht und die *Gesellschaft* dabei als „eine durch alle Teilhaber sich hindurchschlingende, aber auch durch sie völlig bestimmte und vollendete Wechselwirkung" verstanden.[40]

Simmel stellt sein Verständnis von ‚Wechselwirkung' in diesen über Wilhelm Diltheys Arbeiten vermittelten Traditionszusammenhang, indem er an der prinzipiellen Unendlichkeit alles Geschehens festhält, dieses durchgängig durch eine Vielzahl von Wechselwirkungen verbunden sieht und dabei davon ausgeht, daß diese Wechselwirkungen grundsätzlich dem Prinzip der *Gleichzeitigkeit* unterstehen. Dieser Vorrang der Synchronie gegenüber der Diachronie

---

37   Zu Webers diesbezüglich positiven Bezugnahme auf Gustav Radbruchs Begriff der ‚adäquaten Verursachung' siehe Gustav Radbruch, Die Lehre von der adäquaten Verursachung, Berlin 1902; ferner *Wissenschaftslehre*, S. 269 ff.

38   Vgl. Hans-Georg Gadamer, Kausalität in der Geschichte?, in: ders., Kleine Schriften I, Tübingen 1967, S. 196 f.

39   Vgl. Immanuel Kant, Kritik der reinen Vernunft, hrsg. von R. Schmidt, Leipzig 1924, S. 302 ff.

40   Friedrich Daniel Ernst Schleiermacher, Versuch einer Theorie des geselligen Betragens, in: ders., Kritische Gesamtausgabe. I. Abteilung, Schriften und Entwürfe. Band 2: Schriften aus der Berliner Zeit 1796-1799, Berlin / New York 1984, S. 169. Zur Geschichte des Begriffs der ‚Wechselwirkung' siehe auch die instruktive Darstellung von Petra Christian, Einheit und Zwiespalt. Zum hegelianisierenden Denken in der Philosophie und Soziologie Georg Simmels, Berlin 1978, S. 110 ff., auf die ich mich bezogen habe.

unterscheidet seinen Ansatz grundsätzlich von einer Kausalanalyse, da der neuzeitliche Begriff der Kausalität auf der Vorstellung einer *zeitlichen Folge* beruht.[41] Demgegenüber stellt bereits in der deutschen Frühromantik die ‚Wechselwirkung‘ einen Zustand dar, den Friedrich Schlegel in seiner *Lucinde* bezeichnenderweise als ‚herrliches Zugleich‘ beschrieben hatte.[42] Dieses Verständnis von ‚Wechselwirkung‘ hat für Simmels *Methode des Verstehens* eine Reihe von Konsequenzen, auf die im Folgenden noch etwas ausführlicher eingegangen werden soll:

a. Simmel zufolge ist eine Beschreibung des geschichtlichen Geschehens, „wie es wirklich gewesen ist“, grundsätzlich nicht möglich. Denn das *historische* Verstehen stellt wie jede andere Form von Erkenntnis ebenfalls „eine Übertragung des unmittelbar Gegebenen in eine neue Sprache“ dar, die „nur ihren eigenen Formen, Kategorien und Forderungen“ folgt.[43] Das Verhältnis von ‚Ursache‘ und ‚Wirkung‘ wird dabei durch die *logische Form eines Wechselverhältnisses* beziehungsweise einer ‚Wechselwirkung‘ ersetzt, in der „zugleich die Gegenwart auf die Vergangenheit wirkt und die Vergangenheit auf die Gegenwart“[44]. Das historische Verstehen stellt Simmel zufolge deshalb eine rein intelligible Ebene dar, die weder mit dem Bewußtsein des Historikers noch mit den ‚Motiven‘ der historischen Akteure identisch ist.

b. Auch in den alltäglichen sozialen Interaktionen und Wechselwirkungen findet dieses Spiel der Projektion und Rejektion zwischen den handelnden und erlebenden Individuen statt: Wir sehen den *Anderen* immer nur im Spiegel unserer eigenen Verallgemeinerungen und Typisierungen und gewinnen unser *Selbstbild* umgekehrt nur vermittels der Wahrnehmung durch einen ‚generalisierten Anderen‘.[45]

c. Simmels ‚Methode des Verstehens‘ ist ferner untrennbar mit seinem *kulturphilosophischen* Verständnis der Moderne als einer *ewigen Gegenwart* verbunden. Seine Bevorzugung der Kategorie der Wechselwirkung gegenüber der Kategorie der Kausalität kommt deshalb auch in seiner Analyse der modernen Gegenwartskultur unübersehbar zum Ausdruck.[46]

Simmel ist in seiner Ablehnung eines reifizierenden Verständnisses von ‚idealtypischen‘ Begriffsbildungen insofern nicht minder rigoros als Max Weber. Im Unterschied zu Weber geht er jedoch sogar so weit, auch die zeitliche Folge von Ereignissen innerhalb der Zeitlosigkeit der ‚inneren Anschauung‘ aufzulösen. Denn auch das sogenannte ‚historische Verstehen‘ ist Simmel zufolge nur Ausdruck eines logischen Prozesses, in dem die Unterscheidung zwischen dem Ich und dem Nicht-Ich, dem Subjekt und dem Objekt sowie der Vergangenheit und der Gegenwart überhaupt erst gebildet wird. Dies soll zunächst am Beispiel seines Verständnisses des *historischen Verstehens* verdeutlicht werden. Abschließend wird auch auf den Status

---

41 Vgl. Kant, Kritik der reinen Vernunft, a.a.O., S. 283 ff.

42 Siehe Gisela Dischner, Friedrich Schlegels Lucinde und Materialien zu einer Theorie des Müßiggangs, Hildesheim 1980, S. 66.

43 *Die Probleme der Geschichtsphilosophie*, 2. Aufl. S. 40 ff.

44 Georg Simmel, Philosophische Kultur. Gesammelte Essays, Leipzig 1919, S. 191; vgl. Christian, Einheit und Zwiespalt, a.a.O., S. 125.

45 Vgl. *Soziologie*, a.a.O., S. 24 ff.

46 Vgl. Frisby, Sociological Impressionism, a.a.O.; ders., Fragments of Modernity. Theories of Modernity in the Work of Simmel, Kracauer and Benjamin, Cambridge 1985.

der ‚soziologischen Aprioris‘ in Simmels *Soziologie* sowie deren Verhältnis zu Webers Programm einer ‚verstehenden Soziologie‘ einzugehen sein.

Simmels Theorie des ‚Verstehens‘

Simmel geht von einer grundlegenden Zirkularität des menschlichen Erkennens aus, derzufolge das ‚äußere‘ Geschehen nur analog des ‚inneren Erlebens‘ und das ‚innere‘ Geschehen seinerseits nur analog raumzeitlicher, d.h. ‚äußerer‘ Bestimmungen symbolisch gedeutet werden können. Beide Formen dieser Analogiebildungen stehen dabei nicht im Verhältnis von ‚Ursache‘ und ‚Wirkung‘ zueinander, sondern finden *gleichzeitig* statt beziehungsweise erzeugen sich wechselseitig und verhalten sich insofern korrelativ zueinander.[47] Dieser Modus des ‚Zugleich‘ kennzeichnet ihm zufolge nicht nur das Verstehen von gegenwärtigen Handlungen und Ereignissen, sondern auch das historische Verstehen vergangener Geschehnisse. Beide Arten des Verstehens unterscheiden sich insofern nur graduell voneinander.[48] Das Verstehen als solches beinhaltet dabei immer einen Prozeß der psychologischen Umformung, Verdichtung und Umbildung der „im Anderen vorgehenden Bewußtseinsakte“. Es stellt aber keine reine ‚Projektion‘ dar, sondern beinhaltet eine „völlig eigenartige Synthese der Kategorie des Allgemeinen mit der des schlechthin Individuellen“, die nun anstelle der *Ursächlichkeit* des „psychomechanischen Geschehens“ jene *Gründe* beschreibt, die auf den „logischen Beziehungen ihrer *Inhalte*“ beruht.[49] Zwar knüpft diese Form des Sinnverstehens ebenfalls an die Motive der handelnden Personen an. Sie ordnet deren Analyse aber zugleich den ‚apriorischen Forderungen des Denkens‘ unter, vermittels denen sich die überlieferten Geschehnisse überhaupt erst zu einem *historischen* Gesamtzusammenhang formen lassen.

Die Arbeit des Historikers, die Simmel ja nicht zufällig mit der eines *Künstlers* vergleicht, faßt das *Singuläre* – das heißt auch die von Weber gegenüber Simmel eingeklagten ‚subjektiven Motive‘ – zu einem *Sinngebilde* zusammen, das „oft gar nicht im Bewußtsein ihrer ‚Helden‘ lag, indem sie Bedeutungen und Werte ihres Stoffes aufgräbt, die diese Vergangenheit zu einem ihre Darstellung für *uns* lohnenden Bilde gestalten“[50]. Gegenüber dem ‚wirklichen Erleben‘ stellen die Kategorien der Historiker somit apriorische Kategorien ‚zweiter Potenz‘ dar, die den eigentlichen Gegenstand einer Erkenntnistheorie der „wissenschaftlichen Geschichte“ darstellen.[51] Die von Weber gegenüber Simmel geltend gemachte Unterscheidung zwischen dem ‚subjektiven‘ und dem ‚objektivem Sinn‘ wird insofern in Simmels konstitutionstheoretischer Analyse des historischen Erkennens im Rahmen einer ‚Synthesis der Phantasie‘ bewußt ‚aufgehoben‘, weil sich ihm zufolge die Möglichkeit des historischen Verstehens auf einer logischen Ebene bewegt, die *jenseits* dieses Dualismus angesiedelt ist.

Simmel geht im Rahmen seiner apriorischen Grundlegung der Geschichtswissenschaft dabei auch auf das Problem der historischen Individualität sowie die Möglichkeit des Fremdverstehens ein und hat seine diesbezüglichen Überlegungen in seinen späteren Arbeiten über

47 *Die Probleme der Geschichtsphilosophie*, 2. Aufl., S. 20 f.; *Philosophie des Geldes*, S. 534 ff.; *Soziologie*, a.a.O., S. 567 f.; vgl. Lichtblau, Die Seele und das Geld, a.a.O., S. 64 f.

48 Vgl. *Brücke und Tür*, S. 44 und 64

49 *Die Probleme der Geschichtsphilosophie*, 2. Aufl. S. 30 ff.

50 Ebd., S. 41 und 45 ff.

51 Ebd., S. 50 f.

„Das Problem der historischen Zeit" und „Vom Wesen des historischen Verstehens" weiter entwickelt. Er wiederholt in diesen von Weber nicht mehr wahrgenommenen Untersuchungen seine Auffassung, daß der Prozeß des Verstehens etwas völlig *Zeitloses* darstellt. ‚Historisch‘ ist für ihn dabei ein Ereignis, dessen *Zeitpunkt* eindeutig bestimmt ist und das dadurch den „Charakter der Individualisiertheit" zugesprochen bekommt, der sich allein aus seiner Stellung innerhalb des vom Historiker konstruierten Sinnzusammenhang ergibt. Letzterem spricht Simmel dagegen den Charakter des Zeitlichen grundsätzlich ab, weil jede konkrete Zeitfolge dem Gesetz der *Kausalität* untersteht. Der historische Begriff der ‚Dauer‘ stellt dagegen eine *Verstehenseinheit* dar, deren einzelne Momente sich korrelativ zueinander verhalten und ihre jeweilige Bedeutung *gegenseitig* bestimmen.[52] Grundlegend für Simmels Theorie des historischen Verstehens ist deshalb auch nicht die Unterscheidung zwischen Ursache und Wirkung beziehungsweise zwischen dem ‚subjektiven‘ und dem ‚objektivem Sinn‘, sondern die Unterscheidung zwischen dem *Ich* und dem *Du* im Sinne der konstitutiven „Beziehung eines Geistes zu einem andern", die ihre „fragmentarische Vorzeichnung" bereits in der lebensweltlichen Praxis vorgegeben findet und von der Erkenntnistheorie im Hinblick auf ihre apriorischen Voraussetzungen hinterfragt wird. Die Kategorien des *Du* und des *Verstehens* sind dabei identisch. Denn in ihnen wird die condition humaine „gleichsam einmal als Substanz und einmal als Funktion ausgedrückt – ein Urphänomen des menschlichen Geistes. [...] Es ist die transzendentale Grundlage dafür, daß der Mensch ein *zoon politikon* ist". Sie sind mithin „für den Aufbau der praktischen und der historischen Welt ungefähr so entscheidend wie die der *Substanz* oder der *Kausalität* für die naturwissenschaftliche Welt."[53]

Simmel hat diese ‚transzendentale‘ Natur des Verstehens sowie die mit ihr zusammenhängende Unterscheidung zwischen dem ‚Ich‘ und dem ‚Du‘ im Einleitungskapitel seiner *Soziologie* von 1908 auch für eine aprioristische Grundlegung der Sozialwissenschaften fruchtbar zu machen versucht. Denn er versucht dort eine definitive Antwort auf die Frage zu geben, wie die *Gesellschaft* als eine „objektive Form subjektiver Seelen" möglich ist. Er ist dabei davon überzeugt, daß sich in den verschiedensten Formen der sozialen Wechselwirkungen eine apriorische Formgebung vollzieht, welche die in sie eingehenden ‚Triebe‘, ‚Motive‘, subjektiven ‚Erlebnisse‘ und ‚Zwecke‘ immer schon in einen Vergesellschaftungszusammenhang stellt.[54] Diese konkreten ‚Inhalte‘ kommen in Simmels soziologischem Ansatz mithin nur noch insofern in Betracht, als sie bereits in diese quasi-transzendentale Formung eingegangen und insofern durch ein entsprechendes ‚soziologisches Apriori‘ vergesellschaftet worden sind. Die grundbegriffliche Unterscheidung zwischen dem ‚subjektiv gemeinten‘ und dem ‚objektiv gültigen Sinn‘ ist somit nicht nur für Simmels Erkenntnistheorie der Historik, sondern auch für seine soziologischen Analysen der verschiedenen Formen der Vergesellschaftung – und das hat Max Weber ja mit Recht betont – ebenfalls irrelevant geworden. Die einzige grundlegende Unterscheidung, die in Simmels aprioristischer Grundlegung der Soziologie deshalb noch eine Rolle spielt, ist die im Akt des Verstehens selbst implizierte Differenz zwischen dem ‚Ich‘ und dem ‚Du‘, die *jenseits* des Gegensatzes ‚subjektiv‘ versus ‚objektiv‘ steht.

---

52   Vgl. *Brücke und Tür*, S. 44 ff. und 71 ff.

53   Ebd., S. 67 f.

54   Vgl. *Soziologie*, S. 21 ff.

Simmels ‚soziologische Aprioris' beinhalten insofern eine von Max Webers Entwurf einer ‚verstehenden Soziologie' strikt zu unterscheidende eigenständige Theorie des Verstehens, die nicht nur von seinem Schüler Martin Buber für eine dialogische Sozialphilosophie,
sondern auch von der ‚Chicagoer Schule der Soziologie' rezipiert und produktiv weiterentwickelt worden ist. Im Unterschied zu Simmel geht Weber auch gar nicht ausführlich auf den
Akt des Verstehens ein, sondern setzt dessen Möglichkeit als ‚selbstverständlich' voraus, um
ihn für sein eigentliches Erkenntnisinteresse – nämlich das der kausalen Erklärung – heran-
zuziehen.[55] Simmel möchte dagegen mit seiner Analyse der apriorischen Voraussetzungen des
Verstehens zweierlei zeigen: Zum einen stellen ihm zufolge die möglichen Bezugspunkte einer soziologischen Kausalanalyse, d.h. die entsprechenden ‚soziale Akteure' sowie die ‚sozialen Gebilde' selbst das Resultat von Wechselwirkungsprozessen dar, die sie überhaupt erst
zu geeigneten Bezugeinheiten für eine ‚kausale Zurechnung' machen. Zum anderen interpretiert Simmel auch das ‚Verstehen' als eine Wechselwirkungsform, vermittels der die ‚Subjekte' des Verstehens als mögliche ‚Zurechnungspunkte' einer Kausalanalyse überhaupt erst
konstituiert werden.

Simmel bringt diese Überlegung in seiner Erörterung des ‚ersten soziologischen Aprioris' am prägnantesten zum Ausdruck. In ihr wird der bereits innerhalb seiner Erkenntnistheorie der Historik geltend gemachte Gedanke herangezogen, daß wir ‚äußere' Geschehnisse
immer nur in Form von ‚inneren' Analogien und vice versa symbolisch deuten können und
daß diese beiden Analogiebildungen in Gestalt eines hermeneutischen Zirkels vorgenommen
werden. Simmel zufolge können wir nämlich einen anderen Menschen niemals in seiner Einzigartigkeit erfassen. Vielmehr können wir uns immer nur ein mehr oder weniger allgemeines Bild von ihm machen beziehungsweise ihn *typisieren*. Denn ein wirkliches Erkennen seiner unverwechselbaren Individualität habe eine in der Realität nie ganz gegebene Gleichheit
von Subjekt und Objekt beziehungsweise Ich und Nicht-Ich zur Voraussetzung. Umgekehrt
sind wir selbst – und mit dieser Einsicht folgt Simmel nicht nur dem Dichter, sondern auch
dem Nervenarzt – nur „*Fragmente* nicht nur des allgemeinen Menschen, sondern auch unser
selbst. [...] Dieses Fragmentarische aber ergänzt der Blick des andern zu dem, was wir niemals rein und ganz sind. Er kann gar nicht die Fragmente nur nebeneinander sehen, die wirklich gegeben sind, sondern wie wir den blinden Fleck in unserem Sehfeld ergänzen, daß man
sich seiner gar nicht bewußt wird, so machen wir aus diesem Fragmentarischen die Vollständigkeit seiner Individualität. [..]. Dieses prinzipielle, wenngleich in Wirklichkeit selten bis zur
Vollkommenheit durchgeführte Verfahren wirkt nun innerhalb der schon bestehenden Gesellschaft als das Apriori der weiteren, zwischen Individuen sich entspinnenden Wechselwirkungen. [...] Es gehen von der gemeinsamen Lebensbasis gewisse Suppositionen aus, durch die
man sich gegenseitig wie durch einen Schleier erblickt."[56]

---

55 Daß deshalb nicht Webers ‚methodologischer Individualismus', sondern Simmels ‚soziologische Methode' im
    oben beschriebenen Sinn den adäquateren Ausgangspunkt für die Entwicklung einer ‚verstehenden' Soziolo-
    gie darstellt, war übrigens die einhellige Meinung der Teilnehmer an der Diskussion im Anschluß an Werner
    Sombarts Vortrag „Das Verstehen" auf dem 6. Deutschen Soziologentag 1928 in Zürich. Vgl. Werner Sombart,
    Das Verstehen, in: Verhandlungen des Sechsten Deutschen Soziologentages vom 17. bis 19. September 1928 in
    Zürich, Tübingen 1929, S. 227-247. Zur ausführlichen Analyse von Webers Verständnis des ‚Verstehens' siehe
    auch die einschlägige Untersuchung von Thomas Schwinn, Max Webers Verstehensbegriff, in: Zeitschrift für
    philosophische Forschung 47 (1993), S. 573-587.

56 *Soziologie*, S. 281 f.

Genau dieser ‚Schleier‘ ist es aber, der das gesellschaftliche Zusammenleben der Menschen überhaupt erst möglich macht. Denn die reine Unmittelbarkeit und Gleichzeitigkeit des Selbst- und Fremdverstehens stellt einen logischen Grenzfall dar, der zwar als mystisches ‚Erlebnis‘ oder im Blick der Liebenden in Form einer eigenen ‚Sprache der Augen‘ möglich sein mag, für alltäglichen Formen der Vergesellschaftung dagegen völlig irrelevant ist.[57] Simmel gebraucht in diesem Zusammenhang des öfteren die Metapher des ‚Umweges‘, um anzudeuten, daß wir uns weder in einem reinen Selbstbezug erkennen noch den anderen in seiner Unmittelbarkeit wahrnehmen können, weil uns dieser zugleich *nah und fern* ist. Diese ‚Umwege‘ sind es, die den eigentlichen Gegenstand jener Kulturtheorie bilden, die Simmel zum ersten Mal in seiner 1900 erschienenen *Philosophie des Geldes* skizziert hatte. Ihn haben in diesem Zusammenhang insbesondere jene ‚Umwege‘ interessiert, die der Einzelne beim Verfolgen seiner subjektiven Zwecksetzungen in Kauf nehmen muß, um seine eigentlichen ‚Endziele‘ zu erreichen. Diese ‚Umwege‘ zeigen ihm zufolge dabei den jeweiligen Grad der sozialen Differenzierung an, in deren Zunahme er einen kulturellen Fortschritt sah. Er hat dabei diese zunehmenden Distanzen mit ‚Steuern‘ verglichen, die der Einzelne an die ‚Gesellschaft‘ zu entrichten habe, um seine eigenen Zwecke verfolgen zu können.[58] Diesen ‚Umwegen‘, ‚Distanzen‘ und sozialen ‚Formen‘ kommt aber zugleich eine ‚sozialisierende‘ beziehungsweise vergesellschaftende Funktion zu. Diese verschiedenen Formen der Vergesellschaftung können Simmel zufolge dabei als ein objektiver Sinnzusammenhang beschrieben werden, ohne daß hierbei eine ‚kausale Zurechnung‘ auf die subjektiven Motive der Menschen für das Verstehen dieser „unabsehlichen Zusammenhänge“ erforderlich wäre. Der eigentliche Ort, an dem in der Gegenwart noch eine emphatische Form von Individualität anzutreffen sei, ist denn auch nicht der Bereich des ‚Sozialen‘ als vielmehr das künstlerische, erotische und religiöse ‚Erleben‘, in der sich die moderne ‚Seele‘ ohne gesellschaftliche Umwege zu entfalten vermag.[59]

Das disziplinäre Selbstverständnis Georg Simmels

Es bleibt abschließend noch Webers Vorwurf zu diskutieren, daß in Simmels Arbeiten ‚Seinsprobleme‘ oft als ‚Sinnprobleme‘ behandelt würden, in denen nicht nur ein ‚metaphysisches‘, sondern zugleich ein *ästhetischen Bedürfnis* zum Ausdruck komme. Nun hat Simmel selbst immer wieder darauf hingewiesen, daß jede ‚exakte‘ Einzelwissenschaft sowohl eine *untere* als auch eine *obere* Grenze besitzt, jenseits derer zum einen die auf deren apriorische Voraussetzungen bezogene *Erkenntnistheorie* einerseits sowie eine ihr zugeordnete *Metaphysik* ihren berechtigten Platz finde. Im Falle der Historik versucht die *Geschichtsphilosophie* dieses ‚metaphysische‘ Bedürfnis zu befriedigen, im Falle seiner ‚formalen‘ Soziologie dagegen die „philosophische Soziologie“ beziehungsweise die *Sozialphilosophie*.[60] Im Rahmen einer

---

57   Zur diesbezüglichen *Sprache der Augen* siehe auch Simmel, „Soziologie der Sinne“, in: *Soziologie*, S. 484 ff.

58   Vgl. *Über sociale Differenzierung*, S. 42 ff; *Philosophie des Geldes*, S. 480 ff. Zur Bedeutung des in Simmels Arbeiten zum Ausdruck kommenden ‚Pathos der Distanz‘ siehe auch Lichtblau, Das „Pathos der Distanz“, a.a.O.

59   Vgl. *Philosophie des Geldes*, S. 529 ff.; Lichtblau, Gesellschaftliche Rationalität und individuelle Freiheit, a.a.O., S. 54 ff. und 89 ff.

60   Vgl. *Die Probleme der Geschichtsphilosophie*, 1. Aufl. S. 71 ff.; *Die Probleme der Geschichtsphilosophie*, 2. Aufl. S. 112 ff.; *Philosophie des Geldes*, S. V-IX; *Soziologie*, S. 20 f.; *Grundfragen der Soziologie*, S. 29 ff.

solchen ‚metaphysischen' Betrachtungsweise versucht Simmel tatsächlich eine Antwort auf die Frage nach dem *Sinn* des Lebens und nach den ihm zugrunde liegenden ‚letzten' Werten zu geben. Eine solche Fragestellung ist Simmel zufolge deshalb gerechtfertigt, weil sich dem ‚wirklichkeitswissenschaftlichen' Zugriff notwendig der Blick auf das ‚Ganze' des Lebens entziehe, weil er das reale Geschehen in reine *Fragmente* zerlege. Simmel hat dabei im Unterschied zu Marx und dem ‚universalistischen' Standpunkt von Othmar Spann längst die Hoffnung aufgegeben, daß diese verloren gegangene Ganzheit des Lebens mit den Mitteln einer Einzelwissenschaft wieder hergestellt werden könne. Seine eigenen soziologischen Analysen sind denn auch bewußt „der Methode nach als Beispiele, dem Inhalte nach nur als Fragmente dessen gedacht, was ich für die Wissenschaft von der Gesellschaft halten muß"[61]. Sein Versuch einer Klärung des ‚Wertes' der Vergesellschaftung für die ‚Höherentwicklung' der Individuen und sein metaphysisches Bedürfnis nach der Erstellung eines ‚Gesamtbildes', in dem die heterogenen Ausdrucksgestalten des Lebens in einer symbolischen Weise zusammengefaßt werden, verdankt sich dabei jener tiefen „Unbefriedigung an dem fragmentarischen Charakter der Einzelerkenntnis", die ihn später konsequenterweise von der Soziologie entfremdet und zu einer intensiven Auseinandersetzung mit Grundproblemen der Metaphysik, Ästhetik sowie Religions- und Lebensphilosophie geführt hatte. Ihm daraus einen Vorwurf zu machen, ist deshalb inadäquat, weil Simmel von Anfang an immer genau angegeben hat, an welchem logischen Ort seine entsprechenden Arbeiten diesseits und jenseits der einzelwissenschaftlichen Forschung angesiedelt sind.

Eine herausragende Bedeutung für eine kulturphilosophische Interpretation der ‚Fragmente der Moderne' kommt dabei Simmels *Philosophie des Geldes* zu. Ihm bezüglich dieses Buches den Vorwurf zu machen, daß er nicht hinreichend genug zwischen ‚Tatsachenfeststellungen' und ‚Wertungen' unterscheiden würde, heißt Eulen nach Athen tragen, weil Simmel ja ganz unzweideutig sagt, daß es ihm dabei gerade darum gehe, dem „Urphänomen des Wertes" auf die Spur zu kommen. Deshalb war er zum einen um eine Klärung der Voraussetzungen bemüht ist, die das „Wesen des Geldes" sowie den „Sinn seines Daseins" bestimmen. Zum anderen ging es ihm in diesem bahnbrechenden Buch zugleich um eine Darstellung der Auswirkungen der Geldwirtschaft auf das Lebensgefühl der Individuen, die Verkettung ihrer Schicksale und auf die Entwicklung der allgemeinen Kultur.[62] Simmel hat dabei seine *Philosophie des Geldes* zugleich als ein *ästhetisches* Unternehmen verstanden und übrigens auch seinen Begriff der ‚Formen der Vergesellschaftung' in Analogie zum Formbegriff der klassischen idealistischen Ästhetik gebraucht.[63] Ähnlich wie das ‚selbstgenügsame' Kunstwerk erscheint ihm dabei die im Geld kristallisierte und symbolisierte Objektivität des ökonomischen

---

61   *Soziologie*, S. 14.

62   Vgl. *Philosophie des Geldes*, S. VI ff.; Frisby, Introduction to the Translation, a.a.O.; ferner Lichtblau, Gesellschaftliche Rationalität und individuelle Freiheit, a.a.O., S. 37 ff.

63   Vgl. Davis, Georg Simmel and the Aesthetics of Social Reality, a.a.O.; Sibylle Hübner-Funk, Ästhetizismus und Soziologie bei Georg Simmel, in: Ästhetik und Soziologie um die Jahrhundertwende, a.a.O., dies., Die ästhetische Konstituierung gesellschaftlicher Erkenntnis am Beispiel der „Philosophie des Geldes", in: Georg Simmel und die Moderne, S. 183-201; Henning Ritter, Diskussionsbeitrag zu Sibylle Hübner-Funk, Ästhetizismus und Soziologie bei Georg Simmel, in: Ästhetik und Soziologie um die Jahrhundertwende, a.a.O., S. 61-69; Hannes Böhringer, Die „Philosophie des Geldes" als ästhetische Theorie. Stichworte zur Aktualität Georg Simmels für die moderne bildende Kunst, in: Georg Simmel und die Moderne, a.a.O., S. 178-182; Laura Boella, Visibilité et surface. Le possible et l'inconnu dans le concept de forme de Georg Simmel, in: Social Science Information

Wertes als ein soziales Gebilde, das „die Bewegungen seines Werdens in sich konsumiert" hat und ihnen gegenüber „gleichgültig" geworden ist.[64] Und ähnlich wie die Kunst geht auch seine *Philosophie des Geldes* von einem zumindest in philosophischer Hinsicht scheinbar peripheren Gegenstand aus, um ihm dann „durch seine Erweiterung und Hinausführung zur Totalität und zum Allgemeinsten gerecht zu werden". Als *Indifferenz* schlechthin wird somit das Geld, insofern „seine ganze Zweckbedeutung nicht in ihm selbst, sondern nur in seiner Umsetzung in andere Werte liegt", zum adäquatesten *Symbol* einer Kultur, in der die Dinge und die Menschen ihre Eigenständigkeit verloren haben und ihren relativen Wert nun jeweils *gegenseitig* zu bestimmen versuchen.[65]

Max Weber hatte Simmels Werk mit einem Maßstab zu beurteilen versucht, welcher der Eigenart dieses Oeuvres schlechthin unangemessen ist. Eine andere Frage ist allerdings, ob Weber in seiner *eigenen* Forschungspraxis die von ihm vertretenen methodologischen Postulate stringent eingehalten hat. Zweifel an der ‚Wertfreiheit' seiner historischen Analysen kommen zum Beispiel auf, wenn er ein „heroisches Zeitalter" des modernen Kapitalismus konstruiert, um damit zugleich den „dekadenten" und „epigonalen" Charakter der zeitgenössischen Kultur zu unterstreichen.[66] Entsprechende Zweifel stellen sich auch ein, wenn er den okzidentalen Rationalisierungsprozeß im Vergleich zum „organisch vorgezeichneten Kreislauf des Lebens" als eine „immer vernichtendere Sinnlosigkeit" bezeichnet.[67] Berechtigte Zweifel sind überdies angebracht, ob Weber tatsächlich die von ihm postulierte Unterscheidung zwischen den ‚Idealtypen' und den ‚Realtypen' in seinen eigenen soziologischen Untersuchungen strikt durchgehalten hat und ob er diesbezüglich nicht eher einen Prozeß der Wertverwirklichung, d.h. eine Kristallisation der ursprünglich rein subjektiven Wertempfindungen zu objektiven ‚Sinnzusammenhängen' beziehungsweise objektiven Gebilden beschrieben hat.[68] Und Zweifel stellen sich schließlich bezüglich seines Postulats ein, daß in den historischen Kulturwissenschaften weder symbolträchtige Illustrationen noch entsprechende Analogiebildungen oder gar quasi-ästhetische Kategorien verwendet werden dürfen. Denn Weber hat ja selbst wiederholt einen bedeutungsträchtigen literarischen Topos herangezogen, um ein zentrales methodologisches Problem seiner Protestantismusstudien zu kennzeichnen: nämlich die Metapher der *Wahlverwandtschaften*. Goethe intendierte mit seinem gleichnamigen Roman dabei ein ‚chemisches' Gleichnis, das er der Figurenkonstellation zwischen Eduard, Ottilie, Charlotte und dem Hauptmann zugrunde gelegt hatte. Die Metapher der ‚Wahlverwandtschaft' steht in diesem Zusammenhang dabei für einen ‚naturgesetzlichen' Zwang beziehungsweise eine ‚magische' Anziehungskraft der Liebe, die das sittliche Fundament der bürgerlichen Institution der Ehe zu zerstören droht. Weber hatte Simmel dahingehend kritisiert, daß dieser seinen

---

25 (1986), S. 925-943; ferner David Frisby, The Aesthetics of Modern Life, in: ders., Simmel and Since. Essays on Georg Simmel's Social Theory, London / New York 1992, S. 135-151.

64   Vgl. *Brücke und Tür*, S. 73.

65   *Philosophie des Geldes*, S. VIII, 98 ff. und 584 f.

66   Vgl. Max Weber, Gesammelte Aufsätze zur Religionssoziologie, Band 1, a.a.O., S. 20 f., 55 f. und 203 f.; *Wissenschaftslehre*, S. 139.

67   Gesammelte Aufsätze zur Religionssoziologie, Band 1, S. 570 f.

68   Vgl. Karl Mannheim, Diskussionsbeitrag zu dem Vortrag von Werner Sombart über „Das Verstehen", a.a.O., S. 239 ff.; Jürgen Habermas, Theorie des kommunikativen Handelns, Frankfurt am Main 1981, Band 1, S. 262 ff.; Levine, Ambivalente Begegnungen, a.a.O., S. 333 ff.; Bevers, Dynamik der Formen bei Georg Simmel, a.a.O., S. 132 ff.

Arbeiten nicht nur einen „soziologisch amorphen" Begriff der Wechselwirkung zugrunde gelegt habe, sondern in seiner *Philosophie des Geldes* sowie in seinen soziologischen Schriften
auch von dem problematischen, weil ‚ästhetisch' belasteten Verfahren der Analogiebildung
Gebrauch gemacht habe. Jedoch hat Weber zur Kennzeichnung einer kausaltheoretisch nicht
lösbaren Aporie (Friedrich Schlegels ‚herrliches Zugleich') selbst wiederholt einen literarischen Topos gebraucht, der in der germanistischen Forschung seit Walter Benjamins bahnbre-
chender Untersuchung über Goethes Roman ‚Die Wahlverwandtschaften' als eine *mythische
Denkform* dechiffriert worden ist.[69] Ist es etwa ein Zufall, daß sich dieses ‚mythische Schat-
tenspiel', auf das Weber im Rahmen seiner kulturgeschichtlichen Untersuchungen der universalgeschichtliche Eigenart des asketischen Protestantismus sowie der damit einhergehenden
Entstehung der modernen kapitalistischen Berufsethik hingewiesen hatte, darüber hinaus auch
noch am *Modellfall einer zerbrechenden Ehe* orientiert ist? Kein Geringerer als der Weber-
Schüler Talcott Parsons hat dieses in zumindest psychoanalytischer Hinsicht höchst brisan-
te Problem in der Form elegant ‚gelöst' beziehungsweise umgangen, indem er die Metapher
der ‚Wahlverwandtschaften' mit dem Wort *correlations* anstelle des adäquateren Ausdrucks
elective affinities übersetzt und damit einen Terminus bevorzugt hat, der sich in auffallender
Weise sehr viel stärker an Simmels Sprachgebrauch als dem von Max Weber orientiert.[70] Ist
dies vielleicht ein symptomatischer Ausdruck für Parsons' *eigenem* ‚Discours de l'Autre'?[71]

---

69   Vgl. Walter Benjamin, Goethes Wahlverwandtschaften, in: ders., Gesammelte Schriften. Werkausgabe, Band 1,
     Frankfurt am Main 1980, S. 123 ff.; Bernhard Buschendorf, Goethes mythische Denkform. Zur Ikonographie
     der „Wahlverwandtschaften", Frankfurt am Main 1986; Jeremy Adler, „Eine fast magische Anziehungskraft".
     Goethes ‚Wahlverwandtschaften' und die Chemie seiner Zeit, München 1987.

70   Vgl. Max Weber, The Protestant Ethic and the Spirit of Capitalism. Translated by Talcott Parsons. Introduction
     by Anthony Giddens, London 1976, S. 90.

71   Parsons hatte in seinem bahnbrechenden Buch *The Structure of Social Action* von 1937 ursprünglich einige
     Ausführungen zu Georg Simmels formaler Soziologie mit aufnehmen wollen, es aber aus verschiedenen
     Gründen dann doch unterlassen. Dieses Simmel-Kapitel wurde in seinem Nachlaß aufbewahrt und ist posthum
     veröffentlicht worden. Vgl. Talcott Parsons, Georg Simmel and Ferdinand Tönnies: Social Relationships and
     the Elements of Action [1936], in: Simmel Newsletter, Jahrgang 4 (1994), Heft 1, S. 63-78. Vgl. auch ders.,
     Simmel and the Methodological Problems of Formal Sociology [ca. 1939], in: American Sociologist 9 (1998),
     Nr. 2. Siehe ferner Jeffrey Alexander, "Formal Sociology" is not Multidimensional: Breaking the "Code"
     in Parsons' Fragment on Simmel, in: Teoria Sociologica, Jg. 1 (1993), Nr. 1, S. 101-114 sowie Peter-Ulrich
     Merz-Benz, „Form" und „Verbindung" als Grundbegriffe theoretischer Handlungserklärung. Kommentar zu
     Talcott Parsons' Manuskript „Georg Simmel and Ferdinand Tönnies: Social Relationships and the Elements
     of Action", in: Simmel Newsletter 5 (1995), Heft 2, S. 121-135.

III

Von der ‚Sozialökonomik‘
zur ‚Verstehenden Soziologie‘

1. Max Webers Verständnis von ‚Sozialökonomik'. Werkgeschichtliche Betrachtungen zum Ursprung seiner Verstehenden Soziologie

Einleitung

Das Verhältnis zwischen den Wirtschaftswissenschaften und der Soziologie war nicht immer so distanziert, wie dies heute weltweit der Fall ist, sondern im Gegenteil. Denn im deutschsprachigen Raum hatte zum Beispiel die Historische Schule der Nationalökonomie gegen Ende des 19. Jahrhunderts sowohl innerhalb als auch außerhalb der deutschen Universitäten die Durchführung von sozialwissenschaftlichen Studien in einem Ausmaß gefördert, das auch die Entwicklung der Soziologie im Zweiten Deutschen Kaiserreich erheblich begünstigt hatte.[1] Waren die Nationalökonomie und die Soziologie zu dieser Zeit noch eng miteinander verbunden, so hat der Siegeszug der abstrakt-mathematischen Form der wirtschaftswissenschaftlichen Theoriebildung im Laufe des 20. Jahrhunderts zu einer nicht mehr zu übersehenden Auseinanderentwicklung dieser beiden akademischen Disziplinen geführt. Zwar vertraten auch um die Mitte des 20. Jahrhunderts noch einige Autoren wie Hans Albert und Jürgen von Kempski die Auffassung, daß sowohl die modernen Wirtschaftswissenschaften als auch die Soziologie immer noch untrennbare Bestandteile der Sozialwissenschaften seien und daß deshalb diese Gemeinsamkeiten nicht vorschnell aufgegeben werden sollten.[2] Jedoch war dies nur noch ein Schwanengesang, der die zunehmende Verselbständigung der Wirtschaftswissenschaften und der Soziologie nicht mehr aufzuhalten vermochte. Erst in den letzten Jahren sind in Gestalt der ‚Neuen Institutionenökonomik' sowie der ‚Neuen Wirtschaftssoziologie' in beiden Disziplinen Gegenströmungen festzustellen, die vielleicht dafür sorgen werden, daß in dieser Angelegenheit doch noch nicht das letzte Wort gesprochen ist.[3]

Es ist insofern kein Zufall, daß von namhaften Vertretern der ‚neuen' Wirtschaftssoziologie wie Richard Swedberg und Mark Granovetter dabei immer wieder das Werk von Max Weber als nachahmenswertes Beispiel in Erinnerung gerufen wird. Stelle es doch den besten Beweis dafür dar, daß die Analyse des Wechselverhältnisses von ‚Wirtschaft' und ‚Gesell-

---

1   Vgl. Dieter Lindenlaub, Richtungskämpfe im Verein für Sozialpolitik 1890-1914, Wiesbaden 1967; ferner Ulla G. Schäfer, Historische Nationalökonomie und Sozialstatistik als Gesellschaftswissenschaften. Forschungen zur Vorgeschichte der theoretischen Soziologie und der empirischen Sozialforschung in Deutschland in der zweiten Hälfte des 19. Jahrhunderts, Köln / Wien 1971

2   Hans Albert, Nationalökonomie als Soziologie. Zur sozialwissenschaftlichen Integrationsproblematik (1960), in: ders., Marktsoziologie und Entscheidungslogik. Ökonomische Probleme in soziologischer Perspektive, Neuwied / Berlin 1967, S. 470-509; Jürgen von Kempski, Über die Einheit der Sozialwissenschaft (1956), in: ders., Schriften 2: Recht und Politik. Studien zur Einheit der Sozialwissenschaft, Frankfurt am Main 1992, S. 458-474.

3   Vgl. Richard Swedberg, Economics and Sociology. Redefining their Boundaries. Conversations with Economists and Sociologists, Princeton 1990; siehe ferner die einzelnen Beiträge in Michael Schmid / Andrea Maurer (Hrsg.), Ökonomischer und soziologischer Institutionalismus. Interdisziplinäre Beiträge und Perspektiven der Institutionentheorie und -analyse, Marburg 2003.

schaft‘ im Rahmen eines theoretischen Bezugsrahmens vorgenommen werden könne, in dem ökonomische und soziologische Überlegungen untrennbar miteinander verbunden sind. So weit, so gut. Swedberg geht dabei jedoch von der Annahme aus, daß nicht nur das entsprechende wirtschaftssoziologische Kapitel in Webers Hauptwerk *Wirtschaft und Gesellschaft*, sondern sein *gesamtes* Werk als wirtschaftssoziologischer Beitrag verstanden werden müsse.[4] Diese Annahme ist ebenso problematisch wie der Versuch von Wilhelm Hennis, Max Webers Werk primär als Beitrag zu einer „Wissenschaft vom Menschen" zu interpretieren, die noch in der aristotelischen Tradition der praktischen Philosophie steht. Folgerichtig möchte Hennis ihn nicht nur als soziologischen Klassiker, sondern primär als Klassiker der *Politikwissenschaft* verstanden wissen.[5]

Offensichtlich ist also die disziplinäre Zugehörigkeit von Max Webers Werk bis heute umstritten. Ein kurzer Blick auf seinen akademischen Lebenslauf hilft bei der Klärung dieser Angelegenheit allerdings auch nicht viel weiter. Weber besaß das zweite juristische Staatsexamen und hatte sich an der Berliner Universität mit einer rechtshistorischen Arbeit über die *Geschichte der Handelsgesellschaften im Mittelalter* promoviert. Auch seine Habilitationsschrift über die *Römische Agrargeschichte* steht noch in dieser rechtshistorischen Tradition, obgleich Weber immerhin darauf hingewiesen hatte, daß er mit dieser Arbeit zu einem ‚Drittel‘ Nationalökonom geworden sei. Im Rahmen seiner Habilitation wurde ihm die Venia legendi für Handelsrecht sowie Römisches Staat- und Privatrecht verliehen. Alle Professuren, auf die er berufen wurde, waren nationalökonomische Lehrstühle. Er nahm also zu Lebzeiten nie eine soziologische Professur wahr, auch wenn er anläßlich seiner Berufung nach München damit kokettiert hatte, daß er nun endlich zum ‚Soziologen‘ geworden sei, weil ihm im Rahmen dieser Professur zugleich die Wahrnehmung eines soziologischen Lehrauftrages zugebilligt worden ist, den er im Rahmen seiner diesbezüglichen Berufungsverhandlungen gefordert hatte.

War Max Weber also primär ein Ökonom? Nun, zumindest gehörte er der jüngeren Generation der Historischen Schule der deutschen Nationalökonomie an und war lange Zeit im *Verein für Sozialpolitik* tätig, bevor er mit Georg Simmel, Ferdinand Tönnies und anderen Kollegen 1909 die *Deutsche Gesellschaft für Soziologie* gründete, von der er sich allerdings bald wieder getrennt hatte. Seine Rolle als Mitherausgeber der einflußreichen Fachzeitschrift *Archiv für Sozialwissenschaften und Sozialpolitik* sowie seine Tätigkeit als ‚Schriftleiter‘ des seit 1914 in vielen Teilbanden erschienenen *Grundriß der Sozialökonomik* belegen eindrucksvoll, wie vernetzt und allgemein anerkannt er auch in den nationalökonomischen Kreisen seiner Zeit war. Dennoch tauchten bereits kurz nach seinem Tod die ersten Fragezeichen auf, ob er tatsächlich als ‚Ökonom‘ einzustufen sei. Othmar Spann vertrat zum Beispiel diesbezüglich den Standpunkt, daß Weber kein ‚Theoretiker‘, sondern ein ‚Historiker‘ war.[6] Dies deckt

4   Vgl. Max Weber, Soziologische Grundkategorien des Wirtschaftens, in: ders., Wirtschaft und Gesellschaft. Grundriß der verstehenden Soziologie, 5. Aufl. Tübingen 1972, S. 31-121. Siehe ferner Richard Swedberg, Max Weber and the Idea of Economic Sociology, Princeton 1998; ders., Max Weber's Economic Sociology. The Centerpiece of *Economy and Society*? In: Charles Camic / Philip S. Gorski / David M. Trubek (Hrsg.), Max Weber's *Economy and Society*. A Critical Companion, Stanford 2005, S. 127-142.

5   Wilhelm Hennis, Max Webers Fragestellung. Studien zur Biographie des Werks, Tübingen 1987, besonders S. 3 ff. und 117 ff.; vgl. ferner ders., Max Webers Wissenschaft vom Menschen. Neue Studien zur Biographie seines Werks, Tübingen 1996.

6   Othmar Spann, Bemerkungen zu Max Webers Soziologie, in: Zeitschrift für Volkswirtschaft und Sozialpolitik 3 (1923), S. 761-770.

sich mit der später von Joseph Schumpeter vertretenen Ansicht, daß ihm zwar die abstrakt-mathematische Wirtschaftstheorie fremd geblieben ist, daß er dafür aber ein ausgezeichneter Wirtschaftshistoriker und Soziologe gewesen sei.[7] Ludwig von Mises vertrat in seinem 1929 erschienenen „Epilog zum Methodenstreit in der Nationalökonomie" demgegenüber den Standpunkt, daß Weber weder Nationalökonom noch Soziologe, sondern ein „Historiker und Logiker der Geschichtswissenschaft" gewesen sei.[8] Haben sich hier vielleicht namhafte Vertreter der ‚Österreichischen Schule‘ der Nationalökonomie nachträglich dafür gerächt, daß Weber 1918 den an ihn ergangenen Ruf auf einen wirtschaftswissenschaftlichen Lehrstuhl der Wiener Universität abgelehnt hatte, obwohl er anfänglich eine entsprechende Rufannahme ernsthaft in Erwägung zog und im Sommer 1918 auch ein Semester lang an der Universität Wien ‚probeweise‘ gelehrt hatte?[9]

So einfach sollte man es sich natürlich nicht machen. Fest steht auf jeden Fall, daß Weber die abstrakte Wirtschaftstheorie immer fremd geblieben ist, was er kurz vor seinem Tod auch freimütig eingestand. Er wies in diesem Zusammenhang ausdrücklich darauf hin, daß sein eigentliches Erkenntnisinteresse darin bestand, eine historische und kulturvergleichende Antwort auf die Frage zu geben, warum nur im Okzident ein „rationaler Rentabilitäts-Kapitalismus" entstanden sei. Und er fügte dem hinzu: „Daß Soziologie und Wirtschaftsgeschichte Theorie *nie* ersetzen, ist eine meiner Grundüberzeugungen."[10] Offensichtlich hatte Weber zu diesem Zeitpunkt das Auseinanderdriften von Wirtschaftstheorie, Wirtschaftsgeschichte und Soziologie mit einem resignativen Unterton bereits akzeptiert und die ihm zugewiesene Rolle als anerkannter Wirtschaftshistoriker angenommen. Doch bleibt damit auch der ‚Soziologe‘ Max Weber endgültig im wissenschaftsgeschichtlichen Abseits? Immerhin hatte ihm kein Geringerer als Luwig von Mises vorgeworfen, daß für Weber sozialwissenschaftliche Forschung „nur als besonders qualifizierte Art historischer Forschung logisch denkbar" gewesen sei.[11] Allerdings sprach er ihm immerhin das Verdienst zu, daß er mit seinen methodologischen Arbeiten über die „logischen Probleme der Geschichtswissenschaft" das Bewußtsein für jene wissenschaftstheoretischen Kriterien geschärft habe, die auch für die moderne Soziologie maßgeblich seien.[12]

Um etwas mehr Licht in diese verworrene Angelegenheit zu bringen, soll im Folgenden zunächst auf jenes Verständnis von ‚Sozialökonomik‘ eingegangen werden, das ursprünglich

---

7   Alois Schumpeter, Geschichte der ökonomischen Analyse (= Grundriß der Sozialwissenschaft, Band 6). Zwei Bände, Göttingen 1965, S. 1000.

8   Ludwig Mises, Soziologie und Geschichte. Epilog zum Methodenstreit, in: Archiv für Sozialwissenschaft und Sozialpolitik 61 (1929), S. 465-512 (hier S. 471).

9   Vgl. hierzu die von Wilhelm Hennis betreute und am 8. Februar 1991 verteidigte Freiburger Dissertation *Max Weber in Wien* von Franz-Joseph Ehrle. Im Rahmen seines Wiener Lehrauftrages hielt Weber unter dem Titel „Wirtschaft und Gesellschaft (Positive Kritik der materialistischen Geschichtsauffassung" eine zweistündige Vorlesung, die einen enormen Zulauf hatte und die ihm den Eindruck vermittelte, daß er zumindest wieder partiell zur Lehre fähig sei. Insofern kann man sein Wiener Engagement auch als ‚Generalprobe‘ für die bevorstehende Übernahme der Brentano-Nachfolge an der Universität München verstehen, die ihm trotz seines fragilen Gesundheitszustandes ebenfalls die Durchführung entsprechender Vorlesungen abverlangte.

10   Max Weber, Brief an Robert Liefmann vom 12. Dezember 1919, zitiert bei Heino Heinrich Nau, Eine „Wissenschaft vom Menschen". Max Weber und die Begründung der Sozialökonomik in der deutschsprachigen Ökonomie 1871 bis 1914, Berlin 1997, S. 217 f.

11   Mises, a.a.O. S. 473.

12   Ebd., S. 471.

Webers historisch-empirischen Arbeiten zugrunde lag. Anschließend wird zu klären sein, in welchem Verhältnis seine diesbezügliche ‚Sozialökonomik‘ eigentlich zu der von ihm später vertretenen Richtung der ‚verstehenden Soziologie‘ steht. Dabei muß allerdings berücksichtigt werden, daß sich Webers diesbezügliche Auffassungen im Laufe der Zeit radikal verändert haben. Dies betrifft nicht nur seine Ansichten bezüglich des Verhältnisses zwischen *Geschichtswissenschaft* und *Soziologie*, sondern auch bezüglich des Verhältnisses von *Ökonomie* und *Soziologie*. Zur Lösung dieser Probleme ist offensichtlich eine strikt *werkgeschichtliche* Vorgehensweise erforderlich. Denn nur, wenn wir Webers diesbezüglichen Auffassungswandel berücksichtigen, läßt sich klären, welche Rolle er in diesem Zusammenhang seiner *Verstehenden Soziologie* zugesprochen hatte.

Max Webers Verständnis von ‚Sozialökonomik‘

Der sich um 1900 innerhalb der Historischen Schule der Nationalökonomie zunehmender Beliebtheit erfreuende Begriff *Sozialökonomik* stellt eine deutsche Übersetzung des Ausdrucks ‚économie sociale‘ dar, der von dem französischen Ökonom Jean Baptiste Say bereits Anfang des 19. Jahrhunderts verwendet worden ist. Der Bonner Wirtschaftswissenschaftler Heinrich Dietzel hatte diesen Begriff Ende des 19. Jahrhunderts als Ersatz für die von ihm ursprünglich bevorzugte Bezeichnung ‚Socialwirthschaftslehre‘ im deutschen Sprachraum eingeführt und populär gemacht.[13] In der Folgezeit wurde dieser Begriff zum Synonym für einen interdisziplinären Forschungsansatz, der primär historisch ausgerichtet war und in dem wirtschafts- und sozialwissenschaftliche Fragestellungen noch eng miteinander verbunden sowie schwerpunktmäßig auf die Lösung sozialpolitischer Probleme bezogen waren. Nicht zufällig steht diese ‚Sozialökonomik‘ in der Tradition der ‚Politischen Ökonomie‘. Denn in ihr war ebenfalls noch jene *Einheit der Sozialwissenschaften* gewährleistet, deren Existenz fünfzig Jahre später offensichtlich nicht mehr als selbstverständlich galt.[14]

Max Weber hatte sich den Begriff ‚Sozialökonomik‘ zu eigen gemacht, als er in seinem berühmten ‚Objektivitätsaufsatz‘ von 1904 sein eigenes Forschungsprogramm folgendermaßen umschrieb: Es gehe dabei nämlich zum einen darum, jene Phänomene zu isolieren, die man als *wirtschaftliche* Vorgänge und Institutionen im engeren Sinn bezeichnen kann. Zum anderen sollen dabei aber auch sowohl die *ökonomisch relevanten* als auch die *ökonomisch bedingten* Erscheinungen in die Untersuchung mit einbezogen werden. Ökonomisch ‚relevant‘ können z.B. auch Vorgänge sein, die scheinbar im diametralen Gegensatz zur wirtschaftlichen Sphäre stehen. So hat Weber in seinen religionssoziologischen Untersuchungen eindrucksvoll nachgewiesen, welche enorme Bedeutung den *religiösen* Traditionen im Hinblick auf die Entstehung einer ‚rationalen‘ Wirtschaftsethik zukommt. Ökonomisch ‚bedingt‘ können neben einer Vielzahl von Erscheinungsformen des praktischen Lebens zum Beispiel aber auch be-

---

13 Heinrich Dietzel, Der Ausgangspunkt der Socialwirthschaftslehre und ihr Grundbegriff, in: Zeitschrift für die gesammte Staatswissenschaft 39 (1883), S. 1-80; ders., Theoretische Sozialökonomik. Erster Band, Leipzig 1895, S. 54 ff.; vgl. Nau, a.a.O., 199 f.

14 Vgl. Klaus Lichtblau, Artikel „Ökonomie, politische", in: Historisches Wörterbuch der Philosophie, Band 6 (1984), Spalte 1163-1173.

stimmte religiöse Vorstellungskreise und die allgemein vorherrschende „Richtung des künstlerischen Geschmacks" einer Zeit sein.[15]

Max Weber hatte in diesem Zusammenhang ausdrücklich betont, daß sein eigenes Verständnis von ‚Sozialökonomik' sowohl in der Tradition der Marxschen Theorie als auch der
älteren Richtung der Historischen Schule der Nationalökonomie steht, die mit den Namen von
Wilhelm Roscher und Karl Knies verbunden ist, dessen Nachfolge er 1897 in Heidelberg an-
trat. Daß sich Weber zu diesem Zeitpunkt noch als Ökonom, nicht aber als ‚Soziologe' verstanden hatte, wird an seiner Ablehnung deutlich, den Streit zwischen der historischen und
der theoretischen Richtung der Nationalökonomie zugunsten der Ausarbeitung einer „allgemeinen Sozialwissenschaft" zu überwinden. Denn der Begriff des ‚Sozialen' erschien ihm in
inhaltlicher Hinsicht viel zu unbestimmt, um daraus die Existenzberechtigung einer eigenständigen Sozialwissenschaft beziehungsweise ‚Gesellschaftstheorie' abzuleiten. Der Gesichtspunkt des Sozialen könne vielmehr nur in Verbindung mit irgend einem „speziellen
inhaltlichen Prädikat" wie dem der ‚Sozialökonomik' zu neuen wissenschaftlichen Problemstellungen führen. Und von Marx grenzte er sich dahin gehend ab, daß es ihm nicht um die
Entwicklung einer „materialistischen Geschichtsauffassung" ginge, sondern um eine „ökonomische Geschichts*interpretation*", die sich in Bezug auf die jeweiligen *empirischen* Daten
zu bewähren habe. Das Prinzip der kausalen Erklärung dürfe deshalb nicht auf die Bedingtheit des kulturellen Lebens durch materielle Interessen eingeschränkt werden, sondern müsse
auch auf die Bedingtheit des wirtschaftlichen Geschehens durch kulturelle und ideelle Rahmenbedingungen angewendet werden.[16] Weber zog daraus die Schlußfolgerung, daß die von
ihm vertretene Richtung der Sozialökonomik einen konstitutiven Bestandteil der *historischen
Kulturwissenschaften* darstellt. Und ihre primäre Aufgabe bestand ihm zufolge darin, die *allgemeine* Kulturbedeutung bestimmter wirtschaftlicher und gesellschaftlicher Entwicklungen
wie zum Beispiel die Entstehung des modernen Kapitalismus verständlich zu machen. Nicht
zufällig hatte Weber seine 1904-1905 erschienenen berühmten Studien über die ‚protestantische Ethik' und den ‚Geist' des modernen Kapitalismus als einen *kulturgeschichtlichen* Beitrag zur Kapitalismus-Debatte seiner Zeit verstanden. Eine ‚allgemeine Sozialwissenschaft'
war ihm dabei genauso ein Dorn im Auge wie eine ‚allgemeine Kulturwissenschaft'. Und
den Begriff ‚Soziologie' sucht man in den hier zur Diskussion stehenden Texten vergeblich!

Max Weber hatte auch in der Folgezeit diesen Begriff äußerst spärlich gebraucht. Und
wenn er dies tat, so war dies meist in einem pejorativen Sinn gemeint. Dies änderte sich erst,
als er die Schriftleitung des *Grundriß der Sozialökonomik* übernahm und 1910 damit begann,
seinen eigenen Beitrag zu diesem Handbuch auszuarbeiten, der später unter dem Titel *Wirtschaft
und Gesellschaft* weltberühmt geworden ist. Denn nun fing Weber damit an, die „*soziologische*
Betrachtungsweise" für seine eigenen Arbeiten in Anspruch zu nehmen. Ferner unterschied er
jetzt nicht nur strikt zwischen der „Rechtsordnung" und der „Wirtschaftsordnung" einer Gesellschaft, sondern auch zwischen der *juristischen* und der *soziologischen* Betrachtungsweise des Rechts.[17] Der Begriff ‚Rechtsordnung' beziehungsweise ‚Rechtsgeltung' bezeichnet

---

15   Max Weber, Die „Objektivität" sozialwissenschaftlicher und sozialpolitischer Erkenntnis (1904), in: ders.,
      Gesammelte Aufsätze zur Wissenschaftslehre, 6. Aufl. Tübingen 1985, S. 162 f.

16   Ebd., S. 165 ff.

17   Eine zentrale Rolle spielt dabei Webers Auseinandersetzung mit dem österreichischen Rechts- und Sozialphi-
      losophen Rudolf Stammler, in der Weber ein nicht mehr rein *normatives*, sondern ein genuin *soziologisches*

nämlich gemäß der Römischen Rechtsauffassung ein dogmatisches System von ‚Rechtssätzen‘ in Gestalt von *normativen* Aussagen, die in einem kohärenten und widerspruchsfreien Zusammenhang zueinander stehen und deren Sinn sich subsumtionslogisch erschließen läßt. In dem von Weber vorgeschlagenen *soziologischen* Sprachgebrauch bezeichnet die ‚Geltung‘ eines Rechtssatzes dagegen die statistische Wahrscheinlichkeit, daß es unter bestimmten angebaren Bedingungen eine hinreichende Anzahl von Menschen gibt, die ihr Handeln an einer ihnen vorgegebenen Rechtsordnung orientieren und für ihr Handeln als subjektiv verbindlich ansehen. Im ersten Fall kommt dem Begriff der ‚Rechtsordnung‘ ein rein *normativer* Sinn zu, im zweiten Fall dagegen ausschließlich eine *empirische* Bedeutung im Rahmen der kausalen Erklärung der *faktischen* Bestimmungsgründe des menschlichen Handelns.[18]

Weber hatte die juristische Betrachtungsweise aber nicht nur von der *soziologischen*, sondern auch von der *sozialökonomischen* Betrachtungsweise abgegrenzt. Das heißt er fing an, die *Sozialökonomik* von der *Soziologie* zu unterscheiden. Dies hatte zur Konsequenz, daß er seinen eigenen Grundrißbeitrag in der Folgezeit zunehmend als einen primär *soziologischen* Beitrag zur Analyse des wirtschaftlichen Geschehens sowie seiner gesellschaftlichen und kulturellen Rahmenbedingen verstand. Dies wird zum Beispiel daran deutlich, wenn er sagt, daß die Sozialökonomik nur dasjenige Handeln der Menschen zum Gegenstand habe, das durch seine Orientierung an den „wirtschaftlichen Sachverhalten“ gekennzeichnet sei.[19] Das bedeutet nichts anderes als daß die Sozialökonomik nur einen *Sonderfall* innerhalb von prinzipiell verschiedenen Möglichkeiten der Handlungsorientierung behandelt. *Welche* sinnhaften Handlungsorientierungen es sonst noch gibt, hat Weber an dieser Stelle allerdings noch offen gelassen.

Weber grenzte zu dieser Zeit die Sozialökonomik aber auch noch in einer anderen Hinsicht von einer genuin soziologischen Betrachtungsweise ab. In seinem Fragment über die *Marktgemeinschaft* wies er nämlich darauf hin, daß „die Erörterung der Marktvorgänge den wesentlichen Inhalt der *Sozialökonomik* bildet“ und daß dies deshalb nicht sein primäres Anliegen sei.[20] Aufgabe einer *soziologischen* Betrachtungsweise sei es vielmehr, die ethisch-religiösen Voraussetzungen sowie die *vergemeinschaftenden* und *vergesellschaftenden* Auswirkungen der Marktwirtschaft zu untersuchen. Typische Schranken für die historische Entwicklung einer entsprechenden „Marktethik“ stellen dabei zum einen die sakralen Tabuisierungen vormoderner Gesellschaften dar und zum anderen jene „ständisch“ bedingten Monopolbildungen, wie sie insbesondere im ausgehenden europäischen Mittelalter anzutreffen seien.[21]

Weber sprach in seinen Vorkriegsmanuskripten der soziologischen Betrachtungsweise dabei zwei unterschiedliche Aufgaben zu. Zum einen hat sie die empirischen Bedingungen für die Geltung einer ‚Ordnung‘ zu klären. Weber hatte als Beispiel für die ‚Geltung‘ einer Ordnung allerdings bereits damals immer nur die *Rechtsordnung*, nicht aber die *Wirtschaftsordnung* im Auge. Denn Marktvorgänge stellen offensichtlich eine andere Art von ‚Ordnung‘ dar als jene *legitimen Ordnungen*, die Max Weber im Rahmen seiner Rechts- und Herrschaftssoziologie

---

Rechtsverständnis entwickelt hatte. Vgl. ders., Gesammelte Aufsätze zur Wissenschaftslehre, a.a.O., S. 291 ff.

18   Vgl. *Wirtschaft und Gesellschaft*, S. 181; ferner *Wissenschaftslehre*, S. 291 ff.
19   *Wirtschaft und Gesellschaft*, S. 181.
20   Ebd., S. 382.
21   Ebd., S. 384.

analysiert hatte.[22] Und zum anderen hat es die soziologische Betrachtungsweise mit höchst unterschiedlichen sozialen Gebilden zu tun, die das Resultat von Vergemeinschaftungs- und Vergesellschaftungsprozessen darstellen. Deshalb nahm Weber im älteren Teil von *Wirtschaft und Gesellschaft* eine ausführliche Beschreibung von verschiedenen Gemeinschaftsformen wie der Hausgemeinschaft, der ‚ethnischen Vergemeinschaftung', der politischen Gemeinschaft und der Marktgemeinschaft vor, zu der später auch noch die religiöse Gemeinschaft und die Rechtsgemeinschaft hinzutraten. Und was betrachtete er zu diesem Zeitpunkt als Kern seines unter dem Titel *Wirtschaft und Gesellschaft* angekündigten Beitrages zum *Grundriß der Sozialökonomik*? Es ist ihm zufolge nicht die Beziehung der Wirtschaft zu den einzelnen „Kulturinhalten" wie der Kunst, Wissenschaft und Literatur, die hier von primärem Interesse sei, sondern die Beziehung der ‚Wirtschaft' zur ‚Gesellschaft', die für ihn zum damaligen Zeitpunkt noch mit den „allgemeinen Struktur*formen* menschlicher Gemeinschaften" identisch war.[23]

Diese an Georg Simmels ‚formale Soziologie' erinnernde Form/Inhalt-Unterscheidung hat Weber später nicht weiter verfolgt. Statt dessen erscheint 1913 in der kulturphilosophischen Zeitschrift *Logos* sein berühmter Aufsatz „Über einige Kategorien der verstehenden Soziologie", in dem er sich zum ersten Mal als maßgeblicher Repräsentant einer sehr spezifischen soziologischen Richtung zu erkennen gibt.[24] Doch wo kommt dieser nun in den Mittelpunkt seiner ‚Soziologie' tretende Verstehensbegriff eigentlich her? Im *Objektivitätsaufsatz* von 1904 spielt er offensichtlich noch keine Rolle. Auch der von Max Weber für seine idealtypische Form der Begriffsbildung maßgeblich in Anspruch genommene ‚Logiker' Heinrich Rickert hatte sich erst in der dritten und vierten Auflage von dessen philosophischem Hauptwerk *Die Grenzen der naturwissenschaftlichen Begriffsbildung* eingehend mit der Problematik des ‚Verstehens' auseinandergesetzt. In den ersten beiden Auflagen dieses Werks, die Weber gekannt hatte, kommt der Verstehensbegriff jedenfalls noch nicht vor.[25] Er ist übrigens auch kein Resultat der Vorkriegsfassung von Webers Beitrag zum *Grundriß der Sozialökonomik*, sondern stammt offensichtlich aus völlig anderen Quellen.

Meine diesbezügliche These ist, daß Max Weber die Grundlagen seiner verstehenden Soziologie nicht in seinen historisch-empirischen Arbeiten entwickelt hat, sondern in seinen *methodologischen* Schriften, die im Zeitraum von 1903 bis 1920 entstanden sind. In ihnen hat er zum einen bereits seine Lehre des Idealtypus und der kausalen Handlungserklärung sowie die Grundzüge einer nicht normativ, sondern empirisch verfahrenden Soziologie dargestellt. Und zum anderen sind von ihm in diesen Schriften eine Typologie der prinzipiell möglichen Hand-

---

22 Dies ist übrigens auch der Grund, warum Weber in seinem *Kategorienaufsatz* von 1913 einen speziellen Fall der Vergemeinschaftung, nämlich die „Einverständnisgemeinschaft" und das ihr zugrunde liegende „Einverständnishandeln" einführte, den er von den rationalen „anstaltsmäßigen Vergesellschaftungen" unterschieden hatte. In den *Soziologischen Grundbegriffen* von 1920 hat er den Begriff des „Einverständnisses" und die mit ihm verbundenen Wortbildungen dagegen nicht mehr verwendet. Allerdings hatte er auch hier die durch die Orientierung an Marktchancen resultierenden Regelmäßigkeiten des Handelns ebenfalls von den „legitimen Ordnungen" unterschieden. Vgl. Klaus Lichtblau, „Vergemeinschaftung" und „Vergesellschaftung" bei Max Weber. Eine Rekonstruktion seines Sprachgebrauchs, in: Zeitschrift für Soziologie 29 (2000), S. 423-443 (in diesem Band S. 261 ff.).

23 *Wirtschaft und Gesellschaft*, S. 212.

24 Max Weber, Über einige Kategorien der verstehenden Soziologie, in: *Wissenschaftslehre*, S. 427-474.

25 Vgl. Heinrich Rickert, Die Grenzen der naturwissenschaftlichen Begriffsbildung. Eine logische Einleitung in die historischen Wissenschaften. Dritte und vierte verbesserte und ergänzte Auflage, Tübingen 1921, S. 404 ff. Rickert hatte diese Auflage übrigens dem Andenken Max Webers gewidmet.

lungsorientierungen sowie der ihnen jeweils entsprechenden Formen der Handlungskoordination ausgearbeitet worden. Seine ‚soziologischen Kategorien‘ von 1913 und seine ‚Grundbegriffe‘ von 1920 hat er insofern nicht im Rahmen seiner materialen Analysen entwickelt, sondern – wie wir inzwischen wissen – in bestimmte Passagen von *Wirtschaft und Gesellschaft* erst nachträglich eingearbeitet.[26]

Max Webers ‚Verstehende Soziologie‘

Max Webers *Verstehende Soziologie* ist also primär das Produkt seiner langjährigen methodologischen Selbstvergewisserungen. Es war ihm allerdings aufgrund seines unerwartet frühen Todes im Juni 1920 nicht mehr vergönnt, sein geplantes Hauptwerk *Wirtschaft und Gesellschaft* gemäß diesen mühsam gewonnenen neuen methodologischen Postulaten vollständig umzuarbeiten. Am ehesten ist ihm dies noch in der Neufassung seiner Herrschaftssoziologie sowie in seiner sogenannten ‚Wirtschaftssoziologie‘ geglückt. Letztere ist im zweiten Kapitel seines posthum erschienenen Hauptwerkes *Wirtschaft und Gesellschaft* unter dem Titel „Soziologische Grundkategorien des Wirtschaftens“ nachlesbar.[27] Dies darf allerdings nicht darüber hinwegtäuschen, daß dieses Kapitel vermutlich das Resultat einer viel älteren werkgeschichtlichen Phase von *Wirtschaft und Gesellschaft* darstellt, die noch unter völlig anderen Vorzeichen stand.[28]

Dies ist auch der entscheidende Grund dafür, warum wir auch heute noch so große Schwierigkeiten mit der fachlichen Zuordnung von Webers Werk haben. Offensichtlich ist nämlich das mit seinem Namen verbundene Rätsel immer noch nicht gelöst! War er überhaupt ein *Wirtschaftswissenschaftler* im Sinne der abstrakten Wirtschaftstheorie der Österreichischen Schule der Nationalökonomie? Oder war er primär ein *Soziologe*? Oder war er vielleicht ja tatsächlich nur ein *Historiker* und Theoretiker der *geschichtswissenschaftlichen Logik* der Begriffsbildung und Kausalerklärung, wie dies Ludwig von Mises angenommen hatte? Nun, Ökonom im Sinne der Österreichischen Schule war Weber natürlich nicht. Er sah allerdings im Unterschied zu Ludwig von Mises keinen grundlegenden Widerspruch zwischen den methodologischen Postulaten der abstrakten *Wirtschaftstheorie*, die er allerdings nur in Gestalt der Grenznutzenlehre kannte, und seiner *Verstehenden Soziologie*. Er sah auch keinen Widerspruch zwischen der geschichtswissenschaftlichen und der soziologischen Vorgehensweise, auch wenn er am Ende seines Lebens nun stärker die Unterschiede zwischen der historischen und der soziologischen Art der Kausalerklärung hervorgehoben hatte.[29] In seinen frühen Schriften kommt eine solche Gegenüberstellung jedenfalls noch nicht vor, und sie hätte dort auch keinen Sinn gehabt. Denn zu dieser Zeit waren für Weber die *sozialwissenschaftliche*

---

26 Vgl. Lichtblau, „Vergemeinschaftung“ und „Vergesellschaftung“ bei Max Weber, a.a.O.

27 Vgl. *Wirtschaft und Gesellschaft*, S. 31 ff.

28 Wie stark Weber diese älteren Manuskripte, die er vermutlich bereits vor der Jahrhundertwende geschrieben und für seine nationalökonomischen Vorlesungen verwendet haben dürfte, nach dem Ersten Weltkrieg redaktionell überarbeit hat, wissen wir zur Zeit noch nicht. Vielleicht wird aber die Neuausgabe des entsprechenden wirtschaftssoziologischen Kapitels von *Wirtschaft und Gesellschaft* im Rahmen der *Max-Weber-Gesamtausgabe* darüber einen Aufschluß geben, deren Edition von Bertram Schefold besorgt wird.

29 *Wirtschaft und Gesellschaft*, S. 9 f.

Methode der Begriffsbildung und Kausalerklärung noch mit der *geschichtswissenschaftlichen* Form der Begriffsbildung und Kausalerklärung identisch.

Es ist insofern etwas ‚mi(e)slich', wenn Ludwig von Mises nicht nur den ‚Ökonom', sondern auch den ‚Soziologen' Max Weber radikal in Frage stellt. Mises geht in seiner Weber-Kritik offensichtlich von einem Theorieverständnis aus, das Webers eigener Position in keinerlei Hinsicht gerecht wird. Mises zufolge sind nämlich sowohl die Sozial- als auch die Wirtschaftswissenschaften ‚Gesetzeswissenschaften' im naturwissenschaftlichen Sinn. Demgegenüber habe Weber selbst noch in seinen *Soziologischen Grundbegriffen* von 1920 „das logische Recht der theoretischen Sozialwissenschaft bestritten". Die sozialwissenschaftliche Forschung sei ihm vielmehr „nur als besonders qualifizierte Art historischer Forschung denkbar". Weber habe deshalb die Möglichkeit eines „geschlossenen Systems von Begriffen" in den Kultur- und Sozialwissenschaften in Abrede gestellt und damit die Nichtanwendbarkeit der naturwissenschaftlichen Art der Theoriebildung in diesen Disziplinen behauptet.[30] Sein Vorschlag, die Grundannahmen der modernen Wirtschaftswissenschaften als *Idealtypen* zu deuten, die eine primär heuristische, aber keine unmittelbare empirische Bedeutung haben, wurde demgegenüber von Mises vehement abgelehnt. Und auch die Webersche Unterscheidung zwischen zweckrationalen und nicht zweckrationalen Handlungsorientierungen hat Mises ähnlich wie die meisten heutigen Vertreter der Rational Choice-Theorie als überflüssig empfunden. Ihm zufolge ist nämlich prinzipiell *jedes* Handeln zweckrational, sofern es sich nicht in einem rein reaktiven Sich-Verhalten erschöpft. Und nur unter dieser Voraussetzung sei die ausnahmslose Geltung eines soziologischen „Satzes" beziehungsweise Gesetzes möglich.[31]

Kehren wir deshalb zum Schluß noch einmal zu Hans Albert zurück, der sich mit dieser von Ludwig von Mises vertretenen Richtung der wirtschafts- und sozialwissenschaftlichen Theoriebildung in profunder Weise auseinander gesetzt hat. Die Einheit der Sozialwissenschaften sieht Albert nämlich auch dann nicht als gefährdet an, wenn man die Grundbegriffe der verstehenden Soziologie als Idealtypen deutet, die primär einen heuristischen Stellenwert haben. Indem sich die abstrakte Wirtschaftstheorie die Erklärung des menschlichen Marktverhaltens und seiner Folgen zur Aufgabe mache, behandle sie ferner ihrerseits nur eine spezielle Art von sozialen Beziehungen, nämlich die „kommerziellen Beziehungen". Dies legt ihm zufolge den bemerkenswerten Gedanken nahe, daß die Nationalökonomie keine eigenständige Wissenschaft darstellt, sondern ihrerseits als eine „partielle Soziologie" verstanden werden müsse.[32]

Vor der Radikalität dieses Gedankens schützen sie derzeit natürlich noch die methodologischen Prämissen, die ihrer abstrakt-mathematischen Form der Theoriebildung zugrunde liegen und die Hans Albert grundsätzlich in Frage stellt. Denn die platonische Figur des ‚Homo oeconomicus' ermöglicht ihm zufolge nur die Ausarbeitung einer spieltheoretischen Entscheidungslogik, nicht aber eine empirisch gehaltvolle und gemäß dem *Popper-Kriterium* widerlegbare Theorie des menschlichen Marktverhaltens. Die Annahme einer relativen ‚Geschlossenheit' des Marktsystems entspreche aufgrund seiner sozialen und kulturellen ‚Einbettung' keinesfalls den Tatsachen. Hans Albert plädiert deshalb für die Ausarbeitung von historisch relativen Sozialtheorien, die zwar nicht die Aufstellung von universell gültigen Hypothesen,

---

30 Mises, a.a.O., S. 473.

31 Ebd.

32 Albert, a.a.O., S. 473.

wohl aber Hypothesen von raum-zeitlich beschränkter Gültigkeit ermöglichen, deren Objekt-
bereich sowohl historisch als auch institutionell abgrenzbar ist. Er bezeichnet diese Art der
Hypothesenbildung als „marktsoziologische *Quasi-Theorien*"[33].

Und damit wären wir wieder bei der angeblich ,neuen' Wirtschaftssoziologie und ihrer
Auseinandersetzung mit der Neoklassik angelangt. Doch dies ist bereits eine *andere* Geschichte, die in ähnlicher Form schon seit über hundert Jahren erzählt wird.

---

33   Ebd., S. 484. Zu dem von Albert in diesem Zusammenhang bereits 1960 gebrauchten Begriff der „Einbettung"
     vgl. ebd., S. 483. Siehe hierzu ferner Hans Albert, Die Soziologie und das Problem der Einheit der Wissen-
     schaften, in: Kölner Zeitschrift für Soziologie und Sozialpsychologie 51 (1999), S. 215-231.

2. Ethik und Kapitalismus. Zum Problem des ‚kapitalistischen Geistes'

Der Streit um die disziplinäre Zuordnung von Max Webers Protestantismusstudien

Max Webers erstmals 1904-1905 veröffentlichten und 1920 in seinen *Gesammelten Aufsät-zen zur Religionssoziologie* in erweiterter Form aufgenommenen berühmten Studien über die ‚Protestantische Ethik' und den ‚Geist' des modernen Kapitalismus haben trotz zahlreicher Anfechtungen und Widerlegungsversuche, die ihre lange und selbst für den Fachmann kaum mehr überschaubare Wirkungsgeschichte begleitet haben, bis heute nichts von ihrer ursprüng-lichen Faszination eingebüßt.[1] Obgleich Weber selbst wiederholt davor gewarnt hatte, daß es genauso einseitig und problematisch sei, die Beschränktheiten einer rein ‚ökonomischen Ge-schichtsbetrachtung' durch eine dezidiert ‚idealistische' beziehungsweise ‚spiritualistische' Geschichtskonstruktion zu ersetzen, sind seine Protestantismusstudien gleichwohl immer wie-der als eine sowohl inhaltliche als auch methodologische Gegenposition zu den Grundannah-men der marxistischen Geschichtsphilosophie und Gesellschaftstheorie verstanden worden. Die Eigenart von Webers Fragestellung, die Art der Begriffsbildung und die methodische Vor-gehensweise haben dabei zu zahlreichen Irritationen bezüglich seines eigentlichen Anliegens geführt. Dieses läßt sich nämlich keinesfalls darauf reduzieren, daß Weber in seinen Protes-tantismusstudien von einem ‚bürgerlichen' Standpunkt eine umfassende Antwort auf die Frage nach der historischen Herkunft, der epochalen Eigenart sowie dem mutmaßlichen Schicksal des modernen Kapitalismus zu geben versucht hatte. Denn es ging ihm um den viel beschei-deneren Anspruch, auf einen ‚inneren', d.h. sinnhaften Zusammenhang beziehungsweise eine ‚Wahlverwandtschaft' zwischen *einem* konstitutiven Bestandteil des modernen kapitalistischen ‚Geistes' und den religiösen Wurzeln der modernen Berufsethik aufmerksam zu machen, wie sie seit der Reformation in den verschiedenen Strömungen des asketischen Protestantismus in jenen Gegenden Westeuropa und Nordamerika mehr oder minder stark ausgeprägt war, von denen die Industrialisierung ihren Ausgangspunkt genommen hatte.

Webers eigentliche ‚These' war also von ihm selbst bewußt mit zahlreichen Kautelen und Einschränkungen versehen worden. Auch war sie an sich nicht ‚neu'. Hatten doch bereits vor ihm verschiedene andere Autoren auf einen historischen Zusammenhang zwischen der „calvi-

---

1   Vgl. Vgl. Max Weber, Die protestantische Ethik und der „Geist" des Kapitalismus. Textausgabe auf der Grund-lage der ersten Fassung von 1904/05 mit einem Verzeichnis der wichtigsten Zusätze und Veränderungen aus der zweiten Fassung von 1920 herausgegeben und eingeleitet von Klaus Lichtblau und Johannes Weiß, 3. Aufl. Weinheim 2000 (im Folgenden zitiert als PE I); ferner Max Weber, Gesammelte Aufsätze zur Religionssozio-logie, Band I, Tübingen 1920 (im Folgenden zitiert als GARS I), S. 17-206. Zur Dokumentation der sich an die Erstveröffentlichung der *Protestantischen Ethik* anschließenden Kontroverse, in der auch Webers berühmte ‚Anti-Kritiken' von 1907-1910 enthalten sind, vgl. Max Weber, Die protestantische Ethik, hrsg. von Johannes Winckelmann, Band II: Kritiken und Antikritiken, 2. durchgesehene und erweiterte Aufl. 1972 (im Folgenden zitiert als PE II).

nistischen Diaspora" und den ursprünglichen Verbreitungsgebieten des modernen industriellen Kapitalismus aufmerksam gemacht.[2] Eine stärkere Berücksichtigung seiner strikten Unterscheidung zwischen den verschiedenen Erscheinungsformen des Kapitalismus, wie sie bereits vor dem Beginn des Industrialisierungsprozesses sowohl in Europa als auch in vielen außereuropäischen Kulturen anzutreffen sind, einerseits sowie der epochalen Eigenart des modernen industriellen Kapitalismus andererseits und seiner nicht minder wichtigen grundbegrifflichen Unterscheidung zwischen dem ‚Geist‘ und der ‚Form‘ des modernen kapitalistischen Wirtschaftssystems hätte dabei zahlreiche Kontroversen vermeiden können, die bis heute eine sachliche Diskussion seiner ‚These‘ erschweren.[3] Webers Protestantismusstudien können also nur in einem sehr eingeschränkten Sinn als Beitrag zur Wirtschafts- und Kulturgeschichte des modernen Kapitalismus verstanden werden. Warum ist ihnen dennoch im Laufe der Zeit eine solch ungeheure wirkungsgeschichtliche Bedeutung zugekommen?

Innerhalb der modernen Soziologie gelten Webers Protestantismusstudien im Unterschied zu anderen Disziplinen bis heute als kanonische Texte. Das Bedürfnis nach einer intellektuellen Fundierung des Faches mit Hilfe eines höchst anspruchsvollen Werks eines großen ‚Klassikers‘, die nachträgliche soziologische Interpretation der *Protestantischen Ethik*, der Weber selbst durch deren Überarbeitung und Aufnahme in seine *Gesammelten Aufsätze zur Religionssoziologie* Vorschub geleistet hatte sowie der bundesrepublikanische Reimport der maßgeblich durch Talcott Parsons geprägten nordamerikanischen Weber-Rezeption haben diese erstaunliche Karriere eines Textkonvoluts begünstigen helfen, das ursprünglich alles andere als ein Meilenstein auf dem sicheren Weg hin zu einer einzelwissenschaftlich verfahrenden Soziologie darstellte.[4] Zwar wurden insbesondere von soziologischer Seite aus mit einem großen intellektuellen Aufwand und auf einem hohen Anspruchsniveau die internen logischen und entwicklungsgeschichtlichen Beziehungen zwischen Webers Protestantismusstudien und seinen späteren religionssoziologischen Schriften herausgearbeitet, um diese Arbeiten als Beitrag zu einer soziologischen Modernisierungstheorie zu dechiffrieren, die der historischen Eigenart des okzidentalen Rationalismus auch in anderen Bereichen der modernen Gegenwartskultur nachzuspüren und diese innerhalb eines taxonomischen Begriffssystems zu verorten

---

2   Siehe z.B. Eberhard Gothein, Wirtschaftsgeschichte des Schwarzwaldes und der angrenzenden Landschaften, Band I, Straßburg 1892, S. 673-714; ferner Werner Sombart, Der moderne Kapitalismus, Leipzig 1902, Band I, S. 379 ff. Weber hatte in seinen Protestantismusstudien insbesondere auf William Petty, Eberhard Gothein und Werner Sombart als wichtigste Bezugsautoren für seine ‚These‘ verwiesen, auf Petty allerdings erst in der zweiten Fassung der *Protestantischen Ethik* (vgl. PE I, S. 8, Anm. 14 und 15 sowie die Zusätze 8, 11a, 17, 424 und 435). Innerhalb seiner Auseinandersetzung mit Felix Rachfahl hatte Weber deshalb ironisch darauf hingewiesen, daß durchaus die Möglichkeit bestünde, „eine der Grundthesen meines Aufsatzes zu einem leider unbewußten Plagiat an Petty zu stempeln". Er hatte diesen potentiellen ‚Plagiats‘-Vorwurf allerdings durch folgenden Zusatz entkräftet: „Meine entscheidende ‚These‘ über die Bedeutung des ‚Berufes‘ enthielt – wie ich nachträglich betonen möchte – nur in der Art der Durchführung ‚Neues‘" (PE II, S. 159; vgl. ebd., S. 177, 292 und 336 f.). Zur Vorgeschichte der ‚Weber-These‘ siehe auch Paul Münch, The Thesis before Weber: An Archaeology, in: Hartmut Lehmann / Guenther Roth (Hrsg.), Weber's Protestant Ethic: Origins, Evidence, Contexts, Cambridge / New York / Melbourne 1993, S. 51-71.

3   Siehe hierzu insbesondere Webers ‚antikritische‘ Klarstellungen in PE II, S. 27 ff., 170 ff. und 283 ff.

4   Zu Webers ambivalentem Verhältnis zur Soziologie, das auch noch seine späteren Schriften kennzeichnet, vgl. Johannes Weiß, Georg Simmel, Max Weber und die „Soziologie", in: Otthein Rammstedt (Hrsg.), Simmel und die frühen Soziologen, Frankfurt am Main 1988, S. 36-63.

versucht hatte.[5] Jedoch traten im Rahmen dieser Bemühungen die begrifflich-analytischen Unterscheidungen sowie die Rekonstruktion von werkinternen Verweisungszusammenhängen oft an die Stelle einer Überprüfung der theoretischen Grundannahmen anhand der entsprechenden historischen Quellen, von der jede ‚historische Sozialwissenschaft‘ doch eigentlich zehrt.

Ein umgekehrter Umgang mit dem Spannungsverhältnis zwischen Theorie und Empirie zeichnet dagegen die Rezeption der Weberschen Protestantismusstudien innerhalb der akademischen Geschichtsschreibung aus. Deren grundsätzliches Mißtrauen gegenüber vorschnellen Generalisierungen läßt sich dabei sicherlich nicht auf die fehlende Bereitschaft der Historiker reduzieren, ihrerseits unhinterfragt „die Götzenbilder der Soziologen anzubeten"[6]. Webers eigene Auseinandersetzung mit maßgeblichen fachhistorischen Kritikern seiner Protestantismusstudien, auf die später noch einzugehen sein wird, belegt nämlich eindringlich, wie schwer es offensichtlich der akademischen Geschichtsforschung gewesen ist, der Eigenart seiner Art der Begriffsbildung und Theoriekonstruktion gerecht zu werden.[7] Zahlreiche Versuche einer empirischen Relativierungen oder gar Widerlegung von zentralen Bestandteilen seiner diesbezüglichen ‚These‘ auf der einen Seite stehen dabei dem insbesondere in den letzten Jahrzehnten zu beobachtenden Trend gegenüber, seine Protestantismusstudien als bedeutenden Beitrag zur Kulturgeschichtsschreibung sowie historischen Mentalitätenforschung grundsätzlich anzuerkennen.[8]

Die wirkungsgeschichtliche Bedeutung der *Protestantischen Ethik* wäre jedoch höchst unzureichend beschrieben, wenn man sie nur im Hinblick auf diverse fachspezifische Rezeptionsprozesse in Betracht ziehen würde. Denn neben dem unbestrittenen wissenschaftsgeschichtlichen Stellenwert dieser Studien lassen sich auch eine Reihe von weiteren Gründen für ihren ungeheuren rezeptionsgeschichtlichen Erfolg angeben, die im außerakademischen Entstehungszusammenhang dieser Untersuchungen sowie in ihrer ideenpolitischen Stoßrichtung im Kontext der allgemeinen kulturellen Aufbruchsstimmung und Reformbestrebungen

---

5   Siehe hierzu insbesonders Talcott Parsons, The Structure of Social Action, New York 1937, Vol. II, S. 500 ff.; Reinhard Bendix, Max Weber. Das Werk. Darstellung, Analyse, Ergebnisse, München 1964; Shmuel N. Eisenstadt (Hrsg.), The Protestant Ethic and Modernization, New York 1968; ders., Die protestantische Ethik und der Geist des Kapitalismus. Eine analytische und vergleichende Darstellung, Opladen 1971; Wolfgang Schluchter, Die Entwicklung des okzidentalen Rationalismus, Tübingen 1979; ders., Religion und Lebensführung, 2 Bände, Frankfurt am Main 1988; Niklas Luhmann, Max Webers Forschungsprogramm in typologischer Rekonstruktion, in: Soziologische Revue 3 (1980), S. 243-250; Jürgen Habermas, Theorie des kommunikativen Handelns, Frankfurt am Main 1981, Band 1, S. 225 ff. sowie Band 2, S. 449 ff.; Richard Münch, Theorie des Handelns. Zur Rekonstruktion der Beiträge von Talcott Parsons, Emile Durkheim und Max Weber, Frankfurt am Main 1982; Jeffrey C. Alexander, Theoretical Logic in Sociology, Vol. III: The Classical Attempt at Theoretical Synthesis: Max Weber, Berkeley / Los Angeles 1983.

6   Geoffrey Rudolph Elton, Europa im Zeitalter der Reformation 1517 bis 1559, 2., überarbeitete Aufl. München 1982, S. 308.

7   Siehe hierzu insbesondere die Kritiken und Antikritiken in PE II sowie die entsprechenden Zusätze Webers in der zweiten Auflage der *Protestantischen Ethik*, die im Anhang von PE I dokumentiert worden sind.

8   Vgl. Richard van Dülmen, Protestantismus und Kapitalismus. Max Webers These im Licht der neueren Sozialgeschichte, in: Christian Gneuss / Jürgen Kocka (Hrsg.), Max Weber. Ein Symposion, München 1988, S. 88-101. Zur Geschichte der Protestantismus-Kapitalismus-Kontroverse siehe die Textsammlungen von Philippe Besnard (Hrsg.), Protestantisme et capitalisme. La controverse post-Wéberienne, Paris 1970 und Robert W. Green (Hrsg.), Protestantism, Capitalism and Social Science. The Weberian Thesis Controversy, Lexington, Mass. 1973. Vgl. ferner die Literaturhinweise in PE II, S. 395 ff. sowie die Rekonstruktion dieser Kontroverse durch Malcolm H. MacKinnon, The Longevity of the Thesis: A Critique of the Critics, in: Lehmann / Roth (Hrsg.), Weber's Protestant Ethic, a.a.O., S. 211-243.

um 1900 begründet sind. Zum einen lassen sich nämlich zahlreiche Bezüge zwischen Webers eigener Biographie, seiner Familiengeschichte sowie seiner Kritik an der Stellung des
deutschen Bürgertums innerhalb der politischen Kultur des wilhelminischen Kaiserreichs
feststellen, die sich in der *Protestantischen Ethik* niedergeschlagen haben.[9] Nicht zufällig ist
diese gewissermaßen als Webers ‚persönlichster‘ Text angesehen worden, über dessen definitive Fassung er in der zweiten Auflage von 1920 gesagt hatte, daß er trotz der zahlreichen
Ergänzungen und Modifikationen „*nicht einen einzigen Satz* meines Aufsatzes, der irgend-
eine sachlich wesentliche Behauptung enthielt, gestrichen, umgedeutet, abgeschwächt oder
sachlich *abweichende* Behauptungen hinzugefügt habe"[10]. Zum anderen stellen diese Texte
auch ein politisch-kulturelles Orientierungsangebot für das seit der Gründung der Nationalli-
beralen Partei politisch wie kulturell gespaltene deutsche Bürgertum dar, das Weber nun auf
die Verwurzelung der bürgerlichen Freiheitsrechte sowie der modernen kapitalistischen Berufsethik innerhalb der religiösen Tradition des asketischen Protestantismus und der puritanischen Revolution im England des 17. Jahrhunderts als der eigentlichen ‚heroischen‘ Epoche
des okzidentalen Bürgertums aufmerksam zu machen versucht hatte.

Webers ‚Anglophilie‘ sowie seine Bewunderung des wirtschaftlichen Erfolges des angelsächsischen Kapitalismus und der politischen Überlegenheit der parlamentarischen Demokratien in England und den U.S.A. gegenüber den autokratischen Monarchien Mittel- und
Osteuropas wird somit zum Ferment einer kulturgeschichtlichen Rekonstruktion der Grundlagen des westlichen Liberalismus, dessen revolutionäres Potential er gleichermaßen gegenüber
dem Traditionalismus katholischer Provenienz als auch der obrigkeitsstaatlichen Fixierung des
lutherischen Protestantismus deutscher Prägung geltend zu machen versucht hatte.[11] Nicht
zufällig wird sein Loblied auf den anglo-amerikanischen Puritanismus zur eigentlichen Dreh-
scheibe der insbesondere durch Talcott Parsons geprägten nordamerikanischen Weber-Rezeption, in der die Kulturwerte des asketischen Protestantismus zur unverzichtbaren Voraussetzung eines erfolgreichen gesamtgesellschaftlichen Modernisierungsprozesses hochstilisiert
worden sind. Diese Ansicht fand nach dem Zweiten Weltkrieg im Kontext der sogenannten
‚Reeducation‘ auch in der Bundesrepublik Deutschland eine weite Resonanz und hat viele
Jahre lang das fachsoziologische Weber-Verständnis maßgeblich geprägt.[12]

---

9   Siehe hierzu Christoph Steding, Politik und Wissenschaft bei Max Weber, Breslau 1932, besonders S. 56 ff.
      sowie Guenther Roth, Zur Entstehungs- und Wirkungsgeschichte von Max Webers „Protestantischer Ethik",
      in: Max Weber, Die protestantische Ethik und der „Geist" des Kapitalismus. Kommentiert von Karl Heinrich
      Kaufhold u.a., Teil 2: Vademecum zu einem Klassiker der Geschichte ökonomischer Rationalität, Düsseldorf
      1992, S. 43-68; ferner G. Roth, Weber the Would-Be Englishman: Anglophilia and Family History, in Lehmann
      / Roth (Hrsg.), Weber's Protestant Ethic, a.a.O., S. 83-121.
10   GARS I, S. 18; vgl. PE I, Zusatz 1.
11   Vgl. Wolfgang Mommsen, Max Weber. Gesellschaft, Politik und Geschichte, Frankfurt am Main 1974, S.
      21 ff. und 72 ff.; Regis A. Factor / Stephen P. Turner, Weber, the Germans, and "Anglo-Saxon Convention":
      Liberalism as Technique and Form of Life, in: Ronald M. Glassman / Vatro Murvar (Hrsg.), Max Weber's
      Political Sociology. A Pessimistic Vision of a Rationalized World, Westport, Conn. / London 1984, S. 39-54.
      Siehe ferner die bereits zitierten Arbeiten von Christoph Steding und Guenther Roth.
12   Zur Eigenart der nordamerikanischen Weber-Rezeption siehe Paul Honigsheim, Max Weber im amerikanischen
      Geistesleben, in: Kölner Zeitschrift für Soziologie und Sozialpsychologie 3 (1950), S. 408-419; Guenther Roth /
      Reinhard Bendix, Max Webers Einfluß auf die amerikanische Soziologie, ebd., 11 (1959), S. 38-53; Irving Louis
      Horowitz, Max Weber and the Spirit of American Sociology, in: Sociological Quarterly 5 (1964), S. 344-354;
      Gottfried Eisermann, Bedeutende Soziologen, Stuttgart 1968, S. 1-25; Gisela Hinkle, The Americanization of
      Max Weber, in: Current Perspectives in Sociological Theory 7 (1986), S. 87-104 sowie Agnes Erdelyi, Max

Webers Rekonstruktion der asketischen Grundlagen des modernen kapitalistischen ‚Geistes‘ und des ihm zugrunde liegende bürgerliche ‚Ethos‘ der Lebensführung beruht ferner zugleich auf einer Reihe von psychologischen Grundannahmen und auf einer Theorie der ‚Triebverdrängung‘ beziehungsweise der Affektkontrolle sowie der mit ihr einhergehenden ‚Sublimierung‘, die ihn mit zwei weiteren kulturtheoretischen Klassikern der Wende vom 19. zum 20. Jahrhundert verbindet: nämlich mit Friedrich Nietzsche und Sigmund Freud. Die Bedeutung von Webers Nietzsche-Rezeption für die Entwicklung seines Werkes ist bereits wiederholt ausführlich beschrieben worden.[13] Sie läßt sich auch in den beiden Fassungen der *Protestantischen Ethik* nachweisen, die gewissermaßen als eine thematische Variation von Nietzsches Frage „Was bedeuten asketische Ideale“? verstanden werden kann, auf die letzterer insbesondere in der dritten Abhandlung seiner *Genealogie der Moral* von 1887 eine Antwort zu geben versucht hatte.

Auch die Bezüge zwischen Weber und Freud sind in der bisherigen Sekundärliteratur öfter hervorgehoben worden.[14] In diesem Zusammenhang sind auch naheliegende Versuche festzustellen, Webers eigene Lebensgeschichte sowie die Entwicklung seines Werkes und die insbesondere seiner *Protestantischen Ethik* zugrunde liegende Kulturtheorie selbst zum Gegenstand einer psychoanalytisch beziehungsweise ‚psychohistorisch‘ orientierten Fallanalyse zu machen.[15] Dabei hätte trotz aller Aufregung über diese vermeintliche ‚Entdeckung‘ beziehungsweise ‚Entlarvung‘ bereits eine oberflächliche Lektüre der beiden Fassungen seiner

Weber in Amerika. Wirkungsgeschichte und Rezeptionsgeschichte Webers in der anglo-amerikanischen Philosophie und Sozialwissenschaft, Wien 1992. Bezeichnenderweise wurde erstmals Mitte der 1970er Jahre die Forderung nach einer ‚Entparsonisierung‘ des Werkes von Max Weber gestellt. Vgl. Jere Cohen / Lawrence E. Hazelrigg / Whitney Pope, De-Parsonizing Weber: A Critique of Parsons' Interpretation of Weber's Sociology, in: American Sociological Review 40 (1975), S. 229-240 sowie Parsons' entsprechende Erwiderung, ebd., S. 666-669.

13   Vgl. insbesondere Eugène Fleischmann, De Weber à Nietzsche, in: Archives Européennes de Sociologie 5 (1964), S. 190-238; W. Mommsen, Max Weber. Gesellschaft, Politik und Geschichte, a.a.O., S. 100 ff. und 253 ff.; ders., Max Weber und die deutsche Politik 1890-1920. 2., überarbeitete und erweiterte Aufl. 1974, S. 448 ff.; Robert Eden, Political Leadership and Nihilism. A Study of Weber and Nietzsche, Tampa 1983; Wilhelm Hennis, Max Webers Fragestellung. Studien zur Biographie des Werks, Tübingen 1987, S. 167 ff.; Hartmann Tyrell, Religion und „intellektuelle Redlichkeit". Zur Tragödie der Religion bei Max Weber und Friedrich Nietzsche, in: Sociologia Internationalis 29 (1991), S. 159-177; Hubert Treiber, Nietzsche's Monastery for Freer Spirits and Weber's Sect, in: Lehmann / Roth (Hg.), Weber's Protestant Ethic, a.a.O., S. 133-159; ferner Klaus Lichtblau, Max Webers Nietzsche-Rezeption in werkgeschichtlicher Betrachtung, in: Wolfgang J. Mommsen / Wolfgang Schwentker (Hrsg.), Max Weber und das moderne Japan, Göttingen 1999, S. 499-518 (in diesem Band S. 223 ff.).

14   Bereits Benjamin Nelson hatte den Versuch unternommen, Grundbegriffe der Psychoanalyse und der Psychotherapie für eine Interpretation von Webers Protestantismusstudien sowie älterer, insbesondere mittelalterlicher und gegenreformatorischer Praktiken der asketischen Selbstbeherrschung fruchtbar zu machen. Vgl. B. Nelson, Self-Images and Systems of Spiritual Direction in the History of European Civilization, in: Samuel Z. Klausner (Hrsg.), The Quest for Self-Control. Classical Philosophies and Scientific Research, New York 1965, S. 49-103; Talcott Parsons, The Articulation of the Personality and the Social-Action System: Sigmund Freud and Max Weber, in: Mel Albin (Hrsg.), New Directions in Psychohistory, Lexington, MA / Toronto 1980, S. 27-35; Donald Levine, The Flight from Ambiguity. Essays in Social and Cultural Theory, Chicago 1985, S. 179 ff.; Tracy B. Strong, Weber and Freud: Vocation and Self-Acknowledgement, in: Canadian Journal of Sociology 10 (1985), S. 391-409; ferner Howard L. Kaye, Rationalization as Sublimation: On the Cultural Analyses of Weber and Freud, in: Theory, Culture & Society 9:4 (1992), S. 45-74.

15   Vgl. Arthur Mitzman, The Iron Cage: A Historical Interpretation of Max Weber, New York 1970; Nicolaus Sombart, Nachdenken über Deutschland. Vom Historismus zur Psychoanalyse, München 1987, S. 22 ff.; ferner Joachim Radtke, Max Weber. Die Leidenschaft des Denkens, München 2005.

Protestantismusstudien leicht zeigen können, daß sich Weber nicht zuletzt aufgrund seiner eigenen nervösen Erkrankung seit der Jahrhundertwende wiederholt ausführlich mit der psycho- und neuropathologischen Literatur seiner Zeit beschäftigt hatte und sich gerade von der entsprechenden Fachliteratur nicht nur weitere Aufschlüsse über die persönlichkeitsmäßigen sowie die kulturellen Implikationen von asketischen Praktiken der Lebensreglementierung versprach, sondern auch einen wesentlichen Beitrag zur Präzisierung von genuin *religionspathologischen* Phänomenen und Fragestellungen erhofft hatte.

Weber war sich insofern der Bezüge zwischen seinen eigenen Analysen der kulturgeschichtlichen Bedeutung der ,innerweltlichen Askese' und der entsprechenden psychopathologischen Forschung seiner Zeit sehr wohl bewußt.[16] Sein Interesse an den religiös geprägten psychischen Grundlagen einer genuin ,irrationalen' Lebensführung – nämlich einer Lebensführung, die den ökonomischen Erwerb als Selbstzweck betrachtet hatte und nicht wie noch bei dem ,traditionalistischen' Menschen als reines Mittel zu einem außerökonomischen Endzweck – sowie an diversen ,Hysterisierungs'-Phänomenen innerhalb der Religionsgeschichte zeigen, worum es ihm in der *Protestantischen Ethik* eigentlich ging: nämlich um einen substantiellen Beitrag zur historischen Psychologie des modernen Wirtschaftsmenschen sowie um eine „Veranschaulichung der Art, in der überhaupt die ,Ideen' in der Geschichte wirksam werden"[17]. Daß Weber in diesem Zusammenhang auch die formale Gleichstellung des weib-

---

16   Dies zeigt insbesondere Webers Briefwechsel mit Willy Hellpach aus den Jahren 1906-07, der jetzt erstmals
      in Abteilung II, Band 5 der Max-Weber-Gesamtausgabe (Tübingen 1990) veröffentlicht worden ist. Weber
      war ferner zum Zeitpunkt der Niederschrift der *Protestantischen Ethik* durch entsprechende Publikationen
      von Hellpach zumindest indirekt mit den frühen Arbeiten Freuds vertraut gewesen, da er bereits in der ersten
      Fassung seiner Protestantismusstudien ausdrücklich auf die Bedeutung von Hellpachs Bücher *Nervosität und
      Kultur* (Berlin 1902) sowie *Grundlinien einer Psychologie der Hysterie* (Leipzig 1904) verwiesen hatte und
      Hellpach insbesondere in der letzten Veröffentlichung ausführlich auf die Arbeiten von Breuer und Freud ein-
      gegangen ist (vgl. PE I, Anm. 149 und 198). Zu Hellpachs Rezeption des Freudschen Werkes siehe auch Horst
      Gundlach, Freud schreibt an Hellpach. Ein Beitrag zur Rezeptionsgeschichte der Psychoanalyse in Deutschland,
      in: Psyche 31 (1977), S. 908-934. Zur entsprechenden ,Wahlverwandtschaft' der puritanischen Ethik mit dem
      ,Geist' der modernen Psychiatrie siehe ferner Mordechai Rotenberg, The Protestant Ethic against the spirit of
      psychiatry: the other side of Weber's thesis, in: British Journal of Sociology 26 (1975), S. 52-65.
17   Vgl. PE I, S. 50. Webers starkes Interesse an einer Klärung der psychologischen Konsequenzen der ,innerweltli-
      chen Askese' sowie bestimmter religionspathologischen Erscheinungen wird auch in seiner Auseinandersetzung
      mit H. Karl Fischer deutlich, in der Weber selbst – allerdings ironisch – explizit den Ausdruck „historische
      Psychologie" verwendet hatte (vgl. PE II, S. 50). Wenn sich Weber gleichwohl wiederholt gegen bestimmte
      psychologische Ansätze seiner Zeit kritisch abgrenzte, so betrifft dies in erster Linie den damaligen Versuch,
      die Psychologie zur ,Grundlagenwissenschaft' der Geistes- und Kulturwissenschaften zu machen und dabei
      historisch spezifische Erscheinungen unreflektiert auf generelle ,psychologische Gesetze' zurückzuführen.
      Diese Kritik richtet sich dabei sowohl gegen eine ,Alltags-Psychologie', wie sie unter anderem von John Stuart
      Mill und Herbert Spencer vertreten wurde, als auch gegen den Versuch einer ,psychologischen' Fundierung
      der ,gesetzmäßigen' Abfolge verschiedener ,Kulturzeitalter', wie er von Karl Lamprecht in seiner *Deutschen
      Geschichte* unter dem Einfluß von Wilhelm Wundt vorgenommen worden ist. Daß Weber dabei in erster Linie
      an einer historischen Klärung der *psychologischen* Implikationen der modernen Berufsethik interessiert gewesen
      ist, wird auch in folgender ,antikritischen' Klarstellung aus dem Jahre 1910 deutlich, in der er noch einmal das
      eigentliche Anliegen seiner Protestantismusstudien umschrieben hatte: „Wen nun diese ganze ,Psychologie'
      nicht interessiert, sondern nur die äußeren Formen der Wirtschafts*systeme*, den darf ich bitten, meine Versuche
      ungelesen zu lassen, ebenso aber auch, *mir* dann gefälligst anheimzustellen, ob ich meinerseits mich gerade
      für diese seelische Seite der modernen Wirtschaftsentwicklung interessieren will, welche im Puritanismus die
      großen inneren Spannungen und Konflikte zwischen ,Beruf', ,Leben' (wie wir uns heute gern ausdrücken),
      ,Ethik', im Stadium eines eigentümlichen Ausgleichs zeigen, wie er in dieser Art weder vorher noch nachher
      bestanden hat" (PE II, S. 167). Zur Stellung Webers innerhalb der Tradition der historischen Psychologie siehe

lichen Geschlechts, wie sie zu seiner Zeit insbesondere in den durch den Calvinismus und Puritanismus geprägten Ländern weit fortgeschritten war, ebenfalls auf die religiöse Tradition des durch den asketischen Protestantismus erkämpften Prinzips der Gewissensfreiheit zurückzuführen und diese asketische Tradition der ‚Emanzipation der Frau‘ zeitweise sogar gegen die erotisch-libertären Forderungen innerhalb des linken Flügels der bürgerlichen Frauenbewegung in Deutschland auszuspielen versucht hatte, belegt eindrucksvoll, wie tief seine *Protestantische Ethik* zugleich mit der modernen ‚sexuellen Frage‘ verbunden gewesen ist.[18]

Die beiden Fassungen der „Protestantischen Ethik"

Webers Protestantismusstudien müssen also in vielerlei Hinsicht als ein ‚überdeterminierter‘ Text gelesen und verstanden werden. Sie nur aus der Perspektive seines späteren Werkes und vor dem Hintergrund entsprechender soziologischer Generalisierungen zu interpretieren, bedeutet deshalb, sie vorschnell aus ihrem Entstehungszusammenhang sowie den kulturellen Auseinandersetzungen zur Zeit ihrer Niederschrift herauszulösen und dabei möglicherweise Lesarten zu vernachlässigen beziehungsweise gar auszuklammern, die vor dem Hintergrund der späteren Entwicklung von Webers Werk eher erschwert als gefördert worden sind. Johannes Weiß und ich haben uns deshalb 1993 dazu entschlossen, Webers Protestantismusstudien in ihrer ursprünglichen Fassung, wie sie erstmals 1904-1905 im *Archiv für Sozialwissenschaften und Sozialpolitik* erschienen sind, wieder einem breiteren Publikum zugänglich zu machen. In dieser inzwischen in mehrfachen Auflagen erschienenen Ausgabe wurden im Anhang erstmals auch die wichtigsten Zusätze und Veränderungen aus der zweiten Fassung der *Protestantischen Ethik* von 1920 getrennt aufgeführt.

Diese Form der Edition hat gegenüber den bisher verfügbaren Ausgaben eine Reihe von Vorteilen, welche sie solange als unentbehrliche Quellengrundlage für eine differenzierte Rezeption des Weberschen Werkes erweisen wird, bis eine entsprechende historisch-kritische Edition der beiden Fassungen der *Protestantischen Ethik* vorliegt, wie sie im Rahmen der Max-Weber-Gesamtausgabe schon seit Jahrzehnten geplant ist.[19] Zwar gibt es auch seit längerer

---

auch Alois Hahn, Max Weber und die Historische Psychologie, in: Gert Jüttemann (Hrsg.), Wegbereiter der Historischen Psychologie, München / Weinheim 1988, S. 115-124.

18   Die an entsprechender Stelle von Weber verwendete Formulierung „Emanzipation der Frau" stellt allerdings einen Zusatz aus dem Jahr 1920 dar, der in der ursprünglichen Fassung der *Protestantischen Ethik* noch nicht enthalten war (vgl. PE I, Anm. 239 sowie Zusatz 363). Siehe hierzu ferner die wörtlich fast identische Interpretation der puritanischen Geschlechtsmoral seiner Frau Marianne Weber in deren Buch *Ehefrau und Mutter in der Rechtsentwicklung*, Tübingen 1907, S. 289 ff. Zu dieser ‚Wahlverwandtschaft‘ zwischen Webers Protestantismusstudien und der entsprechenden Untersuchung seiner Ehefrau sowie seinem Verhältnis zur ‚erotischen Bewegung‘ seiner Zeit siehe auch Mitzman, The Iron Cage, a.a.O., bes. S. 209 ff. und 277 ff.; Martin Green, Elsa und Frieda. Die Richthofen-Schwestern, München 1976; J.J.R. Thomas, Rationalization and the Status of Gender Division, in: Sociology 19 (1985), S. 409-420; Sombart, Nachdenken über Deutschland, a.a.O., S. 22 ff.; Wolfgang Schwentker, Leidenschaft als Lebensform. Erotik und Moral bei Max Weber und im Kreis um Otto Groß, in: W.J. Mommsen / W. Schwentker (Hrsg.), Max Weber und seine Zeitgenossen, Göttingen / Zürich 1988; S. 661-681; Ingrid Gilcher-Holthey, Max Weber und die Frauen, in: Gneuss / Kocka (Hrsg.), Max Weber, a.a.O., S. 142-154; Guenther Roth, Marianne Weber und ihr Kreis, in: Max Weber. Ein Lebensbild, München / Zürich 1989, S. ix-lxxii; Klaus Lichtblau, The Protestant Ethic versus the „New Ethic", in: Lehmann / Roth (Hrsg.), Weber's Protestant Ethic, a.a.O., S. 179-193.

19   Vgl. hierzu den Gesamtplan der Edition von Webers Werk sowie die Ausführungen von Wolfgang Schluchter im ersten Prospekt der Max-Weber-Gesamtausgabe, Tübingen 1981. Auf die entsprechenden Unterschiede

Zeit einen auch im Buchhandel erhältlichen Faksimiledruck der Erstausgabe der *Protestantischen Ethik*. In diesem wurde jedoch auf eine Kenntlichmachung beziehungsweise Wiedergabe der entsprechenden Veränderungen innerhalb der zweiten Auflage verzichtet.[20] Demgegenüber beruhen alle anderen verfügbaren Textausgaben auf einem Nachdruck der definitiven Fassung der *Protestantischen Ethik* von 1920, ohne dabei die gegenüber der Erstausgabe vorgenommenen Veränderungen kenntlich zu machen. Dies hat insbesondere in der von Johannes Winckelmann besorgten Neuausgabe der *Protestantischen Ethik*, die zusammen mit wichtigen Kritiken an Webers Studien und Webers „Antikritiken" veröffentlicht worden ist, den Nachteil, daß in den entsprechenden Kritiken und Antikritiken auf einen Text Bezug genommen wird, der in der Winckelmannschen Ausgabe gar nicht zum Abdruck gekommen ist: nämlich die ursprüngliche Fassung der *Protestantischen Ethik* von 1904-1905, an der sich diese frühe Rezeption und Diskussion der ‚Weber-These' überhaupt erst entzündet hatte.[21]

Gleichwohl sollte die von Johannes Weiß und mir besorgte Neuausgabe der *Protestantischen Ethik* nicht als eine Konkurrenz, sondern als eine Ergänzung zu den bisher verfügbaren Editionen angesehen werden. Denn Weber hatte seine ‚These' als Konsequenz diverser Kritiken und Antikritiken mit den verschiedenen Fassungen seines Aufsatzes „Die protestantischen Sekten und der Geist des Kapitalismus", dem religionssoziologischen Kapitel von *Wirtschaft und Gesellschaft*, seinen späteren Untersuchungen über *Die Wirtschaftsethik der Weltreligionen* sowie der definitiven Fassung der *Protestantischen Ethik* von 1920 entsprechend präzisiert, in einigen Punkten zum Teil auch noch zugespitzt und vor dem Hintergrund seiner späteren universalgeschichtlichen Untersuchungen innerhalb eines übergeordneten theoretischen Bezugsrahmens neu verortet. Über diesen Weg der Kritik und der Antikritik sowie Webers Versuch einer Einordnung seiner Protestantismusstudien in sein späteres Werk gibt die von Weiß und mir besorgte Ausgabe Auskunft. Sie erlaubt es dem Leser, sich erstmals selbst einen Überblick über Art und Ausmaß der von Weber später an der ursprünglichen Fassung vorgenommenen Veränderungen zu verschaffen, ohne dabei in der Flut der Sekundärliteratur ertrinken zu müssen. Um jedoch die Lektüre der im Anhang dieser Ausgabe abgedruckten Zusätze und Veränderungen zu erleichtern, sollen im Folgenden einige Hinweise und Kommentare zu den wichtigsten Überarbeitungen und Ergänzungen innerhalb der zweiten Auflage der *Protestantischen Ethik* von 1920 gegeben werden.

---

zwischen den beiden Fassungen von Webers Protestantismusstudien, die Eigenart der fast ausschließlich auf die spätere Ausgabe Bezug nehmenden internationalen Wirkungsgeschichte dieser Studien sowie die Notwendigkeit einer kritischen Edition der *Protestantischen Ethik* hatte Friedrich Tenbruck wiederholt hingewiesen. Vgl. Tenbruck, Das Werk Max Webers, in: Kölner Zeitschrift für Soziologie und Sozialpsychologie 27 (1975), S. 663-702; ders., Wie gut kennen wir Max Weber? Über Maßstäbe der Weber-Forschung im Spiegel der Maßstäbe der Weber-Ausgaben, in: Zeitschrift für die gesamte Staatswissenschaft 131 (1975), S. 719-742. Zum entwicklungsgeschichtlichen Verhältnis zwischen Webers Protestantismusstudien und seinen späteren religionssoziologischen Arbeiten siehe ferner Schluchter, Religion und Lebensführung, a.a.O., Band 1, S. 88 ff. und Band 2, S. 557 ff. sowie Helwig Schmidt-Glintzer, The Economic Ethics of the World Religions, in: Lehmann / Roth (Hrsg.), Weber's Protestant Ethic, a.a.O., S. 347-355.

20 Vgl. Max Weber, Die protestantische Ethik und der „Geist" des Kapitalismus. Faksimile der zwei im „Archiv für Sozialwissenschaft und Sozialpolitik" 1905 erschienenen Aufsätze, hrsg. von Bertram Schefold, Düsseldorf 1992. Diese Ausgabe ist zusätzlich mit einem Kommentarband versehen, der unter anderem wichtige Informationen über den Entstehungskontext der *Protestantischen Ethik* enthält (vgl. Anm. 9).

21 Vgl. Anm. 2. Zu diesen und weiteren Mängeln der von Winckelmann besorgten Ausgabe siehe die berechtigte Kritik von Tenbruck, Wie gut kennen wir Max Weber?, a.a.O., S. 721 ff.

Es lassen sich dabei verschiedene Arten und Grade von Veränderungen sowie Ergänzungen der ursprünglichen Fassung unterscheiden, die zugleich einen ersten Eindruck über das Ausmaß der von Weber nachträglich vorgenommenen Modifikationen vermitteln. Zunächst wird anhand entsprechender Verweise in der Erstausgabe sowie deren späteren Veränderung deutlich, daß Weber ursprünglich eine Fortsetzung der beiden Teilveröffentlichungen der *Protestantischen Ethik* von 1904-05 geplant hatte, die aus verschiedenen Gründen jedoch nicht mehr zustande kam. Webers Protestantismusstudien müssen also im Grunde genommen als ein unvollendetes Werk betrachtet werden, dessen fragmentarischer Charakter erst in der zweiten Auflage von 1920 zugunsten einer eher geschlossen wirkenden Darstellung in den Hintergrund getreten ist.

Einer der Gründe für diese Nichtfortsetzung der Arbeit an seiner *Protestantischen Ethik* kann neben der veränderten Fragestellung von Webers späteren religionssoziologischen Arbeiten darin gesehen werden, daß Weber nun in den in der Folgezeit erschienenen Untersuchungen von Ernst Troeltsch eine für sein eigenes Problem theologisch kompetente und insofern „höchst willkommene Ergänzung und Bestätigung" fand, auf die er in der zweiten Fassung der *Protestantischen Ethik* wiederholt zustimmend verwiesen hatte. Dies betrifft insbesondere Troeltschs Buch *Die Soziallehren der christlichen Kirchen und Gruppen*, das 1912 bei Siebeck in Tübingen erschienen ist[22]. Ferner hat Weber an den entsprechenden Stellen der Erstausgabe der *Protestantischen Ethik*, an denen er auf die geplante Fortsetzung seiner Studien verwies, in der zweiten Auflage zum einen Bezüge zu seinen verschiedenen „Antikritiken" aus den Jahren 1907-1910 sowie zur letzten Fassung seines Sektenaufsatzes aus dem Jahre 1920 hergestellt, der gewissermaßen als eine Fortsetzung und Präzisierung der Thematik seiner Protestantismusstudien aufgefaßt werden kann. Ferner hatte er in diesem Zusammenhang auf weiterführende Fragestellungen hingewiesen, die er in seiner Vorbemerkung zu den *Gesammelten Aufsätzen zur Religionssoziologie* sowie in der Einleitung zu seinen Untersuchungen über *Die Wirtschaftsethik der Weltreligionen* entfaltet hatte.[23] Insbesondere diesen letzten Verweisen sowie den entsprechenden inhaltlichen Zusätzen, auf die noch im Folgenden einzugehen sein wird, ist es zu verdanken, daß Webers Protestantismusstudien wirkungsgeschichtlich in erster Linie vor dem Hintergrund seiner späteren *religionssoziologischen* Untersuchungen rezipiert worden ist.

Eine weitere Form der Überarbeitung betrifft wichtige terminologische Präzisierungen und Modifizierungen von zentralen Grundbegriffen der ersten Fassung der *Protestantischen Ethik*, die zum Teil als Folge seiner Auseinandersetzung mit verschiedenen Kritikern seiner diesbezüglichen Untersuchungen gedeutet sowie als Versuch verstanden werden können, unnötige Mißverständnisse hinsichtlich der Eigenart seiner ‚These' zu vermeiden. Dies betrifft insbesondere die Verwendung der Formulierungen „moderner Kapitalismus", „moderner kapitalistischer Geist" und „moderne kapitalistische Unternehmung" anstelle der Verwendung der entsprechenden Begriffe ohne den Zusatz ‚modern'. Mit diesen wichtigen terminologi-

---

22 Vgl. Webers entsprechende Bemerkungen in PE I, Zusatz 1, 11, 123, 145, 149, 328, 384, 426b und 448. Zur Bedeutung von Webers Verhältnis zu Troeltsch siehe auch die informative Studie von Friedrich Wilhelm Graf, Fachmenschenfreundschaft. Bemerkungen zu ‚Max Weber und Ernst Troeltsch', in: Mommsen / Schwentker (Hrsg.), Max Weber und seine Zeitgenossen, a.a.O., S. 313-336.

23 Vgl. GARS I, S. 1-16, 207-236 und 237-275 sowie PE I, Zusatz 187, 221a, 243a, 281a, 306, 308, 329, 333, 344, 368, 372, 383, 387, 393, 404, 407, 416 und 448.

schen Präzisierungen hatte Weber nachträglich zum Ausdruck zu bringen versucht, daß seine diesbezügliche ‚These‘ ausschließlich hinsichtlich einer *spezifischen* Erscheinungsform des Kapitalismus Geltung beansprucht, wie sie historisch erstmals in Westeuropa und Nordamerika anzutreffen sei.[24]

Ähnliche semantische Präzisierungen beinhalten ferner die Ersetzung des Begriffs „bürgerliche Klassen" durch den Terminus *bürgerliche Mittelklassen*, mit dem Weber auf die spezifische ständische Lage der ursprünglichen sozialen Trägergruppen des modernen kapitalistischen Geistes verweist, sowie die Unterscheidung von bestimmten Ausprägungen des ‚altprotestantischen Geistes‘, d.h. insbesondere die schärfere Abgrenzung der reformierten Kirche von den calvinistischen und puritanischen Strömungen des asketischen Protestantismus.[25] Dagegen stellt die Ersetzung der Ausdrücke „Berufsbegriff" und „Berufsidee" durch die Termini *Berufskonzeption* und *Berufsethik* sowie der nun bevorzugte Gebrauch des Begriffs *Ethos* anstelle des Begriffs „Ethik" einen Hinweis darauf dar, daß Weber mit seinen diesbezüglichen Studien keine rein ideen- beziehungsweise begriffsgeschichtliche Rekonstruktion der religiösen Ursprünge der modernen Berufskonzeption verfolgt hat. Ferner bringen diese Klarstellungen zum Ausdruck, daß seine Untersuchungen weniger an einer Analyse des *dogmatischen* Inhalts als vielmehr an der *praktisch-psychologischen Wirkung* dieser Berufsauffassung im Hinblick auf eine methodisch-rationale Reglementierung der alltäglichen Lebensführung interessiert gewesen sind.[26] Es sei in diesem Zusammenhang noch erwähnt, daß es Weber in der zweiten Auflage seiner *Protestantischen Ethik* von 1920 im Rahmen seiner Gegenwartsdiagnose aus begreiflichen Gründen vorzog, von einer *mechanisierten* statt von einer ‚chinesischen‘ Versteinerung der modernen Verhältnisse zu sprechen und daß er den ursprünglich von Werner Sombart geprägten und von ihm übernommenen Begriff des kapitalistischen „Geistes" im Titel seiner Abhandlung nun *ohne* Anführungszeichen verwendet hatte.[27]

Eine weitere Reihe von Veränderungen betreffen wichtige Ergänzungen gegenüber der ersten Fassung seiner Protestantismusstudien von 1904-05, die zum einen auf Webers bessere Übersicht über die Quellenlage und die einschlägige Fachliteratur zurückzuführen sind und die zum anderen den nun erreichten Stand von Webers Auseinandersetzung mit verschiedenen Kritikern seiner Studien dokumentieren. Bei dieser Überarbeitung ist das bereits in der ersten Fassung seiner *Protestantischen Ethik* beträchtliche ‚Fußnotengeschwulst‘ noch erheblich weiter aufgebläht und fast bis zur Unübersichtlichkeit gesteigert worden. Neben den Ergänzungen der bibliographischen Angaben, die vor allem auf entsprechende Hinweise von theologisch versierten Kollegen Webers zurückzuführen sind und die sich insbesondere in einer erheblichen Ausweitung seiner Ausführungen zur Geschichte des *Berufsbegriffs* niedergeschlagen haben[28], sind ferner eine Reihe von Zusätzen festzustellen, die Webers erweiterten Kenntnisstand bezüglich einer stärkeren historischen Spezifizierung der ‚Wahlverwandtschaft‘

---

24   Vgl. PE I, Zusatz 55, 57, 63, 64 und 410.

25   Vgl. PE I, Zusatz 7, 58, 60 und 28, 153, 234, 271 und 272.

26   Ebd., Zusatz 2, 36, 61, 135, 340, 350 und 429.

27   Ebd., Zusatz 442 sowie GARS I, S. 17. Zu Sombarts Verwendung dieses Begriffs siehe Werner Sombart, Der moderne Kapitalismus, a.a.O., Band 1, S. 378 ff.; ferner Erich Fechner, Der Begriff des kapitalistischen Geistes und das Schelersche Gesetz vom Zusammenhang der historischen Wirkfaktoren, in: Archiv für Sozialwissenschaft und Sozialpolitik 63 (1930), S. 93-120.

28   Vgl. PE I, Zusatz 72a, 83-108 und 120.

zwischen der Tradition des asketischen Protestantismus und bestimmter Bestandteile der modernen kapitalistischen Berufsethik belegen. Dies betrifft unter anderem die Inanspruchnahme von William Petty als weiteren Gewährsmann für die Begründung der Plausibilität von Webers ‚These‘ sowie die wiederholten Verweise auf die Relevanz der Arbeiten von Ernst Troeltsch hinsichtlich einer entsprechenden religionsgeschichtlichen Verifizierung seiner eigenen Protestantismusstudien.[29] Ferner hat Weber unter dem Eindruck der 1914 erschienenen Heidelberger Dissertation von Paul Honigsheim in der zweiten Auflage seiner *Protestantischen Ethik* auch verschiedene Vergleiche zwischen dem asketischen Protestantismus und der religiösen Eigenart der französischen Jansenisten sowie der Gedankenwelt von Port Royal eingearbeitet, um sowohl Übereinstimmungen bezüglich ihrer Auffassung der Vorherbestimmung als auch grundlegende Unterschiede zwischen der jansenistischen Form der Frömmigkeit und der puritanischen Ethik zu verdeutlichen.[30]

Überdies hat sich Webers langjährige Beschäftigung mit den Werken von Kierkegaard und Nietzsche in zwei entsprechenden Zusätzen der Zweitauflage niedergeschlagen. Denn der für die dänische Ziviltheologie grundlegende Gegensatz zwischen dem ‚Einzelnen‘ und der ‚Ethik‘ wird nun dem calvinistischen Persönlichkeitsideal sowie dessen ‚Kräfteökonomie‘ gegenübergestellt, für die jener Gegensatz keine Rolle spiele. Und die ursprünglich insbesondere von Georg Simmel vertretene ethische Interpretation der Nietzscheschen Lehre einer ‚ewigen Wiederkehr des Gleichen‘ wird nun von Weber für einen Vergleich dieses ‚züchtigenden Gedankens‘ mit dem puritanischen Prädestinationsglauben in Anspruch genommen, um sowohl deren Übereinstimmung hinsichtlich des zugrunde liegenden ethischen Imperativs als auch ihre unterschiedlichen bewußtseinsmäßigen Implikationen zu unterstreichen.[31]

Erheblichen Raum in den Veränderungen innerhalb der Zweitauflage seiner Protestantismusstudien nimmt auch Webers Auseinandersetzung mit zentralen Kritikern seiner Studien ein. Diese Auseinandersetzung hat sich in der Zweitauflage unter anderem in einer Reihe von Einschüben niedergeschlagen, in denen sich Weber ausführlich über das Verhältnis zwischen den ‚rationalen‘ und den ‚irrationalen‘ Bestandteilen des kapitalistischen Erwerbsstrebens sowie über den grundlegenden Unterschied zwischen dem *Kapitalismus im allgemeinen* und dem *modernen industriellen Kapitalismus* äußert. Ferner hebt Weber hierbei wiederholt den Gegensatz zwischen dem „parvenuehaften“ und „plebejischen“ Charakter des „zum Unternehmer aufsteigenden Mittel- und Kleinbürgertums“ und dem grandseigneuralen Lebensstil der Landlords sowie der traditionellen patriarchalischen ‚Hausväter‘, der internationalen Finanzaristokratie, der Staatsmänner und Fürsten sowie der hohen Staats- und Verwaltungsbeamten und dem geschäftlichen Gebaren der kapitalistischen „Abenteurer“, „Projektmacher“ und „Spekulanten“ verschiedenster Art hervor. Diese Art des Wirtschaftens stelle kein

---

29 Zu Webers Bezugnahme auf Petty vgl. PE I, Zusatz 8, 11a, 17, 424 und 435.

30 Vgl. Paul Honigsheim, Die Staats- und Sozial-Lehren der französischen Jansenisten im 17. Jahrhundert, Heidelberg 1914 sowie PE I, Zusatz 112, 115, 115a, 161, 165, 166, 200, 203, 214, 220 und die entsprechenden Anknüpfungspunkte in den Anmerkungen 145, 257 und 276 dieser Ausgabe der *Protestantischen Ethik*.

31 Ebd., Zusatz 198 und 231. Zur entsprechenden moralphilosophischen Interpretation der Lehre von der ‚ewigen Wiederkehr‘ siehe Georg Simmel, Schopenhauer und Nietzsche. Ein Vortragszyklus, Leipzig 1907, S. 246 ff. sowie Klaus Lichtblau, Das „Pathos der Distanz“. Präliminarien zur Nietzsche-Rezeption bei Georg Simmel, in: Heinz-Jürgen Dahme / Otthein Rammstedt (Hrsg.), Georg Simmel und die Moderne, Frankfurt am Main 1984, S. 231-281 (in diesem Band S. 97 ff.).

Charakteristikum der Neuzeit dar, sondern sei zu allen Epochen und in den verschiedensten Kulturen anzutreffen.[32]

Diese Ausführungen stehen in einem engen Zusammenhang mit zentralen Gegenargumenten und konkurrierenden Deutungen der historischen Entstehung des modernen kapitalistischen ‚Geistes‘, wie sie insbesondere von Werner Sombart und Lujo Brentano gegenüber Webers Studien geltend gemacht worden sind.[33] Webers explizite Auseinandersetzung mit Sombart und Brentano, denen er eine Reihe von zum Teil ausführlichen Fußnoten in der Neufassung seiner *Protestantischen Ethik* gewidmet hatte, stellt eine Fortsetzung jener Art von ‚Antikritiken‘ dar, wie er sie in den Jahren 1907-1910 bereits in ähnlicher Weise gegenüber den entsprechenden Argumenten von H. Karl Fischer und Felix Rachfahl geltend gemacht hatte.[34] Ferner ist hervorzuheben, daß sowohl Sombart als auch Brentano gegenüber der von Weber vertretenen ‚Protestantismus-These‘ in gewissem Sinne das ‚katholische Lager‘ repräsentierten, so daß deren Kritiken als auch Webers diesbezügliche Antikritiken als eine Fortsetzung des ‚Kulturkampfes‘ zwischen den Katholiken und den Protestanten im wilhelminischen Kaiserreich angesehen werden können. Aufgrund der prinzipiellen Bedeutung dieser Auseinandersetzung soll an dieser Stelle deshalb etwas ausführlicher auf Webers Auseinandersetzung mit Sombart und Brentano eingegangen werden.

Das gelegentlich den Charakter eines ‚Kulturkampfes‘ tragende Wechselspiel von Kritik und Antikritik wird besonders in Webers Auseinandersetzung mit bestimmten Thesen Sombarts deutlich, wie sie jener in seinem 1913 erschienenen Buch *Der Bourgeois* vertrat, das Weber ironisch als ein ‚Thesenbuch‘ im schlechtesten Sinn des Wortes bezeichnet hatte. Sombart, der nie müde wurde, immer neue soziale Trägergruppen und historische Vorläufer des modernen kapitalistischen Geistes gegenüber Webers ‚These‘ geltend zu machen, hatte in seiner Untersuchung über die „Geistesgeschichte des modernen Wirtschaftsmenschen“ zum einen die relative ‚Fortschrittlichkeit‘ und ‚Kapitalfreundlichkeit‘ der scholastischen Wirtschaftsethik gegenüber der diesbezüglich ‚rückständigen‘ puritanischen Ethik behauptet und zum anderen im Renaissanceschriftsteller Leon Battista Alberti einen historischen Vorgänger des auch von Weber als Beleg für seine These in Anspruch genommenen Benjamin Franklin gesehen, der bereits alle wesentlichen Elemente von Franklins Utilitarismus und ‚Geschäftstüchtigkeit‘ vorweggenommen habe. Sombart bezog sich bei seiner Einschätzung des kanonischen Zinsverbotes und der insbesondere in den Schriften von Bernhardin von Siena und Antonin von Florenz vertretenen scholastischen Wirtschaftsethik dabei vor allem auf eine 1912 in der

---

32   Vgl. hierzu insbesondere PE I, Zusatz 13, 39, 42, 48, 56, 58-60, 67, 68, 80, 128, 356, 423, 424 und 435.

33   Vgl. Werner Sombart, Die Juden und das Wirtschaftsleben, Leipzig 1911; ders., Der Bourgeois. Zur Geistesgeschichte des modernen Wirtschaftsmenschen, München / Leipzig 1913; Lujo Brentano, Die Anfänge des modernen Kapitalismus, München 1916, besonders S. 123 ff. sowie PE I, Zusatz 1. Zur engen Bezugnahme Webers auf Sombart, die sich bereits in der Erstfassung der Protestantischen Ethik niedergeschlagen hat, siehe auch Talcott Parsons, „Capitalism“ in Recent German Literature: Sombart and Weber, in: The Journal of Political Economy 36 (1928), S. 641-661 und 37 (1929), S. 31-51; A. Bertolino, Werner Sombart e Max Weber nel dissolvimento della scuola storica tedesca del pensiero economico, Florenz 1944; Alessandro Cavalli, La fondazione del metodo sociologico in Max Weber e Werner Sombart, Pavia 1969; Hartmut Lehmann, The Rise of Capitalism: Weber versus Sombart, in: Lehmann / Roth (Hrsg.), Weber's Protestant Ethic, a.a.O., S. 195-208.

34   Vgl. PE II, S. 27 ff., 44 ff., 149 ff. und 283 ff.

Schriftenreihe der Görres-Gesellschaft erschienene Untersuchung von Franz Keller, die von Weber explizit der katholischen ‚Apologetik‘ bezichtigt worden ist.[35]

Gegenüber Sombart und Keller macht Weber den Einwand geltend, daß gerade das kanonische Zinsverbot kein relevantes Unterscheidungsmerkmal zwischen der katholischen und der reformierten Ethik darstelle, da das Zins- und Wucherverbot auch in den verschiedensten anderen religiösen Ethiken anzutreffen sei und im Übrigen auch noch die hugenottische ebenso wie die niederländische Kirchengeschichte des 16. Jahrhunderts geprägt habe. Auch hält Weber die von Sombart vertretene Annahme für abwegig, daß das kanonische Wucherverbot gerade die produktive Kapitalanlage unberührt gelassen und somit in direkter Weise den modernen ‚Unternehmungsgeist‘ gefördert habe. Weber sieht demgegenüber in Bernhardin von Siena und Antonin von Florenz „spezifisch rational asketisch ausgerichtete Mönchsschriftsteller“, die ähnlich wie später die Jesuiten sich darum bemüht hätten, den Unternehmungsgewinn des Kaufmanns als Entschädigung für dessen ebenfalls der Mönchsaskese entstammenden *industria* als ethisch erlaubt zu rechtfertigen. Dagegen fehle sowohl bei den Scholastikern als auch bei Alberti gerade der für Webers ‚These‘ entscheidende Gedanke der *Bewährung* des eigenen Heils im Beruf, weil sie noch nicht jene *psychischen* Prämien gekannt hätten, den die puritanische Ethik mit dem Gedanken der Geschäftstüchtigkeit verbunden hatte und die „dem Katholizismus notwendig fehlen mußten, da seine Heilsmittel eben andere waren“[36].

Auch die Gleichsetzung von Leon Battista Alberti mit Benjamin Franklin hält Weber nur insoweit für gerechtfertigt, als sie deren *ethische* Empfehlung einer weltzugewandten ‚Wirtschaftlichkeit‘ betreffen. Nur sei hierbei zu berücksichtigen, daß dieser spezifisch ‚moderne‘ Utilitarismus bei Alberti *noch nicht*, bei Franklin dagegen *nicht mehr* mit entsprechenden religiösen Motiven verbunden gewesen sei. Bei Alberti überwiege noch eine ‚Lebensklugheit‘ im Sinne des ökonomischen Rationalismus von antik-heidnischen Schriftstellern, deren Bedeutung Weber für die ‚neuzeitliche‘ Art der Wirtschaftspraxis zwar grundsätzlich anerkennt, gleichwohl strikt von der puritanischen Ethik zu unterscheiden bemüht ist. Ferner sieht Weber im Gegensatz zu der von Sombart vertretenen Ansicht in Alberti eher einen aus vornehmsten florentinischen ‚Kavaliersfamilien‘ entstammenden Literaten, nicht aber einen durch ‚bürgerliche‘ Verhältnisse geprägten Wirtschaftsethiker, dessen ‚Ressentiment‘ gegenüber der Aristokratie ihn zum Vorreiter der modernen kapitalistischen Wirtschaftsgesinnung im Sinne der asketischen Berufspflicht hätte machen können. Mangelnde Unterscheidungen zwischen der Haushaltsführung und dem Erwerb einerseits sowie der Vermögensanlage im Allgemeinen und der Kapitalverwertung im Besonderen sind Weber zufolge weitere Gründe dafür, warum Sombart die eigentliche historische Bedeutung Albertis für einen noch vorwiegend auf die traditionelle Form der Haushaltung bezogenen ‚ökonomischen Rationalismus‘ verkannt habe. Schließlich macht Weber sowohl gegen Alberti als auch die scholastischen Wirtschaftsethiker den Einwand geltend, daß ihre ökonomischen Lehren eher eine Widerspiegelung der wirtschaftlichen Verhältnisse ihrer Zeit verkörperten als eine „Argumentation aus zentralen religiösen Positionen heraus“, welche im Unterschied zu einer rein im Dogmatischen verblei-

---

35 Vgl. Sombart, Der Bourgeois, a.a.O., besonders S. 135 ff., 303 ff. und 431 ff.; Franz Keller, Unternehmung und Mehrwert. Eine sozial-ethische Studie zur Geschäftsmoral, Paderborn 1912; ferner PE I, Zusatz 18 und 72a.

36 Ebd., Zusatz 72a.

benden ,Ethik' beziehungsweise ,Literatenlehre' gerade die *individuellen* Antriebe zum praktischen Handeln mit bestimmten religiösen Heilsinteressen und entsprechenden psychologischen Heilsprämien verbinde.[37]

Auch Brentanos Kritik der zentralen Grundannahmen von Webers Protestantismusstudien
ist dadurch gekennzeichnet, daß sie zum einen die Bedeutung der puritanischen Ethik für die
Entstehung des modernen kapitalistischen Geistes relativiert und zum anderen ältere Traditionen und alternative soziale Trägergruppen der kapitalistischen Wirtschaftsgesinnung ins Spiel
bringt. Dies betrifft insbesondere seine Infragestellung von Webers These, daß die lateinisch-
katholischen Völker im Unterschied zu den protestantischen Gebieten noch nicht den Begriff
des ,Berufes' in der von Weber in Anspruch genommenen Bedeutung kannten. Dies betrifft
aber auch seinen Einwand, daß im Vergleich zu der bereits bei Jakob Fugger anzutreffenden
Wirtschaftsgesinnung die diesbezüglichen Auffassungen Calvins und der Puritaner geradezu *traditionalistisch* statt ,kapitalistisch' geprägt gewesen seien. Weber weist nun in seiner
entsprechenden Replik darauf hin, daß auch Brentano nicht zureichend zwischen dem wirtschaftlichen Erwerb im Allgemeinen und dem kapitalistischen Erwerbsstreben im Besonderen unterscheide. Dies führe unter anderem dazu, daß Brentano die wirtschaftliche Rolle der
Emigranten aller Konfessionen als Bankiers gegenüber der eigentlichen Trägergruppe der kapitalistischen Berufsethik zu stark betone und insofern bei der Erklärung der Entstehung des
modernen Kapitalismus auf eine überall anzutreffende Erscheinung, nicht aber auf eine historisch *spezifische* Komponente desselben zurückgreife.[38]

Ähnlich wie im Falle Sombart versucht Weber auch Brentanos Hervorhebung der Bedeutung der „heidnischen Emanzipation vom Traditionalismus" für die Entstehung der modernen
Wirtschaftsgesinnung zu relativieren. Brentanos Versuch, die mittelalterlich-mönchische Form
der Lebensführung als Vorwegnahme der asketischen Grundlagen der puritanischen Berufsethik
zu interpretieren und letzterer dabei jeden Innovationsanspruch abzusprechen, wird von Weber
mit dem Argument zurückgewiesen, daß es ihm gerade um den Nachweis der *innerweltlichen*
Wendung einer ursprünglich rein *außerweltlich* orientierten Form der methodisch-rationalen
Lebensreglementierung gehe und daß er insofern diesen historischen Zusammenhang nicht
,übersehen', sondern selbst wiederholt betont habe, was sich insbesondere in seiner Rekonstruktion der „asketischen Provenienz" des modernen Berufsbegriffs niedergeschlagen habe.[39]

Auch Brentanos Versuch, einen Widerspruch zwischen dem nüchtern-rationalen ,Ge-
schäftssinn' und der philanthropischen Grundorientierung von Benjamin Franklin zu konstruieren sowie die kapitalistische ,Rückständigkeit' der puritanischen Moraltheologie Richard
Baxters mit dessen ,Antimammonismus' zu begründen, wird von Weber mit dem Argument
kritisiert, daß im ersten Fall geklärt werden müsse, wie ein solcher Philanthrop jene nüchterne Lebensmethodik im Stile eines Moralisten vortragen konnte, während es im letzteren
Fall zu verstehen gelte, wie eine solche ,antimammonistische' Lehre überhaupt die Entstehung eines spezifisch ökonomischen Rationalismus fördern helfen konnte. Was Brentano zu
Recht als Paradoxie kritisiert, wird insofern von Weber ausdrücklich als eine historische Pa-

---

37   Ebd., Zusatz 42 und 72a.

38   Ebd., Zusatz 13, 39, 43 und 356. Brentano hatte mit einem Verweis auf seine eigene familiäre Herkunft gegenüber
     Webers Hochschätzung der ,calvinistischen Diaspora' insbesondere die wirtschaftliche Rolle der *katholischen*
     Emigranten hervorgehoben. Vgl. Brentano, Die Anfänge des modernen Kapitalismus, a.a.O., S. 133 f.

39   Vgl. PE I, Zusatz 42, 85, 86, 98, 108 und 258.

radoxie anerkannt, um so zugleich den „widernatürlichen" sowie „irrationalen" Charakter des auf asketischer Grundlage beruhenden kapitalistischen Erwerbsstrebens zu unterstreichen.[40]

Schließlich sind in der zweiten Auflage der *Protestantischen Ethik* eine Reihe von Ergänzungen feststellbar, die Weber unter Bezugnahme auf entsprechende Überlegungen im religionssoziologischen Kapitel von *Wirtschaft und Gesellschaft* sowie in seinen späteren Aufsätzen zur *Wirtschaftsethik der Weltreligionen* vorgenommen hatte und die letztendlich nur im Zusammenhang mit diesen späteren Schriften verständlich sind. Dies betrifft insbesondere die Vergleiche mit den verschiedenen außereuropäischen Religionen, die Weber nun eingefügt hat, um zum einen die historische Eigenart des asketischen Protestantismus in einem universalgeschichtlichen Kontext aufzuzeigen und um zum anderen die entsprechenden Bezüge zu seinen späteren religionssoziologischen Untersuchungen zu verdeutlichen. Erwähnt seien hier insbesondere seine Bezugnahmen auf die „organische" religiöse Ethik und den „Berufstraditionalismus" der hinduistischen Kastenordnung und Wiedergeburtslehre, auf die Bedeutung der „Heilsgewißheit" im Buddhismus als weiteres Beispiel für eine historisch bedeutsame „nicht sakramentale Erlösungsreligion", auf die „prädeterministische" statt „prädestinatianische" Auffassung der Vorherbestimmung im Islam sowie die Verweise auf den indischen Jainismus und den indisch-iranischen Parsismus.[41]

Eine besondere Bedeutung kommt in diesem Zusammenhang Webers Auseinandersetzung mit dem Verhältnis der ‚jüdischen Ethik‘ zum modernen ökonomischen Rationalismus zu, wie es namentlich von Werner Sombart zur Diskussion gestellt, später von Lujo Brentano wieder aufgenommen und schließlich von Weber selbst in seiner Studie über *Das antike Judentum* ausführlich erörtert worden ist.[42] Bereits in der ersten Fassung der *Protestantischen Ethik* hatte Weber wiederholt auf die Bedeutung der Rezeption des Alten Testaments sowie der Übernahme wesentlicher Züge der alttestamentlichen Gottesvorstellung innerhalb des asketischen Protestantismus hingewiesen. Ferner hat er „das Eindringen alttestamentlich-jüdischen Geistes in den Puritanismus" sowie die „Wirkung nüchterner hebräischer Lebensweisheit" auf die puritanische „Lebensstimmung" hervorgehoben. Gleichwohl warnte er in diesem Zusammenhang davor, diesen „English Hebraism" als eine unmittelbare Wiederaufnahme der „alttestamentlichen Sittlichkeit" mißzuverstehen.[43]

In den entsprechenden Zusätzen der Zweitauflage seiner *Protestantischen Ethik* ist Weber nun vor dem Hintergrund der von Sombart vertretenen ‚Thesen‘ darum bemüht, stärker

---

40 Ebd., Zusatz 37, 39, 40 und 353.

41 Ebd., Zusatz 19, 21, 42, 112, 204, 210, 216 und 280.

42 Vgl. Sombart, Die Juden und das Wirtschaftsleben, a.a.O.; Brentano, Die Anfänge des modernen Kapitalismus, a.a.O., S. 158 ff.; Max Weber, Das antike Judentum, in: GARS III (Tübingen 1921) sowie PE I, Zusatz 1 und 390. Sombart hatte seine ‚Thesen‘ bezüglich der Bedeutung des ‚jüdischen Rationalismus‘ für die Entstehung des modernen Kapitalismus später allerdings erheblich abgeschwächt. Vgl. ders., Der Bourgeois, a.a.O., besonders S. 299 ff., 337 ff. und 355 ff. Zur ausführlichen Diskussion des Verhältnisses zwischen Judaismus und Puritanismus sowie zur entsprechenden Kontroverse zwischen Sombart und Weber siehe auch Henri Sée, Dans quelle mesure puritains et juifs ont-ils contribué aux progrès du capitalisme moderne?, in: Revue Historique 155 (1927), S. 57-68; Toni Oelsner, The Place of the Jews in Economic History as viewed by German Scholars, in: Yearbook of the Leo Baeck Institute 7 (1962), S. 183-212; Freddy Raphaël, Judaïsme et capitalisme. Essai sur la controverse entre Max Weber et Werner Sombart, Paris 1982; ferner Samuel Z. Klausner, Werner Sombart's The Jews and Modern Capitalism: A Methodological Introduction, in: Werner Sombart, The Jews and Modern Capitalism, New Brunswick / London 1982, S. xv-cxxv.

43 Vgl. PE I, S. 83 ff. und 135 ff.

die Unterschiede zwischen der jüdischen und der puritanischen Ethik hinsichtlich ihrer ‚praktischen Dogmatik‘ hervorzuheben. Zwei Gesichtspunkte sind es, die Weber zufolge entscheidend dazu beigetragen haben, daß die Wirtschaftsethik des Judentums trotz seines formalgesetzlichen Rationalismus im Wesentlichen *traditionalistisch* geblieben sei. Denn zum einen habe hier eine „doppelte (Innen- und Außen-)Ethik“, d.h. die ökonomische Ungleichbehandlung der Glaubensbrüder und der Glaubensfremden eine volle Entfaltung des der jüdischen ‚Gesetzes‘-Ethik an sich zugrunde liegenden Rationalisierungspotentials behindert. Zum anderen sieht Weber auch in dem mittelalterlichen und neuzeitlichen Judentum die Verkörperung eines „politisch oder spekulativ orientierten ‚Abenteurer‘-Kapitalismus“ sowie eines „Paria-Kapitalismus“, der es grundsätzlich ausgeschlossen habe, daß das Judentum zur maßgeblichen sozialen Trägerschicht eines „Ethos des rationalen bürgerlichen Betriebs und der rationalen Organisation der Arbeit“ hätte werden können.[44]

Weber macht in den Zusätzen zur Zweitauflage der *Protestantischen Ethik* aber auch von einigen religionssoziologischen Grundbegriffen Gebrauch, deren prinzipielle Bedeutung und deren systematischer Stellenwert nur im Kontext seiner späteren religionssoziologischen Schriften verstanden werden können. Dies betrifft zum einen seinen Rückgriff auf das *Theodizee*-Problem und die Bezugnahme auf die religionsgeschichtliche Bedeutung der *Prophetie*. Dies betrifft zum anderen aber auch die grundbegriffliche Unterscheidung zwischen *Mystik* und *Askese* als zwei idealtypisch voneinander abzugrenzende Formen der religiösen Heilssuche sowie zwischen *Kirche* und *Sekte* als zwei grundsätzlich verschiedene soziale Organisationsformen des praktischen religiösen Lebens.[45] Insbesondere die typologische Unterscheidung zwischen Mystik und Askese einerseits sowie Kirche und Sekte andererseits hatte Weber zwar bereits in der ersten Fassung seiner Protestantismusstudien wiederholt verwendet. Jedoch sprach er diesen in Anlehnung an den entsprechenden Sprachgebrauch von Ernst Troeltsch erst nachträglich explizit den Status von *religionssoziologischen Grundbegriffen* zu. Mit der religionssoziologischen Präzisierung dieser Grundbegriffe ist Weber nun zum einen in der Lage, die historische Eigenart der innerweltlichen Askese als eines gottgewollten Handelns noch stärker als bisher von der emotionalen Religiosität und ‚Innerlichkeit‘ der weltflüchtigen Mystik abzugrenzen. Zum anderen verweist nun die stärkere Konturierung des Gegensatzes zwischen den sozialen Organisationsformen des religiösen Lebens und den Im-

---

44   Vgl. ebd., Zusatz 48, 380, 386, 390 und 435. Zu Webers problematischen Gleichsetzung der sozialen und politischen Stellung des Judentums mit der Lage eines ‚Pariavolkes‘ siehe E. Shmueli, The „Paria-People“ and Its „Charismatic Leadership“. A Revaluaticon of Max Weber's Ancient Judaism, in: Proceedings of the American Academy of Jewish Research 36 (1968), S. 167-247; Werner J. Cahnmann, Der Pariah und der Fremde: Eine begriffliche Klärung, in: Archives Européennes de Sociologie 15 (1974), S. 166-177; Arnaldo Momigliano, A Note on Max Weber's Definition of Judaism as a Pariah-Religion, in: History and Theory 19 (1980), S. 313-318; Eugène Fleischmann, Max Weber, die Juden und das Ressentiment, in: Wolfgang Schluchter (Hrsg.), Max Webers Studie über das antike Judentum, Frankfurt am Main 1981, S. 263-286; ferner Klaus Lichtblau, Ressentiment, negative Privilegierung, Parias, in: Hans G. Kippenberg / Martin Riesebrodt (Hrsg.), Max Webers „Religionssystematik“, Tübingen 2001, S. 279-296.

45   Zum Theodizee-Problem vgl. PE I, Zusatz 198; zur Prophetie die Zusätze 121 und 163 sowie die entsprechenden Ausführungen in Max Weber, Wirtschaft und Gesellschaft. Grundriß der verstehenden Soziologie, 5. Aufl. Tübingen 1972, S. 273 ff., 314 ff., ferner GARS I, S. 242 ff. und 540 ff. Zur grundbegrifflichen Unterscheidung zwischen Mystik und Askese siehe PE I, Zusatz 219, 221 und 303; zur Unterscheidung zwischen Kirche und Sekte vgl. dagegen die Zusätze 267, 327, 328 und 448 sowie die entsprechenden Bezugsstellen in Weber, Wirtschaft und Gesellschaft, S. 328 ff., 692 ff. und 721 ff., ferner GARS I, S. 207 ff., 257 ff. und 538 f.

plikationen der verschiedenen Kirchenverfassungen gegenüber dem „voluntaristischen Verband" der Sekte auf die spezifische Art des Gemeinschaftslebens und der sozialen Kontrolle innerhalb der verschiedenen puritanischen Denominationen, wie sie Weber bereits in den verschiedenen Fassungen seines Sektenaufsatzes hervorgehoben hatte.[46]

Als völlig irritierend können dagegen insbesondere jene Zusätze bezeichnet werden, in denen Weber von dem großen universalgeschichtlichen Prozeß der Entzauberung der Welt spricht, der mit der „altjüdischen Prophetie" beginne und „im Verein mit dem hellenischen wissenschaftlichen Denken" aufgrund der strikten Ausschaltung aller magisch-sakramentaler Heilsmittel schließlich innerhalb der puritanischen Ethik seinen „Abschluß" finde. Diese Stellen müssen jedem Leser der zweiten Fassung der *Protestantischen Ethik*, der Webers späteres religionssoziologisches Werk und die entsprechende Sekundärliteratur noch nicht kennt, notwendig als Fremdkörper erscheinen, da sie mit der ursprünglichen Fragestellung seiner Protestantismusstudien nicht ohne Weiteres zu erklären und in Übereinstimmung zu bringen sind.[47] Denn als *Entzauberung der Welt* versteht Weber nun einen Jahrtausende umfassenden und nicht nur auf die Geschichte des okzidentalen Christentums beschränkten universalgeschichtlichen Prozeß der Rationalisierung von Weltbildern und der Ausschaltung aller nicht-ethischen, ‚übernatürlichen‘ Wege der Heilssuche, der in der puritanischen Ethik seinen *Abschluß* gefunden habe.[48] Webers nachträgliche Einordnung seiner *Protestantischen Ethik* in dieses übergreifende religionssoziologische Bezugssystem macht nun zwar zum einen die Anschlußstellen zwischen diesen frühen Studien und seinen späteren Arbeiten deutlich. Sie hat damit aber zum anderen den Weg für eine Rezeption seiner Protestantismusstudien geöffnet, die deren ursprüngliche Fragestellung zugunsten deren späteren religionssoziologischen Überarbeitung in den Hintergrund treten ließ. Deshalb ist es aus rein sachlichen Gründen angebracht, daß die ursprüngliche Fassung seiner *Protestantischen Ethik* von 1904-05 nicht ganz in Vergessenheit gerät.

---

46   Vgl. GARS I, S. 207 ff. sowie PE I, Zusatz 448. Webers Unterscheidung zwischen Kirche und Sekte einerseits sowie Mystik und Askese andererseits ist mit der von Troeltsch verwendeten dreigliedrigen Typologie von Kirche, Sekte und Mystik allerdings nicht identisch und verfolgt zum Teil auch andere Ziele. Siehe hierzu insbesondere Gert H. Mueller, Ascetism and Mysticism. A Contribution toward the Sociology of Faith, in: Internationales Jahrbuch für Religionssoziologie 8 (1973), S. 68-132; Theodore M. Steeman, Church, Sect, Mysticism, Denomination. Periodical Aspects of Troeltsch's Types, in: Sociological Analysis 36:3 (1975), S. 181-204; William R. Garrett, Maligned Mysticism: The Maledicted Career of Troeltsch's Third Type, ebd., S. 205-223; Paul M. Gustafson, The Missing Member of Troeltsch's Trinity: Thoughts Generated by Weber's Comments, ebd., S. 224-226; Benjamin Nelson, Max Weber, Ernst Troeltsch, Georg Jellinek as Comparative Historical Sociologists, ebd., S. 229-240; Roland Robertson, On the Analysis of Mysticism: Pre-Weberian, Weberian and Post-Weberian Perspectives, ebd., S. 241-266; ders., Meaning and Change. Explorations in the Cultural Sociology of Modern Societies, New York 1978, S. 103 ff.; ferner Caroline Walker Bynum, Mystik und Askese im Leben mittelalterlicher Frauen. Einige Bemerkungen zu den Typologien von Max Weber und Ernst Troeltsch, in: Wolfgang Schluchter (Hrsg.), Max Webers Sicht des okzidentalen Christentums, Frankfurt am Main 1988, S. 355-382.

47   Auf diesen Tatbestand hatte erstmals Friedrich Tenbruck hingewiesen. Vgl. ders., Das Werk Max Webers, a.a.O., S. 667 ff. sowie PE I, Zusatz 163, 243, 331 und 337.

48   Zur ausführlichen Diskussion des für Webers spätere universalgeschichtliche Analysen zentralen Begriffs der ‚Entzauberung der Welt‘ siehe Johannes Winckelmann, Die Herkunft von Max Webers „Entzauberungs"-Konzeption, in Kölner Zeitschrift für Soziologie und Sozialpsychologie 32 (1980), S. 12-53.

3. Max Webers Nietzsche-Rezeption in werkgeschichtlicher Betrachtung

Einleitung

Viele Jahre stand die Rezeption von Max Webers Werk im Schatten seiner langjährigen Aus-einandersetzung mit Karl Marx sowie den Grundannahmen des Historischen Materialismus beziehungsweise einer ,ökonomischen Geschichtsbetrachtung', wie Weber die marxistische Gesellschaftslehre vornehm umschrieben hatte. Aus diesem Grund überwiegen in der älteren Sekundärliteratur jene Beiträge, die dem spannungsreichen Verhältnis zwischen den Werken von Marx und Weber gewidmet sind. Seit Mitte der 1960er Jahre ist jedoch parallel dazu ein Interesse festzustellen, Max Webers geistesgeschichtliche Stellung auch anhand der ,Spuren' seiner Nietzsche-Rezeption zu beleuchten.[1] Nach einer gewissen Pause, die durch die Studen-tenbewegung von 1968 sowie die durch sie bedingte Konjunktur des akademischen Marxis-mus eingetreten ist, setzte im Gefolge der weltweiten Krise des Marxismus dann Anfang der 1980er Jahre geradezu eine Euphorie hinsichtlich der Möglichkeit ein, Webers Arbeiten vor dem Hintergrund eines Vergleichs mit Nietzsches Werk völlig neue Seiten abzugewinnen.[2]

---

1   Vgl. Eugène Fleischmann, De Weber à Nietzsche, in: Archives Européennes de Sociologie 5 (1964), S. 190-238; Karl Löwith, Die Entzauberung der Welt durch Wissenschaft, in: Merkur 18 (1964), S. 501-519; Wolfgang J. Mommsen, Universalgeschichtliches und politisches Denken bei Max Weber (1965), in: ders., Max Weber. Gesellschaft, Politik und Geschichte, Frankfurt am Main 1974, S. 97-143 und 250-265; Jacob Taubes, Die Entstehung des jüdischen Pariavolkes, in: Karl Engisch / Bernhard Pfister / Johannes Winckelmann (Hrsg.), Max Weber. Gedächtnisschrift der Ludwig-Maximilians-Universität München, Berlin 1966, S. 185-194; ferner Arthur Mitzman, The Iron Cage: An Historical Interpretation of Max Weber, New York 1970, besonders S. 180 ff., 242 ff., 269 ff. 301 ff. und 313 ff.

2   Erwähnt seien in diesem Zusammenhang insbesondere Eugène Fleischmann, Max Weber, die Juden und das Ressentiment, in: Wolfgang Schluchter (Hrsg.), Max Webers Studie über das antike Judentum. Interpretation und Kritik, Frankfurt am Main 1981, S. 263-286; Horst Baier, Die Gesellschaft – Ein langer Schatten des toten Gottes. Friedrich Nietzsche und die Entstehung der Soziologie aus dem Geist der Décadence, in: Nietzsche-Studien 10-11 (1981-82), S. 6-33; Robert Eden, Political Leadership and Nihilism. A Study of Weber and Nietzsche, Tampa 1983; ders., Weber and Nietzsche: Questioning the Liberation of Social Science from Historicism, in: Wolfgang J. Mommsen / Jürgen Osterhammel (Hrsg.), Max Weber and his Contemporaries, London 1987, S. 405-421; Georg Stauth / Bryan S. Turner, Nietzsche in Weber oder die Geburt des modernen Genius' im professionellen Menschen, in: Zeitschrift für Soziologie 15 (1986), S. 81-94; Wilhelm Hennis, Die Spuren Nietzsches im Werk Max Webers, in: ders., Max Webers Fragestellung. Studien zur Biographie des Werks, Tübingen 1987, S. 167-191; Ralph Schroeder, Nietzsche and Weber. Two 'Prophets' of the Modern World, in: Scott Lash / Sam Whimster (Hrsg.), Max Weber, Personality and Modernity, London 1987, S. 207-221; Detlev J. K. Peukert, Max Webers Diagnose der Moderne, Göttingen 1989, S. 5-43; Hartmann Tyrell, Religion und ,intellektuelle Redlichkeit'. Zur Tragödie der Religion bei Max Weber und Friedrich Nietzsche, in: Sociologia Internationalis 29 (1991), S. 159-177; Georg Stauth, Kulturkritik und affirmative Kultursoziologie. Friedrich Nietzsche, Max Weber und die Wissenschaft von der menschlichen Kultur, in: Gerhard Wagner / Heinz Zipp-rian (Hrsg.), Max Webers Wissenschaftslehre. Interpretation und Kritik, Frankfurt am Main 1994, S. 167-198;

In methodischer Hinsicht steht eine solche Spurensuche dabei vor dem Problem, die zahlreichen, jedoch meist knapp gehaltenen impliziten und expliziten Bezugnahmen Webers auf
Nietzsches Werk zu einem kohärenten Gesamtbild seines Nietzsche-Verständnisses zusammenzufassen, ohne der Versuchung zu erliegen, durch die Konstruktion von philologisch nicht
abgesicherten ‚Entsprechungen' und ‚Parallelen' zwischen ihren Werken Weber vorschnell
zu einem Adepten der ‚Lehren Nietzsches' zu stilisieren. Das kulturrevolutionäre Pathos von
Zarathustras ‚Botschaft' gerinnt so leicht zur Folie, vor deren Hintergrund die ‚ewige Jugendlichkeit' Max Webers vermittels des Austauschs alter und der Herstellung neuer, wiederum
einseitiger ‚Wertbezüge' heraufbeschworen werden soll.[3] Webers Verhältnis zu Nietzsche ist
aber durchaus ein vielschichtiges, wenn nicht gar ambivalentes, und sollte weniger als eine
philologische Hochleistung verstanden, sondern im Kontext der Nietzsche-Diskussion seiner Zeit gesehen werden. Dabei ist hervorzuheben, daß Weber im Laufe seiner intellektuellen Entwicklung durchaus sensibel auf die unterschiedlichen Akzentsetzungen innerhalb der
Nietzsche-Rezeption im wilhelminischen Deutschland reagiert und diese höchst eigenstän-
dig verarbeitet hat.[4] Im Folgenden soll deshalb der Versuch unternommen werden, durch eine
Berücksichtigung der direkten und der indirekten Nietzsche-Bezüge in Webers Werk sowohl
die Entwicklung als auch die Schwerpunkte von Webers Nietzsche-Rezeption stichwortartig
zusammenzufassen, um die Frage zu klären, ob er tatsächlich als ein ‚Nachtreter' von Nietzsche angesehen werden kann.

Der Fluch des politischen Epigonentums

Das Spannungsverhältnis zwischen der ‚Jugendlichkeit' und dem ‚Alter' einer Kultur war ein
zentrales Thema von Webers Antrittsvorlesung, die er 1895 an der Universität Freiburg gehalten hatte. In ihr stellte er zum einen grundsätzliche Überlegungen über die Voraussetzungen

---

Volkhard Krech / Gerhard Wagner, Wissenschaft als Dämon im Pantheon der Moderne. Eine Notiz zu Max
Webers zeitdiagnostischer Verhältnisbestimmung von Wissenschaft und Religion, ebd., S. 755-779.

[3]   Auf dieses Problem verwies bereits Wilhelm Hennis in seiner entsprechenden ‚Spurensuche' (a.a.O., S. 170 und
190). Auch Wolfgang J. Mommsen hob die Rolle Nietzsches als ‚Gesprächspartner' Max Webers hervor, indem
er zum einen die relativ dürftigen philologischen Belege für Webers Nietzsche-Rezeption betont hatte und zum
anderen auf die Bedeutung der Nietzsche-Bezüge in Webers Werk hinsichtlich Webers Selbstverständigung über
zentrale weltanschauliche Probleme seiner Zeit hinwies. Mommsen distanzierte sich in diesem Zusammenhang
zugleich von der durch Eduard Baumgarten vertretenen Ansicht, daß Webers Werk als grandioses „Resultat
eines beständigen Dialogs zwischen Nietzsche und Marx" gedeutet werden müsse. Vgl. Wolfgang J. Mommsen, Die antinomische Struktur des politischen Denkens Max Webers, in: Historische Zeitschrift 233 (1981),
S. 39. Zu dieser sich auf eine mündliche Äußerung von Max Weber stützende Ansicht, daß Webers Werk eine
Synthese des Gedankenguts von Marx und Nietzsche darstelle, siehe Eduard Baumgarten, Max Weber. Werk
und Person, Tübingen 1964, S. 554 f.
[4]   Zur Bedeutung der seit 1890 einsetzenden Nietzsche-Rezeption siehe Gisela Deesz, Die Entwicklung des Nietzsche-Bildes in Deutschland, Würzburg 1933; Joelle Philippi, geb. Barron, Das Nietzsche-Bild in der deutschen
Zeitschriftenpresse der Jahrhundertwende, Diss. Saarbrücken 1970; Richard Frank Krummel, Nietzsche und
der deutsche Geist, 2 Bände, Berlin / New York 1974 und 1983; Bruno Hillebrand, Frühe Nietzsche-Rezeption
in Deutschland, in: ders. (Hrsg.), Nietzsche und die deutsche Literatur, Band 1: Texte zur Nietzsche-Rezeption
1873-1963, München 1978, S. 1-55; Richard Hinton Thomas, Nietzsche in German Politics and Society 1890-
1918, Manchester 1983; Seth Taylor, Left-wing Nietzscheans. The politics of German expressionism 1910-1920,
Berlin / New York 1990; Margot Fleischer, Das Spektrum der Nietzsche-Rezeption im geistigen Leben seit der
Jahrhundertwende, in: Nietzsche-Studien 20 (1991), S. 1-47 sowie Steven E. Aschheim, The Nietzsche legacy
in Germany 1890-1900, Berkeley 1992.

des wirtschaftlichen, politischen und kulturellen Aufstiegs sowie Niedergangs ganzer sozialer Klassen und Nationen an. Zum anderen versuchte er in dieser viel beachteten Antrittsvorlesung auch eine Antwort auf das „harte Schicksal des politischen Epigonentums" seiner eigenen Generation zu geben.[5] „Formt in euch ein Bild, dem die Zukunft entsprechen soll, und vergesst den Aberglauben: Epigonen zu sein!" rief Nietzsche seinen Zeitgenossen in seiner *Zweiten unzeitgemäßen Betrachtung* zu, die den Nutzen und Nachteil des historischen Bewußtseins für das praktische Leben zum Gegenstand hatte.[6] Werdet selbst „Vorfahren des Zukunftgeschlechts" und Vorläufer einer noch größeren Zeit, war auch Webers Antwort auf die Frage, wie der Fluch des politischen Epigonentums zugunsten des Bekenntnisses zu einer genuinen „Weltmachtpolitik" und einer spezifisch *machtstaatlichen* „Verantwortlichkeit vor der Geschichte" überwunden werden könne.[7]

Obwohl Weber in seiner Freiburger Antrittsvorlesung Nietzsche an keiner Stelle direkt erwähnt hat, lassen sich dennoch eine Reihe von Themen identifizieren, die mehr oder weniger als eine Anspielung auf zentrale Topoi der von Nietzsche propagierten Form von Kulturkritik verstanden werden können.[8] Diese impliziten Nietzsche-Bezüge in der Antrittsvorlesung stehen im unmittelbaren zeitlichen Zusammenhang mit der erstmals in seinem Brief an Marianne Weber vom 26. Juli 1894 bezeugten Nietzsche-Rezeption, in dem Weber ironisch auf seine „durch Enquêtes, Kierkegaard, Nietzsche und Simmel maltraetierten Kopfnerven" anspielt.[9] Webers eigene sozialdarwinistische Interpretation des „ökonomischen Kampfs ums Dasein" und seine Zurückführung aller ökonomischen Entwicklungsprozesse auf die „Machtkämpfe" zwischen den rivalisierenden Klassen und Nationen stehen hierbei in einem auffälligen Gegensatz zu dem zu seiner Zeit weit verbreiteten Fortschrittsoptimismus, der noch in naiver Weise wirtschaftliche Höherentwicklung mit kultureller Blüte gleichsetzte und sich in sozialpolitischer Hinsicht an der eudämonistischen Maxime des „größten Glücks der größten Zahl" orientiert hatte. Weber teilt mit Nietzsche insofern die Überzeugung, daß nicht die Steigerung des „Wohlbefindens der Menschen" das Ziel der gesellschaftlichen Entwicklung sein könne, sondern allein die „Emporzüchtung" jener Eigenschaften und Qualitäten des Menschen, mit denen wir die spezifische „Empfindung verbinden, daß sie menschliche Größe und den Adel unserer Natur ausmachen"[10].

---

5   Vgl. Max Weber, Der Nationalstaat und die Volkswirtschaftspolitik, in: ders., Gesammelte politische Schriften, 4. Aufl. Tübingen 1980, S. 21.

6   Friedrich Nietzsche, Unzeitgemässe Betrachtungen. Zweites Stück: Vom Nutzen und Nachteil der Historie für das Leben, in: ders., Sämtliche Werke. Kritische Studienausgabe in 15 Bänden, hrsg. von Giorgio Colli und Mazzino Montinari (im folgenden zitiert als KSA), Berlin 1980, Band 1, S. 295.

7   Weber, Der Nationalstaat und die Volkswirtschaftspolitik, a.a.O. S. 13 und 24.

8   Vgl. hierzu insbesondere die entsprechenden Hinweise bei Wolfgang J. Mommsen, Max Weber und die deutsche Politik 1890-1920, 2., überarbeitete und erweiterte Aufl. Tübingen 1974, S. 39 ff.; Robert Eden, Political Leadership and Nihilism, a.a.O., S. 41 ff.; Wilhelm Hennis, Die Spuren Nietzsches im Werk Max Webers, a.a.O., S. 175 ff.; ferner Lawrence A. Scaff, Weber before Weberian sociology, in: British Journal of Sociology 35 (1984), S. 190-215.

9   Dieser derzeit noch unveröffentlichte Brief aus dem Weber-Nachlaß, der ein erstes Zeugnis von dem Eindruck wiedergibt, den offensichtlich die Lektüre der Schriften Nietzsches auf den jungen Max Weber machte, wird zitiert bei Hennis, a.a.O., S. 172 sowie Lawrence A. Scaff, Fleeing the Iron Cage. Culture, Politics, and Modernity in the Thought of Max Weber, Berkeley / Los Angeles 1989, S. 128.

10 Weber, Der Nationalstaat und die Volkswirtschaftspolitik, S. 12 f. Zur gleichlautenden, in zahlreichen seiner Schriften immer wiederkehrenden Abgrenzung Nietzsches von den evolutionstheoretischen Grundannahmen

Dieser Rückbezug Webers auf die ,aristokratische' Wertungsweise Nietzsches war in diesem Zusammenhang nicht nur kritisch gegen die ethischen Ideale der „Wald- und Wiesen-Sozialpolitiker" seiner Zeit gerichtet gewesen, sondern auch gegen die Grundannahme der Anhänger einer naturalistischen Selektionslehre, derzufolge es immer die „tüchtigsten" und „am höchsten entwickelten Typen" seien, die sich im „Kampf ums Dasein" erfolgreich gegen ihre Rivalen durchsetzen. Mit Nietzsche machte Weber gegenüber dieser Annahme einer durch das Selektionsprinzip bedingten ,Höherentwicklung' der Arten vielmehr den Einwand geltend, daß die Geschichte durchaus den „Sieg von niedriger entwickelten Typen der Menschlichkeit und das Absterben hoher Blüten des Geistes- und Gemütslebens" kenne und daß es insofern eine verwegene Unterstellung sei, daß die Emanzipationskämpfe der „aufsteigenden Klassen" notwendigerweise den Siegeszug eines „ökonomisch höher stehenden Typus des Menschentums" darstellen würden.[11]

Auf diese am Beispiel des Migrationsverhaltens von deutschen und polnischen Landarbeitern veranschaulichte Möglichkeit einer Diskrepanz zwischen ,hoher Kultur' und wirtschaftlicher Durchsetzungsfähigkeit ist Weber auch in seinen späteren Schriften eingegangen. Sie hat ihn dabei unter direkter Anspielung auf Nietzsches berühmte Formel von der „Exstirpation des deutschen Geistes zugunsten des deutschen Reiches" mehrfach zu der Feststellung veranlaßt, daß auch der wahre Höhepunkt der deutschen Kultur um 1800 offensichtlich „in einer Zeit materieller Armut und politischer Ohnmacht" erreicht worden sei und daß *Kultur-Prestige* und *Macht-Prestige* zwar eng zusammen gehören, letzteres aber nicht notwendig der Kulturentwicklung zugute kommen muß und daß in dieser Hinsicht „satten" Völkern offensichtlich „keine Zukunft blüht"[12].

Max Webers Nietzsche-Kritik

Webers Plädoyer für den nationalen Machtstaat, d.h. in diesem Fall für eine „große Politik" im Sinne einer sich ihrer Verantwortung für das „Zukunftsgeschlecht" bewußten *Weltpolitik* und seine Betonung der Notwendigkeit einer langfristig angelegten „Züchtung" beziehungs-

---

Darwins und Spencers sowie den eudämonistischen Sozialethiken des 19. Jahrhunderts, mit der sich bei Nietzsche zugleich eine scharfe Kritik an der ,westlichen' Soziologie englischer und französischer Provenienz verband, siehe auch Achim von Winterfeld, Nietzsche als Sozialphilosoph und seine Stellung zur Gesellschaft, Gautzsch bei Leipzig 1909; Emil Hammacher, Nietzsche und die soziale Frage, in: Archiv für Sozialwissenschaft und Sozialpolitik 31 (1910), S. 779-809; Baier, Die Gesellschaft – Ein langer Schatten des toten Gottes, a.a.O.; Enzo Rutigliano, Nietzsche und die Soziologie seiner Zeit, in: Annali di Sociologia - Soziologisches Jahrbuch 5 (1989), Tei II, S. 417-425; ferner Karl Brose, Sklavenmoral. Nietzsches Sozialphilosophie, Bonn 1990, S. 132 ff.

11   Max Weber, Der Nationalstaat und die Volkswirtschaftspolitik, S. 9 und 17. Zur Abgrenzung Nietzsches von den entsprechenden Grundannahmen der angelsächsischen Evolutionstheorien des 19. Jahrhundert siehe Oskar Ewald, Darwin und Nietzsche, in: Zeitschrift für Philosophie und philosophische Kritik 136 (1909), Ergänzungsheft 1, S. 159-179; ferner Werner Stegmaier, Darwin, Darwinismus, Nietzsche. Zum Problem der Evolution, in: Nietzsche-Studien 16 (1987), S. 264-287.

12   Max Weber, Rußlands Übergang zum Scheinkonstitutionalismus (1906), in: Gesammelte politische Schriften, S. 111; ders., Wahlrecht und Demokratie in Deutschland (1917), ebd., S. 286; ders., Wirtschaft und Gesellschaft. Grundriß der verstehenden Soziologie, 5. Aufl. Tübingen 1971, S. 530. Zur „Exstirpation des deutschen Geistes zu Gunsten des deutschen Reiches" siehe Nietzsche, Unzeitgemässe Betrachtungen. Erstes Stück: David Strauss der Bekenner und der Schriftsteller, in: KSA, Band 1, S. 160. Vgl. auch Mommsen, Max Weber und die deutsche Politik, a.a.O., S. 71 f.

weise *Erziehung* von sozialen Klassen und Eliten, die zur politischen „Führung" befähigt sind, können also durchaus als eine Rezeption von zentralen Topoi der Kulturkritik Nietzsches verstanden werden, die auch in seinen späteren politischen Schriften ihren Niederschlag gefunden hat.[13] In diesem Zusammenhang müssen jedoch auch die Differenzierungen in Webers Nietzsche-Bild nach der Jahrhundertwende berücksichtigt werden, die in einem engen Zusammenhang mit der Entwicklung der Nietzsche-Rezeption seiner Zeit stehen und die ihn zunehmend in die Rolle eines Kritikers der ‚Lehren' Nietzsches hineinwachsen ließen. Wir müssen nämlich offensichtlich von einer Vieldeutigkeit jenes ‚aristokratischen Radikalismus' ausgehen, den der dänische Philosoph und Literaturhistoriker Georg Brandes bereits um 1890 als das eigentliche Kennzeichen der Philosophie Nietzsches angesehen hatte und der seit den neunziger Jahren zu einer Reihe von höchst heterogenen Nietzsche-Rezeptionen geführt hatte, die untereinander in einem auffällig widersprüchlichen Verhältnis zueinander standen.[14]

So können wir auf dem linken Spektrum den Versuch, Nietzsches ‚heroischen Individualismus' für einen zeitgemäßen Anarchismus in Form einer Verbindung mit den Lehren Max Stirners fruchtbar zu machen, jener Rezeption in naturalistischen und sozialdemokratischen Intellektuellenzirkeln gegenüberstellen, die an einer Synthese der Lehren von Marx und Nietzsche im Rahmen der weltanschaulichen Rechtfertigung des Führungsanspruchs einer ‚Sozialaristokratie' interessiert gewesen sind.[15] Und der von Ferdinand Tönnies zu Recht als ‚Nietzsche-Kultus' verspottete Versuch, Nietzsches Lehre vom ‚Übermenschen' gleichsam als ‚Bibel' für eine dionysisch-ästhetische Gegenkultur oder sogar zu einer ‚Ersatzreligion' zu funktionalisieren, stand seinerseits im schroffem Gegensatz zu dem nicht zuletzt von Nietzsches Schwester unterstützten Bestreben, Nietzsches Lehre vom *Willen zur Macht* als ideologische Rechtfertigung einer neudeutschen Weltmachtpolitik zurechtzubiegen, was sie bekanntlich zu einer höchst problematischen Kompilation des erstmals 1901 und dann 1906 unter gleichem Namen erschienenen Teilnachlasses ihres Bruders motiviert hatte.[16] Und schließlich können

---

13   Siehe hierzu insbesondere die einschlägigen Untersuchung von Eden, Political Leadership and Nihilism, a.a.O.; vgl. ferner Mark E. Warren, Max Weber's Nietzschean conception of power, in: History of the Human Sciences 5 (1992), S. 19-37.

14   Diese innerhalb einer breiteren Öffentlichkeit geführte Auseinandersetzung mit Nietzsches Werk, die Nietzsche kurz vor seiner geistigen Umnachtung noch mit Genugtuung registriert hatte, wurde durch eine entsprechende Abhandlung des dänischen Philosophen Georg Brandes beeinflußt. Vgl. ders., Aristokratischer Radikalismus. Eine Abhandlung über Friedrich Nietzsche, in: Deutsche Rundschau 63 (1890), S. 52-89. Zur Eigenart der Nietzsche-Rezeption im wilhelminischen Deutschland siehe ferner die bereits zitierte Literatur.

15   Vgl. Ernst Behler, Zur frühen sozialistischen Rezeption Nietzsches in Deutschland, in: Nietzsche-Studien 13 (1984), S. 503-520; Vivetta Vivarelli, Das Nietzsche-Bild in der Presse der deutschen Sozialdemokratie um die Jahrhundertwende, in: Nietzsche-Studien 13 (1984), S. 521-569; Lars Lambrecht, Nietzsche und die deutsche Arbeiterbewegung, in: Bruder Nietzsche?, Düsseldorf 1988, S. 91-118; Steven E. Aschheim, The Nietzsche legacy in Germany, a.a.O., S. 51 ff. und 164 ff. sowie Seth Taylor, Left-wing Nietzscheans, a.a.O.

16   Dieser ursprünglich selbst von Nietzsches Schriften faszinierte ‚Altvater' der deutschen Soziologie hatte sich dabei bereits zu Beginn der neunziger Jahren in verschiedenen Schriften mit dieser ‚Nietzsche-Bewegung' kritisch auseinandergesetzt. Vgl. Ferdinand Tönnies, Besprechung von Friedrich Nietzsche, Also sprach Zarathustra. Ein Buch für Alle und Keinen. Vierter und letzter Theil (Leipzig 1891), in: Deutsche Litteraturzeitung, Jg. 30, Nr. 50, 10. Dezember 1892, Spalte 1612-1613; ders., Der Nietzsche-Kultus. Eine Kritik, Leipzig 1897; ders., Nietzsche und die Humanität, in: Ethische Kultur 5 (1897), S. 28-30 und 36-37. Dies hielt Tönnies freilich nicht davon ab, anläßlich des Todes von Nietzsche dessen Schwester Elisabeth Förster-Nietzsche am 1. September 1900 einen ausführlichen Brief zu schreiben, in dem er seine ursprüngliche Verehrung Nietzsches mit pathetischen Worten zum Ausdruck gebracht hatte. Vgl. Baron Cay von Brockdorff, Zu Tönnies' Entwicklungsgeschichte, Kiel 1937, S. 14-16.

wir seit der zweiten Hälfte der neunziger Jahre verstärkt Bestrebungen feststellen, Nietzsches Werk auch unter genuin philosophischen Gesichtspunkten ernst zu nehmen und dieses dabei als eine neue Form von Wertphilosophie und Verantwortungsethik zu interpretieren.[17]

Weber schloß sich nach der Jahrhundertwende diesem insbesondere von seinen akademischen Kollegen Alois Riehl und Georg Simmel vertretenen wertphilosophischen und verantwortungsethischen Verständnis Nietzsches an, das ihn dabei zunehmend in eine kritische Distanz zum Nietzsche-Bild der ‚Nietzscheaner‘ und ‚Bismarckianer‘ gebracht hatte.[18] Dies läßt sich anhand einer Reihe von Argumenten belegen, die Weber bezüglich der Interpretation von Nietzsches ‚aristokratischer Wertungsweise‘ und dessen Lehre vom ‚Willen zur Macht‘ geltend gemacht hatte. So kritisierte er bereits 1907 in seiner Auseinandersetzung mit Otto Gross als des Wortführers einer auf die Gesamtreform des Lebens abzielenden ‚erotischen Bewegung‘ nicht nur den Versuch, Nietzsches „Moral der Vornehmheit" für eine naturalistische ‚Ethik‘ des sich „Abreagierens" unter therapeutischen Vorzeichen in Anspruch zu nehmen. Er sprach in diesem Zusammenhang nämlich zugleich von den „schwächsten Partien" Nietzsches sowie den „biologischen Verbrämungen, die er um den Kern seiner durch und durch moralistischen Lehre häuft"[19]. Weber unterschied jetzt also ähnlich wie Georg Simmel einerseits ausdrücklich zwischen dem „bleibenden Wert" von Nietzsches Schriften aus den achtziger Jahren, die Simmel sogar überschwenglich als eine „kopernikanische Revolution" im Bereich der Moralphilosophie gefeiert hatte, sowie den naturalistischen Konnotationen andererseits, die zahlreiche ethische Grundbegriffe Nietzsches auf das peinliche Niveau einer spießbürgerlichen Großmannssucht herabzuziehen drohten.[20]

Die Stoßrichtung dieses nicht nur gegen einige seiner Adepten, sondern gegen Nietzsche selbst gerichteten Vorwurfs wird auch anhand von Webers späterer Auseinandersetzung mit dem von Nietzsche propagierten ‚Pathos der Distanz‘ deutlich, die Weber in seinem 1917 erschienenen Aufsatz über „Wahlrecht und Demokratie in Deutschland" vorgenommen hatte. Gegenüber dem elitären Selbstaufwertungsbedürfnis der ‚Nietzscheaner‘ machte Weber nämlich auf eine spezifische Eigentümlichkeit jeder ‚echten Aristokratie‘ aufmerksam, deren ‚Vornehmheitsideal‘ eben nicht notwendig in einem Widerspruch zu demokratisch verfaßten

---

17   Siehe hierzu Gisela Deesz, Die Entwicklung des Nietzsche-Bildes in Deutschland, a.a.O., S. 23 ff., die insbesondere auf die philosophische Bedeutung der Nietzsche-Studien von Alois Riehl und Georg Simmel verweist.

18   In dem in der Bayerischen Staatsbibliothek aufbewahrten Teil von Webers Handbibliothek befinden sich folgende Bücher aus dieser Zeit, die Nietzsches Morallehre und Kulturphilosophie zum Gegenstand haben: Alois Riehl, Friedrich Nietzsche. Der Künstler und der Denker, Stuttgart 1897; Oscar Ewald, Nietzsches Lehre in ihren Grundbegriffen, Berlin 1903 sowie Georg Simmel, Schopenhauer und Nietzsche. Ein Vortragszyklus, Leipzig 1907. Simmels Ausführungen zu Nietzsche hatte Weber dabei mit zustimmenden und zum Teil emphatischen Randbemerkungen versehen. Siehe hierzu auch Eduard Baumgarten, Max Weber. Werk und Person, a.a.O., S. 614 f.; ferner Mommsen, Universalgeschichtliches und politisches Denken bei Max Weber, a.a.O. S. 255 und 261 f. Eugène Fleischmann zog deshalb zu Recht den Schluß: „Weber s'est rapproché de Nietzsche sous l'influence de Georg Simmel" (De Weber à Nietzsche, a.a.O., S. 201).

19   Max Weber, Brief an Else Jaffé vom 13. September 1907, in: Max-Weber-Gesamtausgabe, Abteilung II: Briefe, Band 5, Tübingen 1990, S. 395 und 402 f.

20   Simmel sprach bereits 1896 diesbezüglich von einer „Kopernikanischen That". Vgl. G. Simmel, Friedrich Nietzsche. Eine moralphilosophische Silhouette, in: Zeitschrift für Philosophie und philosophische Kritik 107 (1896), S. 211; siehe ferner ders. Schopenhauer und Nietzsche, a.a.O., S. 195-263. Zur Bedeutung von Simmels Nietzsche-Rezeption siehe auch Klaus Lichtblau, Das „Pathos der Distanz". Präliminarien zur Nietzsche-Rezeption bei Georg Simmel, in: Heinz-Jürgen Dahme / Otthein Rammstedt (Hrsg.), Georg Simmel und die Moderne, Frankfurt am Main 1984, S. 231-281 (in diesem Band S. 97 ff.).

Massengesellschaften stehen muß. Dies gelte insbesondere für den Fall, daß es ihr gelingt, einer „ganzen Nation, bis in die untersten Schichten hinein, als Vorbild zu dienen und sie in ihrer Geste [...] einheitlich zu einem in seinem äußeren Habitus selbstsicheren ‚Herrenvolk‘ durchzuformen“, wie dies sowohl bei den „angelsächsischen Gentlemankonventionen“ als auch dem „romanischen Salonmenschentum“ der Fall gewesen sei.[21] Wahre aristokratische ‚Formwerte‘ könne man aber ähnlich wie einen authentischen ‚Stil‘ nicht einfach voluntaristisch ‚erfinden‘, weil sie zum einen auf einer „festen Tradition“ und zum anderen auf einer „inneren Distanz und Reserve in der persönlichen Haltung“ beruhen würden. Deshalb meinte Weber auch gegenüber einer falsch verstandenen ‚Moral der Vornehmheit‘ den Einwand geltend machen zu müssen, daß eine solche ‚Distanz‘ keineswegs „wie der Mißverstand der verschiedenen auf Nietzsche zurückgehenden ‚Prophetien‘ bei uns glaubt, nur auf dem Kothurn der ‚aristokratischen‘ Kontrastierung seiner selbst gegen die ‚Vielzuvielen‘ zu gewinnen [sei]: – sie ist im Gegenteil stets unecht, wenn sie heute dieser inneren Stütze bedarf. Gerade als Probe ihrer Echtheit kann ihr vielleicht die Notwendigkeit, sich innerhalb einer demokratischen Welt innerlich zu behaupten, nur dienlich sein.“[22]

Die ‚heroische‘ Phase des modernen Kapitalismus

Lassen wir es dahin gestellt sein, ob nicht Weber mit dieser Umschreibung des Vornehmheitsideals weniger eine Kritik als vielmehr eine zutreffende Umschreibung von Nietzsches ‚Pathos der Distanz‘ vorgenommen hat, die sich übrigens auch in seiner Bestimmung der drei zentralen ethischen Qualitäten eines Politikers in seiner Vorlesung über *Politik als Beruf* niederschlug.[23] Wenden wir uns nun vielmehr seinen religionssoziologischen Arbeiten zu, die in der einschlägigen Sekundärliteratur immer wieder als Beleg für eine wirkungsgeschichtlich bedeutsame Nietzsche-Rezeption angesehen worden sind.[24] Es ist dabei sinnvoll, zunächst Webers Untersuchungen und Stellungnahmen zu diesem Problemkomplex in der *Protestantischen Ethik* gegenüber dem religionssoziologischen Kapitel von *Wirtschaft und Gesellschaft* und seinen Auf-

---

21 Weber, Gesammelte Schriften, a.a.O., S. 270 und 282. Weber bezieht sich mit dieser Abgrenzung von der nietzscheanisch inspirierten Bohème der Jahrhundertwende offensichtlich auf Nietzsche selbst, der ja bereits in seiner *Zweiten unzeitgemäßen Betrachtung* von 1874 anläßlich seiner berühmten Definition der Kultur als „Einheit des künstlerischen Stiles in allen Lebensäußerungen eines Volkes“ auf die Schwierigkeiten der Deutschen im Umgang mit der ‚Form‘ bzw. der ‚Konvention‘ hingewiesen hatte, die im Unterschied zur „Schule der Franzosen“ offensichtlich immer nur als eine ‚äußerliche‘ und somit entbehrliche Angelegenheit betrachtet würde, von der dann die viel beschworene ‚deutsche Innerlichkeit‘ in einem um so größeren Glanz erstrahlt. Vgl. KSA, Band 1, S. 274 ff.

22 Weber, Gesammelte politische Schriften, a.a.O., S. 285. Zu diesem mit Webers politischer Ethik verbundenen Persönlichkeitsideal siehe auch David Owen, Autonomy and „Inner Distance“: a Trace of Nietzsche in Weber, in: History of the Human Sciences 4 (1991), S. 79-91.

23 Gesammelte politische Schriften, a.a.O., S. 545 f. Zu einer entsprechenden Würdigung von Nietzsches Auffassung des ‚Pathos der Distanz‘ siehe neben den bereits zitierten Schriften von Simmel und Owen auch Volker Gerhardt, Art. „Pathos der Distanz“, in: Historisches Wörterbuch der Philosophie, hrsg. von Joachim Ritter und Karlfried Gründer, Band 7, Basel / Stuttgart 1989, Spalte 199-201.

24 Siehe z.B. Fleischmann, De Weber à Nietzsche, a.a.O., S. 233 f.; Taubes, Die Entstehung des jüdischen Pariavolkes, a.a.O.; Mommsen, Universalgeschichtliches und politisches Denken bei Max Weber, a.a.O., S. 254; Stauth / Turner, Nietzsche in Weber, a.a.O., S. 189; Tyrell, Religion und ‚intellektuelle Redlichkeit‘, a.a.O. sowie Edith Weiller, Max Weber und die literarische Moderne. Ambivalente Begegnungen zweier Kulturen, Stuttgart / Weimar 1994, S. 54 ff.

sätzen über die *Wirtschaftsethik der Weltreligionen* getrennt zu behandeln. Denn Weber nahm erst in seinen späteren religionssoziologischen Arbeiten eine gründliche Auseinandersetzung mit Nietzsches Theorem des ‚Ressentiments‘ als psychologischer Grundlage eines ‚Sklavenaufstandes in der Moral‘ vor, während er in seinen Ausführungen über die puritanische Ethik und den ‚Geist‘ des Kapitalismus diesbezüglich noch keine Stellungnahme abgegeben hatte.

Wenn wir zunächst davon absehen, daß Webers Analyse der Kulturbedeutung des asketischen Protestantismus eine implizite Bezugnahme auf Nietzsches Frage „Was bedeuten asketische Ideale?“ beinhaltet und daß seine Rekonstruktion der ethischen Grundlagen des modernen bürgerlichen Lebensstils sich zumindest indirekt in die Tradition dieses Typus der von Nietzsche provozierten moralhistorischen Untersuchungen stellen läßt[25], finden wir in der ersten Fassung der *Protestantischen Ethik* nur wenige Stellen, die auf einen direkten Einfluß von Webers Nietzsche-Rezeption hinweisen. Sie sind dabei alle der Frage gewidmet, welcher „Typus Mensch“ innerhalb der verschiedenen Entwicklungsstadien des modernen Kapitalismus jeweils „durch das Zusammentreffen religiös und ökonomisch bedingter Komponenten geschaffen wurde“, wobei Weber später in einer seiner *Anti-Kritiken* aus dem Jahre 1910 den eigentlichen Beitrag seiner Protestantismusstudien explizit als eine Antwort auf die Frage nach der „Entwicklung des Menschentums“ verstanden wissen wollte.[26]

Die Spannweite dieser Nietzsche-Bezüge in der ersten Auflage der *Protestantischen Ethik* umfaßt dabei zum einen den Gegensatz zwischen dem „Seltenheitswert“ der ethischen Qualitäten des kapitalistischen Arbeiters und Unternehmers „neuen Stils“ zur Zeit der Entstehung des modernen Kapitalismus und dem Lebenslauf deutscher „kapitalistischer Parvenü-Familien“ als „epigonenhaftes Décadenceprodukt“[27]. Zum anderen spricht Weber von der Konfrontation zwischen den „Kavalieren“ und „Rundköpfen“ in der englischen Revolution des 17. Jahrhunderts und der Gegnerschaft der asketischen Denominationen gegenüber „jeder Art aristokratischen Lebensstils“[28]. Ferner erwähnt Weber explizit jene wirtschaftlichen „Übermenschen“, die wie die heutigen Großunternehmer „jenseits von Gut und Böse“ stünden.[29] Und schließlich diagnostiziert er ebenfalls die Heraufkunft der „letzten Menschen“ die-

25   Darauf verwies übrigens bereits Thomas Mann, der eine entsprechende ‚Wahlverwandtschaft‘ zwischen Webers Protestantismusstudie und seinem eigenen Roman *Die Buddenbrooks* festgestellt hatte, die offensichtlich durch eine gemeinsame Orientierung an dem „Mittel Nietzsche“ zustande gekommen sei, ohne dessen Vorgaben weder der Dichter noch der Sozialwissenschaftler wohl kaum der „protestantischen Lehrsatz“ verfallen wären. Vgl. Thomas Mann, Betrachtungen eines Unpolitischen, in: Gesammelte Werke in 13 Bänden, 2. Aufl. Frankfurt am Main 1974, Band 12, S. 145 f. Zu der im Werk Max Webers wie Thomas Manns zum Ausdruck kommenden „ethisch säkularisierten Form“ des Protestantismus (Th. Mann) siehe auch Wolf Lepenies, Die drei Kulturen. Soziologie zwischen Literatur und Wissenschaft, Reinbek 1988, S. 357 ff.; vgl. hierzu ferner Harvey Goldman, Max Weber and Thomas Mann. Calling and the Shaping of the Self, Berkeley / Los Angeles / Oxford 1988; ders., Politics, Death and the Devil. Self and Power in Max Weber and Thomas Mann, ebd., 1992.

26   Vgl. Weber, Antikritisches Schlußwort zum „Geist des Kapitalismus“ (1910), in: Die protestantische Ethik II. Kritiken und Antikritiken, hrsg. von Johannes Winckelmann, 2. Aufl. Hamburg 1972, S. 303. Diese Feststellung Webers hatte Wilhelm Hennis zur Grundlage seiner Weber-Interpretation gemacht. Vgl. Hennis, Max Webers Fragestellung, a.a.O., bes. S. 8 ff.

27   Vgl. Max Weber, Die protestantische Ethik und der „Geist“ des Kapitalismus. Textausgabe auf der Grundlage der ersten Fassung von 1904/05 mit einem Verzeichnis der wichtigsten Zusätze und Veränderungen aus der zweiten Fassung von 1920, herausgegeben und eingeleitet von Klaus Lichtblau und Johannes Weiß, 3. Aufl. Weinheim 2000, S. 22 und 28.

28   Ebd., S. 118.

29   Ebd.

ser Kulturentwicklung, von denen Nietzsche in der Vorrede zu seinem *Zarathustra* verächtlich gesagt hatte, daß sie „das Glück erfunden" hätten, weil sie sich nicht mehr dem eigentlichen tragischen Ernst des Lebens aussetzen würden.[30]

Wenn wir diese Textstellen innerhalb Webers Deutung dieser ‚Entwicklung des Menschentums' aufeinander beziehen, können wir seine Protestantismusstudien durchaus als einen unterschwelligen Dialog mit Nietzsches *Genealogie der Moral* verstehen. Hierbei müssen wir allerdings die gegenüber Nietzsches Konstruktion umgekehrten Bewertungsmaßstab berücksichtigen. Denn in diesem Zusammenhang ist entscheidend, daß Weber zum einen die für die Genealogie der okzidentalen Moderne zentrale ‚Umwertung der Werte' in die Frühe Neuzeit verlegt und zum anderen dabei den Gegensatz zwischen der ‚Herrenmoral' und der ‚Sklavenmoral' durch den Gegensatz zwischen jenen „ökonomischen Übermenschen" ersetzt hat, die es überall und zu allen Zeiten gegeben habe, und jenen puritanischen ‚Heiligen', die Weber als die eigentlichen Vorläufer des modernen Wirtschaftsmenschen betrachtet hatte. Die „religiöse Revolution" der Reformation wurde dabei von Weber auch nicht als ein ‚Sklavenaufstand in der Moral' verstanden, sondern als die eigentliche „heroische Epoche" des modernen Kapitalismus charakterisiert, wobei er durchaus den „antiautoritären" und „kleinbürgerlichen" Charakter des asketischen Protestantismus betont hatte, der gegen die Unbefangenheit sowie den „Immoralismus" des grandseigneuralen Lebensgenusses gerichtet gewesen sei.[31] Und auch die von Weber beschriebene „Paradoxie der Askese", die selbst den Reichtum schafft, den sie ursprünglich bekämpft hatte und die damit allmählich die ethischen Grundlagen jenes Lebensstils zerstört, den sie selbst ins Leben gerufen hat, kann als Paraphrase jenes von Nietzsche beschriebenen dialektischen Prozesses verstanden werden, dem zufolge alle „großen Dinge" an sich selbst, d.h. durch einen Akt der Selbstzerstörung zugrunde gehen.[32]

Interessant sind in diesem Zusammenhang auch die *Zusätze*, die Weber der zweiten Fassung seiner *Protestantischen Ethik* aus dem Jahr 1920 beigefügt hat und die in einem engen Zusammenhang mit der Schwerpunktverschiebung innerhalb seiner späteren Nietzsche-Rezeption stehen. Seit 1907 richtete sich nämlich parallel zu seiner Freud-Lektüre sein Interesse nicht mehr nur auf den ‚Wertphilosoph', sondern auch auf den ‚Psychologen' Nietzsche, den er nun verstärkt im Zusammenhang mit dem Versuch einer genaueren Präzisierung des spezifischen Charakters der „psychologischen Motive" für eine ethische Rationalisierung und Reglementierung der alltäglichen Lebensführung heranzog.[33] So sprach Weber unter direkter Anspielung auf Nietzsche bezüglich des nachexilischen antiken Judentums von einer „raffi-

---

30   Ebd., S. 154. Zur Diagnose der Heraufkunft der „letzten Menschen" vgl. Nietzsche, Also sprach Zarathustra. Ein Buch für Alle und Keinen (Erster Teil), in: KSA, Band 4, S. 19 f. Weber hatte auf diese Textstelle auch in seinem Vortrag über *Wissenschaft als Beruf* zurückgegriffen. Vgl. Max Weber, Gesammelte Aufsätze zur Wissenschaftslehre, 6. Aufl. Tübingen 1985, S. 598. Siehe hierzu ferner Peukert, Max Webers Diagnose der Moderne, a.a.O., S. 27 ff.

31   *Die protestantische Ethik und der „Geist" des Kapitalismus*, S. 139 f. Zur „religiösen Revolution" der Reformation siehe Max Weber, „Kirchen" und „Sekten" in Nordamerika. Eine kirchen- und sozialpolitische Skizze, in: Die christliche Welt, Jg. 20, Nr. 25, 21. Juni 1906, Spalte 581.

32   Vgl. *Die protestantische Ethik und der „Geist" des Kapitalismus*, S. 149 ff.

33   Dieses Interesse an dem ‚Psychologen' Nietzsche geht unter anderem auf den eigenwilligen Versuch von Otto Gross zurück, eine Synthese der Lehren von Nietzsche und Sigmund Freud zum Zweck einer praktisch-therapeutischen Revolutionierung der bestehenden Gesellschaft auf der Grundlage eines libertären ‚Immoralismus' zu entwickeln, auf den Weber höchst allergisch reagiert hatte. Gleichwohl hat sich Weber die positive Seite einer durch die moderne Tiefenpsychologie inspirierten Nietzsche-Interpretation später durchaus zu eigen

nierten Steigerung und Verinnerlichung des Rachegefühls". Und hinsichtlich des Verschwin-
dens der Privatbeichte im Calvinismus hob er zugleich die damit verbundene Beseitigung des
„Mittels zum periodischen ‚Abreagieren‘ des affektbetonten Schuldbewußtseins" hervor.[34] Die
in seinen handschriftlichen Bemerkungen zu Simmels verantwortungsethischen Interpretation von Nietzsches Lehre der ‚ewigen Wiederkehr‘ zum Ausdruck kommende emphatische
Zustimmung wurde von ihm nun für einen direkten Vergleich mit den psychologischen Wirkungen des „Bewährungsgedankens" der calvinistischen Prädestinationslehre herangezogen.
Weber hob hier allerdings den entscheidenden Unterschied hervor, daß es sich im Falle der
Doktrin von der ‚ewigen Wiederkunft des Gleichen‘ um die „Verantwortlichkeit für ein mit
dem Handelnden durch keinerlei Bewußtseinskontinuität verbundenes Zukunftsleben" handele, „während es bei dem Puritaner hieß: Tua res agitur"[35].

Der ‚Sklavenaufstand in der Moral‘

Im Rahmen dieser kritischen Überprüfung der ‚psychologischen Errungenschaften‘ Nietzsches
hatte sich Weber in seinen späteren religionssoziologischen Untersuchungen auch ausführlich mit Nietzsches Theorem des ‚Ressentiments‘ und des durch es bewirkten ‚Sklavenaufstandes in der Moral‘ auseinandergesetzt. Diese erneute Beschäftigung mit zentralen Grundannahmen der Kulturkritik Nietzsches steht dabei in einem engen zeitlichen Zusammenhang
mit dem von Max Scheler und Werner Sombart unternommenen Versuch, Nietzsches Analyse des ‚Ressentiments‘ für eine Genealogie der modernen kapitalistischen Wirtschaftsethik
sowie des modernen bürgerlichen ‚Humanitarismus‘ fruchtbar zu machen.[36] Während Sombart und Scheler dabei die Annahme eines ‚Sklavenaufstandes in der Moral‘ im Rahmen der

---

gemacht. Dies schlug sich unter anderem in seinem Interesse an der ‚historischen Psychologie‘ des modernen
Wirtschaftsmenschen nieder, das erstmals in der *Protestantischen Ethik* zum Ausdruck kommt.

34   Vgl. ebd., S. 178 f., Zusatz 168 und 171. Weber bezieht sich hierbei offensichtlich auf entsprechende Äußerungen
Nietzsches über die Bedeutung der Verinnerlichung des ‚Rachegefühls‘ für die Entstehung des Ressentiments
der ‚negativ Privilegierten‘. Vgl. Nietzsche, Zur Genealogie der Moral. Eine Streitschrift, in: KSA, Band 5,
besonders S. 321 ff.

35   *Die protestantische Ethik und der „Geist" des Kapitalismus*, S. 184, Zusatz 231. Zu Webers Bezugnahme auf
Simmels verantwortungsethische Interpretation der ‚ewigen Wiederkehr‘ siehe Simmel, Schopenhauer und
Nietzsche, a.a.O., S. 246 ff. Auf die entsprechenden Unterstreichungen und persönlichen Anmerkungen in
Webers eigenem Handexemplar dieses Buches verwiesen bereits E. Baumgarten, Max Weber. Werk und Person,
a.a.O., S. 614 f. sowie W. Mommsen, Universalgeschichtliches und politisches Denken bei Max Weber, a.a.O.,
S. 255 f.

36   Siehe hierzu insbesondere Max Scheler, Über Ressentiment und moralisches Werturteil. Ein Beitrag zur Pathologie
der Kultur, in: Zeitschrift für Pathopsychologie 1 (1912), S. 268-368. Dieser Aufsatz erschien 1915 unter dem
Titel „Das Ressentiment im Aufbau der Moralen" in einer überarbeiteten Fassung. Vgl. ders., Abhandlungen
und Aufsätze, Band 1, Leipzig 1915. In seinen Aufsätzen „Der Bourgeois", „Der Bourgeois und die religiösen
Mächte" sowie „Die Zukunft des Kapitalismus" hatte Scheler im Anschluß an Werner Sombarts Analysen
auch bei dem modernen kapitalistischen Unternehmer ein entsprechendes ‚Ressentiment‘ festgestellt. Vgl.
Max Scheler, Ethik und Kapitalismus. Zum Problem des kapitalistischen Geistes, Wiesbaden 2010, S. 65 ff.
Scheler bezog sich dabei neben Max Webers Protestantismusstudien insbesondere auf Werner Sombart, Der
Bourgeois. Zur Geistesgeschichte des modernen Wirtschaftsmenschen, München / Leipzig 1913, besonders S.
439 ff. Auf dieses Buch ist auch Max Weber in den Zusätzen zur zweiten Auflage der *Protestantischen Ethik* von
1920 ausführlich eingegangen. Zu den entsprechenden ‚Wechselwirkungen‘ zwischen Sombarts und Schelers
Analyse des ‚Ressentiments‘ sowie dessen Bedeutung für die Entstehung des modernen Wirtschaftsmenschen
siehe auch Friedrich Lenger, Werner Sombart 1863-1941. Eine Biographie, München 1994, S. 234 ff.

durch Webers Protestantismusstudien aufgeworfenen Probleme diskutiert hatten, griff Weber nun auf dieses Theorem in Gestalt einer grundsätzlichen Erörterung der psychologischen und intellektuellen Motive für eine ethische Rationalisierung der religiösen Weltbilder sowie der praktischen Lebensführung zurück. Bezeichnenderweise sah er dabei bereits in seinem Kategorienaufsatz von 1913 die grundsätzliche Bedeutung von Nietzsches moralgenealogischen Untersuchungen gleichberechtigt mit den ‚Entdeckungen' der Freudschen Psychoanalyse sowie des historischen Materialismus an. In diesem Zusammenhang interpretierte er nun Nietzsches Theorie des Ressentiments als eine psychologische und geschichtsphilosophische Konstruktion, „welche aus dem Pragma einer Interessenlage eine – ungenügend oder gar nicht bemerkte, weil aus verständlichen Gründen ‚uneingestandene' – objektive Rationalität des äußeren oder inneren Sichverhaltens ableitet"[37].

Im religionssoziologischen Kapitel von *Wirtschaft und Gesellschaft* und in der Einleitung zur *Wirtschaftsethik der Weltreligionen* rekurrierte Weber nun zum einen auf die ständische Lage der großen Religionsstifter und zum anderen auf die jeweiligen psychologischen und intellektuellen Motive der Wertung des Leidens in den verschiedenen religiösen Ethiken, um die Tragweite der diesbezüglichen Bedeutung von Nietzsches Ressentiment-Theorems zu bestimmen. Auch in diesem Zusammenhang betonte Weber erneut die Parallele zwischen Nietzsches Theorem vom ‚Sklavenaufstand in der Moral' und dem historischen Materialismus hinsichtlich der Annahme einer „allgemeine[n], gewissermaßen abstrakte[n], Klassengebundenheit der religiösen Ethik", wobei Weber zugleich einschränkend hinzufügte, daß es innerhalb der großen Weltreligionen eine spezifische „Klassen-Religiosität der negativ privilegierten Schichten" jedoch nur in einem sehr begrenzten Sinne gegeben habe.[38] Zwar verstand Weber ähnlich wie Nietzsche das ‚Ressentiment' als eine psychologische „Begleiterscheinung der religiösen Ethik der negativ Privilegierten" und als Grundlage einer „Vergeltungsreligiosität", die ein „gewisses Recht jener von Nietzsche zuerst durchgeführten Theorie" beinhalte.[39] Jedoch wehrte sich Weber zugleich vehement gegen eine „allzu universelle Anwendung des ‚Verdrängungs'-Schemas" Nietzsches. Denn er wies zugleich darauf hin, daß es in universalgeschichtlicher Hinsicht „nur wenige, darunter nur ein voll ausgebildetes Beispiel einer wirklich durch Ressentiment in wesentlichen Zügen mitbestimmten Religiosität gegeben hat" – nämlich die des (exilischen und nachexilischen) antiken Judentums, die Weber dabei näher als „Ressentimentmoralismus" und ethischen Sklavenaufstand eines bürgerlichen „Pariavolkes" charakterisiert hatte. Für alle anderen großen Erlösungsreligionen gelte demgegenüber die Feststellung, daß hier der „Intellektualismus rein als solcher", nicht aber die „soziale Lage der negativ Privilegierten" zu einer ethischen Rechtfertigung des Leidens und zu spezifisch metaphysischen Konzeptionen geführt habe, die auf ein genuines Bedürfnis des

---

37 Zur Bedeutung der Freud-Rezeption für Webers spätere religionssoziologische Untersuchungen siehe Donald N. Levine, Freud, Weber, and Modern Rationales of Conscience, in: ders., The Flight from Ambiguity. Essays in Social and Cultural Theory, Chicago 1985, S. 179-198; Tracy B. Strong, Weber and Freud. Vocation and Self-Acknowledgement, in: Canadian Journal of Sociology 10 (1985), S. 391-409; ferner Howard L. Kaye, Rationalization as Sublimation. On the Cultural Analyses of Weber and Freud, in: Theory, Culture & Society 9:4 (1992), S. 45-74.

38 Max Weber, Die Wirtschaftsethik der Weltreligionen. Einleitung, in: Gesammelte Aufsätze zur Religionssoziologie, Band I, Tübingen 1920, S. 241 (im Folgenden zitiert als GARS I); *Wirtschaft und Gesellschaft*, a.a.O., S. 296.

39 *Wirtschaft und Gesellschaft*, S. 301; GARS I, S. 242.

menschlichen Intellekts verweise, „daß das Weltgefüge in seiner Gesamtheit ein irgendwie sinnvoller ‚Kosmos‘ sei“[40]. Das „rationale Interesse an materiellem und ideellem Ausgleich“ der ungleichen Verteilung der Glücksgüter sei insofern auch nicht auf den „Gegensatz von herrschenden und beherrschten Schichten“ zurückzuführen. Denn es wurde historisch meistens von Intellektuellenschichten vertreten, die selbst den ‚vornehmen‘ Gesellschaftsschichten zugehörten. Insbesondere sprach sich Weber vehement dagegen aus, auch die *Askese* aus einem ‚Ressentiments‘ abzuleiten, wie dies noch bei Nietzsche der Fall gewesen sei, was hinsichtlich dessen Charakterisierung des Buddhismus offensichtlich zu völlig unzutreffenden Feststellungen führen mußte.[41]

Der ‚Polytheismus‘ der Moderne

Es könnte in diesem Zusammenhang leicht gezeigt werden, daß Weber Nietzsche fälschlicherweise unterstellt hatte, daß dieser die intellektuellen Motive für eine ethische Rationalisierung des Weltbildes sowie der Lebensführung auf ein psychologisches ‚Rachebedürfnis‘ der ‚negativ Privilegierten‘ zurückgeführt habe. Tatsächlich unterstrich nämlich auch Nietzsche immer wieder die ‚vornehme‘ Herkunft der Priester und großen Religionsstifter. Und diese sah er auch nicht als Urheber des Ressentimentgefühls der unterdrückten Gesellschaftsschichten an. Vielmehr sprach er ihnen allein die Funktion einer *Richtungsveränderung* des Ressentiments der Massen im Sinne einer zunehmenden Verinnerlichung einer selbstbezüglichen Form des religiösen Schuldgefühls zu.[42] Und auch Nietzsche betonte ähnlich wie Weber die genuin *intellektuellen* Motive der großen Religionsstifter der ‚Achsenzeit‘, indem er ebenfalls auf ein anthropologisch tief verankertes Bedürfnis des Menschen nach einer ‚Sinngebung des Leidens‘ verwies.[43] Dieses fundamentale Sinnbedürfnis des Menschen brachte Nietzsche in dem Diktum zum Ausdruck, daß der menschliche Wille lieber *das ‚Nichts‘ wolle* als das *‚Nicht-Wollen‘*[44]. Seine Frage nach der tieferen Bedeutung ‚asketischer Ideale‘ zielte denn auch weniger auf das ohnmachtsbedingte ‚Ressentiment der Massen‘ ab als vielmehr auf jene paradoxe Form der Selbstbehauptung des menschlichen Willens, der lieber zu transzendenten Sinnwelten Zuflucht nimmt als sich gänzlich der ‚Sinnlosigkeit‘ des realen Weltgeschehens auszuliefern.[45]

Nietzsches Konstruktion der Entstehung der okzidentalen Moderne zeigt denn auch mehr verblüffende Übereinstimmungen mit Webers Analyse des Prozesses der ‚Entzauberung der Welt‘ als dies Webers Kritik an den Grundprämissen von Nietzsches *Genealogie der Moral* auf den ersten Blick nahelegt. Nietzsches Formel vom ‚Tod Gottes‘ bezieht sich nämlich auf jenen in der Religionsgeschichte und später in der in ihrem Schatten stehenden neuzeitlichen

---

40   *Wirtschaft und Gesellschaft*, S. 304; GARS I, S. 240 f. und 249.

41   Ebd., S. 304; GARS I, S. 247 ff.

42   Vgl. Nietzsche, Zur Genealogie der Moral, a.a.O., S. 264 ff.

43   Zum Begriff der ‚Achsenzeit‘ und deren universalgeschichtlichen Bedeutung siehe die einzelnen Beiträge in S. N. Eisenstadt (Hrsg.), Kulturen der Achsenzeit. Ihre Ursprünge und ihre Vielfalt, 2 Bände Frankfurt am Main 1987.

44   Nietzsche, Zur Genealogie der Moral, S. 411 f.

45   Siehe hierzu auch Klaus Lichtblau, Ressentiment, negative Privilegierung, Parias, in: Hans G. Kippenberg / Martin Riesebrodt (Hrsg.), Max Webers „Religionssystematik“, Tübingen 2001, S. 279 ff.

Wissenschaft zum Ausdruck kommenden nihilistischen ‚Willen zur Wahrheit‘, den er auch als einen ‚Willen zum Nichts‘ bezeichnet hatte und dessen universalgeschichtliche Bedeutung gerade darin bestehe, daß er allmählich jene religiösen Grundlagen zum Einsturz bringe, denen er seine eigene Herkunft verdanke.[46]

Nietzsches Parodisierung jenes „stärksten Schlusses der christlichen Wahrhaftigkeit" – nämlich den „gegen sich selbst" beziehungsweise der ‚intellektuellen Redlichkeit‘ gegenüber den Grundlagen der eigenen theologischen und religionsgeschichtlichen Überlieferung – und seine damit verbundene Diagnose der Heraufkunft des europäischen Nihilismus stellt insofern nicht zufällig einen zentralen Referenztext von Webers eigener Diagnose der Moderne dar, wie er sie uns insbesondere in seiner „Zwischenbetrachtung" zu seinen *Gesammelten Aufsätzen zur Religionssoziologie* sowie in seiner Vorlesung über *Wissenschaft als Beruf* als Vermächtnis hinterlassen hat. Nietzsches Diktum, daß alles, was groß sei, an sich selbst zugrunde gehe, kehrt hier nämlich in der szientifisch verkleideten Formel der „Paradoxie der Wirkungen gegenüber dem Wollen" wieder. Und seine Umschreibung des modernen Nihilismus, demzufolge sich die „letzten" und „sublimsten" Werte selbst entwertet haben, wird von Weber dergestalt in modifizierter Form zitiert, daß jene Werte nun endgültig eine öffentlichkeitswirksame Geltung verloren hätten und jetzt allenfalls noch im „Pianissimo" des intimsten „Miteinander" eine Zufluchtstätte gefunden hätten.[47]

Daß Weber die „Sinnlosigkeit einer rein innerweltlichen Vervollkommnung zum Kulturmenschen" unter Bezugnahme auf Leo Tolstoi vom Standpunkt einer universalistischen Brüderlichkeitsethik behauptet hatte, stellt diesen engen Dialog mit Nietzsche nicht grundsätzlich in Frage. Denn Weber sagte in einer Fußnote seiner „Zwischenbetrachtung" ausdrücklich, daß innerhalb einer solchen Kulturkritik „Nietzsches bekannte Analysen im ‚Willen zur Macht‘ der Sache nach damit völlig im Einklang [stünden], trotz und gerade wegen des klar erkannten umgekehrten Wertvorzeichens"[48]. Und auch Nietzsches Diagnose vom ‚Tod Gottes‘ wird nun von Weber dergestalt zitiert, daß mit der Zunahme des Rationalismus der empirischen Wissenschaft die Religion schließlich „die irrationale oder antirationale überpersönliche Macht schlechthin" geworden sei.[49]

War Max Weber letztlich also doch ein ‚Nietzscheaner‘? Und deutet nicht auch sein eigenes ‚Lob des Polytheismus‘ sowie seine Beschwörung der Wiederkunft der „alten Götter" darauf hin, daß er trotz seiner Altersweisheit nun doch definitiv dem ‚Zauber‘ Zarathustras erlegen ist? Zitiert er doch erneut in *Wissenschaft als Beruf* neben John Stuart Mill und Charles Baudelaire auch Nietzsche als weiteren Gewährsmann für einen modernen ‚Polytheismus‘ beziehungsweise Wertepluralismus.[50] Dieser möglichen Entgleisung der Weber-Forschung ist vielleicht am Besten mit dem Einwand zu begegnen, daß auch jener so oft zitierte ‚Polytheis-

---

46 Dies ist der eigentliche Kern der dritten Abhandlung von Nietzsches *Genealogie der Moral*, die eine Antwort auf die Frage „Was bedeuten asketische Ideale?" zu geben versucht (ebd., S. 339 ff.).

47 Vgl. *Wissenschaftslehre*, S. 612.

48 GARS I, S. 563. Zu Webers Auseinandersetzung mit dem Werk Tolstois siehe auch Edith Hanke, Prophet des Unmodernen. Leo N. Tolstoi als Kulturkritiker in der deutschen Diskussion der Jahrhundertwende, Tübingen 1993, S. 168 ff.

49 GARS I, S. 564.

50 *Wissenschaftslehre*, S. 603 ff. Siehe hierzu auch Wolfgang J. Mommsen, Rationalisierung und Mythos bei Max Weber, in: Karl Heinz Bohrer (Hrsg.), Mythos und Moderne. Begriff und Bild einer Rekonstruktion, Frankfurt am Main 1983, S. 382-402.

mus' offensichtlich eine vieldeutige Angelegenheit darstellt und daß der Olymp des griechischen Götterpantheons tatsächlich nur wenige Gemeinsamkeiten mit einem durch die lange Schulung des Monotheismus geprägten und über sich selbst aufgeklärten modernen ,Polytheismus' besitzt.[51] Wir sollten uns also gerade in einer ,prophetenlosen Zeit' nicht nur davor hüten, den ,falschen Propheten' zu erliegen, sondern uns auch darum bemühen, uns gegen jede prophetische Anmaßung mit der von Max Weber selbst immer wieder in Anspruch genommenen Waffe der intellektuellen Redlichkeit erfolgreich zur Wehr zu setzen.

---

51   Darauf verweist zu Recht Tyrell, Religion und ,intellektuelle Redlichkeit', a.a.O., S. 166.

4. Die Bedeutung von „Ehefrau und Mutter in der Rechtsentwicklung" für das Werk Max Webers

Einleitung

Marianne Weber hatte die Arbeit an ihrem Buch *Ehefrau und Mutter in der Rechtsentwicklung* zu einem Zeitpunkt begonnen, an dem ihr Mann aufgrund einer schweren Depression völlig arbeitsunfähig war. Dennoch nahm Max Weber an diesem Buchprojekt seiner Frau in der Folgezeit lebhaft Anteil und fungierte nicht nur als ‚Spiritus rector' dieser bahnbrechenden Untersuchung über die soziale und rechtliche Stellung der Frau in den verschiedensten Kulturkreisen, sondern nahm selbst in vielfältiger Weise direkten Einfluß auf das Zustandekommen dieses Werkes, das im wahrsten Sinne des Wortes ein ‚Ehe-Buch' darstellt.[1]

Gleichwohl ist es müßig, darüber zu spekulieren, in welchem Ausmaß Weber selbst an der Niederschrift dieses Buches beteiligt gewesen ist, zumal seine Frau bereits einige Jahre vor dem Erscheinen von *Ehefrau und Mutter in der Rechtsentwicklung* ihre Fähigkeit unter Beweis gestellt hatte, anspruchsvolle Texte selbständig auszuarbeiten und zu veröffentlichen.[2] Allerdings fühlte sich Marianne Weber im Falle des ‚Ehe-Buches' dazu verpflichtet, auf die entsprechende Unterstützung durch ihren Mann aufmerksam zu machen. Denn in ihrem Vorwort zu diesem Buch vom April 1907 schrieb sie: „Ich habe die erste Anregung zu der nachstehenden Arbeit von meinem Mann erhalten und bin, wo immer allgemeine kulturgeschichtliche Zusammenhänge berührt sind, natürlich durch seine wissenschaftlichen Arbeiten, Vorlesungen und den persönlichen Gedankenaustausch beeinflußt. Die in der äußeren Form der Quellen sehr verwickelte Struktur des römischen Eherechts [...] wäre mir [ferner] ohne seine wiederholte Hilfe wohl nur sehr langsam verständlich geworden. In zahlreichen Zweifelsfällen habe ich aber auch sonst bei der endgültigen Redaktion seinen Rat erbeten und verdanke ihm so eine Anzahl von Einzelformulierungen direkt, nicht nur an den beiden Stellen, wo dies unter dem Text ausdrücklich vermerkt ist."[3]

---

1 Vgl. Guenther Roth, Max Webers deutsch-englische Familiengeschichte 1800-1950 mit Briefen und Dokumenten, Tübingen 2001, S. 565 ff.

2 Vgl. Marianne Weber, Fichte's Sozialismus und sein Verhältnis zur Marx'schen Doktrin, Tübingen 1900. Diese ihrem Mann gewidmete Untersuchung erschien in einer von Max Weber mitherausgegebenen volkswirtschaftlichen Schriftenreihe, der sich aus diesem Grund zu folgender Erklärung genötigt sah: „Ich glaube mich zu der Bemerkung veranlasst, dass die Verfasserin, abgesehen von den von ihr hervorgehobenen Punkten und ganz vereinzelten literarischen und terminologischen Ratschlägen meinerseits, ihren Weg in jeder Hinsicht selbständig hat suchen müssen und von mir nur, ebenso wie von ihren andern Lehrern, Kolleganregungen ganz allgemeiner Art empfangen hat" (S. VI). Aufgrund seiner Erkrankung war dies neben einer weiteren herausgeberischen Vorbemerkung in einer anderen Schriftenreihe übrigens der einzige literarische Beitrag Max Webers, der im Jahre 1900 erschienen ist.

3 Marianne Weber, Ehefrau und Mutter in der Rechtsentwicklung, Tübingen 1907, S. VI f. Auch in ihren *Lebenserinnerungen* hatte Marianne Weber darauf hingewiesen, daß sie diese umfassende rechtsgeschichtliche

Diese Beschreibung der Art der Mitwirkung ihres Mannes an dem Zustandekommen des
Buches steht in Übereinstimmung mit einer brieflichen Äußerung von Max Weber aus dem
Jahr 1906, in der er darauf hingewiesen hatte, daß er den Text „eingehend auf Correktheit"
überprüft habe, zumal er „erhebliche Teile der Materie selbst im Colleg zu behandeln hatte".
Ferner bestätigte er in diesem Zusammenhang, daß er im Manuskript eine Reihe von redak-
tionellen Eingriffen zur Verbesserung der ‚Verständlichkeit' des Buches seiner Frau vorgenommen hatte. Überdies machte er darauf aufmerksam, daß einige wichtige Grundgedanken
in diesem Buch völlig neu seien, wobei er insbesondere die Art der Darstellung der Entstehung der ‚legitimen Ehe' hervorgehoben hatte.[4]

In den zitierten Stellen werden also unterschiedliche Formen der Mitwirkung Max Webers am Zustandekommen des Buches seiner Frau betont, die zwar nicht die Eigenständigkeit dieser Untersuchung in Frage stellen, wohl aber auf das große Interesse verweisen, das
Weber mit dieser Arbeit verband. Dieses Interesse erklärt sich nicht nur aus dem Umstand,
daß Weber die schriftstellerischen Ambitionen seiner Frau unterstützen wollte, die diese im
Rahmen ihres Engagements innerhalb der bürgerlichen Frauenbewegung der Jahrhundertwende zu entfalten begann. Denn mit dieser Untersuchung warf Marianne Weber eine Reihe von Fragestellungen auf, die mehr oder weniger eine direkte sachliche Entsprechung innerhalb des Werkes ihres Mannes finden. Diese Entsprechungen beziehen sich zum einen auf
Arbeiten Max Webers, die dieser bereits vor der Jahrhundertwende veröffentlicht hatte und
die Themenstellungen zum Gegenstand haben, die er auch in seinen Freiburger und Heidelberger Vorlesungen behandelt hatte. Zum anderen läßt sich feststellen, daß sich Weber gegenüber dem spezifischen Erkenntnisinteresse, das in *Ehefrau und Mutter in der Rechtsentwicklung* zum Ausdruck kommt, äußerst aufgeschlossen gezeigt hatte. Es ist insofern kein Zufall,
daß er auch in seinen späteren Arbeiten immer wieder Fragestellungen aufgriff, die im Buch
seiner Frau ausführlich behandelt worden sind.

Die universalgeschichtliche Bedeutung der ‚Hausgemeinschaft'

Es gibt also gute Gründe dafür, nach der Bedeutung von *Ehefrau und Mutter in der Rechtsentwicklung* für Max Webers Werk zu fragen. Denn in diesem Buch kommen eine Reihe von
Themen zur Sprache, die auch in den Arbeiten von Max Weber ihren Niederschlag gefunden
haben. Diese betreffen insbesondere den wirtschaftlichen und rechtlichen Status der ‚Hausge-

---

Untersuchung „während ihres Mannes schwerer Krankheit unter seiner Aufsicht in siebenjähriger Bemühung
zustande gebracht hatte" (Marianne Weber, Lebenserinnerungen, Bremen 1948, S. 124; vgl. ebd., S. 234).
Zwei Jahre später wies sie jedoch auf den selbständigen Charakter ihrer Untersuchung hin und machte auf
die Kehrseite dieser fürsorglichen Unterstützung durch ihren Gatten aufmerksam: „Übrigens war das Buch
damals gar nicht in Beziehung zu Max Weber begonnen; es war während seiner Krankheit in Rom, als ich, statt
italienisch zu lernen und mich ganz den ungeheuren Eindrücken hinzugeben, durchaus eine Arbeit beginnen
musste, die mit der Frauenbewegung zusammenhing. Ich analysierte deshalb zuerst die Stellung der Frau im
Eherecht des Bürgerlichen Gesetzbuches und pendelte von da aus in siebenjähriger Arbeit in die Vergangenheit
zurück. Es war ein ungeheures Unterfangen. Max Weber nahm leidenschaftliches Interesse daran, ehe er selbst
arbeiten konnte und trieb mich von einer Stufe zur anderen. Natürlich überwachte er das Buch. Wenn er aber
eingreifen wollte, so heulte ich." (Marianne Weber, Brief an Eduard Baumgarten vom 4. Juli 1950, zitiert in
Guenther Roth, Familiengeschichte, a.a.O., S. 566).

4   Vgl. Max Weber, Brief an Paul Siebeck vom 11. September 1906, in: Max-Weber-Gesamtausgabe, Abteilung
     II, Band 5, Tübingen 1990, S. 158.

meinschaft' sowie der mit ihr verbundenen Formen der Familie und der Verwandtschaft in den verschiedenen Kulturkreisen. Die sowohl von Max als auch von Marianne Weber vertretene Auffassung bezüglich der Entstehung der ‚legitimen Ehe' richtete sich dabei gegen die insbesondere von sozialistischen Theoretikern wie August Bebel und Friedrich Engels vertretene entwicklungsgeschichtliche Ansicht, daß der Vorherrschaft des Patriarchalismus ursprünglich eine auf ‚mutterrechtlicher' Grundlage beruhende ‚kommunistische' Wirtschaftsstufe vorausgegangen sei, die erst durch die Entstehung des Privateigentums allmählich zugunsten einer patriarchalischen Bevormundung der Frauen zurückgedrängt worden ist.[5]

Max Weber betrachtete dabei die Hausgemeinschaft als die urwüchsigste und am weitesten verbreitete Form des menschlichen Zusammenlebens, die nicht an eine bestimmte Form der Blutsverwandtschaft gebunden sei, sondern von ihm primär als Produktions- und Konsumgemeinschaft verstanden worden ist. Im Rahmen der von ihm analysierten Gemeinschaftsformen hatte sich Weber mit den unterschiedlichen historischen Ausprägungen der Hausgemeinschaft am Intensivsten beschäftigt. Dieses Interesse an den verschiedenen Entwicklungsformen der Hausgemeinschaft läßt sich bis hin zu seiner Dissertation von 1889 über die Geschichte der Handelsgesellschaften im Mittelalter zurückverfolgen und schlägt sich auch noch in der von ihm im Wintersemester 1919-20 an der Universität München gehaltenen Vorlesung *Abriß der universalen Sozial- und Wirtschaftsgeschichte* nieder. Im Werk Max Webers kommt also der Entwicklung der Hausgemeinschaft und den mit ihr verbundenen unterschiedlichen erbrechtlichen und vermögensrechtlichen Implikationen eine besondere Rolle zu. Letztere sind es, von denen ausgehend er ähnlich wie seine Frau die damit zusammenhängenden Formen der Ehe, Familie und Verwandtschaft in den verschiedensten Kulturkreisen zu erklären versucht hat.

In seiner Dissertation hatte sich Weber mit der Frage beschäftigt, welche Gemeinschaftsformen die Entwicklung des Prinzips der solidarischen Haftung und der Entstehung eines gesellschaftlichen Sondervermögens innerhalb der Geschichte der Handelsgesellschaften im Mittelalter begünstigt haben. Ausgehend von den dogmatischen Gegensätzen zwischen dem römischen und dem germanischen Recht vertrat Weber dabei die These, daß nur die auf den mittelalterlichen Familien- und Arbeitsgemeinschaften beruhende ‚kommunistische' Form der Gütergemeinschaft zur Entstehung der auf dem Prinzip der Solidarhaftung beruhenden offenen Handelsgesellschaft geführt habe. Entscheidend für die Entwicklung dieser Gesellschaftsform sei dabei nicht das der Familiengemeinschaft zugrunde liegende Verwandtschaftsverhältnis gewesen, sondern die Gemeinschaft der erwerbsmäßig betriebenen Arbeit: „Das gemeinsame Haus in Verbindung mit der darin betriebenen gemeinsamen Erwerbstätigkeit ist also das für die vermögensrechtliche Seite Wesentliche."[6] Konsequenterweise habe es auch außerhalb der Familie derartige Gütergemeinschaften wie zum Beispiel im Handwerk gegeben, die in gleicher Weise wie die Familiengemeinschaften behandelt worden seien. Insofern war die gewerbliche Arbeit „die gemeinsame Quelle der Struktur der Gemeinschaftsverhältnisse innerhalb und außerhalb der Familie"[7].

---

5   Vgl. August Bebel, Die Frau und der Sozialismus. Die Frau in der Vergangenheit, Gegenwart und Zukunft (1879), 16. Aufl. Stuttgart 1892; Friedrich Engels, Der Ursprung der Familie, des Privateigenthums und des Staats. Im Anschluss an Lewis H. Morgan's Forschungen, Zürich 1884.

6   Max Weber, Zur Geschichte der Handelsgesellschaften im Mittelalter. Nach südeuropäischen Quellen (1889), in: ders., Gesammelte Aufsätze zur Sozial- und Wirtschaftsgeschichte, Tübingen 1924, S. 348 f.

7   Ebd., S. 354.

Die im Falle der Erbengemeinschaft äußerst problematische Konsequenz der Solidarhaft habe dabei eine Entwicklung begünstigt, in deren Verlauf anstelle der gemeinsamen Wirtschaft der Haus- und Familiengenossen eine durch einen *Sozietätsvertrag* gebildete Vermögensgemeinschaft getreten sei, welche auch die weitere Entwicklung entsprechender Familiensozietäten begünstigt hatte. Mit dieser Aufwertung der ‚Sozietät‘ zu einem eigenständigen kontraktfähigen Rechtsgebilde war auch der Weg frei für die Bildung eines gesellschaftlichen Sondervermögens, das vom eigentlichen ‚Haushalt‘ unterschieden worden ist. Dies hatte unter anderem die Konsequenz, daß eine mit ihrem Mann zusammenlebende Ehefrau nicht mehr für dessen geschäftliches Gebaren haftete, da ihr eheliches Zusammenleben nun auf einen prinzipiell anderen Rechtsgrund als die Absicht der gemeinsamen Erwerbsarbeit verwies. Weber kam deshalb zu dem Schluß: „Die Arbeitsgemeinschaften und noch die späteren großen industriellen Assoziationen haben in ihren ersten Entwicklungsstadien ein auch der Familie eigentümliches Moment, den gemeinsamen Haushalt, mit seinen Konsequenzen in sich aufgenommen, die Familie aber hat sich als Sozietät konstituiert.“[8]

Die dadurch ermöglichte rechtliche Unterscheidung zwischen dem *Haushalt* und dem *Betrieb* war Weber zufolge ein wichtiger Schritt auf dem Weg hin zur Entstehung der modernen kapitalistischen ‚Firma‘ und der für sie charakteristischen Form von ‚Rechenhaftigkeit‘. Er stellte dieser spezifischen Entwicklung der Hausgemeinschaft später die ebenfalls aus der Hausgemeinschaft hervorgegangene Wirtschaftsform des *Oikos* gegenüber, die primär am ökonomischen Eigenbedarf orientiert sei und eine auf unfreier Arbeit beruhende Form der Grundherrschaft beinhalte. Der ‚Oikos‘ und der ‚Betrieb‘ kennzeichnen Weber zufolge insofern zwei unterschiedliche Entwicklungsmöglichkeiten der Hausgemeinschaft, wie sie zum einen in der Entstehung eines auf ein bestimmtes Territorium beschränkten sowie auf einem persönlichen Herrschaftsverhältnis beruhenden Großhaushaltes einerseits und einer spezifisch kapitalistischen Organisation des Gelderwerbs andererseits zum Ausdruck kommt.[9]

Max Weber hatte am Beispiel der Entstehung der kapitalistischen Handelsgesellschaften zu zeigen versucht, daß das entwicklungsgeschichtliche Verhältnis zwischen der sich entfaltenden Geldwirtschaft und der „Schwächung der Hausautorität“ keinesfalls eindeutig war. Vielmehr hob er hervor, daß im Falle der rechtlichen Konstruktion eines betrieblichen Sondervermögens eine scheinbar ‚irrationale‘ Gemeinschaftsform nicht nur in keinem Widerspruch zur kapitalistischen Entwicklungsdynamik stand, sondern deren Entfaltung zeitweise sogar begünstigt hatte: „Die in einer theoretisch konstruierbaren Reihe der Entwicklungsstufen, vom ungebrochenen Gemeinschaftshandeln an gerechnet, ‚spätere‘, kapitalistische, Wirtschaftsform bedingt hier die theoretisch ‚frühere‘ Struktur: größere Gebundenheit der Haushörigen und größere Ungebrochenheit der Hausgewalt.“[10] Dies steht in Übereinstimmung mit der Ansicht seiner Frau, daß der moderne Kapitalismus keine bestimmte Form des Ehe- und Familienrechts voraussetze und sich lange Zeit durchaus mit dem Fortbestand patriarchalischer Herrschaft vertragen habe. Einen direkten Einfluß der kapitalistischen Entwicklung auf die Fortbildung des Eherechts sah sie deshalb auch nur in Gestalt der Weiterbildung von Rechts-

---

8   Ebd., S. 416; vgl. *Ehefrau und Mutter in der Rechtsentwicklung*, S. 243 ff.
9   Max Weber, Wirtschaft und Gesellschaft, 5. Aufl. Tübingen 1972, S. 228-233; Max-Weber-Gesamtausgabe, Abteilung I, Teilband 22-1: Gemeinschaften, Tübingen 2001, S. 150-161.
10   *Wirtschaft und Gesellschaft*, S. 229; *Gemeinschaften*, S. 151

instituten gegeben, die schon das Mittelalter kannte und die den ungehinderten Zugriff der Gläubiger auf das Vermögen des Ehemannes zur Sicherstellung seiner Kreditfähigkeit betrafen. In allen übrigen Fällen waren die Auswirkungen des Kapitalismus auf das Ehe- und Familienrecht ihr zufolge eher indirekter Art, weshalb in diesem Bereich auch ein großer Spielraum für das Geltendmachen von unterschiedlichen ethischen Idealen gegeben sei.[11]

Der von verschiedenen sozialistischen Theoretikern vertretenen Ansicht, daß eine eindeutige Entsprechung zwischen bestimmten Stadien der wirtschaftlichen Entwicklung und den jeweiligen Formen des Ehe- und Familienrechts existiere, stellten Max und Marianne Weber also die Behauptung gegenüber, daß im Prinzip eher von einer entwicklungsgeschichtlichen Indifferenz beider Bereiche ausgegangen werden müsse. Die Bedeutung von *Ehefrau und Mutter in der Rechtsentwicklung* besteht deshalb nicht zuletzt darin, den Nachweis erbracht zu haben, daß in jenen Kulturkreisen, welche die okzidentale Kulturentwicklung mit beeinflußt haben, höchst unterschiedliche Ausprägungen des Ehe- und Familienrechts existiert haben, die in keinem unmittelbaren Entsprechungsverhältnis zu dem allgemeinen ökonomischen Entwicklungsstand stehen. Gleichwohl liegt auch diesem Buch trotz aller Vorbehalte gegenüber evolutionstheoretischen Konstruktionen selbst eine übergreifende entwicklungsgeschichtliche Fragestellung zugrunde. Marianne Weber versuchte nämlich zu klären, welcher Stellenwert den einzelnen Epochen und Kulturkreisen, die sie in diesem Zusammenhang berücksichtigt hatte, innerhalb des universalgeschichtlichen Prozesses der Emanzipation der Frau von patriarchalischer Bevormundung zukam. So verschieden diese Epochen und Kulturkreise waren, die sie in ihrem Buch behandelte, so unterschiedlich mußten deshalb auch die Ergebnisse sein, zu denen sie bei ihren Einzeluntersuchungen gekommen ist.

Daß auch Max Weber bereits sehr früh nicht nur den Stellenwert der Hausgemeinschaft, sondern auch die Bedeutung des Ehe- und Familienrechts für die allgemeine Kulturentwicklung erkannt hatte, läßt sich anhand verschiedener Quellen belegen. Schon in seinem 1896 erschienenen Aufsatz „Die sozialen Gründe des Untergangs der antiken Kultur" wies er darauf hin, welche Bedeutung es für die weitere Entwicklung des Christentums haben mußte, daß in der Endphase des römischen Imperiums den Sklaven die Möglichkeit der eigenen Familiengründung gewährt worden ist. Nicht die „Sprengung der Festigkeit der Ehe in den herrschenden Klassen" und „das emanzipierte römische Weib" hätten die Grundlagen der bestehenden Gesellschaft aufgelöst. Vielmehr sei die Wiederherstellung der Familie in den unteren sozialen Schichten einer der Gründe für den Untergang der antiken Kultur gewesen.[12] Wir wissen ferner, daß Weber in seiner vor der Jahrhundertwende in Freiburg und Heidelberg gehaltenen Vorlesung über *Allgemeine („theoretische") Nationalökonomie* sich im Rahmen seiner Behandlung der „primitiven menschlichen Gemeinschaftsformen" auch kritisch mit der von Johann Jakob Bachofen und verschiedenen sozialistischen Theoretikern vertretenen ‚Mutterrechtshypothese' auseinandergesetzt hatte. Es ist nicht unwahrscheinlich, daß er in diesem Zusammenhang bereits die später auch von seiner Frau propagierte These bezüglich der Entstehung der ‚legitimen Ehe' dort zumindest bereits in Grundzügen skizziert hat.[13]

---

11   *Ehefrau und Mutter in der Rechtsentwicklung*, S. 379 ff.

12   Max Weber, Die sozialen Gründe des Untergangs der antiken Kultur (1896), in: Gesammelte Aufsätze zur Sozial- und Wirtschaftsgeschichte, S. 290 und 310.

13   Vgl. *Max Weber*, Grundriss zu den Vorlesungen über Allgemeine („theoretische") Nationalökonomie (1898), Tübingen 1990, S. 11 f. (Blatt 7-8); Wolfgang J. Mommsen, Einleitung zu *Gemeinschaften*, S. 37; *Ehefrau und*

Das vermutlich 1906 entstandene und kürzlich im Rahmen der Max-Weber-Gesamtausgabe erschienene Stichwortmanuskript „Hausverband, Sippe und Nachbarschaft" zeigt, wie stark spätestens zu diesem Zeitpunkt die entsprechenden Überlegungen von Max und Marianne Weber inhaltlich übereinstimmten.[14] Obgleich bisher nicht genau geklärt werden konnte, zu welchem Zweck Weber dieses Stichwortmanuskript verfaßt hat, kommt ihm dennoch eine besondere werkgeschichtliche Bedeutung zu. Denn zum einen stellt es eine Zusammenfassung einiger zentralen Thesen dar, wie sie in *Ehefrau und Mutter in der Rechtsentwicklung* vertreten worden sind. Zum anderen hat Weber Teile dieses Manuskripts in das Kapitel über die „Hausgemeinschaften" eingearbeitet, das er als Beitrag zum *Grundriß der Sozialökonomik* ausgearbeitet hatte und das im älteren Teil von *Wirtschaft und Gesellschaft* veröffentlicht worden ist.[15] Und schließlich hat Weber in diesem Stichwortmanuskript erstmals einige Gedankengänge über die Eigenart der erotischen Sphäre innerhalb der okzidentalen Kultur skizziert, wie er sie später in der berühmten „Zwischenbetrachtung" zu seinen Aufsätzen über die *Wirtschaftsethik der Weltreligionen* weiter entwickelt hat.[16]

In dem Zeitraum, in dem *Ehefrau und Mutter in der Rechtsentwicklung* entstanden ist, hatte Max Weber also die Gelegenheit gehabt, seine eigenen Ansichten bezüglich der ökonomischen Bedeutung der Hausgemeinschaft und den mit ihr verbundenen unterschiedlichen rechtlichen Regelungen des Geschlechterverhältnisses zu präzisieren und in einen systematischen Zusammenhang zu bringen. Während sich seine Frau jedoch auf eine Analyse der unterschiedlichen historischen Ausgestaltungen des Ehe- und Familienrechts beschränkt hatte, ging es Weber primär um eine Darstellung der großen Gemeinschaftsformen, deren Eigenart er in idealtypischer Weise ausgehend von der Hausgemeinschaft über die Sippe und Nachbarschaft, die ethnischen und religiösen Gemeinschaften bis hin zu den einzelnen politischen Verbänden zu rekonstruieren versuchte.

Die Kritik an den Matriarchats- und Patriarchatstheorien

Webers eigener Untersuchungsansatz war also weiter gefaßt als der seiner Frau, da er auf eine vergleichende Untersuchung der universalgeschichtlichen Eigenart der gesamten okzidentalen Kultur abzielte. Gleichwohl sind die Parallelen zwischen seiner Analyse der ursprünglichen

---

Mutter in der Rechtsentwicklung, S. 63, Anmerkung 1. Der harte Kern dieser These findet sich auch bereits in der zweiten Auflage von Max Webers Handbuchartikel über die „Agrarverhältnisse im Altertum"; sie ist hier allerdings noch auf die Darstellung des altbabylonischen Ehe- und Familienrechts beschränkt. Vgl. Max Weber, Agrarverhältnisse im Altertum, in: Handwörterbuch der Staatswissenschaften, 2., gänzlich umgearbeitete Auflage, Band 1, Jena 1898, S. 63 f. Erst in der dritten Auflage dieses Handbuchartikels hatte Weber das Ehe- und Familienrecht der antiken Kulturen ausführlich behandelt. Auch hier sind die Parallelen zu den entsprechenden Ausführungen seiner Frau deutlich wahrnehmbar. Vgl. Max Weber, Agrarverhältnisse im Altertum (3. Aufl. 1909), in: Gesammelte Aufsätze zur Sozial- und Wirtschaftsgeschichte, S. 54 f., 69 f., 82 f., 91 und 94 f.

14   Vgl. *Gemeinschaften*, S. 291-327; siehe ferner den editorischen Bericht über den werkgeschichtlichen Status dieses Manuskripts, den Wolfgang J. Mommsen für diesen Teilband von Webers Nachlaß verfaßt hat (ebd., S. 282-290).

15   Vgl. *Wirtschaft und Gesellschaft*, S. 212-233; *Gemeinschaften*, S. 114-161. Siehe hierzu auch die entsprechenden Ausführungen von Wolfgang J. Mommsen in der Einleitung zu diesem Nachlaßband (dort besonders S. 36 ff. und 45 ff.).

16   Dieser Hinweis fehlt leider in dem bereits erwähnten editorischen Bericht über den werkgeschichtlichen Status dieses Manuskripts.

Gemeinschaftsformen und den entsprechenden Beschreibungen seiner Frau bemerkenswert. Denn wie diese geht auch er davon aus, daß sexuelle Beziehungen aufgrund ihres labilen Charakters nicht schon an sich gemeinschaftsstiftend sind, sondern daß die urwüchsigste Form der Gemeinschaft die „Versorgungsgemeinschaft" darstellt, insbesondere die zwischen Mutter und Kind. Ihr am nächsten stehe die „Aufzuchtgemeinschaft der Geschwister", für deren Bestand es nicht entscheidend sei, ob sie tatsächlich auf Blutsverwandtschaft beruhe oder aber nicht.[17] Weber zieht aus dieser Annahme aber nicht die Schlußfolgerung, daß es ursprünglich einmal familienartige Gemeinschaftsbildungen gegeben habe, die nur aus den Müttern und ihren Kindern bestanden. Vielmehr geht er davon aus, daß die Existenz solch selbständiger „Muttergruppen" in der Regel durch die militärische Inanspruchnahme der Männer rein sekundär bedingt war. Auch könne man im Falle der Kombination einer entsprechenden sexuellen Beziehung zwischen Mann und Frau mit einer „Aufzuchtgemeinschaft" von Vater, Mutter und Kind nicht schon von dem Vorliegen einer ‚Ehe' sprechen. Eine Hausgemeinschaft lasse nämlich eine Vielzahl von höchst unterschiedlichen Verhältnissen zwischen den Geschlechtern zu. Von einer ‚Ehe' könne deshalb erst dann gesprochen werden, wenn diese in einem bewußten Gegensatz zu den übrigen Sexualbeziehungen stünde.

Wie die sozialistischen Theoretiker geht auch Weber von der Existenz eines ursprünglichen „Hauskommunismus" aus, der sich ihm zufolge primär auf den häuslichen Konsum bezieht. Dieser sei jedoch nicht notwendig mit einer „amorphen sexuellen Promiskuität" als Norm verbunden gewesen. Vielmehr zeige die Entwicklung, daß der kommunistische Güterbesitz in der Regel den freien Geschlechtsverkehr innerhalb eines Hauses gerade ausschließe. Die Entstehung der Exogamie führt Max Weber dabei ähnlich wie seine Frau auf das Interesse an der Wahrung des Hausfriedens und der entsprechenden Vermeidung von Eifersuchtskämpfen zwischen den Mitgliedern einer Hausgemeinschaft zurück.[18] Weber unterscheidet in diesem Zusammenhang zwischen der *Hausexogamie* und der *Sippenexogamie*, um deutlich zu machen, daß sich das Exogamieprinzip nicht auf die Mitglieder einer Hausgemeinschaft beschränkt. Denn die Sippe stellt ihm zufolge eine mit der Hausgemeinschaft konkurrierende Schutz- und Besitzanwartschaftsgemeinschaft dar, welche auf einem über den engeren Bereich des Hauses reichenden Verwandtschaftssystem beruht.

Die Sippenzugehörigkeit ermöglicht also eine die Hausgemeinschaft sprengende Form der Vererbung. Ferner können Väter und Kinder unterschiedlichen Sippen angehören unabhängig davon, ob zwischen ihnen eine Hausgemeinschaft besteht oder aber nicht. Dies ist dann der Fall, wenn die Erbberechtigung auf dem Prinzip der *Mutterfolge* statt dem der *Vaterfolge* beruht, d.h. wenn das Kind der Sippe der Mutter, nicht aber der des Vaters zugerechnet wird. Hier sind es neben dem Vater der Mutter insbesondere deren Brüder, denen die Aufgabe des Schutzes der Kinder zufällt und von denen die Kinder erben. Von der Existenz eines ‚Mutterrechts' sollte nach Webers Auffassung demgegenüber nur dann gesprochen werden, wenn zwar eine Hausgemeinschaft zwischen Vater, Mutter und Kind sowie eine „Vaterhausgewalt" besteht, die Kinder im verwandtschaftlichen und erbrechtlichen Sinne aber weiterhin der Sippe der Mutter zugerechnet werden. Nichts spreche jedoch für die Annahme, daß

---

17   *Wirtschaft und Gesellschaft*, S. 212; *Gemeinschaften*, S. 114 f.
18   *Wirtschaft und Gesellschaft*, S. 218; *Gemeinschaften*, 126 f.; *Ehefrau und Mutter in der Rechtsentwicklung*, S. 9.

das Mutterrecht die ursprüngliche Form der Erbfolge darstelle und eine universell anzutreffende entwicklungsgeschichtliche ‚Stufe‘ verkörpere. Weber teilt vielmehr die Ansicht seiner Frau, daß Mutterfolge und Vaterfolge sogar in ein und derselben Hausgemeinschaft nebeneinander existieren können. Dies sei immer dann der Fall, wenn die ökonomische Situation einen Mann dazu zwinge, in die Hausgemeinschaft der Sippe seiner Frau einzutreten, er sie also nicht käuflich erwirbt und insofern die aus dieser Beziehung resultierenden Kinder weiterhin zur Sippe der Mutter gehören, während für andere Mitglieder dieser Hausgemeinschaft das Prinzip der Vaterfolge gilt.[19]

Max Weber hatte deshalb nicht nur zwischen Vaterfolge und Mutterfolge, sondern auch zwischen der *Vaterhausgewalt* und der *Mutterhausgewalt* unterschieden. Erstere liege dann vor, wenn eine Person der Verfügungsgewalt der väterlichen Hausgemeinschaft untersteht, letztere dagegen, wenn sie der Verfügungsgewalt der Hausgemeinschaft der Mutter unterworfen ist. In beiden Fällen seien es in der Regel Männer, welche die häusliche Gewalt ausüben. Nur ist es im letzten Fall nicht der Ehemann oder der Vater, sondern die Brüder oder der Vater der Mutter, denen diese Funktion zukomme. Es handele sich hierbei um ein geschlechtspezifisches Herrschaftsverhältnis, das es verbiete, von einer ‚Besserstellung‘ der Frau zu sprechen, wenn sie der Verfügungsgewalt ihrer eigenen Sippe unterworfen bleibt. Gleichwohl ging auch Max Weber davon aus, daß eine mögliche ‚Emanzipation der Frau‘ an das Geltendmachen von spezifisch ‚ständischen‘ Privilegien gebunden war, die sie ihrem eigenen Herkunftsmilieu verdankte. Denn die völlige Rechtlosigkeit, die ursprünglich mit dem Kauf oder Raub einer Frau und ihrer Unterstellung unter eine fremde Hausgewalt verbunden war, habe sie nur überwinden können, wenn es ihr gelang, den Mann, zu dessen Eigentum sie geworden war, dazu zu bringen, die aus dieser Beziehung stammenden Kinder gegenüber dem sonstigen Nachwuchs ihres Mannes als dessen ‚legitime‘ Erben zu begünstigen. Es sei also primär das Interesse der Frau sowie das ihrer eigenen Sippe gewesen, das im Laufe der Zeit dazu geführt habe, daß das Verhältnis zwischen ihr und ihrem Mann gegenüber dessen sonstigen Geschlechtsbeziehungen zur ‚legitimen Ehe‘ aufgewertet worden sei.

Weber führte diese Aufwertung der Ehefrau und ihrer leiblichen Kinder primär auf vermögens- und erbrechtliche Gründe zurück. Auch der aufkommende Brauch, der Frau bei dem Zustandekommen eines Ehevertrages eine ‚Mitgift‘ zu gewähren, läßt sich ihm zufolge durch das Interesse ihrer Sippe erklären, sie und ihre Kinder ökonomisch abzusichern. Weber neigte sogar dazu, die Herkunft der legitimen Ehe auf die *Mitgiftehe* zurückzuführen. Es handele sich hierbei um eine durch einen Sippen-Vertrag bewirkte Abschwächung der ursprünglich „schrankenlosen Vatergewalt“ innerhalb der patriarchalischen Ehe.[20] Dies bedeute jedoch nicht, daß ein solcher Vertrag von Anfang an auf das Zustandekommen einer monogamen Einehe ausgerichtet gewesen sei. Tatsächlich habe sich die Mitgiftehe lange Zeit damit vertragen, daß ein Mann neben der Hauptfrau noch über andere Frauen verfügen konnte, deren Kinder nur ein sehr beschränktes oder gar kein Erbrecht besaßen. Als exklusive Eheform sei die Monogamie vielmehr erst in der römischen Antike eingeführt und später vom aufkom-

---

19	*Wirtschaft und Gesellschaft*, S. 218-222; *Gemeinschaften*, S. 127-134; vgl. *Ehefrau und Mutter in der Rechtsentwicklung*, S. 24 ff.

20	*Wirtschaft und Gesellschaft*, S. 224; *Gemeinschaften*, S. 139 und 308; Max Weber, Wirtschaftsgeschichte. Abriß der universalen Sozial- und Wirtschaftsgeschichte. 3. Aufl. Berlin 1958, S. 58 f.

menden Christentum zu einer normativen Forderung erhoben worden. Die Entwicklung des römischen Rechts habe erstmals auch zur Institution der „freien Ehe" geführt, die auf völliger Vertragsfreiheit beider Geschlechter beruhte, jederzeit kündbar war und zu einer vollen ökonomischen und persönlichen Emanzipation der Ehefrau geführt habe, da diese auch innerhalb der Ehe frei über ihren eigenen Besitz verfügen konnte. Allerdings war diese formalrechtliche Gleichstellung der Ehefrau dadurch erkauft, daß sie im Falle der Scheidung keine Rechte gegenüber ihren Kindern besaß, die vielmehr uneingeschränkt der väterlichen Gewalt unterstanden, und daß sie als Witwe nicht erbberechtigt, also völlig unversorgt war, wenn sie nicht über entsprechende Eigenmittel verfügte.[21]

Ethik versus Erotik

Max Weber hatte also zentrale Thesen von *Ehefrau und Mutter in der Rechtsentwicklung* in seinen eigenen Schriften weitgehend unverändert übernommen. Während Marianne Weber jedoch die weitere Entwicklung des Eherechts in verschiedenen europäischen Nationen unter dem Gesichtspunkt analysierte, in welchem Ausmaß diese einen Rückfall hinter den bereits im römischen Recht erreichten Stand der Emanzipation der Frau darstellte, war er selbst primär am entwicklungsgeschichtlichen Schicksal der *Hausgemeinschaft* interessiert. Ihm zufolge lassen sich nämlich zwei höchst unterschiedliche Entwicklungslinien auf diese urwüchsige Gemeinschaftsform zurückführen. Die eine besteht in einer zunehmenden rechtlichen und ökonomischen Binnendifferenzierung der Hausgemeinschaft. Weber hatte dabei jenen bereits in seiner Dissertation beschriebenen Prozeß im Auge, der mit der Entstehung persönlicher Vermögensrechte von Frauen, Kindern und Sklaven innerhalb der Hausgemeinschaft begann, dort allmählich das Prinzip des ‚Rechnens' eingeführt hatte und schließlich in der Ausdifferenzierung eines betrieblichen Sondervermögens gipfelte, das fortan streng vom eigentlichen ‚Haushalt' getrennt war. Weber zufolge ist dieser Entwicklungsprozeß mit der Entstehung des kapitalistischen *Betriebes* aus der häuslichen Erwerbsgemeinschaft identisch, der notwendig zu einer Auflösung der ursprünglichen Hausgemeinschaft beziehungsweise zu deren Reduktion auf eine reine Konsumentengemeinschaft führen mußte, die sich auf die moderne Kleinfamilie beschränkt.[22] Die andere große Entwicklungslinie verläuft dagegen über den *Oikos* hin zur *patrimonialen Herrschaft*, wie sie Max Weber in der älteren Fassung seiner Herrschaftssoziologie beschrieben hatte. Hierbei handelt es sich um den Spezialfall einer *patriarchalen* Herrschaftsstruktur, die auf dem Boden der uneingeschränkten Hausgewalt entstanden ist. Nur findet jetzt die Ausübung der Hausgewalt in dem Sinne dezentral statt, daß ein Hausherr Land und Inventar an Hausangehörige abgibt und diese dabei nach wie vor seiner Gewalt unterstellt sind. Von hier aus gibt es dann gleitende Übergänge zu verschiedenen Formen politischer Herrschaft, da Weber zufolge solche patrimonialen Herrschaftsverhältnisse als Grundlage politischer Gebilde historisch eine außerordentlich große Rolle gespielt haben.[23]

---

21 *Wirtschaft und Gesellschaft*, S. 225; *Gemeinschaften*, S. 141 und 311 f.; *Wirtschaftsgeschichte*, S. 59; vgl. *Ehefrau und Mutter in der Rechtsentwicklung*, S. 164-170.

22 *Wirtschaft und Gesellschaft*, S. 226-230; *Gemeinschaften*, S. 145-154 und 300 f.; *Wirtschaftsgeschichte*, S. 109.

23 *Wirtschaft und Gesellschaft*, S. 230-233 und 580-586; *Gemeinschaften*, S. 154-161 und 301; siehe hierzu auch Stefan Breuer, Max Webers Herrschaftssoziologie, Frankfurt am Main / New York 1991, S. 76 ff.

Hatte Marianne Weber ihr Buch als Beitrag zu einer Entwicklungsgeschichte des Patriarchalismus im Sinne eines familiären Herrschaftsverhältnisses begriffen, bei dem sie allmählich eine Abschwächung der schrankenlosen Vatergewalt meinte feststellen zu können, so teilte ihr Mann mit ihr zwar diese Perspektive, bezog sie aber darüber hinaus auf zwei andere Entwicklungsreihen, die ihm zufolge einerseits zu einer traditionalen Form von politischer Herrschaft und andererseits zur Entstehung des modernen kapitalistischen Betriebes geführt hatten. Eine weitere Modifikation des Untersuchungsansatzes seiner Frau betraf ferner seine Einschätzung des entwicklungsgeschichtlichen Verhältnisses zwischen den ehelichen und den außerehelichen Geschlechtsbeziehungen. Marianne Weber hatte nämlich ihre Untersuchung so angelegt, daß sie mit dem Siegeszug der monogamen, wenn auch zunächst patriarchalisch geprägten Einehe zugleich das Ideal einer lebenslangen Geschlechtspartnerschaft verband, dem sie eine tiefere sittliche Bedeutung zusprach. Unter rein ethischen Gesichtspunkten war für sie deshalb die höchste Form der geschlechtlichen Liebe untrennbar an die auf einer rechtlichen Gleichstellung der Geschlechter beruhende Form der Ehe gebunden.

Eine wichtige Rolle bei der Ausformulierung dieses Ideals haben ihr zufolge dabei bestimmte ethische Vorstellungen gespielt, wie sie zur Zeit der Reformation entstanden sind. Allerdings sei der Beitrag der Reformation zur Emanzipation der Frau zunächst zwiespältig gewesen. Denn die durch die Schließung der Klöster und Beginenhöfe bewirkte Aufwertung der Ehe und des Familienlebens begünstigte zwar die soziale Stellung der verheirateten Frau, nicht jedoch die der ledigen Frauen, denen nun aufgrund des Wegfallens des Keuschheitsideals ein minderer gesellschaftlicher Rang zugesprochen worden ist. Andererseits nahm die Reformation der verheirateten Frau die Möglichkeit, sich im Falle von Gewissenskonflikten an ihren Beichtvater zu wenden, was zunächst die patriarchalische Stellung des Ehemannes begünstigen mußte. Insbesondere Luthers Eheauffassung stelle keinen prinzipiellen Fortschritt gegenüber dem Mittelalter dar, da dieser den ehelichen Geschlechtsverkehr aus sexualhygienischen Gründen und zur Sicherung der Fortpflanzung zwar für statthaft hielt, ihn ansonsten aber dennoch als eine Sünde betrachtete und insofern keinen grundsätzlichen Gegensatz zur ‚Hurerei' gegeben sah. Der Gedanke, daß Mann und Frau auch ihr geistiges Leben miteinander teilen könnten, sei Luther demgegenüber noch völlig fremd gewesen. Erst der Calvinismus habe eine allgemeine Hebung der Lage der Frauen bewirkt, wobei insbesondere die verschiedenen puritanischen Sekten das Ideal der strengen asketischen Selbstkontrolle auch auf das eheliche Verhältnis übertragen hätten. Die dadurch bewirkte „sexuelle Disziplinierung der Männer" habe so schließlich zu einer „Durchgeistigung der ehelichen Beziehungen" geführt und zusammen mit der Idee des allgemeinen Priestertums sowie der Forderung nach Gewissensfreiheit auch innerhalb des ‚Hauses' eine umfassende Gleichberechtigung der Frauen begünstigt.[24]

Marianne Weber hatte also den Einfluß der Reformation auf das Geschlechterverhältnis in einer ähnlichen Weise gedeutet, wie sie auch bereits in der berühmten Studie ihres Mannes über die ‚Protestantische Ethik' und den ‚Geist' des Kapitalismus zum Ausdruck kommt.[25] Der

---

24 *Ehefrau und Mutter in der Rechtsentwicklung*, S. 283-291, zitiert S. 289.

25 Vgl. Max Weber, Die protestantische Ethik und der „Geist" des Kapitalismus. Textausgabe auf der Grundlage der ersten Fassung von 1904/05 mit einem Verzeichnis der wichtigsten Zusätze und Veränderungen aus der zweiten Fassung von 1920 herausgegeben und eingeleitet von Klaus Lichtblau und Johannes Weiß, 3. Aufl.

ethische Rigorismus, wie er in bestimmten puritanischen Kreisen hinsichtlich des Ideals einer lebenslangen ehelichen Treue vertreten worden ist, war für sie dabei zur persönlichen Richtschnur geworden, mit der sie sich seit der Jahrhundertwende in die öffentliche Debatte über die Reform des bestehenden Ehe- und Familienrechts sowie die in bestimmten Kreisen aufgestellte Forderung nach einer gesellschaftlichen Anerkennung der ‚freien Liebe' einzumischen begann. Stand der ethische Wert einer lebenslangen ehelichen Geschlechtsgemeinschaft „bis zum Pianissimo des höchsten Alters"[26] deshalb für sie grundsätzlich außer Frage, so machte ihr Mann demgegenüber auf eine Differenzierung aufmerksam, wie sie seiner Meinung nach unter den spezifischen Bedingungen der Moderne erforderlich geworden ist. Max Weber hatte nämlich bereits in seinem Stichwortmanuskript „Hausverband, Sippe und Nachbarschaft" darauf hingewiesen, daß es neben der Entwicklung des Ehe- und Familienrechts noch eine ganz andere Entwicklungslinie gebe, die den spezifischen Stellenwert der außerehelichen Geschlechtsliebe innerhalb der okzidentalen Kultur betreffe und dabei die erotische Sphäre unwiderruflich in einen unlösbaren Konflikt mit der ethischen Wertsphäre bringen mußte. Weber skizzierte dabei erstmals die zentralen Stationen einer Entwicklungsgeschichte der Erotik, wie er sie später in der „Zwischenbetrachtung" zu seinen *Gesammelten Aufsätzen zur Religionssoziologie* beschrieben hatte und die von den verschiedenen Formen der „heiligen Prostitution" über die Knabenliebe im alten Griechenland, den mittelalterlichen „Frauendienst" und die neuzeitliche Salonkultur bis hin zur „freien Liebe" der Gegenwart mit ihrer Steigerung des Prestiges der Erotik zu einer außeralltäglichen „Sensation" reicht.[27]

Während Marianne Weber in ihrem Buch die verschiedenen Erscheinungsformen der außerehelichen Geschlechtsliebe primär als Ausdruck der privilegierten gesellschaftlichen Stellung des Mannes betrachtet hatte und dementsprechend negativ bewertete, war ihr Mann demgegenüber der Ansicht, daß mit der fortschreitenden Rationalisierung und Intellektualisierung der Kultur die Sublimierung der Erotik zu einer bewußt gepflegten und dabei außeralltäglichen Sphäre selbst einen Eigenwert darstellt, der fortan in Konkurrenz zu dem ethischen Ideal einer universalistischen Brüderlichkeitsethik trete.[28] Wie stark Max Weber dabei selbst zwischen diesen beiden gegensätzlichen Wertsphären hin- und herschwankte und dem Wertstandpunkt

---

Weinheim 2000, S. 127 f.; siehe ferner Klaus Lichtblau, Kulturkrise und Soziologie um die Jahrhundertwende. Zur Genealogie der Kultursoziologie in Deutschland, Frankfurt am Main 1996, S. 325 ff.

26   *Ehefrau und Mutter in der Rechtsentwicklung*, S. 572.

27   *Gemeinschaften*, S. 317-322; vgl. Max Weber, Gesammelte Aufsätze zur Religionssoziologie, Tübingen 1920, S. 556-562.

28   In einem Brief an den Nationalökonomen Arthur Salz vom Februar 1912 hatte Weber damit geliebäugelt, auch der Hausgemeinschaft unter bestimmten Bedingungen eine den Alltag sprengende Bedeutung zuzusprechen. Er wies in diesem Zusammenhang darauf hin, daß mit der sukzessiven Auslagerung aller produktiven Funktionen aus der Hausgemeinschaft letztere ihres herkömmlichen Sinnes beraubt sei und allmählich zu einer Fessel zu werden drohe, sollte es nicht gelingen, ihr einen neuen, nun primär ‚außeralltäglichen' Sinn abzugewinnen: „Was früher Alltag war, *muß* heute grade das *Un*-Alltägliche sein. Als solches, in *freiem* Zusammenschluß, aber grade *nicht* auf der Basis von Blutszwang, mit möglichst wenig Regel und ‚Ökonomie', kann es auch heute viel bedeuten." (Max-Weber-Gesamtausgabe, Abteilung II, Band 7, Tübingen 1998, 1. Halbband, S. 429). Jedoch wurde dieser Gedankengang von Weber nicht weiter verfolgt, sondern später zugunsten des ‚Sensationswerts' der außeralltäglichen Erotik fallengelassen. Lediglich an einer Stelle in *Wissenschaft als Beruf* taucht er in modifizierter Form wieder auf, an der Weber von der „Brüderlichkeit unmittelbarer Beziehungen der Einzelnen zueinander" sprach und davon ausging, „daß heute nur innerhalb der kleinsten Gemeinschaftskreise, von Mensch zu Mensch, im pianissimo, jenes Etwas pulsiert, das dem entspricht, was früher als prophetisches Pneuma in stürmischem Feuer durch die großen Gemeinden ging und sie zusammenschweißte." (Max Weber, Gesammelt

seiner Frau dadurch die Reverenz erwies, daß er dieser den ersten Band seiner religionssoziologischen Abhandlungen mit einem Zitat aus *Ehefrau und Mutter in der Rechtsentwicklung*
gewidmet hatte, zeigt auch folgende Stelle, die er kurz vor seinem Tod in die letzte Fassung
seiner „Zwischenbetrachtung" mit aufgenommen hatte: „Es ist am besten wohl der Quäker-
ethik (wie sie aus William Penn's Briefen an seine Frau spricht) gelungen, über die ziemlich
grobe lutherische Deutung des Sinnes der Ehe hinaus zu einer echt menschlichen Interpretation ihrer innerlichen religiösen Werte zu gelangen. Rein innerweltlich angesehen, kann nur
die Verknüpfung mit dem Gedanken ethischer Verantwortlichkeit für einander – also einer
gegenüber der rein erotischen Sphäre heterogenen Kategorie der Beziehung – dem Empfinden dienen: daß in der Abwandlung des verantwortungsbewußten Liebesgefühls durch alle
Nuancen des organischen Lebensganges hindurch: ‚bis zum Pianissimo des höchsten Alters',
in dem Einander-Gewähren und Einander-schuldig-werden (im Sinne Goethes) etwas Eigen-
artiges und Höchstes liegen könne. Selten gewährt es das Leben rein; wem es gewährt wird,
der spreche von Glück und Gnade des Schicksals, – nicht: von eigenem ‚Verdienst'."[29]

Aufsätze zur Wissenschaftslehre, 6. Aufl. 1985, S. 612). Offensichtlich war für ihn aber diese Möglichkeit nun
nicht mehr auf das ‚Haus' beschränkt.

29   *Religionssoziologie*, Band I, S. 563. Die entsprechende Widmung an seine Ehefrau, die er diesem Band seiner
Religionssoziologie vorangestellt hatte und die auf den 7. Juni 1920 datiert worden ist, lautet: „MARIANNE
WEBER – 1893 ‚bis ins Pianissimo des höchsten Alters'." Max Weber ist eine Woche später an den Folgen
einer Lungenentzündung gestorben.

5. Zum Status von ‚Grundbegriffen‘ in Max Webers Werk

Einleitung

Max Weber hatte der Bildung eindeutiger Begriffe eine große Bedeutung für die kultur- und sozialwissenschaftliche Forschung zugesprochen. Bereits zum Zeitpunkt der Niederschrift seines berühmten Objektivitätsaufsatzes von 1904 neigte er dazu, idealtypischen Begriffsbestimmungen an sich schon den Status einer ‚Theorie‘ zuzusprechen.[1] Entsprechend groß war für ihn der Stellenwert, der einer „Kritik der Begriffsbildung" innerhalb des „Fortschritt[s] der kulturwissenschaftlichen Arbeit" zukommt.[2] Denn ihm zufolge waren die begrifflichen Abstraktionen innerhalb der historischen Kulturwissenschaften vermittels der theoretischen Wertbeziehungen und erkenntnisleitenden Interessen der Forschergemeinschaft an die jeweiligen Kulturprobleme ihrer Epoche gebunden. Mit dem Wandel dieser Kulturprobleme sei deshalb auch das bisherige grundbegriffliche Selbstverständnis der Kultur- und Sozialwissenschaften immer wieder zur Disposition gestellt, weshalb Weber letzteren auch eine „ewige Jugendlichkeit" zusprach.[3]

Diese Aufwertung des Vergänglichen zugunsten des Bleibenden ging damals noch mit Webers Geringschätzung einer *systematischen* Form der Erkenntnis in den Kultur- und Sozialwissenschaften einher. „Begriffssysteme" waren ihm zufolge kein Selbstzweck, sondern ihrerseits von dem „Begriffsvorrat ihrer Zeit" abhängig und ihre Geltung entsprechend eingeschränkt: „Große begriffliche Konstruktionsversuche haben auf dem Gebiet unserer Wissenschaft ihren Wert regelmäßig gerade darin gehabt, daß sie die *Schranken* der Bedeutung desjenigen Gesichtspunktes, der ihnen zugrunde lag, enthüllten."[4] Einem „System der Kulturwissenschaften" konnte Weber deshalb nur den Status einer „chinesische[n] Erstarrung des Geisteslebens" zusprechen, die den eigentlichen Erkenntnisfortschritt notwendig erschwert, wenn nicht gar verunmöglicht.[5] Dies galt seiner Meinung nach auch für den ökonomischen Wertbegriff, der innerhalb der Nationalökonomie damals noch den Status eines ‚Grundbegriffs‘ besaß, dessen Tage Weber zufolge allerdings bereits gezählt waren, weil auch die zu seiner Zeit inflationär zunehmenden grenznutzentheoretischen Reformulierungen des ökonomischen Wertbegriffs Webers Ansicht nach dem Gesetz des „abnehmenden Grenznutzens" unterworfen waren.[6]

---

1   Vgl. Max Weber u.a.. Geleitwort, in: Archiv für Sozialwissenschaft und Sozialpolitik 19 (1904), S. VI.
2   Max Weber, Gesammelte Aufsätze zur Wissenschaftslehre. 6. Aufl. Tübingen Weber 1985, S. 207 f.
3   Ebd., S. 206.
4   Ebd., S. 207.
5   Ebd., S. 184.
6   Ebd., S. 196.

Weber neigte zum Zeitpunkt der Niederschrift seines Objektivitätsaufsatzes offensichtlich dazu, solche ‚Grundbegriffe' und ‚Begriffssysteme' zumindest innerhalb der historischen Kultur- und Sozialwissenschaften negativ zu bewerten, weshalb er der Meinung war, daß deren ‚einseitige Gesichtspunkte' eine entsprechende Kritik unverzichtbar machten. Dies änderte sich erst, als er sich während der Arbeit am *Grundriß der Sozialökonomik* zunehmend gezwungen sah, seinem eigenen Beitrag zu diesem Handbuch eine solidere begriffliche Grundlage zu geben. Aus der Korrespondenz, die Weber in diesem Zusammenhang geführt hat, ragen zwei theoretische Ansätze heraus, von denen er sich einerseits kritisch abgegrenzt hatte und auf die er dennoch – wenn auch nur in ironischer Weise – zur Klärung des logischen Status seines eigenen Grundrißbeitrages Bezug genommen hat. Sein erster Bezugspunkt war die Theorie der Wirtschaftsstufen, die sich in der deutschen Nationalökonomie um 1900 großer Beliebtheit erfreute und der Weber ursprünglich einen hohen Stellenwert für eine theoretische Integration der einzelnen Teile des *Grundriß der Sozialökonomik* zusprach.[7] Der andere Bezugspunkt war dagegen Heinrich Rickerts Versuch, der historischen Forschung durch die Ausarbeitung eines „Systems der Werte" eine theoretische Grundlage zu geben, die eine gewisse Immunität gegenüber dem ständigen Wandel der Kulturprobleme in Aussicht stellte.[8] Im ersteren Fall charakterisierte Weber seinen eigenen Grundrißbeitrag euphorisch als eine Sprengung des Bezugsrahmens der nationalökonomischen Stufenlehre, die ihn dazu ermunterte, nun verstärkt von seiner „Soziologie" zu sprechen, womit offensichtlich ein theoretischer Anspruch verbunden war, der in seinen Augen kein wirkliches Vorbild besaß.[9] Im letzteren Fall verglich er Heinrich Rickerts „System der Werte" in ironischer Weise mit seiner eigenen ‚Religionssystematik', wie er sie im religionssoziologischen Kapitel von *Wirtschaft und Gesellschaft* ausgearbeitet hat und die er in Abgrenzung zum primär historischen Charakter seiner Aufsätze über die *Wirtschaftsethik der Weltreligionen* wiederholt als seine „systematische" Religionssoziologie bezeichnet hatte.[10]

Hinzu kommt, daß Weber im gleichen Zeitraum seinen Aufsatz „Über einige Kategorien der verstehenden Soziologie" veröffentlicht hatte, der schon im Titel deutlich macht, daß Weber mit diesem Aufsatz zwar keinen Anspruch auf kategoriale *Vollständigkeit*, wohl aber

---

7   Siehe hierzu Hinnerk Bruhns, Max Webers „Grundbegriffe" im Kontext seiner wirtschaftsgeschichtlichen Forschungen, in: Klaus Lichtblau (Hrsg.), Max Webers ‚Grundbegriffe'. Kategorien der kultur- und sozialwissenschaftlichen Forschung, Wiesbaden 2006, S. 151-183.

8   Zu diesem letztlich gescheiterten Versuch einer werttheoretischen Begründung der modernen Kulturwissenschaften vgl. auch die entsprechenden Ausführungen von Guy Oakes, Die Grenzen kulturwissenschaftlicher Begriffsbildung. Heidelberger Max Weber-Vorlesungen 1982, Frankfurt am Main 1990.

9   Siehe hierzu Max Webers enthusiastischen Brief an Paul Siebeck vom 30. Dezember 1913: „Da *Bücher* ja – Entwicklungsstufen – *ganz* unzulänglich ist, habe ich eine geschlossene soziologische Theorie und Darstellung ausgearbeitet, welche alle großen Gemeinschaftsformen zur Wirtschaft in Beziehung setzt: von der Familie und Hausgemeinschaft zum ‚Betrieb', zur Sippe, zur ethnischen Gemeinschaft, zur Religion (*alle* großen Religionen der Erde umfassend: Soziologie der Erlösungslehren und der religiösen Ethiken, – was Tröltsch gemacht hat, jetzt für *alle* Religionen, nur wesentlich knapper), endlich eine umfassende soziologische Staats- und Herrschafts-Lehre. Ich darf behaupten, daß es noch *nichts* dergleichen giebt, auch kein ‚Vorbild'" (Max-Weber-Gesamtausgabe, Abteilung II. Band 8: Briefe 1913-1914, Tübingen 2003, S. 449 f.). Vgl. ferner Webers Brief an Johann Plenge vom 11. August 1913 sowie seinen Brief an Paul Siebeck vom 6. November 1913 (ebd., S. 305 und 349).

10   Vgl. Max Webers Brief an Heinrich Rickert vom Juli 1913 (ebd., S. 261 f.); siehe hierzu auch Hans G. Kippenberg, „Meine Religionssystematik", in: Hans G. Kippenberg / Martin Riesebrodt (Hrsg.), Max Webers „Religionssystematik", Tübingen 2001, S. 13-30.

einen *kategorialen* Anspruch gestellt hat, der offensichtlich den theoretischen Bezugsrahmen des Objektivitätsaufsatzes von 1904 sprengt. Zwar betonte Weber auch jetzt noch den Zweckmäßigkeitscharakter der neuen Art der soziologischen Begriffsbildung, wie er sie in seinem Kategorienaufsatz vorgenommen hatte.[11] Und selbst noch in seinen *Soziologischen Grundbegriffen* von 1920 wies Weber darauf hin, daß er die von ihm in diesem Zusammenhang vorgeschlagenen und zum Teil vom üblichen Sprachgebrauch abweichenden Fachtermini selbstverständlich niemand aufzwingen möchte und daß es auch noch andere Möglichkeiten gebe, Soziologie zu betreiben, als er es im Rahmen seiner Verstehenden Soziologie getan hatte. Allerdings fügte er zugleich hinzu, daß die von ihm vorgenommene Form der Begriffsbildung in einer vielleicht etwas zweckmäßigeren und korrekteren Ausdrucksweise dasjenige zur Sprache bringe, „was jede empirische Soziologie tatsächlich meint, wenn sie von den gleichen Dingen spricht"[12].

Offensichtlich verbinden sich mit den Grundbegriffen seiner verstehenden Soziologie aber auch systematische Ansprüche und Überlegungen, die über reine ‚Zweckmäßigkeitsfragen' hinausgehen. Auch lassen sie sich nicht auf eine kritische Rekonstruktion dessen reduzieren, was Rudolf Stammler „hätte meinen sollen", mit dem sich Weber intensiv auseinandergesetzt hatte und dessen Buch *Wirtschaft und Recht nach der materialistischen Geschichtsauffassung* er bereits 1907 eine ätzende Kritik unterzog.[13] Jedoch hat uns Max Weber außer den spärlichen Hinweisen auf die Quellen, auf die er sich bei seinem Versuch einer ‚verstehenden' Grundlegung der modernen Soziologie hat stützen können, nicht mitgeteilt, welche Selektionskriterien und Konstruktionsprinzipien seinen soziologischen Grundbegriffen beziehungsweise Kategorien zugrunde liegen. Selbst Marianne Weber war offensichtlich überrascht über das Ausmaß an Fremdheit und Rätselhaftigkeit, das in ihren Augen mit der von Weber selbst noch für den Druck vorbereiteten ‚soziologischen Begriffslehre' von 1920 verbunden war und um deren Verständnis sich nach seinem Tod ein sich um sie scharender Kreis von Schülern und Verehrern Max Webers bemüht hatte: „Im Winter versammelte sich allwöchentlich eine kleine Gemeinde von Schülern um Webers verlassenen Schreibtisch. Sie können keinen anderen Kult treiben als sich Bruchstücke aus seinen Werken zu deuten und verstehend anzueignen. Wie herbe es ist! Es versagt sich gefühlsmäßiger Hingabe und dem Bedürfnis nach Erbaulichkeit. Es verlangt nüchterne Wachheit, Anspannung des Denkens bis zum Schmerz. Vor allem die fremdartige soziologische Begriffslehre muß Satz um Satz erschlossen werden, obwohl die Definitionen sehr prägnant sind, aber sie umfassen und verdichten einen unser Wissen und unsere Vorstellungskraft überfordernden Gehalt. Wir umrätseln ihre Klarheit. Die Begriffe sind wie eine Zeichensprache der Wirklichkeit – Erleuchtung für den Kundigen. Jeder von uns trägt sein Lichtchen herzu. Hier und da tut sich ein Spalt auf in dem Begriffs-Gequader.

---

11   Vgl. *Wissenschaftslehre*, S. 427. Charakteristisch für diese pragmatische Einstellung Webers ist auch sein Brief an Hermann Kantorowicz vom 29. Dezember 1913: „‚Verstehende Soziologie' – unverständlich? ... Es ist der Versuch, *alles* ‚Organizistische', Stammlerische, Überempirische, ‚Geltende' (= *Norm*haft Geltende) zu *beseitigen* und die ‚soziologische Staatslehre' als Lehre vom rein empirischen typischen *menschlichen Handeln* aufzufassen. – m.E. der einzige Weg – während die einzelnen *Kategorien* Zweckmäßigkeitsfragen sind" (Gesamtausgabe, Abteilung II. Band 8, S. 442 f.).

12   Max Weber, Wirtschaft und Gesellschaft. Grundriß der verstehenden Soziologie, 5. Aufl. Tübingen Weber 1972, S. 1.

13   Vgl. *Wissenschaftslehre*, S. 291-359 und 427.

Verborgenes Feuer glüht auf, wir spüren das schlagende Herz, den gigantischen Erkenntnis-
willen, das Allmenschliche.“[14]

Nun, wir sind heute immer noch damit beschäftigt, sowohl die Konstruktionsprinzipien
als auch den systematischen Aufbau von Max Webers ‚Grundbegriffen‘ beziehungsweise ‚Kategorien‘ zu enträtseln, auch wenn dies in der Regel nicht mehr in einer kultischen Form geschieht. Daß Weber beide Ausdrücke bis zuletzt synonym verwendet hat, läßt sich auch dem
Titel seiner ersten Münchner Vorlesung entnehmen, die er im Sommersemester 1919 gehalten
hatte und in der er die gerade in Arbeit befindliche Neufassung seiner soziologischen Kategorienlehre vortrug.[15] Um zu verstehen, warum Weber dazu neigte, der Bildung exakter Begriffe
eine solch große Bedeutung zuzusprechen, die ja noch keine ‚Theorie‘ im Sinne von nomologischen Gesetzen und den entsprechenden Regeln ihrer empirischen Überprüfbarkeit beinhalten, müssen die logisch-methodologischen Auffassungen seiner Zeit berücksichtigt werden,
von denen seine eigenen Überlegungen bezüglich der logischen Eigenart der Begriffsbildung
in den Kultur- und Sozialwissenschaften ihren Ausgang genommen haben.[16] Erst dann kann
die Frage beantwortet werden, inwieweit Weber von diesen zeitbedingten Auffassungen ab-
wich und an welchen Kriterien er sich bei der Ausarbeitung seiner eigenen soziologischen
Grundbegriffe möglicherweise orientiert hat.

Mögliche historische Quellen für Webers Verständnis von ‚Grundbegriffen‘

Daß gegen Ende des 19. Jahrhunderts nicht nur in logisch-methodologischer Hinsicht über
den Status von ‚Grundbegriffen‘ nachgedacht worden ist, zeigt das erstmals 1878 veröffentlichte und 1893 in überarbeiteter Form erschienene Buch *Die Grundbegriffe der Gegenwart*
des Jenaer Philosophen Rudolf Eucken. Dieser verfolgte mit dieser Publikation das Ziel, die
geistige Signatur seines Zeitalters zu bestimmen, indem er eine Analyse jener philosophischen
Begriffe durchführte, in denen die zentralen weltanschaulichen Strömungen seiner Zeit zum

---

14   Marianne Weber, Lebenserinnerungen, Bremen 1948, S. 124 f.

15   Weber hatte diese Vorlesung unter dem Titel „Die allgemeinsten Kategorien der Gesellschaftswissenschaft“
      angekündigt und eine Fortsetzung derselben im kommenden Wintersemester in Aussicht gestellt. Aufgrund
      des ausdrücklichen Wunsches der Studentenschaft hielt er im folgenden Semester jedoch eine Vorlesung über
      „Universale Sozial- und Wirtschaftsgeschichte“. Vgl. Marianne Weber, Max Weber. Ein Lebensbild, Tübingen
      1926, S. 671 ff.; ferner Eduard Baumgarten, Max Weber. Werk und Person, Tübingen 1964, S. 716.

16   Zur Kritik an Webers Gleichsetzung von Begriffsbildung mit Theoriebildung siehe Michael Schmid, Kultur und
      Erkenntnis. Kritische Bemerkungen zu Max Webers Wissenschaftslehre, in: Berliner Journal für Soziologie 14
      (2004), S. 545-560. Schmid hat bei seiner Weber-Kritik im Wesentlichen die erkenntnistheoretische Position
      im Auge, wie sie Max Weber in Anlehnung an Heinrich Rickert 1904 in seinem Objektivitätsaufsatz vertreten
      hatte. Diese ist tatsächlich für eine systematische Grundlegung der modernen Soziologie als einer ‚erklärenden
      Wissenschaft‘ völlig unzureichend. Schmid übersieht dabei jedoch in einer für einen Fachsoziologen fast schon
      als tragisch zu bezeichnenden Art und Weise, daß sich die von Weber entwickelte Variante der verstehenden
      Soziologie weitgehend von diesen Rickertschen Vorgaben gelöst hat. Wäre Weber tatsächlich bis zuletzt Ricker-
      tianer geblieben, wären die gerade für das Fach Soziologie weitreichenden Schlußfolgerungen der Schmidschen
      Weber-Kritik berechtigt. Zu einer ähnlich gelagerten und von einem dezidiert nationalökonomischen Standpunkt
      vorgetragenen Kritik an den Rickertschen Anleihen Max Webers siehe auch den polemischen Beitrag von R.
      Wilbrandt, Die Reform der Nationalökonomie vom Standpunkt der „Kulturwissenschaften“. Eine Antikritik,
      in: Zeitschrift für die gesamte Staatswissenschaft 73 (1917), S. 345-403. Auch Wilbrandt trifft mit seiner
      Kritik jedoch nicht den Soziologen, sondern nur den ‚Kulturwissenschaftler‘ Max Weber, sofern man unter
      ‚Kulturwissenschaft‘ dabei die Rickertsche Lehre der historischen Begriffsbildung versteht, was auch heute
      selbst bei gestandenen Soziologen leider immer noch zum Teil der Fall ist.

Ausdruck kamen.[17] Nicht dieses anspruchsvolle Programm einer philosophisch inspirierten Begriffsgeschichte in zeitdiagnostischer Absicht, sondern die wissenschaftstheoretischen Bemühungen um eine Klärung des logischen Status der Begriffsbildung in den einzelnen kultur- und sozialwissenschaftlichen Disziplinen fanden jedoch Max Webers Interesse und Aufmerksamkeit.[18] Noch vor der Jahrhundertwende unternahm Webers Jugendfreund Heinrich Rickert den Versuch, ausgehend von den Grenzen der naturwissenschaftlichen Begriffsbildung die Eigenart der „logischen Grundbegriffe der historischen Wissenschaften" zu bestimmen.[19] Rickert wies in diesem Zusammenhang ausdrücklich darauf hin, daß er dabei der Lehre vom Begriff und der Begriffsbildung wieder den „Platz an der Spitze des Systems" zuweisen wollte, den diese seit dem Erscheinen der Sigwartschen Logik innerhalb der modernen Wissenschafts- und Erkenntnistheorie verloren hatte.[20] Dieser Glaube an den zentralen Stellenwert von Begriffen innerhalb des logischen Systems der Wissenschaften war im südwestdeutschen Neukantianismus weit verbreitet. Bezeichnenderweise sah auch noch Rickerts Schüler Emil Lask „eine von wenigen letzten Grundbegriffen einheitlich durchherrschte Logik" als Ziel seiner eigenen philosophischen Bemühungen an.[21]

Aber nicht nur die zuletzt genannten Philosophen und ‚Logiker' sprachen der Lehre vom Begriff und der Begriffsbildung eine zentrale Stellung innerhalb der Wissenschaftslehre zu. Denn auch in den einzelnen kultur- und sozialwissenschaftlichen Disziplinen war die Auffassung weit verbreitet, daß der Bildung von Begriffen eine konstitutive Funktion für die jeweilige Gegenstandserfassung zukommt. In seiner 1901 erschienenen Studie *Die Herrschaft des Wortes* hatte sich der von Weber geschätzte Heidelberger Privatdozent Friedrich Gottl auch ausführlich mit der Stellung der ‚Grundbegriffe' in der Nationalökonomie auseinandergesetzt. Er wies in seiner diesbezüglichen Untersuchung darauf hin, daß man zwar wie selbstverständlich von der Existenz von nationalökonomischen Grundbegriffen ausgehe, daß aber weder Klarheit darüber herrsche, wodurch sich solche ‚Grundbegriffe' eigentlich auszeichnen, noch welches die nationalökonomischen Grundbegriffe im engeren Sinne seien. Gottls eigene Untersuchung zielte deshalb primär auf eine Kritik des diesbezüglichen nationalökonomischen Sprachgebrauchs seiner Zeit ab, ohne selbst etwas Konstruktives zur Klärung der Kriterien für die Bildung nationalökonomischer Grundbegriffe beizutragen.[22]

---

17 Vgl. Rudolf Eucken, Die Grundbegriffe der Gegenwart. Historisch und kritisch entwickelt, 2. Aufl. Leipzig 1893.

18 Zu entsprechenden Versuchen, die epochale Eigenart einer Zeit durch die sie charakterisierenden Begriffe zu bestimmen, siehe auch Karl Jaspers, Die geistige Situation der Zeit. Achter Abdruck der im Sommer 1932 bearbeiteten 5. Auflage. Berlin / New York 1979; ferner Jürgen Habermas (Hrsg.), Stichworte zur ‚Geistigen Situation der Zeit', 2 Bände, Frankfurt am Main 1979.

19 Vgl. Heinrich Rickert, Die Grenzen der naturwissenschaftlichen Begriffsbildung. Eine logische Einleitung in die historischen Wissenschaften. 1. Hälfte, Freiburg / Leipzig 1896, S. 22.

20 Ebd., S. 25; siehe ferner Christoph Sigwart, Logik, 4. Auflage besorgt von H. Maier, Band I: Die Lehre vom Urteil, vom Begriff und vom Schluß; Band II: Die Methodenlehre, Tübingen 1911. Zur wirkungsgeschichtlichen Bedeutung dieser erstmals 1873-1878 erschienenen Sigwartschen ‚Logik' für die Wissenschaftslehre des ausgehenden 19. Jahrhunderts siehe auch Frank-Peter Hansen, Geschichte der Logik des 19. Jahrhunderts. Eine kritische Einführung in die Anfänge der Erkenntnis- und Wissenschaftstheorie, Würzburg 2000.

21 Vgl. Emil Lask, Die Logik der Philosophie und die Kategorienlehre. Eine Studie über den Herrschaftsbereich der logischen Form, Tübingen 1911, S. III.

22 Vgl. Friedrich Gottl, Ueber die „Grundbegriffe" in der Nationalökonomie, in: ders., Die Herrschaft des Wortes. Untersuchungen zur Kritik des nationalökonomischen Denkens, Jena 1901, S. 1-64. Zu Webers Verhältnis zu

1912 erschien die zweite Auflage von Ferdinand Tönnies' Buch *Gemeinschaft und Ge-sellschaft*, mit dem sich Weber intensiv auseinandergesetzt hat und auf das er sich auch in sei-nen *Soziologischen Grundbegriffen* von 1920 ausdrücklich bezog. Es dürfte ihm dabei nicht entgangen sein, daß Tönnies in dieser zweiten Auflage seines Jugendwerkes nicht nur eine Reihe von inhaltlichen Ergänzungen vornahm, sondern auch den Untertitel dieses Buches in signifikanter Weise verändert hatte. Lautete der Untertitel der Erstausgabe dieses Buches von 1887 noch „Abhandlung des Communismus und des Socialismus als empirischer Culturfor-men", so zog es Tönnies vor, der Zweitauflage den Untertitel „Grundbegriffe der reinen So-ziologie" zu geben, um nun den strikt akademischen Charakter seiner Untersuchung zu un-terstreichen.[23] Damit hatte Tönnies unmißverständlich seine Ansicht zum Ausdruck gebracht, daß der Ausarbeitung solcher Grundbegriffe eine zentrale Rolle bei der wissenschaftlichen Fundierung der modernen Soziologie zukommt. Aber auch Webers Heidelberger Kollege Karl Jaspers, der 1913 zeitgleich mit Webers Kategorienaufsatz eine Aufmerksamkeit erregende handbuchartige Einführung in die moderne psychiatrische Forschung veröffentlichte, hatte sich zu dieser Zeit intensiv Gedanken über den Status von Grundbegriffen innerhalb der Psy-chologie und Psychopathologie gemacht. Er tat dies mit einem Seitenblick auf die zentrale Stellung der Atomtheorie in der modernen Chemie, zu der es seiner Auffassung nach in sei-ner eigenen Disziplin keine Entsprechung gab. Jaspers zog daraus die Schlußfolgerung, daß innerhalb der Psychologie und Psychopathologie das Fehlen einer systematischen Grundla-ge durch die Bildung einer Reihe von ‚Grundbegriffen' ausgeglichen werden müsse, die für die diagnostische Tätigkeit des Psychiaters unerläßlich seien und die ihr überhaupt erst einen wissenschaftlichen Charakter verleihen würden.[24]

Auch innerhalb der kunstgeschichtlichen Forschung kam zu dieser Zeit der Beschäfti-gung mit grundbegrifflichen Problemen und Fragestellungen eine erhebliche Bedeutung zu. Dies wird an dem 1915 erschienenen Buch *Kunstgeschichtliche Grundbegriffe* von Heinrich Wölfflin deutlich, dessen Arbeiten Max Weber als Beitrag zu einer rein empirischen Feststel-lung des Fortschritts in der kunstgeschichtlichen Entwicklung sehr geschätzt hatte. Wölfflin zufolge war die „begriffliche Forschung" innerhalb der Kunstgeschichte gegenüber der ei-gentlichen „Tatsachenforschung" durch eine gewisse Rückständigkeit gekennzeichnet. Dieses Hinterherhinken der Begriffsbildung versuchte er durch die Ausarbeitung einer Reihe von for-malen Grundbegriffen auszugleichen, die der Entwicklung der Stilbildung und der Sehformen innerhalb der europäischen Kunstgeschichte der letzten Jahrhunderte Rechnung tragen soll-ten. Durch die Kontrastierung der Kunst der Renaissance und des Barock versuchte er dabei gewisse antithetische Gesetzmäßigkeiten zu rekonstruieren, die er zwar dem konkreten Bei-

---

Gottl siehe auch die einschlägige Untersuchung von Takemitsu Morikawa, Handeln, Welt und Wissenschaft. Zur Logik, Erkenntniskritik und Wissenschaftstheorie für Kulturwissenschaften bei Friedrich Gottl und Max Weber, Wiesbaden 2001.

23   Vgl. Ferdinand Tönnies, Gemeinschaft und Gesellschaft. Abhandlung des Communismus und des Sozialismus als empirischer Culturformen, Leipzig 1887; ders., Gemeinschaft und Gesellschaft. Grundbegriffe der reinen Soziologie. 2., erheblich veränderte und vermehrte Auflage Berlin 1912. Siehe hierzu auch Klaus Lichtblau, Vom Geist der Gemeinschaft zum Geist der Neuzeit. Annotationen zur Ferdinand Tönnies Gesamtausgabe, in: Tönnies-Forum, Jahrgang 10 (2001), Heft 2, S. 41-60 (in diesem Band S. 85 ff.).

24   Karl Jaspers, Allgemeine Psychopathologie. Ein Leitfaden für Studierende, Ärzte und Psychologen, Berlin 1913, S. 12 ff.

spiel der Ablösung der Renaissance durch den Barock entnommen hatte, die aber seiner Ansicht nach dennoch von allgemeiner kunstgeschichtlicher Bedeutung waren.[25]

Diese Beispiele zeigen, daß sich Max Weber in Übereinstimmung mit einer weit verbreiteten Hochschätzung der grundbegrifflichen Forschung in den verschiedensten Disziplinen befand, als er seine eigene soziologische Begriffs- und Kategorienlehre auszuarbeiten begann. Auch die Gleichsetzung von ‚Grundbegriffen' mit ‚Kategorien', die wir bei Max Weber feststellen können, findet ihre Entsprechung in der Fachliteratur seiner Zeit. Der Heidelberger Philosoph Kuno Fischer, dessen Logik-Vorlesung Max Weber als Student in Heidelberg besucht hatte, ging noch wie selbstverständlich davon aus, daß die von ihm vertretene Form von „Logik" im Grunde genommen mit einer „Begriffslehre" identisch sei.[26] Denn Urteile und Schlüsse seien nichts anderes als die Explikation eines gegebenen Begriffsinhaltes. Jeder Begriff, der einem synthetischen Urteil a priori zugrunde liege, stelle eine Zusammenfassung verschiedener Merkmale unter einem übergreifenden Gesichtspunkt dar. Dieser „Synthese" entspreche aber keine empirische Vorstellung, da sie auf rein verstandesmäßigem Weg erfolge. Die in ihr zum Ausdruck kommende begriffliche Bedeutung stelle insofern auch keinen „empirischen", sondern einen „reinen" Begriff dar. Aufgrund ihrer erkenntniskonstitutiven Funktion seien solche „urteilende Begriffe" zugleich identisch mit „Grundbegriffen". Denn sie sprechen Denknotwendigkeiten aus, ohne die es keine menschliche Erkenntnis gebe.[27] Zu „Kategorien" würden solche Begriffe dagegen, wenn wir sie im Hinblick auf ihre prädikative Funktion betrachten. Es handelt sich dabei insofern nicht um einen substantiellen Unterschied, sondern um eine funktional verschiedene Betrachtungsweise ein- und desselben logischen Sachverhaltes. Fischer zog daraus die Schlußfolgerung: „Die Kategorien sind Denkbegriffe, Grundbegriffe (Principien), Erkenntnisbegriffe. Die Wissenschaft der Kategorien ist also zugleich Wissenschaft der Denkbegriffe, Grundbegriffe, Erkenntnisbegriffe."[28]

Diese bei Kuno Fischer anzutreffende Gleichsetzung von ‚reinen Begriffen' mit ‚Kategorien' geht auf die *Kritik der reinen Vernunft* von Immanuel Kant zurück, der als erster eine Einteilung der Begriffe in „empirische", d.h. *Erfahrungsbegriffe*, „reine" *Verstandesbegriffe* beziehungsweise „Kategorien" und *Vernunftbegriffe* beziehungsweise „Ideen" vorgenommen hatte. Bereits Kant bestimmte die Begriffe allgemein als Prädikate möglicher Urteile, wobei er die operative Funktion von Begriffen hervorhob, die Einheit eines Urteils zu gewährleisten. Er ging dabei von den einzelnen Urteilsfunktionen aus, um die ihnen entsprechenden reinen Verstandesbegriffe beziehungsweise Kategorien systematisch abzuleiten.[29] Mit der von ihm auf diese Weise entwickelten *Kategorientafel* war zugleich ein Vollständigkeitsanspruch

---

25 Vgl. Heinrich Wölfflin, Kunstgeschichtliche Grundbegriffe. Das Problem der Stilentwicklung in der neueren Kunst [1915], 2. Aufl. München 1917, S. VII ff. Wölfflin wies im Vorwort zur zweiten Auflage dieses Buches ausdrücklich darauf hin, daß „in der Aufstellung der Begriffe als solcher der Schwerpunkt der Arbeit liegt und daß die Frage, inwieweit diese Begriffe über den einen historischen Fall hinaus Gültigkeit behalten, den wesentlichen Inhalt des Buches nicht berührt" (ebd., S. X). Zu Webers positiver Bewertung der formalästhetischen Betrachtungsweise Wölfflins vgl. *Wissenschaftslehre*, S. 523.

26 Kuno Fischer, System der Logik und Metaphysik oder Wissenschaftslehre. Zweite völlig umgearbeitete Auflage, Heidelberg 1865, S. 6 ff.

27 Ebd., S. 7.

28 Ebd., S. 8.

29 Immanuel Kant, Kritik der reinen Vernunft. Werke in sechs Bänden, hrsg. von Wilhelm Weischedel, Band II, Darmstadt 1983, S. 111 ff.

verbunden, der bis heute umstritten geblieben ist, der aber in der neukantianischen Literatur um 1900 immer wieder zum Maßstab entsprechender wissenschaftslogischen und werttheoretischen Bemühungen gemacht wurde. Insofern blieb er das Ideal all jener Versuche, die zu diesem Zeitpunkt noch von der Möglichkeit eines ‚Systems der Kategorien' beziehungsweise eines ‚Systems der Werte' ausgegangen sind. Ein solches theoretisches ‚System' war dabei an der Vorstellung einer Ableitbarkeit aller konkreten begrifflichen Bestimmungen aus einem einheitlichen Grundprinzip orientiert, wie es in Kants Augen das menschliche Vermögen zur Bildung von synthetischen Urteilen auf rein apriorischem Weg, d.h. ohne Bezugnahme auf sinnliche Anschauung darstellt.[30] Bei Kant war es die Newtonsche Mechanik, die ihn dazu veranlaßt hatte, von einem sicheren Gang der modernen naturwissenschaftlichen Erkenntnis zu sprechen, auf die sich seine eigenen transzendentalphilosophischen Überlegungen bezogen. Doch welche erfahrungswissenschaftlichen Erkenntnisse lagen den diesbezüglichen philosophischen Systemen von Wilhelm Windelband, Heinrich Rickert und Emil Lask zugrunde?

Weiterführende Überlegungen bezüglich des Status von ‚Grundbegriffen' in Max Webers Werk

Max Weber hatte offensichtlich die Sackgasse gesehen, in die sich die neukantianische Wissenschaftslehre seiner Zeit manövriert hatte, indem er als Erwiderung auf Rickerts „System der Werte" seine eigene ‚Religionssystematik' ankündigte, die er bei einer anderen Gelegenheit Rickert gegenüber auch als „(empirische) Casuistik der Contemplation und aktiven Religiosität" bezeichnet hatte.[31] Doch welche Kriterien hat Weber der Bildung seiner Grundbegriffe der verstehenden Soziologie zugrunde gelegt, wenn es nicht das von den ‚Logikern' seiner Zeit vertretene Ideal einer Deduktion aller Verstandesfunktionen beziehungsweise Kategorien aus einem obersten Prinzip war? Auf diese Frage gibt die einschlägige wissenschaftstheoretische Literatur seiner Zeit leider keine zufriedenstellende Antwort. Wir müssen deshalb einen anderen Weg einschlagen und danach fragen, an welchen Kriterien sich Max Weber bei der Bildung seiner soziologischen Grundbegriffe *faktisch* orientiert hat. Zur Beantwortung dieser Frage sollen im Folgenden einige Überlegungen vorgestellt werden, die zwar keinen Anspruch auf eine erschöpfende Behandlung dieses Themas stellen, jedoch möglicherweise einige Hinweise darauf geben, welche Gesichtspunkte für die von Weber gewählte Form der Begriffsbildung im Rahmen der Ausarbeitung seiner Verstehenden Soziologie maßgeblich waren.

a.   Weber unterschied im Rahmen der theoretischen Grundlegung der modernen Sozialwissenschaften die Erörterung logisch-methodologischer Fragestellungen von den konkreten Problemen der Begriffsbildung. Die ‚Methode' seiner Verstehenden Soziologie hatte er seit 1903 in einer Reihe von wissenschaftstheoretischen Aufsätzen entwickelt und erstmals 1913 in seinem Kategorienaufsatz auch explizit für die Bildung seiner soziologischen Grundbegriffe fruchtbar zu machen versucht. Von letzteren gibt es zwei verschiedene Fassungen, die jedoch beide den Grundsätzen des von Weber vertretenen ‚methodologi-

---

30   Vgl. Wilhelm Windelband, Vom System der Kategorien. in: Philosophische Abhandlungen. Christoph Sigwart zu seinem siebzigsten Geburtstag, Tübingen / Freiburg / Leipzig 1900, S. 41-58; ferner Heinrich Rickert, Vom System der Werte, in: Logos 4 (1913), S. 295-427.

31   Vgl. Webers undatierten Brief an Heinrich Rickert vom Ende November 1913, a.a.O. S. 411.

schen Individualismus' verpflichtet sind. In methodologischer Hinsicht besteht zwischen seinem Kategorienaufsatz von 1913 und seinen *Soziologischen Grundbegriffen* von 1920 also offensichtlich eine größere Kontinuität als in terminologischer Hinsicht. Wie stark die terminologischen Abweichungen zwischen den beiden Fassungen der Grundbegriffe seiner Verstehenden Soziologie tatsächlich sind, ist in der Sekundärliteratur jedoch ebenso umstritten wie die Frage, welche Gründe ihn dazu bewogen haben, seine diesbezügliche Terminologie nach dem Ersten Weltkrieg fast vollständig zu verändern.[32]

b. Nicht nur bei der Entwicklung seiner Methodologie, sondern auch bei der Bildung seiner soziologischen Grundbegriffe spielte die Auseinandersetzung mit prominenten zeitgenössischen Ansätzen innerhalb der Kultur- und Sozialwissenschaften eine zentrale Rolle. Bereits im Objektivitätsaufsatz von 1904 hatte Weber der kritischen Auseinandersetzung mit den überlieferten kulturwissenschaftlichen Begriffen eine zentrale Funktion für den wissenschaftlichen Fortschritt zugesprochen. Diese Kritik war damals noch primär um eine Klärung der Eigenart der spezifisch *historischen* Form der Begriffsbildung bemüht und richtete sich sowohl gegen einen problematischen Gebrauch von Kollektivbegriffen als auch gegen ein falsches Verständnis des Kausalitätsprinzips innerhalb der kulturwissenschaftlichen Forschung. Aufgrund ihrer Orientierung an der Bestimmung der Eigenart von ‚historischen Individuen' war mit der von Weber propagierten idealtypischen Form der Begriffsbildung allerdings noch kein Anspruch auf die Entwicklung einer systematischen *Theorie* verbunden. Im Gegenteil: Weber wies zu diesem Zeitpunkt nicht nur die Forderung nach einem „geschlossene[n] System von Begriffen", sondern auch nach einem „System der Kulturwissenschaften" ausdrücklich zurück.[33]

Dies änderte sich erst, als er damit begann, die Grundzüge seiner Verstehenden Soziologie zu entwickeln, auch wenn er hinsichtlich seiner soziologischen Grundbegriffe nie einen entsprechenden Vollständigkeitsanspruch gestellt hatte. In terminologischer Hinsicht waren es insbesondere Ferdinand Tönnies und Rudolf Stammler, von denen er bestimmte begriffliche Vorgaben übernahm, auch wenn er letzten Endes seine eigenen soziologischen Grundbegriffe völlig neu zu definieren begann. Andere terminologische Einflüsse kommen hinzu, die innerhalb der Weber-Forschung noch zu klären wären. Weber ‚erfand' also keine neuen Begriffe, sondern ging aus von dem „Begriffsvorrat seiner Zeit", d.h. von Fachtermini, die bereits in den Werken anderer Autoren einen entsprechenden grundbegrifflichen Status besaßen und die er in einer charakteristischen Art und Weise umzudefinieren begann. Dies erklärt auch, warum Weber eine ausgesprochene Neigung besaß, die von ihm verwendeten Begriffe mit Anführungszeichen zu versehen, um einerseits den Bezug zum entsprechenden Sprachgebrauch anderer Au-

---

32 Vgl. Klaus Lichtblau, „Vergemeinschaftung" und „Vergesellschaftung" bei Max Weber. Eine Rekonstruktion seines Sprachgebrauchs, in: Zeitschrift für Soziologie 29 (2000), S. 423-443 (in diesem Band S. 261 ff.); Zenonas Norkus, Max Weber und Rational Choice, Marburg 2001, S. 94 ff.; Benedikt Giesing, Religion und Gemeinschaftsbildung. Max Webers kulturvergleichende Theorie, Opladen 2002, S. 20-66; Siegfried Hermes, Soziales Handeln und Struktur der Herrschaft. Max Webers verstehende Soziologie am Beispiel des Patrimonialismus, Berlin 2003, S. 34-113; Wolfgang Schluchter, Handlung, Ordnung und Kultur. Studien zu einem Forschungsprogramm im Anschluss an Max Weber, Tübingen 2005, S. 7 ff. und 221 ff.

33 *Wissenschaftslehre*, S. 184.

toren zu unterstreichen, andererseits aber zugleich in unmißverständlicher Weise den Unterschied zwischen seinem eigenen Sprachgebrauch und der herkömmlichen Verwendungsweise solcher nationalökonomischen und soziologischen Fachtermini zu signalisieren. Seine Situation war insofern ähnlich wie die von Karl Marx, der im Rahmen seiner Ökonomiekritik ja ebenfalls keine neuen Begriffe entwickelt hatte, sondern sich darauf beschränkte, den überlieferten Begriffen der klassischen politischen Ökonomie durch eine dialektische Form der Darstellung eine völlig neue, nämlich ideologiekritische und damit zugleich auch kapitalismuskritische Bedeutung abzugewinnen. Im Unterschied zu Marx und den Vertretern der älteren Richtung der Historischen Schule der deutschen Nationalökonomie orientierte sich Weber bei der von ihm vorgeschlagenen Art der soziologischen Begriffsbildung aber nicht mehr an der spekulativen Logik Hegels, von deren ‚emanatistischen' Implikationen er sich bereits in seinem Aufsatz über „Roscher und Knies und die logischen Probleme der historischen Nationalökonomie" vehement abgegrenzt hatte, sondern an den Prinzipien des methodologischen Individualismus.

c.   Weber wurde nicht müde zu betonen, daß seine Art der Definition der soziologischen Grundbegriffe eine reine ‚Zweckmäßigkeitsfrage' sei. Selbst für die von ihm im Sommer 1919 in Angriff genommene vollständige Überarbeitung dieser erstmals im Kategorienaufsatz entwickelten soziologischen Grundbegriffe machte er primär sein Bedürfnis nach „Verständlichkeit", nicht aber sachliche Gesichtspunkte geltend.[34] In der Neufassung seiner Herrschaftssoziologie, die in dem von Weber noch selbst für den Druck vorbereiteten neueren Teil von *Wirtschaft und Gesellschaft* veröffentlicht worden ist, machte er jedoch für die von ihm vorgenommene Einteilung der verschiedenen Herrschaftsformen ein Kriterium geltend, das weit über reine Zweckmäßigkeitsfragen hinausgeht und das auf alle von ihm selbst entwickelten Begriffstypologien angewendet werden kann. Weber sagt dort nämlich: „Die Zweckmäßigkeit dieser Einteilung kann nur der dadurch erzielte Ertrag an Systematik erweisen."[35] Doch damit spitzt sich das Problem auf eine Klärung der Frage zu, welches Verständnis von ‚Systematik' in der von Max Weber im Rahmen seiner Schriften vorgenommenen Art der Begriffs- und Typenbildung zum Ausdruck kommt.

d.   In dem ebenfalls im neueren Teil von *Wirtschaft und Gesellschaft* veröffentlichten wirtschaftssoziologischen Kapitel wies Weber ausdrücklich darauf hin, daß mit der von ihm vorgenommenen Art der soziologischen Begriffsbestimmung kein theoretischer Anspruch im Sinne der abstrakten „Wirtschaftstheorie" verbunden sei. Auch würden zunächst nur statische, nicht jedoch „dynamische" Gesichtpunkte berücksichtigt.[36] Weber sprach denn auch ausdrücklich von einem Verzicht auf jegliche „Erklärung" des realen wirtschaftlichen Geschehens zugunsten einer rein „soziologische[n] *Typisierung*" beziehungsweise von einem „Gerippe", um mit „leidlich eindeutig bestimmten Begriffen operieren zu können"[37]. Bei einer solchen „schematischen Systematik" könne deshalb

---

34   *Wirtschaft und Gesellschaft*, S. 1.
35   Ebd., S. 124.
36   Ebd., S. 31.
37   Ebd., S. 63.

weder die „empirisch-historische" noch die „typisch-*genetische* Aufeinanderfolge" der einzelnen möglichen Wirtschaftsformen berücksichtigt werden.[38] An dieser Stelle wird Webers Verzicht auf eine theoretische Erklärung des realen Geschehens zugunsten rein begrifflicher Unterscheidungen am Deutlichsten, auch wenn Weber weiterhin von der Notwendigkeit solcher „eindeutig bestimmten Begriffen" überzeugt war. Wie man von ihnen aus zu empirisch überprüfbaren Aussagen kommt, hat Weber allerdings nicht verraten, auch wenn ihm selbstverständlich klar war, daß dieser Schritt noch geleistet werden muß, um zu einer theoretischen Erklärung zu gelangen. Offensichtlich treffen diese Charakterisierungen auch auf den logischen Status seiner soziologischen Grundbegriffe zu, wie er sie im ersten Kapitel des neueren Teils von *Wirtschaft und Gesellschaft* entwickelt hat.

e. Weber hatte seine soziologischen Grundbegriffe als Beitrag zur „allgemeinen Soziologie" verstanden und letzterer eine Reihe von „inhaltlichen" beziehungsweise „speziellen Soziologien" wie die Wirtschafts-, Rechts-, Herrschafts- und Religionssoziologie zur Seite gestellt, zu denen er selbst maßgebliche Beiträge geleistet hat.[39] Auch in diesen speziellen Soziologien spielen grundbegriffliche Unterscheidungen eine zentrale Rolle. Allerdings sind dies keine allgemeinsoziologischen Grundbegriffe, sondern jeweils auf das entsprechende Teilgebiet bezogene Typenbildungen. Nur wenn gezeigt werden kann, daß den Grundbegriffen seiner ‚Allgemeinen Soziologie' zugleich eine fundierende Rolle bezüglich dieser empirisch ausgerichteten Teilsoziologien zukommt, kann ersteren zu Recht ein *grundbegrifflicher* Status zugesprochen werden. Dies wäre denn auch das *eigentliche* Kriterium für ‚Grundbegriffe'. Ob in diesem Zusammenhang die beiden Fassungen seiner soziologischen Grundbegriffe von 1913 und 1920 dabei tatsächlich hinsichtlich seiner verschiedenen ‚inhaltlichen' Soziologien eine integrative Funktion zugesprochen werden kann oder ob eher davon auszugehen ist, daß Weber für jede Teilsoziologie jeweils neue Formen der Begriffs- und Typenbildungen entwickelt hat, wäre dabei noch im Einzelnen zu klären. Gleichwohl gibt es bereits jetzt genügend Hinweise dafür, daß die konkrete Verzahnung zwischen Webers soziologischen Grundbegriffen und seinen verschiedenen Teilsoziologien nicht den Erwartungen entspricht, die man üblicherweise mit der Aufstellung von ‚Grundbegriffen' verbindet.[40] Doch dies spricht

---

38 Ebd.

39 Zum Begriff „inhaltliche Soziologie", der mit der heute üblichen Bezeichnung „spezielle Soziologie" identisch ist, vgl. *Wissenschaftslehre*, S. 460. Weber unterschied in der Vorkriegsfassung von *Wirtschaft und Gesellschaft* ferner zwischen den „allgemeinen Strukturformen menschlicher Gemeinschaften" und den entsprechenden „Entwicklungsformen", die seiner damaligen Ansicht nach den Gegenstand der Herrschaftssoziologie bilden sollten (vgl. *Wirtschaft und Gesellschaft*, S. 212). Inwieweit eine solche interne Differenzierung des Aufgabengebietes der Soziologie auch noch für jene Konzeption von ‚Soziologie' Gültigkeit beanspruchen kann, die Weber nach dem Ersten Weltkrieg vertreten hat, ist eine in der bisherigen Weber-Forschung noch ungeklärte Frage.

40 Zu den terminologischen Differenzen zwischen dem Kategorienaufsatz von 1913 und den verschiedenen Teilen der Vorkriegsfassung von *Wirtschaft und Gesellschaft* vgl. die skeptisch anmutenden Bemerkungen von Wolfgang Schluchter, „Kopf" oder „Doppelkopf" – das ist hier die Frage, in: Kölner Zeitschrift für Soziologie und Sozialpsychologie 51 (1999), S. 735-743. Dieses Problem stellt sich in ähnlicher Weise hinsichtlich des Verhältnisses der *Soziologischen Grundbegriffe* von 1920 zu Webers ‚Wirtschaftssoziologie' sowie zur zweiten Fassung seiner Herrschaftssoziologie, die uns in der Nachkriegsfassung von *Wirtschaft und Gesellschaft* überliefert worden sind. Siehe hierzu auch Richard Swedberg, Verstehende Wirtschaftssoziologie. Über die

weniger gegen diese Grundbegriffe selbst, sondern ist vielmehr als ein Hinweis auf die höchst fragmentarische Art und Weise zu verstehen, in der uns Webers unabgeschlossen gebliebenes Werk überliefert worden ist.

Beziehung zwischen Max Webers „Soziologischen Grundbegriffen" und seiner Wirtschaftssoziologie, in: Lichtblau (Hrsg.), Max Webers ‚Grundbegriffe', a.a.O., S. 292-315.

6. ‚Vergemeinschaftung' und ‚Vergesellschaftung' bei Max Weber. Eine Rekonstruktion seines Sprachgebrauchs

Einleitung

Seit einiger Zeit sind die Versuche, Max Webers Werk einer an Marx, Durkheim, Parsons und Luhmann orientierten gesellschaftstheoretischen Lesart zu unterwerfen, auffällig stark in den Hintergrund getreten. Statt dessen bemüht man sich darum, die entsprechenden Konsequenzen aus dem Tatbestand zu ziehen, daß Weber im Unterschied zu anderen soziologischen Klassikern den Begriff ‚Gesellschaft' bewußt vermieden hat und insofern die von ihm begründete Richtung der verstehenden Soziologie auch nicht als Beitrag zu einer ambitionierten Theorie der Gesellschaft verstand, sondern als eine soziologische Begriffslehre, die der historischen Forschung dienend zur Seite stehen sollte.[1] Auch der Umstand, daß sich die Herausgeber der Max-Weber-Gesamtausgabe inzwischen nun doch dazu entschlossen haben, die beiden Fassungen von Webers Beitrag zum *Grundriß der Sozialökonomik* unter dem bereits hinlänglich bekannten Obertitel „Wirtschaft und Gesellschaft", nicht aber unter dem lange favorisierten Titel „Die Wirtschaft und die gesellschaftlichen Ordnungen und Mächte" zu veröffentlichen, sollte uns nicht vorschnell zu dem Schluß verleiten, daß diese herausgeberische Entscheidung eine Rückkehr zu einer herkömmlichen gesellschaftstheoretischen Deutung von Webers Werk beinhaltet. Denn erstens haben gerade die im Umkreis der Max-Weber-Gesamtausgabe entstandenen neueren Forschungsarbeiten gezeigt, in welchem Ausmaß sich seine unter dem Titel *Wirtschaft und Gesellschaft* zusammengefaßten Texte einem solchen Interpretationsversuch entziehen. Und zweitens ist uns Webers Grundrißbeitrag in zwei verschiedenen fragmentarischen Fassungen überliefert worden, die uns dazu zwingen, solche Fragen im Hinblick auf diese beiden unterschiedlichen Fassungen zunächst getrennt zu beantworten, bevor wir den Versuch einer Gesamtdeutung der fraglichen Manuskripte unternehmen.[2]

    Eine solch differenzierte Form des Umgangs ist allerdings nicht nur im Hinblick auf den materialen Teil von Webers Soziologie erforderlich, sondern auch bezüglich der von ihm ge-

---

1   Vgl. Johannes Weiß, Georg Simmel, Max Weber und die „Soziologie", in: Otthein Rammstedt (Hrsg.), Simmel und die frühen Soziologen. Nähe und Distanz zu Durkheim, Tönnies und Max Weber, Frankfurt am Main 1988, S. 36-63; Hartmann Tyrell, Max Webers Soziologie – Eine Soziologie ohne „Gesellschaft", in: Gerhard Wagner / Heinz Zipprian (Hrsg.), Max Webers Wissenschaftslehre. Interpretation und Kritik, Frankfurt am Main 1994, S. 390-414; Klaus Lichtblau, Soziologie und Antisoziologie um 1900: Dilthey, Simmel und Weber, in: Peter-Ulrich Merz-Benz / Gerhard Wagner (Hrsg.), Soziologie und Antisoziologie, Konstanz 2001, S. 17-35.

2   Vgl. Wolfgang Schluchter, Max Webers Beitrag zum „Grundriß der Sozialökonomik". Editionsprobleme und Editionsstrategien, in: Kölner Zeitschrift für Soziologie und Sozialpsychologie 50 (1998), S. 327-343; Wolfgang J. Mommsen, Zur Entstehung von Max Webers hinterlassenem Werk „Wirtschaft und Gesellschaft. Soziologie". Discussion Paper Nr. 42, Europäisches Zentrum für Staatswissenschaften und Staatspraxis, Berlin 1999; Klaus Lichtblau, Der Fortschritt einer Edition. Zur Wiederkehr von „Wirtschaft und Gesellschaft" innerhalb der Max-Weber-Gesamtausgabe, in: Soziologische Revue 23 (2000), S. 123-131 (in diesem Band S. 373 ff.).

brauchten soziologischen Grundbegriffe. Denn die im älteren und umfangreicheren Teil von *Wirtschaft und Gesellschaft* verwendete Terminologie steht noch in einem engen werkgeschichtlichen Zusammenhang mit den in seinem Aufsatz „Über einige Kategorien der verstehenden Soziologie“ von 1913 entwickelten begrifflichen Unterscheidungen, nicht aber mit seinen *Soziologischen Grundbegriffen* aus dem Jahre 1920, die im jüngeren Teil von *Wirtschaft und Gesellschaft* veröffentlicht worden sind. Es existieren also nicht nur zwei verschiedene Fassungen von Webers Grundrißbeitrag, sondern auch zwei unterschiedliche Fassungen seiner soziologischen Grundbegriffe, die fein säuberlich voneinander getrennt werden müssen, damit es nicht zu einer heillosen Konfusion im Umgang mit Webers ‚hinterlassenem Hauptwerk‘ kommt.[3]

Die Tragweite einer solchen werkgeschichtlichen Vorgehensweise läßt sich an einem einfachen Beispiel verdeutlichen, das einen ersten Hinweis auf die damit verbundenen sachlichen Probleme gibt. Bekanntlich hatte Friedrich Tenbruck, dem wir entscheidende Beiträge für ein besseres Verständnis von Webers Werk verdanken, wiederholt darauf hingewiesen, daß Max Weber ähnlich wie Georg Simmel den Begriff ‚Vergesellschaftung‘ gegenüber dem der ‚Gesellschaft‘ bevorzugt hatte. Tenbruck begründete dies dergestalt, daß sich Simmel und Weber damit von der Tradition der spekulativen Gesellschaftstheorien des 19. Jahrhunderts abgrenzen wollten und sich insofern gegen einen reifizierenden Gebrauch von Kollektivbegriffen in den Sozialwissenschaften aussprachen.[4] Jedoch hat uns Tenbruck weder verraten, in welcher Weise Simmel und Weber den Begriff der Vergesellschaftung gebraucht haben noch hat er sich die Frage gestellt, was es eigentlich bedeutet, daß Weber im Unterschied zu Simmel überdies auch noch den hierzu korrelativen Begriff der ‚Vergemeinschaftung‘ in einem gleichberechtigten Sinn verwendet hat. Diese grundbegriffliche Unterscheidung, über deren Status im Werk Max Webers sich Tenbruck leider ausgeschwiegen hat, geht aber offensichtlich nicht auf Simmel, sondern auf Ferdinand Tönnies zurück, der in seinem soziologischen Frühwerk *Gemeinschaft und Gesellschaft* von 1887 eine entsprechende kategoriale Gegen-

---

3   Die einst von Friedrich Tenbruck energisch in Frage gestellte Ansicht, daß es sich bei *Wirtschaft und Gesellschaft* um Max Webers ‚hinterlassenes Hauptwerk‘ handelt, geht ursprünglich auf Marianne Weber und Johannes Winckelmann zurück und dürfte heute unter der Einschränkung als unbestritten angesehen werden, daß es sich dabei natürlich um kein kohärent geschlossenes Werk handelt, sondern um eine Reihe von bedeutenden Textfragmenten, die im Rahmen von Webers Arbeit an seinem Grundrißbeitrag entstanden sind und insofern auch in einem entsprechenden, freilich noch weiter der Klärung bedürfenden werkgeschichtlichen Zusammenhang stehen. Darüber geben die einzelnen Teilbände von *Wirtschaft und Gesellschaft* innerhalb der Max-Weber-Gesamtausgabe weiteren Aufschluß, in denen Webers wissenschaftlicher Nachlaß veröffentlicht worden ist. Zu Marianne Webers und Winkelmanns Editionsprinzipien siehe Max Weber, Wirtschaft und Gesellschaft. Grundriß der verstehenden Soziologie, 5. Aufl. Tübingen 1972; S. XXXII; Johannes Winckelmann, Max Webers Opus posthumum. Eine literarische Studie, in: Zeitschrift für die gesamte Staatswissenschaft 105 (1949), S. 368-387; ders., Max Webers hinterlassenes Hauptwerk: Die Wirtschaft und die gesellschaftlichen Ordnungen und Mächte. Entstehung und gedanklicher Aufbau, Tübingen 1986; Friedrich H. Tenbruck, Das Werk Max Webers, in: Kölner Zeitschrift für Soziologie und Sozialpsychologie 27 (1975), S. 663-702.

4   Friedrich H. Tenbruck, Emile Durkheim oder die Geburt der Gesellschaft aus dem Geist der Soziologie, in: Zeitschrift für Soziologie 10 (1981), S. 337; ders., Die unbewältigten Sozialwissenschaften oder Die Abschaffung des Menschen, Graz / Wien / Köln 1984, S. 133 f. und 203; ders., Gesellschaftsgeschichte oder Weltgeschichte?, in: Kölner Zeitschrift für Soziologie und Sozialpsychologie 41 (1989), S. 422 f. und 428 ff.

überstellung vornahm, auch wenn Tönnies die Begriffe Vergemeinschaftung und Vergesellschaftung selbst noch nicht wörtlich gebraucht hat.[5]

Die Beantwortung der Frage, in welchem Ausmaß Webers Verwendung der Begriffe ‚Vergemeinschaftung‘ und ‚Vergesellschaftung‘ von Tönnies beeinflußt worden ist, wird allerdings dadurch erschwert, daß Webers eigener Sprachgebrauch im Laufe der Zeit nicht unverändert geblieben ist. Vielmehr gibt es eine frühere und eine spätere Fassung dieser beiden Grundbegriffe seiner verstehenden Soziologie, die beide ausdrücklich auf Tönnies' Werk *Gemeinschaft und Gesellschaft* Bezug nehmen.[6] Jedoch ist weder das Verhältnis dieser beiden unterschiedlichen Gebrauchsweisen der Begriffe ‚Vergemeinschaftung‘ und ‚Vergesellschaftung‘ im Werk Max Webers geklärt noch gibt es in der Sekundärliteratur einen Konsens darüber, wie stark Webers diesbezüglicher Sprachgebrauch tatsächlich durch den von Tönnies beschriebenen Gegensatz von ‚Gemeinschaft‘ und ‚Gesellschaft‘ geprägt worden ist.

Oft wird eine differenziertere Bewertung des entsprechenden wirkungsgeschichtlichen Zusammenhangs dadurch erschwert, daß dabei nicht zureichend zwischen der *älteren* und der *neueren* Fassung der soziologischen Grundbegriffe Max Webers unterschieden wird. Die Ansichten schwanken diesbezüglich zwischen einer grundsätzlichen Anerkennung des Einflusses von Tönnies auf Weber, wie sie zum Beispiel bei Talcott Parsons und Robert Nisbet festzustellen ist, bis hin zu der von René König geäußerten Vermutung, daß insbesondere Webers Kategorienaufsatz eine „einzige versteckte Polemik gegen Tönnies" darstelle.[7] Bei den Interpreten, die explizit zwischen den beiden Begriffsfassungen Webers unterscheiden, herrscht dagegen die Ansicht vor, daß sich Weber erst in seinen späteren „Soziologischen Grundbegriffen" dem bei Tönnies festzustellenden Sprachgebrauch angenähert habe; insofern könne Webers ursprüngliche Terminologie nicht auf Tönnies zurückgeführt werden.[8] Eine Ausnahme stellt in dieser Hinsicht Stefan Breuer dar, der den umgekehrten Standpunkt vertreten hat: nämlich daß insbesondere der Kategorienaufsatz und der ältere Teil von *Wirtschaft und Ge-*

---

5   Vgl. Niall Bond, Ferdinand Tönnies und Max Weber, in: Annali di Sociologia – Soziologisches Jahrbuch, Jahrgang 4 (1988), Band II, S. 49-72.

6   Weber bekannte sich sowohl in seinem ‚Kategorienaufsatz‘ von 1913 als auch in den *Soziologischen Grundbegriffen* von 1920 eindeutig positiv zu diesem Werk und wies ausdrücklich darauf hin, daß Abweichungen der Begriffsbildung gegenüber dem bei Tönnies und anderen Autoren anzutreffenden Sprachgebrauch nicht unbedingt auf abweichenden Ansichten beruhen müssen. Vgl. Max Weber, Über einige Kategorien der verstehenden Soziologie [1913], in: ders., Gesammelte Aufsätze zur Wissenschaftslehre, 6. Aufl. Tübingen 1985, S. 427-474; *Wirtschaft und Gesellschaft*, S. 1. In einem anderen Zusammenhang würdigte er *Gemeinschaft und Gesellschaft* sogar als eines der „Grundbücher unserer modernen sozial-philosophischen Betrachtungsweise" (Gesammelte Aufsätze zur Soziologie und Sozialpolitik, 2. Aufl. Tübingen 1988, S. 470).

7   Vgl. René König, Die Begriffe Gemeinschaft und Gesellschaft bei Ferdinand Tönnies, in: Kölner Zeitschrift für Soziologie und Sozialpsychologie 7 (1955), S. 369; Talcott Parsons, The Structure of Social Action, Vol. II, New York 1968, S. 640-694; ferner Robert A. Nisbet, The Sociological Tradition, London 1970, S. 71-82.

8   Vgl. Guenther Roth, Einleitung zu Max Weber, Economy and Society. An Outline of Interpretive Sociology. Edited by G. Roth and C. Wittich, Berkeley / Los Angeles / London 1978, S. CII; Werner J. Cahnman, Tönnies and Weber, in: ders. (Hrsg.), Ferdinand Tönnies. A new Evaluation. Essays and Documents, Leiden 1973, S. 259; ders., Tönnies, Durkheim and Weber, in: Social Science Information 15 (1976), S. 847 ; ders., Tönnies and Weber: A Rejoinder, in: Archives Européennes de Sociologie 22 (1981), S. 154 ; Niall Bond, Ferdinand Tönnies und Max Weber, a.a.O., S. 67 ff.

sellschaft stark durch Tönnies' Werk beeinflußt worden seien, während sich Weber mit den *Soziologischen Grundbegriffen* von Tönnies entfernt habe.[9]

Aber auch hinsichtlich der wiederholt geäußerten Vermutung, daß Weber den von Tönnies beschriebenen Gegensatz von Gemeinschaft und Gesellschaft durch eine *dreigliedrige* Begriffskonstruktion ersetzt habe, ist bisher keine Einigung erzielt worden. Denn während Parsons die Ansicht vertrat, daß Weber mit dem Begriff des ‚Kampfes' eine dritte Form der sozialen Beziehung neben der ‚Vergemeinschaftung' und der ‚Vergesellschaftung' unterschieden und damit die dualistische Konstruktion von Tönnies sachlich überwunden habe, war René König der Meinung, daß sich Weber gerade dadurch von Tönnies unterscheide, daß er den *Kampf* und die *Gewalt* als einen konstitutiven Bestandteil des Gemeinschafts- und Gesellschaftshandelns anerkenne und sich insofern radikal von der bei Tönnies festzustellenden Verherrlichung der Gemeinschaft abgrenze.[10]

Kontrovers wurde bisher ferner die Frage diskutiert, welche der beiden Fassungen der soziologischen Grundbegriffe von Max Weber als die sachlich weiterführende zu betrachten ist. Denn während Jürgen Habermas in seiner *Theorie des kommunikativen Handelns* dazu neigte, die ältere Fassung als die sachlich weitergehende Version von Webers Handlungstheorie zu betrachten, weil sie den für Habermas zentralen Dualismus zwischen ‚erfolgsorientiertem' und ‚verständigungsorientiertem Handeln' bereits vorweggenommen habe, hat Wolfgang Schluchter den entgegengesetzten Standpunkt vertreten: nämlich daß die jüngere Version dieser Grundbegriffe die differenziertere und sachlich weiterführende sei, weil in der älteren Fassung noch die Typologie der verschiedenen Handlungsorientierungen fehle.[11]

Die Frage, inwieweit Weber von Tönnies beeinflußt worden ist, steht also in einem engen Zusammenhang mit der Frage, in welchem Verhältnis diese beiden unterschiedlichen Fassungen seiner soziologischen Grundbegriffe zueinander stehen. Darüber hinaus muß aber auch Webers Sprachgebrauch im älteren Teil von *Wirtschaft und Gesellschaft* in die Analyse mit einbezogen werden. Denn es ist keineswegs so, daß dieser in jeder Hinsicht dem des Kategorienaufsatzes von 1913 entspricht, da die diesbezüglichen Manuskripte aus dem Nachlaß von Max Weber zu verschiedenen Zeitpunkten entstanden sind und überdies einen jeweils unterschiedlichen Bearbeitungszustand aufweisen.[12] Es müssen also diejenigen Teile von *Wirtschaft und Gesellschaft*, die grundbegrifflich dem Kategorienaufsatz entsprechen, von jenen abgegrenzt werden, bei denen dies ‚noch nicht' beziehungsweise ‚nicht mehr' der Fall ist.[13]

---

9   Stefan Breuer, Von Tönnies zu Weber. Zur Frage einer „deutschen Linie" der Soziologie, in: Berliner Journal für Soziologie 6 (1996), S. 200 ff.

10   Parsons, The Structure of Social Action, Vol. II, a.a.O., S. 653 und 694; König, Die Begriffe Gemeinschaft und Gesellschaft bei Ferdinand Tönnies, a.a.O., S. 368 f.

11   Jürgen Habermas, Theorie des kommunikativen Handelns, Band 1: Handlungsrationalität und gesellschaftliche Rationalisierung, Frankfurt am Main 1981, S. 377 ff.; Wolfgang Schluchter, Handlungs- und Strukturtheorie nach Max Weber, in: Berliner Journal für Soziologie 10 (2000), S. 125-136.

12   Schluchter, Max Webers Beitrag zum „Grundriß der Sozialökonomik", a.a.O.; Mommsen, Zur Entstehung von Max Webers hinterlassenem Werk „Wirtschaft und Gesellschaft. Soziologie", a.a.O.

13   Streng genommen zerfällt allerdings auch der Kategorienaufsatz in zwei Teile, nämlich in einen älteren (Abschnitt 4-7) und einen jüngeren Teil (Abschnitt 1-3), den Weber eigens für die Veröffentlichung im Jahre 1913 verfaßt hatte und der sachlich den ersten umfangreichen Paragraphen der *Grundbegriffe* von 1920 vorwegnimmt. Dagegen hat er die in den Abschnitten 4-7 des Kategorienaufsatzes verwendete Terminologie später durch eine völlig neue ersetzt, wobei er von seiner ursprünglichen Terminologie nur die Begriffe ‚Vergemeinschaftung' und ‚Vergesellschaftung' sowie ‚Anstalt' und ‚Verband' – jetzt allerdings in einem veränderten Sinn – bei-

Hiroshi Orihara hat zwar im Rahmen einer wortstatistischen Untersuchung den Nachweis zu erbringen versucht, daß die im älteren Teil von *Wirtschaft und Gesellschaft* verwendete Terminologie mit Ausnahme weniger Zweifelsfälle weitgehend der des Kategorienaufsatzes von 1913 entspricht. Auch hat er auf einige wichtige Veränderungen hingewiesen, die Weber 1920 an seinen Grundbegriffen vorgenommen hatte. Allerdings hat Orihara weder den Anspruch erhoben, diese Veränderungen systematisch rekonstruiert zu haben noch hat er eine inhaltliche Analyse der jeweiligen Bedeutungsverschiebungen dieser Begriffe durchgeführt.[14]

Ein solcher Versuch soll im Folgenden anhand einer Rekonstruktion von Webers Gebrauch der Begriffe *Vergemeinschaftung* und *Vergesellschaftung* exemplarisch vorgenommen werden. Er trägt dabei dem Umstand Rechnung, daß diese Begriffe nicht nur im Werk von Max Weber, sondern auch in der auf sein Werk Bezug nehmenden Fachliteratur in den Rang von soziologischen Grundbegriffen erhoben worden sind. Da Weber erst relativ spät die Grundlagen seiner Verstehenden Soziologie entwickelt hat, lag es für ihn nahe, sich unter anderem auch mit den entsprechenden theoretischen Vorgaben von Tönnies und Simmel auseinanderzusetzen. Ausgehend von Tönnies' Gegenüberstellung von ‚Gemeinschaft' und ‚Gesellschaft' sowie Simmels Verwendungsweise des Begriffs der ‚Vergesellschaftung' sollen deshalb zum einen die beiden unterschiedlichen Versionen von Webers Gebrauch der Begriffe ‚Vergemeinschaftung' und ‚Vergesellschaftung' herausgearbeitet und miteinander verglichen werden. Zum anderen soll die Frage gestellt werden, welche Konsequenzen sich aus diesen beiden unterschiedlichen Fassungen für ein besseres Verständnis der von Max Weber gegründeten Richtung der verstehenden Soziologie ergeben.

Weber hatte seine späteren kulturvergleichenden und universalgeschichtlichen Untersuchungen ausdrücklich der Frage nach der Herkunft und der Eigenart des okzidentalen Rationalismus sowie der durch ihn bedingten kulturellen und gesellschaftlichen Sonderentwicklung Westeuropas und Nordamerikas gewidmet. Er trug damit der bereits im Werk von Ferdinand Tönnies, Georg Simmel und Werner Sombart zum Ausdruck kommenden Überzeugung Rechnung, daß sich der Übergang von der Tradition zur Moderne in Gestalt eines umfassenden Rationalisierungsprozesses rekonstruieren lasse.[15] Seine grundbegriffliche Unterscheidung

---

behalten hat. In diesem Zusammenhang hat Wolfgang Schluchter die berechtigte Frage aufgeworfen, ob der Kategorienaufsatz von 1913 überhaupt als der passende theoretische ‚Kopf' des älteren Teils von *Wirtschaft und Gesellschaft* angesehen werden kann oder ob eher davon ausgegangen werden muß, daß Weber zwar einen solchen ‚Kopf' geplant, aber nicht mehr ausgearbeitet hat. Aus diesem Grund ist der Kategorienaufsatz im Rahmen der Max-Weber-Gesamtausgabe auch nicht in den Nachlaßbänden von *Wirtschaft und Gesellschaft* veröffentlicht worden, wie dies Orihara gefordert hatte. Vielmehr soll er da veröffentlicht werden, wo er gemäß dem Editionsplan der Gesamtausgabe sachlich hingehört: nämlich in den noch ausstehenden Band 12 der Abteilung I der Max-Weber-Gesamtausgabe, der von Johannes Weiß unter dem Titel „Verstehende Soziologie und Werturteilsfreiheit. Schriften und Reden 1908-1920" herausgegeben wird. Vgl. Hiroshi Orihara, Max Webers Beitrag zum „Grundriß der Sozialökonomik". Das Vorkriegsmanuskript als ein integriertes Ganzes, in: Kölner Zeitschrift für Soziologie und Sozialpsychologie 51 (1999), S. 724-734; Wolfgang Schluchter, „Kopf" oder „Doppelkopf" – Das ist hier die Frage. Replik auf Hiroshi Orihara, ebd., S. 735-743.

14 Hiroshi Orihara, Über den „Abschied" hinaus zu einer Rekonstruktion von Max Webers Werk: „Wirtschaft und Gesellschaft". 3. Teil, III. Wo findet sich der Kopf des „Torsos"? Die Terminologie Max Webers im „2. und 3. Teil" der 1. Auflage von „Wirtschaft und Gesellschaft". Working Paper No. 47. University of Tokyo: Department of Social and International Relations 1994; ders., Max Webers Beitrag zum „Grundriß der Sozialökonomik", a.a.O., S. 727.

15 Vgl. Otto Gerhard Oexle, Kulturwissenschaftliche Reflexionen über soziale Gruppen in der mittelalterlichen Gesellschaft: Tönnies, Simmel, Durkheim und Max Weber, in: Christian Meier (Hrsg.), Die okzidentale Stadt

zwischen ‚Vergemeinschaftung' und ‚Vergesellschaftung' war dabei auf diesen gesamtgesellschaftlichen Rationalisierungsprozeß bezogen. Denn in Webers Sprachgebrauch sind *Rationalisierung* und *Vergesellschaftung* austauschbare Begriffe.

Im Rahmen der von ihm entwickelten soziologischen Grundbegriffe kommt zwei unterschiedlichen Formen der sozialen Ordnung, die den neuzeitlichen Gegensatz von ‚bürgerlicher Gesellschaft' und ‚Staat' widerspiegeln, eine besondere Bedeutung zu: nämlich der *Marktvergesellschaftung* und der *anstaltsmäßigen Vergesellschaftung*. Obgleich Weber von Anfang an daran interessiert war, dem Markt und der Bürokratie einen gleichrangigen grundbegrifflichen Status zukommen zu lassen, gelang es ihm in der ersten Fassung seiner soziologischen Grundbegriffe noch nicht, diese beiden grundlegenden Formen einer ‚rationalen' sozialen Ordnung im Rahmen einer entsprechenden Terminologie zu beschreiben. Wie im Folgenden zu zeigen sein wird, hat Weber erst in der zweiten Fassung seiner Grundbegriffe diese so definiert, daß neben der bürokratischen Herrschaft auch der durch den Markt bewirkte Interessenausgleich zwischen den Individuen als eine zentrale Form der Vergesellschaftung beschrieben werden kann.

Die Verwendung der Begriffe ‚Gemeinschaft', ‚Gesellschaft' und ‚Vergesellschaftung' bei Tönnies und Simmel

Seit der zweiten Auflage von 1912 hatte Tönnies seinem epochalen Werk *Gemeinschaft und Gesellschaft* den Untertitel „Grundbegriffe der reinen Soziologie" gegeben. Mit diesem Untertitel war nicht nur eine gewisse Abgrenzung gegenüber dem noch stark sozialphilosophisch geprägten Selbstverständnis verbunden, das die erste Auflage dieses Werkes aus dem Jahre 1887 gekennzeichnet hatte. Denn Tönnies hatte mit ihm zugleich ein arbeitsteiliges Verhältnis zwischen der modernen Nationalökonomie und der soziologischen Theorie im Auge, da er letzterer bewußt den Status einer „Hilfswissenschaft" der Nationalökonomie zugesprochen hat.[16] Obgleich dies als eine nachträgliche Annäherung zwischen diesen beiden Disziplinen verstanden werden könnte, fällt bei einer genaueren Betrachtung seiner grundbegrifflichen Gegenüberstellung von ‚Gemeinschaft' und ‚Gesellschaft' auf, daß diese von Anfang an auf nationalökonomische Sachverhalte im engeren Sinne bezogen war. Ihr entsprach nämlich nicht nur die Unterscheidung zwischen der Natural- und der Geldwirtschaft, sondern auch die Abgrenzung der traditionellen Hauswirtschaft von der neuzeitlichen Arbeits- und Tauschgesellschaft. Tönnies' Begriff der ‚Gesellschaft' ist insofern mit dem Begriff der ‚bürgerlichen Gesellschaft' identisch, wie er im Laufe des 18. Jahrhunderts in der schottischen Moralphilosophie und der von ihr beeinflußten Richtung der politischen Ökonomie geprägt worden ist, während sein Verständnis von ‚Gemeinschaft' noch in der Tradition des ‚ganzen Hauses' steht, das eine der zentralen Herrschaftsformen der alteuropäischen Gesellschaft darstellt und

---

nach Max Weber. Zum Problem der Zugehörigkeit in Antike und Mittelalter. Historische Zeitschrift, Beihefte. Neue Folge, Band 17. München 1994, S. 115-159; Stefan Breuer, Von Tönnies zu Weber. Zur Frage einer „deutschen Linie" der Soziologie, in: Berliner Journal für Soziologie 6 (1999), S. 227-245

16 Ferdinand Tönnies, Gemeinschaft und Gesellschaft. Grundbegriffe der reinen Soziologie, Darmstadt 1979, S. XXXIV f.

dem der Kulturhistoriker Wilhelm Heinrich Riehl in seiner *Naturgeschichte des Volkes* ein bleibendes literarisches Denkmal gesetzt hat.[17]

Die aristotelische Unterscheidung zwischen der Haushaltungs- und der Erwerbskunst ist also auch noch für Tönnies' Gegenüberstellung von ,Gemeinschaft' und ,Gesellschaft' konstitutiv: erstere beruht im Wesentlichen auf der Haus- und Dorfgemeinschaft, letztere dagegen auf der durch den Handel und den internationalen Waren- und Geldverkehr geprägten modernen Großstadt und Zivilisation.[18] Die Grundformen der Gemeinschaft bilden dabei die *Familie* und die *Verwandtschaft* sowie die *Nachbarschaft* und die *Freundschaft*, während alle durch die ,Gesellschaft' konstituierten Sozialbeziehungen durch den *Tausch* und den *Kontrakt* geprägt sind. Die *Gesellschaft* ist deshalb für Tönnies auch der Inbegriff aller „rationalen Rechtsverhältnisse" und aller „rationalen Sozialverhältnisse", weshalb man in sie „wie in die Fremde" geht.[19]

Tönnies hat diesem durch eine große literarische, nationalökonomische und verfassungsrechtliche Überlieferung belegten Gegensatz von ,Gemeinschaft' und ,Gesellschaft' aber zugleich eine neue Bedeutung zu geben versucht, welche der mit dem Übergang von der Tradition zur Moderne verbundenen Transformation der europäischen Gesellschaft Rechnung trägt. Obgleich als ,reine' Begriffe konzipiert, sind diese doch durch spezifische historische Erfahrungen gekennzeichnet, so daß mit ihrer Gegenüberstellung bei Tönnies zugleich eine umfassende Theorie des sozialen Wandels verbunden ist. Darüber sollte auch nicht der Umstand hinwegtäuschen, daß er diesen beiden Begriffen zwei unterschiedliche Grundformen des „sozialen Willens" – nämlich den *Wesenwillen* und den *Kürwillen* – zuordnet. Dieser noch in der Tradition des rationalen Naturrechts stehende Versuch, unterschiedliche Formen der sozialen Einheit durch eine Willenslehre zu begründen, hat bei ihm vielmehr die theoretische Funktion, solche „scheinbar übersinnliche Gestalten" genetisch auf menschliches Denken und Wollen zurückzuführen. Die antitheologische und antidogmatische Stoßrichtung dieser voluntaristischen Begründung der verschiedenen Formen des sozialen Lebens verfolgt insofern das gleiche Ziel wie Max Webers Programm der Zurückführung aller Kollektivgebilde auf das sinnhaft orientierte Handeln von Individuen, auch wenn Tönnies im Unterschied zu Weber noch keine handlungstheoretische, sondern eine ,psychologische' Erklärungsstrategie vorgenommen hatte.[20]

Seine Beschreibung der beiden Arten des sozialen Willens entspricht dabei der von ihm vorgenommenen Gegenüberstellung von *Gemeinschaft* und *Gesellschaft*: erstere stellt eine „natürliche" Einheit dar und ist im „realen und organischen Leben" verwurzelt; letztere repräsentiert dagegen eine „künstliche" Einheit und beinhaltet insofern eine rein „ideelle und mechanische Bildung" beziehungsweise ein „Artefakt"[21]. Das *gemeinschaftliche* Leben ist dabei primär durch die Vorherrschaft von gefühlsmäßigen Beziehungen zwischen den Menschen gekennzeichnet, das *gesellschaftliche* Leben dagegen durch die Vorherrschaft des berechnenden Verstandes und der mit ihm verbundenen zweckrationalen Erwägungen. Dem kor-

---

17 Wilhelm Heinrich Riehl, Die Naturgeschichte des Volkes als Grundlage einer deutschen Social-Politik, Band 3: Die Familie, Stuttgart / Augsburg 1855, S. 142 ff.

18 *Gemeinschaft und Gesellschaft*, S. 7 ff. und 34 ff.

19 Ebd., S. XXXIII und S. 3

20 Ebd., S. XXXII ff. und 73 ff.

21 Ebd., S. 3 f.

respondieren ferner eine Reihe von weiteren Gegensatzpaaren, die Tönnies beschrieben hat: überliefertes *Verständnis* vs. vertragliche *Vereinbarung, Herkommen* und *Sitte* vs. *Konvention* und *Naturrecht, Genossenschaft* vs. *Verein* usw.[22] Ähnlich wie Henry Sumner Maine sah auch Tönnies in diesem Zusammenhang eine universalhistorische Entwicklung von den ehemals durch Herkunft und Tradition geprägten Lebensformen hin zu rein vertraglich vereinbarten Ordnungen beziehungsweise eine „Bewegung von Status zu Contract" gegeben, die für ihn mit einer Verdrängung der „gemeinschaftlichen Kultur" durch die „gesellschaftliche und staatliche Zivilisation" identisch war, wobei Tönnies allerdings ausdrücklich die Möglichkeit der Entstehung neuer gemeinschaftlicher Lebensformen innerhalb der modernen Gesellschaft hervorhob und damit zugleich die Hoffnung auf eine zukünftige sozialistische Gesellschaftsreform verband.[23]

Die von Tönnies vorgenommene grundbegriffliche Gegenüberstellung von ‚Gemeinschaft' und ‚Gesellschaft' hatte insofern nicht nur einen *idealtypischen* Charakter, sondern beruhte auf einer geschichtsphilosophischen Konstruktion, die er von den sozialistischen Theoretikern des 19. Jahrhunderts übernommen hatte. Zwar gebrauchte er im Unterschied zu Simmel und Weber noch nicht den Begriff der ‚Vergesellschaftung'. Jedoch war sein Verständnis von Gesellschaft bereits so angelegt, daß Tönnies gerade die Entstehung ständig neuer sozialer Spannungen und Konflikte sowie eine alles Bestehende mit sich reißende Entwicklungsdynamik als Kennzeichen des fortschreitenden Vergesellschaftungsprozesses ansah. Während ihm zufolge dabei der *Tausch* und der *Vertrag* ein zentrales Merkmal der modernen Gesellschaft darstellt, hatte Georg Simmel demgegenüber dem Begriff der *Vergesellschaftung* eine viel allgemeinere Bedeutung zu geben versucht. Zwar sah auch Simmel im Tausch eine elementare Form der Vergesellschaftung gegeben. Jedoch hat er im Rahmen seiner soziologischen Untersuchungen neben dem Tausch auch eine ganze Reihe anderer Vergesellschaftungsformen wie die Über- und Unterordnung, Arbeitsteilung und Konkurrenz, Stellvertretung und Parteibildung analysiert und in diesem Zusammenhang ausdrücklich das Studium dieser verschiedenen Formen der Vergesellschaftung beziehungsweise „Socialisierungsformen" zur Aufgabe der modernen Soziologie erklärt.[24]

Simmels Begriff der Vergesellschaftung ist dabei mit dem von ihm zur Beschreibung von sozialen Beziehungen herangezogenen Begriff der *Wechselwirkung* identisch. Denn ihm zufolge liegt bereits immer dann eine elementare Form der Vergesellschaftung vor, wenn zwei oder mehrere Individuen eine Beziehung zueinander eingehen beziehungsweise in Wechselwirkung miteinander treten. Nach Simmel ist es dabei völlig gleichgültig, aufgrund welcher Motive und Interessen die einzelnen Individuen aufeinander einwirken und insofern eine Vergesellschaftung bilden. Denn der von ihm begründeten Richtung der Soziologie liegt eine grundbegriffliche Unterscheidung zwischen dem *Inhalt* beziehungsweise der ‚Materie' und der jeweiligen *Form* der Vergesellschaftung zugrunde, die bewußt von den konkreten psychischen Beweggründen der handelnden Individuen abstrahiert. Letztere gehen deshalb in seinen

---

22   Ebd., S. 17 ff., 44 und 195.

23   Ebd., S. 158 f.; Henry Sumner Maine, Ancient Law. Its Connection With the Early History of Society, and Its Relation to Modern Ideas, Tucson 1986, S. 165.

24   Georg Simmel, Philosophie des Geldes. Gesamtausgabe, Band 6, Frankfurt am Main 1989. S. 209 ff.; ders., Das Problem der Soziologie, in: Gesamtausgabe, Band 5: Aufsätze und Abhandlungen 1894-1900. Frankfurt am Main 1992, S. 54 f.

soziologischen Untersuchungsansatz nur insofern ein, als sie bereits ‚vergesellschaftet‘ sind, das heißt unter rein formalen Aspekten beschrieben werden können.[25] Er unterschied dabei die einzelnen Vergesellschaftungen nach dem Grad ihrer Beständigkeit angefangen vom dem flüchtigen Augenblick einer zufälligen Begegnung bis hin zur Entstehung von dauerhaften sozialen Gebilden, wobei ihn insbesondere die in den unterschiedlichsten Handlungszusammenhängen ständig wiederkehrenden formalen Gleichheiten interessierten, die er in Gestalt einer soziologischen Formenlehre herauszudestillieren versucht hatte. Simmel vermied es in diesem Zusammenhang bewußt, den Begriff ‚Gesellschaft‘ im Sinne eines Kollektivsubjekts zu gebrauchen. Eine ‚Gesellschaft‘ beziehungsweise eine ‚Vergesellschaftung‘ ist ihm zufolge vielmehr immer bereits dann vorhanden, wenn zwei Individuen in Wechselwirkung miteinander treten, weshalb für ihn der Begriff der Gesellschaft in einem rein nominalistischen Sinne mit der „Summe“ aller sozialen Wechselwirkungen identisch ist.[26]

Parallel zu dieser formalsoziologischen Betrachtungsweise hatte Simmel aber zugleich den sozialisationstheoretischen Gehalt solcher Vergesellschaftungsprozesse hervorgehoben. Nicht zufällig gebrauchte er den Begriff der Vergesellschaftung zur Kennzeichnung jener sozialen Strukturen und Prozesse, mit denen ein fortschreitender *Sozialisationsprozeß* der einzelnen Individuen verbunden ist. Aus diesem Grund ist für sein Verständnis von Vergesellschaftung auch nicht der Gegensatz von *Gemeinschaft* und *Gesellschaft*, sondern der Gegensatz von *Individuum* und *Gesellschaft* von zentraler Bedeutung. Denn Simmel machte in diesem Zusammenhang ausdrücklich darauf aufmerksam, daß die Vergesellschaftung auch ein „psychisches Phänomen“ darstellt, da sie primär auf einer „seelischen Verkettung“ von fremdpsychischen Bewußtseinsinhalten beruhe. Die Art und Weise, wie wir mit dem prinzipiell nicht aufhebbaren Für-sich-Sein des Anderen umgehen, erweist sich ihm zufolge insofern als das „tiefste, psychologisch-erkenntnistheoretische Schema und Problem der Vergesellschaftung“, dem er in seinem berühmten *Exkurs über das Problem: Wie ist Gesellschaft möglich?* aus dem Jahre 1908 mit drei „soziologischen ApriFioritäten“ Rechnung zu tragen versucht hatte.[27]

Die einzelnen Formen der Vergesellschaftung sind Simmel zufolge insofern prinzipiell an das Bewußtsein gebunden, sich zu vergesellschaften oder vergesellschaftet zu sein. Dabei gilt für die soziale Stellung des einzelnen Individuums der Grundsatz, daß „die Art seines Vergesellschaftet-Seins [...] bestimmt oder mitbestimmt [ist] durch die Art seines Nicht-Vergesellschaftet-Seins“[28]. Eine „vollkommene Gesellschaft“ wäre dann jene, in der die individuellen Veranlagungen eines Menschen ihre objektive Entsprechung in einer für ihre weitere Entfaltung idealen sozialen Stellung finden. Gelingt dies dem einzelnen Individuum nicht, „ist es eben nicht vergesellschaftet, ist die Gesellschaft nicht die lückenlose Wechselwirksamkeit, die ihr Begriff aussagt“[29]. Im Simmelschen Verständnis von ‚Vergesellschaftung‘ vermischen sich insofern in eigentümlicher Weise eine innere Einstellung der Individuen im Hinblick auf ihr Vergesellschaftetsein mit der Existenz einer objektiv gegebenen sozialen Struktur, in der sie eine entsprechende „Stelle“ finden müssen. Zugleich stellt der einzelne Mensch grund-

---

25 Ders., Soziologie. Untersuchungen über die Formen der Vergesellschaftung. Gesamtausgabe, Band 11, Frankfurt am Main 1992, S. 17 ff.

26 *Philosophie des Geldes*, S. 210; *Soziologie*, S. 23 f.

27 *Soziologie*, S. 35 f. und 45 f.

28 Ebd., S. 51.

29 Ebd., S. 59.

sätzlich mehr als nur ein vergesellschaftetes Wesen dar. Dieser von Simmel ausdrücklich an-
erkannte Tatbestand verweist auf eine bewußte Selbstbeschränkung seiner formalen Soziologie, die ihn zur Ausarbeitung einer Kunst-, Kultur- und Religionsphilosophie veranlaßt hatte,
die sich in einem komplementären Sinn auf diesen unaufhebbaren Gegensatz von Individuum und Gesellschaft bezieht.[30]

Die Eigenart von Webers Sprachgebrauch im Kategorienaufsatz von 1913 und im älteren Teil von „Wirtschaft und Gesellschaft"

Ähnlich wie Tönnies und Simmel war auch Max Weber darum bemüht, die Hypostasierung
von abstrakten Allgemeinbegriffen zu realen Handlungssubjekten zu vermeiden. Er versuchte deshalb die empirische Geltung der mit diesen Begriffen verbundenen Ordnungsvorstel-
lungen auf das sinnhaft deutbare Handeln der an den jeweiligen sozialen Beziehungen und
Prozessen beteiligten *Individuen* zurückzuführen. Mit dieser handlungstheoretischen Fundierung seiner verstehenden Soziologie unterstrich Weber zugleich den probabilistischen Charakter des faktischen Zustandekommens der verschiedenen Formen sozialer Ordnung. Seine
im Kategorienaufsatz vorgenommene grundbegriffliche Unterscheidung zwischen dem ‚Gemeinschaftshandeln' und dem ‚Gesellschaftshandeln' sowie sein damit im Zusammenhang
stehender Gebrauch der Begriffe ‚Vergemeinschaftung' und ‚Vergesellschaftung' ist dabei
vor allem durch Tönnies' Werk beeinflußt worden, während Simmels Verständnis von Vergesellschaftung für Webers Terminologie nur eine marginale Rolle spielt. Denn Weber hatte
den für Simmels formale Soziologie grundlegenden Begriff der ‚Wechselwirkung' wiederholt dahingehend kritisiert, daß dieser viel zu abstrakt und unbestimmt sei, um die spezifische Eigenart von sozialen Strukturen und Prozessen zu erfassen, da das Kriterium der sinnhaften Bezogenheit des Handelns für diesen Grundbegriff von Simmels formaler Soziologie
keine ausschlaggebende Rolle spiele.[31] Dessen Form/Inhalt-Unterscheidung hat sich Weber
dagegen in einer Weise zu eigen gemacht, auf deren Bedeutung noch einzugehen sein wird.

Obgleich die Handlungstypen, die Weber im Kategorienaufsatz erörtert hat, ausdrücklich
auf den von Tönnies beschriebenen Gegensatz von ‚Gemeinschaft' und ‚Gesellschaft' Bezug
nehmen, ist Webers eigene Begriffskonstruktion doch wesentlich differenzierter und kompli-
zierter als das von Tönnies entwickelte dualistische Schema. Deshalb lassen sich die von ihnen jeweils verwendeten soziologischen Grundbegriffe auch nicht unmittelbar aufeinander
beziehen. Hinzu kommt, daß Weber nicht nur drei verschiedene Handlungstypen einander gegenüberstellt, sondern einen davon sowohl als *besonderen* Fall innerhalb einer dreigliedrigen
Begriffskonstruktion behandelt als auch als *Oberbegriff* seiner Handlungstypologie gebraucht
hat. Auch das Verständnis der damit eng im Zusammenhang stehenden Unterscheidung zwischen ‚Vergemeinschaftung' und ‚Vergesellschaftung' wird nicht zuletzt dadurch erschwert,
daß Weber ständig zwischen einer *zweigliedrigen* und einer *dreigliedrigen* Begriffskonstruk-

---

30   Vgl. Klaus Lichtblau, Georg Simmel, Frankfurt am Main / New York 1997, S. 68 ff.

31   „Über einige Kategorien der verstehenden Soziologie", S. 454; ders., Georg Simmel als Soziologe und The-
     oretiker der Geldwirtschaft, in: Simmel Newsletter, Heft 1 (1991), S. 12; Klaus Lichtblau, Kausalität oder
     Wechselwirkung? Max Weber und Georg Simmel im Vergleich, in: Gerhard Wagner / Heinz Zipprian (Hrsg.),
     Max Webers Wissenschaftslehre. Interpretation und Kritik, Frankfurt am Main 1994, S. 540 ff. (in diesem Band
     S. 173 ff.); Hartmann Tyrell, Max Webers Soziologie – Eine Soziologie ohne „Gesellschaft", a.a.O., S. 408 ff.

tion hin- und herschwankte. Überdies wollte er die damit verbundenen Handlungstypen ausdrücklich in einem *entwicklungsgeschichtlichen* Sinne verstanden wissen, der auf den mit ihnen verbundenen gesellschaftlichen Rationalisierungsprozeß verweist. Es empfiehlt sich also, zunächst von der Unterscheidung der einzelnen Handlungstypen auszugehen, wie sie Weber im Kategorienaufsatz vorgenommen hat und anschließend den damit eng im Zusammenhang stehenden Sprachgebrauch im älteren Teil von *Wirtschaft und Gesellschaft* in die Diskussion mit einzubeziehen.

Als *Gemeinschaftshandeln* versteht Weber in seinem Kategorienaufsatz ein menschliches Handeln, das subjektiv sinnhaft auf das Verhalten anderer Menschen bezogen ist beziehungsweise das an den Erwartungen eines bestimmten Verhaltens anderer Menschen sinnhaft orientiert ist, wobei der letztere Fall Weber zufolge nur der „rationale Grenzfall" des Gemeinschaftshandeln darstellt.[32] Als ein *Gesellschaftshandeln* beziehungsweise ein „vergesellschaftetes Handeln" versteht Weber dagegen ein Handeln, das sinnhaft an Erwartungen orientiert ist, die aufgrund des Bestehens von Ordnungen gehegt werden, deren Satzung rein zweckrational im Hinblick auf das als Folge erwartete Handeln der Vergesellschafteten zustande gekommen ist. Weber fügt hierbei einschränkend hinzu, daß auch die sinnhafte Orientierung an solchen gesatzten Ordnungen subjektiv zweckrational erfolgen muß.[33] Jenes Handeln, durch das eine solche Vereinbarung sowie eine auf ihr beruhende Ordnung zustande kommt, bezeichnet Weber dagegen als ein *Vergesellschaftungshandeln*, um dieses von dem an einer bereits bestehenden Ordnung orientierte Gesellschaftshandeln terminologisch abzugrenzen. Ihm entspricht sachlich das, was Weber in seiner Untersuchung über *Die Stadt* am Beispiel der Entstehung der mittelalterlichen Stadtgemeinde durch eine rituelle ,Eidverschwörung' (*coniuratio*) als einen „akuten Vergesellschaftungsakt" bezeichnet hatte.[34]

,Gemeinschaftshandeln' ist also der allgemeine, ,Gesellschaftshandeln' der spezielle Begriff, der auf eine Spezifikation des Gemeinschaftshandelns abzielt, insofern es an dem Bestehen einer *gesatzten Ordnung* orientiert ist. Das ,Vergesellschaftungshandeln' kennzeichnet dagegen jenes Handeln, durch das überhaupt erst eine gesatzte Ordnung zustande kommt, die Weber zufolge sowohl auf dem Wege des ,Paktes' als auch der ,Oktroyierung', d.h. entweder durch *Vereinbarung* oder aber durch *Zwang* in Kraft gesetzt werden kann. Obgleich Weber die mit diesen beiden Handlungstypen eng im Zusammenhang stehenden Begriffe ,Vergemeinschaftung' und ,Vergesellschaftung' im Kategorienaufsatz nicht weiter definiert hat, läßt sich aus dem Kontext, in dem er dort diese beiden soziologischen Grundbegriffe gebraucht, zumindest implizit das sie jeweils kennzeichnende Unterscheidungskriterium angeben. Eine *Vergemeinschaftung* liegt Weber zufolge dann vor, wenn das Handeln zweier oder mehrerer Menschen sinnhaft aufeinander bezogen ist; eine *Vergesellschaftung* liegt dagegen immer dann vor, wenn das Handeln zweier oder mehrerer Menschen nicht nur sinnhaft aufeinander bezogen ist, sondern diese sinnhafte Orientierung ihres Handelns darüber hinaus zugleich auf der Existenz einer gesatzten Ordnung beruht beziehungsweise diese überhaupt erst konstituiert. Im ersten Fall findet eine Abgrenzung vom reinen *Massenverhalten* statt, das nicht sinnhaft

---

32 „Über einige Kategorien der verstehenden Soziologie", S. 441 f.
33 Ebd., S. 442.
34 Ebd., S. 448; Max Weber, Gesamtausgabe. Abteilung I: Schriften und Reden. Band 22-5: Die Stadt. Tübingen 1999, S. 125; *Wirtschaft und Gesellschaft*, S. 749.

orientiert ist, im zweiten Fall dagegen eine Abgrenzung von einem Gemeinschaftshandeln, dessen sinnhafte Orientierung nicht an die Existenz einer rationalen Ordnung gebunden ist.

Die Begriffe sind also trennscharf voneinander abgegrenzt und zugleich durch ein übergreifendes semantisches Kontinuum miteinander verbunden, da das *Gesellschaftshandeln* und das *Vergesellschaftungshandeln* nach Weber eine besondere Erscheinungsform des *Gemeinschaftshandelns* darstellen. Deshalb gebraucht Weber in seinen Vorkriegsmanuskripten auch den Begriff der *Gemeinschaft* als Oberbegriff für höchst unterschiedliche soziale Gruppen und Gebilde wie zum Beispiel die Familie, die ethnische und politische Gemeinschaft, die religiöse Gemeinschaft sowie die Marktgemeinschaft, um jene soziale Einheiten zu kennzeichnen, in Bezug auf die eine Vergemeinschaftung oder eine Vergesellschaftung stattfindet.[35] Weber unterscheidet in diesem Zusammenhang ähnlich wie Simmel zwischen einer *gelegentlichen* („ephemeren") und einer *dauerhaften* („perennierenden") Form der Vergesellschaftung, nicht aber zwischen entsprechenden Formen der Vergemeinschaftung, obgleich dies sachlich naheliegen würde.[36] Ferner spricht Weber von dem Vorliegen einer *übergreifenden Vergesellschaftung*, wenn eine einzelne Vergesellschaftung kein selbständiges soziales Gebilde darstellt, sondern den Bestandteil einer umfasenderen Vergesellschaftung bildet.[37] Den „rationalen Idealtypus" einer dauerhaften Vergesellschaftung stellt ihm zufolge dabei der *Zweckverein* dar, da er auf einer gesatzten Ordnung beruht und über Vereinsorgane, Vereinszwecke, ein zweckgebundenes Vermögen sowie einen „Zwangsapparat" zur Durchführung der Vereinszwecke verfügt. Gleichwohl ist das Vorhandensein einer Vergesellschaftung nicht unbedingt von der Existenz eines solchen Zweckvereins abhängig, da es Weber zufolge eine Stufenfolge von der „Gelegenheitsvergesellschaftung" bis hin zum Zweckverein gibt, deren gemeinsames Kennzeichen darin besteht, daß sie entweder auf einer vereinbarten oder oktroyierten *Ordnung* beruhen.[38]

Die von Weber im Kategorienaufsatz vorgenommene Unterscheidung zwischen dem ‚Gemeinschaftshandeln' und dem ‚Gesellschaftshandeln' schließt sich insofern dem Tönniesschen Sprachgebrauch an, als auch Weber die Existenz einer solchen Ordnung als zentrales Kennzeichen einer „rationalen Vergesellschaftung" ansieht. Weber spricht in seiner Studie über *Die Stadt* denn auch bewußt von einer „gewillkürten Vergesellschaftung", um den semantischen Bezug zu Tönnies' Begriff des ‚Kürwillens' beziehungsweise der ‚Willkür' deutlich zu machen, wie Tönnies noch in der ersten und zweiten Auflage von *Gemeinschaft und Gesellschaft* zu sagen pflegt.[39] Die *Willkür* bezeichnet im älteren deutschen Recht aber nicht

---

35   Über diese zentrale Rolle des Gemeinschaftsbegriffs in Webers Vorkriegsmanuskripten gibt insbesondere der erste Teilband des Nachlasses von *Wirtschaft und Gesellschaft* im Rahmen der Max-Weber-Gesamtausgabe Auskunft, der nicht zufällig den Titel „Gemeinschaften" trägt. Vgl. Max Weber, Wirtschaft und Gesellschaft. Die wirtschaftlichen und die gesellschaftlichen Ordnungen und Mächte. Nachlaß, in: Gesamtausgabe, Abteilung I: Schriften und Reden, Band 22-1: Gemeinschaften, Tübingen 2001; siehe hierzu auch Mommsen, Zur Entstehung von Max Webers hinterlassenem Werk „Wirtschaft und Gesellschaft. Soziologie", a.a.O., S. 26 ff.

36   Diese Einschränkung gilt allerdings nur für den Kategorienaufsatz. Im älteren Teil von *Wirtschaft und Gesellschaft* hatte Weber dagegen durchaus entsprechende Wortverbindungen auch im Rahmen seiner Gemeinschaftsterminologie gebraucht. Vgl. z.B. *Wirtschaft und Gesellschaft*, S. 516.

37   „Über einige Kategorien der verstehenden Soziologie", S. 449. Der von Weber im älteren Teil von *Wirtschaft und Gesellschaft* verwendete Begriff der ‚übergreifenden Vergemeinschaftung' steht trotz der verbalen Verwandtschaft allerdings in keinem unmittelbaren Zusammenhang mit dieser Begriffsbildung und soll deshalb später erörtert werden.

38   Ebd., S. 447 ff.

39   *Wirtschaft und Gesellschaft*, S. 744; *Die Stadt*, S. 111; *Gemeinschaft und Gesellschaft*, S. XXXIII und XXXVIII.

zufällig ein Recht auf Selbstgesetzgebung, das die deutschen Städte im Mittelalter als Bestandteil ihrer Korporationsverfassung gegenüber den überlieferten ‚legitimen‘ Mächten geltend zu machen versuchten.[40] Weber trug der großen Bedeutung, welche dieses Recht auf eine autonome, d.h. ‚gewillkürte‘ Rechtssatzung für die mittelalterliche Stadtentwicklung besaß, dahingehend Rechnung, daß er in seiner Rechtssoziologie zwischen *Zweck-Kontrakten* und *Status-Kontrakten* unterschied. Erstere dienen ihm zufolge zur Regelung des Geld- und Güterverkehrs im Rahmen der Marktvergesellschaftung; letztere beinhalten dagegen in der Mehrzahl sogenannte „Verbrüderungsverträge“, vermittels denen eine bestimmte soziale Gruppe ihren korporationsrechtlichen Status anzuheben versucht beziehungsweise sich überhaupt erst als eigenständige rechtsfähige Korporation konstituiert. Der „Status-Kontrakt“ stellt also Weber zufolge ein zentrales Glied innerhalb der von Henry Sumner Maine beschriebenen universalgeschichtlichen Entwicklung vom *Status* zum *Kontrakt* dar, da ja nur rechtsfähige Statusgruppen in der Lage sind, eigenständige Verträge zu schließen.[41]

Wird dadurch der strikt voluntaristische Charakter einer solchen ‚gewillkürten‘ Vergesellschaftung unterstrichen, so bleibt demgegenüber der Begriff der *Vergemeinschaftung* zumindest im Kategorienaufsatz noch merkwürdig abstrakt und unbestimmt. Überdies gebraucht ihn Weber dort meistens im Zusammenhang mit einem dritten Handlungstypus, den er erstmals im Kategorienaufsatz eingeführt hatte und der gewissermaßen *zwischen* dem Gemeinschaftshandeln und dem Gesellschaftshandeln steht, nämlich das sogenannte *Einverständnishandeln*. Weber hat sich offensichtlich deshalb zur Einführung dieses Handlungstypus genötigt gefühlt, weil seine im Kategorienaufsatz vorgenommene Definition von ‚Vergesellschaftung‘ augenscheinlich nicht in der Lage ist, denjenigen Bereich der Wirklichkeit mit einzubeziehen, der noch für Tönnies’ Gebrauch des Begriffs ‚Gesellschaft‘ zentral gewesen war und der auch für Webers Verständnis einer ‚rationalen Vergesellschaftung‘“ eine zentrale Rolle spielte: nämlich die durch den Markt bewirkte Form des Interessenausgleichs zwischen zwei oder mehreren Individuen und die auf ihm beruhende Geldwirtschaft. Sowohl der *Tausch* als auch das Geschehen am *Markt* entziehen sich nämlich einer am Idealtypus des Zweckvereins orientierten Definition von Vergesellschaftung, weshalb Weber im Falle des isolierten Tausches auch von einer „organlosen Vergesellschaftung“ spricht. Überdies macht Weber deutlich, daß das durch den Tausch verkörperte Vergesellschaftungshandeln als ein die Vergesellschaftung herbeiführendes Handeln „nicht notwendig nur an den Erwartungen des Handelns der sich Vergesellschaftenden selbst orientiert sein muß. Sondern, im Beispiel, außerdem an den Erwartungen: daß Dritte, Unbeteiligte das Resultat des Tausches: ‚Besitzwechsel‘, ‚respektieren‘ werden“[42].

Der ‚isolierte‘ Tausch stellt also eine Form der Vergesellschaftung dar, weil er eine Vereinbarung beinhaltet, die auch ohne die Existenz einer Rechtsordnung faktische Geltung besitzt. Das Geschehen auf dem Markt und der Geldgebrauch beinhalten Weber zufolge dagegen eine Form des Gemeinschaftshandelns, das er im Kategorienaufsatz als ‚Einverständnishandeln‘ bezeichnet hat. Kennzeichnend für eine solch spezifische Form des Gemeinschaftshandelns ist ihm zufolge dabei der Umstand, daß diesem zwar keine zweckrational vereinbarte

---

40 Vgl. Wilhelm Ebel, Die Willkür. Eine Studie zu den Denkformen des älteren deutschen Rechts, Göttingen 1953; ferner Oexle, Kulturwissenschaftliche Reflexionen über soziale Gruppen in der mittelalterlichen Gesellschaft, a.a.O., S. 148 ff.

41 *Wirtschaft und Gesellschaft*, S. 401 ff. und 417; Guenther Roth, Einleitung, a.a.O., S. LXXXI.

42 „Über einige Kategorien der verstehenden Soziologie“, S. 451.

Ordnung zugrunde liegt, es aber dennoch so verläuft, *als ob* eine solche Vereinbarung stattgefunden hätte, wobei das Handeln der Beteiligten auf diese gemeinsam geteilte Unterstellung sinnhaft bezogen ist.[43] Diese gemeinsam geteilte Unterstellung bezeichnet Weber als *Einverständnis*. Es beruht ihm zufolge auf der Vorstellung, daß ein an den Erwartungen des Verhaltens anderer orientiertes Handeln eine objektive Chance hat, daß diese Erwartung in Erfüllung geht, weil auch die anderen Interaktionsteilnehmer diese Erwartung als verbindlich für ihr eigenes Handeln ansehen, ohne daß hierüber von dem am Handlungsprozeß Beteiligten eine ausdrückliche Vereinbarung getroffen worden ist.

Weber schließt dabei die Frage nach den *Motiven* für das Zustandekommen einer solchen anspruchsvollen Form der Handlungskoordination ähnlich wie die Frage nach den Motiven für das Zustandekommen und den Fortbestand einer ‚Vergesellschaftung‘ ausdrücklich aus dem seinem Kategorienaufsatz zugrunde liegenden Untersuchungsansatz aus. Ihn interessieren vielmehr nur die Chancen für das *faktische* Zustandekommen eines solchen ‚Einverständnisses‘, das auch die sinnhafte Bezogenheit auf das Handeln unbekannter Dritter mit einschließt.[44] Liegt ein solches Einverständnis vor, so begründet das auf ihm beruhende Gemeinschaftshandeln eine *Einverständnisgemeinschaft* beziehungsweise eine *Einverständnisvergemeinschaftung*, die sich von der ‚rationalen Vergesellschaftung‘ durch das Fehlen einer ‚gesatzten Ordnung‘ unterscheidet. Insofern kann Weber auch sagen, daß das Gesellschaftshandeln den durch eine Satzung geordneten ‚Spezialfall‘ des Einverständnishandelns darstellt.[45] In analoger Weise unterscheidet Weber im Kategorienaufsatz auch die ‚Anstalt‘ vom ‚Verband‘, die beide typisch „rationale Ordnungen einer Vergesellschaftung" darstellen. Eine *Anstalt* beruht ihm zufolge nämlich auf einer gesatzten Ordnung, unterscheidet sich aber vom reinen ‚Zweckverein‘ dadurch, daß die Mitgliedschaft in ihr nicht freiwillig ist, während der *Verband* im Unterschied zur Anstalt nicht auf einem an Satzungen, sondern auf einem am ‚Ein-

---

43   Ebd., S. 452.

44   Ebd., S. 456 und 459 f. Interessanterweise steht auch Webers Begriff des ‚Einverständnishandelns‘ in engem Zusammenhang mit einer bereits von Tönnies vorgenommenen begrifflichen Differenzierung. Denn Tönnies unterschied zwischen dem einer Gemeinschaft zugrunde liegenden ‚Verständnis‘ (*consensus*) und der für die Gesellschaft charakteristischen, durch Verabredung und Vertrag bewirkten ‚Einigung‘. Folgende Stelle aus *Gemeinschaft und Gesellschaft* kommt dabei auch für Webers Sprachgebrauch eine nicht zu überschätzende Bedeutung zu: „Verständnis ist demnach der einfachste Ausdruck für das innere Wesen und die Wahrheit alles echten Zusammenlebens, Zusammenwohnens und -wirkens. [...] Das stillschweigende *Einverständnis* [hervorgehoben von mir, K.L.], wie wir es auch heißen mögen, über Pflichten und Gerechtsame, über Gutes und Böses, kann wohl einer Verabredung, einem Vertrage *verglichen* werden; aber nur, um sogleich den Kontrast desto energischer hervorzuheben. Denn so kann man auch sagen: der Sinn von Worten sei gleich demjenigen verabredeter, willkürlicher Zeichen; ist gleichwohl das Gegenteil. Verabredung und Vertrag ist Einigung, die gemacht, beschlossen wird; ausgetauschtes Versprechen, also Sprache voraussetzend und gegenseitige Auffassung und Annahme dargebotener zukünftiger Handlungen, welche in deutlichen Begriffen ausgedrückt werden müssen. Diese Einigung kann auch unterstellt werden, *als ob* sie geschehen sei, wenn die Wirkung von solcher Art ist; kann also per *accidens* stillschweigend sein. Aber Verständnis ist ihrem Wesen nach schweigend: weil ihr Inhalt unaussprechlich, unendlich, unbegreiflich ist. Wie Sprache nicht verabredet werden kann, wenn auch *durch* Sprache zahlreiche Zeichensysteme für Begriffe, so kann Eintracht nicht gemacht werden, wenn auch noch so viele Arten von Einigungen." (*Gemeinschaft und Gesellschaft*, S. 18 f.). Auch Weber bezeichnete diese Art der impliziten, d.h. unausgesprochenen Einigung als ‚Einverständnis‘, ohne diese auffallende Parallele zu Tönnies deutlich zu machen. Vermutlich ist sein eigener Sprachgebrauch aber auch durch Hans Vaihingers *Philosophie des Als ob* beeinflußt worden. Vgl. ders., Die Philosophie des Als ob. System der theoretischen, praktischen und religiösen Fiktionen auf Grund eines idealistischen Positivismus, Berlin 1911.

45   „Über einige Kategorien der verstehenden Soziologie", S. 460 f.

verständnis' orientierten Handeln beruht. Die Anstalt verkörpert mithin einen Spezialfall des Verbandes beziehungweise einen „partiell rational geordnete[n] Verband"[46].

Als konkrete Beispiele für das Vorliegen einer ‚Einverständnisvergemeinschaftung' führt Weber im Kategorienaufsatz unter anderem auch die *Marktgemeinschaft* und die *Sprachgemeinschaft* an. Warum spricht Weber in diesen beiden Fällen von einer ‚Vergemeinschaftung', nicht aber von einer ‚Vergesellschaftung'? Ist der Markt denn nicht eine der ‚rationalsten' Formen des Interessenausgleichs, die man sich vorstellen kann? Und beruht nicht auch der Gebrauch der Sprache auf Regeln, die in einer ‚gesatzten' Form zum Ausdruck gebracht werden können? Im ersten Fall macht Weber das Argument geltend, daß der Geldgebrauch zwar an der Erwartung orientiert ist, daß auch zukünftige Marktteilnehmer Geld annehmen werden. Jedoch stelle dies keine Orientierung an einer gesatzten Ordnung über die *Art* der Güterbedarfsdeckung der daran Beteiligten dar. Vielmehr sei das Fehlen einer solchen expliziten Ordnung der Bedarfsdeckung ja gerade die Voraussetzung des Geldgebrauchs, der dennoch in der Regel zu einem Resultat führe, das dadurch gekennzeichnet ist, „,als ob' es durch die Orientierung an einer Ordnung der Bedarfsdeckung aller Beteiligten erreicht worden sei"[47]. Das Interesse der einzelnen Marktteilnehmer, daß sich die anderen Beteiligten dabei genauso rational verhalten mögen wie sie selbst, ist für Weber also kein Grund, von dem Vorliegen einer ‚Vergesellschaftung' zu sprechen, da er zu diesem Zeitpunkt den Begriff der Vergesellschaftung noch nicht durch das Kriterium der rationalen Interessenwahrnehmung definiert hatte, sondern durch das der Existenz einer *gesatzten* Ordnung. Letztere ist aber auch nicht die Voraussetzung für die Existenz einer Sprachgemeinschaft, da dem Gebrauch der Sprache in der Regel ja nur die Erwartung zugrunde liegt, „,als ob' die Sprechenden ihr Verhalten an grammatischen zweckvoll vereinbarten Regeln orientierten"[48]. Entsprechende Kodifizierungen besagen deshalb auch nichts über den faktischen Sprachgebrauch aus, an dem eine verstehende Soziologie primär interessiert ist, um die spezifische Art der *empirischen* Geltung von sozialen Normen zu erklären.

Der von Weber in diesem Zusammenhang herangezogene Begriff des ‚Einverständnisses' darf dabei aber keinesfalls mit einer ‚Verständigung' im Sinne der freiwilligen Zustimmung oder solidarischen Einigung verwechselt werden. Denn Weber faßt den ersteren Begriff ausdrücklich so weit, daß er nicht nur den *Kampf*, sondern auch die Akzeptanz einer *oktroyierten* Ordnung mit einbezieht.[49] Im Kategorienaufsatz steht deshalb die auf einem Einverständnis beruhende Form der Vergemeinschaftung in einem begrifflichen Gegensatz zur Vergesellschaftung auf der Grundlage einer gesatzten Ordnung, auch wenn Weber wie immer bei seinen idealtypischen Begriffsbildungen ausdrücklich hervorhebt, daß in der Realität die Übergänge zwischen den einzelnen Typen flüssig sind. Bedeutet das aber, daß bei ihm diese Unterscheidung zwischen der *Einverständnisvergemeinschaftung* und der *Vergesellschaftung* an die Stelle des von Tönnies beschriebenen Gegensatzes von *Gemeinschaft* und *Gesellschaft* getreten ist? Eine solche Argumentation wäre nur dann gerechtfertigt, wenn Weber den Begriff des ‚Gemeinschaftshandelns' tatsächlich ausschließlich im Sinne eines Oberbegriffs

---

46   Ebd., S. 467.
47   Ebd., S. 453.
48   Ebd.
49   Ebd., S. 463 und 468.

für das Einverständnis- und Gesellschaftshandeln gebrauchen und die Existenz einer ‚Verge-meinschaftung' von dem Vorliegen eines ‚Einverständnisses' abhängig machen würde. Dies ist aber offensichtlich nicht der Fall. Denn Weber hebt ausdrücklich hervor, daß nicht jedes Gemeinschaftshandeln zur Kategorie des Einverständnishandelns gehört und daß es neben der Einverständnisvergemeinschaftung auch noch so etwas wie eine *amorphe Vergemeinschaftung* gibt. Es handelt sich hierbei um ein rein „massenbedingtes oder einfaches Gemeinschaftshan-deln der einzelnen ohne Einverständnis"[50].

Leider teilt uns Weber im Kategorienaufsatz aber nicht mit, was unter diesem Grenz-fall einer ‚amorphen' Vergemeinschaftung konkret zu verstehen ist. Einen ersten Hinweis auf die inhaltliche Bedeutung dieses Typus von Vergemeinschaftung gibt jedoch sein Begriff des Gemeinschaftshandelns, den er ja ebenfalls ganz elementar durch seine Sinnbezogenheit de-finiert hat, um ihn vom reinen Massenhandeln abzugrenzen. Hierbei wies Weber ausdrück-lich darauf hin, daß in der Realität der Übergang vom reinen *Massenhandeln* beziehungswei-se „massenbedingten Handeln" zum *Gemeinschaftshandeln* flüssig sei und es insofern eine „umfassende Skala von Uebergängen" zwischen diesen beiden Handlungstypen gibt, die er an dieser Stelle allerdings nicht weiter erläutert hat[51] Offensichtlich hatte Weber für diese ‚Skala von Übergängen' zwischen dem reinen Massenhandeln und dem expliziten Gemein-schaftshandeln den Begriff ‚amorphe Vergemeinschaftung' reserviert, um ihn vom Typus der ‚Einverständnisvergemeinschaftung' abzugrenzen.[52] Er wollte damit zugleich zum Ausdruck bringen, daß die von ihm verwendeten soziologischen Grundbegriffe nicht nur in einem *lo-gischen*, sondern zugleich in einem *entwicklungsgeschichtlichen* Verhältnis zueinander ste-hen, das den jeweiligen Grad des in ihnen enthaltenen gesellschaftlichen Rationalisierungs-potentials zum Ausdruck bringt. Nicht zufällig führt Weber im Kategorienaufsatz neben dem Gemeinschafts-, Einverständnis- und Gesellschaftshandeln auch noch das *Verbandshandeln* und das *Anstaltshandeln* ein.[53]

Mit diesen begrifflichen Unterscheidungen ist aber nicht nur eine *Rationalisierungsthe-orie* verbunden, wie sie bereits Tönnies vor Augen hatte, sondern auch eine *Differenzierungs-theorie*, die implizit auf die entsprechenden Ausführungen von Wilhelm Dilthey und Georg Simmel über die ‚Kreuzung sozialer Kreise' Bezug nimmt. Denn Weber sagt in diesem Zu-sammenhang ausdrücklich: „Je zahlreicher und mannigfaltiger nach der Art der für sie kons-titutiven Chancen nun die Umkreise sind, an denen der Einzelne sein Handeln *rational* orien-tiert, desto weiter ist die ‚rationale gesellschaftliche *Differenzierung*' vorgeschritten, je mehr es den Charakter der *Vergesellschaftung* annimmt, desto weiter die ‚rationale gesellschaftliche *Organisation*'"[54]. Die von Weber im Kategorienaufsatz gewählte Form der Begriffsbildung

---

50   Ebd., S. 458 und 462.

51   Ebd., S. 455.

52   Zur entsprechenden Unterscheidung des ‚amorphen Gemeinschaftshandelns' vom reinen ‚Massenhandeln' und von einem Gemeinschaftshandeln „kraft stillschweigenden Einverständnisses" im Rahmen seiner Analyse des Verhältnisses von ‚Klasse' und ‚Stand' siehe auch *Wirtschaft und Gesellschaft*, S. 53.

53   „Über einige Kategorien der verstehenden Soziologie", S. 467.

54   Ebd., S. 461. Die Grundzüge dieser Differenzierungstheorie, auf die Weber dabei zurückgreift, sind bereits von Wilhelm Dilthey entwickelt worden. Dieser hatte in Anlehnung an Friedrich Schleiermacher das einzelne Individuum als „Kreuzungspunkt einer Mehrheit von Systemen" bestimmt, die sich bei fortschreitender Kultur immer weiter spezialisieren. Georg Simmel hat diesen Gedankengang später aufgenommen und die Zahl der verschiedenen Kreise, denen der einzelne Mensch angehört, als ‚Gradmesser der Kultur' bezeichnet. Weber

trägt insofern jener universalgeschichtlichen Entwicklung Rechnung, die zwar nicht immer und überall eindeutig verläuft, die aber bezüglich ihres allgemeinen Richtungssinnes als eine zunehmende „Rationalisierung der Ordnungen einer Gemeinschaft" beschrieben werden kann.[55]

Diese entwicklungsgeschichtlichen Implikationen der ersten Fassung seiner soziologischen Grundbegriffe haben auch in dem Manuskript „Die Wirtschaft und die Ordnungen" ihren Niederschlag gefunden, das in einem engen sachlichen Verhältnis zum Kategorienaufsatz steht und das im älteren Teil von *Wirtschaft und Gesellschaft* veröffentlicht worden ist. In diesem Manuskript hatte Weber seine bereits 1907 begonnene Auseinandersetzung mit Rudolf Stammlers ‚Überwindung‘ der materialistischen Geschichtsbetrachtung fortgeführt und den Versuch unternommen, einige ständig wiederkehrende Regelmäßigkeiten des menschlichen Handelns unter Rückgriff auf die für sie jeweils charakteristischen Typen der sozialen Ordnung zu erklären. Auch hier verfolgte Weber explizit eine entwicklungsgeschichtliche Perspektive, indem er zunächst von einer auf das ‚Gewohnte‘ fixierte Form des Massenhandelns ausging und dann die Entwicklung von ‚Einverständnissen‘ entsprechenden Inhalts innerhalb des ‚massenhaften Gemeinschaftshandelns‘ beschrieb. Dem logischen Verhältnis zwischen dem *Massenhandeln, Gemeinschaftshandeln, Einverständnishandeln* und *Gesellschaftshandeln* entspricht dabei eine entwicklungsgeschichtliche Stufenfolge sozialer Ordnungen, die mit der *Sitte* beginnt und über die *Konvention* zum *Recht* führt, wobei Weber im letzteren Fall noch einmal eine Unterscheidung zwischen dem reinen *Gewohnheitsrecht* und dem *gesatzten Recht* vornahm.[56] Weber hatte dabei die Sitte, die bereits für Tönnies der Inbegriff der Gemeinschaft schlechthin war, im ‚amorphen‘ Grenzbereich zwischen dem reinen Massenhandeln und dem Gemeinschaftshandeln angesiedelt und insofern ausdrücklich von dem Vorliegen einer „Einverständnisgeltung" abgegrenzt.[57] Seine bewußt vorgenommene Unterschei-

---

brauchte dieser spezifisch modernen Einbindung des Individuums in eine Mehrheit von ‚Systemen‘ beziehungsweise ‚Kreisen‘ insofern nur eine handlungstheoretische Wendung zu geben, um die dadurch bedingte Zunahme von Handlungsoptionen zugleich als eine Rationalitätssteigerung beschreiben zu können. Von Dilthey stammt übrigens auch der von Weber übernommene Gedanke, daß ein- und dasselbe Handeln grundsätzlich mehreren Sinnsystemen zugehören kann. Vgl. Wilhelm Dilthey, Einleitung in die Geisteswissenschaften. Versuch einer Grundlegung für das Studium der Gesellschaft und der Geschichte. Erster Band, 2. Aufl. Leipzig / Berlin 1923, S. 37 und 51; Simmel, *Soziologie*, S. 464; Hartmann Tyrell, Zur Diversität der Differenzierungstheorie. Soziologiehistorische Anmerkungen, in: Soziale Systeme 4 (1998), S. 138 ff.

55　„Über einige Kategorien der verstehenden Soziologie", S. 471. Weber hatte in diesem Zusammenhang „eine immer weitergreifende zweckrationale Ordnung des Einverständnishandelns durch Satzung und insbesondere eine immer weitere Umwandlung von Verbänden in zweckrational geordnete Anstalten" konstatiert (ebd.). Die Abgrenzung, die er hierbei implizit gegenüber Tönnies vorgenommen hat, besteht darin, daß seiner Ansicht nach in diesem Falle allerdings nicht von einem eindeutigen ‚Ersatz‘ des Einverständnishandelns durch Vergesellschaftung gesprochen werden kann.

56　*Wirtschaft und Gesellschaft*, S. 187 ff.

57　Auch Tönnies hatte die *Sitte* von jeder Art von ‚Einverständnis‘ abgegrenzt und wie Weber durch die Begriffe ‚Nachahmung‘ und ‚Überlieferung‘ definiert. Den Begriff des Einverständnisses hatte er dabei in seinem Buch *Die Sitte* am Beispiel der ‚Ehrfurcht‘ folgendermaßen beschrieben: „Sie [die Ehrfurcht] beruht an und für sich nicht in der Sitte, sondern wirklich in der Natur, im ‚natürlichen Rechte‘, d.h. in einem stillschweigenden Einverständnis über das, was sein muß, einem Einverständnis, das aus den tatsächlich gegebenen Verhältnissen als eine Folgerung und Forderung sich ergibt: es ist ‚selbstverständlich‘ und also notwendig." (Ferdinand Tönnies. Die Sitte. Frankfurt am Main 1909, S. 19). Weber hatte diese Abhandlung, die in der von Martin Buber herausgegebenen Schriftenreihe *Die Gesellschaft* erschienen ist, im August 1909 von Tönnies persönlich zugeschickt bekommen und anläßlich seiner Lektüre dieses „Büchleins" eine erneute intensive Auseinandersetzung mit dem „Original", d.h. mit *Gemeinschaft und Gesellschaft* in Aussicht gestellt (Gesamtausgabe, Abteilung II: Briefe, dung zwischen einer auf der überlieferten Sitte beruhenden Form des Gemeinschaftshandelns und einer auf konventionellen Regeln beruhenden Form der Traditionsbildung zeigt ferner, daß Weber auch hier die „Einverständnis-Gemeinschaften" nur als einen Sonderfall der Vergemeinschaftung verstanden hat und daß diese insofern auch nicht die ganze Bandbreite der mit dem Begriff der Vergemeinschaftung angesprochenen „Skala von Übergängen" abdecken.[58]

Der Begriff der *Vergemeinschaftung* läßt also auch noch andere Anwendungsweisen zu und ist von Weber bewußt so weit gefaßt worden, um die ganze Vielfalt der damit angesprochenen Mischtypen und entwicklungsgeschichtlichen Übergänge abzudecken, während der Begriff der *Vergesellschaftung* von ihm in seinen Vorkriegsmanuskripten relativ eindeutig definiert worden ist: nämlich als eine „rationale Ordnung" des Gemeinschafts- und Einverständnishandelns, das diesen gegenüber in entwicklungsgeschichtlicher Hinsicht „das posterius zu sein pflegt"[59]. Deshalb hatte Weber hier immer wieder das „zunehmende Eingreifen gesatzter Ordnungen" als einen „besonders charakteristische[n] Bestandteil jenes Rationalisierungs- und Vergesellschaftungsprozesses" hervorgehoben, der mit fortschreitender Entwicklung in allen gesellschaftlichen Bereichen festzustellen sei.[60] In welchem Sinne gebraucht Weber jedoch im älteren Teil von *Wirtschaft und Gesellschaft* den Ausdruck ‚übergreifende Vergemeinschaftung'? Steht dieser nicht im Widerspruch zu der allgemeinen entwicklungsgeschichtlichen Annahme, die mit der ersten Fassung seiner soziologischen Grundbegriffe verbunden ist? Und in welchem Sinne spricht Weber in dem dort abgedruckten Fragment über den Markt nicht nur von einer *Marktvergemeinschaftung*, sondern auch von einer *Marktvergesellschaftung*? Sind diese Begriffe für ihn letztendlich austauschbar gewesen? Oder lassen sie sich auch in diesem Fall vielleicht doch einwandfrei voneinander abgrenzen, wie dies sein um entsprechende semantische Differenzierungen peinlichst bemühter Sprachgebrauch eigentlich nahelegen würde?[61]

Band 6: Briefe 1909-1910, S. 237 f.). Offensichtlich hat sich seine Auseinandersetzung mit Tönnies nicht nur im Kategorienaufsatz, sondern auch in dem Manuskript „Die Wirtschaft und die Ordnungen" niedergeschlagen, das in seinem Nachlaß gefunden worden ist.

58   Weber hatte dabei das entwicklungsgeschichtliche Verhältnis zwischen *Sitte* und *Tradition* folgendermaßen beschrieben: „Konventionelle Regeln sind normalerweise der Weg, auf welchem bloß faktische Regelmäßigkeiten des Handelns: bloße ‚Sitte' also, in die Form verbindlicher, meist zunächst durch psychischen Zwang garantierter, ‚Normen' überführt werden: der *Tradition*sbildung. [...] Sobald die Konvention sich der Regelmäßigkeiten des Handelns bemächtigt hat, aus einem ‚Massenhandeln' also ein ‚Einverständnishandeln' geworden ist – denn das ist ja die Bedeutung des Vorgangs, in unsere Terminologie übersetzt –, wollen wir von ‚Tradition' sprechen" (*Wirtschaft und Gesellschaft*, S. 191 f.). Dies heißt jedoch nicht, daß Weber zufolge erst auf der Stufe der Traditionsbildung eine ‚Vergemeinschaftung' der daran Beteiligten vorliegt. Denn Weber sagt ausdrücklich, daß auch bloße ‚Sitten' *gemeinschaftsbildend* wirken können (ebd., S. 187). Auf den von ihm in diesem Zusammenhang erwähnten Fall der Entstehung von „ethnischen Gemeinsamkeitsgefühlen" wird noch bei der Erörterung des Begriffs der ‚übergreifenden Vergemeinschaftung' einzugehen sein.

59   Ebd., S. 193.

60   Ebd., S. 196.

61   Die Irritationen, die in dieser Hinsicht immer wieder entstanden sind, verdanken sich offenbar dem Umstand, daß in diesem Fall nicht zureichend zwischen der älteren und der neueren Fassung von Webers Gebrauch der Begriffe ‚Vergemeinschaftung' und ‚Vergesellschaftung' unterschieden worden ist. In der aus dem Jahre 1914 stammenden Gliederung seines Grundrißbeitrages hatte Weber diesen Abschnitt noch unter dem Titel „Die Marktvergemeinschaftung" angekündigt. Marianne Weber veröffentlichte dann das entsprechende Manuskript aus dem Nachlaß in den von ihr besorgten Ausgaben von *Wirtschaft und Gesellschaft* unter dem Titel „Markt", Johannes Winckelmann dagegen unter dem Titel „Die Marktvergesellschaftung". Im entsprechenden Teilband der Max-Weber-Gesamtausgabe ist dieses Fragment unter dem Titel „Marktgemeinschaft" veröffentlicht

In seinem Manuskript über den *Markt* liegt insofern eine terminologische Abweichung gegenüber dem Kategorienaufsatz vor, als Weber hier noch nicht explizit den Begriff des ‚Einverständnishandelns‘ verwendet, sondern nur implizit von ihm Gebrauch macht. Dies hat zur Folge, daß er alle die gemäß der Terminologie des Kategorienaufsatzes für eine ‚Einverständnisgemeinschaft‘ charakteristischen Sachverhalte in undifferenzierter Weise den Formen der ‚Vergemeinschaftung‘ zuordnet. Zwar verwendet Weber auch in diesem Manuskript den Begriff der ‚Vergesellschaftung‘ idealtypisch im Hinblick auf den rationalen Grenzfall der Existenz einer gesatzten Ordnung. Insofern kann er hinsichtlich des Marktgeschehens immer dann von einer ‚Vergesellschaftung‘ sprechen, wenn deren Bestand durch eine verbindliche *Rechtsordnung* gesichert ist.[62] Auch subsumiert Weber hier wie im Kategorienaufsatz den nur vereinzelt stattfindenden und nicht an die Existenz einer Rechtsordnung gebundenen Tausch unter den Begriff ‚Vergesellschaftung‘, da dieser eine Gelegenheitsvergesellschaftung darstellt, die auf einer entsprechenden *Vereinbarung* zwischen den Tauschenden beruht. Jedoch faßt Weber sowohl das den Tausch vorbereitende Feilschen um den Preis als auch den Gebrauch des Geldes jetzt unter die Kategorie des ‚Gemeinschaftshandelns‘, weil dabei ein sinnhafter Bezug auf das potentielle Handeln Dritter stattfindet, was gemäß dem Kategorienaufsatz eines der Kriterien für das Vorliegen einer ‚Einverständnisvergemeinschaftung‘ darstellt. Aus diesem Grund tritt nun die „Vergemeinschaftung kraft Geldgebrauchs“ in einen begrifflichen Gegensatz zu jeder „Vergesellschaftung durch rational paktierte oder oktroyierte Ordnung“, da im ersten Fall ja nur das für ein ‚Einverständnis‘ charakteristische Kriterium geltend gemacht werden kann, „als ob eine auf seine Herbeiführung abgezweckte Ordnung geschaffen worden wäre“[63]. Nur aus diesem Grund kann Weber jetzt auch die voll entfaltete Geldwirtschaft als eine Form der Vergemeinschaftung bezeichnen, wobei die *Marktgemeinschaft* insofern einen Sonderfall darstellt, als sie die ‚unpersönlichste‘ Art der Beziehung darstellt, die zwischen Menschen möglich ist. Die das Marktgeschehen beherrschende ‚Unbrüderlichkeit‘ und ökonomische ‚Eigengesetzlichkeit‘ stellt in diesem Fall also nicht das Kennzeichen einer ‚rationalen Vergesellschaftung‘ dar, sondern beinhaltet hier einen eigentümlichen Grenzfall der Vergemeinschaftung, nämlich die „nackte Marktvergemeinschaftung“[64]. Der Sprachgebrauch in seinem Fragment gebliebenen Manuskript über den Markt entspricht also nicht in jeder Hinsicht dem des Kategorienaufsatzes und stellt überdies eine völlige Umkehrung der von Tönnies verwendeten Terminologie dar, da Weber in diesem Zusammenhang sogar von einem Anbranden der „Marktgemeinschaft“ gegen die Beschränkungen des Handels durch „sakrale Tabuierungen oder durch ständisch monopolistische Vergesellschaftungen“ spricht.[65]

---

worden. Vgl. *Gemeinschaften*, S. 191 ff.; *Wirtschaft und Gesellschaft*, S. 382 ff.; Winckelmann, Max Webers hinterlassenes Hauptwerk, a.a.O., S. 169 und 189; siehe ferner Wolfgang Schluchter, Unversöhnte Moderne, Frankfurt am Main 1996, S. 214 ff.

62 *Wirtschaft und Gesellschaft*, S. 198 und 382 ff.

63 Ebd., S. 382.

64 Ebd., S. 383.

65 Ebd., S. 384. Es handelt sich dabei allerdings um keine sachliche Abweichung von Tönnies, sondern um eine rein terminologische Umkehrung von dessen Sprachgebrauch. Letzterer hätte in diesem Fall nämlich von einem Anbranden der ‚Marktgesellschaft‘ gegen die religiösen und ständischen Beschränkungen des Handels durch die ‚Gemeinschaft‘ gesprochen. Zum entsprechenden wirtschafts- und sozialgeschichtlichen Hintergrund, den Weber dabei im Auge hatte, vgl. ders., Wirtschaftsgeschichte. Abriß der universalen Sozial- und Wirtschafts-

Anders verhält es sich dagegen mit dem von Weber in seinen Vorkriegsmanuskripten gebrauchten Begriff der *übergreifenden Vergemeinschaftung*. Dieser stellt zwar eine formale Entsprechung zu dem im Kategorienaufsatz verwendeten Ausdruck *übergreifende Vergesell-schaftung* dar; er bezieht sich aber inhaltlich auf einen Sonderfall der Vergemeinschaftung, den Weber dort noch unter dem Stichwort des ‚übergreifenden Einverständnishandelns‘ auf-führte. Weber hatte damit am Beispiel eines Kegelklubs die Entstehung von ‚konventionellen‘ Konsequenzen für das Verhalten der Teilnehmer zueinander beschrieben. Ein ‚übergreifendes Einverständnishandeln‘ findet dieser Diktion zufolge deshalb statt, weil hier die Entstehung eines an ‚Einverständnis‘ orientierten Gemeinschaftshandelns durch eine bereits bestehende Vergesellschaftung ursächlich bedingt ist.[66] Der im älteren Teil von *Wirtschaft und Gesell-schaft* in analoger Weise gebrauchte Begriff der ‚übergreifenden Vergemeinschaftung‘ ist je-doch noch allgemeiner gefaßt, da er sich nicht ausschließlich auf den Sonderfall einer ‚ein-verständnismäßigen Vergemeinschaftung‘, sondern auf höchst unterschiedliche Formen der Vergemeinschaftung bezieht.

Das eine Beispiel, das Weber zur Veranschaulichung einer solchen ‚übergreifenden Ver-gemeinschaftung‘ heranzieht, betrifft jene Vergemeinschaftung, die dann gegeben ist, wenn die Mitgliedschaft in rein sachlich beziehungsweise wertrational orientierten Zweckverbän-den wie z.B. Aktiengesellschaften oder religiösen Sekten auch vom „Ansehen der Person“, das heißt von bestimmten Wertschätzungen der „Gesamtpersönlichkeit“ eines Menschen ab-hängig gemacht wird beziehungsweise wenn der formale Tatbestand dieser Mitgliedschaft ge-genüber Dritten als Ausweis einer besonderen persönlichen Integrität geltend gemacht werden kann.[67] In diesem Fall ist es also die eigenartige Verschlingung von *sachlichen* und *persön-lichen* Kriterien, die Weber zu dieser Begriffsprägung veranlaßt hat. Diese begriffliche Dif-ferenzierung hatte aber im Kategorienaufsatz noch überhaupt keine Rolle gespielt, während Weber in dem Fragment gebliebenen Manuskript über den *Markt* ebenfalls zwischen eher per-sönlich gefärbten und rein sachlichen beziehungsweise ‚unbrüderlichen‘ Formen der Verge-meinschaftung unterschieden hatte. Doch diese Unterscheidung bewegte sich dort noch ganz im Rahmen einer ohnehin ‚übergreifenden‘ Gemeinschaftsterminologie. Das andere Beispiel hatte Weber im Rahmen seiner Erörterung der *ethnischen Gemeinschaftsbeziehungen* aufge-führt. Hier war es die Entstehung eines „ethnischen Gemeinsamkeitsglaubens“, die er nach dem „Schema der Umdeutung von rationalen Vergesellschaftungen in persönliche Gemein-schaftsbeziehungen“ dargestellt hatte. Unter der Voraussetzung einer noch relativ geringen Verbreitung rationalen Gesellschaftshandelns ist ihm zufolge nämlich gerade eine willkür-liche Form der Vergesellschaftung, wie sie zum Beispiel politischen Gemeinschaftsbildun-gen zugrunde liegt, oft der Grund für ein dadurch bedingtes „übergreifendes Gemeinschafts-bewußtseins in der Form einer persönlichen Verbrüderung“[68]. Hier ist es also die durch eine ‚künstliche‘ Form der Gruppenbildung bewirkte *emotionale* Vergemeinschaftung und Ver-brüderung, die Weber unter den Begriff der ‚übergreifenden Vergemeinschaftung‘ gefaßt hat.

---

geschichte. Aus den nachgelassenen Vorlesungen hrsg. von S. Hellmann und M. Palyi. 3. Aufl. Berlin 1958, S. 298 ff.

66   „Über einige Kategorien der verstehenden Soziologie“, S. 461 und 470.
67   *Wirtschaft und Gesellschaft*, S. 205.
68   Ebd., S. 237.

Doch ändern diese beiden zuletzt erwähnten Sonderfälle nichts an dem allgemeinen entwicklungsgeschichtlichen Richtungssinn, den Weber mit der ersten Fassung seiner Grundbegriffe in Gestalt der Annahme einer zunehmenden Rationalisierung der Ordnungen des Gemeinschafts- und Einverständnishandelns verbunden hatte.

Die Veränderung von Webers Sprachgebrauch in den „Soziologischen Grundbegriffen" von 1920

Von den in seinem Kategorienaufsatz eingeführten grundbegrifflichen Unterscheidungen hat Weber im älteren Teil von *Wirtschaft und Gesellschaft* in den zuletzt besprochenen Fällen also nur einen eingeschränkten beziehungsweise sogar einen abweichenden Gebrauch gemacht. Bezüglich dieser terminologischen Zweifelsfälle ist deshalb die Vermutung geäußert worden, daß hier bereits eine sachliche Vorwegnahme der kategorialen Unterscheidung zwischen ,Vergemeinschaftung' und ,Vergesellschaftung' vorliegt, wie sie Weber später in seinen *Soziologischen Grundbegriffen* von 1920 vorgenommen hat.[69] Dies trifft offensichtlich jedoch nur für den Sonderfall der ,emotionalen Vergemeinschaftung' zu. Schwerwiegender ist jedoch der Verdacht, daß Weber unter anderem deshalb die von ihm im Kategorienaufsatz eingeführten Grundbegriffe im älteren Teil von *Wirtschaft und Gesellschaft* nicht immer konsistent gebraucht hat, weil er zwischen einer zwei- und einer dreigliedrigen Begriffskonstruktion hin- und herschwankte und weil er zum Zeitpunkt der Niederschrift seiner Vorkriegsmanuskripte zum Teil noch gar nicht über die differenzierte Begriffssprache des Kategorienaufsatzes verfügte.

Als Weber nach dem Krieg die Arbeit an seinem Grundrißbeitrag wieder aufnahm, hatte er deshalb gute Gründe, nicht nur das ,alte Manuskript' vollständig zu überarbeiten, sondern auch entsprechende Veränderungen an den von ihm verwendeten soziologischen Grundbegriffen vorzunehmen. Weber war es mit der ersten Fassung seiner Grundbegriffe nämlich noch nicht gelungen, die durch einen rationalen Interessenausgleich gekennzeichnete marktwirtschaftliche Ordnung auf die gleiche entwicklungsgeschichtliche Stufe zu stellen wie die durch die Bürokratie verkörperte ,anstaltsmäßige Vergesellschaftung'. Denn eine solche Form der rationalen Interessenwahrnehmung war für ihn damals noch kein Kriterium der Vergesellschaftung, sondern ein Kennzeichen der Vergemeinschaftung: nämlich des Sonderfalls der ,Einverständnisvergemeinschaftung'. Weber hatte deshalb im Grunde genommen nur zwei Möglichkeiten: Entweder mußte er diese beiden Grundbegriffe so definieren, daß mit ihnen keine eindeutige entwicklungsgeschichtliche Aussage mehr verbunden war; oder er mußte sich nun für eine neue Fassung dieser Grundbegriffe entscheiden, die gewährleistet, daß die durch den *Markt* verkörperte Form des rationalen Interessenausgleichs den gleichen grundbegrifflichen Status zugesprochen bekommt wie die *bürokratische Herrschaft*. Letzteres hatte allerdings zur Voraussetzung, daß er die ursprüngliche Unterscheidung zwischen dem ,Gemeinschaftshandeln', ,Einverständnishandeln' und dem ,Gesellschaftshandeln' sowie den damit verbundenen Vergemeinschaftungs- und Vergesellschaftungsformen jetzt definitiv durch eine zweigliedrige Begriffskonstruktion ersetzt.

---

69   Orihara, Über den „Abschied" hinaus zu einer Rekonstruktion von Max Webers Werk: „Wirtschaft und Gesellschaft", a.a.O., S. 16.

Wenn man unter diesem Gesichtspunkt die endgültige Fassung seiner soziologischen Grundbegriffe betrachtet, fällt auf, daß Weber im Grunde genommen beide Strategien verfolgt hat. Das heißt, daß er jetzt sowohl auf eine eindeutige entwicklungsgeschichtliche Zuordnung der Begriffe ‚Vergemeinschaftung‘ und ‚Vergesellschaftung‘ verzichtet als auch sich definitiv für eine *zweigliedrige* Begriffskonstruktion entschieden hat. Zwar ist für ihn auch in der neuen Fassung der Begriff der Vergesellschaftung mit dem der Rationalisierung identisch. Jedoch wird jetzt jenes Phänomen, das Weber im älteren Teil von *Wirtschaft und Gesellschaft* als ‚übergreifende Vergemeinschaftung‘ bezeichnet hatte, in gleichberechtigter Weise der ‚rationalen Vergesellschaftung‘ gegenübergestellt, wodurch die mit der ursprünglichen Fassung dieser Begriffe verbundene entwicklungsgeschichtliche Grundannahme stark relativiert worden ist.[70] Weiter fällt auf, daß er jetzt die Begriffe ‚Gemeinschaftshandeln‘, ‚Gesellschaftshandeln‘ und ‚Einverständnishandeln‘ nicht mehr verwendet, dafür aber den Begriff des *sozialen Handelns* als Grundbegriff einführt und diesen in gleicher Weise wie vormals den Begriff des Gemeinschaftshandelns definiert. Ferner unterscheidet Weber nun zwischen vier ‚Bestimmungsgründen‘ beziehungsweise sinnhaften Orientierungen des Handelns, von denen er zwei bereits in seinem Kategorienaufsatz erwähnt hatte und zwei weitere seiner Herrschaftssoziologie entnimmt. Dieser Typologie zufolge kann nämlich das soziale Handeln entweder *zweckrational, wertrational, affektuell* oder *traditional* bestimmt sein, wobei Weber die Möglichkeit von entsprechenden Mischformen ausdrücklich hervorhebt.[71] Neu kommt ferner der Begriff der *sozialen Beziehung* hinzu, der insofern eine Erweiterung gegenüber der im Kategorienaufsatz verwendeten Terminologie darstellt, als er überhaupt zum ersten Mal deutlich macht, durch welches gemeinsame Kriterium die ‚Vergemeinschaftung‘ und die ‚Vergesellschaftung‘ definierbar sind: nämlich durch die Reziprozität der sie jeweils kennzeichnenden Handlungsorientierungen. Die Unterscheidung zwischen Vergemeinschaftung und Vergesellschaftung führt Weber deshalb auch erst auf der Ebene der sozialen Beziehung ein, die sich gegenüber dem ‚sozialen Handeln‘ dadurch auszeichnet, daß in ihr bereits ein Mindestmaß an *wechselseitiger* sinnhafter Bezugnahme des Handelns zweier oder mehrerer Menschen stattfindet.[72] Eine solche wechselseitige sinnhafte Bezogenheit des Handelns ist insofern auch für jede Vergemeinschaftung und Vergesellschaftung konstitutiv.

Zur Neudefinition dieser beiden Grundbegriffe seiner verstehenden Soziologie zieht Weber ferner die bereits erwähnten Arten der Orientierung des Handelns heran, die er jeweils paarweise zusammenfaßt und gemäß dem Tönniesschen Vorbild der ‚Vergemeinschaftung‘ und der ‚Vergesellschaftung‘ zuordnet. Denn unter einer *Vergemeinschaftung* versteht Weber jetzt eine soziale Beziehung, die auf „subjektiv gefühlter (affektueller oder traditionaler) Zusammengehörigkeit der Beteiligten“ beruht. Unter *Vergesellschaftung* versteht Weber dagegen eine soziale Beziehung, „wenn und soweit die Einstellung des sozialen Handelns auf rational (wert- oder zweckrational) motiviertem Interessenausgleich oder auf ebenso motivierter Interessenverbindung beruht“, wobei er spezifizierend hinzufügt, daß diese auf einer rationalen Vereinbarung durch gegenseitige Zusage beruhen kann, aber nicht muß.[73] Das vor-

---

70   Vgl. *Wirtschaft und Gesellschaft*, S. 22 f.
71   Ebd., S. 12 f.
72   Ebd., S. 13.
73   Ebd., S. 21.

mals für das Vergesellschaftungshandeln zentrale Kriterium der ‚gesatzten Ordnung‘ wird jetzt also relativiert und durch das neue Kriterium der rationalen Interessenwahrnehmung ersetzt. Dadurch verliert auch der *Tausch* den beschränkten Charakter einer reinen ‚Gelegenheitsvergesellschaftung‘ und wird nun dem *Zweckverein* mit seiner gesatzten Ordnung sowie dem wertrationalen *Gesinnungsverein* idealtypisch gleichgestellt.[74] Der Begriff der ‚Vergesellschaftung‘ ist jetzt also gegenüber dem Sprachgebrauch im Kategorienaufsatz weiter gefaßt. Dies wird unter anderem daran deutlich, daß Weber nun auch den *Markt* und die auf ihm beruhende moderne Verkehrswirtschaft nicht nur unter diesen Begriff subsumiert, sondern ihn sogar als wichtigsten Typus einer „gegenseitigen Beeinflussung des Handelns durch nackte Interessenlage" ausdrücklich hervorhebt.[75]

Die in der Sekundärliteratur wiederholt geäußerte Vermutung, daß Weber neben der ‚Vergemeinschaftung‘ und der ‚Vergesellschaftung‘ noch eine dritte Art der sozialen Beziehung – nämlich den *Kampf* – eingeführt und damit den von Tönnies beschriebenen Gegensatz von Gemeinschaft und Gesellschaft erneut durch eine dreigliedrige Begriffskonstruktion ersetzt habe, verkennt dabei den idealtypischen Charakter seiner Begriffsbildung. Denn erstens führt Weber neben dem Kampf auch noch die *legitime Ordnung* als eine besondere Form der sozialen Beziehung ein, bevor er die Unterscheidung zwischen Vergemeinschaftung und Vergesellschaftung vornimmt. Wir hätten es nach dieser Argumentationslogik also nicht nur mit einer dreigliedrigen, sondern sogar mit einer viergliedrigen Begriffskonstruktion zu tun. Und zweitens hebt Weber sowohl im Kategorienaufsatz als auch in den *Soziologischen Grundbegriffen* ausdrücklich hervor, daß sowohl der ‚gewalttätige‘ Kampf als auch die *Konkurrenz*, die er als ‚friedlichen Kampf‘ definiert, einen konstitutiven Bestandteil jeder Vergemeinschaftung und Vergesellschaftung bilden können, aber nicht müssen. Die Begriffsmerkmale sind in diesem Fall also bewußt so gewählt, daß sich ihre Anwendung auf ein- und denselben Sachverhalt gerade nicht wechselseitig ausschließt. Insofern kann man die durch den Kampf und die Konkurrenz geprägten sozialen Beziehungen auch nicht in einen begrifflichen Gegensatz zur Vergemeinschaftung und Vergesellschaftung bringen, während letztere zumindest in idealtypischer Hinsicht sehr wohl gegensätzlich und sich wechselseitig ausschließend definiert worden sind.[76]

Ist damit die im Kategorienaufsatz und im älteren Teil von *Wirtschaft und Gesellschaft* noch unter dem Begriff des ‚Einverständnisses‘ subsumierte Form der sozialen Beziehung gänzlich aus dem Horizont von Webers verstehender Soziologie verschwunden? Keineswegs, nur taucht sie in den *Soziologischen Grundbegriffen* jetzt an einer anderen Stelle auf: nämlich im Rahmen seiner Erörterung der *legitimen Ordnung*. In dieser Kategorie lebt jene Form

---

74 Ebd., S. 22.

75 Ebd., S. 23.

76 Ebd., S. 20 ff: „Über einige Kategorien der verstehenden Soziologie", S. 463 f. Auch Schluchters Vorschlag, die Vergemeinschaftung und Vergesellschaftung unter dem Oberbegriff „Solidaritätsbeziehungen" zusammenzufassen und begrifflich den „Zwangsbeziehungen" gegenüberzustellen, leidet darunter, daß erstere keineswegs nur auf ‚Solidarität‘ beruhen, sondern durchaus auch ‚Zwang‘ beinhalten können. So sympathisch und sachlich weiterführend eine solche Klassifikation auf den ersten Blick sein mag, um Ordnung in die Vielzahl der von Weber gebrauchten Unterscheidungen zu bringen – in diesem Fall ist sie durch dessen Sprachgebrauch leider nicht abgesichert. Vgl. Wolfgang Schluchter, Replik. S. 320-365 in: Agathe Bienfait / Gerhard Wagner (Hrsg.), Verantwortliches Handeln in gesellschaftlichen Ordnungen. Beiträge zu Wolfgang Schluchters *Religion und Lebensführung*. Frankfurt am Main 1998, S. 354 f.

der Handlungskoordination fort, die Weber früher als ‚Geltungs-Einverständnis‘ beziehungsweise als ‚Legitimitäts-Einverständnis‘ bezeichnet hatte.[77] Denn offensichtlich definiert jetzt
Weber den Begriff der ‚legitimen Ordnung‘ ebenfalls durch eine hypothetische Als-ob-Kon-
struktion, da es ihm zufolge für das ‚Gelten‘ einer solchen Ordnung völlig unerheblich ist,
ob sie tatsächlich existiert oder aber nicht. Für die soziologische Analyse reicht es seiner Ansicht nach nämlich völlig aus, daß eine soziale Beziehung auf der Vorstellung beziehungsweise dem ‚Glauben‘ am Bestehen einer solchen Ordnung beruht. Damit ist für ihn aber auch die
ursprüngliche Abgrenzung des ‚Einverständnishandelns‘ vom ‚Gesellschaftshandeln‘ gegen-
standslos geworden, da es im Rahmen dieser neuen Begriffsbildung keinen Sinn mehr macht,
zwischen der faktischen Existenz einer legitimen Ordnung und einer reinen Legitimitätsun-
terstellung zu unterscheiden.

Aus diesem Grund konnte Weber jetzt auch die Begriffe ‚Vergemeinschaftung‘ und ‚Vergesellschaftung‘ neu definieren, da ihr ursprüngliches Unterscheidungskriterium, ob eine gesatzte Ordnung besteht oder aber nicht, ebenfalls hinfällig geworden ist. Indem Weber nun
die Typologie der Handlungsorientierungen für die Neudefinition dieser Begriffe und für die
Unterscheidung von vier Möglichkeiten der Geltung einer legitimen Ordnung heranzieht, hat
er aber auch den rein formalsoziologischen Charakter seiner Begriffsbildung, wie sie noch für
den Kategorienaufsatz charakteristisch war, zugunsten des Einbezugs von vier unterschiedlichen Typen der sinnhaften Orientierung des Handelns aufgegeben. Denn im ersten Fall war
es für den Bestand einer sozialen Beziehung noch völlig unerheblich, auf welchen subjektiven Motiven, Interessen und ‚inneren Lagen‘ diese beruhten, weshalb Weber die Feststellung
der jeweils vorherrschenden subjektiven ‚Sinnrichtung‘ damals noch als Aufgabe einer „inhaltlichen Soziologie“ betrachtet hatte.[78]

Welche theoretischen Konsequenzen sind mit dieser neuen Art der Begriffsbildung verbunden? Zunächst ist hervorzuheben, daß der im Kategorienaufsatz noch in eigenartiger Abstraktheit und Unbestimmtheit verbleibende Begriff der ‚Vergemeinschaftung‘ insofern eine
Präzisierung erfahren hat, als er jetzt nicht nur in einem rein formalsoziologischen Sinn der
‚Vergesellschaftung‘ gegenübergestellt wird, sondern durch eigenständige inhaltliche Kriterien definiert worden ist, die Weber seiner Typologie der Handlungsorientierungen entnommen hatte. Durch den Wegfall der Kategorie des ‚Einverständnishandelns‘ ist die vormals
dreigliedrige Begriffskonstruktion ferner durch eine strikt zweigliedrige Konstruktion ersetzt
worden, in der sich die beiden gegensätzlichen Begriffsbestimmungen polar gegenüberstehen.
Die damit verbundene Vereinfachung gegenüber der ursprünglichen dreigliedrigen Begriffsfassung hat jedoch nicht unbedingt eine bessere empirische Anwendbarkeit der jetzt vorgenommenen typologischen Unterscheidung zur Folge. Denn Weber hebt ausdrücklich hervor,
daß die große Mehrzahl der sozialen Beziehungen sowohl den Charakter der Vergemeinschaftung als auch den der Vergesellschaftung aufweist. Selbst in einer familiären Gemeinschaft
sind zweckrationale Interessenwahrnehmungen einzelner oder aller Mitglieder nicht unüb-
lich. Andererseits kann auch in einem rein zweckrational organisierten Verband ein emotio-

---

77 *Wirtschaft und Gesellschaft*, S. 16 ff., 188 und 516; „Über einige Kategorien der verstehenden Soziologie“, S.
    460.
78 Ebd., S. 460.

nal geprägtes Zusammengehörigkeitsgefühl bei den am Verbandshandeln Beteiligten entstehen, das sie ‚vergemeinschaftet'.[79]

Auch für die neue Begriffsfassung ist es also charakteristisch, daß zumindest in empirischer Hinsicht die Grenzen zwischen der ‚Vergemeinschaftung' und der ‚Vergesellschaftung' flüssig sind. Diese Einschränkung gilt allerdings bereits für die in seinem Kategorienaufsatz verwendete Terminologie. Denn dort hatte Weber am Beispiel der Geldwirtschaft ausdrücklich darauf hingewiesen, daß diese sowohl ein Gesellschafts- und Einverständnishandeln als auch ein Gemeinschaftshandeln mit einschließt.[80] Überdies fällt auf, daß mit dem Einbezug der unterschiedlichen Formen der Handlungsorientierungen der Begriff der *Rationalisierung* gegenüber der ursprünglichen Fassung vieldeutiger geworden ist, was die These bestätigt, daß Weber mit einer möglichen entwicklungsgeschichtlichen Zuordnung seiner soziologischen Grundbegriffe vorsichtiger geworden ist. Zwar sieht er auch jetzt noch entsprechende entwicklungsgeschichtliche Übergänge von der *Sitte* über die *Konvention* hin zum *Recht* gegeben, deren Grenzen flüssig sind und denen er die rationale Interessenwahrnehmung auf dem *Markt* als die reinste Form des zweckrationalen Handelns gegenüberstellt. Jedoch fügt er dem ausdrücklich die Bemerkung hinzu: „*Eine* wesentliche Komponente der ‚Rationalisierung' des Handelns ist der Ersatz der inneren Einfügung in eingelebte Sitten durch die planmäßige Anpassung an Interessenlagen. Freilich erschöpft dieser Vorgang den Begriff der ‚Rationalisierung' des Handelns nicht. Denn außerdem kann diese positiv in der Richtung der bewußten Wertrationalisierung, negativ aber außer auf Kosten der Sitte auch auf Kosten affektuellen Handelns, und endlich auch zugunsten eines *wertungläubigen*, rein zweckrationalen, auf Kosten wertrational gebundenen Handelns verlaufen."[81]

Im Hinblick auf die in der Sekundärliteratur gestellte Frage, welche der beiden Versionen von Webers soziologischen Grundbegriffen eigentlich die engere und welche die weitere Fassung sei, läßt sich deshalb auch keine eindeutige Antwort geben. Denn es hängt letztlich von der jeweils gewählten Perspektive ab, ob man die ältere oder die jüngere als die komplexere Fassung betrachtet. Geht man wie Wolfgang Schluchter von Webers Typologie der Handlungsorientierungen aus, so ist sicherlich die spätere die inhaltlich weitergehende Fassung. Geht man dagegen wie Jürgen Habermas von Webers Unterscheidung zwischen dem Gemeinschaftshandeln, dem Einverständnishandeln und dem Gesellschaftshandeln sowie dem Vergesellschaftungshandeln aus, so ist natürlich die frühere Version von Webers Handlungstheorie mit ihren komplizierten Als-ob-Konstruktionen die differenziertere Fassung. Allerdings darf man Webers Kategorie des ‚Einverständnisses' nicht mit einem normativ auf-

---

79   *Wirtschaft und Gesellschaft*, S. 22. Hier greift Weber in modifizierter Weise auf einen Gedankengang zurück, den er bereits früher am Beispiel der ‚übergreifenden Vergemeinschaftung' entwickelt hatte. Nur fehlt jetzt völlig die entsprechende entwicklungsgeschichtliche Zuordnung dieser beiden soziologischen Grundbegriffe, weshalb Weber in der neueren Fassung auch nicht mehr den Ausdruck ‚übergreifende Vergemeinschaftung' verwendet.

80   „Über einige Kategorien der verstehenden Soziologie", S. 462.

81   *Wirtschaft und Gesellschaft*, S. 15 f. Über das damit verbundene „Ende der Sitte" im Werk Max Webers siehe auch den luziden Aufsatz von Stephen P. Turner und Regis A. Factor, Max Weber und das Ende der Sitte, in: Wagner / Zipprian (Hrsg.), Max Webers Wissenschaftslehre, a.a.O., S. 563-601, in dem Webers Unterscheidung zwischen Brauch, Sitte, Konvention und Recht sowie die damit verbundenen entwicklungsgeschichtlichen Grundannahmen vor dem Hintergrund der entsprechenden Begriffskonstruktionen von Rudolph Jhering, Friedrich Nietzsche und Ferdinand Tönnies diskutiert werden.

geladenen Begriff der ‚Verständigung‘ gleichsetzen, wie Habermas dies tut, zumal Weber in seinem Kategorienaufsatz selbst wiederholt auf diese für ein adäquates Verständnis seiner früheren handlungstheoretischen Begrifflichkeit zentrale Unterscheidung hingewiesen hatte, die Habermas offensichtlich entgangen ist. Weber selbst hielt übrigens seine ältere Begriffsfassung für die anspruchsvollere und differenziertere, weshalb er sie später durch eine „tunlichst vereinfacht[e] und daher auch mehrfach verändert[e]“ Terminologie zu ersetzen gedachte, „um möglichst leicht verständlich zu sein“[82]. Eine bessere Verständlichkeit, die um den Preis einer lehrbuchhaften Vereinfachung erkauft worden ist, läuft allerdings Gefahr, einen schablonenhaften Gebrauch dieser Begriffe zu begünstigen, der im Falle des idealtypischen Charakters von Webers Art der Begriffsbildung jedoch sachlich völlig unangemessen ist. Insofern ist es zur Vermeidung solch vorschneller Schematisierungen vielleicht sogar von Vorteil, daß wir nicht nur über zwei verschiedene Fassungen seines Grundrißbeitrages, sondern auch seiner soziologischen Grundbegriffe verfügen, auch wenn dies den Umgang mit seinen Texten nicht gerade erleichtert.

Schlußbemerkungen

Die in der Sekundärliteratur bisher ebenfalls kontrovers diskutierte Frage, inwiefern Webers Sprachgebrauch durch Simmel und Tönnies beeinflußt worden ist oder aber nicht, kann deshalb auch nur unter Berücksichtigung der entsprechenden werkgeschichtlichen Differenzierungen adäquat beantwortet werden. Simmels Begriff der Vergesellschaftung hat für beide Fassungen von Webers soziologischen Grundbegriffen offensichtlich nur eine marginale Rolle gespielt, da dieser nicht den für Tönnies und Weber zentralen Gegensatz von *Tradition* und *Moderne*, sondern den Gegensatz von *Individuum* und *Gesellschaft* zum Gegenstand hat. Zwar ist Tenbrucks Feststellung zutreffend, daß Simmel und Weber deshalb den Begriff der ‚Vergesellschaftung‘ dem der ‚Gesellschaft‘ bevorzugt hatten, um einen reifizierenden Gebrauch dieses Kollektivbegriffs zu vermeiden und ihn durch eine Form der Begriffsbildung zu ersetzen, die den prozeßhaften Charakter des sozialen Geschehens hervorhebt. Auch hat Weber ähnlich wie Simmel das Kriterium der zeitlichen Dauer zur Unterscheidung von Vergesellschaftungsformen herangezogen und eine diesbezügliche Skala aufgestellt, die von der reinen Gelegenheitsvergesellschaftung bis hin zu den dauerhaften sozialen Gebilden reicht. Den mit Simmels Verständnis von Vergesellschaftung verbundenen *sozialisationstheoretischen* Bedeutungsgehalt hat sich Weber dagegen zumindest nicht explizit zu eigen gemacht. Ein zentraler Bezugspunkt seiner eigenen typologischen Unterscheidungen war vielmehr die von Tönnies vorgenommene Gegenüberstellung von ‚Gemeinschaft‘ und ‚Gesellschaft‘, von der Weber sowohl im Kategorienaufsatz und im älteren Teil von *Wirtschaft und Gesellschaft* als auch in seinen späteren *Soziologischen Grundbegriffen* Gebrauch gemacht hat, auch wenn sich dieser im Laufe der Zeit verändert hat. Denn im Kategorienaufsatz ist der Begriff der ‚Vergemeinschaftung‘ noch relativ unbestimmt geblieben und ohne ein eigenständiges Kriterium von der ‚Vergesellschaftung‘ abgegrenzt worden, während Weber diesen beiden soziologischen Grundbegriffen mit dem Einbezug der unterschiedlichen Handlungsorientierungen später eine Fassung gegeben hat, die sogar als eine noch stärkere Anlehnung an Tönnies’

---

82 *Wirtschaft und Gesellschaft*, S. 1.

Sprachgebrauch angesehen werden kann. Allerdings muß dem hinzugefügt werden, daß Weber dessen harmonische Deutung des Gemeinschaftslebens nicht teilte und eine eindeutige entwicklungsgeschichtliche Zuordnung beider Begriffe später ausdrücklich abgelehnt hatte.

Auch die sich daran anschließende Frage, inwieweit Weber im älteren Teil von *Wirtschaft und Gesellschaft* überhaupt die in seinem Kategorienaufsatz entwickelten soziologischen Grundbegriffe konsistent verwendet hat, läßt sich nicht pauschal beantworten, sondern erfordert entsprechende Differenzierungen. Denn augenscheinlich weicht die Häufigkeitsverteilung der in den Nachlaßmanuskripten jeweils verwendeten Grundbegriffe doch erheblich voneinander ab. Im Manuskript *Die Stadt* kommen zum Beispiel die Begriffe ‚Gemeinschaftshandeln‘, ‚Gesellschaftshandeln‘ und ‚Einverständnishandeln‘ überhaupt nicht vor, der Begriff der ‚Vergemeinschaftung‘ dagegen nur in Gestalt der Wortverbindungen ‚Vergemeinschaftungsformen‘ und ‚Sondervergemeinschaftung‘, während Weber den Begriff ‚Vergesellschaftung‘ dort im Sinne des Kategorienaufsatzes gebraucht. Dafür spielt in *Die Stadt* der im Kategorienaufsatz fehlende Begriff der ‚Verbrüderung‘ eine zentrale Rolle.[83] Ähnliches gilt auch für das religionssoziologische Kapitel von *Wirtschaft und Gesellschaft*, in dem Weber ebenfalls keinen systematischen Gebrauch von dem im Kategorienaufsatz entwickelten soziologischen Grundbegriffen gemacht hat. Ein Vergleich der in der älteren Fassung von *Wirtschaft und Gesellschaft* verwendeten Terminologie mit der im Kategorienaufsatz vorgenommenen Begriffsbildung zeigt insofern, daß die einzelnen Nachlaßmanuskripte in dieser Hinsicht doch erheblich voneinander abweichen. Allerdings ermöglicht in vielen Fällen überhaupt erst dieser Vergleich ein adäquates Verständnis der jeweils voneinander abweichenden Begriffsfassungen, weil sich in der Regel der jeweilige Grad der Abweichung und der mit ihr verbundene spezifische Bedeutungsgehalt rekonstruieren lassen.

Eine letzte Bemerkung betrifft den Status des Begriffs ‚Kultur‘ in Webers Soziologie. Im älteren Teil von *Wirtschaft und Gesellschaft* hatte Weber zwischen den „allgemeinen Strukturformen menschlicher Gemeinschaften“ und den „einzelnen Kulturinhalten“ wie der Kunst, Literatur und Wissenschaft unterschieden. Dies entspricht seiner im Kategorienaufsatz vorgenommenen Unterscheidung zwischen ‚allgemeiner‘ und ‚inhaltlicher‘ Soziologie, die er damit begründete, daß nur in letzterer auch ein Eingehen auf die jeweils vorherrschenden Motive der handelnden Individuen möglich sei.[84] Obgleich sich Weber den sozialisationstheoretischen Gehalt von Simmels Begriff der Vergesellschaftung nicht zu eigen gemacht hatte, steht zumindest der Kategorienaufsatz noch in einer gewissen Nähe zu Simmels formaler Soziologie. Denn auch Simmel unterschied zwischen dem ‚Inhalt‘ beziehungsweise der ‚Materie‘ und den ‚Formen‘ der Vergesellschaftung, wobei er die Frage nach den Motiven und Zwecken der handelnden Individuen ausdrücklich aus seinem formalsoziologischen Untersuchungsansatz ausgegrenzt hatte. Eine ‚inhaltliche Soziologie‘, wie sie Weber vorschwebte, hätte nämlich Simmels Versuch, die Soziologie als eine eigenständige Wissenschaft zu begründen, die sich speziell mit den ‚Formen‘ der Vergesellschaftung befaßt, grundsätzlich in Frage gestellt, da hiermit das Konkurrenzverhältnis zu den Geisteswissenschaften auf Dauer institutionalisiert worden wäre. Weber hatte später diese rigide Unterscheidung zwischen ‚allgemeiner‘ und ‚inhaltlicher Soziologie‘ zwar relativiert, indem er die Typologie der verschiedenen Handlungs-

---

83   Vgl. *Die Stadt*, S. 20 ff. und 371.

84   *Wirtschaft und Gesellschaft*, S. 212; „Über einige Kategorien der verstehenden Soziologie“, S. 460.

orientierungen in die Grundlegung seiner Soziologie mit einbezog. Jedoch hat er damit die Frage nach dem Status einer ‚Soziologie der Kulturinhalte‘ und des Kulturbegriffs im Rahmen seiner verstehenden Soziologie letztlich unbeantwortet gelassen.

Wolfgang Schluchter hat den Vorschlag gemacht, diesem Begriff ebenfalls den Rang eines soziologischen Grundbegriffes zuzusprechen und die bei Weber noch fehlende Ausarbeitung durch eine entsprechende hypothetische Rekonstruktion zu ergänzen, die auch auf den zeitgenössischen Stand der kulturwissenschaftlichen Begriffsbildung Bezug nimmt.[85] Meine Vermutung geht in eine andere Richtung. Ich glaube nämlich, daß Weber den Begriff der *Kultur* ähnlich dekomponiert hätte wie den Begriff der *Gesellschaft*, den er ja ebenfalls in eine Reihe von Subkategorien aufgesplittert hat, um die von ihm befürchtete Hypostasierung dieses Allgemeinbegriffs zu einem Kollektivsubjekt zu vermeiden. Nur fand diese Dekomposition im Rahmen der *Soziologischen Grundbegriffe* statt, während er die Dekomposition des Kulturbegriffs vermutlich innerhalb der entsprechenden speziellen Soziologien vorgenommen hätte. Seine ‚systematische‘ Religionssoziologie, die im älteren Teil von *Wirtschaft und Gesellschaft* veröffentlicht worden ist und die von vielen Interpreten ja selbst als Teil einer solchen ‚Soziologie der Kulturinhalte‘ betrachtet wird, hat eine solche Vorgehensweise exemplarisch vorgeführt, indem sie ebenfalls eine allgemeine Definition des Religionsbegriffs vermieden hat, dafür aber auf einer ganzen Reihe von spezifischen begrifflichen Unterscheidungen beruht, an denen sich die religionssoziologische Forschung orientieren kann.[86] Ähnliches schwebte ihm offensichtlich auch für den Bereich der *Kunst, Literatur* und *Wissenschaft* vor, obgleich es ihm nicht mehr vergönnt war, für diese ebenfalls eine systematische Ausarbeitung vorzunehmen, wie er das im Falle der *Religions-, Rechts-* und *Herrschaftssoziologie* getan hat. Die Frage, in welchem Verhältnis seine soziologischen Grundbegriffe zu den jeweiligen speziellen Soziologien stehen, läßt sich also vermutlich nicht in allgemeiner Weise – und schon gar nicht in Gestalt eines hochgradig generalisierten Gesellschafts- und Kulturbegriffs – beantworten, sondern muß für jede spezielle Soziologie gesondert beantwortet werden. Doch hierin besteht eine produktive Herausforderung, vor die sich gerade eine dem Weberschen Werk verpflichtet fühlende historisch-vergleichende Soziologie gestellt sieht.

---

85   Schluchter, Handlungs- und Strukturtheorie nach Max Weber, a.a.O., S. 132 f.
86   *Wirtschaft und Gesellschaft*, S. 245 ff.; siehe hierzu auch die einzelnen Beiträge in: Hans G. Kippenberg / Martin Riesebrodt (Hrsg.), Max Webers „Religionssystematik“, Tübingen 2001.

IV

Die wissenssoziologische Herausforderung

1. Auf der Suche nach einer Neuen Kultursynthese. Zur Genealogie der WissenssoziologieMax Schelers und Karl Mannheims

Einleitung

Die gegenwärtige wissenssoziologische Forschung lebt noch immer von der Spannung, die sich aus dem nach wie vor umstrittenen disziplinären Status einer spezifischen Soziologie des ‚Wissens' beziehungsweise des ‚Denkens' und ‚Erkennens' ergibt.[1] Beinhaltet die moderne Wissenssoziologie tatsächlich eine erkenntnistheoretische ‚Grundlagenwissenschaft', die an die Stelle der Philosophie tritt, um die Geltungsansprüche der verschiedenen Denk- und Wissensformen mit genuin soziologischen Forschungsmethoden zu analysieren und zu überprüfen und die dabei zugleich ihre eigenen Wahrheitsansprüche zum Gegenstand einer selbstreflexiven Erörterung macht? Oder kennzeichnet sie nur den spezifischen Gegenstandsbereich einer empirisch verfahrenden Soziologie, die im Hinblick auf die Konstitution soziologischer Erkenntnis nicht mehr Relevanz für sich beanspruchen kann als andere Teilgebiete der Soziologie?[2] Gehört sie eher zur Erkenntnistheorie und Methodologie der Sozialwissenschaften oder soll sie als ‚Bindestrich-Soziologie' bewußt von der philosophischen und erkenntnistheoretischen Problematik abstrahieren, die sich aus der Konfrontation unterschiedlicher Wahrheits- und Geltungsansprüche im Bereich des Wissens und Erkennens ergeben?[3]

Diese Spannung hatte bereits den Streit um die Wissenssoziologie in der Weimarer Republik geprägt, ohne daß er jemals in der einen oder anderen Richtung diskursiv entschieden worden wäre. Tatsache bleibt jedoch, daß gerade die deutsche Tradition der Wissenssoziologie, die in den Werken von Max Scheler und Karl Mannheim ihren eindrucksvollsten Niederschlag gefunden hat, auf dem Boden von philosophischen und weltanschaulichen Kontro-

---

1 ‚Wissenssoziologie', ‚Denksoziologie', ‚Erkenntnissoziologie' sowie ‚Soziologie des Denkens und Erkennens' sind verschiedene, ursprünglich synonym gebrauchte Ausdrücke zur Kennzeichnung dieser Forschungsrichtung. Im deutschsprachigen und englischsprachigen Raum hat sich inzwischen die Bezeichnung ‚Wissenssoziologie' beziehungsweise ‚Sociology of Knowledge' eingebürgert, während in dem französischen Ausdruck ‚sociologie de la connaissance' bis heute die Doppelbedeutung von ‚Wissen' und ‚Erkennen' erhalten geblieben ist.

2 Zu dieser Unterscheidung, die zugleich ein unterschiedliches Verständnis von Wissenssoziologie in Europa und Nordamerika zum Ausdruck bringt, siehe Volker Meja / Nico Stehr, Zur gegenwärtigen Lage wissenssoziologischer Konzeptionen, in: dies. (Hrsg.), Der Streit um die Wissenssoziologie. Frankfurt am Main 1982, Band 2, S. 898 ff. Marlis Krüger spricht in diesem Zusammenhang von einer „grundlagentheoretischen Spezialsoziologie", um diesen Doppelcharakter der Wissenssoziologie als empirischem Teilgebiet der Soziologie und soziologischer Metatheorie zu verdeutlichen. Vgl. Marlis Krüger, Wissenssoziologie, Stuttgart 1981, S. 7.

3 Für Letzteres haben sich zum Beispiel Berger und Luckmann ausgesprochen, die den „intellektualistischen Irrtum" der klassischen Wissenssoziologie korrigieren möchten und deshalb in Anlehnung an Edmund Husserl und Alfred Schütz die Ausrichtung der Wissenssoziologie auf eine empirische Erforschung der Bedeutungs- und Sinnstruktur des alltäglichen Wissens empfohlen haben. Vgl. Peter Berger / Thomas Luckmann, Die gesellschaftliche Konstruktion der Wirklichkeit. Eine Theorie der Wissenssoziologie, Frankfurt am Main 1970, S. 15 ff.

versen entstanden ist, welche die bürgerkriegsähnlichen Verhältnisse der Weimarer Republik intellektuell mitgeprägt haben und die sich weit in die deutsche Geistesgeschichte des 19. Jahrhunderts zurückverfolgen lassen.[4] Diese ‚kulturkreishafte' Gebundenheit der Wissenssoziologie der zwanziger Jahre ist denn auch einer der entscheidenden Gründe gewesen, warum sie aufgrund der durch die nationalsozialistische Machtergreifung erzwungenen Emigration ihrer führenden Repräsentanten im Ausland keine genuine Fortsetzung mehr fand und nach Kriegsende zunächst auch im deutschen Sprachraum fast ausschließlich in Gestalt ihrer eigenen Ideengeschichte überlebt hatte. Aber auch die nordamerikanische Rezeption der Wissenssoziologie ist weitgehend durch das Bemühen gekennzeichnet, die philosophischen und erkenntnistheoretischen Probleme aus dem Forschungsprogramm einer empirisch verfahrenden Soziologie des Wissens auszugrenzen, um so die ideologiekritischen und politischen Implikationen zu neutralisieren, die noch mit der Wissenssoziologie von Scheler und Mannheim verbunden gewesen sind.[5]

Eine antiquarische Geschichtsschreibung und eine bewußte Strategie der Neutralisierung ihres ideologiekritischen Impetus sind somit die beiden vorherrschenden Rezeptionsformen der Wissenssoziologie der zwanziger Jahre, um sich so von ihrer Zeitgebundenheit und ihrem politisch-weltanschaulichen Gehalt gleichermaßen distanzieren zu können. Es bleibt dann aber dennoch die Frage bestehen, welchen spezifischen kognitiven Status diese klassische Form der Wissenssoziologie eigentlich für sich beanspruchen kann und in welcher Gestalt ihre wesentlichen Fragestellungen in eine zeitgemäße Soziologie des Wissens und des Erkennens übernommen werden können.

Mit dieser Problemstellung wird aber zugleich die Frage nach dem Status des soziologischen Wissens und Erkennens schlechthin berührt. Denn die Wissenssoziologie Schelers und insbesondere Mannheims zeichnet sich nicht nur durch eine selbstreflexive Vergewisserung ihrer eigenen Standortgebundenheit innerhalb ihres geschichtlich-kulturellen Umfeldes aus – in dieser Form beinhaltet sie zugleich eine soziologische *Zeitdiagnostik* –, sondern sie reflektiert auch die soziale Verankerung aller übrigen mit apodiktischer Geltung auftretenden Wissensformen, deren jeweilige ‚Seinsverbundenheit' sie ihrerseits aufzuzeigen beansprucht. Insofern repräsentiert diese Form der Wissenssoziologie zugleich das anspruchsvolle Programm einer *Soziologie der Soziologie*, die den intellektuellen Bezugsrahmen für eine kritische Würdigung der jeweiligen Geltungsansprüche von unterschiedlichen Formen des menschlichen Denkens und Erkennens absteckt.

Läßt sich überhaupt eine gemeinsame Erfahrungsgrundlage für die verschiedenen Versuche zur Ausarbeitung einer Soziologie des Wissens und des Erkennens in den zwanziger Jahren des vergangenen Jahrhunderts angeben, so ist es die Konfrontation unterschiedlicher Formen des Wissens und Denkens, die in Gestalt des Gegensatzes zwischen verschiedenen

---

4   Siehe hierzu auch Klaus Lichtblau, Krise als Dauerzustand? Weltanschauliche Implikationen der Weimarer Soziologie, in: Roman Köster / Werner Plumpe / Bertram Schefold / Korinna Schönhärl (Hrsg.), Das Ideal des schönen Lebens und die Wirklichkeit der Weimarer Republik. Vorstellungen von Staat und Gemeinschaft im George-Kreis, Berlin 2009, S. 15-26 (in diesem Band S. 315 ff.).

5   Vgl. Dietrich Rüschemeyer, Die Nichtrezeption von Karl Mannheims Wissenssoziologie in der amerikanischen Soziologie, in: M: Rainer Lepsius (Hrsg.), Soziologie in Deutschland und Österreich 1918-1945. Materialien zur Entwicklung, Emigration und Wirkungsgeschichte. Kölner Zeitschrift für Soziologie und Sozialpsychologie, Sonderheft 23, Opladen 1981, S. 414-426.

geschichtlichen Traditionen der soziologischen Theoriebildung, des Kampfes unterschiedlicher Weltanschauungen zur Zeit des Ersten Weltkrieges und der Weimarer Republik, der ideologiekritischen Gegenüberstellung von ‚bürgerlicher‘ und ‚proletarischer‘ Wissenschaft sowie in den konträren Geltungsansprüchen von ‚Wissenschaft‘ und ‚Weltanschauung‘ zum Ausdruck kommt. Die Überwindung dieser *Krisis* des Wissens und der modernen Wissenschaft, der zentralen Bildungsinstitutionen sowie der gesamten zeitgenössischen Kultur ist denn auch der programmatische Anspruch der Wissenssoziologie von Max Scheler und Karl Mannheim, die sich dieser Herausforderung eines modernen kulturellen Relativismus stellt, um deutlich zu machen, wie dieser in Gestalt einer neuen ‚Kultursynthese‘ überwunden werden kann, ohne die Erfahrung einer prinzipiellen Relativität aller Denk- und Wissensformen unberücksichtigt zu lassen.

In Schelers und Mannheims Versuch einer selbstreflexiven Ortsbestimmung der Wissenssoziologie nimmt die Auseinandersetzung mit der *positivistischen* Tradition der Soziologie des Wissens und des Denkens einen zentralen Stellenwert ein. Ausgehend von dieser positivistischen Tradition soll deshalb im Folgenden gezeigt werden, wie die wissenssoziologischen Fragestellungen von Scheler und Mannheim im Rahmen einer *soziologischen Theorie der Kultur* formuliert werden, die zugleich den Ausgangspunkt für deren gesellschaftskritischen und zeitdiagnostischen Gegenwartsanalysen bildet. Anhand dieser kultursoziologischen Einbindung läßt sich aber zugleich zeigen, in welcher Form sich ihre unterschiedlichen Ansätze zu einer Soziologie des Wissens gewissermaßen selbst transzendieren, um so die erkenntnistheoretische und kulturkritische Frage nach einer möglichen Überwindung des modernen Relativismus sowie die praktisch-politische Frage nach den möglichen sozialen Trägergruppen der angestrebten neuen Kultursynthese aufzuwerfen.

Die positivistische Tradition der Soziologie des Denkens und Erkennens

Daß sich die Entstehung der unterschiedlichen Wissens- und Denkformen sowie ihr jeweiliger Wahrheits- und Geltungsanspruch nicht einer autonomen Entwicklungsgeschichte des menschlichen Geistes verdankt, sondern auf materielle Voraussetzungen verweist, die im System der gesellschaftlichen Produktions- und Verkehrsverhältnisse, in der eigentümlichen Beschaffenheit des Menschen als einem organischen Wesen und in dem Lebensprozeß der Individuen, Gruppen und Kulturen begründet sind, beinhaltet eine Erfahrung, welche bereits die antimetaphysische Stoßrichtung der europäischen Philosophie des 19. Jahrhunderts entscheidend geprägt hat. Nicht zufällig stellen deshalb insbesondere die Arbeiten von Karl Marx, Friedrich Nietzsche und Wilhelm Dilthey den Ausgangspunkt für die verschiedenen Ansätze zu einer soziologischen Analyse des Wissens und Erkennens dar, wie sie zu Beginn des zwanzigsten Jahrhunderts entwickelt worden sind.[6] Ob die Analyse der sozialen Bedingtheit beziehungsweise der ‚Seins-, und ‚Standortverbundenheit‘ des Wissens und Denkens dabei im Rahmen einer naturalistischen und generalisierend verfahrenden Soziologie oder aber auf

---

6   Zur Bedeutung von Marx, Nietzsche und Dilthey als Vorläufer der modernen Wissenssoziologie siehe Karl
      Mannheim, Art. „Wissenssoziologie" (1931), wieder abgedruckt in: ders., Ideologie und Utopie, 5. Aufl.
      Frankfurt am Main 1969, S. 266 f.; Ernst Grünwald, Das Problem der Soziologie des Wissens, Wien / Leipzig
      1934, S. 1-51; ferner Hans Barth, Wahrheit und Ideologie, Zürich 1945.

der Grundlage einer historisch orientierten Kultursoziologie betrieben worden ist – entscheidend bleibt für diese verschiedenen Versuche zu einer Soziologie des Wissens das gemeinsame Anliegen, als das eigentliche Subjekt des Erkennens nicht mehr den individuellen Menschen oder gar ein transzendentales Subjekt im Sinne der Kantschen Erkenntniskritik geltend zu machen, sondern vielmehr die soziale Umwelt selbst, in welcher der apodiktische und allgemeingültige Charakter menschlicher Erkenntnis begründet ist.

Diese soziologische Reformulierung der Frage nach dem erkenntnistheoretischen ‚Apriori‘ hatte bereits der österreichische Soziologe Ludwig Gumplowicz im Auge, als er auf den bestimmenden Einfluß der sozialen Gruppe verwies, die das individuelle Denken prägt: „Der größte Irrtum der individualistischen Psychologie ist die Annahme: der Mensch denke. Aus diesem Irrtum ergibt sich dann das ewige Suchen der Quelle des Denkens im Individuum, und der Ursachen, warum es so und nicht anders denke, woran dann die Theologen und Philosophen Betrachtungen darüber knüpfen oder gar Ratschläge erteilen, wie der Mensch denken solle. Es ist das eine Kette von Irrtümern. Denn erstens, was im Menschen denkt, das ist gar nicht er – sondern seine soziale Gemeinschaft, die Quelle seines Denkens liegt gar nicht in ihm, sondern in der sozialen Umwelt, in der er lebt, in der sozialen Atmosphäre, in der er atmet, und er kann nicht anders denken als so, wie es aus den in seinem Hirn sich konzentrierenden Einflüssen der ihn umgebenden sozialen Umwelt mit Notwendigkeit sich ergibt.“[7]

Mit dieser Annahme einer sozialen Gebundenheit des menschlichen Denkens und Erkennens erfährt der alte erkenntnistheoretische Streit zwischen Empirismus und Apriorismus eine neue Lösung. Denn eine soziologische Kritik der menschlichen Vernunft beansprucht zu zeigen, daß sich der apriorische Charakter der Erkenntnis dem sozialen Ursprung der fundamentalen Kategorien des Denkens selbst verdankt. Diesen Nachweis zu führen ist denn auch das explizite Programm einer Soziologie des Denkens und Erkennens, wie es in den Arbeiten von Emile Durkheim und Wilhelm Jerusalem zum Ausdruck kommt. Durkheim hatte in seinen religionssoziologischen Untersuchungen den Nachweis zu erbringen versucht, daß zentrale Begriffe wie Raum, Zeit, Substanz, Quantität, Qualität, Relation, Tätigkeit und Leiden ursprünglich aus primitiven religiösen Glaubensüberzeugungen entstanden sind, die sich ihrerseits Riten und Kollektivvorstellungen verdanken, die bestimmte Geisteszustände einer sozialen Gruppe zum Ausdruck bringen und über die Zeit hinweg aufrechterhalten. Alle Versuche, diese Kollektivvorstellungen aus der Eigenart des individuellen Denkens abzuleiten, scheitern aber daran, daß auf dem Boden des Individualismus und des Empirismus nicht verständlich gemacht werden kann, „wie die Vernunft die Kraft hat, über die empirische Kenntnis hinauszuragen“[8].

Daß die menschliche Vernunft überhaupt mit dem Anspruch auf apodiktische Geltung auftreten kann, verdankt sie Durkheim zufolge dem Umstand, daß der Mensch selbst ein doppeltes Wesen verkörpert: ein individuelles, das seine Grundlage im menschlichen Organismus findet, und ein soziales, das die Grundlage für den logischen und den moralischen Konformismus des individuellen Denkens und Verhaltens bildet. Es ist somit die *Gesellschaft*, die sowohl den apriorischen Charakter der Denkkategorien als auch deren Wirklichkeitsbezug garantiert.

---

7   Ludwig Gumplowicz, Grundriß der Soziologie (1885), in: ders., Ausgewählte Werke, Band 2, Innsbruck 1926,
      S. 172.

8   Emile Durkheim, Die elementaren Formen des religiösen Lebens, Frankfurt am Main 1981, S. 37.

Denn diese repräsentiert gegenüber den Individuen nicht nur eine höhere Art von ‚Wirklichkeit', sondern sie stellt gemäß der positivistischen Grundüberzeugung Durkheims selbst einen Teil der ‚Natur' dar und beinhaltet ihm zufolge zugleich deren höchste Entwicklungsform.[9]

Ist somit der soziale Bereich selbst ein ‚natürlicher' und nur hinsichtlich seiner größeren ‚Komplexität' von anderen Bereichen der Natur graduell unterschieden, dann können auch die Begriffe und Kategorien, die zur Untergliederung der sozialen Wirklichkeit ausgebildet worden sind, nicht grundsätzlich verschieden von jenen Denkformen sein, die zur intellektuellen Erfassung der anderen Bereiche der Wirklichkeit geeignet sind. Denn die ‚Natur' ist in allen ihren Erscheinungsformen im Wesentlichen gleich: „Begriffe, die nach dem Muster sozialer Sachverhalte ausgearbeitet worden waren, können uns demnach helfen, Dinge einer anderen Natur zu bedenken. Zum mindesten spielen diese Begriffe, wenn sie sich derart von ihrer ersten Bedeutung entfernen, in bestimmtem Sinn die Rolle von Symbolen, und zwar von gut fundierten Symbolen. Wenn durch die Tatsache, daß es sich um konstruierte Konzepte handelt, auch Künstliches hinzukommt, dann handelt es sich doch um eine Künstlichkeit, die gleich hinter der Natur kommt und die sich bemüht, ihr immer näher zu kommen. Weil die Ideen der Zeit, des Raumes, der Gattung, der Ursache, der Persönlichkeit aus sozialen Elementen aufgebaut sind, darf man nicht gleich schließen, daß sie keinen objektiven Wert hätten. Im Gegenteil: ihr sozialer Ursprung läßt eher darauf schließen, daß sie in der Natur der Dinge begründet sind."[10]

Während Durkheim die soziale Bedingtheit der Denkformen vor allem am Beispiel archaischer Gesellschaften deutlich gemacht hatte, versuchte Wilhelm Jerusalem dagegen die Beschränkung der Soziologie des Denkens und Erkennens auf eine Analyse des ‚prälogischen' beziehungsweise ‚primitiven' Denkens zu vermeiden. Ihm zufolge läßt sich vom Durkheimschen Ansatz ausgehend nämlich nicht die Genese des rationalen wissenschaftlichen Denkens rekonstruieren, da die im Mittelpunkt der Durkheimschen Analyse stehenden ‚Kollektivvorstellungen' die Eigenart des begrifflichen Erkennens verfehlen. Als Ausdruck emotionaler und motorischer Zustände gehe ihnen die Fähigkeit ab, vorgegebene Tatsachen rein objektiv zu konstatieren und die Dinge selbst in ihrer Eigenart zu betrachten. Eine soziologische Kritik der menschlichen Vernunft wird sich aber nicht darauf beschränken können, die soziale Bedingtheit archaischer Kollektivvorstellungen aufzuzeigen, wie sie in Stammesgesellschaften mit einer hohen sozialen Kohäsion ausgebildet worden sind. Denn sie muß auch Aufschluß über die Genese des modernen Rationalismus und Intellektualismus geben, der auf der Freisetzung des Prinzips der Individualität innerhalb einer funktional differenzierten Gesellschaft beruht. Im Anschluß an Georg Simmels Untersuchung *Über soziale Differenzierung* von 1890 versuchte Jerusalem deshalb zu zeigen, daß sich die spezifisch neue Form von Objektivität und Intersubjektivität, wie sie in dem logisch-begrifflichen Denken zum Ausdruck kommt, einem wechselseitigen Prozeß der Individualisierung und Universalisierung verdankt, der die

---

9   Ebd., S. 40 f. Daß Durkheims Gesellschaftsbegriff trotz dieser positivistischen Programmatik letztendlich ein ‚metaphysischer' Charakter zugesprochen werden muß, zeigen die Analysen von Eugène Dupréel, La Sociologie et les problèmes de la connaissance, in: Revue de l'Institut de Sociologie, Vol. V: 2 (1924/25), S. 161-183 und Friedrich H. Tenbruck, Emile Durkheim oder die Geburt der Gesellschaft aus dem Geist der Soziologie, in: Zeitschrift für Soziologie 10 (1981), S. 333-350.

10 Durkheim, Die elementaren Formen des religiösen Lebens, S. 40 f.

soziale Geschlossenheit ursprünglich homogener Gemeinschaften zugunsten der Ausbildung einer Vielzahl unterschiedlicher Gruppen und Gesellschaften aufgelöst hat.[11]

Der ‚Zwang‘, den die von Durkheim und seine Schule analysierten ‚Kollektivvorstellungen‘ auf das archaische Denken ausüben, sei aber nicht für das logisch-begriffliche Denken charakteristisch. Dessen Objektivität beruhe zwar ebenfalls auf einem Prozeß der ‚sozialen Verdichtung‘, in dem die kontingenten Erfahrungsgehalte der individuellen Erkenntnis zugunsten einer allgemeinen und übertragbaren Form des Wissens aufgehoben sind. Gleichwohl beinhalte das begriffliche Denken aufgrund der weniger starken sozialen Eingebundenheit des modernen Menschen aber größere Freiheitsgrade des denkenden Subjekts. Neben dem ‚sozialen‘ und dem ‚allgemein menschlichen Faktor‘ muß eine Soziologie des Denkens und Erkennens Jerusalem zufolge deshalb auch die Bedeutung des ‚individuellen Faktors‘ für die Entstehung des objektiv-wissenschaftlichen Denkens anerkennen, will sie gerade dessen Eigenart im Unterschied zu dem ‚prälogischen‘ Denken der ‚Primitiven‘ erfassen.[12] Damit ist nicht schon die ganze Wissenschaft aus dem Erklärungsanspruch einer Soziologie des Denkens ausgeschlossen, wie dies Durkheim in seiner Replik auf Jerusalem beargwöhnt hatte.[13] Nur wird die Analyse der sozialen Bedingtheit des Wissens nicht mehr ausschließlich mit einem *normativen* Gesellschaftsbegriff arbeiten können, der am Vorbild von *archaischen* Gesellschaftssystemen gewonnen worden ist. Vielmehr wird sie unterschiedliche Formen der sozialen Differenzierung und der Vergesellschaftung berücksichtigen müssen, um den verschiedenen Arten der sozialen Bedingtheit der einzelnen Wissensformen Rechnung tragen zu können.[14]

Durkheim und Jerusalem haben in ihren Arbeiten eine spezifische Form der soziologischen Analyse des Denkens und Erkennens entwickelt, die auch heute noch in der modernen wissenssoziologischen Forschung anzutreffen ist.[15] Sie zum alleinigen Vorbild einer Soziologie des Wissens zu erheben, würde jedoch bedeuten, auf eine Reihe von Fragestellungen zu verzichten, die in den wissenssoziologischen Ansätzen von Max Scheler und Karl Mannheim entwickelt worden sind. Insbesondere die Beschränkung des erkenntnissoziologischen Ansatzes auf eine Analyse der Formen positiven Wissens verhindert es nämlich, daß jene Wissensformen überhaupt in das Blickfeld der soziologischen Analyse geraten, deren Wirklichkeits-

---

11 Vgl. Georg Simmel, Über sociale Differenzierung. Sociologische und psychologische Untersuchungen, Leipzig 1890, S. 45-69; Wilhelm Jerusalem, Die soziologische Bedingtheit des Denkens und der Denkformen (1924), in: Meja / Stehr (Hrsg.), Der Streit um die Wissenssoziologie, a.a.O., Band 1, S. 33 ff.

12 Vgl. Wilhelm Jerusalem, Die Soziologie des Erkennens, in: Die Zukunft 67 (1909), S. 242 ff.; ders. Die soziologische Bedingtheit des Denkens und der Denkformen, S. 46 f. Jerusalem bezieht sich mit dieser kritischen Abgrenzung nicht nur auf die Arbeiten Durkheims, sondern auch auf Lucien Lévy-Bruhl, Les fonctions mentales dans les sociétés inférieures, Paris 1910 (eine deutsche Ausgabe erschien unter dem Titel: Das Denken der Naturvölker, hrsg. und eingeleitet von W. Jerusalem, Wien / Leipzig 1921); vgl. ferner ders., La mentalité primitive, Paris 1922.

13 Vgl. E. Durkheim, Rezension von Jerusalem, Die Soziologie des Erkennens, in: L'Année sociologique 11 (1910), S. 42-45.

14 Daß dem evolutionären Wandel der verschiedenen Formen der sozialer Differenzierung eine zentrale Bedeutung für die Veränderungen von Sinnstrukturen im Bereich der ‚gepflegten Semantik‘ zukommt, zeigen die wissenssoziologischen Untersuchungen von Niklas Luhmann.

15 Zur Bedeutung der Arbeiten von Emile Durkheim und seiner Schule für die wissenssoziologische Forschung vgl. Edward L. Schaub, A Sociological Theory of Knowledge, in: Philosophical Review 29 (1920), S. 319-339; Peter M. Worsley, Emile Durkheim's Theory of Knowledge, in: Sociological Review 4 (1956), S. 47-62; ferner Steven Lukes, Emile Durkheim. His Life and Work. A Historical and Critical Study, Harmondsworth 1973, S. 435 ff.

bezug nicht dem Modell der Beherrschung der äußeren Natur folgt. Indem die positivistische Soziologie des Denkens und Erkennens gerade die Eigenart des ‚seinstranszendenten‘ Denkens aus ihrer Analyse ausgrenzt, stellt sie sich auch nicht dem für die Mannheimsche Wissenssoziologie zentralen Problem der *Ideologie* und der *Utopie* als den beiden zentralen Formen eines mit der Wirklichkeit sich nicht in Deckung befindenden Denkens. Indem sie so auf den kritischen Anspruch einer Analyse der einzelnen Wissensformen im Hinblick auf ihren jeweiligen Wirklichkeitsbezug und Wahrheitsanspruch verzichtet, scheitert die positivistische Denk- und Erkenntnissoziologie aber an dem Problem ihrer eigenen Ortsbestimmung innerhalb des geistig-kulturellen Umfeldes, in dem sie als eine genuin soziologische Analyse und Kritik der menschlichen Vernunft die Nachfolge der transzendentalen Erkenntniskritik hat antreten können.

Die Bedeutung der ‚Wissenschaftskrisis von 1919‘

Daß die wissenssoziologische Diskussion der Weimarer Republik nicht allein aus innerakademischen Fragestellungen entstanden ist, sondern sich der Erfahrung einer tiefgreifenden Erschütterung von bisher als fraglos gehaltenen kulturellen Traditionen und Wertvorstellungen verdankt, läßt sich anhand der Arbeiten von Max Scheler und Karl Mannheim gut verdeutlichen. Diese Krise ist zwar zunächst durch die revolutionären Veränderungen bedingt, welche Deutschland nach der militärischen Niederlage im Ersten Weltkrieg erfahren hat. Aber ihre Auswirkungen lassen sich dennoch nicht allein auf den politisch-sozialen Bereich im engeren Sinne beschränken. Denn sie reichen auch weit in das Gebiet des Wissens, des Denkens und der Weltanschauung hinein. Es ist vielmehr eine Krisis des Geistes und der Bildung, die auch das bisherige akademische Selbstverständnis der modernen Geistes- und Kulturwissenschaften betrifft, von der Scheler und Mannheim sprechen und die ihr Engagement innerhalb der intellektuellen Auseinandersetzungen ihrer Zeit motiviert hatte. Der Verlust der „Einheit der nationalen Bildung" wird nämlich von Scheler als eigentliche Ursache dieser „zerrissenen Zeit kaum mehr führbaren Massen" angesehen, in der sich ein „ideenloser Fachpositivismus" auf der einen Seite und die Entstehung immer neuer „Bünde, Kreise, Sekten grob mystischer, abergläubischer Art, fragwürdige Heilande, die sich auf Massensuggestion verstehen", auf der anderen Seite gegenüberstehen.[16] Der „Alexandrinismus" ist folglich das Kennzeichen einer Epoche, die auch Karl Mannheim zufolge eine tiefe geistige Krise widerspiegelt. Diese komme nicht nur im Zerfall eines ursprünglich geschlossenen Weltbildes zum Ausdruck, sondern bewirke auch die Möglichkeit, vermittels einer bewußten Reflexion dieser „Krisensituation des Denkens" sowohl die Wurzeln dieser gegenwärtigen Konstellation aufzuspüren als auch grundsätzliche Einblicke in den Prozeß der gesellschaftlichen Wissensproduktion und Wissensdistribution zu bekommen.[17]

Die Infragestellung der traditionellen bürgerlichen Bildungsinstitutionen sowie der überlieferten Formen der ‚bürgerlichen‘ Wissenschaft zu Beginn der Weimarer Republik wird be-

---

16 Max Scheler, Die Formen des Wissens und die Bildung (1925), in: ders., Philosophische Weltanschauung, 3. Aufl. Bern / München 1968, S. 16 und 20. Zur Krise der Universitäten und des gesamten höheren Bildungswesens vgl. ferner ders., Universität und Volkshochschule (1921), in: ders., Die Wissensformen und die Gesellschaft, 3. Aufl. Bern / München 1980 (= Gesammelte Werke, Band 8), S. 383-420.

17 Vgl. *Ideologie und Utopie*, S. 51, 57, 87 und 92.

sonders in den Kontroversen deutlich, welche die Veröffentlichungen von Max Webers Vortrag *Wissenschaft als Beruf* zur Folge hatte.[18] Webers Plädoyer für ein auf notwendiger fachlicher Spezialisierung beruhendes, rein wissenschaftsimmanenten Motiven gehorchendes und ein ausschließlich positiv-rationales Wissen anstrebendes Pathos der Wissenschaft stieß nämlich vor allem bei jenem Teil der akademischen Jugend auf massiven Widerstand, der sich nach dem politisch-militärischen Zusammenbruch des Deutschen Reiches und der dadurch bedingten Erschütterung der gesamten nationalen Kultur von der Wiederaufnahme eines geordneten akademischen Lehrbetriebs eine Klärung der anstehenden weltanschaulichen Orientierungsprobleme und ein diesbezügliches geistiges ‚Führertum' seitens der Hochschullehrerschaft erhofft hatte. Nicht ‚Hingabe an die Sache', sondern umfassende Persönlichkeitsbildung, nicht Spezialisierung der Wissenschaft, sondern Einheit der Weltanschauung, nicht Wissenschaft ‚um ihrer selbst willen', sondern ihre Ausrichtung an den weltanschaulichen und religiösen Orientierungsproblemen des praktischen Lebens sollten jene ‚Revolution' in der Wissenschaft einleiten, von der nun ein entscheidender Beitrag für den Aufbau einer neuen Kultur und neuer Gemeinschaftsformen erwartet wurde.[19]

Erfährt die ‚Wissenschaftskrisis von 1919' dabei ihre Zuspitzung in Gestalt der Gegenüberstellung von *Wissenschaft* und *Weltanschauung* als zwei unterschiedlichen, nicht aufeinander zurückführbaren Formen des Wissens und durch die Infragestellung des Rationalismus der ‚bürgerlichen' Wissenschaft von seiten einer aktivistischen Lebensphilosophie, so versucht die sozialistische Wissenschaftskritik der Weimarer Republik diesen Rationalismus vom Standpunkt einer sich für überlegen haltenden ‚proletarischen' Wissenschaft zu entlarven. Der damals führende marxistische Theoretiker in Deutschland Georg Lukács hatte nämlich in seinem 1923 erschienenen und die wissenssoziologische Diskussion der zwanziger Jahre beeinflussenden Buch *Geschichte und Klassenbewußtsein* im Anschluß an Simmel, Sombart und Max Weber zu zeigen versucht, daß sich der Rationalismus und Intellektualismus der neuzeitlichen Wissenschaft einem übergreifenden gesellschaftlichen Rationalisierungsprozeß verdankt, dessen Ursache im System der kapitalistischen Produktion und Reproduktion begründet liegt und dessen logische Struktur im Warenverhältnis als dem „Urbild aller Gegenständlichkeitsformen" und aller ihm entsprechenden Formen der Subjektivität in der bürgerlichen Gesellschaft verankert ist.[20] Dabei zeichne sich das bürgerliche Denken insofern als ein ‚verdinglichtes' Denken aus, als es grundlegende gesellschaftliche Verhältnisse und Prozesse, die sich in Form von abstrakten Gegenständlichkeiten darstellen, nicht als spezifisch historisch-soziale Verhältnisse durchschaut, sondern als unmittelbare ‚Gegenständlichkeitsformen' unreflektiert hinnimmt. Die analytische Kraft des logisch-mathematischen Denkens finde so zwar ihre formale Entsprechung und ihren konkreten Wirklichkeitsbezug in einem Gesellschaftssystem, dessen elementare Struktur sich dem menschlichen Bewußtsein zunächst als ein Ver-

18   Vgl. Max Weber, Wissenschaft als Beruf (1919), in: ders., Gesammelte Aufsätze zur Wissenschaftslehre, 6. Aufl. Tübingen 1985, S. 582-613.

19   Vgl. Ernst Troeltsch, Die Revolution in der Wissenschaft (1921), in: ders., Gesammelte Schriften, Band 4: Aufsätze zur Geistesgeschichte und Religionssoziologie, Tübingen 1925, S. 653-677; ferner Erich Wittenberg, Die Wissenschaftskrisis in Deutschland im Jahre 1919. Ein Beitrag zur Wissenschaftsgeschichte. In: Theoria 4 (1938), S. 235-264.

20   Georg Lukács, Geschichte und Klassenbewußtsein. Studien über marxistische Dialektik (1923), Neuwied / Berlin 1968, S. 170 ff.

hältnis zwischen Dingen darstellt. Es bleibe jedoch allein dem ‚Standpunkt des Proletariats'
vorbehalten, die vermittelnden Glieder zu identifizieren, welche die bürgerliche Gesellschaft
als eine dynamische Totalität erweisen, die sowohl eine spezifische historische Genese hat als
auch die Notwendigkeit ihrer revolutionären Veränderung impliziert. Unterschiede hinsichtlich der Unmittelbarkeit sowie der Vermittlung der theoretischen Standpunkte einerseits und
verschiedene gesellschaftliche Klassenlagen andererseits werden dabei als Gewähr dafür angesehen, daß das ‚proletarische Klassenbewußtsein' gegenüber dem ‚bürgerlichen' Denken
eine „objektiv wissenschaftlich höhere" Form der Erkenntnis darstellt.[21]

Auch wenn die marxistische Ideologiekritik von der Gültigkeit einer geschichtsphilosophischen Theorie abhängig bleibt, die noch um den privilegierten Zugang einer besonderen
sozialen Klasse zum Reich der ‚objektiven Wahrheit' weiß, verdeutlicht sie dennoch die Möglichkeit einer klassenmäßig bedingten Relativität von unterschiedlichen Formen des Wissens,
deren jeweilige Partikularität sich gerade ihrer unterschiedlichen geschichtlich-gesellschaftlichen Standortgebundenheit verdankt. Diese Erfahrung einer soziokulturellen Relativität der
unterschiedlichen Denkformen und Weltanschauungen hatte aber bereits das Denken von relevanten Teilen der ‚bürgerlichen' Intelligenz seit dem 19. Jahrhundert innerhalb der Geistes-
und Kulturwissenschaften geprägt. Denn als Reaktion auf den Universalitätsanspruch des neuzeitlichen Rationalismus, der ‚westlichen' Aufklärungs- und Fortschrittsphilosophie sowie der
Französischen Revolution von 1789 fanden seit Herder, der Romantik und dem Historismus
immer wieder Versuche statt, die Eigenart der unterschiedlichen Kulturen aus der konkreten
Lebensform der einzelnen Völker und Nationen heraus zu begreifen. Die anti-westliche, insbesondere gegen die englische und französische ‚Zivilisation' gerichtete Stoßrichtung dieser
romantischen und historistischen Konstruktionen einer genuin ‚deutschen' Kulturtradition
fand schließlich in den weltanschaulichen Auseinandersetzungen während des Ersten Weltkrieges ihren Niederschlag, in denen sich die ‚Ideen von 1789' und die ‚Ideen von 1914' als
eine spezifische Verbindung des Kulturstaats- und Machtstaatsideals unversöhnlich gegenüberstanden und letztere als eine ideenpolitische Rechtfertigung des ‚deutschen Sonderweges'
in Anspruch genommen worden sind.[22] Die Analyse der Eigenart unterschiedlicher nationa-
ler Weltanschauungen und Philosophien, wie sie zu dieser Zeit insbesondere in den Arbeiten
von Max Scheler und Wilhelm Wundt zum Ausdruck kommt, steht dabei unmittelbar an der
Schwelle, an der die wissenssoziologische Forschung in Deutschland zu Beginn der zwanziger Jahre einsetzt und die nicht zufällig ursprünglich von dieser Form der Weltanschauungs-
analyse ihren Ausgang genommen hat.[23]

---

21 Ebd., S. 267 ff. Zur Unterscheidung zwischen ‚bürgerlicher' und ‚proletarischer' Wissenschaft im Rahmen einer
    Gegenüberstellung von ‚stationärem' und ‚evolutionistischem' Denken siehe auch Max Adler, Wissenschaft
    und soziale Struktur (1925), in: Meja / Stehr (Hrsg.), Der Streit um die Wissenssoziologie, a.a.O., Band 1, S.
    146 ff.

22 Vgl. Hermann Lübbe, Politische Philosophie in Deutschland. Studien zu ihrer Geschichte, Basel 1963, S. 171
    ff.; Klaus Schwabe, Wissenschaft und Kriegsmoral. Die deutschen Hochschullehrer und die politischen Grund-
    fragen des Ersten Weltkrieges, Göttingen / Zürich / Frankfurt 1969, S. 21 ff.; ferner Hans Joas, Die Klassiker
    der Soziologie und der Erste Weltkrieg, in: Hans Joas / Helmut Steiner (Hrsg.), Machtpolitischer Realismus
    und pazifistische Utopie. Krieg und Frieden in der Geschichte der Sozialwissenschaften, Frankfurt am Main
    1989, S. 179-210.

23 Vgl. Wilhelm Wundt, Die Nationen und ihre Philosophie. Ein Kapitel zum Weltkrieg, Leipzig 1915; Max Scheler,
    Krieg und Aufbau, Leipzig 1916. Zum logischen Status dieser Art von Weltanschauungsanalyse siehe ferner

Die herausragende Stellung, die hierbei dem Begriff der *Kultur* und der *Weltanschauung* in diesen Versuchen zu einer Analyse der Relativität der Formen des Wissens und des Denkens zukommt, verweist aber nicht nur auf den ideenpolitischen Gegensatz von *Zivilisation* und *Kultur* als zwei unterschiedlichen Leitvorstellungen der gesellschaftlichen Entwicklung. Denn sie impliziert zugleich die Frage nach dem logischen Status jener Formen des Denkens und Erkennens, die den Bereich der Kultur und Weltanschauung zum Gegenstand haben.[24] Ist eine gegebene Kultur und Weltanschauung selbst nur in ihrer jeweiligen Eigenart als ein ‚historisches Individuum' zu verstehen, so muß sich ihre Analyse aber auch von jener Art der Begriffsbildung und der gesetzesmäßigen Erklärung unterscheiden, wie sie in den modernen Naturwissenschaften zum Ausdruck kommt. Wird nämlich die Durkheimsche Annahme in Frage gestellt, daß die ‚Natur' letztlich in allen ihren Erscheinungsformen identisch ist, dann entfällt nicht nur die Garantie der Existenz eines logischen Kontinuums zwischen ‚Natur' und ‚Kultur', sondern es wird auch die Annahme einer Identität von ‚Kultur' und ‚Gesellschaft' sowie der ihnen jeweils entsprechenden Formen des Wissens und Erkennens radikal in Frage gestellt.[25]

Die wissenssoziologischen Kontroversen in der Weimarer Republik sind weitgehend durch die Spannungen geprägt, die sich aus dieser Gegenüberstellung ergeben. In dem Maße, in dem ihre zentralen Fragestellungen aus der Tradition der deutschen Kultursoziologie der Jahrhundertwende erwachsen sind, wie sie in den Arbeiten von Georg Simmel, Max und Alfred Weber, Werner Sombart und Ernst Troeltsch zum Ausdruck kommt, stellen diese Kontroversen nicht nur eine nachträgliche Reflexion über die Bedingungen der Möglichkeit einer soziologischen Theorie der Kultur dar, sondern zugleich eine reflexive Vergewisserung des gesellschaftlichen Status der modernen Soziologie. Am Beispiel der Arbeiten von Max Scheler und Karl Mannheim soll deshalb im Folgenden verdeutlicht werden, in welcher Form sich die von ihnen gegründeten Richtungen der modernen Wissenssoziologie dem Problem der kulturellen Relativität stellen und welchen Beitrag sie zur Überwindung der geistigen Krise ihrer Epoche zu leisten beanspruchen.

Die ‚Ohnmacht des Geistes' in der Wissenssoziologie Max Schelers

Schelers wissenssoziologische Arbeiten sind zu Beginn der Weimarer Republik im Anschluß an seine Auseinandersetzung mit der positivistischen Geschichtsphilosophie und mit Max

---

Max Scheler, Weltanschauungslehre, Soziologie und Weltanschauungssetzung, in: Kölner Vierteljahreshefte für Sozialwissenschaften II: 1 (1922), S. 18-33 sowie Karl Mannheim, Beiträge zur Theorie der Weltanschauungsinterpretation (1921-22), in: ders., Wissenssoziologie. Eingeleitet und herausgegeben von Kurt H. Wolff, Neuwied / Berlin 1964, S. 308-387.

24   Zur historischen Entwicklung des Gegensatzes zwischen ‚Kultur' und ‚Zivilisation' im deutschen Sprachraum siehe Norbert Elias, Über den Prozeß der Zivilisation. Soziogenetische und psychogenetische Untersuchungen (1939), Bern 1969, Band 1, S. 1-42. Zur Geschichte des Begriffs ‚Weltanschauung' vgl. Helmut G. Meier, „Weltanschauung". Studien zu einer Geschichte und Theorie des Begriffs, Dissertation Münster 1968.

25   Zur Eigenart dieses für die deutschsprachige Wissenschaftstradition charakteristischen Gegensatzes zwischen ‚Kultur' und ‚Gesellschaft' sowie den verschiedenen Versuchen, ihn in Gestalt eines soziologischen Verständnisses von ‚Kultur' zu überwinden, siehe Alf Mintzel, Kultur und Gesellschaft. Der Kulturbegriff in der Soziologie, in: Klaus P. Hansen (Hrsg.), Kulturbegriff und Methode. Der stille Paradigmenwechsel in den Geisteswissenschaften, Tübingen 1993, S. 171-199.

Webers Theorem der ‚Entzauberung der Welt' entstanden. In ihnen spiegelt sich der Versuch wider, jene Formen des religiösen und metaphysischen Wissens, die im Rahmen der europäischen Aufklärung, der Vorherrschaft des Empirismus und der transzendentalen Vernunftkritik zunehmend aus dem Bereich des rationalen, diskursiv begründbaren Denkens ausgegrenzt worden sind, gegenüber dem neuzeitlichen Universalitätsanspruch der positiven Wissenschaften wieder als unersetzbare Formen der Weltorientierung zu rehabilitieren. Gegenüber Auguste Comtes ‚Gesetz der drei Stadien', demzufolge im Laufe des gesellschaftlichen Fortschritts das theologische und metaphysische Stadium innerhalb der Entwicklung des menschlichen Wissens notwendigerweise durch das positive Stadium des wissenschaftlichen Denkens überwunden wird, macht Scheler geltend, daß Religion, Metaphysik und Wissenschaft jeweils völlig eigenständige Formen des Wissens und Erkennens darstellen und sich deshalb auch nicht wechselseitig ‚ersetzen', ‚vertreten' oder ‚ablösen' lassen.[26] Und gegenüber Max Webers Verbannung des weltanschaulichen Denkens aus dem Bereich der akademischen Forschung und Lehre vertritt Scheler den Standpunkt, daß Philosophie und Metaphysik nicht durch eine „deskriptive Weltanschauungslehre" im Sinne Wilhelm Diltheys und Karl Jaspers ersetzt werden können, da jeder Weltanschauungslehre die „setzende Weltanschauungsphilosophie" in Gestalt der Metaphysik sowie einer materialen Wertrangordnungslehre logisch vorhergehe, ohne die sie ihren Sinn verlieren würde.[27]

Dieser Unterschied zwischen einer Betrachtung der Welt im Sinne rein idealer Werte und einer Analyse der historisch variierenden ‚Vorzugsregeln', vermittels denen diese objektiven Wertrangordnungen und idealen Wesenheiten jeweils ‚daseinsrelativ' von einer sozialen Gruppe perspektivisch wahrgenommen und selektiv aktualisiert werden – Scheler bezeichnet diese Differenz auch als „Funktionalisierung von Wesenserfassungen an den Dingen selbst"[28] – beinhaltet ihm zufolge jedoch keinen philosophischen Relativismus, sondern begründe überhaupt erst die Möglichkeit einer genuinen Soziologie des Wissens und Erkennens als Einheit von *Kultur-* und *Realsoziologie*. Denn weder der Inhalt des Wissens noch seine Geltung sind soziologisch, das heißt „durch die Struktur der Gesellschaft" mit bedingt. Vielmehr sind es die Auswahl der Gegenstände des Wissens nach der „herrschenden Interessenperspektive" der sozialen Gruppen und die Formen der geistigen Akte, „in denen Wissen gewonnen wird"[29].

Die von Scheler intendierte Grundlegung für eine Soziologie des Wissens beruht demzufolge auf einer zweifachen Grenzziehung, vermittels der sowohl ein naiver soziologischer Universalitätsanspruch als auch eine rein sinnimmanent verhaftet bleibende Geistlehre in ihre Schranken verwiesen werden. Denn weder steht es ihm zufolge der soziologischen Analyse zu, etwas über die Inhalte und die Geltung der historisch variierenden Denk- und Wissensformen auszusagen – dies bleibt vielmehr einer allumfassenden ‚Wesensschau' und einer Lehre von der ‚objektiven Wertrangordnung' vorbehalten[30] –, noch ist eine philosophische Rekonstruk-

---

26 Vgl. Max Scheler, Die positivistische Geschichtsphilosophie des Wissens und die Aufgaben einer Soziologie der Erkenntnis (1921), in: Meja / Stehr (Hrsg.), Der Streit um die Wissenssoziologie, a.a.O., Band I, S. 57-67.

27 Scheler, Weltanschauungslehre, Soziologie und Weltanschauungssetzung, a.a.O., S. 28 ff.

28 Scheler, Probleme einer Soziologie des Wissens (1924), in: ders., Die Wissensformen und die Gesellschaft, a.a.O., S. 58.

29 Ebd.

30 Zur Begründung dieser Annahme der Existenz einer apriorischen Wertrangordnung und zur diesbezüglichen Methode der phänomenologischen ‚Wesensschau' vgl. Max Scheler, Der Formalismus in der Ethik und die

tion einer immanenten Entwicklungslogik des Geistes zu klären in der Lage, warum aus der Vielzahl der ,idealen Möglichkeiten' jeweils *bestimmte* Ideen herausgegriffen und zu einer materiellen Gewalt werden, die den Ablauf des menschlichen Erlebens und Handelns mitbestimmen. Welche von den prinzipiell möglichen idealen Sinngehalten jeweils ausgewählt und in der sozialen Realität handlungsbestimmend werden, erweist sich nämlich nur anhand eines spezifischen Zusammenwirkens der diesbezüglich relevanten *Ideal-* und *Realfaktoren*: „Der Geist im subjektiven und objektiven Sinne, ferner als individualer und kollektiver Geist, bestimmt für *Kultur*inhalte, die da *werden* können, nur und ausschließlich ihre *Soseins*beschaffenheit. Der Geist als solcher hat jedoch an sich *ursprünglich* und von Hause aus *keine Spur* von ,Kraft' oder ,Wirksamkeit', diese seine Inhalte auch ins *Dasein* zu setzen. Er ist wohl ein ,*Determinationsfaktor*', aber kein ,Realisierungsfaktor' des möglichen Kulturwerdens. *Negative* Realisationsfaktoren oder reale *Auslesefaktoren* aus dem objektiven *Spielraum* des je durch die geistige verstehbare Motivation *Möglichen* sind vielmehr stets die *realen, triebhaft bedingten Lebensverhältnisse*, das heißt die besondere Kombination der Realfaktoren: der Machtverhältnisse, der ökonomischen Produktionsfaktoren und der qualitativen und quantitativen Bevölkerungsverhältnisse, dazu die geographischen und geopolitischen Faktoren, die je vorliegen. Je ,reiner' der Geist, desto machtloser im Sinne dynamischen Wirkens ist er in Gesellschaft und Geschichte. [...] Erst da, wo sich ,Ideen' irgendwelcher Art mit Interessen, Trieben, Kollektivtrieben, oder, wie wir letztere nennen, ,Tendenzen' *vereinen*, gewinnen sie *indirekt* Macht und Wirksamkeitsmöglichkeiten."[31]

Dieses von Scheler formulierte „Gesetz der Ordnung der Wirksamkeit der Idealfaktoren und Realfaktoren"[32] beinhaltet ein Zusammenspiel von *Trieb* und *Geist*, das ein Grundverhältnis aller menschlichen Geschichte darstellt und insofern keine Veränderung oder gar Umkehrung zuläßt. Dagegen variieren sowohl der jeweilige Wirkprimat der in einer Epoche vorherrschenden Realfaktoren – unter ihnen nehmen bei Scheler biologische Gegebenheiten, Machtverhältnisse und der Bereich der Wirtschaft eine herausragende Stellung ein – als auch die jeweiligen ,Vorzugsregeln', durch die eine soziale Gruppe ihr jeweiliges ,Ethos' und ,Wertgefühl' in Form historisch spezifischer Denk- und Anschauungsformen sowie eines spezifischen Stilempfindens und ,Kunstwollens' zum Ausdruck bringt.[33] Denn unabhängig von der apriorischen Natur der „allgemeinsten Wesensgesetze" der mit dem Wesen des menschlichen Geistes gegebenen Akte existiert dieser ,Geist' immer nur „*in einer konkreten Vielheit* von unendlich mannigfachen Gruppen und Kulturen"[34].

---

materiale Wertethik. Neuer Versuch der Grundlegung eines ethischen Personalismus (1913-1916), Bern 1954 (= Gesammelte Werke, Band 2), S. 32 ff. und 68 ff.

31   *Probleme einer Soziologie des Wissens*, S. 21. Zur Diskussion der Schelerschen These von der ,Ohmacht des Geistes' siehe Karl Mannheim, Das Problem einer Soziologie des Wissens (1925), in: ders., Wissenssoziologie. Eingeleitet und herausgegeben von Kurt H. Wolff, Neuwied / Berlin 1964, S. 333 ff.; Otto Hintze, Max Schelers Ansichten über Geist und Gesellschaft, in: Zeitschrift für die gesamte Staatswissenschaft 81 (1926), S. 40-79; ferner Kurt Lenk, Von der Ohnmacht des Geistes. Darstellung der Spätphilosophie Max Schelers, Tübingen 1959, besonders S. 16 ff. und 59 ff.

32   *Probleme einer Soziologie des Wissens*, S. 20.

33   Ebd., S. 28 ff.; *Weltanschauungslehre*, S. 32; *Der Formalismus in der Ethik und die materiale Wertethik*, S. 309 ff.

34   *Probleme einer Soziologie des Wissens*, S. 25.

Eine Lehre von der „Entwicklungsordnung der menschlichen Triebe", die Aufschluß über die Rangfolge der in einer gegebenen Epoche vorherrschenden Realfaktoren geben soll, und die Annahme eines prinzipiellen Pluralismus der ‚Gruppengeister' und Kulturformen bilden somit die Grundlage für die von Max Scheler und seiner Schule gegründete Form der wissenssoziologischen Analyse des empirischen Zusammenhangs von „gesellschaftlicher Kooperation, Arbeitsteilung, Geist und Ethos einer führenden Gruppe mit der Struktur der Philosophie, der Wissenschaft, ihrer jeweiligen Gegenstände, Ziele, Methoden, ihren jeweiligen Organisationen in Schulen, Erkenntnisgesellschaften"[35]. Daß aber überhaupt eine Serie von *Sinnentsprechungen* beziehungsweise eine *Strukturidentität* zwischen dem Weltbild, dem Seelenbild und Gottesbild sowie den sozialen Organisationsstufen einer gegebenen Epoche besteht[36], verdankt sich Scheler zufolge weder einem materialistischen Wirkprimat der Realfaktoren gegenüber den Idealfaktoren, wie dies der Historische Materialismus im Rahmen seines Basis-Überbau-Schemas annimmt, noch einem Übergreifen der geistigen über die reale Sphäre im Sinne eines objektiven Idealismus, sondern dem Umstand, daß sich ihnen gegenüber die jeweils vorhandene „Triebstruktur der Führer der Gesellschaft" in Verbindung mit dem Ethos einer herrschenden Gruppe als der dominanten Form des „geistigen Wertvorziehens" geltend macht.[37] Die wissenssoziologisch zu erforschende Gleichartigkeit des Gesamtstils einer Kultur beruht somit auf dem Umstand, „daß die obersten Geistesstrukturen einer Epoche und Gruppe, nach denen die Realgeschichte je ‚geleitet' und ‚gelenkt' wird, und nach denen im vollständig verschiedenen Bereiche der Geistesgeschichte die Produktion der Werke erfolgt, je *ein und dieselben Strukturen* sind."[38] In ihnen kommen die triebmäßig bedingten, leitenden Wertvorstellungen und Ideen, „auf welche die Führer der Gruppen und in ihnen und durch sie hindurch die Gruppen selbst gemeinsam hingerichtet sind", als letztlich „unabhängige Variable" zum Ausdruck.[39]

Mit der Vorstellung der Existenz einer apriorisch vorgegebenen Wertrangordnung, hinsichtlich der sich die historisch variierenden Vorzugsregeln einer sozialen Gruppe als „Funktionalisierung von Wesenserfassungen an den Dingen selbst" geltend machen, und der Zurückführung der „soziologischen Dynamik der Kultur" auf eine Ursprungslehre der menschlichen Triebe sowie auf „Gesetze des vital-psychologischen Alterns"[40] steht die Schelersche Konzeption der Wissenssoziologie jedoch in Abhängigkeit von anthropologischen und metaphysischen Grundannahmen, die den Bereich eines rein soziologischen Erklärungsanspruchs transzendieren. In dieser Hinsicht stellen die Schranken seiner wissenssoziologischen Analysen

---

35   „Die positivistische Geschichtsphilosophie des Wissens und die Aufgaben einer Soziologie der Erkenntnis", S. 57. Zu der innerhalb der wissenssoziologischen Diskussion der zwanziger Jahre herausragenden Stellung des Begriffs der ‚Gruppe' als Bezugspunkt einer Analyse der unterschiedlichen Formen des Wissens und des Denkens siehe auch Siegfried Kracauer, Die Gruppe als Ideenträger, in: Archiv für Sozialwissenschaft und Sozialpolitik 49 (1922), S. 594-623.

36   *Probleme einer Soziologie des Wissens*, S. 59 und 123.

37   Ebd., S. 93.

38   Ebd., S. 41.

39   Ebd., S. 93 ff., 107 und 125. Zur Funktion der ‚Vorbilder' und ‚Führer' hinsichtlich der Prägung eines herrschenden Ethos siehe ferner *Der Formalismus in der Ethik und die materiale Wertethik*, S. 574 ff.; Max Scheler, Vorbilder und Führer, in: Schriften aus dem Nachlaß, Band 1: Zur Ethik und Erkenntnislehre, Bern 1957 (= Gesammelte Werke, Band 10), S. 255-344.

40   *Probleme einer Soziologie des Wissens*, S. 49.

zugleich die Schranken seiner ‚Trieb-, und ‚Geistlehre' dar, die seine Arbeiten jedoch vor dem naiven Universalitätsanspruch eines unreflektierten Soziologismus bewahren.[41] Andererseits verweist Scheler die Wissenssoziologie auf einen klar umgrenzten Bereich der empirischen Forschung, der die Möglichkeit einer soziologischen Analyse der unterschiedlichen Formen des Wissens und ihrer Entwicklungsdynamik deutlich macht.

In seiner vergleichenden Untersuchung der Eigenart von *Religion, Metaphysik* und *Wissenschaft* als den ‚obersten Wissensarten' knüpft Scheler an die kultursoziologischen Kategorien von Alfred Weber an. Alfred Weber hatte nämlich im Rahmen einer morphologischen Betrachtung der „formalen Typik der Kulturbewegung" den *Gesellschaftsprozeß*, den *Zivilisationsprozeß* und die *Kulturbewegung* als drei Sphären des historischen Geschehens unterschieden, die nicht nur die Schelersche Unterscheidung zwischen Kultur- und Realsoziologie vorwegnimmt, sondern auch Kriterien der Unterscheidung des positiv-wissenschaftlichen Denkens von den weltanschaulich gebundenen Wissensformen zur Verfügung stellt. Während die Betrachtung des Gesellschaftsprozesses nämlich die „Totalität der naturalen menschlichen Trieb- und Willenskräfte" zum Gegenstand hat und ihre typischen Formen und Entwicklungsstufen vermittels eines allgemeinen gesellschaftlichen Entwicklungsprinzips herauszuarbeiten bemüht ist, nimmt die Kategorie des Zivilisationsprozesses gewissermaßen eine Zwischenstellung zwischen dem Bereich des Gesellschaftsprozesses und der ‚Kulturbewegung' ein. Denn die Sphäre der Zivilisation verweist auf die Entwicklungslogik rein geistiger Gehalte, wie sie im Prozeß der Rationalisierung und Intellektualisierung der Welt zum Ausdruck kommt. Dieser Zivilisationsprozeß bleibt aufgrund seiner Bedingtheit durch den jeweiligen Stand des technischen Fortschritts mit der naturalen Basis des Gesellschaftsprozesses verbunden, mit dem er zugleich die Bewegungsform des kausal induzierten, kumulativ verlaufenden und auf Universalität ausgerichteten ‚Fortschritts' teilt. Der Zivilisationskosmos ermöglicht insofern Wissensformen, die trotz ihres historisch kontingenten Ursprungs im Prinzip für alle Menschen gelten und in alle Kulturkreise übertragbar sind. Dagegen besteht die Eigenart der ‚Kulturbewegung' darin, daß sie auf Schöpfungen beruht, die im Prinzip ‚einmalig' sind und deren Geltung von dem jeweiligen Geschichtskreis abhängig bleibt, in dem sie als „Ausdrucks- und Erlösungsformen des Seelischen" entstanden sind.[42]

Max Scheler nimmt diese Unterscheidung zwischen ‚Zivilisations-, und ‚Kulturwissen' auf, indem er nach der nationalen beziehungsweise ‚kulturkreishaften' Gebundenheit von Philosophie und Wissenschaft fragt und die unterschiedlichen Wissensgebiete nach dem Kriterium einteilt, ob ihre Inhalte von ihrem jeweiligen Entstehungsort ablösbar und verallgemein-

---

41   Zu Schelers Abgrenzung vom ‚Soziologismus' vgl. ebd., S. 58. Bezeichnenderweise hatte Ernst Robert Curtius die Wissenssoziologie Max Schelers aufgrund ihrer Einbettung in einer übergreifenden philosophischen Anthropologie und Metaphysik aus seiner vehementen Kritik am modernen ‚Soziologismus' ausgeschlossen. Vgl. ders, Soziologie – und ihre Grenzen (1929), in: Meja / Stehr (Hrsg.), Der Streit um die Wissenssoziologie, a.a.O., Band 2, S. 424. Max Adler hatte demgegenüber sogar den *soziologischen* Gehalt von Schelers Wissenssoziologie grundsätzlich in Frage gestellt und ihr einen ‚geistesgeschichtlichen' Charakter zugesprochen. Vgl. Max Adler, Wissenschaft und soziale Struktur (1924), in: Meja / Stehr (Hrsg.), Der Streit um die Wissenssoziologie, a.a.O., S. 129.

42   Vgl. Alfred Weber, Der soziologische Kulturbegriff, in: Verhandlungen des Zweiten Deutschen Soziologentages vom 20.-22. Oktober 1912 in Berlin, Tübingen 1913, S. 1-20; ders.; Prinzipielles zur Kultursoziologie. (Gesellschaftsprozeß, Zivilisationsprozeß und Kulturbewegung), in: Archiv für Sozialwissenschaft und Sozialpolitik 47 (1920-21). S. 1-59; ders., Ideen zur Staats- und Kultursoziologie, Karlsruhe 1927, S. 1-28.

erbar sind, ob in ihnen Stellvertretung und Kooperation der erkennenden Subjekte möglich ist und ob ihre Wissensbestände über verschiedene Kulturen hinweg tradiert werden können, so daß ihre Übernahme und Weiterentwicklung die Form einer kontinuierlichen Fortschrittsbewegung annehmen.[43] Obgleich Scheler aufgrund seiner biologistischen Prämissen einen gemeinsamen Ursprung der unterschiedlichen Wissensarten in Form eines „angeborenen Triebimpulses" geltend macht, der sich in Neugier und Wißbegier äußere und zur großen Familie der Machttriebe gehöre, der aber auch mit dem Trieb zur Konstruktion und zum Spiel in enger Verbindung stehe[44], lehnt er im Hinblick auf die Entwicklung der *Religion, Metaphysik* und *Wissenschaft* die Annahme eines einheitlichen, linear erfolgenden ‚Fortschritts' vehement ab. Diese beinhalten ihm zufolge vielmehr drei völlig verschiedene ‚essentielle' Geisteshaltungen, die sich deshalb auch weder wechselseitig ‚ersetzen' noch ‚vertreten' können, da sie auf völlig verschiedenen Motiven und Gruppen von geistigen Akten beruhen, unterschiedliche führende Persönlichkeitstypen und soziale Gruppen implizieren, in denen sie ihre soziale Verankerung finden, sowie unterschiedliche geschichtliche Bewegungsformen besitzen.[45]

Schelers vergleichende soziologische Analysen der Religion, der Metaphysik und der positiven Wissenschaft verfolgen dabei aber nicht nur die rein wissenschaftsimmanente Absicht, die unterschiedlichen Formen der sozialen Verankerung dieser Wissensarten und ihre jeweils spezifische Entwicklungsdynamik deutlich zu machen. In ihnen kommt vielmehr ein zeitkritisches und zeitdiagnostisches Potential zum Ausdruck, das den einseitigen Siegeszug der positiven Wissenschaften innerhalb der okzidentalen Kultur mit den alternativen Formen der Weltorientierung konfrontiert, wie sie den traditionellen Schulen der Weisheit sowie den asiatischen Formen der Metaphysik und der ihnen entsprechenden ‚Seelentechnik' zugrunde liegen. Nur eine wechselseitige Aufgeschlossenheit der verschiedenen Kulturkreise gegenüber den spezifischen Leistungen der jeweils fremden Kulturen kann aber Scheler zufolge die Entstehung jener neuen *Kultursynthese* mitbefördern helfen, die bereits Ernst Troeltsch vom Standpunkt eines radikalen Historismus nachhaltig gefordert hatte. Denn nur eine „Neuverteilung der Wissenskultur und der technischen Kultur" sei in der Lage, wieder einen „Kosmopolitismus der Kulturkreise" herzustellen, der aufgrund der weltweiten Vorherrschaft des okzidentalen Rationalismus verlorengegangen sei.[46] Und nur ein neues *Zeitalter des Ausgleichs* biete die Möglichkeit, erneut eine „sinnvolle Balance des Menschentums" zu ermöglichen, um so eine allseitige Entwicklung der Menschheit und damit zugleich eine ‚Wertsteigerung' des Typus Mensch zu erreichen.[47] Dieser von Scheler geforderte Ausgleich zwischen Europa und Asien, dem ‚apollinischen' und dem ‚dionysischen' Menschen, dem ‚Männlichen' und dem ‚Weiblichen', der körperlichen und der geistigen Arbeit, den Klassen und Nationen, Kapitalismus und Sozialismus, Geist und Leben sowie Idee und Macht ist die Botschaft, die sei-

---

43   „Die positivistische Geschichtsphilosophie des Wissens und die Aufgaben einer Soziologie der Erkenntnis",
        S. 58 ff.; *Probleme einer Soziologie des Wissens*, S. 35 ff.

44   Ebd., S. 65.

45   „Die positivistische Geschichtsphilosophie des Wissens und die Aufgaben einer Soziologie der Erkenntnis",
        S. 60 ff.; *Probleme einer Soziologie des Wissens*, S. 65 ff.

46   *Probleme einer Soziologie des Wissens*, S. 140 und 154.

47   Zur Vision eines zukünftigen ‚Allmenschen' in Abgrenzung von Nietzsches Idee des ‚Übermenschen' vgl.
        Scheler, Der Mensch im Weltalter des Ausgleichs (1927), in: *Philosophische Weltanschauung*, S. 89-118.

ne wissenssoziologischen Arbeiten beinhalten und die er in einer Zeit des „zunehmenden *Zerfalls und Verfalls der geordneten Einheit der Wissenskultur*" verkündet hatte.[48]

Die Radikalisierung der Ideologiekritik durch Karl Mannheim

Scheler hatte den ,Realfaktoren' eine ausschließlich *selektive* Funktion bezüglich der gesellschaftlichen Einbindung der unterschiedlichen Formen des Wissens und Erkennens zugesprochen und damit das Problem des erkenntnistheoretischen Relativismus im Rahmen seiner wissenssoziologischen Analysen noch zu neutralisieren versucht. Demgegenüber radikalisierte Karl Mannheim den Geltungsanspruch einer Soziologie des Wissens auch in erkenntnistheoretischer Hinsicht, indem er der jeweiligen *Standortgebundenheit* des Denkens eine konstitutive Bedeutung für das Erkenntnisergebnis zusprach.[49] Diese Radikalisierung erfolgte dabei vor dem Hintergrund einer Lösung der von ihm schon früh empfundenen methodischen Paradoxie, „vom Sinnfremden her das Sinnhafte erfassen und aus dem Einfacheren das Komplexe in diesem Gebiet zureichend erklären zu wollen"[50]. Dies hatte ihn in seinen späteren Arbeiten zu einer grundlegenden Revision der ursprünglich auch von ihm vertretenen These bewegt, „daß die Genesis unter allen Umständen geltungsirrelevant sei"[51].

Gleichwohl sind die intellektuellen Voraussetzungen für diese Revision bereits in seinen frühen kultursoziologischen Schriften enthalten gewesen. Sie betreffen zwei entscheidende Modifikationen seines Verständnisses der Eigenart des ,sozialen Seins', bezüglich dem sich die einzelnen Formen und Inhalte des Wissens als standortgebunden erweisen, sowie hinsichtlich der Natur und dem Umfang des ,seinsverbundenen Denkens', die Mannheim in Abgrenzung von Schelers Grundlegung der Wissenssoziologie geltend macht. Sie verweisen zugleich auf zwei unterschiedliche ,Übersetzungsarbeiten', die der Wissenssoziologe leisten muß, wenn er die konstitutive Bedeutung der Sozialstruktur für die Genese der geistigen Gebilde aufzeigen und den Bereich des vortheoretischen, weltanschaulichen Wissens mit wissenschaftlichen Begriffen erfassen will.

Gegen die Schelersche Unterscheidung von Kultur- und Realsoziologie, Ideal- und Realfaktoren wendet Mannheim ein, daß ,Basis' und ,Überbau', das heißt der Bereich der ökonomisch-sozialen Wirklichkeit einerseits und der Bereich der geistigen Gebilde andererseits nur dann nicht als zwei verschiedene Welten auseinanderklaffen, wenn das „soziale Sein" nicht als etwas rein Naturales, sondern selbst bereits als ein *Sinnzusammenhang* aufgefaßt wird, der als „Unterbauschicht des Geistes" das im ,Überbau' vorfindbare Geistige mitgestaltet.[52] Nicht

---

48   *Probleme einer Soziologie des Wissens*, S. 158.

49   Mannheim, Artikel „Wissenssoziologie", a.a.O., S. 232 ff. und 251 ff.

50   Mannheim, Über die Eigenart kultursoziologischer Erkenntnis (1922), in: ders., Strukturen des Denkens, hrsg. von David Kettler, Volker Meja und Nico Stehr, Frankfurt am Main 1980, S. 53.

51   Art. „Wissenssoziologie", S. 251. Mannheim hatte in seinen frühen Schriften eine strikte Trennung zwischen der soziologischen Analyse und erkenntnistheoretischen Fragestellungen gefordert: „Wie etwas entstanden ist, welche Funktionalität es in übrigen Zusammenhängen besitzt, ist irrelevant für den immanenten Geltungscharakter. Das bedeutet zugleich, daß man niemals eine soziologische Erkenntniskritik oder, wie man es neuerdings behauptet hat, eine soziologische Kritik der menschlichen Vernunft wird aufbauen können." (*Über die Eigenart kultursoziologischer Erkenntnis*, S. 91).

52   Mannheim, Das Problem einer Soziologie des Wissens, a.a.O., S. 345 f.; ders., Ideologische und soziologische Interpretation der geistigen Gebilde (1926), in: Meja / Stehr (Hrsg.), Der Streit um die Wissenssoziologie,

das Wechselverhältnis von ‚Natur' und ‚Kultur', sowie ‚Trieb' und ‚Geist' ist Mannheim zufolge von zentraler Bedeutung für die Möglichkeit einer Soziologie des Wissens. Vielmehr ist es die Beziehung von Sinn auf Sinn, die in dem einheitlichen Erlebniszusammenhang einer sozialen Gruppe oder einer Epoche als der gemeinsamen weltanschaulichen Basis ihrer Lebenserfahrung und Lebensführung begründet liegt. In ihr kommt dabei die soziokulturelle Bedingtheit des Wissens nicht in Form einer „Faktizitäts-Genesis", sondern in Gestalt einer *Sinngenesis* zum Ausdruck.[53] Gegenüber einem positivistischen Verständnis dieses ‚sozialen Seins' macht Mannheim das Argument geltend, daß die Aufwertung des Materiellen zu einem letztlich bestimmenden Wirklichkeitsbereich ihrerseits eine weltanschaulich gebundene „metaphysische Entscheidung" darstelle, die im Rahmen einer Rekonstruktion der sozialen Differenzierung der verschiedenen Ontologien wissenssoziologisch zu relativieren sei.[54]

Wenn sich das Wirklichkeitsverständnis einer Epoche, in dem das Lebensgefühl einer herrschenden sozialen Gruppe zum Ausdruck kommt, als weltanschaulich gebunden erweist, kann sich auch eine ‚Logik' der Geistes- und Kulturwissenschaften nicht am Vorbild einer sich selbst voraussetzungslos und über alle zeitlich bedingten Standorte erhoben wähnenden Form des Erkennens orientieren. Vielmehr muß sie die prinzipiell möglichen methodologischen Standorte berücksichtigen, die sich aus einer Betrachtung des historischen Prozesses und der sich in ihm geltend machenden Denkströmungen ergeben. Wie vor ihm bereits Marx, Simmel, Sombart, Max Weber, Lukács und Scheler führt auch Mannheim die moderne Vorherrschaft des naturwissenschaftlichen Rationalismus auf die Durchsetzung eines arbeitsteilig organisierten Systems der Warenproduktion und damit zugleich auf seine „soziologische Zurechenbarkeit zum kapitalistischen Geiste" zurück, der sowohl in der bürgerlichen Produktionsweise als auch in den neuzeitlichen Naturwissenschaften seine strukturelle Entsprechung finde.[55]

Die Entzauberung der Welt im Gefolge des okzidentalen Rationalisierungsprozesses hat Mannheim zufolge jedoch nicht nur einer scheinbar universell gültigen Form des Denkens und Erkennens zum Siegeszug verholfen. Vielmehr habe sie seit Beginn des 19. Jahrhunderts Gegenströmungen des oppositionellen Denkens hervorgerufen, welche diesen Universalitätsanspruch des ‚kapitalistischen Geistes' und der bürgerlichen Lebensform vom Standpunkt einer konservativen, historisierenden und ‚irrationalistischen' Lebensphilosophie zunehmend in Frage gestellt haben.[56] In ihrer Betonung der historischen Relativität und der weltanschauli-

---

a.a.O., S. 218. Diese Ablehnung eines vulgärmaterialistischen Verständnisses des Begriffs der gesellschaftlichen ‚Basis' wird in den zwanziger Jahren übrigens auch von einer Reihe von marxistischen Theoretikern geteilt, die ähnlich wie Mannheim die *geistige* Natur des ‚Unterbaus' hervorgehoben hatten. Vgl. Lukács, Geschichte und Klassenbewußtsein, a.a.O.; Karl Korsch, Marxismus und Philosophie (1923), Frankfurt am Main / Köln 1966; Max Adler, Wissenschaft und soziale Struktur, a.a.O.

53 Art. „Wissenssoziologie", S. 252 f.

54 „Das Problem einer Soziologie des Wissens", S. 318; „Ideologische und soziologische Interpretation der geistigen Gebilde", S. 217 f.

55 Vgl. Mannheim, Eine soziologische Theorie der Kultur und ihrer Erkennbarkeit (1924), in: Strukturen des Denkens, a.a.O., S. 171 und 313.

56 Aufgrund dieser antithetischen Struktur erklärt sich der Stellenwert, der Mannheims Analysen des Historismus und Konservativismus zukommt. Vgl. Mannheim, Historismus (1924), in: *Wissenssoziologie*, S. 246-307; ders., Das konservative Denken (1927), ebd., S. 408-508. Der letzte Aufsatz stellt eine um mehr als die Hälfte gekürzte Fassung von Mannheims Heidelberger Habilitationsschrift aus dem Jahre 1925 dar, die erst posthum in einer vollständigen deutschen Fassung erschienen ist. Vgl. Karl Mannheim, Konservatismus. Ein Beitrag zur Soziologie des Wissens, Frankfurt am Main 1984.

chen Gebundenheit jeder Kultur und Lebensform hätten diese zumeist antikapitalistisch ausgerichteten Denkströmungen nicht nur den Boden für die Entstehung der wichtigsten wissenssoziologischen Fragestellungen vorbereitet, sondern zugleich Formen des Wissens und
Denkens reaktualisiert, die auf einer *vorwissenschaftlichen* Erkenntnisweise beruhen und die
in den nichtbürgerlichen Lebenskreisen einerseits sowie in der Struktur des Alltagsbewußt-
seins andererseits zum Ausdruck kämen. Die Orientierung an *Situationsbildern*, das Interesse
an dem *Einmaligen*, nicht unter einen abstrakten Begriff Subsumierbaren sowie an der *Erzäh-
lung* als der „Urform der Perspektivität" beinhalten Mannheim zufolge eine Erkenntnis des
Qualitativen und einen Typus des „mit der Existenz verbunden Denkens", die in der Struktur
der Lebenswelt als solcher verankert sind und in der Methodik der modernen Geistes- und
Kulturwissenschaften in reflektierter Form zum Ausdruck kommen.[57] Indem die modernen
Geistes- und Kulturwissenschaften diese vortheoretischen Formen des Wissens zum Gegenstand machen und ihre eigenen Begriffsbildungen an der Grammatik dieser Wissensformen
ausrichten, leisten sie aber ihrerseits eine „Übersetzungsarbeit", welche die ‚Irrationalität' des
pulsierenden Lebens einer theoretischen Analyse zugänglich macht.[58]

Die Verankerung der Mannheimschen Form der wissenssoziologischen Analyse innerhalb
dieser Tradition einer theoretischen Analyse des ‚Irrationalen' hat eine Reihe von Implikationen, die an dieser Stelle nur in summarischer Form wiedergegeben werden können: 1. Gegenstand der Wissenssoziologie ist Mannheim zufolge nicht das Denken als solches, sondern
nur das *seinsverbundene* Denken, das am prägnantesten im Bereich des historischen und politischen Denkens, des Denkens in den Geistes- und Kulturwissenschaften sowie im Denken
des Alltags zum Ausdruck komme.[59] 2. Dies beinhaltet eine Ausgrenzung des *naturwissenschaftlichen* Denkens aus dem engeren Bereich der wissenssoziologischen Forschung, da nur
innerhalb des seinsverbundenen Denkens „der historisch-soziale Aufbau des Subjektes für die
Erkenntnistheorie von Bedeutsamkeit wird"[60]. Das Gebiet der Naturwissenschaften ist somit
nur über den Umweg einer Analyse seiner *weltanschaulichen* Voraussetzungen der wissenssoziologischen Forschung zugänglich.[61] 3. ‚Weltanschauung' ist für Mannheim eine vortheo-
retische, in ihrer konkreten Gestalt immer zugleich politisch-parteilich geprägte Form der
Orientierung des Erlebens und Handelns.[62] 4. Das ‚soziale Sein', im Hinblick auf das die Wissenssoziologie die einzelnen Denkformen und Denkinhalte ‚funktionalisiert', ist im Wesentlichen *politischer* Natur. Die politischen Spannungen, die den sozialen Raum durchziehen, sind

---

57   *Eine soziologische Theorie der Kultur und ihrer Erkennbarkeit*, S. 171 ff., 199 f. und 211 ff., „Das konservative
     Denken", S. 424 ff., 458 und 503 ff.
58   „Beiträge zur Theorie der Weltanschauungsinterpretation", S. 97 ff.; „Das konservative Denken", S. 505 f.
     Zur Problematik dieses Einbezugs der Sphäre des ‚Irrationalen' in Mannheims Wissenssoziologie siehe David
     Kettler / Volker Meja / Nico Stehr, Rationalizing the Irrational. Karl Mannheim and the Besetting Sin of Ger-
     man Intellectuals, in: American Journal of Sociology 95 (1990), S. 1441-1473.
59   Mannheim, Die Bedeutung der Konkurrenz im Gebiete des Geistigen (1929), in: Meja / Stehr (Hrsg.), Der
     Streit um die Wissenssoziologie, a.a.O., Band 1, S. 330 f.; Art. „Wissenssoziologie", S. 227.
60   „Die Bedeutung der Konkurrenz im Gebiete des Geistigen", S. 332;. vgl. Art. „Wissenssoziologie", S. 65.
61   Ebd., S. 232 ff.
62   „Beiträge zur Theorie der Weltanschauungsinterpretation", S. 92 ff.; *Über die Eigenart kultursoziologischer
     Erkenntnis*, S. 88 und 101 ff.; „Das Problem einer Soziologie des Wissens", S. 319 ff.; „Die Bedeutung der
     Konkurrenz im Gebiete des Geistigen", S. 334 ff. Zur Diskussion der methodologischen Implikationen von
     Mannheims Programm einer Weltanschauungsanalyse siehe Anna Wessely, Mannheim's Programme for the
     Sociology of Knowledge, in: Semiotische Berichte 14 (1990), S. 343-368.

zugleich für die Polarisierungen verantwortlich zu machen, die in der Struktur des modernen Denkens sowie in der zeitgenössischen „Denkkrisis" symptomatisch zum Ausdruck kommen.[63]

In Mannheims wissenssoziologischen Arbeiten nimmt deshalb die *politisch-ideengeschichtliche* Sphäre eine zentrale Rolle als ‚Orientierungszentrum' für die theoretische Durchdringung der geistigen Strömungen einer Epoche ein. In ihr läßt sich ihm zufolge die „Struktursituation der gesellschaftlich treibenden Impulse" am Klarsten und mit der geringsten Fehlerquelle erfassen, da im Bereich des Politischen die vitalen und voluntaristischen Elemente des seinsverbundenen Denkens am Deutlichsten hervortreten würden.[64] Im Kampf der verschiedenen sozialen Gruppen und Klassen um die „öffentliche Auslegung des Seins" werde nämlich am ehesten die Partikularität und Perspektivität der einzelnen Ideen und Weltanschauungen sichtbar, die sie vertreten und deren Universalitätsanspruch jeweils durch die gegnerischen Strömungen in Frage gestellt und auf ihren relativen, daseinsgebundenen Gehalt zurückverwiesen werden. Seit dem Zusammenbruch des theologisch geprägten Weltbildes im Gefolge der Infragestellung der weltanschaulichen Monopolstellung der mittelalterlichen Kirche spiegelten sich so die „paradigmatischen Urerfahrungen" der verschiedenen Lebenskreise in einer „multipolaren Weltansicht" wider, die immer wieder den Ausgangspunkt für die Bildung neuer Standortsynthesen der einzelnen sozialen und geistigen Strömungen bilde, ohne daß es diesen einzelnen ‚relativen' Synthesen bisher gelungen wäre, diese Polarisierungen im modernen Denken in Gestalt einer neuen ‚Kultursynthese' aufzuheben.[65]

Dieser für die europäische Neuzeit charakteristische und durch die Erfahrungen der Französischen Revolution von 1789 noch beschleunigte Prozeß der Universalisierung von weltanschaulichen Geltungsansprüchen sowie ihrer wechselseitigen Relativierung kommt am prägnantesten in der Entwicklung der modernen *Ideologiekritik* zum Ausdruck, als deren Erbe sich die Mannheimsche Wissenssoziologie begreift und der sie ihre zentralen Fragestellungen verdankt.[66] Mannheim führt in diesem Zusammenhang die Unterscheidung zwischen einem ‚partikularen' und einem ‚totalen' Ideologiebegriff ein, um den Bedeutungswandel zu unterstreichen, den der Ideologiebegriff im Laufe seiner geschichtlichen Entwicklung erfahren hat. Während im Rahmen des *partikularen* Ideologiebegriffs nämlich nur bestimmte Ideen und Vorstellungen des Gegners hinsichtlich ihres Geltungsanspruchs hinterfragt und als ‚Funktion' der Seinslage des sie vertretenden Subjekts erfaßt würden, stelle der *totale* Ideologiebegriff dagegen die gesamte Weltanschauung des Gegners und damit die kategoriale Struktur seines Denkens grundsätzlich in Frage, indem er sie auf ihre jeweilige ‚Seinsverbundenheit' zurückführe.[67] Die Entstehung der Kategorie des ‚notwendig falschen Bewußtseins' im marxistischen Sinne sei dabei der dem politischen Prozeß eigentümlichen Polarisierungen und der ihm innewohnenden Tendenz zur Universalisierung des ideologiekritischen Verfahrens als Mittel des politischen Kampfes geschuldet. Sie mache jedoch nicht einmal vor dieser *speziellen* Variante der Ideologienlehre halt, sondern münde in die Ausbildung einer *allgemei-*

---

63 „Die Bedeutung der Konkurrenz im Gebiete des Geistigen", S. 334 ff. und 350 ff.; *Ideologie und Utopie*, S. 100 ff.

64 Vgl. Mannheim, Das Problem der Generationen (1928), in: *Wissenssoziologie*, S. 557; „Die Bedeutung der Konkurrenz im Gebiete des Geistigen", S. 350 f.

65 Ebd., S. 341 ff.

66 „Das Problem einer Soziologie des Wissens", S. 314 ff.

67 *Ideologie und Utopie*, S. 53 ff.

nen Fassung des totalen Ideologiebegriffs, „wenn man den Mut hat, nicht nur die gegnerischen, sondern prinzipiell alle, also auch den eigenen Standort, als ideologisch zu sehen"[68].

Mit dieser wissenssoziologischen Relativierung der Kategorie des ‚notwendig falschen
Bewußtseins' als einem politischen Kampfbegriff wird die Ideologieforschung von einem
emphatischen Wahrheitsbegriff befreit, der noch die geschichtsphilosophische Hypothek eines von einem privilegierten Denkstandpunkt durchschaubaren historischen Gesamtprozesses mit sich trägt.[69] Zwar kennt auch die Mannheimsche Wissenssoziologie die Möglichkeit
eines *wertenden* Ideologiebegriffs, der ein theoretisches Bewußtsein dann als ‚falsch' ansieht,
„wenn es in der ‚weltlichen' Lebensorientierung in Kategorien denkt, denen entsprechend man
sich auf der gegebenen Seinsstufe konsequent gar nicht zurechtfinden könnte"[70]. Da jedoch
der geschichtliche Prozeß immer weiter fortschreitet und auf jeder historischen Stufe immer
zugleich mehrere daseinsrelative Denkstandpunkte zuläßt, sind auch die jeweiligen *Synthesen* der einzelnen ‚Denkplattformen' immer nur relativer Natur, ohne daß eine ihrer konkreten Ausgestaltungen beanspruchen könnte, die Wahrheit als solche erfaßt zu haben. Nur eine
Theorie des *Relationismus* und eine Lehre von der *gleitenden Denkbasis* ist Mannheim zufolge deshalb noch in der Lage, die Aporien der Vorstellung einer „Wahrheit-an-sich-Sphäre" zu
vermeiden, ohne ihrerseits in einen radikalen erkenntnistheoretischen Relativismus zu verfallen.[71] Und nur eine *historische Strukturanalyse* der sich dynamisch ablösenden Systematisie-
rungszentren im Bereich des seinsverbundenen Denkens sowie eine *dynamische* Konzeption
der Wahrheit und des Wissens werde noch dieser „Krisenkonstellation des Denkens" gerecht,
die in dem Verlust des Absoluten als einem zentralen Orientierungspunkt des menschlichen
Erlebens und Handelns beruhe.[72] Denn daß innerhalb des historischen Prozesses immer wieder erneut Versuche unternommen werden, die jeweilige Relativität der einzelnen Denkstandpunkte zu überwinden, um so „die in der Zeit überhaupt erreichbare umfassendste Sicht vom
Ganzen zu bieten", begründe sich in dem Umstand, daß die in einer gegebenen Epoche sich
gegenüberstehenden politisch-weltanschaulichen Positionen in ihrer Zahl stets begrenzt und
in ihrer Ausrichtung nicht willkürlich gelagert, sondern aufeinander bezogen sind und sich in
ihrer jeweiligen Einseitigkeit wechselseitig ergänzen, um uns so einen umfassenderen Blick
in den Verlauf der Dinge zu ermöglichen.[73]

Mannheim nennt aber auch eine soziale Gruppe, die aufgrund ihrer sozialen Stellung in
der modernen Gesellschaft in der Lage sei, die Polarisierungen im politischen Raum zu überwinden und die jeweilige Partikularität der einzelnen Weltanschauungen in Form jeweils neuer
dynamischer Synthesen aufzuheben. Es ist ihm zufolge nämlich die aus spezifischen parteipo-

---

68   Ebd., S. 70 ff.

69   Entsprechend heftig waren die Reaktionen, die Mannheims Ideologietheorie von marxistischer Seite erfahren
      hatte. Vgl. Herbert Marcuse, Zur Wahrheitsproblematik der soziologischen Methode (1929), in: Meja / Stehr
      (Hrsg.), Der Streit um die Wissenssoziologie, a.a.O., Band 2, S. 459-473; Adalbert Fogarasi, Die Soziologie der
      Intelligenz und die Intelligenz der Soziologie, in: Unter dem Banner des Marxismus 4 (1930), S. 359-375; Max
      Horkheimer, Ein neuer Ideologiebegriff? (1930), in: Meja / Stehr (Hrsg.), Der Streit um die Wissenssoziologie,
      a.a.O., Band 2, S. 474-496; Ernst Lewalter, Wissenssoziologie und Marxismus. Eine Auseinandersetzung mit
      Karl Mannheims Ideologie und Utopie von marxistischer Position aus (1930), ebd., S. 551-583.

70   *Ideologie und Utopie*, S. 84.

71   „Wissenssoziologie", S. 262.

72   „Das Problem einer Soziologie des Wissens", S. 372 ff.

73   *Ideologie und Utopie*, S. 132.

litischen und weltanschaulichen Bindungen entwurzelte *freischwebende Intelligenz*, die von ihm als Träger der jeweiligen Synthesen angesehen wird. Denn nur eine Intellektuellenschicht, die sich aus den verschiedensten sozialen Klassen und Gruppen rekrutiere und aufgrund ihres gemeinsamen Bildungsgutes ein ‚homogenes Medium' schaffe, in dem die polaren Tendenzen ihre „widerstreitenden Kräfte messen können", vereinige in sich all jene antagonistischen Impulse, die den sozialen Raum durchdringen.[74] Da der moderne Typus des Intellektuellen seine spezifischen Kompetenzen in jede politische Gruppierung einzubringen vermöge und insofern nicht an seine soziale Ausgangslage gebunden sei, vereinige er in sich zugleich jene Nähe und Distanz, die für die bewußte Reflexion der prinzipiellen Perspektivität und Relativität jeder konkreten weltanschaulichen Position erforderlich sei.[75] Auch wenn er sich einer politischen Partei anschließt, ermögliche ihm seine *Bildung* dennoch eine bewußte Wahl zwischen den verschiedenen parteipolitischen Standpunkten, die in das soziale Kräftespiel involviert sind und deren Wahrnehmung in ihm das Bedürfnis nach einer Gesamtorientierung sowie einer ‚Zusammenschau' aller Denkströmungen hervorrufe, die zugleich die Möglichkeit einer ‚dynamischen Synthese' der einzelnen Denkplattformen in sich berge. Eine allerdings nur in Grundzügen skizzierte *Soziologie der Intellektuellen* übernimmt insofern bei Mannheim die Beweislast dafür, daß die Spaltungen und Zerklüftungen im modernen Denken überwunden werden können und daß das bereits von Scheler antizipierte ‚Zeitalter des Ausgleichs' eines Tages in Gestalt einer neuen „sozialgeistigen Mitte" Wirklichkeit werden kann.[76]

Der Kampf um die ‚öffentliche Auslegung des Seins'

Trotz ihrer unterschiedlichen intellektuellen und weltanschaulichen Ausrichtung verfolgen die Wissenssoziologien Max Schelers und Karl Mannheims ein gemeinsames Anliegen. Es ist die Heraufkunft einer neuen Wissens- und Bildungskultur, die sie diagnostizieren und als deren soziale Träger ihnen eine neue geistige Elite vorschwebt, die in Gestalt von ‚Vorbildern' und ‚Führern' den Alexandrinismus der Moderne sowie die zeitgenössische Krisis des Denkens in Gestalt einer neuen Kultursynthese aufzuheben in der Lage ist. Als „Organon der Selbstbestimmung und der Selbsterweiterung" und als „Instrument der Bewußtseins- und Seelenerweiterung"[77] teilt aber die moderne Wissenssoziologie eine Eigenschaft mit der klassischen deutschen Soziologie, wie sie in den Werken von Georg Simmel, Max Weber und Ernst Troeltsch zum Ausdruck kommt und die Mannheim zufolge zugleich ihre Sonderstel-

---

74 Ebd., S. 134 ff. Zur geistesgeschichtlichen Bedeutung des romantischen Intellektuellen für Mannheims Theorem des ‚sozial freischwebenden Intelligenz' vgl. „Das konservative Denken", S. 454 ff. Mannheim schloß sich mit dieser Interpretation der diesbezüglichen Auffassung von Carl Schmitt an, der den romantischen Staatsphilosophen Adam Müller als Prototyp des modernen Intellektuellen vorgeführt hatte. Vgl. Carl Schmitt, Politische Romantik, 3. Aufl. Berlin 1968. Zur diesbezüglichen Kontroverse zwischen Ernst Robert Curtius und Carl Schmitt über die geistesgeschichtliche Bedeutung der Romantik siehe auch Klaus Lichtblau, Transformationen der Moderne, Berlin / Wien 2002, S. 98 ff.

75 Zur auffallenden Parallele zwischen Mannheims Beschreibung der ‚freischwebenden Intelligenz' und der Figur des ‚Fremden', dem bereits Simmel den „spezifischen Charakter der Beweglichkeit" und damit zugleich die Fähigkeit zur Objektivität zusprach, vgl. Georg Simmel, Soziologie. Untersuchungen über die Formen der Vergesellschaftung (1908), in: Gesamtausgabe, Band 11, S. 764 ff.

76 *Ideologie und Utopie*, S. 221.

77 Karl Mannheim, Zur Problematik der Soziologie in Deutschland (1929), in: *Wissenssoziologie*, S. 614 und 616.

lung gegenüber der ‚westlichen Soziologie‘ in England, Frankreich und den Vereinigten Staaten von Amerika charakterisiert: „Darin liegt aber das ganz Entscheidende, daß diese fast für alle jetzt lebende Menschen bestehende Möglichkeit, das Weltbild zu erweitern und sich hierbei der Methode der Soziologie zu bedienen, in Deutschland den Boden dieser einzelwissenschaftlichen Fragestellung am Ende durchstößt und die im engeren Sinn soziologische Problematik sich selbst in zwei Richtungen transzendiert: in der Richtung der Philosophie und in der Richtung der politisch aktiven Weltorientierung. [...] Die dreidimensionale Vertiefung der Sicht – in der Richtung des Tellurischen, des Sozialen und des Historischen – wird in Gestalt einer bis in die Fragen der Philosophie sich erstreckenden Soziologie zum Organon der neuen Menschwerdung, zum Durchbruch eines neuen Lebensgefühls: in ihnen häutet sich wieder einmal der Mensch und strebt nach einer erweiterten Form seiner Existenz."[78]

Mit dieser philosophisch-politischen Ausrichtung nimmt die Wissenssoziologie Max Schelers und Karl Mannheims aber selbst an jenem Kampf um die „Beherrschung der öffentlichen Auslegung des Seins" teil, den sie als Korrelat des Macht- und Geltungstriebs rivalisierender sozialer Gruppen angesehen hatten. Ursprünglich aus den Strömungen des ‚oppositionellen Denkens‘ entstanden und selbst den Charakter einer Oppositionswissenschaft tragend[79], wird so die moderne Soziologie ihrerseits zunehmend zu einer Zentralwissenschaft, welche die moderne Lebensbetrachtung beherrscht und in der sich Mannheim zufolge die „innere Lage des sozialgeistigen Gesamtkörpers" am Klarsten widerspiegelt.[80] Es ist aber gerade dieser „Imperialismus der Einzelwissenschaften", der schon früh die Kritik des Romanisten Ernst Robert Curtius an einem übertriebenen ‚Soziologismus‘ hervorgerufen hatte und der auch von den späteren Vertretern einer ‚Anti-Soziologie‘ wieder in seine Schranken verwiesen worden ist.[81] Curtius bestritt der modernen Soziologie nämlich sowohl das Recht als auch die Fähigkeit, das Erbe der philosophischen Tradition anzutreten und verwies dabei auf die Zeitgebundenheit jener Form der ‚Lebensverlegenheit‘, die in einer ‚Choc-Neurose‘ seit Beginn des Ersten Weltkrieges zum Ausdruck komme und die in dem Verlust des Glaubens an das Absolute und Zeitenthobene ihre tiefere Wurzel finde. Curtius sah in dieser ‚Lebensverlegenheit‘ denn auch nichts anderes als „eine Variante des gewiß nicht von heute stammenden europäischen Nihilismus" und eine „doch wohl schon von Nietzsche beschriebene Bewußtseinshaltung entwurzelter moderner Intellektuellenschichten"[82].

Mannheim hatte dieser Charakterisierung seines Denkstandpunktes widersprochen und gegenüber den ‚zersetzenden‘ Auswirkungen der modernen Ideologieforschung zugleich die

---

78   Ebd., S. 615 f.; vgl. ferner ders., German Sociology (1918-1933), in: Politica 1 (1934), S. 12-33.

79   *Das Problem einer Soziologie des Wissens*, S. 314. Mannheim übernimmt hierbei den Ausdruck ‚Oppositionswissenschaft‘ von Carl Brinkmann, Versuch einer Gesellschaftswissenschaft, München / Leipzig 1919, S. 16.

80   Vgl. „Historismus", S. 246; *Ideologie und Utopie*, S. 216. Zum „wissenschaftlichen Fundamentalcharakter" der Soziologie siehe auch Siegfried Landshut, Kritik der Soziologie und andere Schriften zur Politik (1929), Neuwied / Berlin 1969, S. 69.

81   Curtius, Soziologie – und ihre Grenzen, a.a.O., S. 417 ff. Zu einer ganz ähnlich gelagerten Kritik an der Soziologie als ‚Schlüsselwissenschaft‘ des 20. Jahrhunderts siehe auch Helmut Schelsky, Die Arbeit tun die anderen. Klassenkampf und Priesterherrschaft der Intellektuellen, Opladen 1975; ferner Friedrich Tenbruck, Die unbewältigten Sozialwissenschaften oder Die Abschaffung des Menschen, Graz / Wien / Köln 1984.

82   Curtius, Soziologie - und ihre Grenzen, a.a.O., S. 419. In dieser Einschätzung trifft sich Curtius mit der lebensphilosophischen Kritik am modernen Intellektualismus von Alfred Seidel, Bewußtsein als Verhängnis. Aus dem Nachlasse hrsg. von Hans Prinzhorn, Bonn 1927.

vermittelnden Funktionen einer „Soziologie des Geistes" hervorgehoben.[83] Gegenüber der Schelerschen Gewißheit der Existenz einer apriorisch gültigen ‚objektiven Wertrangordnung' verwies Mannheim jedoch auf die wissenssoziologische Notwendigkeit, die Herausforderung des modernen Historismus und Relativismus nicht durch den Rekurs auf neue ‚Absolutheiten' zu umgehen, sondern sie ernst zu nehmen und auf den eigenen Standpunkt anzuwenden, um so einer dynamisch-relationalen Konzeption von Wahrheit zum Durchbruch zu verhelfen. Nur kann seiner Ansicht nach eine solche ‚dynamische Synthese' der einzelnen Denkstandpunkte das ‚Absolute' nicht mehr in jener selbstsicheren Gestalt erreichen, „in der es für ein statisches Denken einst gegeben war". Sie muß deshalb immer zugleich einen *utopischen* Charakter besitzen, da der geschichtliche Prozeß ja nicht eines Tages stehen bleibt und die einzelnen Synthesen insofern immer nur durch einen vorläufigen, d.h. zeitlich gültigen Charakter gekennzeichnet sind.[84]

In dieser Hinsicht ist uns Mannheims ‚Relativismus' sicherlich zeitgemäßer als die von Scheler propagierte ‚Idee eines ewig gültigen Logos'. Mannheim hat aber auch am Beispiel der geschichtlichen Entwicklung des utopischen Denkens zugleich auf die Gefahren hingewiesen, die für den Menschen mit dem Verlust des Transzendenten im Gefolge des okzidentalen Rationalisierungsprozesses verbunden sind. Er hat in diesem Zusammenhang zugleich den Siegeszug einer radikalen Ideologiekritik in Frage gestellt, den die Wissenssoziologie doch im Prinzip bejaht und dessen Erbschaft sie angetreten hat. Denn im Rahmen seiner Analyse des möglichen Verlust des ‚utopischen Bewußtseins' und der dadurch bedingten Unfähigkeit, den kontingenten Charakter des universalgeschichtlichen Prozesses zu durchschauen, hatte Mannheim auf eine Gefährdung unserer spezifisch ‚neuzeitlichen' Form der humanen Selbstbehauptung hingewiesen, die mit dem weltweiten Scheitern des ‚realen Sozialismus' und der dadurch bedingten Sprachlosigkeit der einstmals ‚kritischen' Intellektuellen nun tatsächlich zur Wirklichkeit zu werden droht: „Für die Zukunft ergibt sich daraus, daß eine absolute Ideologie- und Utopielosigkeit prinzipiell zwar möglich ist in einer Welt, die gleichsam mit sich fertig geworden ist und sich stets nur reproduziert, daß aber die völlige Destruktion der Seinstranszendenz in unserer Welt zu einer Sachlichkeit führt, an der der menschliche Wille zugrunde geht. [...] Es entstünde die größte Paradoxie, die denkbar ist, daß nämlich der Mensch der rationalsten Sachbeherrschung zum Menschen der Triebe wird, daß der Mensch, der nach einer so langen opfervollen und heroischen Entwicklung die höchste Stufe der Bewußtheit erreicht hat – in der bereits Geschichte nicht blindes Schicksal, sondern eigene Schöpfung wird –, mit dem Aufgeben der verschiedenen Gestalten der Utopie den Willen zur Geschichte und damit den Blick in die Geschichte verliert."[85]

---

83   „Zur Problematik der Soziologie in Deutschland", S. 617 ff. Zur diesbezüglichen Kontroverse zwischen Curtius und Mannheim siehe auch Alfred von Martin, Soziologie als Resignation und Mission, in: Neue Schweizer Rundschau 23: 1 (1930), S. 20-25 sowie Dirk Hoeges, Kontroverse am Abgrund: Ernst Robert Curtius und Karl Mannheim, Frankfurt am Main 1994.

84   „Das Problem einer Soziologie des Wissens", S. 370.

85   *Ideologie und Utopie*, S. 224 f.

2. Krise als Dauerzustand? Weltanschauliche Implikationen der Weimarer Soziologie

Einleitung

Mit der fachgeschichtlichen Einordnung und Bewertung der deutschsprachigen Soziologie der 1920er Jahre sind eine Reihe von Problemen verbunden, die bis heute nicht zufriedenstellend gelöst werden konnten. Sind sich die Historiographen darin noch einig, daß der Prozeß der Institutionalisierung der soziologischen Forschung und Lehre in der Weimarer Republik mit der Gründung der ersten soziologischen Lehrstühle und Forschungsinstitute einen erheblichen Fortschritt gegenüber der diesbezüglichen Situation im Kaiserreich erfahren hat[1], so weichen die Meinungen über das Innovationspotential dieser Epoche der Soziologiegeschichte doch erheblich voneinander ab. Zwar wird die durch die nationalsozialistische Machtergreifung bewirkte fachgeschichtliche Zäsur von nahezu allen einschlägigen Untersuchungen betont, so daß zumindest in dieser Hinsicht eine eindeutige Grenzziehung gegenüber der im Dritten Reich betriebenen Art von ‚Soziologie‘ beziehungsweise Volkstumsforschung möglich ist.[2] Jedoch stellt sich die Frage, ob sich ein ähnlich klarer Schnitt zwischen der Soziologie, wie sie im wilhelminischen Kaiserreich betrieben worden ist, und der Soziologie der 1920er Jahre ziehen läßt.

Als der erneut zur Emigration gezwungene deutsch-ungarische Soziologe Karl Mannheim 1934 erstmals einem ausländischen Publikum zu vermitteln versuchte, welche geistige Konstellation durch die nationalsozialistische Machtergreifung ihr Ende gefunden hatte, kennzeichnete er die deutsche Soziologie als Produkt einer der größten sozialen Auflösungen und Reorganisationen, die in der neueren europäischen Geschichte stattgefunden habe und die zugleich durch die höchste Form der Reflexivität und der Selbstkritik begleitet gewesen sei. Wie selbstverständlich beschrieb er dabei die Weimarer Soziologie als zentralen Bestandteil eines größeren geistesgeschichtlichen Zusammenhangs, der ihm zufolge durch die hegelianische Tradition, die marxistische Gesellschaftskritik, den Historismus und durch das Werk der

---

1   Vgl. M. Rainer Lepsius, Die Soziologie der Zwischenkriegszeit: Entwicklungstendenzen und Beurteilungskriterien, in: René König / Friedhelm Neidhardt / M. Rainer Lepsius (Hrsg.), Soziologie in Deutschland und Österreich 1918-1945 (Kölner Zeitschrift für Soziologie und Sozialpsychologie, Sonderheft 23), Opladen 1981, S. 7-23; Dirk Käsler, Die frühe deutsche Soziologie 1909 bis 1934 und ihre Entstehungs-Milieus. Eine wissenssoziologische Untersuchung, Opladen 1984; Erhard Stölting, Akademische Soziologie in der Weimarer Republik, Berlin 1986; René König, Soziologie in Deutschland. Begründer / Verächter / Verfechter, München 1987, S. 230 ff.

2   Anderer Ansicht ist Otthein Rammstedt, der allerdings in diesem Zusammenhang mit einem völlig unspezifischen Verständnis von ‚Soziologie‘ operiert und dabei zu dem fragwürdigen Ergebnis kommt, daß es eine Kontinuität zwischen der Weimarer Soziologie und der diesbezüglichen Situation im Dritten Reich gegeben habe. Vgl. ders., Deutsche Soziologie 1933-1945. Die Normalität einer Anpassung, Frankfurt am Main 1986.

soziologischen Klassiker Ferdinand Tönnies, Georg Simmel, Werner Sombart, Max Weber und Ernst Troeltsch geprägt worden ist.[3] Auch wenn Mannheim damit keineswegs die Originalität der Soziologie der zwanziger Jahre in Frage stellen wollte, sah er sie dennoch dermaßen stark in diesen größeren Traditionszusammenhang eingebunden, daß seiner Ansicht nach nur eine Berücksichtigung dieser kulturellen Wurzeln zu erklären vermag, wie radikal die Zäsur von 1933 eigentlich gewesen ist. Mannheim zog daraus übrigens auch persönliche Konsequenzen, indem er sein in den zwanziger Jahren entwickeltes Projekt einer selbstreflexiven Soziologie des Wissens im britischen Exil allmählich zugunsten der Entwicklung einer Theorie der demokratischen Gesellschaftsplanung aufgab.[4]

Die Abhängigkeit der Weimarer Soziologie von der deutschen Soziologie der Jahrhundertwende hatte den Münsteraner Soziologen Helmut Schelsky nach dem Zweiten Weltkrieg dazu verleitet, ihr nachträglich einen rein epigonalen Charakter zuzusprechen. Dies geschah bei ihm jedoch in der apologetischen Absicht, die durch den Leipziger Soziologen Hans Freyer im Jahre 1934 bewirkte Stillegung der *Deutschen Gesellschaft für Soziologie* so zu deuten, daß hier gleichsam nur etwas zu einem äußerlichen Ende gebracht worden sei, das ohnehin keine Zukunft mehr hatte, weil alle Melodien bereits durchgespielt waren. Schelsky zufolge war nämlich die Entwicklung der Soziologie in Deutschland bereits *vor* 1933 auch aus rein immanenten Gründen zu einem vorläufigen Abschluß gekommen.[5] Diese Deutung des Schicksals der deutschsprachigen Soziologie zur Zeit der nationalsozialistischen Machtergreifung ist von René König und M. Rainer Lepsius zu Recht scharf kritisiert worden, indem sie auf die außergewöhnliche Vielfalt und Produktivität der Weimarer Soziologie gegen Ende der zwanziger Jahre und den frühen dreißiger Jahren hingewiesen haben. Überdies machten sie darauf aufmerksam, daß bei einer umfassenden Beurteilung des Entwicklungspotentials dieser soziologischen Tradition auch deren Fortwirken in der Emigration sowie die entsprechenden Versuche, sie nach dem Krieg auch in der Bundesrepublik wieder heimisch zu machen, berücksichtigt werden müssen.[6]

Der Generationswechsel in der Soziologie

Um die Frage zu beantworten, ob in den zwanziger Jahren gegenüber dem Kaiserreich überhaupt ein radikaler Neubeginn der Soziologie erfolgt ist oder ob hier eher die Kontinuitäten und die entsprechenden intellektuellen Erbschaften überwiegen, soll zunächst auf einige biographische Daten hingewiesen werden: Von allen soziologischen Klassikern der Jahrhundertwende hat nur Georg Simmel das Kriegsende und die Revolution vom November 1918 nicht mehr erlebt. Max Weber verstarb am 14. Juli 1920 in München und Ernst Troeltsch am 1. Fe-

---

3   Karl Mannheim, German Sociology (1918-1933), in: Politica 1 (1934), S. 12-33.

4   Vgl. Gunter W. Remmling, Wissenssoziologie und Gesellschaftsplanung: Das Werk Karl Mannheims, Dortmund 1968, S. 62 ff.; Colin Loader, The Intellectual Development of Karl Mannheim, Cambridge 1985, S. 125 ff.; Henk E.S. Woldring, Karl Mannheim. The Development of his Thought, Assen / Maastricht 1986, S. 253 ff.

5   Vgl. Helmut Schelsky, Zur Entstehungsgeschichte der deutschen Soziologie. Ein Brief an Rainer Lepsius, in: Kölner Zeitschrift für Soziologie und Sozialpsychologie 32 (1980), S. 417-456; ders., Rückblicke eines „Anti-Soziologen", Opladen 1981, S. 11-69.

6   Vgl. René König, Über das vermeintliche Ende der deutschen Soziologie vor der Machtergreifung des Nationalsozialismus, in: Kölner Zeitschrift für Soziologie und Sozialpsychologie 36 (1984), S. 1-42; Lepsius, Soziologie der Zwischenkriegszeit, a.a.O.

bruar 1923 in Berlin. Ferdinand Tönnies war dagegen sowohl im Kaiserreich als auch in der Weimarer Republik einer der führenden deutschsprachigen Soziologen und verstarb erst 1936 im 81. Lebensjahr. Werner Sombart war ebenfalls sowohl im Kaiserreich als auch in der Weimarer Republik als Nationalökonom und Soziologe tätig; das Gleiche gilt für Alfred Weber. Zahlreiche andere Soziologen wie Max Scheler, Franz Oppenheimer, Leopold von Wiese, Alfred Vierkandt und Othmar Spann, die erst in den zwanziger Jahren einem größeren Publikum bekannt geworden sind, waren ihrerseits bereits im Kaiserreich durch einschlägige Publikationen hervorgetreten. Daneben gab es aber auch eine ganze Reihe von jüngeren Soziologen wie Siegfried Kracauer, Hans Freyer und Karl Mannheim, die erst in der Weimarer Republik mit einschlägigen Schriften an die Öffentlichkeit traten. In den zwanziger Jahren haben also mehrere Soziologengenerationen nebeneinander gewirkt und das höchst komplexe Erscheinungsbild der Soziologie dieser Zeit geprägt.[7]

Vergleicht man die Entwicklung der Soziologie in den zwanziger Jahren mit der diesbezüglichen Situation im Kaiserreich aus einer anderen Perspektive, als sie Karl Mannheim gewählt hatte, so fällt die zunehmende Verselbständigung der soziologischen Forschung und Lehre gegenüber der ihr einstmals sehr nahe stehenden Nationalökonomie auf. Ferdinand Tönnies hatte in seinem erstmals 1887 erschienenen soziologischen Hauptwerk die Grundbegriffe *Gemeinschaft* und *Gesellschaft* noch dergestalt definiert, daß sie zugleich mit der Unterscheidung zwischen der ‚Hauswirtschaft‘ und der ‚Nationalwirtschaft‘ beziehungsweise ‚Weltwirtschaft‘ zusammenfielen. Seine eigene ‚Theorie der Gesellschaft‘ liest sich dabei streckenweise wie eine Zusammenfassung der von Karl Marx entwickelten Kritik der politischen Ökonomie.[8] Werner Sombart und Max Weber verstanden sich als Vertreter einer von der historischen Schule geprägten Sozialwissenschaft, in der soziologische sowie nationalökonomische Begriffe und Fragestellungen noch untrennbar miteinander verbunden waren. Erst sehr spät haben sie sich in jeweils unterschiedlicher Weise zu einer schärferen Differenzierung zwischen Soziologie und Nationalökonomie durchgerungen.[9] Und Georg Simmel gilt international nicht nur als Begründer der formalen Soziologie, sondern ist zugleich Verfasser der erstmals 1900 erschienenen *Philosophie des Geldes*, die auch in den kapitalismustheoretischen Schriften von Werner Sombart und Max Weber ihren Niederschlag gefunden hat. Nicht zufällig hatte Simmel darauf hingewiesen, daß sein soziologischer Grundbegriff der ‚Wechselwirkung‘ eine sachliche Entsprechung im ökonomischen Begriff des ‚Tausches‘ finde; *Wechselwirkung* und *Tausch* waren für ihn letztlich synonyme Begriffe.[10]

---

7   Siehe hierzu auch Gottfried Eisermann, Die deutsche Soziologie im Zeitraum von 1918 bis 1933, in: Kölner Zeitschrift für Soziologie und Sozialpsychologie 11 (1959), S. 54-71; ferner Jürgen Habermas, Soziologie in der Weimarer Republik, in: Helmut Coing u.a., Wissenschaftsgeschichte seit 1900. 75 Jahre Universität Frankfurt, Frankfurt am Main 1992, S. 29-53; Friedrich Tenbruck, Wie kann man die Geschichte der Sozialwissenschaft in den 20er Jahren schreiben?, in: Knut Wolfgang Nörr / Bertram Schefold / Friedrich Tenbruck (Hrsg.), Geisteswissenschaften zwischen Kaiserreich und Republik. Zur Entwicklung von Nationalökonomie, Rechtswissenschaft und Sozialwissenschaft im 20. Jahrhundert, Stuttgart 1994, S. 23-46.

8   Vgl. Ferdinand Tönnies, Gemeinschaft und Gesellschaft. Grundbegriffe der reinen Soziologie, Darmstadt 1979, S. 34-70.

9   Siehe hierzu die einschlägige Untersuchung von Shiro Takebayashi, Die Entstehung der Kapitalismustheorie in der Gründungsphase der deutschen Soziologie. Von der historischen Nationalökonomie zur historischen Soziologie Werner Sombarts und Max Webers, Berlin 2003.

10   Vgl. Georg Simmel, Philosophie des Geldes. Gesamtausgabe, Band 6, Frankfurt am Main 1989, S. 55 ff.

Diese grundbegriffliche Engführung von Nationalökonomie und Soziologie findet man in den zwanziger Jahren nur noch bei Autoren, die bereits vor dem Ersten Weltkrieg durch entsprechende Schriften publizistisch hervorgetreten sind; sie gehören insofern durchweg einer älteren Generation an. Zwar gibt es auch zu dieser Zeit und auch noch nach dem Zweiten Weltkrieg deutschsprachige Nationalökonomen wie zum Beispiel Alfred Müller-Armack, die in der Tradition der Historischen Schule stehen und insofern ihre eigenen Arbeiten als Beitrag zur sozialwissenschaftlichen Forschung verstanden haben. Allerdings vertraten die Repräsentanten dieser alterwürdigen Tradition kein fachspezifisches Verständnis von Soziologie, wie es zum Beispiel von Georg Simmel im Rahmen seiner Formalen Soziologie und von Max Weber im Rahmen seiner Verstehenden Soziologie entwickelt worden ist und sich in der Weimarer Republik allmählich durchzusetzen begann.[11] Für die jüngere Soziologengeneration stellte die disziplinäre Verselbständigung dieser beiden Fächer in den zwanziger Jahren demgegenüber bereits eine nicht mehr weiter hinterfragte Selbstverständlichkeit dar. Bezeichnenderweise hat das sogenannte ‚wirtschaftssoziologische‘ Kapitel von Max Webers Hauptwerk *Wirtschaft und Gesellschaft*, das Anfang der zwanziger Jahre posthum erschienen ist, bis heute so gut wie keine Aufmerksamkeit gefunden.[12] Und dessen Absicht, die Einheit der Sozialwissenschaften vermittels der Ausarbeitung der Grundbegriffe seiner Verstehenden Soziologie auf Dauer sicherzustellen, ist auch nicht gerade von Erfolg gekrönt gewesen. Der von Franz Oppenheimer in den zwanziger Jahren unternommene Versuch, die moderne Volkswirtschaftslehre im Rahmen eines ‚Systems der Soziologie‘ zu verankern, ist insofern atypisch für diese Zeit und hat diesem ebenfalls kaum mehr als einen Achtungserfolg beschert. Wirklich bekannt geworden ist erst sein Frankfurter Nachfolger Karl Mannheim, dem es in beeindruckender Weise gelungen ist, mit seinen wissenssoziologischen Arbeiten größere intellektuelle Debatten von allgemeiner Bedeutung zu provozieren. Demgegenüber hatten die zu dieser Zeit von Leopold von Wiese und Alfred Vierkandt entwickelten soziologischen Systeme diese produktive Verbindung zwischen Soziologie und Nationalökonomie bereits definitiv aufgegeben. Ihre diesbezüglichen Arbeiten stellen vielmehr Versuche zur Entwicklung einer rein *soziologischen* Kategorienlehre dar, wie sie seither immer wieder mit wechselndem Erfolg neu unternommen worden sind.[13]

---

11   Zur ausführlichen Diskussion des Verhältnisses der Nationalökonomie zur Soziologie siehe Erhard Stölting, Soziologie und Nationalökonomie. Die Wirkung des institutionellen Faktors, in: Sven Papcke (Hrsg.), Ordnung und Theorie. Beiträge zur Geschichte der Soziologie in Deutschland, Darmstadt 1986, S. 69-92; vgl. ferner die Beiträge von Korinna Schönhärl, Roman Köster und Harald Hagemann in: Roman Köster u.a. (Hrsg.), Das Ideal des schönen Lebens und die Wirklichkeit der Weimarer Republik. Vorstellungen von Staat und Gemeinschaft im George-Kreis, Berlin 2009.

12   Vgl. Max Weber, Wirtschaft und Gesellschaft, Grundriß der verstehenden Soziologie. 5. Aufl. Tübingen 1972, 31-121. Zur Diskussion des eigentümlichen Status dieser „Soziologischen Grundkategorien des Wirtschaftens" Webers siehe auch Richard Swedberg, Verstehende Wirtschaftssoziologie. Über die Beziehung zwischen Max Webers „Soziologischen Grundbegriffen" und seiner Wirtschaftssoziologie, in: Klaus Lichtblau (Hrsg.), Max Webers ‚Grundbegriffe‘. Kategorien der kultur- und sozialwissenschaftlichen Forschung, Wiesbaden 2006, S. 292-315.

13   Vgl. Alfred Vierkandt, Gesellschaftslehre, 2. Aufl. Stuttgart 1928; ferner Leopold von Wiese, System der Allgemeinen Soziologie als Lehre von den sozialen Prozessen und den sozialen Gebilden der Menschen (Beziehungslehre), 4. Aufl. Berlin 1966. Zu der damit verbundenen Politik der Abgrenzung der Soziologie von der Nationalökonomie siehe auch Stölting, Soziologie und Nationalökonomie, a.a.O., S. 90 ff.

Allerdings ist nicht zu übersehen, daß es in der deutschen Soziologie der zwanziger Jahre weder eine einheitliche Auffassung von ‚Staat' und ‚Gesellschaft' gab noch ein einheitliches Selbstverständnis dessen, wofür die moderne Soziologie als eigenständige akademische Disziplin eigentlich steht. Dies wäre aufgrund der unterschiedlichen weltanschaulichen Implikationen, wie sie in den verschiedenen Richtungen der Weimarer Soziologie zum Ausdruck kommen, auch höchst unwahrscheinlich gewesen. Statt dessen zeichnen sich diese durch ein hohes Maß an Diversität und Rivalität bezüglich der jeweils vertretenen Erkenntnisansprüche aus. Auffallend ist zunächst der enorme Anteil jenes Schrifttums, das sich zu dieser Zeit mit erkenntnistheoretischen und methodologischen Fragen sowie den Problemen der Institutionalisierung der soziologischen Forschung und Lehre an den Universitäten sowie den höheren Bildungseinrichtungen befaßt hatte.[14] Ferner führten die weltanschaulichen Zerklüftungen im Gefolge der Kriegsniederlage und der Novemberrevolution dazu, daß diese methodologischen Kontroversen untrennbar mit den parteipolitischen Auseinandersetzungen dieser Epoche verbunden waren. Die Wahl eines entsprechenden methodologischen Ansatzes konnte somit als Ausdruck eines ‚Klassenkampfes' im Bereich der Theorie gedeutet werden, der ideologiekritisch zu entlarven war. Karl Mannheim hatte später aus dieser Not eine Tugend gemacht und die moderne Ideologiekritik zur Grundlage seiner eigenen Wissenssoziologie erhoben. In seinem Schrifttum findet sich auch jener zugespitzte Begriff der ‚Krise' an zentraler Stelle, der bereits zu Beginn der Weimarer Republik die öffentlichen Kontroversen geprägt hatte: Krise der Wissenschaft, Krise der öffentlichen Bildungseinrichtungen, Weltanschauungskrise – alles war offensichtlich durch den Ersten Weltkrieg und die ihm folgende Revolution aus dem Lot geraten und mußte ganz neu vermessen werden. Und die Soziologie schien zu dieser Zeit in den Augen vieler jene Disziplin zu sein, die am ehesten als geeignet galt, diese fundamentale Epochenkrisis wenn nicht zu lösen, so doch zumindest auf den Begriff zu bringen.[15]

Bezeichnend für diese Konstellation ist ein Bild, mit dem Karl Mannheim Anfang der zwanziger Jahre die geistige Situation dieser Epoche zum Ausdruck zu bringen versucht hatte. Er beschrieb nämlich am Beispiel der alten Universitätsstadt Heidelberg den antagonistischen Gegensatz zwischen zwei verschiedenen intellektuellen Milieus und der ihnen entsprechenden Lebensformen, die sich einander fremd und unverständlich gegenüberstanden. Der eine Pol des von ihm beschriebenen Szenarios bildete die akademische Soziologie, die idealtypisch durch das Leben und Werk Max Webers personifiziert worden ist; der andere Pol wurde dagegen durch die „ungebundene außeruniversitäre Literatenwelt" der Georgeaner verkörpert; der eine stand in der protestantischen Kulturtradition, der andere dagegen in der Tradition des Katholizismus.[16] Ihnen beiden war gemeinsam, daß sie über so gut wie keine politische Wirksamkeit verfügten. Während Max Weber in den Augen von Karl Mannheim immerhin ein starkes politisches Führungstalent gehabt hatte, von dem jedoch kein Gebrauch gemacht

---

14 Vgl. Stölting, Akademische Soziologie in der Weimarer Republik, a.a.O., S. 71 ff.

15 Siehe hierzu Klaus Lichtblau, Kulturkrise und Soziologie um die Jahrhundertwende. Zur Genealogie der Kultursoziologie in Deutschland, Frankfurt am Main 1996, S. 392 ff.

16 Karl Mannheim, Heidelberger Briefe, in: Eva Karádi / Erzsébet Vezér (Hrsg.), Georg Lukács, Karl Mannheim und der Sonntagskreis, Frankfurt am Main 1985, 84 ff. Zum Verhältnis der Heidelberger Soziologie zum George-Kreis siehe ferner Volker Kruse, Die Heidelberger Soziologie und der Stefan George-Kreis, in: Bernhard Böschenstein u.a. (Hrsg.), Wissenschaftler im George-Kreis. Die Welt des Dichters und der Beruf der Wissenschaft, Berlin / New York 2005, S. 259-276.

worden sei, bescheinigte er der „georgeanischen Gemeinschaft" dagegen ein Verschließen vor
den Zwängen des Daseinskampfes und eine Flucht in reine Kunstwelten. Beide Pole der von
Mannheim beschriebenen Altheidelberger Kultur waren für ihn mithin Übergangsgestalten,
die bereits zu dieser Zeit vom Untergang bedroht gewesen waren. Bezüglich des Kreises um
Stefan George kam Mannheim dabei zu folgender Einschätzung, die zugleich seine eigene
Distanz zu diesem intellektuellen Milieu zum Ausdruck bringt: „Die georgeanische Gemein-
schaft ist von innen gesehen eine der gutgemeinten Experimente des in der heutigen Gesell-
schaft einsam gewordenen ‚Intellektuellen‘, das mit der seelischen Heimatlosigkeit gesetzte
Problem zu lösen. Ihre Lösung ist die des Augenschließens: um sich mit dem Gefühl, einen
Grund gefunden zu haben, einschläfern zu können, schließen sie sich ab, hüllen sich in die Inhalte der Kultur und – die Welt aus ihren Dingen herauslassend – entfremden sie sich selbst.
Die von den Heidelberger Hügeln geschützte Lebensbucht läßt sie glauben machen, daß sie
da sind, wirken und wichtig sind, und dabei brauchte es nur einen kleinen Sturm – und sie
wären Symbole einer vergangenen Zeit."[17]

Diese von Karl Mannheim beschriebene intellektuelle Konstellation fand ihren geistesgeschichtlichen Niederschlag in einer sich über mehrere Jahre hinziehenden Kontroverse, die
mit der Veröffentlichung von Max Webers Vortrag *Wissenschaft als Beruf* im Jahre 1919 ihren Ausgang nahm und die bis zum Ende der Weimarer Republik geführt worden ist. Es ging
dabei um die Rolle der Wissenschaft in einer ‚entzauberten Welt‘ sowie die Frage, welche alternativen Orientierungen es bei der Lösung der aufgeworfenen weltanschaulichen Probleme gab. Die jüngere Generation warf Max Weber in diesem Zusammenhang vor, ein Wissenschaftsideal zu vertreten, das nicht geeignet sei, die Probleme der Zeit zu bewältigen. Diese
Kritik richtete sich insbesondere gegen das von Weber vertretene Prinzip der Werturteilsfreiheit, das er auch der von ihm entwickelten Richtung der verstehenden Soziologie zugrunde
gelegt hatte und das er zu Beginn der Weimarer Republik gegenüber den verschiedenen weltanschaulichen Strömungen dieser Zeit zu verteidigen versuchte. Entsagende Hingabe an die
Wissenschaft oder charismatische Vergemeinschaftung und weltanschauliches Führertum waren dabei die Alternativen, um die sich diese Kontroverse drehte und die in dem gegen Max
Weber gerichteten Vorwurf gipfelte, daß es neben dem Erkenntnisideal der empirisch verfahrenden Einzelwissenschaften auch noch andere Formen der geistigen Weltorientierung und
Welterschließung gebe, die Anspruch auf Berücksichtigung hätten. Doch ließen sich diese ihrerseits zur Grundlage einer neuen Form von Wissenschaft machen, die eher dem Anspruch
auf eine ganzheitliche Welterfahrung gerecht wird als die arbeitsteilig verfahrenden Einzelwissenschaften, wie sich dies insbesondere einige dem George-Kreis nahe stehenden Kontrahenten Max Webers erhofft hatten?[18]

Max Scheler, der seit 1919 an der neu gegründeten Bonner Universität Philosophie und
Soziologie lehrte, hatte diesbezüglich einen sehr differenzierten Standpunkt vertreten. Zwar
stellte er den von Auguste Comte so positiv beschriebenen ‚Fortschritt‘ der Wissenschaft nicht

---

17   Mannheim, Heidelberger Briefe, a.a.O., S. 91.
18   Vgl. Max Weber, Wissenschaft als Beruf, in: Gesammelte Aufsätze zur Wissenschaftslehre, 6. Aufl. Tübingen
      1985, S. 582-613; Ernst Troeltsch, Die Revolution in der Wissenschaft, in: Gesammelte Schriften, Band 4:
      Aufsätze zur Geistesgeschichte und Religionssoziologie, Tübingen 1925, S. 653-677; Erich Wittenberg, Die
      Wissenschaftskrisis in Deutschland im Jahre 1919. Ein Beitrag zur Wissenschaftsgeschichte, in: Theoria 4
      (1938), S. 235-264; Lichtblau, Kulturkrise und Soziologie um die Jahrhundertwende, a.a.O., S. 420 ff.

grundsätzlich in Frage, sondern er relativierte ihn nur in einer entscheidenden Hinsicht. Scheler betrachtete die Entzauberung der Welt durch den wissenschaftlichen Fortschritt nämlich als einen Sonderweg der europäischen Kulturentwicklung, der nichts über den Wert oder Unwert von alternativen Formen der Welterschließung auszusagen vermag. Ihm zufolge sind *Wissenschaft*, *Religion* und *Philosophie* vielmehr drei prinzipiell gleichwertige Wissensformen, die nicht aufeinander zurückführbar sind und die jeweils eigenen Gesetzen folgen. Er glaubte in diesem Zusammenhang an die Existenz einer ‚Rangordnung der Werte', die für alle Zeiten unveränderlich feststeht und allein durch eine ‚eidetische Wesensschau' zu erschließen ist. Eine einzelwissenschaftlich verfahrende Soziologie könne demgegenüber unter Rückgriff auf die Sozialstruktur allenfalls erklären, warum zu einer gegebenen Zeit bestimmte Wertvorstellungen der Handlungsorientierung dienen, andere dagegen nicht. Dies war ihm zufolge die Aufgabe einer Soziologie des Wissens, deren Ausarbeitung Scheler und seine Schüler in den zwanziger Jahren mit eindrucksvollen Arbeiten in Angriff genommen hatten. Sein Vorschlag für die Lösung der geistigen Krise seiner Zeit bestand darin, in einem neuen „Zeitalter des Ausgleichs" bestimmte Einseitigkeiten innerhalb der europäischen Kulturentwicklung durch einen entsprechenden Dialog mit den großen außereuropäischen Weltreligionen und Kulturkreisen zu überwinden.[19]

Diese dezidiert antipositivistische Stoßrichtung der wissenssoziologischen Schriften von Max Scheler kennzeichnet auch verschiedene andere Strömungen der Soziologie der zwanziger Jahre. Max Horkheimer und Theodor W. Adorno hatten später unter ganz anderen philosophischen Vorzeichen eine wirkungsgeschichtlich sehr bedeutsame Variante der Positivismuskritik entwickelt, deren intellektuelle Wurzeln sich ebenfalls bis in die zwanziger Jahre zurückverfolgen lassen.[20] Engere sachliche Berührungspunkte mit Max Schelers Arbeiten haben dagegen sowohl die von Alfred Weber entwickelte Richtung der Kultursoziologie als auch die Wissenssoziologie Karl Mannheims. Alfred Weber, der sowohl Nationalökonom als auch Soziologe war, hatte vor dem Ersten Weltkrieg seine kultursoziologischen Überlegungen ursprünglich im Rahmen seiner nationalökonomischen Vorlesungen vorgetragen.[21] Er ist jedoch schon früh dazu übergegangen, die Eigenständigkeit der Kultursoziologie gegenüber benachbarten Disziplinen zu betonen und ihre Eigenart auch gegenüber den verschiedenen Richtungen einer soziologischen Gesellschaftslehre hervorzuheben. Zu diesem Zweck hatte Alfred Weber eine grundbegriffliche Unterscheidung in die Soziologie eingeführt, mit der er in den zwanziger Jahren einem größeren Publikum bekannt geworden ist. Er grenzte nämlich den ‚Gesellschaftsprozeß' und den ‚Zivilisationsprozeß' von der eigentlichen ‚Kulturbewegung' ab. Der *Gesellschaftsprozeß* beinhaltet ihm zufolge typische Formen und Entwicklungsstufen, die sich auf allgemeine gesellschaftliche Entwicklungsprinzipien zurückführen

---

19   Vgl. Max Scheler, Über die positivistische Geschichtsphilosophie des Wissens (Dreistadiengesetz), in: Schriften zur Soziologie und Weltanschauungslehre, 2. Aufl. Bern / München 1963, S. 27-35; ders., Probleme einer Soziologie des Wissens, in: Die Wissensformen und die Gesellschaft, 3. Aufl. Bern 1980, S. 15-190; ders., Der Mensch im Weltalter des Ausgleichs, in: Philosophische Weltanschauung, 3. Aufl. Bern / München 1968, S. 89-118.

20   Siehe hierzu die aufschlußreiche Studie von Günter C. Behrmann, Der vergessene Nestor. Alfred Weber und die Reform der Sozialwissenschaften in der Bundesrepublik, in: Eberhard Demm (Hrsg.), Soziologie, Politik und Kultur. Von Alfred Weber zur Frankfurter Schule, Frankfurt am Main 2003, S. 175-206.

21   Vgl. Alfred Weber, Kulturprobleme im Zeitalter des Kapitalismus (1910/12), in: Gesamtausgabe, Band 8: Schriften zur Kultur- und Geschichtssoziologie (1906-1958), Marburg 2000, S. 263-314.

lassen. Der *Zivilisationsprozeß* kennzeichnet dagegen einen Rationalisierungs- und Intellektualisierungsprozeß, der kumulativ erfolgt und der dem Kausalgesetz untersteht; er ist im Wesentlichen mit dem Fortschritt der Wissenschaft und Technik identisch. Kulturelle Objektivationen sind in den Augen Alfred Webers dagegen ‚Schöpfungen‘, die auf dem Lebensgefühl großer Individuen beruhen. Sie sind insofern durch ‚Ausschließlichkeit‘ und ‚Einmaligkeit‘ gekennzeichnet. Es gibt ihm zufolge deshalb auch keine ‚Gesetze‘ der Entwicklung von Kulturen, sondern nur eine ‚formale Typik‘ der Kulturbewegung, die durch eine ‚morphologische‘ Betrachtung zugänglich gemacht werden könne. Aufgabe einer wirklich den Namen verdienenden *Geschichtssoziologie* sei es, die konkrete „historisch-soziologische Konstellation" zu analysieren, die sich jeweils durch die besondere Art des Zusammenspiels dieser drei Sphären des Gesellschaftsprozesses, des Zivilisationsprozesses und der Kulturbewegung ergebe.[22]

Alfred Webers Kultursoziologie war universalgeschichtlich ausgerichtet. Sie verzichtete auf eine ganzheitliche theoretische Erklärung der Menschheitsentwicklung und stand damit im diametralen Gegensatz zu jenen Autoren, die in den zwanziger Jahren die marxistische Gesellschaftskritik zur Grundlage der sozialwissenschaftlichen Forschung zu machen versuchten. Seine eigenen kultursoziologischen Arbeiten werden heute zu jener Richtung der historischen Soziologie gezählt, die in den zwanziger Jahren ihre Blütezeit hatte und der neben Alfred Weber auch so unterschiedliche Denker wie Franz Oppenheimer und Karl Mannheim zugerechnet werden.[23] Oppenheimer nimmt innerhalb dieser Gruppe der historisch arbeitenden Soziologen eine Sonderstellung ein. Bei ihm bilden nämlich die Wirtschaftswissenschaften noch den integralen Bestandteil eines umfassenden soziologischen Systems, das zugleich universalgeschichtlich ausgerichtet war. Er versuchte in diesem Zusammenhang ‚statische‘ und ‚dynamische‘ Aspekte der Gesellschaftsstruktur aufeinander zu beziehen und im Rahmen einer Theorie der Gesellschaftsentwicklung systematisch miteinander zu verbinden. Dieses soziologische System beruhte dabei zugleich auf elementaren psychologischen Annahmen bezüglich der Beschaffenheit der menschlichen Triebnatur, mit denen Oppenheimer zu erklären versuchte, warum die Gesellschaft nicht in eine Welt von Egoisten auseinander bricht, sondern auf Dauer Bestand hat.[24]

Oppenheimer ging in diesem Zusammenhang von der Annahme aus, daß es einen Trend der einzelnen Gesellschaften hin zu einem Gleichgewichtszustand gibt. Dieser beruht ihm zufolge letztlich auf einer konsensuellen Grundlage, weil er in dem menschlichen Bedürfnis nach Anerkennung und Wechselseitigkeit verankert ist. Gestört werden solche idealerweise in der freien Marktwirtschaft zum Ausdruck kommenden Gleichgewichtszustände seiner Ansicht nach nicht von ‚innen‘, sondern von ‚außen‘, das heißt durch das Eindringen von frem-

---

22 Vgl. Alfred Weber, Der soziologische Kulturbegriff, in: Ideen zur Staats- und Kultursoziologie, Karlsruhe 1927, S. 31-47; ders., Prinzipielles zur Kultursoziologie (Gesellschaftsprozeß, Zivilisationsprozeß und Kulturbewegung), in: Archiv für Sozialwissenschaft und Sozialpolitik 47 (1920-21), S. 1-49; ders., Kultursoziologie, in: Alfred Vierkandt (Hrsg.), Handwörterbuch der Soziologie, Stuttgart 1931, S. 284-294.

23 Vgl. Volker Kruse, Soziologie und „Gegenwartskrise". Die Zeitdiagnosen Franz Oppenheimers und Alfred Webers. Ein Beitrag zur historischen Soziologie der Weimarer Republik, Wiesbaden 1990; ders., Historisch-soziologische Zeitdiagnostik der zwanziger Jahre, in: Nörr u.a. (Hrsg.), Geisteswissenschaft zwischen Kaiserreich und Republik, a.a.O., S. 375-401.

24 Vgl. Franz Oppenheimer, System der Soziologie, Band I: Allgemeine Soziologie; Band II: Der Staat; Band III: Theorie der reinen und politischen Ökonomie; Band. IV: Abriß einer Sozial- und Wirtschaftsgeschichte, Stuttgart 1922-1935. Die einzelnen Bände sind dabei wiederum in entsprechende Teilbände untergliedert.

den Gruppen und Gesellschaften in ein gegebenes Gemeinwesen. Er schloß sich mit seiner ‚soziologischen Staatsidee' insofern der zu seiner Zeit weit verbreiteten Ansicht an, daß sich die Entstehung des Staates einer Überlagerung eines bestehenden Sozialverbandes durch einen neu hinzutretenden Sozialverband verdankt, der sich ersteren gewaltsam unterwirft und sich eine Monopolstellung hinsichtlich des Grundbesitzes verschafft. Diese Monopole waren in seinen Augen die eigentliche Quelle aller ‚Mehrwertproduktion' und asymmetrischen Reichtumsverteilung innerhalb einer Gesellschaft. Die sogenannte *Bodensperre* und nicht die von Marx beschriebene ‚ursprüngliche Akkumulation' des Kapitals war ihm zufolge dafür verantwortlich, daß in den modernen Volkswirtschaften eine industrielle Reservearmee entstanden ist, die den Launen der kapitalistischen Ökonomie am stärksten unterworfen sei. Seine Losung für eine umfassende Gesellschaftsreform lautete deshalb auch nicht ‚Expropriation der Expropriateure', sondern Aufhebung der Bodensperre und Schaffung von Siedlungen auf dem Land, in denen die ehemals mittellosen Industriearbeiter ihren Lebensunterhalt in einer genossenschaftlichen Organisationsform selbst erwirtschaften können.[25]

Die Zeit der Entscheidung

Es ist eine Ironie des Schicksals, daß Karl Mannheim Ende der zwanziger Jahre an der Universität Frankfurt auf den Lehrstuhl für Soziologie berufen worden ist, den von 1919 bis 1929 Franz Oppenheimer innehatte. Mit dieser Nachfolgeregelung ist nämlich ein radikaler Generationswechsel verbunden gewesen, der zugleich die Heterogenität der soziologischen Strömungen in der Weimarer Republik verdeutlicht. Mannheim sah in der zunehmenden Radikalisierung der weltanschaulichen Auseinandersetzungen, von der zu dieser Zeit auch die zentralen methodologischen Kontroversen in den Sozialwissenschaften betroffen waren, ein Indiz dafür, daß nicht mehr die Ökonomie, sondern die *Politik* zur entscheidenden Instanz geworden ist, die letztlich das Schicksal dieser Epoche bestimmen würde.[26] Nicht zufällig steht die von ihm gegründete Richtung der Wissenssoziologie in der Tradition der Ideologiekritik des 18. und 19. Jahrhunderts. Zu den ökonomischen Problemen seiner Zeit hatte Mannheim demgegenüber nicht viel mehr beizutragen vermocht als eine längere Abhandlung „Über das Wesen und die Bedeutung des wirtschaftlichen Erfolgsstrebens", die 1930 im *Archiv für Sozialwissenschaft und Sozialpolitik* erschienen ist und der keine größere Resonanz beschieden war.[27] Insofern erscheint es als konsequent, daß es nicht die Wirtschaft, sondern die Politik es war, die im Zentrum der wissenssoziologischen Arbeiten von Karl Mannheim stand.

Mit diesen Arbeiten hatte Mannheim zugleich eine Antwort auf die Frage zu geben versucht, wie eine wissenschaftlich begründete Politik unter bürgerkriegsähnlichen Bedingungen

---

25 Vgl. Dieter Haselbach, „Franz Oppenheimer". Soziologie, Geschichtsphilosophie und Politik des „Liberalen Sozialismus", Opladen 1985, S. 55 ff.; Bernhard Vogt, Franz Oppenheimer. Wissenschaft und Ethik der Sozialen Marktwirtschaft, Bodenheim 1997, S. 94 ff.; Klaus Lichtblau / Patrick Taube, Franz Oppenheimer und der erste Lehrstuhl für Soziologie an der Universität Frankfurt, in: Felicia Herrschaft / Klaus Lichtblau (Hrsg.), Soziologie in Frankfurt. Eine Zwischenbilanz, Wiesbaden 2010, S. 55-70.

26 Vgl. Karl Mannheim, Ideologie und Utopie, 5. Aufl. Frankfurt am Main 1969, S. 95 ff.

27 Vgl. Karl Mannheim, Über das Wesen und die Bedeutung des wirtschaftlichen Erfolgsstrebens. Ein Beitrag zur Wirtschaftssoziologie, in: ders., Schriften zur Wirtschafts- und Kultursoziologie, hrsg. von Amalia Barboza und Klaus Lichtblau, Wiesbaden 2009, S. 167-220.

überhaupt noch möglich ist. Im Unterschied zu seinem einstigen intellektuellen Mentor Georg Lukács teilte er jedoch nicht die Ansicht, daß mit einer bestimmten Klassen- und Schichtzugehörigkeit zugleich eine privilegierte Erkenntnischance verbunden ist.[28] Ihm zufolge war vielmehr jedes weltanschauliche Denken standortgebunden und in Bezug auf seinen jeweiligen Wahrheitsanspruch ideologiekritisch zu relativieren. Der von ihm so eindrucksvoll beschriebene „Kampf um die öffentliche Auslegung des Seins" beruhte insofern in seinen Augen auf nichts anderem als auf dem Macht- und Geltungstrieb bestimmter sozialer Gruppen. In dieser Hinsicht erschienen Mannheim alle großen weltanschaulichen Strömungen der Neuzeit als gleichwertig, ohne daß damit etwas über den Wahrheitswert der entsprechenden Positionen ausgesagt wäre.[29]

Man hat gegenüber der von Karl Mannheim entwickelten Variante der Wissenssoziologie oft den Vorwurf des ‚Relativismus' erhoben, weil sie angeblich keine Aussagen über den möglichen Wahrheitsgehalt der einzelnen weltanschaulichen Strömungen der Neuzeit machen könne.[30] Mannheim selbst hatte demgegenüber betont, daß es sehr wohl möglich sei, wissenssoziologische Aussagen darüber zu machen, welches Denken auf der Höhe der Zeit steht und welches nicht. Allerdings setzt dies seiner Ansicht nach den gelungenen und von Mannheim übrigens für sich selbst in Anspruch genommenen Nachweis voraus, daß die moderne Wissenssoziologie tatsächlich in der Lage ist, die weltanschauliche Krise der Gegenwart zu überwinden. Voraussetzung hierfür war für ihn zum einen die Überzeugung, daß sich innerhalb der europäischen Geschichte nach einer Phase der radikalen weltanschaulichen Zersplitterung wieder eine Gegenbewegung hin zur Bildung neuer weltanschaulichen Synthesen feststellen lasse.[31] Zum anderen sah er in Gestalt des sozial entwurzelten modernen Intellektuellen die Gewähr dafür, daß es grundsätzlich möglich sein muß, bestehende Klassenschranken und entsprechende Parteistandpunkte zugunsten eines umfassenden Dialogs zwischen allen weltanschaulichen Richtungen zu überwinden.

Mannheim schrieb in diesem Zusammenhang allein der Wissenssoziologie die Fähigkeit zu, eine adäquate Situationsbeschreibung zu leisten. Und hinsichtlich des Relativismusvorwurfs, den man gegenüber dem von ihm vertretenen Ideologieverständnis geltend gemacht hatte, führte er das Argument ins Feld, dass neben dem ‚wertfreien' Ideologiebegriff auch noch ein ‚wertender' Ideologiebegriff existiert, der Auskunft darüber zu geben vermag, welches Denken auf der Höhe der Zeit steht und welches nicht.[32] Es sind dabei bestimmte geschichtsphilosophische Implikationen, die Mannheim aus Hegels Lehre vom ‚objektiven Geist' übernimmt und die sicherstellen sollen, daß ein radikaler Historismus nicht die einzige Konsequenz sein muß, die aus dieser Lage zu ziehen sind.[33]

---

28 Vgl. Georg Lukács, Geschichte und Klassenbewußtsein. Studien über marxistische Dialektik, Berlin 1923.

29 Vgl. Karl Mannheim, Die Bedeutung der Konkurrenz im Gebiete des Geistigen, in: ders., Schriften zur Wirtschafts- und Kultursoziologie, a.a.O., S. 81-120.

30 Vgl. z.B. Herbert Marcuse, Zur Wahrheitsproblematik der soziologischen Methode, in: Volker Meja / Nico Stehr (Hrsg.), Der Streit um die Wissenssoziologie, Band 2, Frankfurt am Main 1982, S. 459-473; ferner Max Horkheimer, Ein neuer Ideologiebegriff?, ebd., S. 474-496.

31 Vgl. Mannheim, Die Bedeutung der Konkurrenz im Gebiete des Geistigen, a.a.O., S. 113 ff.

32 Vgl. Mannheim, Ideologie und Utopie, a.a.O., S. 83 ff.

33 Siehe hierzu die einschlägige Untersuchung von Reinhard Laube, Karl Mannheim und die Krise des Historismus. Historismus als wissenssoziologischer Perspektivismus, Göttingen 2004.

Karl Mannheim hatte sich im Unterschied zu dem Leipziger Soziologen Hans Freyer be-wußt geweigert, jene Grenzen zu überschreiten, die eine durch ein akademisches Selbstver-ständnis geprägte Soziologie von einer aktivistischen ‚Ethoswissenschaft' trennt, auch wenn gewisse lebensphilosophische Motive ebenfalls Eingang in sein Werk gefunden haben.[34] Frey-er zog dagegen aus der Krise, in der sich die Soziologie in den zwanziger Jahren befunden hatte, die radikalsten intellektuellen Schlußfolgerungen. Zwar vertrat er ähnlich wie Franz Oppenheimer die Ansicht, daß es selbst unter diesen zugespitzten Bedingungen möglich sein müsse, ein entsprechendes ‚System der Soziologie' zu entwickeln. Bereits ein kurzer Blick in sein 1930 erschienenes Buch *Soziologie als Wirklichkeitswissenschaft* zeigt jedoch, daß er ein ganz anderes Ziel verfolgt hatte als die Soziologie wieder in das ruhige Fahrwasser ei-ner akademischen Disziplin zurückzuführen. Denn er hob die radikale Geschichtlichkeit des Gegenstandes der soziologischen Forschung hervor. Die moderne Soziologie ist ihm zufolge nämlich „das geistige Korrelat der bürgerlichen Revolutionen" und konstituiere sich insofern als „Wissenschaft von der *Klassengesellschaft des Hochkapitalismus*", das heißt als „Wis-senschaft von der Struktur, der Herkunft, den Bewegungsgesetzen und den Entwicklungsten-denzen dieser Gesellschaftsordnung der europäischen Gegenwart"[35]. Als Krisenwissenschaft par excellence sei sie somit untrennbar mit der Krisis ihres eigenen Zeitalters verbunden. Die Gesellschaft, welche die Soziologie beschreibt, stellt Freyer zufolge dabei keine universell gültige Konstante innerhalb der Weltgeschichte dar, sondern „eine historische Größe". Sie ist in seinen Augen nämlich ein „Feld einmaliger unumkehrbarer Bewegungen und akuter ge-schichtlicher Entscheidungen"[36]. Die zentralen Kategorien ‚Gemeinschaft' und ‚Gesellschaft', ‚Staat', ‚Stände' und ‚Klassen', die Freyer bei der Skizzierung des ihm vorschwebenden Sys-tems der Soziologie gebraucht hatte, sind in ihrer Geltung deshalb auf eine bestimmte histo-rische Gesellschaftsordnung beschränkt und lassen sich insofern auch nicht unvermittelt auf andere Kulturkreise übertragen.

Aber nicht nur diese radikale Historisierung aller zentralen soziologischen Kategorien zeichnet Freyers Wissenschaftsverständnis aus. Denn er vertrat darüber hinaus einen sozio-logischen *Dezisionismus*, der bezüglich der in einer gegenwärtigen historischen Konstellati-on gegebenen gesellschaftlichen Entwicklungsmöglichkeiten bewußt Partei ergreift. Eine ih-rem eigenen Untersuchungsgegenstand gerecht werdende soziologische Zeitdiagnose ist also Freyer zufolge selbst einer konkreten ‚Utopie' verpflichtet. Denn nur durch eine solche exis-tentielle Parteiergreifung sei soziologisches Denken „vom Objekt her" möglich.[37] Freyer stell-te mithin das von Karl Mannheim beschriebene dialektische Verhältnis von *Wissenschaft* und *Utopie* auf den Kopf. Mannheim zufolge ist nämlich ein Akt der Distanzierung von der eige-nen Standortgebundenheit die notwendige Voraussetzung dafür, daß die Soziologie gegenüber

---

34   Seine Distanzierung von den faschistischen Bewegungen seiner Zeit sowie die entsprechenden lebensphilo-sophischen Implikationen seines wissenssoziologischen Ansatzes werden besonders in der Vorlesung über „Allgemeine Soziologie" deutlich, die Mannheim im Sommersemester 1930 an der Universität Frankfurt gehalten hatte und die in einem entsprechenden Quellenband dokumentiert worden ist. Vgl. Karl Mannheim, Allgemeine Soziologie. Mitschrift der Vorlesung vom Sommersemester 1930, in: Martin Endreß / Ilja Srubar (Hrsg.) Karl Mannheims Analyse der Moderne. Jahrbuch für Soziologiegeschichte 1996, Opladen 2000, S. 41-123.

35   Hans Freyer, Soziologie als Wirklichkeitswissenschaft. Logische Grundlegung des Systems der Soziologie, 2. Aufl. Darmstadt 1964, S. 8.

36   Ebd., S. 11.

37   Ebd., S. 298.

den ideologischen und utopischen Strömungen der Gegenwart eine aufklärende Funktion zu übernehmen vermag. Demgegenüber hielt Freyer die „Notwendigkeit der Entscheidung für eine bestimmte Willenslinie in Bezug auf die geschichtliche Entwicklung" für unverzichtbar.[38] Ihm zufolge gilt nämlich das fragwürdige Diktum, daß nur derjenige, der selbst etwas gesellschaftlich erreichen will, zu einer soziologischen Erkenntnis in der Lage sei. Anders gesprochen: „Wahres Wollen fundiert wahre Erkenntnis."[39]

Mit diesem voluntaristischen Glaubenssatz hatte sich Hans Freyer von allen Soziologen der Weimarer Republik am weitesten von dem noch für Max Webers Wissenschaftsverständnis zentralen Prinzip der Wertfreiheit entfernt. Es ist insofern kein Zufall, daß er 1931 in seinem Buch *Revolution von rechts* das Scheitern der einstmals mit positiven Vorzeichen beschriebenen Dialektik der industriellen Klassengesellschaft konstatiert hatte, die nun ganz anderen sozialen Bewegungen und politischen Formationen die Gelegenheit zur Machtergreifung bot.[40] Und es ist auch kein Zufall, daß er es war, der formell die Verantwortung dafür trug, daß die *Deutsche Gesellschaft für Soziologie* 1934 ihre Tätigkeit einstellen mußte und diese erst nach dem Zweiten Weltkrieg wieder aufnehmen konnte.[41]

---

38 Ebd., S. 305.
39 Ebd., S. 307.
40 Vgl. Hans Freyer, Revolution von rechts, Jena 1931.
41 Zu den konkreten Umständen, die 1934 zur Stillegung der Deutschen Gesellschaft für Soziologie geführt hatten, siehe M. Rainer Lepsius, Die Entwicklung der Soziologie nach dem Zweiten Weltkrieg 1945-1967, in: Günther Lüschen (Hrsg.), Deutsche Soziologie seit 1945. Entwicklungsrichtungen und Praxisbezug. (Kölner Zeitschrift für Soziologie und Sozialpsychologie, Sonderheft 21), Opladen 1979, S. 26 ff.; Schelsky, Rückblicke eines „Anti-Soziologen", a.a.O., S. 23 ff.

3. Sprachwandel und Gesellschaftswandel – Zur historischen Semantik von Epochenbegriffen

Gesellschaftsstruktur und Semantik

In den Geistes- und Sozialwissenschaften ist die Auffassung weit verbreitet, daß die zentralen Begriffe, mit denen die Mitglieder einer Gesellschaft ihre eigene Epoche deuten beziehungsweise sich ihrer eigenen geschichtlichen Identität zeitdiagnostisch zu versichern versuchen, ein geistiges Korrelat der jeweils gegebenen Sozialstruktur dieser Gesellschaft darstellen. Ob diese Korrelationsbeziehung zwischen der Ideenevolution und dem Wandel der Sozialstruktur dabei kausaltheoretisch, funktionalistisch oder als dialektischer Vermittlungszusammenhang zwischen dem Allgemeinen und dem Besonderen gedacht wird, ist dabei weniger ausschlaggebend als die in diesem Zusammenhang oftmals anzutreffende Überzeugung, daß der soziale Wandel etwas Primäres, seine geistige Verarbeitung dagegen etwas Sekundäres und meist nachträglich Hinzukommendes sei. Oft wird dabei unterstellt, daß semantische Innovationen grundsätzlich nicht in der Lage seien, entsprechende epochale Veränderungen einzuleiten, sondern sie allenfalls beschließen beziehungsweise nachträglich auf den Begriff zu bringen vermögen. Entsprechend wird auch der Bedeutungswandel von zentralen Begriffen unserer historisch-politischen Semantik nicht als beliebige Variation des Ideengutes einer Epoche verstanden, sondern in Abhängigkeit von dem sozialen Wandel gesehen und zum Gegenstand entsprechender wissenssoziologischer und ideologiekritischer Untersuchungen gemacht. Strittig ist in diesem Zusammenhang dann allenfalls noch die Frage, ob der Bedeutungswandel von zentralen Begriffen unserer historisch-politischen Semantik in kausaler Abhängigkeit zu sozialstrukturellen Veränderungen steht oder ob er diesen gegenüber in einem gewissen Sinne auch eine steuernde beziehungsweise regulierende Funktion zu übernehmen in der Lage ist.

Die erste Position wird bekanntlich im Rahmen der materialistischen Ideologiekritik von Karl Marx und Friedrich Engels vertreten, derzufolge die ‚herrschenden Gedanken‘ immer zugleich die ‚Gedanken der Herrschenden‘ sind. Dabei wird ein grundsätzlicher Primat der jeweils innerhalb einer gegebenen Epoche vorherrschenden ökonomischen Produktionsweise und der ihr entsprechenden Formen des Klassenkampfes unterstellt, der eine isolierte Betrachtung der Entwicklung der jeweiligen Bewußtseinsformationen gleichsam apriorisch unter einen Ideologieverdacht stellt.[1] Entsprechend unterbelichtet bleibt bei dieser Art von Geschichtsbetrachtung die Wahrnehmung möglicher Eigengesetzlichkeiten der Ideenevolution sowie die Widerständigkeit des entsprechenden semantischen Materials gegenüber den im Voraus getroffenen geschichtsphilosophischen Grundannahmen. Ein ‚generalisierter Marxismus‘ hatte dann in der Folgezeit dafür gesorgt, daß innerhalb der modernen Soziolo-

---

[1] Vgl. Karl Marx / Friedrich Engels, Die deutsche Ideologie, in: Werke, Band 3, Berlin 1973, S. 17-77.

gie diese Denkweise gleichsam zu einem Allgemeingut geworden ist, auch wenn es selbst innerhalb dieser Disziplin immer wieder bedeutende Autoren gegeben hat, die sich bewußt gegen einen solchen materialistischen Reduktionismus energisch ausgesprochen haben und die
deshalb die Forderung aufstellten, daß nicht nur die Ideenevolution in Abhängigkeit von der
Entwicklung der jeweiligen Sozialstruktur, sondern auch die Entwicklung der Sozialstruktur
in Abhängigkeit von entsprechenden Entwicklungen des jeweiligen Ideengutes einer Epoche gesehen werden muß.[2] Selbst die etwas versierteren Vertreter der materialistischen Geschichtsbetrachtung räumten in diesem Zusammenhang immerhin ein, daß ein wechselseitiger Vermittlungszusammenhang zwischen dem ‚Sein‘ und dem ‚Bewußtsein‘ bestünde, was
in ihren Augen allerdings noch keine Infragestellung der von ihnen vertretenen Grundüberzeugung bedeutete, daß die Entwicklung des Bewußtseins ‚in letzter Instanz‘ durch entsprechende sozialstrukturelle Entwicklungen bedingt sei.[3]

Wie stark diese Denkweise die Entwicklung der Soziologie im 20. Jahrhundert geprägt
hat, zeigt das beeindruckende Werk von Niklas Luhmann. Denn auch die von ihm vertretene
Variante der Wissenssoziologie geht von der Annahme aus, daß zwischen der Ideenevolution
und der sozialen Evolution ein Verhältnis der ‚Co-Variation‘ besteht, in der die Entwicklung
des Sozialsystems ‚Gesellschaft‘ zum Ausdruck komme. Luhmanns Position gegenüber der
hier zur Diskussion stehenden Grundsatzentscheidung kann dabei als äußerst differenziert,
wenn nicht gar als ambivalent bezeichnet werden. Denn zum einen gesteht Luhmann durchaus die Existenz von sogenannten ‚preadaptive advances‘ zu. Das heißt er vertritt die auch
von anderen System- und Evolutionstheoretikern geteilte Annahme, daß innerhalb der soziokulturellen Evolution oft ein ‚Vorsprung‘ der Ideenevolution gegenüber dem sozialen Wandel
festzustellen sei. In diesem Fall würden in dem semantischen Bestand einer Gesellschaft jene
möglichen Varianten ‚getestet‘, die eines Tages auch zum Ausgangspunkt entsprechender so-
zialstruktureller Entwicklungen werden. Dabei biete die Entwicklung der Semantik einer Gesellschaft gleichsam Lösungen von Problemen an, die sich auf der Ebene der Evolution des Gesellschaftssystems entweder gar nicht oder oft erst zu einem viel späteren Zeitpunkt stellen.[4]

Wichtiger als dieser evolutionäre Sonderfall ist allerdings Luhmanns wissenssoziologische Annahme, daß die gesellschaftliche Evolution gegenüber der Ideenevolution grundsätzlich eine *selektive* Funktion ausübt. Das heißt es wird von ihm zwar anerkannt, daß es auf der
Ebene der Ideenevolution einen semantischen Überschuß gibt, der gar nicht sozialstrukturell
realisiert werden kann und dem insofern evolutionstheoretisch gesprochen eine Variations-
funktion zukommt. Die dauerhafte Stabilisierung von evolutionär erfolgreichen Sinnvarianten
beziehungsweise kognitiven Deutungsmustern sei dagegen Aufgabe des Gesellschaftssystems,
an dessen jeweiligem Entwicklungsstand sich die soziale Produktivität oder Nutzlosigkeit einer semantischen Innovation bemesse. Zentral ist in diesem Zusammenhang ferner Luhmanns

---

2   Vgl. Friedrich H. Tenbruck, Die Aufgaben der Kultursoziologie, in: Kölner Zeitschrift für Soziologie und
     Sozialpsychologie 31 (1979), S. 399-421.

3   Siehe hierzu die entsprechenden brieflichen Äußerungen des alten Friedrich Engels, der sich damit gegenüber
     vulgärmaterialistischen Auffassungen zu verteidigen versucht hatte, wie sie gegen Ende des 19. Jahrhunderts im
     Umkreis der Sozialdemokratischen Partei Deutschlands anzutreffen waren. Vgl. Karl Marx / Friedrich Engels,
     Ausgewählte Briefe, Berlin 1953, S. 548 ff.

4   Vgl. Niklas Luhmann, Gesellschaftsstruktur und Semantik. Studien zur Wissenssoziologie der modernen
     Gesellschaft, Band 1, Frankfurt am Main 1980, S. 49 ff.

Annahme, daß sich die innerhalb einer Gesellschaft jeweils vorherrschende Form der sozialen Differenzierung auch in entsprechenden ‚Leitsemantiken' niederschlägt, mit denen die jeweiligen Zeitgenossen ihre Epoche zu beschreiben versuchen. Für die Entstehung der modernen Gesellschaft unterstellt Luhmann dabei einen Übergang von der einstmals vorherrschenden stratifikatorischen Form der sozialen Differenzierung hin zu einer primär funktionalen Differenzierung des Gesellschaftssystems, der allerdings einen sehr langen Zeitraum umfaßt – vielleicht zu lang, um unter historischen Gesichtspunkten noch instruktiv zu sein. Weiterführend ist in diesem Zusammenhang ferner Luhmanns Überlegung, daß bestimmten semantischen ‚Leitdifferenzen' eine zentrale Rolle bei der funktionalen Ausdifferenzierung der einzelnen gesellschaftlichen Teilsystemen wie der Wirtschaft, dem Recht, der Politik und der Wissenschaft zukomme, die den entsprechenden ‚binären Code' dieser Teilsysteme zum Ausdruck brächten.[5]

Bei der Frage, wie unter diesen spezifisch ‚modernen' Bedingungen überhaupt noch eine einheitliche Beschreibung des Gesellschaftssystems möglich sein soll, kommt Luhmann allerdings zu einem paradoxen Ergebnis. Denn zum einen sind seine wissenssoziologischen Arbeiten durch eine Denkfigur geprägt, die bereits aus der marxistischen Theorietradition bekannt ist: nämlich durch die Vorstellung, daß die ‚Gesellschaft' als ein objektives System in letzter Instanz die Richtung der Ideenevolution vorgibt und daß die entsprechenden semantischen Neuerungen hinsichtlich darauf beurteilt werden müssen, inwiefern sie dem von den einzelnen ‚Meisterdenkern' selbst konstruierten Verständnis von ‚Zeitadäquanz' gerecht werden oder aber nicht. Luhmanns verschiedenen wissenssoziologischen Untersuchungen kommt dabei der gleiche logische Status zu wie den von Marx als Anhang zu seinem Hauptwerk *Das Kapital* beigefügten „Theorien über den Mehrwert"[6]. Denn nicht nur Marx, sondern auch Luhmann mißt die in diesem Zusammenhang vorliegenden ideengeschichtlichen Befunde an seinem eigenen Verständnis des diesbezüglich reifsten Entwicklungsstandes der Wissenschaft – nur daß es sich bei Marx um den zu seiner Zeit erreichten Entwicklungsstand der ökonomischen Wert- und Mehrwerttheorie, bei Luhmann dagegen um die von ihm im Rahmen seiner Systemtheorie unterstellte Entwicklungslogik des modernen Gesellschaftssystems und der ihr entsprechenden Leitsemantiken der einzelnen gesellschaftlichen Teilsysteme handelt. Zum anderen unterstellt Luhmann im Unterschied zu Marx, daß es unter den Bedingungen der Moderne gar keine einheitliche und allgemeinverbindliche Beschreibung des Gesellschaftssystems mehr geben könne. Dies führe notwendigerweise zu einer Vielzahl von ‚Selbstbeschreibungen' des modernen Gesellschaftssystems aus der Perspektive der einzelnen Teilsysteme, die im Prinzip gleichwertig sind und über die deshalb auch nicht nach einem objektiven Wahrheitskriterium entschieden werden kann. Luhmanns eigene soziologische Theorie der Moderne stellt insofern ihrerseits nur eine von verschiedenen Möglichkeiten der Beschreibung der modernen Gesellschaft dar, die sich gegenüber konkurrierenden Beschreibungen bewähren

---

5   Ebd., S. 25 ff.; Siehe in diesem Zusammenhang ferner Niklas Luhmann, "Distinctions directrices". Über Codierung von Semantiken und Systemen, in: ders., Soziologische Aufklärung 4. Beiträge zur funktionalen Differenzierung der Gesellschaft, Opladen: Westdeutscher Verlag 1987, S. 13-31; ferner Rudolf Stichweh, Semantik und Sozialstruktur: Zur Logik einer systemtheoretischen Unterscheidung, in: Soziale Systeme 6 (2000), S. 237-250.

6   Vgl. Marx, Theorien über den Mehrwert, in: Karl Marx / Friedrich Engels, Werke, Band 26 (in drei Teilbänden), Berlin 1974.

muß. Sie selbst allein schon aufgrund ihrer Abstraktheit und Komplexität gegenüber diesen konkurrierenden Beschreibungen für ‚überlegen‘ zu halten, käme deshalb einer Petitio principii gleich, auch wenn Luhmann – unbeabsichtigt oder nicht – selbst viel zur Verbreitung dieses Mißverständnisses beigetragen hat.[7]

Max Weber ist zweifelsohne einer der bekanntesten unter jenen Autoren, die nicht nur die Eigengesetzlichkeit der Ideenevolution, sondern auch ihre regulierende Funktion im Hinblick auf die prinzipiell möglichen Richtungen des sozialen Wandels hervorgehoben haben. Von ihm stammt das berühmte Diktum, daß es zwar materielle wie immaterielle ‚Interessen‘ sind, die dem menschlichen Handeln als Antriebskraft zugrunde liegen, daß aber die ‚Weltbilder‘, welche durch ‚Ideen‘ geschaffen wurden, „sehr oft als Weichensteller die Bahnen bestimmt [haben], in denen die Dynamik der Interessen das Handeln fortbewegte“[8]. In seinem umfangreichen historischen und soziologischen Werk gibt es eine ganze Reihe von Beispielen, die deutlich machen, wie ernst Weber das Bedürfnis des Menschen nach einer intellektuell kohärenten Deutung der Welt genommen hat. Ihm zufolge gibt es nämlich ein grundlegendes humanes Bedürfnis nach Sinndeutung, das nicht weiter sozial abgeleitet werden kann, obgleich es primär in bestimmten sozialen Schichten anzutreffen sei und selbst zum Ausgangspunkt von gesamtgesellschaftlich relevanten Rationalisierungs- und Intellektualisierungsprozessen werden könne. Seine vergleichenden religionssoziologischen Untersuchungen sind dabei so angelegt, daß sie alle vom selben religiösen Grundproblem ausgehen – nämlich dem Problem der Sinngebung des menschlichen Leidens sowie der Rechtfertigung der ungleichen Verteilung des Glücks und Unglücks in der Welt – wobei er dann aufzeigt, welche Wege die einzelnen Weltreligionen gewählt haben, um für dieses Problem eine zufriedenstellende Lösung zu finden. Bemerkenswert ist ferner, daß es sich für Weber dabei um ein rein intellektuelles Problem handelt, das allerdings massive praktische Konsequenzen für die jeweilige Lebensführung der davon betroffenen sozialen Schichten hat. Das von ihm in diesem Zusammenhang betonte „Gebot der Konsequenz“ kann dabei geradezu als Eigenart der weltgeschichtlichen Mission der ‚Intellektuellen‘ betrachtet werden, wobei der Begriff des ‚Intellektuellen‘ bei ihm allerdings so weit gefaßt ist, daß er sowohl vornehme Priesterstände adeliger Herkunft als auch Heilsverkünder kleinbürgerlichen Ursprungs mit einschließt.[9] Entscheidend ist auf jeden Fall, daß Weber ein solches Bedürfnis nach logischer Kohärenz nicht nur als Ausgangspunkt der unterschiedlichen religionsgeschichtlichen Entwicklungen im Orient und Okzident angesehen hatte, sondern auch als Ausgangspunkt von gesellschaftlichen Rationalisierungsprozessen, die im Laufe der europäischen Neuzeit zur Entstehung der modernen Welt geführt haben und die trotz ihres partikularen Ursprungs inzwischen eine universalgeschichtliche Bedeutung gewonnen haben.[10]

---

7   Es wäre reizvoll, auf diese Situation Karl Mannheims Theorem der ‚Leistungskonkurrenz‘ zwischen unterschiedlichen intellektuellen Positionen anzuwenden, das es ermöglichen würde, über Luhmann hinaus zu einer Auflösung der entsprechenden Paradoxie zu gelangen. Dies vorzuführen würde jedoch den Rahmen des vorliegenden Bandes sprengen. Zur Bedeutung von Mannheims Wissenssoziologie, die auch von Luhmann entsprechend gewürdigt worden ist, siehe die noch folgenden Ausführungen.

8   Vgl. Max Weber, Gesammelte Aufsätze zur Religionssoziologie, Band 1, Tübingen 1920, S. 252.

9   Ebd., S. 237 ff. Siehe hierzu auch Gangolf Hübinger, Intellektuelle, Intellektualismus, in: Hans G. Kippenberg / Martin Riesebrodt (Hrsg.), Max Webers „Religionssystematik“, Tübingen 2001, S. 297-313.

10 Weber ging in diesem Zusammenhang so weit, daß er sogar die Entwicklung der ‚musikalischen Ratio‘ als Konsequenz der Rationalisierung eines gegebenen ‚Tonmaterials‘ zu rekonstruieren versucht hatte, was seiner

Von besonderer Bedeutung für Max Webers Umgang mit Rezeptions- und Transformationsprozessen eines vorgegebenen semantischen Materials ist dabei seine Rekonstruktion der Geschichte des Berufsbegriffs, wie er sie im Rahmen seiner *Protestantischen Ethik* vorgenommen hatte. Als Ausgangpunkt der entsprechenden historischen Entwicklung diente ihm die Übersetzung einer Bibel-Stelle aus Jesus Sirach in die deutsche Sprache durch Martin Luther, die nicht aus dem Geist der Bibel selbst, sondern aus dem „Geist der Bibelübersetzung" erfolgt sei. Es handelt sich dabei um die spezifisch neuzeitliche Doppelbedeutung des Wortes ‚Beruf' im Sinne einer rein *weltlichen Berufsarbeit* und im Sinne einer *religiösen Bewährung*, die so in der entsprechenden Jesus-Sirach-Stelle nicht gegeben sei, sondern deshalb als semantische Neuschöpfung Luthers angesehen werden müsse.[11] Nicht diese Luthersche Neuschöpfung, sondern die Eigenart der *Rezeption* dieser ‚Berufsidee' innerhalb der verschiedenen protestantischen Strömungen der Neuzeit war es jedoch, die Webers Neugier und Aufmerksamkeit erregt hatte. Denn während Luthers Berufsauffassung in ökonomischer Hinsicht noch primär ‚traditionalistisch' ausgerichtet gewesen sei, seien die sozialrevolutionären Konsequenzen dieser Gleichsetzung der weltlichen Berufsarbeit mit einer religiösen Bewährung erst im Calvinismus sowie in den verschiedenen Strömungen des ‚asketischen Protestantismus' deutlich geworden.

Der rezeptionsbedingten Weiterentwicklung eines bestimmten religiösen Vorstellungskreises durch die *Interessenlage* unterschiedlicher sozialer Trägergruppen kommt Weber zufolge insofern eine entscheidende ideengeschichtliche Bedeutung zu, die ihrerseits entsprechende sozialstrukturelle Umbrüche zur Folge haben kann. Die von Weber in diesem Zusammenhang betonte „Paradoxie der Folgen" besteht dabei darin, daß der moderne Kapitalismus, obwohl er Weber zufolge zumindest in historischer Hinsicht nicht unwesentlich auf dieser ‚Berufsidee' beruht, dieses religiösen Korsetts heute gar nicht mehr bedarf, weil er nun selbst in der Lage ist, nach eigenen Gesetzen zu funktionieren.[12] Max Weber hatte diesen Befund in seiner berühmten „Zwischenbetrachtung" zu seinen *Gesammelten Aufsätzen zur Religionssoziologie* dahingehend verallgemeinert, daß die ideengeschichtliche Eigengesetzlichkeit der Entwicklung der religiösen Semantik selbst maßgeblich an der Herausbildung und der Bewußtwerdung der Eigengesetzlichkeit der anderen zentralen gesellschaftlichen Funktionssysteme wie der Wirtschaft, der Politik und der neuzeitlichen Wissenschaft beteiligt gewesen sei, die im Laufe der Zeit ihre Eigenständigkeit gegenüber der Religion zu behaupten vermocht hatten.[13]

Max Webers religionssoziologisches Werk kann als Beispiel dafür angesehen werden, wie bestimmte ideengeschichtliche Entwicklungen dergestalt mit entsprechenden sozialstrukturellen Veränderungen verbunden sein können, daß damit nicht nur die Nichtbeliebigkeit innerhalb der historischen Entwicklung bestimmter religiöser Vorstellungskreise, sondern auch ihr Einfluß auf den damit einhergehenden epochalen und sozialen Wandel deutlich werden. Karl Mannheim hatte sich diese Überlegungen im Rahmen seiner wissenssoziologischen Untersuchungen zu eigen gemacht und auf die Entwicklungslogik des historisch-politischen Denkens

---

Meinung nach auch auf diesem Gebiet die Sonderstellung der europäischen Kultur verdeutlicht. Vgl. Christoph Braun, Grenzen der Soziologie. Anmerkungen zum „Musiksoziologen" Max Weber, in: Archiv für Musikwissenschaft LI (1994), S. 1-25.

11   Vgl. Weber, Gesammelte Aufsätze zur Religionssoziologie, Band 1, S. 63 ff.

12   Ebd., S. 202 ff. und 524 ff.

13   Ebd., S. 536 ff.

seit der frühen Neuzeit anzuwenden versucht. Obgleich Mannheim von der grundsätzlichen
‚Seinsverbundenheit' des Denkens ausging, der zufolge in den einzelnen Weltanschauungen
die Lebenserfahrungen bestimmter sozialer Kreise zum Ausdruck kommen, hatte er an drei
verschiedenen Beispielen aufgezeigt, wie sich dennoch gleichsam hinter dem Rücken der
einzelnen sozialen Gruppen und Klassen eine geheime Logik innerhalb der Entwicklung des
weltanschaulichen Wissens Geltung verschafft, die nicht unmittelbar auf entsprechende sozialstrukturelle Befunde zurückgeführt werden kann. Das erste Beispiel bezieht sich auf die
Bedeutung der Konkurrenz im Gebiet des Geistigen, das zweite auf die Entwicklungslogik
des utopischen Bewußtseins und das dritte auf die Entwicklungslogik des modernen Ideologiebegriffs und der damit verbundenen ideologiekritischen Methode. Alle drei Beispiele sind
insofern miteinander verbunden, als sie sich auf die Geschichte der zentralen weltanschaulichen Strömungen seit der frühen Neuzeit beziehen.

Hinsichtlich des Zerfalls der Monopolstellung der katholischen Kirche hatte Mannheim
aufzuzeigen versucht, daß die in diesem Zusammenhang entstandenen großen weltanschaulichen Strömungen sich nicht in beliebiger Richtung entwickelt haben, sondern vermittels des
Gebots der *Leistungskonkurrenz* gezwungen waren, sich mit den verschiedenen gegnerischen
Strömungen auseinanderzusetzen und sich bestimmte Elemente von ihnen selbst anzueignen.
Diese vermittels des Prozesses der Konkurrenz freigesetzte Überbietungslogik hat Mannheim
zufolge dazu geführt, daß im Laufe der europäischen Neuzeit immer wieder neue ‚Synthesen'
zwischen den einzelnen weltanschaulichen Strömungen gebildet wurden, ohne daß dadurch
jedoch der Antagonismus zwischen den einzelnen weltanschaulichen Lagern als solcher in
Frage gestellt worden sei. Ganz im Gegenteil: Man kann nämlich Mannheims diesbezügliche
Ausführungen auch so verstehen, daß mit der zunehmenden Polarisierung und Konzentration
der verschiedenen Geistesströmungen auf wenige große weltanschauliche Lager zugleich eine
Spannungssteigerung zwischen ihren rivalisierenden Geltungsansprüchen stattgefunden hat,
die unter den krisenhaften Bedingungen der Moderne schließlich zu einer *Entscheidung* epochalen Ausmaßes drängten.[14] Bezüglich der Entwicklungslogik des *utopischen* Bewußtseins
hatte Mannheim dagegen eine andere Denkfigur zur Anwendung gebracht. Hier ging er von
dem chiliastischen Bewußtsein der Wiedertäuferbewegung aus, um die sich daran anschließende Entwicklung des utopischen Bewußtseins in Gestalt eines zunehmenden *Spannungsverlustes* zwischen Idee und Wirklichkeit zu beschreiben.[15] Die von ihm dargestellte Entwicklung des *Ideologiebegriffs* folgt wiederum einer anderen Logik. Hier ist es die zunehmende
Verallgemeinerung eines ursprünglich noch partikularen Ideologieverständnisses, die allmählich zu einer Universalisierung des Ideologieverdachtes geführt habe, der sich schließlich keine weltanschauliche Strömung mehr entziehen könne. Mannheim hatte aus dieser Not eine
Tugend gemacht und die moderne Wissenssoziologie nicht nur als Radikalisierung eines solchen ideologiekritischen Verfahrens angesehen, sondern ihr zugleich die Aufgabe zugesprochen, darüber zu entscheiden, welches Denken auf der Höhe der Zeit steht und welches nicht.

---

14   Vgl. Karl Mannheim, Wissenssoziologie, Berlin / Neuwied 1964, S. 566 ff.
15   Vgl. Karl Mannheim, Ideologie und Utopie, 5. Aufl. Frankfurt am Main 1969, S. 169 ff. Siehe hierzu auch
     Klaus Lichtblau, Karl Mannheim und das Problem der historischen Zeit, in: Bálint Balla / Vera Sparschuh /
     Anton Sterbling (Hrsg.), Karl Mannheim. Leben, Werk, Wirkung und Bedeutung für die Osteuropaforschung,
     Hamburg 2007, S. 11-19 (in diesem Band S. 353 ff.).

Dies setzt aber Kriterien voraus, die konsensfähig sind und die dadurch im Widerspruch zu bestimmten Grundannahmen der Mannheimschen Wissenssoziologie stehen.[16]

Den von Max Weber und Karl Mannheim vorgenommenen Untersuchungen lassen sich zwei verschiedene Modelle entnehmen, die es ermöglichen, die Nichtbeliebigkeit der Variation innerhalb der Entwicklung eines bestimmten Ideengutes nachzuweisen und diese mit entsprechenden sozialstrukturellen Befunden zu verbinden. Das erste Modell bezieht sich auf den von Max Weber beschriebenen Prozeß der Rationalisierung und Systematisierung einer gegebenen semantischen Überlieferung gemäß dem intellektuellen Bedürfnis nach logischer Kohärenz und Konsequenz. Es ist unschwer zu erkennen, daß auch Mannheims Darstellung der geschichtlichen Entwicklung des Ideologiebegriffs diesem Muster folgt und daß dieses insofern über einen rein religionssoziologischen Kontext hinaus wissenssoziologisch verallgemeinert werden kann. Das zweite Modell hatte Karl Mannheim im Rahmen seiner wissenssoziologischen Arbeiten selbst entwickelt. Es handelt sich dabei um das Modell der Spannungssteigerung und des Spannungsverlustes zwischen einer semantischen Innovation und ihrer Transformation auf dem Wege der Rezeption und Diffusion. Eindrucksvolle Beispiele hierfür sind Mannheims Untersuchungen über die Bedeutung der Konkurrenz im Gebiet des Geistigen und die Entwicklungsgeschichte des utopischen Bewußtseins seit der frühen Neuzeit.

Es gibt aber noch ein weiteres Modell, das weder von Max Weber noch von Karl Mannheim in Erwägung gezogen worden ist und das für eine Rekonstruktion und Interpretation jener ideengeschichtlichen Befunde herangezogen werden sollte, bei denen die beiden ersten Erklärungsmodelle offensichtlich versagen, weil sie einer linearen Entwicklungslogik folgen, die nicht mit allen überlieferten begriffs- und ideengeschichtlichen Befunden in Übereinstimmung zu bringen ist. Bezeichnenderweise ist dieses dritte Modell nicht im Kontext eines heilsgeschichtlichen Modells entwickelt worden, wie es im Rahmen der christlichen Überlieferung anzutreffen ist, sondern in einem ‚mytho-logischen' Zusammenhang. Es handelt sich dabei um das Modell des *Themas mit Variation*, wie es in der Mythenanalyse des französischen Ethnologen Claude Lévi-Strauss am eindrucksvollsten entwickelt worden ist. Dieser hatte im Rahmen seiner der strukturalistischen Methode verpflichteten Mythenanalyse den Vorschlag gemacht, die Vielzahl der bei nordamerikanischen Indianerstämmen anzutreffenden mythischen Erzählungen auf einen jeweils dazu passenden Grundmythos zurückzuführen, wobei die verschiedenen, empirisch anzutreffenden Varianten dieses Grundmythos dann gemäß einer *Logik der Transformation* aus diesem Grundmythos abgeleitet werden könnten. Lévi-Strauss orientierte sich in diesem Zusammenhang unter anderem an dem Modell der von Noam Chomsky entwickelten generativen Transformationsgrammatik, die programmatisch den Anspruch verfolgt, ausgehend von einer bestimmten ‚Sprachkompetenz' beziehungsweise einem feststehenden Inventar an sprachlichen Regeln alle in der konkreten Sprachpraxis anzutreffenden Sprech- und Schreibweisen logisch abzuleiten. Eine solche generative Transformationsgrammatik gibt also im Idealfall an, welche verschiedenen Möglichkeiten des korrekten Sprachgebrauchs es im Hinblick auf ein invariantes und insofern ein für allemal festgelegtes grammatikalisches Regelwerk gibt. Im Rahmen der Freudschen Topik entspricht ihr der Bereich des

---

16   Vgl. Ideologie und Utopie, S. 49 ff. Zu dem gegenüber Mannheims Wissenssoziologie wiederholt geltend gemachten Vorwurf des Relativismus siehe die entsprechenden Stellungnahmen von Herbert Marcuse und Max Horkheimer in: Volker Meja / Nico Stehr (Hrsg.), Der Streit um die Wissenssoziologie, Band 2, Frankfurt am Main 1982, S. 459 ff.

Unbewußten, dem laut Freud und seinen Anhängern ebenfalls jene Regeln entnommen werden können, vermittels denen bestimmte menschliche Verhaltensweisen und entsprechende sprachliche Symbolisierungen überhaupt erst als *sinnhafte* Äußerungen erschlossen werden können, auch wenn es sich in diesem Fall um einen klinischen Zusammenhang handelt, den sich Chomsky und Lévi-Strauss in dieser Form nicht zu eigen gemacht haben.[17]

Die Frage, die sich in diesem Zusammenhang stellt, lautet: Gibt es auch außerhalb des engeren Kontextes der strukturalen Mythenanalyse semantische Bestände, die aufgrund ihrer internen Struktur gleichsam apriorisch eine bestimmte Art der Rezeption vorgeben, die man gemäß dem Modell des ,Themas mit Variation' und einer entsprechenden Transformationslogik beschreiben und rekonstruieren kann? Ist es in einem solchen Fall ferner möglich, daß wir diesen Transformationsprozeß zugleich in Gestalt einer ,ewigen Wiederkehr des Gleichen' beschreiben können? Diese Frage ist dabei nicht so zu verstehen, daß es sich bei diesem ,Gleichen' notwendigerweise um die unverwechselbare Identität eines ,zeitlosen' Sinngehaltes handeln muß. Vielmehr sind damit bestimmte Formen von Rezeptions- und Transformationsprozessen gemeint, die als *Entfaltung einer Differenz im Sinne einer sich ständig vermehrenden Bedeutungsvielfalt* verstanden werden können.[18] Falls sich solche Formen der Rezeption und Transformation bestimmter vorgegebener semantischer Bestände finden lassen, stellt sich ferner die Frage, wie die damit notwendigerweise verbundene ,Einheit der Differenz' in Gestalt einer *begriffenen Geschichte* dargestellt werden kann. Denn im Unterschied zur Mythenanalyse hilft uns im Bereich der historisch-politischen Semantik nicht die strukturalistische Sprachwissenschaft weiter, sondern eine professionell betriebene *Begriffsgeschichte*, die in der Lage ist, das Verhältnis zwischen dem Sprachwandel und dem entsprechenden sozialen Wandel adäquat zu erfassen.[19]

Im Folgenden sollen diese theoretischen Überlegungen anhand eines konkreten Beispiels auf die historische Semantik von *Epochenbegriffen* angewendet werden. Ob sich die in diesem Zusammenhang gewonnenen Ergebnisse dabei auch auf andere Fälle übertragen lassen, bleibt weitergehenden Untersuchungen vorbehalten. Es handelt sich im vorliegenden Fall zunächst nur um den Versuch, die mit dieser Form der Analyse verbundenen Problemstellungen in exemplarischer Weise deutlich zu machen.

---

17 Vgl. Claude Lévi-Strauss, Strukturale Anthropologie, Frankfurt am Main 1967, S. 226 ff.; ders., Mythologica, 4 Bände, Frankfurt am Main 1971-1975; ders., Mythos und Bedeutung, Frankfurt am Main 1980, S. 140 ff.; Noam Chomsky; Aspekte der Syntax-Theorie, Frankfurt am Main 1969; ders., Regeln und Repräsentationen, Frankfurt am Main 1981.

18 Vgl. Klaus Lichtblau, Transformationen der Moderne, Berlin / Wien 2002, S. 15. Ich schließe mich in diesem Zusammenhang der Reformulierung von Nietzsches Theorem der ,ewigen Wiederkehr des Gleichen' an, wie sie von dem französischen Philosophen Gilles Deleuze vorgenommen worden ist. Vgl. ders., Nietzsche und die Philosophie, München 1976, S. 52 ff.; ferner ders., Differenz und Wiederholung, München 1992.

19 Ein weiteres Modell, vermittels dem man bestimmte Erscheinungsformen der ideengeschichtlichen Evolution rekonstruieren kann, ist das der *Rückkehr zu den Ursprüngen,* wie es insbesondere in religionsgeschichtlichen Zusammenhängen in fruchtbarer Weise zur Anwendung gebracht worden ist. Max Scheler hatte in seinen wissenssoziologischen Arbeiten dabei den Nachweis zu erbringen versucht, daß es vermittels solcher religiösen Reformationen jedoch bisher noch niemals gelungen ist, den ursprünglichen Sinn der jeweils als ,heilig' angesehenen Texte beziehungsweise Kontexte wieder herzustellen. Vielmehr stellen solche reformatorischen Bestrebungen ihrerseits einen zentralen Motor für eine ständige Erzeugung von neuen Differenzen dar, die – einmal in die Welt gesetzt – dann nicht mehr unter Kontrolle zu bringen sind. Ich neige deshalb dazu, dieses Modell der Ideenevolution als Subtypus des Modells ,Thema mit Variationen' anzusehen. Vgl. Max Scheler, Die Wissensformen und die Gesellschaft, 3. Aufl. Bern 1980, S. 108 ff.

Der epochale Charakter der ‚Neuzeit' und der ‚Moderne'

Unter ‚Epochenbegriffen' werden im Folgenden Semantiken verstanden, mit denen der Versuch gemacht wird, sowohl den ‚Geist der Zeit' als auch die Eigenart der Sozialstruktur innerhalb eines bestimmten historischen Zeitraums zum Ausdruck zu bringen. Dieser Versuch kann entweder von den jeweiligen historischen Akteuren selbst unternommen werden oder aber aus der zeitlichen Distanz des Historikers nachträglich erfolgen. Im letzteren Fall gilt dabei die Regel, daß die begrifflichen Konstruktionen des Historikers in Übereinstimmung mit dem überlieferten historischen Quellenmaterial stehen müssen.[20] Dies ändert aber nichts an der Tatsache, daß bestimmte *Epochenschwellen* erst nachträglich durch die Arbeit der Historiker in das öffentliche Bewußtsein getreten sind. Ein zentrales Beispiel hierfür, auf das Reinhart Koselleck in seinen Arbeiten aufmerksam gemacht hat, ist die Erfindung der ‚Neuzeit' im Laufe des 18. Jahrhunderts. Obgleich der Beginn der Neuzeit üblicherweise mit der Renaissance beziehungsweise der Reformation und den großen Entdeckungen der seefahrenden Nationen Europas in Zusammenhang gebracht wird, gelingt Koselleck der Nachweis, daß der Begriff *Neuzeit* selbst ein Produkt der Quellenkritik des 18. Jahrhunderts darstellt. Das heißt, daß erst im Laufe des 18. Jahrhundert sich allmählich das Bewußtsein durchgesetzt hat, „seit drei Jahrhunderten in einer neuen Zeit zu leben, die sich, und das nicht ohne Emphase, als eigene Periode von den vorangegangenen unterscheidet"[21].

Diese Aussage steht in Übereinstimmung mit der von Ernst Troeltsch und auch von Max Weber geteilten Annahme, daß das Reformationszeitalter noch mehr Gemeinsamkeiten mit dem vermeintlichen ‚Mittelalter' gehabt habe als mit der ‚Moderne'. Troeltsch zufolge hat erst die im 17. und insbesondere 18. Jahrhundert stattfindende *Aufklärung* das Mittelalter beendet. Er schlug deshalb vor, historisch zwischen dem ‚Altprotestantismus' und dem ‚Neuprotestantismus' zu unterscheiden, um diesem Unterschied zwischen der um 1500 einsetzenden ‚Neuzeit' und der erst im 18. Jahrhundert Konturen annehmenden ‚eigentlichen Neuzeit' in religionsgeschichtlicher Hinsicht Rechnung zu tragen. Als Konsequenz dieser grundbegrifflichen Unterscheidung wird dabei das sogenannte ‚konfessionelle Zeitalter' des 16. und 17. Jahrhunderts als eine Zwischen- und Übergangszeit angesehen, wobei heute in der diesbezüglichen Forschung eine Tendenz besteht, den historischen Zeitraum dieser ‚Zwischen- und Übergangszeit' immer weiter auszudehnen.[22]

---

20   Zur Eigenart von Epochenbegriffen und der mit ihnen verbundenen Probleme siehe Wilhelm Kamlah, „Zeitalter" überhaupt, „Neuzeit" und „Frühneuzeit", in: Saeculum 8 (1957), S. 313-332; Ernst Walder, Zur Geschichte und Problematik des Epochenbegriffs „Neuzeit" und zum Problem der Periodisierung der europäischen Geschichte, in: ders. u.a. (Hrsg.), Festgabe Hans von Greyerz zum sechzigsten Geburtstag 5. April 1967, Bern 1967, S. 21-47; ferner Niklas Luhmann, Das Problem der Epochenbildung und die Evolutionstheorie, in: Hans Ulrich Gumbrecht / Ursula Link-Heer (Hrsg.), Epochenschwellen und Epochenstrukturen im Diskurs der Literatur- und Sprachhistorie, Frankfurt am Main 1985, S. 11-33.

21   Reinhart Koselleck, Vergangene Zukunft. Zur Semantik geschichtlicher Zeiten, Frankfurt am Main 1979, S. 318.

22   Vgl. Ernst Troeltsch, Der Historismus und seine Probleme, Tübingen 1922, S. 762 ff.; siehe ferner Walder, Zur Geschichte und Problematik des Begriffs „Neuzeit" und zum Problem der Periodisierung der europäischen Geschichte, S. 23 ff. sowie Heinz Schilling, Am Anfang waren Luther, Loyola und Calvin – ein religionssozio-logisch-entwicklungsgeschichtlicher Vergleich. Antrittsvorlesung 7. Juli 1992, Humboldt-Universität, Berlin 1993.

Reinhart Koselleck zufolge ist der Begriff der ‚Neuzeit' nicht zufällig erst im 18. Jahr-hundert erfunden worden. Er bringt nämlich eine zunehmende Verzeitlichung des historischen Bewußtseins zum Ausdruck, wie sie in dieser Zeit auch anhand verschiedener anderer sprach-licher Neuschöpfungen festgestellt werden kann. Koselleck hat für diesen epochalen Wandel den Begriff der *Sattelzeit* in die historische Forschung eingeführt. Diese den Zeitraum von 1750 bis 1850 umfassenden Veränderungen innerhalb der historisch-politischen Semantik las-sen sich anhand von zahlreichen sprach- und begriffsgeschichtlichen Befunden belegen, wie sie in dem von Koselleck mitherausgegebenen Wörterbuch *Geschichtliche Grundbegriffe* ein-drucksvoll dokumentiert worden sind: „Entsprechende Begriffe tragen ein Janusgesicht: rück-wärtsgewandt meinen sie soziale und politische Sachverhalte, die uns ohne kritischen Kom-mentar nicht mehr verständlich sind, vorwärts und uns zugewandt haben sie Bedeutungen gewonnen, die zwar erläutert werden können, die aber auch unmittelbar verständlich zu sein scheinen. Begrifflichkeit und begreifen fallen seitdem für uns zusammen."[23] Dieser Bedeu-tungswandel innerhalb unserer historisch-politischen Semantik ist Koselleck zufolge durch folgende Charakteristika geprägt: (a) Allgemein läßt sich ein *beschleunigter Erfahrungswan-del* feststellen, der in entsprechenden begrifflichen Neubildungen zum Ausdruck kommt. (b) Es findet in dem Sinne eine *Demokratisierung* statt, daß ursprünglich standesspezifische Aus-drucksfelder zunehmend ausgeweitet werden. (c) Es findet zugleich dergestalt eine *Verzeit-lichung* der entsprechenden Bedeutungsgehalte statt, daß zunehmend Begriffe auftauchen, welche die geschichtliche Zeit selbst thematisieren und ihr eine historisch neue Qualität zu-sprechen; Beispiele hierfür sind die Begriffe ‚Fortschritt', ‚Entwicklung', ‚Geschichte' und ‚Revolution'. (d) Viele Begriffe nehmen aufgrund ihrer Substantivierung einen *ideologischen* Charakter an; entsprechende Kollektivsingulare wie ‚Freiheit' und ‚Gerechtigkeit' sind da-bei durch ihre Allgemeinheit und Mehrdeutigkeit gekennzeichnet. (e) Der Sprachgebrauch unterliegt zunehmend einer Tendenz zur *Politisierung*; dies kommt unter anderem darin zum Ausdruck, daß die zentralen geschichtlichen Begriffe im Sinne von asymmetrischen Gegen-begriffen kontradiktorisch aufeinander bezogen sind.[24]

Koselleck zufolge sind Veränderungen innerhalb des politisch-sozialen Sprachgebrauchs der Neuzeit zugleich dann Indizien für einen epochalen Wandel, wenn sie diesen Kriterien ent-sprechen. Die von ihm aufgestellten Kriterien sind dabei auf die Geburt der ‚modernen Welt' bezogen. Das heißt sie nehmen auf ein sprachlich artikuliertes Epochenbewußtsein Bezug, das sich selbst als ‚neu' beziehungsweise ‚neuzeitlich' empfunden hatte und in dieser Form auch von einem außenstehenden Betrachter gemäß objektiv nachvollziehbaren Kriterien beschrieben werden kann. Sollte dies zutreffen, so müßten für die Feststellung anderer Epochenschwellen wie zum Beispiel dem Übergang von der ‚Antike' in das ‚Mittelalter' andere Kriterien als die von Koselleck genannten entwickelt werden. Im Folgenden soll jedoch einer anderen Frage-stellung nachgegangen werden: nämlich der Frage, was bei allen zu berücksichtigenden histo-rischen Differenzen die verschiedenen Epochenschwellen eigentlich miteinander gemein ha-ben. Die These, die in diesem Zusammenhang vertreten werden soll, lautet dabei, daß dieses Gemeinsame in der Handhabung der Unterscheidung zwischen ‚alt' und ‚neu' besteht. An-

---

23   Otto Brunner / Werner Conze / Reinhart Koselleck (Hrsg.), Geschichtliche Grundbegriffe. Historisches Lexikon
      zur politisch-sozialen Sprache in Deutschland, Band 1, Stuttgart: 1972, S. XV.
24   Ebd., S. XVI-XVIII.

ders gesprochen: Die einzelnen Epochen lassen sich dahingehend unterscheiden, wie sie diese ,Leitdifferenz' jeweils grundbegrifflich entfalten und konkret ausgestalten.

Entsprechende lexikalische Befunde legen nahe, daß eine solche Reformulierung der Problemstellung zugleich auf die Notwendigkeit einer historischen Rekonstruktion der Entwicklung und Transformation der *Modernitätssemantik* verweist. Denn alle mit dem Epitethon ,modern' gebildeten Wortschöpfungen und Gegensatzbildungen können selbst auf eine entsprechende Handhabung der Differenz zwischen ,alt' und ,neu' zurückgeführt werden. Diese Unterscheidung entspricht insofern dem, was Claude Lévi-Strauss im Rahmen seiner Mythenanalyse als *Mythem* bezeichnet hatte.[25] Das heißt es handelt sich im vorliegenden Fall um ein zweiwertiges Paradigma, das die unterschiedlichsten sprachlichen und begrifflichen Erscheinungsformen annehmen kann, die selbst wieder in einer engen Beziehung zueinander stehen – nur daß im Unterschied zur strukturalen Mythenanalyse die dabei stattfindenden Bedeutungsverschiebungen und -veränderungen keiner bereits vorab feststehenden Transformationslogik folgen, sondern einen spezifisch *historischen* Transformationsprozeß der entsprechenden semantischen Unterscheidungen widerspiegeln.

Dies soll im Folgenden stichwortartig anhand der historischen Entwicklung der Modernitätssemantik exemplarisch verdeutlicht werden. Es wird dabei weder Vollständigkeit noch Originalität der Darstellung beansprucht, sondern allein der Nachweis zu erbringen versucht, daß diese Entwicklung tatsächlich als die „Entfaltung einer Differenz im Sinne einer sich ständig vermehrenden Bedeutungsvielfalt"[26] verstanden werden kann. Und es wird auch nicht behauptet, daß alle bisher historisch proklamierten Unterscheidungen zwischen dem ,Alten' und dem ,Neuen' auch einem epochalen sozialen Wandel entsprechen. Es liegt allerdings die Wahrscheinlichkeit nahe, daß zumindest letzterer nicht völlig unabhängig von entsprechenden semantischen Veränderungen stattfindet, so daß wir es im günstigsten Fall hier zwar mit einer notwendigen, nicht aber mit einer hinreichenden Bedingung für die Feststellung von ,Epochenschwellen' zu tun hätten, denen zugleich eindeutige sozialstrukturelle Veränderungen zugeordnet werden können. Im Übrigen gilt auch in diesem Fall der Grundsatz, daß die Mechanismen der *Variation* und der *Selektion* in evolutionärer Hinsicht aufeinander bezogen sind. Das heißt, es ist von einem prinzipiellen Überschuß der *Ideenevolution* gegenüber der *sozialen Entwicklung* auszugehen. Und nicht alle semantischen Innovationen setzen sich langfristig durch, sondern nur solche, die den historischen Härtetest der Selektion bestehen, weil sie sich als brauchbar erwiesen haben, um einen entsprechenden sozialen Wandel begrifflich zum Ausdruck zu bringen.

Folgt man den einschlägigen lexikalischen Darstellungen, so tritt die begriffliche Unterscheidung zwischen ,alt' und ,neu' erstmals gegen Ende des 5. Jahrhunderts unserer Zeitrechnung auf. Die Unterscheidung zwischen *modernus* und *antiquitas* ist von Gelasius dabei bezeichnenderweise zur Kennzeichnung des Übergangs von der heidnischen Antike zur christlichen Zeit verwendet worden.[27] Im Mittelalter ist das entsprechende Zeitbewußtsein

---

25   Vgl. Lévi-Strauss, Strukturale Anthropologie, S. 231 ff.

26   Lichtblau, Transformationen der Moderne, S. 15.

27   Vgl. Fritz Martini, Art. „Modern, Die Moderne", in: Werner Kohlschmidt / Wolfgang Mohr (Hrsg.), Reallexikon der deutschen Literaturgeschichte, Band 2, Berlin 1965, S. 391-415; Hans Robert Jauß, Antiqui / moderni (Querelles des Anciens et des Modernes), in: Joachim Ritter / Karlfried Gründer (Hrsg.), Historisches Wörterbuch der Philosophie, Band 1, Basel 1971, Spalte 410-414; ders., Literaturgeschichte als Provokation, Frankfurt

primär durch die heilsgeschichtliche Überlieferung geprägt, wie sie in den biblischen Quellen zum Ausdruck kommt. Innovativ ist dabei jedoch der Bernhard von Chartres zugeschriebene Gedanke, daß seine eigene Generation auf den Schultern von Riesen stünde, daß sie aber dennoch den Vorzug hätte, gegenüber den Geistesriesen der antiken Welt immerhin ein klein wenig weiter zu sehen.[28] Kündigte sich hierbei bereits eine bescheidene Vorstellung von ‚Fortschritt' der eigenen Zeit gegenüber der antiken Welt an, so zeichnet sich die weitere Entwicklung dadurch aus, daß dieser sogenannte ‚Fortschritt' später zum eigentlichen Kennzeichen der *Neuzeit* – nun allerdings in Abgrenzung von dem vermeintlich ‚finsteren' Mittelalter – erhoben worden ist.

Eine besondere Bedeutung kommt in diesem Zusammenhang dem gegen Ende des 17. Jahrhunderts innerhalb der französischen Frühklassik geführten Streit zwischen den ‚Alten' und den ‚Neuen' zu, weil als sein Resultat nicht nur eine ästhetische Gleichwertigkeit zwischen den Anhängern der antiken Kunst und den Anhängern der zeitgenössischen Kunst anerkannt worden ist, sondern das ‚Neue' sich selbst als wertschöpfend behaupten konnte. Folgt man den einschlägigen Kennern der Materie, so hat hier erstmals eine Historisierung der Vorstellung des ‚Schönen' stattgefunden, die in der Folgezeit nicht nur auf ästhetischem Gebiet, sondern auch im Bereich der Geschichtsphilosophie erhebliche Konsequenzen hatte.[29] Zu einer radikalen epochalen Abwertung der Vergangenheit zugunsten der eigenen Gegenwart ist es allerdings erst im Laufe des 18. und 19. Jahrhunderts gekommen. Dieses Bewußtsein von der eigenen Überlegenheit kommt dabei unter anderem in der sprachlichen Neuschöpfung des Begriffs ‚Neuzeit' und mit ihm verwandter Kollektivsingulare zum Ausdruck, wie sie in dem bereits zitierten Wörterbuch *Geschichtliche Grundbegriffe* beschrieben worden sind.

Eigentümlich ambivalent ist dagegen das Verhältnis zwischen den Begriffen ‚Neuzeit' und ‚Moderne'. Denn während wir heute gewohnt sind, das Wort ‚modern' mit dem Prädikat ‚fortschrittlich' gleichzusetzen, verdankt sich der erstmals bei Charles Baudelaire festzustellende substantivische Gebrauch dieses Wortes einer radikalen Absage gegenüber jeder Art von Fortschrittsutopie. Bezeichnenderweise tritt diese spezifische Vorstellung von *Modernität* wiederum erstmals im Rahmen eines ästhetischen Diskurses auf. Sie ist zugleich ein Beleg dafür, daß sich der in der Soziologie später üblich gewordene synonyme Gebrauch der Begriffe ‚Neuzeit' und ‚Moderne' offensichtlich anderen Umständen verdankt als der von Baudelaire gemachten epochalen Erfahrung. Denn Baudelaire hatte nicht nur das Scheitern der bürgerlichen Revolution von 1848 vor Auge, deren leidenschaftlicher Anhänger er ursprünglich war, sondern das Scheitern jedes Versuchs, ästhetische Innovationen im Sinne einer geschichtsphilosophischen und politischen Vorstellung von ‚Fortschritt' zu deuten. Das ‚Schöne' in der mo-

---

am Main 1970, S. 16 ff.; siehe ferner Hans Ulrich Gumbrecht, Art. „Modern, Modernität, Moderne", in: Otto Brunner / Werner Conze / Reinhart Koselleck (Hrsg.), Geschichtliche Grundbegriffe. Historisches Lexikon zur politisch-sozialen Sprache in Deutschland, Band 4, Stuttgart 1978, S. 93-131.

28   Jauß, Literaturgeschichte als Provokation, S. 20 f. Zur beeindruckenden Wirkungsgeschichte dieser Metapher siehe auch die einschlägige Studie von Robert K. Merton, Auf den Schultern von Riesen. Ein Leitfaden durch das Labyrinth der Gelehrsamkeit, Frankfurt am Main 1989.

29   Vgl. Hans Robert Jauß, Ästhetische Normen und geschichtliche Reflexion in der ‚Querelle des Anciens et des Modernes', München 1964; ders., Literaturgeschichte als Provokation, a.a.O., S. 29 ff.; siehe ferner Werner Krauss, Der Streit der Altertumsfreunde mit den Anhängern der Moderne und die Entstehung des geschichtlichen Weltbildes, in: Werner Krauss / Hans Kortum (Hrsg.), Antike und Moderne in der Literaturdiskussion des 18. Jahrhunderts, Berlin 1966, S. IX-LX.

dernen Kunst ist ihm zufolge vielmehr grundsätzlich vieldeutig. Denn es stellt in seinen Augen eine paradoxe Einheit von ‚Flüchtigkeit' beziehungsweise Augenblicksverhaftetheit und ‚Ewigkeit' dar. Die *ästhetische Moderne* ist ihm zufolge insofern in einem doppelten Sinne ‚zeitlos': einmal ist sie zeitlos im Sinne von ‚flüchtig', weil sie als ‚Mode' überhaupt keinen zeitlichen Bestand hat; und zum anderen ist sie im Sinne von ‚ewig' zeitlos, weil jede moderne Kunstrichtung zugleich die Geburt einer zukünftigen *Klassik* beinhaltet.[30]

Es ist offensichtlich, daß sich dieser ästhetische Begriff der Moderne aufgrund der von Baudelaire beschriebenen ‚Doppelnatur' des Schönen jedem Versuch einer eindeutigen geschichtsphilosophischen Vereinnahmung entzieht. Ein ‚Fortschritt' innerhalb der Entwicklung der Kunst ist unter diesen Vorzeichen nicht mehr vorstellbar. Das einzige, was dann noch möglich ist, ist entweder die Vorstellung eines *radikalen Kontinuitätsbruchs*, den jede neu auftretende moderne Kunstströmung immer wieder neu vollzieht, oder aber die Annahme, daß diese insgeheim nichts anderes verkörpert als eine *ewige Wiederkehr des Gleichen*.

Bezeichnenderweise sind in der modernen Kunst beide Möglichkeiten bis ins Extrem durchgespielt worden. Die Behauptung, einen entsprechenden Kontinuitätsbruch zu vollziehen, ist nämlich seit Ende des 19. Jahrhunderts bisher noch von jeder ästhetischen Avantgardebewegung aufgestellt worden. Der Umstand, daß die zeitlichen Abstände zwischen dem Auftreten der einzelnen Avantgarden immer kleiner wurden, führte jedoch schon bald dazu, daß diese sich nicht mehr wechselseitig ablösten, sondern im Modus des Zugleich unmittelbar gegenüberstanden. Diese Gleichzeitigkeit und Gleichwertigkeit der einzelnen Kunstströmungen ist dann als eigentliches Kennzeichen der *Moderne* angesehen worden.[31] Ein solches Verständnis von ‚Moderne' liegt übrigens auch dem wissenssoziologischen Werk von Karl Mannheim zugrunde. Die Moderne stellt Mannheim zufolge nämlich ein *Zeitalter der Krise* dar, das durch ein Überangebot von miteinander konkurrierenden weltanschaulichen Strömungen gekennzeichnet ist und deshalb zu einer *Entscheidung* drängt.[32] Es ist offensichtlich, daß die nachfolgende Soziologengeneration dem Begriff der ‚Moderne' dann eine völlig neue Bedeutung im Sinne der seit dem Ende des Zweiten Weltkrieges vorherrschenden Form der *Modernisierungsforschung* gegeben hat. Seitdem wird in der internationalen Soziologie der Begriff der ‚Moderne' in einem ähnlichen Sinne wie der Begriff der ‚Neuzeit' bei den Historikern gebraucht.[33]

---

30   Vgl. Charles Baudelaire, Das Schöne, die Mode und das Glück, Berlin 1988, S. 20 ff.; Werner Ross, Baudelaire und die Moderne. Porträt einer Wendezeit, München 1993, S. 146 ff.; Jauß, Literaturgeschichte als Provokation, a.a.O., S. 53 ff.

31   Siehe hierzu Hans Martin Enzensberger, Die Aporien der Avantgarde, in: ders., Einzelheiten, Frankfurt am Main 1962, S. 290-315; Winfried Wehle, Avantgarde: Ein historisch-systematisches Paradigma ‚moderner' Literatur und Kunst, in: Rainer Warning / Winfried Wehle (Hrsg.), Lyrik und Malerei der Avantgarde, München 1982, S. 9-40; ferner Hans Robert Jauß, Der literarische Prozeß des Modernismus von Rousseau bis Adorno, in: Ludwig von Friedeburg / Jürgen Habermas, Adorno-Konferenz 1983, Frankfurt am Main 1983, S. 95-130 (hier S. 119 ff.).

32   Vgl. Mannheim, Ideologie und Utopie, a.a.O., S. 51 ff.; Klaus Lichtblau, Kulturkrise und Soziologie um die Jahrhundertwende. Zur Genealogie der Kultursoziologie in Deutschland, Frankfurt am Main 1996, S. 492 ff.

33   Vgl. Rainer Lepsius, Soziologische Theorien über die Sozialstruktur der „Moderne" und die „Modernisierung", in: Reinhart Koselleck (Hrsg.), Studien zum Beginn der modernen Welt, Stuttgart 1977, S. 10-29; Alois Hahn, Theorien zur Entstehung der europäischen Moderne, in: Philosophische Rundschau 31 (1984), S. 178-202; Johannes Berger, Modernitätsbegriffe und Modernitätskritik in der Soziologie, in: Soziale Welt 39 (1988), S. 224-236.

Es ist deshalb kein Zufall, daß die ‚Verabschiedung der Moderne' ihrerseits zunächst wieder im Rahmen der Kunst, Literatur und Architektur, das heißt im Rahmen eines *ästhetischen* Diskurses verkündet worden ist. Die Soziologen sind im Unterschied zu den Philosophen der damit im Zusammenhang stehenden Proklamation eines ‚postmodernen' Zeitalters aus gutem Grund allerdings nur sehr zögerlich oder überhaupt nicht gefolgt. Sie haben statt dessen eine Reihe von eigenen Ersatzbegriffen wie den der ‚Zweiten Moderne', der ‚Reflexiven Moderne' und der ‚Multiple Modernities' gebildet, um damit die Überholtheit eines auf die klassische Industriegesellschaft beziehungsweise auf die Eigenart der westlichen Kultur bezogenes Verständnis von Moderne zum Ausdruck zu bringen. Ein eigens zur Erforschung dieser komplexen Zusammenhänge an der Universität München eingerichteter Sonderforschungsbereich trägt bezeichnenderweise den Titel „Reflexive Modernisierung – Analysen zur (Selbst-)Transformation der industriellen Moderne". Ob es in diesem Zusammenhang gelingen wird, entsprechende epochale Veränderungen glaubhaft nachzuweisen, bleibt abzuwarten.[34]

Auffällig ist, daß heute nicht nur innerhalb der Soziologie eine gewisse Ratlosigkeit im Umgang mit der ‚Moderne' und entsprechenden Epochenbegriffen vorherrscht, wobei die einmütige Verabschiedung der ‚Postmoderne' das auffallendste Kennzeichen der Gegenwart darstellt. Denn die einstmals so heftig geführte Kontroverse zwischen den Anhängern der ‚Moderne' und den Anhängern der ‚Postmoderne' gehört selbst längst der Vergangenheit an. Zwar wird in der Soziologie der Begriff der Moderne auch weiterhin verwendet. Er hat aber inzwischen seine fachwissenschaftliche Unschuld verloren. Auch fehlt ihm heute jene geschichtsphilosophische Bedeutungsaufladung und parteipolitische Instrumentalisierung, die seinen Gebrauch einstmals gekennzeichnet hatten. Überdies ziehen es die Sozialwissenschaften heute in der Regel ohnehin vor, von ‚Globalisierung' statt von ‚Modernisierung' zu sprechen, um den in der Gegenwart festzustellenden epochalen Wandel zu kennzeichnen. Sie handeln sich dabei jedoch statt der in der Modernitätssemantik vorherrschenden *zeitlichen* Paradoxie nun eine neue, nämlich eine *räumliche* Paradoxie ein.[35] Ob dies als Ausdruck eines Lernprozesses zu verstehen ist oder aber eine Verlegenheit im Umgang mit vermeintlichen Epochenbegriffen darstellt, bleibe dahingestellt.

Es gibt jedoch gute Gründe für die Annahme, daß die mit der Unterscheidung zwischen ‚alt' und ‚neu', ‚Antike' und ‚Moderne' sowie ‚Postmoderne' und ‚Moderne' verbundenen semantischen Möglichkeiten inzwischen ausgereizt sind. Wir haben es dabei offensichtlich mit einem intellektuellen Erschöpfungssyndrom zu tun, das auch das avantgardistische Selbstverständnis der modernen Kunst sowie des modernen Intellektuellen zutiefst in Frage stellt. Der damit verbundene Verlust des *utopischen* Bewußtseins hat dabei augenscheinlich zu ei-

---

34 Vgl. S. M. Eisenstadt, Die Vielfalt der Moderne, Weilerswist 2000; Ulrich Beck / Wolfgang Bonß (Hrsg.), Die Modernisierung der Moderne, Frankfurt am Main 2001; Richard Münch, Die Zweite Moderne: Realität oder Fiktion? Kritische Fragen an die „Theorie reflexiver Modernisierung", in: Kölner Zeitschrift für Soziologie und Sozialpsychologie 54 (2002), S. 417-443; Ulrich Beck / Christoph Lau (Hrsg.), Entgrenzung und Entscheidung. Was ist neu an der Theorie reflexiver Modernisierung? Frankfurt am Main 2004; Thomas Schwinn (Hrsg.), Die Vielfalt und Einheit der Moderne. Kultur- und strukturvergleichende Analyse, Wiesbaden 2005.

35 Vgl. Niels Werber, Jenseits der Zeitmauer. Globalisierung als Erbe der Postmoderne?, in: Merkur 594-595 (1998), S. 981-987; Roland Robertson, Glokalisierung: Homogenität in Raum und Zeit, in: Ulrich Beck (Hrsg.), Perspektiven der Weltgesellschaft, Frankfurt am Main 1998, S. 192-220; Helmuth Berking, „Global Flows and Local Cultures". Über die Rekonfiguration sozialer Räume im Globalisierungsprozeß, in: Berliner Journal für Soziologie 8 (1998), S. 381-392.

nem ‚Präsentismus' geführt, in dem die epochalen Differenzen zwischen dem Vergangenen, dem Gegenwärtigen und dem Zukünftigen gänzlich aufgelöst worden sind.[36] Karl Mannheim sprach in Bezug auf eine ganz ähnliche Situation bereits vor vielen Jahren von einer *mythogenen* Geisteslage.[37] Macht es deshalb nicht vielleicht doch einen Sinn, die strukturale Mythenanalyse von Claude Lévi-Strauss auch auf die Entwicklungsgeschichte des ‚neuzeitlichen' Bewußtseins anzuwenden? Dies würde allerdings darauf hinauslaufen, die heimlichen Wahlverwandtschaften zwischen *Mythos* und *Moderne* vielleicht doch etwas ernster zu nehmen, als dies in einem ‚aufgeklärten' Fach wie dem der Soziologie der Fall zu sein scheint.[38]

---

36   So verstehe ich den entsprechenden Diskussionsbeitrag von Jürgen Habermas, Die Krise des Wohlfahrtsstaates und die Erschöpfung utopischer Energien, in: ders., Die neue Unübersichtlichkeit, Frankfurt am Main 1985, S. 141-165.

37   Vgl. Mannheim, Ideologie und Utopie, a.a.O., S. 213 ff.

38   Eine rühmliche Ausnahme bildet in diesem Zusammenhang die einschlägige Untersuchung von Horkheimer und Adorno, die als soziologisch zu bezeichnen allerdings vermessen wäre. Vielmehr entspricht sie dem, was man als eine negative Form von Geschichtsphilosophie bezeichnen könnte. Vgl. Max Horkheimer / Theodor W. Adorno, Dialektik der Aufklärung, Frankfurt am Main 1988. Zum dialektischen Verhältnis zwischen ‚Mythos' und ‚Moderne' siehe ferner die einzelnen Beiträge in: Karl Heinz Bohrer (Hrsg.), Mythos und Moderne, Frankfurt am Main 1983.

4. Aporien des ‚Poststrukturalismus‘

‚Strukturalismus‘ versus ‚ Poststrukturalismus‘

Der sogenannte ‚Poststrukturalismus‘ hat sich inzwischen auch hierzulande erfolgreich in den Geistes- und Kulturwissenschaften eingenistet. Seine seit Ende der 1960er Jahre zu beobachtende Karriere im französischen Geistesleben und seine enorme Resonanz in der angelsächsischen Welt hat offensichtlich dazu geführt, daß mit einiger Zeitverzögerung bestimmte Strömungen innerhalb der Geistes- und Kulturwissenschaften, die hierzulande ursprünglich dem Verdacht ausgesetzt waren, einem neuen politischen ‚Irrationalismus‘ Vorschub zu leisten, heute auch bei uns in verschiedenen Disziplinen zum akademischen Kanon gehören. Der nicht zu übersehende Erfolg der von Niklas Luhmann vertretenen ‚autopoietischen‘ Variante der modernen sozialwissenschaftlichen Systemtheorie im deutschen Sprachraum und die damit parallel einhergehende fortschreitende sozialwissenschaftliche Bedeutungslosigkeit der von Jürgen Habermas im Anschluß an zentrale Denkmotive der Kritischen Theorie entwickelten ‚Theorie des kommunikativen Handelns‘ haben das Ihre dazu beigetragen, einen intellektuellen Diskurs zu begünstigen, der von Anfang an gegen den universalistischen Anspruch gerichtet war, der einstmals mit der europäischen Aufklärung verbunden gewesen ist und von dem auch noch die internationale Arbeiterbewegung, aber auch ein Großteil der verschiedenen Strömungen der ‚Neuen Linken‘ einstmals gezehrt hatten. Doch haben wir es bei diesen inzwischen auch in Deutschland hoffähig gewordenen Varianten des poststrukturalistischen Denkens tatsächlich noch mit jener ‚Subversion des Wissens‘ zu tun, in der zentrale Erfahrungen verarbeitet worden sind, wie sie einstmals mit der Mai-Revolte von 1968 verbunden waren?[1] Und welche Rolle spielte hierzulande die Auseinandersetzung mit dem Poststrukturalismus innerhalb der Neuen Linken, bevor diese sich in der grün-alternativen Bewegung aufzulösen begann?

Diese Frage hat eine Vorgeschichte wie der Poststrukturalismus selbst: nämlich die Rezeption des französischen Strukturalismus in Deutschland, die zugleich die Probleme verdeutlicht, welche ursprünglich mit der intellektuellen Aneignung eines Gedankengutes verbunden waren, das ganz anderen Quellen als der damals noch von der hiesigen Linken favorisierten linkshegelianischen Tradition entstammt. Denn augenscheinlich gab es auch im Falle des Strukturalismus beträchtliche Rezeptionshindernisse zu überwinden, die ein Licht auf die Irritationen innerhalb der deutsch-französischen Verständigungsverhältnisse werfen, wie sie damals auf beiden Seiten des Rheins festzustellen waren. Zwar lassen sich keine klaren Grenzlinien zwischen dem *Strukturalismus* und dem *Poststrukturalismus* ziehen, da es sich in der überwiegenden Mehrzahl um dieselben Denker und zum Teil sogar um dieselben Werke handelt,

---

1   Vgl. Michel Foucault, Von der Subversion des Wissens, hrsg. von Walter Seitter, München 1974.

die einstmals als ‚strukturalistisch', später aber als ‚poststrukturalistisch' bezeichnet worden sind.[2] Gleichwohl fällt auf, daß im ersten Fall bereits in einem sehr frühen Stadium auch im deutschen Sprachraum eine ernstzunehmende intellektuelle Auseinandersetzung mit zentralen strukturalistischen Autoren wie Louis Althusser, Jacques Derrida, Michel Foucault, Jacques Lacan und Claude Lévi-Strauss stattfand.[3] Dagegen überwog im zweiten Fall zunächst eine grundsätzliche Abneigung, sich mit dieser neuen Denkströmung theoretisch auseinanderzusetzen, bis auch hier allmählich eine seriöse akademische Rezeption des Poststrukturalismus einsetzte, die neben Derrida, Foucault und Lacan nun auch das Werk von Jean Baudrillard, Gilles Deleuze und Jean-François Lyotard mit einbezog, während der Marxist Althusser und der Ethnologe Lévi-Strauss bald in den Hintergrund traten und heute offensichtlich ganz dem Vergessen anheim gefallen sind.[4]

Interessant sind auch die Themenschwerpunkte, die in der Auseinandersetzung mit dem Strukturalismus und dem Poststrukturalismus jeweils im Mittelpunkt standen. Waren es im ersten Fall der Vorwurf des ‚Antihistorismus' und des ‚Antihumanismus', der im Zentrum der Erörterung stand, so überwog im zweiten Fall der Vorwurf, daß die postmoderne ‚Vernunftkritik' mit ihrer Verabschiedung der Tradition des okzidentalen Rationalismus zugleich die normativen Grundlagen in Frage gestellt habe, von der jede auf eine emanzipatorische Verbesserung der bestehenden Verhältnisse ausgerichtete Gesellschaftstheorie zehre. Im ersten Fall ist es also die Verkündung des ‚Tod des Menschen' beziehungsweise der ‚Dezentrierung des Subjekts', im zweiten Fall dagegen die Rehabilitierung von Grenzerfahrungen, die ursprünglich dem Bereich der ‚Unvernunft' zugerechnet worden sind, welche die deutschen Kritiker beanstandet hatten.[5]

Doch warum ist die theoretische Verarbeitung der 68er-Bewegung in Frankreich ursprünglich ganz anders verlaufen als in Deutschland? Und warum geriet hier die marxistische Linke zumindest in intellektueller Hinsicht sehr schnell in eine randständige Position, während sie in Westdeutschland und Westberlin zu diesem Zeitpunkt überhaupt erst in größerem Umfang akademisch hoffähig geworden ist, bevor auch hier Mitte der 1970er Jahre die Anzeichen ei-

---

2   Manfred Frank hatte aus diesem Grund den Ausdruck ‚Neostrukturalismus' bevorzugt, um deutlich zu machen, wie stark der Strukturalismus und der Poststrukturalismus trotz einiger eklatanter Unterschiede, auf die noch einzugehen sein wird, miteinander verbunden sind. Vgl. Manfred Frank, Was ist Neostrukturalismus? Frankfurt am Main 1984. Auch Habermas hat diesen Begriff dem des Poststrukturalismus vorgezogen. Vgl. Jürgen Habermas, Der philosophische Diskurs der Moderne. Zwölf Vorlesungen, Frankfurt am Main 1985, S. 7. In der einschlägigen Literatur hat sich jedoch inzwischen der Begriff ‚Poststrukturalismus' durchgesetzt, weshalb ich mich im Folgenden diesem Sprachgebrauch anschließe.

3   Zur deutschen Rezeption des Strukturalismus siehe insbesondere Urs Jaeggi, Ordnung und Chaos. Der Strukturalismus als Methode und Mode, Frankfurt am Main 1968; ders., Theoretische Praxis. Probleme eines strukturalen Marxismus, Frankfurt am Main 1976; Günther Schiwy, Der französische Strukturalismus. Mode – Methode – Ideologie, Reinbek 1969; ders., Neue Aspekte des Strukturalismus, München 1971; Wolf Lepenies / Hans Henning Ritter (Hrsg.), Orte des wilden Denkens. Zur Anthropologie von Claude Lévi-Strauss, Frankfurt am Main 1970; ferner Hermann Lang, Die Sprache und das Unbewußte. Jacques Lacans Grundlegung der Psychoanalyse, Frankfurt am Main 1973.

4   Siehe hierzu die einschlägige Untersuchung von Bernd Neumeister, Kampf um die kritische Vernunft. Die westdeutsche Rezeption des Strukturalismus und des postmodernen Denkens, Konstanz 2000.

5   Vgl. Wolf Lepenies, Der französische Strukturalismus – Methode und Ideologie, in: Soziale Welt 19 (1968), S. 30-327; Wolfgang Hädecke, Strukturalismus – Ideologie des Status quo?, in: Neue Rundschau 82 (1971), S. 45-59; Jean Améry, Bericht über den „Gauchismus", in: Merkur 322 (1975), S. 271-279; ders., Deutschland – Frankreich. Mißverständnisse und Vorurteile des Geistes, in: Neue Rundschau 87 (1976), S. 429-444.

ner tiefen Orientierungskrise des ‚westlichen Marxismus‘ deutlich wurden? Der eigentliche Grund hierfür scheint der zu sein, daß die Erfahrung des Mai 1968 zentrale Grundannahmen des vormals in Frankreich dominierenden strukturalistischen Weltbildes radikal in Frage gestellt hatte, die nun nicht mehr aufrecht zu erhalten waren, sondern nach einem theoretischen Ersatz verlangten. Denn der Strukturalismus entsprach in eigentümlicher Weise einer scheinbar durch das Vorherrschen von anonymen Strukturen gekennzeichneten Gesellschaft, die jeden Versuch einer Veränderung der bestehenden Verhältnisse bereits im Keim zu ersticken drohte. Nicht zufällig beruhte der französische Strukturalismus auf einem linguistischen Ansatz, bei dem das Sprach*system*, nicht aber das konkrete *Sprechen* der Individuen im Zentrum der Theoriebildung stand.[6] Einzelne Vertreter des französischen Strukturalismus haben diesen zentralen Gedankengang, der übrigens in auffallender Übereinstimmung mit bestimmten Grundannahmen der damals vorherrschenden Variante der sozialwissenschaftlichen Systemtheorie stand, unter anderem auf die Untersuchung von archaischen Verwandtschaftsstrukturen und das Studium von verschiedenen historischen Ordnungen des Wissens übertragen sowie für eine Neuinterpretation des historischen Materialismus und der Freudschen Theorie des Unbewußten fruchtbar zu machen versucht.[7]

Das ‚Ereignis‘ des Mai 1968 hatte dieses statische Denkgebäude jedoch mit einem Schlag erschüttert und eine andere Form der theoretischen Verarbeitung der mit ihm verbundenen Erfahrungsgehalte notwendig werden lassen. Bezeichnenderweise erfuhren nun aber nicht die von Jean-Paul Sartre vertretene Praxisphilosophie und die verschiedenen Varianten eines ‚humanistischen‘ Marxismus eine Rehabilitierung, sondern ganz anders gelagerte Denkströmungen. Diese entstammen zum Teil der anarchosyndikalistischen und der surrealistischen Tradition in Frankreich. Zum Teil beruhen sie aber auch auf einer Neubewertung der Werke von Friedrich Nietzsche und Martin Heidegger, wie sie in Frankreich nach dem Zweiten Weltkrieg stattgefunden hatte. An die Stelle der ‚Struktur‘ trat nun das ‚Ereignis‘, ohne daß man dabei jedoch den Versuch unternahm, letzteres in einen größeren geschichtsphilosophischen Zusammenhang zu stellen.[8] Vielmehr besaß diese Aufwertung des Ereignishaften von vornherein eine antimarxistische Stoßrichtung, die sich bald mit einer massiven Kritik an der bisherigen, insbesondere durch Jacques Lacan gepflegten Version der psychoanalytischen Theoriebildung verband. Denn die Versuche der Althusser-Schule, das ‚Subjekt‘ durch eine strukturalistische Variante des Freudo-Marxismus zu rehabilitieren und ihm zumindest innerhalb des eigenen Denkgebäudes eine ideologiekritische Funktion einzuräumen[9], wurde von namhaften ‚Poststrukturalisten‘ wie Gilles Deleuze, Felix Guattari, Michel Foucault und Jean-Françqois Lyotard massiv attackiert. An deren Stelle trat nun eine Philosophie der ‚Macht‘ und des ‚Begehrens‘, die sich insofern dem Vorbild von Nietzsches *Genealogie der*

---

6   Siehe hierzu Manfred Bierwisch, Strukturalismus. Geschichte, Problem und Methoden, in: Kursbuch 5 (1966), S. 77-152; Jean Baptiste Fages, Den Strukturalismus verstehen. Einführung in das strukturale Denken, Gießen 1974, besonders S. 27 ff.; ferner Roland Barthes, Elemente der Semiologie, Frankfurt am Main 1979, S. 49 ff.

7   Vgl. Klaus Lichtblau, Das Zeitalter der Entzweiung. Studien zur politischen Ideengeschichte des 19. und 20. Jahrhunderts, Berlin 1999, S. 191 ff. und 245 ff.

8   Vgl. Roland Barthes, L'Ecriture de l'événement, in: Communications 12 (1968), S. 108-112.

9   Vgl. Louis Althusser, Ideologie und ideologische Staatsapparate, in: ders., Probleme der Marx-Interpretation, Berlin 1973, S. 111 ff.; Louis Althusser, Freud und Lacan / Michel Tort, Die Psychoanalyse im historischen Materialismus, Berlin 1976.

Moral verpflichtet fühlte, als sie sich für die subjektivierenden Auswirkungen von anonymen gesellschaftlichen Machtprozessen und der familialen Kanalisierung des menschlichen Begehrens zu interessieren begann.[10] Was dabei herauskam, war unter anderem eine zeitgemäße Reformulierung von Nietzsches Figur des ‚Übermenschen‘ in Gestalt des schizoiden Menschen sowie eine Romantik der Rebellion, die in den internationalen Gefängnisrevolten der 1970er Jahre, aber auch in der revolutionären Machtergreifung durch die iranischen Mullahs die Gewähr dafür gegeben sah, daß auch heute noch ein erfolgreiches Aufbegehren gegen die vorherrschenden gesellschaftlichen Strukturen möglich sei.[11]

Obgleich der *Anti-Ödipus* von Gilles Deleuze und Félix Guattari bereits 1974 bei einem renommierten Frankfurter Verlag in deutscher Übersetzung erschienen ist, war es jedoch nicht der damals noch in Frankfurt residierende *Suhrkamp-Verlag*, sondern der in Berlin ansässige *Merve-Verlag*, der seit Mitte der siebziger Jahre eine Verbreitung des poststrukturalistischen Gedankenguts im deutschsprachigen Raum zu bewirken vermochte. Diese vornehmlich an ein links-alternatives Milieu gerichteten Übersetzungen von zentralen Aufsätzen und sonstigen Verlautbarungen der französischen ‚Meister-Denker‘, die in kleinen Sammelbänden kostengünstig verlegt worden sind, waren es, nicht aber deren monographischen Hauptwerke, die hierzulande erstmals die Aufmerksamkeit einer breiteren Leserschicht fanden. Konsequenterweise waren es in der Regel auch nicht an der Universität angestellte akademische Intellektuelle, sondern eine bunt zusammengemischte Leserschaft aus der ‚Alternativszene‘, die anhand dieses an ein breites Publikum adressierten Schrifttums die entsprechenden Schlagwörter für die eigene gesellschaftliche Verortung entnommen hatte. Die Kritik an der in Frankreich vorherrschenden Form des akademischen Diskurses, wie sie von den poststrukturalistischen Denkern betrieben worden ist, sowie deren eigenes Kokettieren mit dadaistischem und surrealistischem Gedankengut wurden hierzulande jedoch in bierernster Weise als Absage an theoretische Ansprüche schlechthin mißverstanden und zur Legitimation der eigenen Theoriefeindlichkeit herangezogen, die von Anfang an ein Kennzeichen der deutschen Sponti-Szene gewesen ist. Dadurch wurde bei der akademischen Linken der Eindruck verstärkt, daß der französische Poststrukturalismus eine neue Form des ‚Irrationalismus‘ darstelle, der auf das Entschiedenste zu bekämpfen sei. Unkenntnis der Theoriedebatten, wie sie in Frankreich seit Anfang der 1960er Jahre geführt worden sind, einerseits sowie Verfangenheit in den eigenen intellektuellen Traditionen andererseits trugen das Ihre dazu bei, daß diese Art der deutsch-französischen ‚Verständigung‘ ursprünglich durch zahlreiche Mißverständnisse geprägt gewesen ist. Und auch der Versuch, die französischen Meister-Denker anläßlich des legendären *Tunix-Treffens* von 1978 in West-Berlin als Wortführer der deutschen Alternativszene zu

---

10   Vgl. Gilles Deleuze / Félix Guattari, Anti-Ödipus. Kapitalismus und Schizophrenie I, Frankfurt am Main 1974; Michel Foucault, Überwachen und Strafen. Die Geburt des Gefängnisses, Frankfurt am Main 1976; ders., Sexualität und Wahrheit, Band 1: Der Wille zum Wissen, Frankfurt am Main 1977; Jean-François Lyotard, Ökonomie des Wunsches, Bremen 1984.

11   Vgl. G. Deleuze / F. Guattari / G. Jervis u.a., Antipsychiatrie und Wunschökonomie, hrsg. v. Armando Verdiglione, Berlin 1976; Michel Foucault, Mikrophysik der Macht. Über Strafjustiz, Psychiatrie und Medizin, Berlin 1976; ders., L'esprit d'un monde sans esprit, in: Cláire Brière / Pierre Blanchet, Iran: La révolution au nom de dieu, Paris 1979, S. 225-241.

präsentieren, schlug nicht zuletzt aufgrund der auf beiden Seiten bestehenden Sprachbarrieren gründlich fehl.[12]

Von der Fundamentalopposition zum akademischen Establishment

Was bleibt also als Fazit dieser ersten Phase der Rezeption französischen Gedankenguts innerhalb der deutschen Linken? Eigentlich nicht viel. Deren Spaltung in ein sich der Rekonstruktion der Marxschen Theorie sowie dem Aufbau verschiedener Kaderorganisationen verpflichtet fühlenden Teil einerseits und in eine bunte, jedoch völlig theorielose und zum Teil apolitische Alternativszene andererseits hatte nämlich eine ernsthafte intellektuelle Auseinandersetzung mit diesem Gedankengut zu dieser Zeit eher blockiert als begünstigt. Insofern hat der Poststrukturalismus ursprünglich auch keine nennenswerte Rolle bei dem Versuch einer theoretischen Selbstverständigung der westdeutschen Linken gespielt. Erst Ende der siebziger Jahre hatte im deutschen Sprachraum dann endlich eine produktive theoretische Rezeption von poststrukturalistischem Gedankengut eingesetzt, die in der Folgezeit zunehmend intensiviert worden ist und die schließlich auch in das Frankfurter Mekka der ‚Kritischen Theorie‘ Eingang gefunden hat.[13]

Heute haben sich zentrale poststrukturalistische Denkmotive in den verschiedensten geistes- und kulturwissenschaftlichen Disziplinen erfolgreich durchgesetzt, ohne daß jedoch noch die politischen Konnotationen deutlich werden, die einstmals mit ihnen verbunden waren. Man kann dies auch so verstehen, daß hier auf deutscher Seite eine gewisse ‚Normalisierung‘ im Umgang mit diesem neueren französischen Gedankengut stattgefunden hat, die unumgänglich war, um nicht gänzlich die Anschlußfähigkeit an die in der angelsächsischen Welt geführten Grundlagendiskussionen in den Geistes- und Humanwissenschaften zu verlieren. Es handelt sich in diesem Fall also auch um die Internationalisierung beziehungsweise Globalisierung eines Diskurses, der ursprünglich in Frankreich geführt worden ist und der heute zum selbstverständlichen Arsenal jedes ‚zeitgemäßen‘ Geistes- und Kulturwissenschaftlers gehört.

Die theoretische Verarbeitung der Erfahrung des Mai 1968, wie sie von Frankreich ihren Ausgang nahm, hat also auf zahlreichen Umwegen inzwischen auch die deutsche Intellektuellenszene erreicht, während es um die einstigen Heroen wie zum Beispiel Hegel, Marx und Freud merkwürdig still geworden ist. Hat hier vielleicht eine List der Vernunft letztendlich den Siegeszug der ‚Unvernunft‘ begünstigt? Oder sind ‚Vernunft‘ und ‚Unvernunft‘ doch nicht so fein säuberlich voneinander zu trennen, wie dies einst die fortschrittsoptimistische europäische Aufklärungsphilosophie angenommen hatte? Bereits Descartes hatte ja entsprechende Zweifel angemeldet, die bezeichnenderweise auch in der *Dialektik der Aufklärung* von Horkheimer und Adorno wiederkehren. Von da aus gesehen ist es dann nicht weit, das Verhältnis zwischen *folie* und *déraison* so zu thematisieren, wie dies der ‚Strukturalist‘ Michel Foucault

---

12 Ich kann mich noch lebhaft daran erinnern, wie Michel Foucault persönlich auf einem der dort eingerichteten Diskussionsforen völlig aus dem Zusammenhang gerissen das Wort ergriff und seine auf französisch gehaltenen Ausführungen über die politische Mission des ‚speziellen Intellektuellen‘ vor einem andächtig schweigenden Publikum von seiner auf dieser Veranstaltung anwesenden Gallimard-Übersetzerin simultan übersetzen ließ. Die dort etwas erratisch wirkenden und leider fehlplazierten Äußerungen vermochten jedoch die festliche Stimmung auf diesem wohl größten Treffen der deutschen Alternativszene nicht nachhaltig zu beeinträchtigen.

13 Siehe hierzu die entsprechenden Ausführungen von Bernd Neumeister, Kampf um die kritische Vernunft, a.a.O.

bereits Anfang der 1960er Jahre in einer berühmt gewordenen Untersuchung getan hatte.[14] Offensichtlich läßt sich der Weltgeist auch von den deutschen ‚Meisterdenkern' nicht dauerhaft auf dem Weg hin zu einer höheren Stufe der Vernunft beziehungsweise Unvernunft abhalten.

Doch welches sind die bleibenden Verdienste des Poststrukturalismus? Bei der Beantwortung dieser Frage kann an dieser Stelle natürlich keine Vollständigkeit angestrebt, sondern allenfalls auf eine Reihe von Denkmotiven hingewiesen werden, die zeigen, daß es sich hierbei offensichtlich um mehr handelt als um eine rein zeitbedingte und insofern zur baldigen Vergänglichkeit verurteilte Modeströmung, wie ursprünglich manche ihrer Kritiker offensichtlich geglaubt hatten.[15]

Die vielleicht nachhaltigste Provokation, welche die poststrukturalistische Herausforderung bewirkt hat, betrifft die unter anderem auch von ihr geförderte Delegitimierung der großen geschichtsphilosophischen und metaphysischen ‚Erzählungen'. Die insbesondere durch die Tradition des deutschen Idealismus geprägte Form der materialistischen Ideologiekritik und die ihr zugrunde liegende Entfremdungstheorie beruhten auf einer Reihe von begrifflichen Unterscheidungen, welche die bestehende Welt mit der in ihr angeblich immanent enthaltenen Möglichkeit eines besseren Lebens zu konfrontieren versuchten. Bei Marx und Engels war es die bewußte Organisation der menschlichen Arbeit, welche eines Tages die ‚Anarchie' der kapitalistischen Konkurrenz überwinden sollte. Deshalb war ihre ökonomische Werttheorie so konstruiert, daß sie zugleich die Identität von Kapital und Arbeit aufzeigen sowie die Rückführbarkeit aller ökonomischen Wertbestimmungen auf gesellschaftlich notwendige Arbeitszeit gewährleisten sollte. Sie gingen also von der Existenz eines gesamtgesellschaftlichen Subjektes aus, das innerhalb der bürgerlichen Gesellschaft die anonyme Gestalt des Kapitals angenommen hatte und das dereinst durch eine freie Assoziation der Produzenten abgelöst werden sollte. Und auch die von Sigmund Freud entwickelte psychoanalytische Theorie ging noch von der Vorstellung aus, daß die ins Unbewußte verdrängten traumatischen Urerfahrungen eines Individuums eines Tages wieder der bewußten Kontrolle zugänglich gemacht und ihre pathologischen Wirkungen somit außer Kraft gesetzt werden könnten.

Dieser in den verschiedenen Varianten des Freudo-Marxismus rezipierte und weiterentwickelte Kerngedanke, daß es ein systemisch bewirkter Bewußtwerdungsprozeß sei, der dafür Sorge trage, daß eines Tages an die Stelle des ‚Reichs der Notwendigkeit' das ‚Reich der Freiheit' treten würde, war es, der durch den Poststrukturalismus zutiefst erschüttert worden ist. Nicht zufällig ist an dieser Stelle der Aufschrei derer, die sich ursprünglich dieser ideologiekritischen Tradition verpflichtet gefühlt hatten, am größten gewesen, zumal man den Poststrukturalisten in diesem Zusammenhang unterstellt hatte, mit ihrer Abgrenzung von der dialektischen Form des Denkens zugleich die normativen Grundlagen jeder rationalen Gesellschaftskritik aufgegeben zu haben. Ein neuer ‚Positivismus' sei also an die Stelle eines kritischen Umgangs mit der Realität getreten, während die Poststrukturalisten dem entgegenhielten, daß diejenigen, die von der ‚Kritik' nicht lassen könnten, immer noch dem Zauber der Sprache

---

14   Vgl. Michel Foucault, Folie et déraison. Histoire de la folie à l'âge classique, Paris 1961 (deutsch: Wahnsinn und Gesellschaft. Eine Geschichte des Wahns im Zeitalter der Vernunft, Frankfurt am Main 1969).

15   Dies schließt natürlich die berechtigte Kritik an bestimmten sprachlichen Exzessen der Poststrukturalismus-Rezeption in Deutschland nicht aus, wie sie seinerzeit in einigen Kreisen betrieben worden sind. Siehe hierzu Klaus Laermann, Lacancan und Derridada. Über die Frankolatrie in den Kulturwissenschaften, in: Kursbuch 84 (1986), S. 34-43.

verfallen seien, da sie es ja sei, welche eine rhetorische Unterscheidung zwischen der ‚dies-
seitigen‘ und der ‚jenseitigen‘ Welt ermögliche, die keine Entsprechung in der Realität habe.[16]

Die poststrukturalistische ‚Positivität‘ ist also keine des sprachlichen Zeichens, sondern
eine der Macht und des Begehrens, die sich natürlich unter anderem auch in sprachlichen Texten niederschlägt, aber eben nicht nur in diesen, sondern zum Beispiel auch in entsprechenden Deformierungen der menschlichen Körper. Bezeichnenderweise findet im Poststrukturalismus im Anschluß an Nietzsche eine Ausweitung des Textbegriffs statt, welche die Differenz
‚sprachlich‘ vs. ‚nichtsprachlich‘ hinfällig macht, da nun die Welt selbst als ein unendlicher
Zeichen- und Interpretationsprozeß im Sinne des Aufeinandereinwirkens von unterschiedlichen Kraftquanten verstanden wird. Anstelle der Unterscheidung zwischen ‚Wesen‘ und ‚Erscheinung‘ tritt nun ein Monismus von ‚Kräfteverhältnissen‘, der je nach Ansatz entweder in
der Sprache der ‚Macht‘ oder aber des ‚Begehrens‘ thematisiert wird. Und anstelle einer am
Modell des Selbstbewußtseins orientierten dialektischen Geschichtsbetrachtung tritt eine am
‚Leitfaden des Leibes‘ orientierte kultur- und universalgeschichtliche Betrachtungsweise, die
längst die Vorstellung aufgegeben hat, daß es so etwas wie eine ‚List der Vernunft‘ gebe, welche die Weltgeschichte bewegt.[17]

An dieser Stelle berühren sich die von Deleuze, Guattari, Foucault und Lyotard vorge-
legten Analysen und Interpretationsansätze mit der von Jacques Derrida entwickelten Methode der ‚Dekonstruktion‘ von klassischen philosophischen und literarischen Texten. Derridas
Aufforderung, philosophische Texte als literarische zu lesen und literarische Texte als philosophische, verfolgt nämlich das Ziel, die seit der griechischen Antike anzutreffende Vorherrschaft der *Logik* gegenüber der *Rhetorik* wieder rückgängig zu machen und den ‚Logos‘
selbst auf ein reines Spiel der sprachlichen ‚Differenzen‘ beziehungsweise Unterscheidungen
zurückzuführen. Was einst scheinbar nebensächlich in einem philosophischen Text war, kann
so zum Ausgangspunkt einer völlig neuen Interpretation desselben gemacht werden, die seine herkömmliche Lesart gewissermaßen auf den Kopf stellt. Und das Verstehen von Texten
orientiert sich auch nicht mehr an der Vorstellung der Existenz einer einzigen ‚wahren‘ Interpretation, der man sich sukzessive anzunähern habe, sondern sie geht davon aus, daß Texte
unendlich viele Deutungsmöglichkeiten beinhalten. Anstelle des Modells des ‚geschlossenen‘
Textes tritt also das Modell des ‚offenen‘ Textes. Und anstelle der traditionellen Unterscheidung zwischen dem ‚Lesen‘ und dem ‚Schreiben‘ tritt nun die Vorstellung, daß jedes Lesen
eines Textes immer zugleich auch dessen Neuschreibung beinhalte.[18]

---

16 Vgl. Jean-François Lyotard, Das Patchwork der Minderheiten, Berlin 1977, S. 7 ff.; ders., Intensitäten, Berlin
    1978; S. 93 ff.; ders., Das postmoderne Wissen, Wien 1986; Axel Honneth, Der Affekt gegen das Allgemeine. Zu
    Lyotards Konzept der Postmoderne, in: Merkur 430 (1984), S. 893-902; ders., Kritik der Macht. Reflexionsstufen
    einer kritischen Gesellschaftstheorie, Frankfurt am Main 1986, S. 196 ff.; Hans-Peter Krüger, Postmoderne als
    das kleinere Übel. Kritik und Affirmation in Lyotards „Widerstreit“, in: Michael Brie / Dieter Klein (Hrsg.),
    Umbruch zur Moderne? Kritische Beiträge, Hamburg 1991, S. 195-226.

17 Vgl. Michel Foucault, Nietzsche, die Genealogie, die Historie, in: Von der Subversion des Wissens, a.a.O., S. 83
    ff.; Gilles Deleuze, Nietzsche und die Philosophie, München 1976, S. 7 ff., 45 ff. und 145 ff.; ders., Foucault,
    Frankfurt am Main 1987, S. 99 ff.

18 Vgl. Jacques Derrida, Grammatologie, Frankfurt am Main 1974, S. 16 ff.; ders., Randgänge der Philosophie,
    Wien 1988, S. 29 ff.; Hans Ulrich Gumbrecht, Déconstruction Deconstructed. Transformationen französischer
    Logozentrismus-Kritik in der amerikanischen Literaturtheorie, in: Philosophische Rundschau 33 (1986), S.
    1-35; Jonathan Culler, Dekonstruktion. Derrida und die poststrukturalistische Literaturtheorie, Reinbek 1988;
    Paul de Man, Allegorien des Lesens, Frankfurt am Main 1988, S. 31 ff. und 146 ff.

Überträgt man diesen Kerngedanken auf die bereits von Nietzsche vertretene und später von Deleuze, Foucault und Lyotard übernommene Auffassung der Welt als einem unendlichen Zeichen- und Interpretationsprozeß, so wird deutlich, was der Poststrukturalismus eigentlich beinhaltet: nämlich ein de-zentrisches und an-archisches Weltbild, das offensichtlich ganz anderen Regeln folgt als jene ‚großen Erzählungen‘, von denen die abendländische Philosophiegeschichte so reich an der Zahl ist. Auch wenn diese Absage gegenüber der Metaphysik und Geschichtsphilosophie selbst noch in Form von ‚Erzählungen‘ betrieben wird, haben diese offensichtlich einen ganz anderen Status als die von ihnen verworfenen geschichtsphilosophischen und metaphysischen Konstruktionen. Denn erstens treten sie mit keinem Exklusivitätsanspruch mehr auf, sondern lassen auch noch ganz andere Erzählungen zu, die nicht notwendig im Widerspruch zueinander stehen müssen. Und zweitens haben diese Erzählungen mit der Verabschiedung von übergreifenden geschichtsphilosophischen Wahrheitsansprüchen nun primär einen experimentellen und das heißt immer zugleich auch einen vorläufigen Charakter angenommen. Es handelt sich bei ihnen also um ein Ausmessen von verschiedenen Denkmöglichkeiten, die zum Teil recht radikal ausfallen können und deren Radikalität eher in einem literarischen als in einem genuin politischen Sinn verstanden werden sollte, um an dieser Stelle keinen Kategorienfehler zu begehen und damit in jeder Hinsicht ins Abseits zu geraten. Gleichwohl haben natürlich auch diese Diskurse ‚reale‘ Effekte in dem Sinn, daß sie unsere Art, die Dinge zu betrachten, zu verändern vermögen und uns für Denkmöglichkeiten sensibilisieren können, die das traditionelle philosophische und wissenschaftliche Denken bewußt ausgeschlossen hatte. Der in diesem Zusammenhang wiederholt beklagte ‚Relativismus‘ des poststrukturalistischen Denkens ist doch offensichtlich nur für den bedrohlich, der immer noch an die Existenz der einen großen geschichtsphilosophischen ‚Wahrheit‘ glaubt, von denen es inzwischen ja zur Genüge gibt, ohne daß sich eine von ihnen auf Dauer erfolgreich zu behaupten vermochte.

Die Wahrnehmung geschichtsphilosophischer und weltanschaulicher Relativität ist die eine Seite der Medaille, ihre bewußte theoretische und literarische Verarbeitung eine andere. Letzteres Geschäft teilt der Poststrukturalismus mit einer artistischen Weltbetrachtung à la Nietzsche, dem amerikanischen Pragmatismus, der deutschen wissenssoziologischen Tradition und dem modernen Konstruktivismus. Was ihn von letzteren unterscheidet, ist der Umstand, daß er in einem ‚gauchistischen‘ Milieu entstanden ist und daß seine eigentlichen Adressaten ursprünglich dem Umkreis der durch den Verlauf der 1968er-Bewegung enttäuschten Neuen Linken zugehört hatten. Es handelt sich hierbei deshalb auch um keine rein akademische Veranstaltung, auch wenn es natürlich in erster Linie akademische Intellektuelle sind, die sich heute weltweit von ihr angezogen fühlen.

Vielleicht hat uns aber der Poststrukturalismus auch einfach deutlich gemacht, daß es neben der durch Hegel, Marx und Freud geprägten Tradition des kritischen Denkens auch noch ganz andere Möglichkeiten für die Bildung einer intellektuellen Gegenkultur gibt, die in diesem Fall unter anderem durch so verrufene Namen wie den des Marquis de Sade, aber auch durch Hölderlin, Nietzsche, Antoine Artaud, Georges Bataille und Pierre Klossowski repräsentiert wird. Insofern hat er auf deutscher Seite zu einer gewissen Versöhnung mit jenen intellektuellen Traditionen geführt, die einstmals dem Verdacht ausgesetzt waren, eine Affinität zu ‚totalitärem‘ beziehungsweise nationalsozialistischem Gedankengut zu haben und die deshalb nach dem Zweiten Weltkrieg für einige Jahrzehnte der ‚Re-Education‘ zum Opfer gefallen sind. Denn mit der literarischen Rehabilitierung der sogenannten ‚schwarzen Romantik‘[19] durch den Poststrukturalismus fand allmählich auch im deutschen Sprachraum eine Neubewertung des Verhältnisses von Aufklärung und Romantik statt, von der insbesondere die deutsche Frühromantik und die in ihrer Tradition stehende ästhetische Moderne sowie die mit ihnen verbundene Variante der ‚Vernunftkritik‘ profitiert haben.[20]

Sicherlich hat der Poststrukturalismus in bestimmten Kreisen auch zu einer politischen Delegitimierung von gesellschaftlichen Großgruppen wie Klasse, Partei, Kirche und Gewerkschaft beigetragen. Seine eigene ‚Mikropolitik‘ zielt ja primär auf eine Ästhetik der Existenz ab, die im je individuellen Lebensentwurf die Kriterien für eine humane Selbstbehauptung gegeben sieht. Doch die derzeit zu beobachtende Entpolitisierung der Bevölkerung in der westlichen Welt ist nicht vom Poststrukturalismus bewirkt worden, sondern ein allgemeines Merkmal der Gegenwart mit ihrer Vorliebe fürs Ökonomische, auch wenn die Aktienwerte nicht immer hoch im Kurs stehen. Insofern befindet er sich in guter Gesellschaft, auch wenn er doch etwas mehr zu einem besseren Verständnis der Gegenwart beizutragen vermag als jene ‚Analysten‘, die sich nur noch für die täglichen Schwankungen auf den internationalen Finanzmärkten interessieren und dabei jenen Vorteil auszuspielen versuchen, der sich durch einen geschickten Umgang mit solchen ‚Differenzen‘ ergeben kann.

---

19   Vgl. Mario Praz, Liebe, Tod und Teufel. Die schwarze Romantik, München 1970.
20   Siehe hierzu die einzelnen Beiträge in Gisela Dischner / Richard Faber (Hrsg.), Romantische Utopie – Utopische Romantik, Hildesheim 1979; ferner in Ernst Behler / Jochen Hörisch (Hrsg.), Die Aktualität der Frühromantik, Paderborn / München / Wien / Zürich 1987. Zum wirkungsgeschichtlichen Verhältnis zwischen der deutschen Frühromantik und der ästhetischen Moderne vgl. auch die polemischen Bemerkungen von Hans Sedlmayr, Ästhetischer Anarchismus in Romantik und Moderne, in: Scheidewege 8 (1978), S. 174-196.

5. Karl Mannheim und das Problem der historischen Zeit

Karl Mannheim hatte wiederholt darauf hingewiesen, daß sich zentrale Motive seiner Wissenssoziologie der Erfahrung des Historismus verdanken. Für ihn war es deshalb selbstverständlich, daß auch die verschiedenen Varianten der modernen Soziologie von den sozialen und weltanschaulichen Strömungen ihrer Zeit geprägt waren. Der von Mannheim als unvermeidbar angesehene Kampf der modernen Weltanschauungen um die Meinungsführerschaft war insofern nicht nur Gegenstand seiner wissenssoziologischen Arbeiten, sondern zugleich eine zentrale Herausforderung für sein eigenes Projekt einer wissenssoziologischen Zeitdiagnose. Wie alle modernen Weltanschauungen mußte sich auch seine Wissenssoziologie gegenüber konkurrierenden Weltdeutungen bewähren. Mannheim zufolge kann dabei diejenige Theorie als die adäquateste betrachtet werden, die den umfassendsten Blick auf eine gegebene historische Konstellation ermöglicht.

Auch für Mannheims Wissenssoziologie trifft deshalb das Kriterium der ‚Seinsgebundenheit‘ zu. Als ‚seinsgebunden‘ bezeichnete er ein Denken, bei dem das Ergebnis vom jeweiligen Standpunkt des Beobachters abhängig ist. Seinsgebundenheit schließt zwar die Möglichkeit einer diskursiven Begründung von Erkenntnissen nicht aus. Sie macht jedoch deutlich, daß logische Geltung und soziale Akzeptanz eines Denkens nicht identisch sind. Beobachterstandpunkte können zum einen je nach sozialer Lage differieren. So denken Angehörige von privilegierten Schichten Mannheim zufolge in der Regel anders als Angehörige von Unterschichten. Beobachterstandpunkte können aber auch gemäß dem für sie jeweils typischen *inneren Zeiterleben* voneinander abweichen. Mannheim machte dies am Phänomen des Zusammenlebens verschiedener *Generationen* und am unterschiedlichen Zeiterleben des ‚konservativen‘ und des ‚progressiven‘ Denkens deutlich. Koexistierende Generationen mögen zwar in derselben chronometrischen Zeit leben. Dies schließt jedoch nicht aus, daß sie diese gemäß völlig unterschiedlichen inneren Erlebniszeiten wahrnehmen und interpretieren. In gleicher Weise differiert auch das Zeiterleben des ‚konservativen‘ und des ‚progressiven‘ Menschen. Denn für ersteren ist die Gegenwart der Endpunkt einer glorreichen Vergangenheit, für den letzteren dagegen der Ausgangspunkt für zukünftige Höherentwicklungen der Menschheit. Sowohl für die Generationslagerung als auch für das unterschiedliche Gegenwartserleben des Konservativen und des Progressiven ist also eine ‚Ungleichzeitigkeit des Gleichzeitigen‘ kennzeichnend, die auf zentrale Unterschiede der damit jeweils einhergehenden historischen Zeiterfahrungen verweist.[1]

Der von Mannheim in den Mittelpunkt seiner Analysen gestellte Perspektivismus der jeweiligen sozialen Lagen ist insofern auch durch ein unterschiedliches Zeitempfinden der einzelnen sozialen Gruppen und Generationen geprägt. Ist es vor diesem Hintergrund modernen

---

[1] Vgl. Karl Mannheim, Wissenssoziologie, 2. Aufl. Neuwied / Berlin 1970, S. 517.

Gesellschaften überhaupt möglich, ein einheitliches Zeitbewußtsein zu entwickeln? Und welchen Beitrag leistet die Mannheimsche Wissenssoziologie zur Klärung der epochalen Selbstvergewisserung unserer Zeit? Denn daß die moderne Denkkrisis zugleich untrennbar mit einer Krise des historischen Weltbildes verbunden ist, an dessen Ausarbeitung verschiedene Generationen seit Jahrhunderten beteiligt gewesen sind, war eine Überzeugung, die Karl Mannheim mit Ernst Troeltsch teilte und die ihn überhaupt erst zu seinen wissenssoziologischen Forschungen motiviert hat.[2] Im Unterschied zu Troeltsch hatte Mannheim jedoch nicht mehr die Hoffnung, daß es jemals möglich sei, die geschichtliche Bedingtheit unseres Denkens durch den weiteren Verlauf der Geschichte selbst zu überwinden. Die moderne wissenssoziologische Forschung ist ihm zufolge allenfalls in der Lage, die Genese und den Strukturwandel unseres geschichtlichen Weltbildes bis hin zur gegenwärtigen Konstellation verständlich zu machen und die dabei anstehenden epochalen Entscheidungen zu verdeutlichen.

Mannheim machte in diesem Zusammenhang den Vorschlag, die im Laufe der europäischen Neuzeit entwickelten unterschiedlichen Auffassungen der historischen Zeit durch den Gestaltwandel des *utopischen Bewußtseins* zu erklären. Dies ist weder selbstverständlich noch trivial, da Mannheim mit diesem Vorschlag die Geschichte des neuzeitlichen Denkens in einen größeren religionsgeschichtlichen Zusammenhang gestellt hat. Es ist insofern kein Zufall, daß Mannheim auch die großen weltanschaulichen Auseinandersetzungen seiner Epoche in einer kryptoreligiösen Sprache beschrieben hat. Utopien stellen jedoch in der Regel ‚Wunschräume' dar, während Mannheim primär an einer Erklärung des Phänomens der *Verzeitlichung* des Bewußtseins interessiert war. Im Mittelpunkt seiner diesbezüglichen Untersuchung über das utopische Bewußtsein standen deshalb jene „menschlichen Sehnsuchtsprojektionen", die sich in der Vorstellung bestimmter „Wunschzeiten" entladen und die man als *Chiliasmen* zu bezeichnen pflegt. Mannheim betonte in diesem Zusammenhang ausdrücklich den chiliastischen Ursprung des neuzeitlichen Bewußtseins, dessen geschichtliche Entwicklung er in Gestalt eines zunehmenden Spannungsverlustes zwischen der jeweils vorherrschenden ‚seinstranszendenten Vorstellung' und der gegebenen Wirklichkeit beschrieben hat.[3] Als ‚historisch' gelten dieser Überlegung zufolge dabei nur jene Zeitvorstellungen, bei denen die ‚Wunschzeit' mit der gegenwärtigen Zeit nicht identisch ist, die utopischen Energien aber nicht mehr auf das Jenseits gerichtet sind, sondern selbst die Wirklichkeit umzugestalten beginnen. Oder anders gesprochen: „Wie eine konkrete Gruppe, wie eine soziale Schicht die historische Zeit gliedert, das hängt von ihrer Utopie ab."[4] Utopien sind also zentrale Bestandteile der jeweiligen Geschichtsphilosophie, vermittels der überhaupt erst eine qualitative Differenzierung der historischen Zeit möglich wird. Aus der empirischen Geschichtsbetrachtung kann letztere nicht gewonnen werden. Vielmehr stellt sie deren oft unhinterfragte Voraussetzung dar.[5]

Mannheim sah die Wende von einer strikten Jenseitsorientierung hin zu einer innerweltlichen Erlösungshoffnung bereits in den millenaristischen Bewegungen der Reformationszeit gegeben, die ohne weitere zeitliche Verzögerung bereits in der *Gegenwart* das Gottesreich auf

---

2   Vgl. Ernst Troeltsch, Der Historismus und seine Probleme, Tübingen 1922. Zu Mannheims Verhältnis zu Troeltsch vgl. ders., Wissenssoziologie, S. 246 ff.

3   Karl Mannheim, Ideologie und Utopie, 5. Aufl. Frankfurt am Main 1969, S. 179 ff.

4   Ebd., S. 182.

5   Ebd., S. 196.

Erden zu verwirklichen versucht hatten. Diese Vorstellung eines unmittelbar bevorstehenden Einbruchs des Ewigen in die Gegenwart war jedoch noch völlig unhistorisch. Denn die einzige zeitliche Unterscheidung, die sie gelten ließ, war die zwischen einer ‚sinnfremden‘ und einer ‚sinnerfüllten‘ Zeit. Der *Millenarismus* der täuferischen Bewegung stellt Mannheim zufolge dabei die radikalste Form dar, in der seinstranszendente Vorstellungen die Wirklichkeit umzugestalten vermögen. Obgleich sich dieser Radikalismus noch genuin religiösen Motiven verdankte, interpretiert Mannheim das Täufertum sowie die Bauerkriege der Reformationszeit als die erste neuzeitliche Erscheinungsform der modernen sozialen Bewegungen. Gleichwohl stellt der täuferische Millenarismus Mannheim zufolge in jeder Hinsicht einen historischen Grenzfall dar, weil sich seine utopischen Vorstellungen ekstatischen Visionen verdanken, die bewußt von jedem Raum- und Zeitbezug abstrahieren, weshalb Mannheim die Nähe dieser Visionen zur *mystischen* Erfahrung hervorgehoben hatte.[6]

Ausgangspunkt von Mannheims Rekonstruktion der Entwicklungsdynamik des neuzeitlichen Denkens ist also eine völlig ahistorische Vision einer ‚sinnerfüllten Zeit‘, die sich radikal von der Gegenwart unterscheidet und die *jederzeit* eintreten kann. Ihre Realisierung ist dabei an keine geschichtlichen Voraussetzungen gebunden, sondern kann hier und jetzt stattfinden. Die geschichtsphilosophische Ausgestaltung dieser chiliastischen Sehnsüchte der Menschheit hatte in der Folgezeit zu einer Transformation des utopischen Bewußtseins geführt, die zugleich für den zunehmenden Spannungsverlust zwischen Utopie und Wirklichkeit verantwortlich ist. Mannheim erklärte die damit einhergehende *Verzeitlichung* des neuzeitlichen Denkens durch die Art und Weise, wie in den einzelnen Weltanschauungen das Verhältnis zwischen der Gegenwart und der kommenden sinnerfüllten Zeit jeweils interpretiert worden ist.

Die großen weltanschaulichen Strömungen, die im Laufe der europäischen Neuzeit zentrale Beiträge für die Ausgestaltung unseres historischen Weltbildes geleistet haben und mit denen sich Mannheim ausführlicher beschäftigt hat, sind der Liberalismus, der Konservatismus und der Sozialismus. Innerhalb der Geschichte des utopischen Bewußtseins stellt der Konservatismus jedoch einen Grenzfall dar, auf den gleich noch einzugehen sein wird. Am anderen Ende dieser neuzeitlichen Bewußtseinsgeschichte stehen Mannheim zufolge dagegen der sozialrevolutionäre Anarchismus, der Faschismus sowie das ‚amerikanische Bewußtsein‘, die aufgrund ihrer eigenen unhistorischen Betrachtungsweise in jeweils unterschiedlicher Weise dieses im Laufe der Neuzeit entstandene historische Weltbild grundsätzlich in Frage gestellt haben. Mannheim sah diese Lage als so bedrohlich an, daß er Ende der zwanziger Jahre diesbezüglich sogar eine schicksalhafte *Entscheidungssituation* gegeben sah, von deren Ausgang die weitere Entwicklung des historischen Bewußtseins abhängig sein würde.

Kennzeichnend für den *Liberalismus* ist die Vorstellung, daß die Geschichte einen kontinuierlichen Fortschrittsprozeß darstellt. Anstelle der Jenseitsorientierung ist bei ihm die optimistische Erwartung getreten, daß sich die liberale Utopie zwar nicht sofort in der Wirklichkeit realisieren läßt, daß sich aber die Wirklichkeit bereits auf dem Weg hin zur Realisierung dieses Ziels befindet. Die historische Zeit wird dabei als linearer Fortschritts- und Entwicklungsprozeß gedeutet, der im Prinzip berechenbar geworden ist und deshalb keine unliebsa-

---

6   Ebd., S. 184 ff.

men Überraschungen mehr beinhaltet. Die liberale Utopie ist insofern mit der Unendlichkeit des ‚Fortschritts‘ identisch, zu dem es keine vernünftige Alternative gibt.[7]

Auch die von Karl Marx und Friedrich Engels begründete *sozialistische* Weltanschauung teilt noch viele Eigenschaften mit diesem liberalen Geschichtsbild. Auch hier wird der geschichtliche Verlauf als ein Fortschrittsprozeß gedeutet, bei dem sich Phasen einer kontinuierlichen gesellschaftlichen Entwicklung und Phasen der Krise sowie der sozialen Erschütterung regelmäßig abwechseln. Der Anspruch von Marx und Engels war es, den Übergang vom Kapitalismus zum Sozialismus als notwendig erwiesen und bis zu einem bestimmten Grad zugleich berechenbar gemacht zu haben. Zwar gibt es auch ihnen zufolge einen gewissen Spielraum für die revolutionäre Aktion, um den Übergang vom Kapitalismus zum Sozialismus zu beschleunigen. Allerdings ist in ihren Augen eine erfolgreiche politische Revolution an gesellschaftliche Rahmenbedingungen gebunden, über die man sich nicht beliebig hinwegsetzen kann. Die anarchistische Vorstellung, daß der Ausbruch der Revolution von keinen sozialen ‚Gesetzmäßigkeiten‘ abhängig sei, sondern jederzeit stattfinden könne, lehnten sie deshalb entschieden ab. Mannheim deutete die marxistische Revolutionstheorie dergestalt, daß in ihr die Vorstellung der Revolte einen ‚bürokratischen Einschlag‘ bekommen habe. Zwar hätten auch Marx und Engels sich nicht ganz von der Vorstellung befreien können, daß es einen ‚günstigen Augenblick‘ für die erfolgreiche revolutionäre Tat gebe, der nicht eindeutig vorhersehbar ist und der insofern die grundsätzliche Irrationalität der politischen Sphäre unterstreiche. Allerdings sei es ihr Ziel gewesen, das ‚Irrationale‘ so weit wie möglich zu rationalisieren, um das Schicksal der Revolte nicht ganz von einer Augenblickssituation abhängig zu machen. Mannheim hatte deshalb die marxistische Geschichtsphilosophie als „das rationale Denken der irrationalen Tat" charakterisiert, wobei das Geschichtserleben zu einem „wahren strategischen Plan" geworden sei.[8]

Während sich die utopischen Vorstellungen des Liberalismus und Sozialismus prinzipiell an der Zukunft orientieren, beruht die *konservative* ‚Utopie‘ dagegen auf einer Neubewertung der Vergangenheit. Ihr zufolge sind Vergangenheit und Gegenwart gar nicht radikal voneinander geschieden, sondern die Vergangenheit reicht in die Gegenwart hinein und bestimmt auch noch das aktuelle Erleben und Handeln. Der revolutionäre Bruch mit der Tradition wird bewußt abgelehnt, und auch die Entwertung der Gegenwart zugunsten von utopischen Zukunftsvorstellungen wird verworfen. Das konservative Denken besitzt deshalb im Grunde genommen weder eine Utopie noch eine Geschichtsphilosophie: seine ‚Utopie‘ ist vielmehr eine reine *Gegen-Utopie*. Denn das Utopische ist ihm zufolge in der Welt bereits präsent: „Sinnziel und Wirklichkeit, Sollen und Sein fallen hier nicht auseinander."[9] Das konservative Denken verdanke sich deshalb nicht nur der Entdeckung der Bedeutung der Vergangenheit, sondern zugleich der „Entdeckung der Werte zeugenden Zeit"[10].

Das konservative Zeiterleben beruhe dabei auf einer Neubewertung des Dauerhaften in Gestalt eines „virtuellen Präsentsein der Vergangenheit"[11]. Denn es behandele die Vergangen-

---

7   Ebd., 191 ff.
8   Ebd., S. 116 und 213.
9   Ebd. S., 201.
10   Ebd., S. 203.
11   Ebd., S. 204.

heit so, *als ob* sie noch nicht abgeschlossen sei. Mannheim sah darin eine methodische Paradoxie, da es auch dem konservativen Denken nicht gelinge, das vergangene Leben in gleicher Weise wie das aktuelle Erleben zu vergegenwärtigen. Er unterschied deshalb den Konservatismus begrifflich vom *Traditionalismus*, weil dieser im Unterschied zum Traditionalismus durch eine *reflexive* Denkhaltung gekennzeichnet sei. Denn reflexiv ist sowohl sein Verhältnis zum Liberalismus, von dem er sich polemisch abgrenzt, als auch sein Versuch einer Vergegenwärtigung vergangenen Lebens. In letzterer Hinsicht hat insbesondere die *Romantik* entscheidende Beiträge zur Entwicklung der historischen Geistes- und Kulturwissenschaften geleistet. Dies ist auch der Grund, weshalb Mannheim den *Historismus* zumindest in methodologischer Hinsicht als legitimen Erben der konservativen Denkströmung angesehen hatte.[12] Konservatives Denken ist dieser Auffassung zufolge zwar historisch, aber nicht geschichtsphilosophisch ausgerichtet. Denn es verzichtet auf eine Abwertung der Vergangenheit zugunsten der Gegenwart ebenso wie auf eine Abwertung der Gegenwart zugunsten der Zukunft. Dies besagt ja das bekannte Diktum Leopold von Rankes, daß alle Epochen in demselben unmittelbaren Verhältnis zu Gott stünden und insofern nicht gegeneinander ausgespielt werden dürften.

Zwar hat der durch die konservative Denkströmung geprägte Historismus in unvergleichbarer Weise unser historisches Wissen bereichert. Dennoch stellt er eine radikale Infragestellung des geschichtsphilosophischen Denkens dar, weil er auf eine entsprechende Bewertung der einzelnen Epochen bewußt verzichtet. Obgleich die Mannheimsche *Wissenssoziologie* selbst in der Tradition des Historismus steht, hat sie sich aus diesem Grund dessen relativistische Konsequenzen nicht zu eigen gemacht. Statt dessen hat sie den Versuch übernommen, die der dialektischen Geschichtsbetrachtung Hegels zugrunde liegende Vorstellung einer werdenden Totalität in abgeschwächter Form für eine wissenssoziologische Zeitdiagnose fruchtbar zu machen. Denn die dialektische Methode Hegels stellt Mannheim zufolge eine gelungene Synthese zwischen einem radikalen Historismus und einer zeitlosen begrifflichen Systematik dar. Die einzige Korrektur, die Mannheim an Hegels Dialektik vorgenommen hatte, besteht darin, daß Mannheim es ausschloß, daß die Entwicklungsgeschichte des neuzeitlichen Bewußtseins eines Tages in einer ‚absoluten Synthese‘ der einzelnen Denkströmungen ihren glorreichen Abschluß findet. Mannheim hielt vielmehr immer nur ‚relative Synthesen‘ für möglich, in die das ganze Wissen einer Epoche eingegangen ist und die dennoch keinen dauerhaften Bestand haben, weil der geschichtliche Prozeß zu keinem definitiven Abschluß komme.[13]

Auch die Mannheimsche Wissenssoziologie stellt insofern keine ‚absolute‘ Form des Wissens dar. Das Einzige, was sie für sich in Anspruch genommen hatte, war, daß sie auf der Höhe ihrer Zeit steht und in einem größtmöglichen Umfang den gegensätzlichen Strömungen innerhalb der modernen Weltanschauungen Rechnung zu tragen in der Lage ist. Dies setzt die Einlösung eines Vollständigkeitsanspruchs voraus, der allerdings nicht ‚absolut‘, sondern historisch-konkret gemeint war. Ausgehend von einer empirischen Bestandsaufnahme der einzelnen Denkströmungen ist es Mannheim zufolge durchaus möglich, die Krise des modernen Denkens zu überwinden, um so die Grundlage für ein neues Entfaltungsstadium des mensch-

---

12 *Wissenssoziologie*, S. 408 ff.; ders., Konservatismus. Ein Beitrag zur Soziologie des Wissens, Frankfurt am Main 1984.

13 *Ideologie und Utopie*, S. 132; vgl. ferner Karl Mannheim, Strukturen des Denkens, Frankfurt am Main 1980, S. 44.

lichen Geistes zu schaffen. Dies sei allerdings nur dann der Fall, wenn innerhalb einer solchen Bestandsaufnahme auch diejenigen Positionen zur Sprache kämen, die den Sinn einer historischen Weltbetrachtung grundsätzlich in Frage stellen.

Zu diesen radikalen Gegenströmungen zählte Mannheim auch den französischen *Syndikalismus* und den italienischen *Faschismus*, die ihm zufolge in einem engen geistesgeschichtlichen Zusammenhang stehen. Kennzeichnend für sie sei der Glaube, daß der mögliche Erfolg einer politischen Revolte an keine geschichtsphilosophischen Voraussetzungen gebunden sei, sondern sich günstigen Umständen sowie der Entschlossenheit zur Tat verdanke. Der ganze geschichtliche Prozeß verschmelze hier zu einem ‚Augenblick‘, den es zu erkennen gilt und dessen Eintreten sich keiner erkennbaren historischen Logik, sondern dem reinen Zufall verdanke. Es handele sich hierbei um die Ideologie putschistischer Gruppierungen, für die alle geschichtsphilosophischen Konstruktionen reine ‚Mythen‘ seien, deren Sinn allein darin bestehe, für den politischen Kampf funktionalisiert zu werden. Der revolutionäre Syndikalist und der Faschist glauben deshalb auch nicht an den linearen Charakter des historischen Prozesses, sondern orientieren sich an der Vorstellung, daß der Aufstieg und der Niedergang einer Kultur vielmehr einem *zyklischen* Muster folgt, das es zu erkennen gelte, weil es in der Geschichte ständig wiederkehre. An die Stelle der Geschichtsphilosophie sei im faschistischen Denken deshalb nicht zufällig Nietzsches Lehre von der *ewigen Wiederkehr des Gleichen* sowie Vilfredo Paretos Theorie der *Elitenzirkulation* getreten. Auch wenn der Faschismus gegenüber dem im Laufe der europäischen Neuzeit entwickelten historischen Weltbild Mannheim zufolge eine ‚Reprimitivisierung‘ darstellt, nahm er diese Bestrebungen sehr ernst, weil sie ihrerseits einen Ausweg aus der Krise der Moderne aufzeigen würden, auch wenn dieser direkt in die *Diktatur* führe.[14]

Die zweite große Gefahr, die dem historischen Weltbild droht, dem sich Mannheims Wissenssoziologie verpflichtet fühlt, wurde von ihm als *amerikanisches Bewußtsein* bezeichnet. Mannheim spielte mit diesem Begriff zum einen auf die Besonderheit der Besiedelung des nordamerikanischen Kontinents an, die Jahrhunderte lang durch keine natürlichen Grenzen eingeschränkt worden ist und insofern die Ausbildung eines entsprechenden Bewußtseins begünstigt hat, daß alle Probleme mit organisatorischen und technischen Mitteln lösbar seien. Zum anderen meinte Mannheim damit eine Bewußtseinshaltung, die sich zu seiner Zeit auch innerhalb der *Soziologie* zunehmend durchzusetzen begann. Er hatte dabei die Tendenz im Auge, historische Sinnzusammenhänge auf „ewiggleiche Gesetzmäßigkeiten" und auf die Kombination von „ein für allemal feststellbare Typenstrukturen" zu reduzieren, wie sie für bestimmte Spielarten der modernen Soziologie charakteristisch sei.[15]

Typisch für Mannheim ist es, daß er nicht nur das Bedrohliche solcher Entwicklungen wahrgenommen hatte, sondern auch die neuen Möglichkeiten sah, die sie eröffneten. Er konnte es sich nämlich durchaus vorstellen, daß eine fruchtbare Synthese zwischen seinen eigenen wissenssoziologischen Forschungen und der modernen amerikanischen Soziologie möglich sei, sollte man ihm jemals die Chance geben, im nordamerikanischen Universitätssystem Fuß

---

14   *Ideologie und Utopie*, S. 116 ff.; vgl. ferner Mannheims Frankfurter Vorlesung vom SS 1930.
15   *Ideologie und Utopie*, S. 218 f.

zu fassen.[16] Was ihn aber zur Zeit der nationalsozialistischen Machtergreifung am Meisten bewegt hatte, war die Angst, daß jene besondere Konstellation, die zum ersten Mal einen tieferen Einblick in die Entwicklungsdynamik des neuzeitlichen Denkens gestattete, bald vorbei sein könnte und daß es deshalb darum ginge, die Gunst des Augenblicks für einen ernsthaften Dialog zwischen den verschiedenen weltanschaulichen Strömungen zu nutzen. Mit seinen eigenen wissenssoziologischen Arbeiten machte er dabei deutlich, daß die historischen Voraussetzungen hierfür gegeben waren. Und auch seine Diagnose hat sich bestätigt, daß innerhalb der Krisis des modernen Denkens die Zeit für eine *Entscheidung* längst reif gewesen war.

---

16   Vgl. hierzu Mannheims Brief an Louis Wirth vom 26. Juli 1933, in: Mannheim Károly levelezése 1911-1946, Budapest 1996, S. 65 f.

V
Varia

1. Der Einbruch der Geschichte in das geschlossene Universum der Ethnologie[1]

Die im Laufe des 20. Jahrhunderts erfolgte Entstehung eines genuin soziologischen Kulturverständnisses verdankt sich vielen Motiven und stellt auch keine geradlinig verlaufende Erfolgsgeschichte dar. Zahlreiche Brechungen sind dabei nicht nur auf die unterschiedlichen disziplinären Einflüsse zurückzuführen, denen sich die Soziologie bis heute ausgesetzt sieht, sondern auch auf die unterschiedlichen nationalen Traditionen, die ihre Entwicklung im Laufe des 20. Jahrhunderts geprägt haben. Auch eine ‚kosmopolitische Soziologie‘, die sich eher an der Emergenz einer ‚Weltgesellschaft‘ als an der Existenz der einzelnen Nationalstaaten orientiert, muß Auskunft darüber geben, ob sie den Kulturbegriff eher im Singular oder im Plural zu gebrauchen beabsichtigt und welchen Status sie dabei der ‚Kultur‘ beziehungsweise den ‚Kulturen‘ im Verhältnis zur ‚Gesellschaft‘ beziehungsweise den ‚Gesellschaften‘ einzuräumen gedenkt.

Eine der Disziplinen, die bei der Entwicklung der verschiedenen Varianten eines soziologischen Kulturbegriffs eine nicht unerhebliche Rolle gespielt hat, ist die Ethnologie beziehungsweise die Kulturanthropologie. Ihre Fachgeschichte überschneidet sich in vielerlei Hinsicht mit der der modernen Soziologie, auch wenn namhafte Vertreter beider Disziplinen immer wieder deren Eigenart und Autonomie hervorgehoben haben. Immerhin sind die grundbegrifflichen Probleme beider Disziplinen sehr ähnlich, wenn es um das Verhältnis der ‚Gesellschaft‘ zur ‚Kultur‘ beziehungsweise zur ‚Zivilisation‘ geht. Die im englischen und französischen Sprachraum vorherrschende Gleichsetzung von ‚Zivilisation‘ und ‚Kultur‘ hat nämlich immer wieder dazu Anlaß gegeben, einen Kulturbegriff kritisch zu hinterfragen, der letztlich mit dem der ‚Gesellschaft‘ identisch ist. Denn als der britische Anthropologe und Religionswissenschaftler Edward Burnett Tylor 1871 in seinem einflußreichen Buch *Primitive Culture* den Bereich der Kultur als „that complex whole" definierte, „which includes knowledge, belief, art, law, morals, customs, and any other capabilities and habits acquired by man as a member of society"[2], brachte er damit ein extrem weit gefaßtes Kulturverständnis zum Ausdruck, unter das im Grunde genommen alles subsumiert werden konnte, was andere Autoren als Eigenart des *gesellschaftlichen* Lebens der Menschen angesehen haben.

Die in der Ethnologie und Kulturanthropologie vorherrschende Gleichsetzung von ‚Kultur‘ und ‚Gesellschaft‘ wird auch nicht dadurch relativiert, daß das Wort ‚Kultur‘ prinzipiell im Plural gebraucht wird, sondern im Gegenteil. Denn auch in diesem Fall wird die Eigenart einer Gemeinschaft beziehungsweise einer Gesellschaft auf deren ‚Kultur‘ zurückgeführt,

---

1   Kommentar zu dem Aufsatz „Der Kampf um die Kultur. Zur Ent- und Re-Soziologisierung eines ethnologischen Konzepts" von Carola Lentz, in: Soziale Welt, Jg. 60 (2009), Heft 4, S. 419-422.

2   Edward B. Tylor, Primitive Culture. Researches into the Development of Mythology, Philosophy, Religion, Art, and Custom, London 1871, Band 1, S. 1.

was unweigerlich zu einer Reifizierung und Essentialisierung des ethnologischen Kulturbegriffs führen muß. Insofern ist der an bestimmte Richtungen der Ethnologie adressierte Vorwurf des ‚Kulturrelativismus' mißverständlich. Denn auch die Vorstellung, daß wir es prinzipiell mit verschiedenen ‚Kulturkreisen' zu tun haben, die jeweils das menschliche Leben
prägen, unterstellt ja gerade die Möglichkeit der Identifizierung einer ethnischen Gruppe beziehungsweise ‚Nation' durch deren kulturelle Eigenart. Eine Pluralisierung des Kulturbegriffs
führt in diesem Fall also nicht weiter, ihre Vermeidung aber ebenfalls nicht, um eine reflek-
tierte ‚Soziologisierung' beziehungsweise eine entsprechende ‚Kulturalisierung' des Gesellschaftsbegriffs vorzunehmen.

Genau vor diesem Dilemma standen Alfred Kroeber und Talcott Parsons, als sie 1958 in
einem viel beachteten Statement den Vorschlag machten, eine sowohl für Soziologen als auch
für Ethnologen verbindliche analytische Unterscheidung zwischen dem Begriff der ‚Gesellschaft' und dem der ‚Kultur' vorzunehmen. Sie empfahlen in diesem Zusammenhang, den
ersteren Begriff auf den Bereich der sozialen Interaktionen und ihre Strukturen (*patterns of
interaction*), letzteren dagegen auf die Sphäre der symbolischen Bedeutungen zu beschränken, wobei in diesem Fall das Spektrum von der Kunst über die Literatur und die Philosophie bis zur Religion reicht.[3] Parsons und Kroeber gingen dabei von der Feststellung aus, daß
an den sozialwissenschaftlichen Departments der USA die Anthropologen zu dieser Zeit den
Kulturbegriff in derselben universalistischen Weise zur Kennzeichnung eines Sachverhaltes gebrauchten, den die Soziologen als ‚Gesellschaft' bezeichnet hatten. Ihr Vorschlag, eine
entsprechende Arbeitsteilung zwischen Ethnologie und Soziologie dergestalt vorzunehmen,
daß erstere für den Bereich der Kultur, letztere dagegen für die Gesellschaft beziehungsweise
das ‚Social System' zuständig sei, kann allerdings insofern nicht ganz ernst gemeint gewesen
sein, als Parsons natürlich nicht vorhatte, einer ‚Entsoziologisierung' des Kulturbegriffs das
Wort zu reden, wie dies Carola Lentz in ihrem Essay „Der Kampf um die Kultur" anzuneh-
men scheint. Vielmehr spielte die ‚Kultur' beziehungsweise das entsprechende gesellschaftliche ‚Treuhandsystem' Parsons zufolge eine zentrale Rolle bei der Entstehung und der Entwicklung des ‚Systems moderner Gesellschaften', wie jeder Kenner seines auch heute noch
überaus lesenswerten Buches gleichnamigen Titels weiß.[4]

Die von Carola Lentz in sehr sympathischer und instruktiver Weise wieder angestoße-
ne Diskussion über den Gebrauch des Begriffs ‚Kultur' in der Ethnologie und der Soziologie sollte deshalb primär als Beitrag zum Versuch einer Rettung des Kulturbegriffs innerhalb
der Ethnologie verstanden werden, der in den letzten Jahrzehnten aus vielen Gründen in die

---

3   Vgl. Alfred L. Kroeber / Talcott Parsons, The Concepts of Culture and of Social System, in: American So-
     ciological Review 23 (1958), S. 582-583. Zu der sich unmittelbar daran anschließenden Kontroverse, die
     insbesondere den wissenschaftslogischen Gehalt der von Parsons und Kroeber als ‚analytisch' verstandenen
     Unterscheidung zwischen Kultur und Gesellschaft betraf, vgl. die einzelnen Stellungnahmen in der American
     Sociological Review 24 (1959), S. 246-250.
4   Vgl. Talcott Parsons, Das System moderner Gesellschaften, München 1972. Diesem Buch ging ein weiteres,
     im Englischen unter dem Titel *Societies* erschienenes Buch voraus, in dem er im Anschluß an Max Weber die
     Bedeutung von epochalen kulturellen Neuerungen wie die Entstehung der antiken griechischen Philosophie
     und der hebräischen Prophetie für die geschichtliche Entwicklung des ‚Okzidents' ausdrücklich hervorgehoben
     hatte. Auch wenn Parsons seinem eigenen Selbstverständnis nach ein ‚kultureller Determinist' war, heißt dies
     noch lange nicht, daß er einer Entsoziologisierung des Kulturbegriffs Vorschub leistete und diesen dabei der
     Ethnologie überließ. Oder fühlt sich diese inzwischen auch für die Entwicklung der ‚abendländischen Kultur'
     in den letzten 2600 Jahren zuständig?

Dauerkritik geraten ist, nicht aber als Beitrag zur Geschichte des soziologischen Kulturbegriffs, auch wenn sich letztere immer wieder mit der Geschichte des ethnologischen Kulturbegriffs gekreuzt beziehungsweise überlappt hat. Was kann man aber als Soziologe von der von ihr erzählten Geschichte über die Ent- und Resoziologisierung des ethnologischen Kulturverständnisses eigentlich lernen? Nun: Immerhin soviel, daß offensichtlich nicht nur die Soziologie, sondern auch die Ethnologie nach wie vor große Probleme damit hat, das Verhältnis zwischen ‚Gesellschaft' und ‚Kultur' so auszubuchstabieren, daß die mit dieser analytischen Unterscheidung verbundenen Aporien endlich zufriedenstellend aufgelöst werden können.

Carola Lentz spricht sich in diesem Zusammenhang im Anschluß an Andreas Reckwitz für eine ‚praxistheoretische' Reformulierung des Kulturbegriffs aus, um diesen als ein interdisziplinäres ‚Brückenkonzept' zu rehabilitieren. Ich habe in diesem Zusammenhang allerdings nicht ganz verstanden, ob ihrer Meinung nach nicht nur in der Ethnologie, sondern auch in der Soziologie ein Bedarf hierfür besteht. Zumindest halte ich ihre Annahme für fraglich, daß mit den definitorischen Vorschlägen von Parsons und Kroeber der Weg für eine „gesellschaftsfreie Definition von Kultur, die Konzentration auf Werte und Weltbilder statt Handlungen und Institutionen sowie die Abstraktion von Materialität und Macht" frei gemacht worden sei. Diesen Vorwurf hätte sie nämlich genau so gut gegenüber Parsons' Gewährsautor Max Weber richten können, der bekanntlich das Wechselspiel zwischen den ‚Ideen' und den ‚Interessen' in den Mittelpunkt seiner kultur- und universalgeschichtlichen Studien stellte, dabei jedoch gerade nicht von der Einbettung der ‚Kulturinhalte' und ‚Weltbilder' in übergreifende ökonomische, politische und soziale Zusammenhänge abstrahiert hatte. Allerdings sprach er ihnen in bestimmten Fällen auch die Funktion einer ‚Weichenstellung' zu, die sich ihm zufolge aus bestimmten Eigengesetzlichkeiten innerhalb der Entwicklung des Rationalismus und Intellektualismus ergibt.[5] Keinesfalls war damit jedoch eine idealistische Geschichtsphilosophie im Hegelschen Sinne anvisiert und auch keine Reduktion der kulturellen Sphäre auf die gesellschaftliche Sphäre intendiert, sondern die Betonung ihrer wechselseitigen relativen Autonomie. Eine ‚machttheoretische' Interpretation des Kulturbegriffs war Max Weber, der bekanntlich dem ‚Kampf' den Status eines soziologischen Grundbegriffs zugesprochen hatte, insofern mit Sicherheit nicht fremd. Allerdings betonte er in diesem Zusammenhang, daß es neben dem „offenen und instabilen Prozeß des Aushandelns von Bedeutungen" (Lentz) in der kulturellen Wertsphäre auch noch so etwas wie ein ‚Gebot der Konsequenz' gebe, das die relative Autonomie der Ideenentwicklung gegenüber entsprechenden politischen, ökonomischen und sozialen Funktionalisierungsversuchen unterstreiche.[6]

Kurz und gut: Ich halte die von Carola Lentz und anderen eingeklagte macht- und handlungstheoretische Reformulierung des Kulturbegriffs für eine soziologische Selbstverständlichkeit, die auch in dem Prestige zum Ausdruck kommt, welches das Werk von Pierre Bourdieu heute zu Recht weltweit genießt. Ich hätte auch den italienischen Marxisten Antonio Gramsci zitieren können, der in seinen Kerkerheften die geschichtliche Bedeutung des Kampfes des Bürgertums und der Arbeiterbewegung um die kulturelle Hegemonie so eindrucksvoll be-

---

5   Vgl. Max Weber, Gesammelte Aufsätze zur Religionssoziologie, Band I, Tübingen 1920, S. 252.
6   Vgl. Klaus Lichtblau, Sprachwandel und Gesellschaftswandel. Zur historischen Semantik von epochenbegriffen, in: Gerhard Preyer (Hrsg.), Neuer Mensch und kollektive Identität in der Kommunikationsgesellschaft, Wiesbaden 2009, S. 69-87 (in diesem Band S. 327 ff.).

schrieben hat.[7] Und selbst das von Friedrich Tenbruck vertretene Verständnis von ‚bürgerlicher Kultur' betont ja gerade die Rolle der Lesegesellschaften, Clubs und Vereine sowie der verschiedenen Arten der bürgerlichen Intelligenz für die Entstehung und Entwicklung dieser sehr spezifischen Art der ‚kulturellen Vergesellschaftung'.[8]

Die Annahme einer relativen Verselbständigung der Kultur und der Einbettung dieses Prozesses in umfassendere soziale Konflikte, Kämpfe und Strukturen einer Epoche stellt also zumindest innerhalb der Soziologie einen Gemeinplatz dar. Daß diese Einsicht inzwischen auch innerhalb der Ethnologie eine weite Verbreitung gefunden hat, kann der hierfür sehr einschlägigen Darstellung von Carola Lentz entnommen werden, die mir diesbezüglich vorbildlich zu sein scheint. Die von ihr in diesem Zusammenhang immer wieder beschworene Gefahr, innerhalb der Ethnologie die „Symbolsysteme als autonome Gebilde von historisch spezifischen, politischen Prozessen der Machtbildung abzukoppeln", ist jedoch mit Sicherheit nicht die logische Konsequenz der von Parsons und Kroeber empfohlenen Arbeitsteilung zwischen Soziologie und Ethnologie, sondern Ausdruck der scheinbaren Zeitlosigkeit archaischer Gesellschaften, wie sie innerhalb einer bestimmten Richtung der ethnologischen Literatur und der ihr zugrunde liegenden Rekonstruktionslogik zum Ausdruck kommt. Der Einbruch der Geschichte in das vermeintlich geschlossene Universum vormoderner Kulturen war insofern in jeder Hinsicht lehrreich, auch wenn sich dieser gerade auf letztere meist desaströs ausgewirkt hat.

---

7   Vgl. Antonio Gramsci, Philosophie der Praxis. Eine Auswahl, Frankfurt am Main 1967, S. 282 ff.; ders., Briefe
     aus dem Kerker, Frankfurt am Main 1972.
8   Vgl. Friedrich Tenbruck, Die kulturellen Grundlagen der Gesellschaft, Opladen 1989, S. 251 ff.

2. Die Stellung der Soziologie innerhalb der geistes- und sozialwissenschaftlichen Disziplinen

Einer weit verbreiteten Meinung zufolge hat sich die Soziologie in den letzten hundert Jahren zunehmend von den ihr benachbarten Disziplinen ‚emanzipiert‘. Wurde sie einstmals noch den Geistes-, Staats- oder Kulturwissenschaften zugerechnet, sei spätestens Mitte des 20. Jahrhunderts ein Zustand erreicht worden, dem zufolge die moderne Soziologie gemäß einem berühmten Diktum von René König nichts anderes mehr „als Soziologie" sein möchte.[1]

Allerdings wird wohl niemand bestreiten wollen, daß die moderne Soziologie ihrerseits nur eine Teildisziplin der Sozialwissenschaften darstellt, zu denen je nach Standpunkt auch die Politikwissenschaft und die Wirtschaftswissenschaften gehören. Letztere haben sich im vergangenen Jahrhundert von dieser disziplinären Einbindung zu befreien versucht, indem sie zunehmend das ‚Soziale‘ aus ihrem Wahrnehmungshorizont ausgeklammert haben. Insofern stellt sich das Verhältnis der Soziologie zum neoklassischen Mainstream der Wirtschaftswissenschaften etwas spannungsreicher dar als dies noch vor hundert Jahren der Fall war. Zwar hielten so versierte Wissenschaftstheoretiker wie Jürgen von Kempski und Hans Albert noch Mitte des 20. Jahrhunderts an der umstrittenen ‚Einheit der Sozialwissenschaften‘ fest, die ihrer Meinung nach nicht nur die Soziologie und die Politikwissenschaft, sondern auch die modernen Wirtschaftswissenschaften mit einschließt.[2] Dies waren jedoch Einzelstimmen, die den weltweiten Siegeszug der als ‚Modellplatonismus‘ bekannt gewordenen abstrakt-mathematischen Form der wirtschaftswissenschaftlichen Theoriebildung nicht zu verhindern vermochten.

Heute ist die Diskussion über das spannungsreiche Verhältnis zwischen den *Wirtschaftswissenschaften* und der Soziologie erneut im vollen Gang. Denn zum einen hat die neoklassische Wirtschaftstheorie ihr Instrumentarium zunehmend auf Bereiche angewendet, deren Analyse ursprünglich eine Domäne der Soziologie dargestellt hatte. Zum anderen macht die Konjunktur der ‚Neuen Wirtschaftssoziologie‘ deutlich, daß sich auch Soziologinnen und Soziologen wieder verstärkt mit Fragestellungen beschäftigen, die noch bis vor Kurzem als ureigenste Domäne der Wirtschaftswissenschaften galten. Zwar ist man hier noch weit von einer einvernehmlichen Arbeitsteilung entfernt. Aber es bleibt festzuhalten, daß die Dinge inzwischen wieder in Bewegung geraten sind und daß deshalb das letzte Wort in dieser Angelegenheit noch nicht gesprochen worden ist. Überdies zeigt die im Gefolge der aktuellen Krise des internationalen Finanzsystems provozierte Debatte über die ordnungspolitischen

---

1   René König (Hrsg.), Fischer Lexikon „Soziologie". Erweiterte Neuausgabe, Frankfurt am Main 1967, Einleitung, S. 8.

2   Jürgen von Kempski, Über die Einheit der Sozialwissenschaft (1956), in: ders., Schriften 2: Recht und Politik. Studien zur Einheit der Sozialwissenschaft, Frankfurt am Main 1992, S. 458-474; Hans Albert, Nationalökonomie als Soziologie. Zur sozialwissenschaftlichen Integrationsproblematik (1960), in: ders., Marktsoziologie und Entscheidungslogik. Ökonomische Probleme in soziologischer Perspektive, Neuwied / Berlin 1967, S. 470-509.

Voraussetzungen von funktionierenden Märkten, daß das am Prinzip des Eigennutzens orientierte Modell des *Homo oeconomicus* inzwischen selbst in den Wirtschaftswissenschaften in die Kritik geraten ist.

Auch das Verhältnis der Soziologie zur *Politikwissenschaft* stellt sich spannungsreicher dar, als dies auf den ersten Blick der Fall zu sein scheint. Zwar gibt es in Gestalt der ‚Politischen Soziologie‘ einen Überschneidungsbereich beider Disziplinen, in dem Politikwissenschaftler mit dem gleichen wissenschaftstheoretischen Selbstverständnis und den gleichen Forschungsmethoden wie die Soziologen empirisch arbeiten. Aber die auf eine lange ethische und moralphilosophische Tradition zurückgehende normative Demokratietheorie und die damit verbundene Suche nach einer ‚gerechten‘ Ordnung in den internationalen Beziehungen der Staatengemeinschaft zeigen, daß auch heute noch bezüglich der Möglichkeit der Konstruktion und Begründung normativer Ordnungen himmelweite Meinungsunterschiede zwischen Politikwissenschaftlern und Soziologen zu bestehen scheinen. Denn die Suche nach Kriterien für eine ‚gute Gesellschaft‘ ist innerhalb der Soziologie aus guten Gründen schon seit Längerem in den Hintergrund getreten. Hier hat der vor hundert Jahren im *Verein für Socialpolitik* ausgebrochene ‚Werturteilsstreit‘ zumindest in der Soziologie bleibende Spuren hinterlassen.[3] Denn ihr Selbstverständnis als eine empirisch verfahrende Wissenschaft bewahrt sie heute vor der Versuchung, immer wieder neue *kontrafaktische* Geltungsansprüche zu vertreten. Es ist insofern kein Zufall, daß im Frankfurter Exzellenzcluster *Die Herausbildung normativer Ordnungen* bisher keine Soziologin beziehungsweise kein Soziologe als ‚principal investigator‘ mitwirkt.[4] Denn dies stellt eine logische Konsequenz des innerhalb der Soziologie seit ihrer Gründung als einzelwissenschaftliche Disziplin immer wieder zum Ausdruck kommenden Unmuts dar, sie nachträglich doch wieder dem überlieferten Kanon der Geistes- und Kulturwissenschaften einzuverleiben.

Dieser berechtigte Unmut steht offensichtlich in einem auffallenden Widerspruch zu der schon seit Längerem zu beobachtenden internationalen, primär von den Geisteswissenschaften ausgehenden Tendenz dar, die Soziologie nun ihrerseits als eine ‚Kulturwissenschaft‘ zu dekonstruieren und in die zeitgenössischen *Cultural Studies* zu integrieren. Vielleicht sollte man in diesem Zusammenhang daran erinnern, daß kein Geringerer als Max Weber in seiner Auseinandersetzung mit dem neukantianischen österreichischen Rechts- und Sozialphilosoph Rudolf Stammler bereits um 1900 energisch darauf hingewiesen hatte, daß ein strikt erfahrungswissenschaftliches Verständnis von ‚Norm‘, ‚Geltung‘, ‚Maximen‘ und ‚legitimen Ordnungen‘ etc. in einem erheblichen Kontrast zu den rein philosophischen Begründungen und Rechtfertigungen von ‚Normativität‘ steht. Der Hiatus zwischen ‚Sein‘ und ‚Sollen‘ läßt sich eben doch nicht vorschnell überbrücken, ohne die schon seit David Hume bewährten erfahrungswissenschaftlichen Kriterien gänzlich über Bord zu werfen.[5] Die in diesem Zusammenhang oft anzutreffende legitimatorische Bezugnahme auf die Transzendentalphilosophie von Immanuel Kant führt zumindest in diesem Fall schlichtweg in die Irre. Und auch die auffallende Konjunktur der bereits von Hegel widerlegten philosophischen Vertragstheorien angel-

---

3   Vgl. Dieter Lindenlaub, Richtungskämpfe im Verein für Sozialpolitik 1890-1914, Wiesbaden 1967.

4   Vgl. http://www.normativeorders.net/de/organisation/principal-investigators (Zugriff vom 20.1.2011).

5   Vgl. Max Weber, Gesammelte Aufsätze zur Wissenschaftslehre, 6. Aufl. Tübingen 1985, S. 291 ff.; ferner David Hume, Essays and treatises on several subjects [1770], edited with notes by T. H. Green and the Reverend T. H. Grose, 2 Vols., London 1875.

sächsischer Provenienz hilft uns diesbezüglich keinen Schritt weiter.[6] Insofern besteht nicht nur hinsichtlich der Philosophie, sondern auch hinsichtlich des Verhältnisses der Soziologie zu den modernen Geistes- und Kulturwissenschaften ein erheblicher Klärungsbedarf.

Was das Verhältnis der Soziologie zu den *Geisteswissenschaften* betrifft, sind es primär wissenschaftsgeschichtliche Gründe, die zu einer entsprechenden Distanzierung zwischen beiden Disziplinen geführt haben. Im deutschen Sprachraum war es insbesondere Wilhelm Dilthey, der in seiner 1883 erschienenen *Einleitung in die Geisteswissenschaften* im Rahmen seines Versuchs einer ‚Kritik der historischen Vernunft‘ die englische und französische Soziologie des 19. Jahrhunderts als ‚spekulative Geschichtsphilosophie‘ aus dem geisteswissenschaftlichen Kanon ausgeschlossen hatte. Versuche, so etwas wie eine ‚geisteswissenschaftliche Soziologie‘ zu entwickeln, sind in der Folgezeit deshalb sehr selten gewesen und wenig erfolgreich geblieben. Überdies hat auch die Entwicklung der Soziologie im 20. Jahrhundert dazu geführt, daß sich letztere ihrerseits zunehmend von den geisteswissenschaftlichen Disziplinen abzugrenzen begann.

Auch das Verhältnis der Soziologie zu den modernen *Kulturwissenschaften* darf als spannungsreich bezeichnet werden. Zwar waren die nach der Wende vom 19. zum 20. Jahrhundert entstandenen Schriften Max Webers, die immer wieder als Beleg für die Möglichkeit einer ‚kulturwissenschaftlichen Soziologie‘ herangezogen werden, zunächst stark von den im südwestdeutschen Neukantianismus entwickelten Verständnis von ‚Kulturwissenschaft‘ geprägt. Je mehr sich Weber nach 1910 jedoch zum Soziologen entwickelte, desto stärker haben sich seine Arbeiten aber von diesem kulturwissenschaftlichen Bezugsrahmen ‚emanzipiert‘ und seinem Werk jene Gestalt gegeben, die ihn als einen der bedeutendsten Soziologen berühmt gemacht hat.[7] Auch der sogenannte *Cultural turn*, der bereits seit Längerem weltweit zu beobachten ist und mit dem der Versuch verbunden ist, die traditionellen Geisteswissenschaften in Richtung auf eine universalistische Ansprüche stellende Kultur- und Medienwissenschaft zu ‚modernisieren‘, hat zu keiner grundsätzlichen Änderung des Selbstverständnisses der Soziologie geführt. Zwar ging dieses modische Remake der einzelnen geisteswissenschaftlichen Disziplinen mit einer bemerkenswerten Renaissance der Kultursoziologie einher, die sich auch heute noch als sogenannte ‚Bindestrich-Soziologie‘ großer Beliebtheit erfreut. Der Versuch, die Soziologie *insgesamt* als eine ‚Kulturwissenschaft‘ zu etablieren, darf jedoch endgültig als gescheitert betrachtet werden.[8]

Eingangs wurde gesagt, daß die Soziologie eine Teildisziplin der modernen Sozialwissenschaften darstellt. Von ‚Socialwissenschaft‘ wird gesprochen, seitdem es eine ‚sociale Frage‘ und eine diesbezügliche ‚Socialpolitik‘ gibt. Es handelt sich übrigens um den gleichen Zeitraum, in dem auch die ‚Wissenschaft von der Gesellschaft‘ beziehungsweise die ‚Gesell-

---

6   Vgl. Manfred Riedel, Studien zu Hegels Rechtsphilosophie, Frankfurt am Main 1969, S. 42 ff.

7   Vgl. Pietro Rossi, Vom Historismus zur historischen Sozialwissenschaft. Heidelberger Max Weber-Vorlesungen 1985, Frankfurt am Main 1987, besonders S. 20-62.

8   Vgl. Klaus Lichtblau, Soziologie als Kulturwissenschaft? Zur Rolle des Kulturbegriffs in der Selbstreflexion der deutschsprachigen Soziologie, in: Soziologie. Forum der Deutschen Gesellschaft für Soziologie, Heft 1 (2001), S. 5-21 (in diesem Band S. 53 ff..); ders., Der Streit um den Kulturbegriff in der Soziologie, in: Ralf Konersmann (Hrsg.), Das Leben denken – Die Kultur denken, Band 2: Kultur. Freiburg / München 2007, S. 58-78 (in diesem Band S. 69 ff.).

schaftslehre' entstanden ist.[9] Dies wirft die Frage auf, in welchem Verhältnis die Soziologie eigentlich zu den ,*Gesellschaftswissenschaften*' steht. Im Bundesland Hessen wurden Anfang der 1970er Jahre Fachbereiche gleichen Namens gegründet, bei denen in Kassel neben der Politikwissenschaft und der Soziologie auch die Geschichtswissenschaft mit einbezogen wurde, während im gleichnamigen Frankfurter ,Fachbereich Gesellschaftswissenschaften' neben der Politikwissenschaft und Soziologie auch eine tiefenhermeneutische Variante der ,Sozialpsychologie' eine akademische Heimstätte gefunden hat. Beide Fachbereiche sind seitdem überdies maßgeblich an der ,grundwissenschaftlichen' Lehrerausbildung in Hessen beteiligt. Man darf insofern davon ausgehen, daß auch das Selbstverständnis der Lehrerausbildung in Hessen seit dieser Zeit ein ,gesellschaftswissenschaftliches' ist. Wo kommt dieser Begriff eigentlich her? Und welche Rolle hat er in der Geschichte der Soziologie gespielt?

Es ist insbesondere den beiden Staats- und Verwaltungswissenschaftlern Lorenz von Stein und Robert von Mohl zu verdanken, daß der Begriff ,Gesellschaft' im deutschen Sprachraum seit der Mitte des 19. Jahrhunderts zum Schlüsselbegriff der modernen Gesellschafts- und Staatswissenschaften avanciert ist.[10] Während Stein sich als erster darum bemüht hatte, das in der Literatur des französischen Frühsozialismus zum Ausdruck kommende Gesellschaftsverständnis einem breiteren deutschsprachigen Publikum bekannt zu machen, verband Mohl damit zugleich das Ansinnen, einer neuen Disziplin – nämlich der ,Gesellschaftswissenschaft' – in Abgrenzung zum überlieferten System der Staatswissenschaften zum Durchbruch zu verhelfen. Jedoch stieß dieser Versuch, die neue ,Gesellschaftslehre' an den deutschen Universitäten zu etablieren, auf erhebliche innerakademische Widerstände. Dies erklärt auch, warum sich namhafte deutsche Soziologen um 1900 gezwungen sahen, die Soziologie in Deutschland unter weitgehendem Verzicht auf den Gesellschaftsbegriff noch einmal völlig neu zu gründen.[11]

Es besteht seitdem ein spannungsreiches Verhältnis zwischen der Soziologie und den ,Gesellschaftswissenschaften' beziehungsweise der ,Gesellschaftslehre'. Denn die von Georg Simmel und Max Weber unternommene Anstrengung, die Soziologie unter Verzicht auf den vielfach belasteten Begriff der ,Gesellschaft' als akademische Disziplin zu etablieren, stand im Kontrast zu dem Versuch, die verschiedenen Varianten des Linkshegelianismus als ,Gesellschaftswissenschaft' akademisch hoffähig zu machen. Im letzteren Fall waren dabei zugleich universalistische Ansprüche verbunden, die ein Fach wie die Soziologie hoffnungslos überfordern mußten. Entsprechend groß ist inzwischen die Resignation innerhalb der Soziologie aufgrund der schnellen Verfallszeit von gesamtgesellschaftlichen Utopien. Der Begriff ,Gesellschaft' hat deshalb innerhalb der zeitgenössischen Soziologie in vielerlei Hinsicht einen Mißmut hervorgerufen, auch wenn immer noch diverse Vertreter dieses Faches daran

---

9   Vgl. Eckart Pankoke, „Sociale Bewegung" – „Sociale Frage" – Sociale Politik". Grundprobleme der deutschen „Socialwissenschaft" im 19. Jahrhundert, Stuttgart 1971.

10   Vgl. Erich Angermann: Zwei Typen des Ausgleichs gesellschaftlicher Interessen durch die Staatsgewalt. Ein Vergleich der Lehren Lorenz von Steins und Robert Mohls, in: Werner Conze (Hrsg.), Staat und Gesellschaft im deutschen Vormärz 1815-1848, Stuttgart 1962, S. 173-205.

11   Vgl. Klaus Lichtblau, Von der „Gesellschaft" zur „Vergesellschaftung". Zur deutschen Tradition des Gesellschaftsbegriffs, in: Bettina Heintz / Richard Münch / Hartmann Tyrell (Hrsg.), Weltgesellschaft. Theoretische Zugänge und empirische Problemlagen (= Zeitschrift für Soziologie, Sonderheft „Weltgesellschaft"), Stuttgart 2005, S. 68-88 (in diesem Band S. 11 ff.); ders., Soziologie und Anti-Soziologie um 1900. Wilhelm Dilthey, Georg Simmel und Max Weber, in: Peter-Ulrich Merz-Benz / Gerhard Wagner (Hrsg.), Soziologie und Anti-Soziologie. Ein Diskurs und seine Rekonstruktion, Konstanz 2001, S. 17-35.

glauben, daß es dennoch dereinst so etwas wie eine seriöse soziologische ‚Gesellschaftstheorie' geben könnte.[12] Man sollte deshalb vielleicht endgültig dazu übergehen, den Begriff ‚Gesellschaftswissenschaft' als gesunkenes Kulturgut der gescheiterten Revolution von 1848 zu betrachten und im Übrigen den diversen deutschen Institutionen der Wissenschaftsförderung und Wissenschaftsverwaltung eindringlich nahelegen, diesen endlich aus dem Verkehr zu ziehen. Das deutsche Wort ‚Gesellschaftswissenschaften' läßt sich ohnehin nur als ‚social sciences' ins Englische übersetzen. Es brauchen diesbezüglich nur die entsprechenden Konsequenzen gezogen werden.

---

12   Bezeichnenderweise hat selbst Habermas schon vor vielen Jahren öffentlich die Ansicht vertreten, daß dies ein Irrweg der Soziologiegeschichte sowie seiner eigenen intellektuellen Biographie gewesen sei. Habermas sprach diesbezüglich übrigens nicht zufällig von einer „etwas chaotischen Gemengelage". Vgl. Jürgen Habermas, Soziologie in der Weimarer Republik, in: Helmut Coing u.a., Wissenschaftsgeschichte seit 1900. 75 Jahre Universität Frankfurt, Frankfurt am Main 1992, S. 51 ff. Die in diesem Sammelband veröffentlichten Beiträge wurden im Wintersemester 1989/90 im Rahmen der Ringvorlesung „Wissenschaftsgeschichte seit 1900" an der Goethe-Universität Frankfurt gehalten.

3. Der Fortschritt einer Edition. Zur Wiederkehr von „Wirtschaft und Gesellschaft" innerhalb der Max-Weber-Gesamtausgabe

Einleitung

Sind vor einem Vierteljahrhundert noch zentrale Richtungsentscheidungen innerhalb der Soziologie in Form einer Interpretation des Werkes von Max Weber geführt worden, so scheint die zeitgenössische Variante dieser Disziplin gegenüber dieser Art der Erregung weitgehend immun geworden zu sein. Zwar liegt inzwischen eine stattliche Anzahl von veröffentlichten Bänden der Max-Weber-Gesamtausgabe vor, die spätestens seit dem Erscheinen der ersten Briefbände von Max Weber auch ihre einstigen Kritiker vom Sinn einer historisch-kritischen Gesamtausgabe überzeugt haben dürften. Allerdings ist nicht zu übersehen ist, daß die soziologischen Beiträge zur Weber-Diskussion heute eher eine Minderheit im Konzert der aus allen Bereichen der Kultur- und Sozialwissenschaften stammenden Neuerscheinungen der letzten Jahre darstellen. Jedoch fällt auf, daß statt der Einlösung der einstmals von Friedrich H. Tenbruck aufgestellten Forderung nach einer engen Verbindung zwischen der historisch-kritischen Edition von Webers Schriften und deren Interpretation in den einzelnen kultur- und sozialwissenschaftlichen Disziplinen inzwischen eine weitgehende Verselbständigung dieses mit hohem finanziellen und professionellem Aufwand betriebenen Editionsunternehmens erfolgt ist, über dessen Arbeit die interessierte Fachöffentlichkeit primär über informelle Kanäle oder in Gestalt der regelmäßig aktualisierten Verlagsprospekte sowie durch die entsprechenden editorischen Hinweise in den einzelnen Bänden der Max-Weber-Gesamtausgabe informiert wird.

Vor einiger Zeit ist endlich der mit Spannung erwartete erste Teilband der unter dem Titel *Wirtschaft und Gesellschaft* berühmt gewordenen Schriftensammlung Max Webers im Rahmen der historisch-kritischen Gesamtausgabe erschienen, dem nun entnommen werden kann, wie die Herausgeber der Max-Weber-Gesamtausgabe das jahrzehntelang heftig umstrittene Problem der Veröffentlichung von Webers wissenschaftlichem Nachlaß zu lösen versucht haben.[1] Insofern ist es sehr zu begrüßen, daß parallel zu diesem Teilband bei demselben Verlag, der die kaufmännische Verantwortung für die Edition der Max-Weber-Gesamtausgabe übernommen hat, zugleich eine Sammlung der wichtigsten Aufsätze von Friedrich H. Tenbruck zur Max-Weber-Forschung erschienen ist. Denn dieser hatte in seinen Arbeiten immer wieder auf die Notwendigkeit einer historisch-kritischen Ausgabe der Schriften Max Webers und die damit verbundenen Probleme aufmerksam gemacht. Anhand von Tenbrucks einschlägigen

---

[1] Vgl. Max Weber, Gesamtausgabe. Abteilung I: Schriften und Reden, Band 22: Wirtschaft und Gesellschaft. Die Wirtschaft und die gesellschaftlichen Ordnungen und Mächte. Nachlaß, Teilband 5: Die Stadt, hrsg. von Wilfried Nippel, Tübingen 1999 (im Folgenden zitiert als MWG I/22-5; die weiteren Teilbände der Edition von *Wirtschaft und Gesellschaft* innerhalb der Max-Weber-Gesamtausgabe werden ebenfalls gemäß den entsprechenden Bandsiglen zitiert).

Weber-Schriften läßt sich insofern auch gut jener Diskussionsprozeß rekonstruieren, der überhaupt erst zur jetzt vorliegenden Form der Veröffentlichung von *Wirtschaft und Gesellschaft* im Rahmen der Max-Weber-Gesamtausgabe geführt hat. Und zugleich geben Tenbrucks eigene Beiträge zur Weber-Forschung nach wie vor in einer mustergültigen Art und Weise die Kriterien an, an der sich eine historisch-kritische Edition messen lassen muß, um eine dauerhafte Lösung der mit ihr verbundenen sachlichen Probleme sicherzustellen.[2] Anläßlich der Veröffentlichung des ersten Teilbandes des Nachlasses von *Wirtschaft und Gesellschaft* und der Neuveröffentlichung der wichtigsten Beiträge Tenbrucks zur Weber-Forschung sollen im Folgenden deshalb noch einmal die damit verbundenen editorischen Probleme in Erinnerung gerufen sowie die jetzt von den Herausgebern der Max-Weber-Gesamtausgabe gewählte Form ihrer Lösung diskutiert werden, bevor auf diesen Teilband selbst sowie auf einige neuere Sekundärliteratur zum Werk Max Webers eingegangen wird.

Allgemeine Probleme der Edition von „Wirtschaft und Gesellschaft"

Mit der jetzt erfolgten Veröffentlichung des ersten Teilbandes des Nachlasses von *Wirtschaft und Gesellschaft* sind eine Reihe von editorischen Entscheidungen verbunden, die der Eigenart der Textgrundlage und der Komplexität der bisherigen Wirkungsgeschichte der unter diesem Titel berühmt gewordenen Schriftensammlung Rechnung zu tragen versuchen. Max Weber hatte seinen eigenen Beitrag zu dem von ihm und seinem Verleger Paul Siebeck konzipierten Handbuch *Grundriß der Sozialökonomik* im Zeitraum zwischen 1910 und 1920 mit größeren Unterbrechungen ausgearbeitet und dabei sowohl die ihm zugrunde liegende sachliche Gliederung als auch sein Verhältnis zu den von seinen Mitautoren übernommenen Teilen wiederholt einer Revision unterzogen. Seit 1914 hatte Weber diesen Beitrag unter dem Titel „Die Wirtschaft und die gesellschaftlichen Ordnungen und Mächte" angekündigt und ihn als Teil der dritten Abteilung des ersten Buches des *Grundrisses der Sozialökonomik* vorgesehen, die fortan den Abteilungstitel „Wirtschaft und Gesellschaft" trug und neben Webers eigenem Beitrag auch noch eine dogmengeschichtliche Untersuchung von Eugen von Philippovich über den „Entwicklungsgang der wirtschafts- und sozialpolitischen Systeme und Ideale" umfassen sollte. Als Max Weber nach dem Ersten Weltkrieg wieder die Arbeit an seinem Grundrißbeitrag aufnahm, konnte er noch die jetzt völlig neu ausgearbeiteten ersten vier Kapitel für den Druck fertigstellen, die 1921 unter dem von ihm vorgesehenen Titel *Die Wirtschaft und die gesellschaftlichen Ordnungen und Mächte* als erste Lieferung seines Grundrißbeitrages erschienen sind.

Nach seinem Tod übernahm Webers Frau die schwierige Aufgabe der Veröffentlichung der von ihm nachgelassenen Schriften. Da es Weber nicht mehr vergönnt war, seinen geplanten Grundrißbeitrag völlig neu auszuarbeiten, sah sich Marianne Weber dabei vor die schwierige Aufgabe gestellt, welche Teile der seit 1914 in einem unterschiedlichen Bearbeitungszustand ruhenden Manuskripte aus dem Nachlaß ihres Mannes in den *Grundriß der Sozialökonomik* aufzunehmen seien. Sie änderte dabei seit der zweiten Lieferung den von ihrem Mann verwendeten Beitragstitel in den bisher nur als Abteilungsname vorgesehenen Titel *Wirtschaft*

---

2   Vgl. Friedrich H. Tenbruck, Das Werk Max Webers. Gesammelte Aufsätze zu Max Weber, hrsg. von Harald
     Hohmann, Tübingen 1999.

und Gesellschaft um und sorgte dafür, daß der bereits seit mehreren Jahren im Manuskript fertig vorliegende Beitrag von Philippovich nun an anderer Stelle dieses Handbuches erschien. Sie ging ferner von der Annahme aus, daß die im Nachlaß ihres Mannes erhalten gebliebenen Manuskripte mehr oder wenig vollständig ausgearbeitete und mithin authentische Teile von *Wirtschaft und Gesellschaft* seien, wobei sie die mit der Auswahl der hierfür vorgesehenen Manuskriptteile sowie die mit ihrem internen Zusammenhang verbundenen Schwierigkeiten allerdings selbst hervorgehoben hatte. Als Johannes Winckelmann nach dem Zweiten Weltkrieg die Neuherausgabe von *Wirtschaft und Gesellschaft* übernahm, verfolgte dieser angesichts der Probleme, vor die sich Marianne Weber und ihr Mitarbeiter Melchior Palyi gestellt sahen, dabei den Anspruch einer ‚authentischen Rekonstruktion' von Webers Grundrißbeitrag, wobei er wie Marianne Weber von der Annahme einer ‚Zweiteilung' des überlieferten Manuskriptbestandes in einen abstrakt-begrifflichen und einen konkret-historischen Teil ausging, jedoch die Titelüberschriften und die Reihenfolge der einzelnen Texte zum Teil änderte und das von Marianne Weber erst in den späteren Auflagen aufgenommene Manuskript „Die rationalen und sozialen Grundlagen der Musik" wieder aus den von ihm selbst verantworteten Ausgaben von *Wirtschaft und Gesellschaft* ausschied.[3]

Es ist das bleibende Verdienst von Friedrich H. Tenbruck, daß er bereits seit Mitte der siebziger Jahre des vergangenen Jahrhunderts auf die Unhaltbarkeit des von Winckelmann vertretenen Rekonstruktionsanspruchs hingewiesen hatte. In seinem Aufsatz „Abschied von Wirtschaft und Gesellschaft" aus dem Jahre 1977 machte er zum einen deutlich, daß die noch heute im Umlauf befindliche und seit 1972 auch als Studienausgabe erhältliche fünfte Auflage von *Wirtschaft und Gesellschaft* kein Werk Max Webers, sondern „eine Konjektur Winckelmanns ist"[4]. Zum anderen stellte er auch die von Marianne Weber und Johannes Winckelmann vertretene ‚Zweiteilungsthese' in Frage, da eine solche Zweiteilung der von Winckelmann für seine Rekonstruktion verwendeten „Einteilung des Gesamtwerkes", die Max Weber selbst angefertigt hatte und die 1914 im ersten Band des *Grundriß der Sozialökonomik* veröffentlicht worden ist[5], nicht zu entnehmen sei. Tenbruck machte vielmehr darauf aufmerksam, daß es sich bei dem seit 1922 unter dem Titel *Wirtschaft und Gesellschaft* auch separat veröffentlichten Grundrißbeitrag Max Webers um zwei völlig verschiedene Fassungen – nämlich eine ältere und eine neuere – handelt, die sich zum Teil inhaltlich überschneiden. Ferner war er der Ansicht, daß Weber die älteren Manuskriptteile wohl kaum in der uns überlieferten Form veröffentlicht hätte, da er nach dem Weltkrieg den Entschluß gefaßt hatte, eine völlig neue und inhaltlich stark gestraffte Fassung von *Wirtschaft und Gesellschaft* zu schreiben, die er aufgrund seines frühen Todes allerdings nicht mehr abschließen konnte. Da sich auch die von

---

3 Zu dieser komplexen Vorgeschichte der neuen Edition von *Wirtschaft und Gesellschaft* innerhalb der Max-Weber-Gesamtausgabe siehe auch Johannes Winckelmann, Max Webers opus posthumum, in: Zeitschrift für die gesamte Staatswissenschaft 105 (1949), S. 368-387; ders., Max Webers hinterlassenes Hauptwerk: Die Wirtschaft und die gesellschaftlichen Ordnungen und Mächte, Tübingen 1986; Wolfgang J. Mommsen, Zur Entstehung von Max Webers hinterlassenem Werk „Wirtschaft und Gesellschaft. Soziologie". Europäisches Zentrum für Staatswissenschaften und Staatspraxis Berlin, Discussion Paper Nr. 42, Juni 19199; ders., Max Weber's „Grand Sociology": The Origins and Composition of *Wirtschaft und Gesellschaft. Soziologie*, in: History and Theory 39 (2000), S. 364-383; ferner Wolfgang Schluchter, Individualismus, Verantwortungsethik und Vielfalt, Weilerswist 2000, S. 177 ff.

4 Tenbruck, Das Werk Max Webers, S. 127.

5 Vgl. Winckelmann, Max Webers hinterlassenes Hauptwerk, Anhang 3, S. 168 ff.

Marianne Weber für den Druck verwendeten älteren Manuskripte von *Wirtschaft und Gesell-schaft* zum Teil in einem fragmentarischen Ausarbeitungszustand befanden und mit Ausnah-me seiner ‚Rechtssoziologie' die Originalmanuskripte Webers nicht erhalten geblieben sind, sondern nur in dem Zustand hinterlassen sind, wie sie von seiner Witwe veröffentlicht wur-den, kam Tenbruck deshalb zu dem Schluß, daß *Wirtschaft und Gesellschaft* nicht mehr als ein in sich geschlossenes Werk rekonstruierbar sei und daß eine zukünftige kritische Ausgabe der vormals unter diesem Titel zusammengefaßten Schriften Max Webers die älteren Manu-skriptbestände deutlich getrennt von der von Weber noch selbst zum Druck beförderten ers-ten Lieferung seines Grundrißbeitrages zu veröffentlichen habe.[6]

Die jetzt im Teilband *Die Stadt* von Webers Nachlaß veröffentlichten Hinweise der Her-ausgeber der Max-Weber-Gesamtausgabe zur Edition von *Wirtschaft und Gesellschaft* tragen Tenbrucks Einwänden gegenüber den von Marianne Weber und Johannes Winckelmann ver-folgten Editionsprinzipien in vielerlei Hinsicht Rechnung. Der zuletzt noch im Verlagspros-pekt vom April 1995 unter dem Titel „Die Wirtschaft und die gesellschaftlichen Ordnungen und Mächte" als Band 22 der ersten Abteilung der Max-Weber-Gesamtausgabe angekündigten Veröffentlichung der hier zur Diskussion stehenden Texte in verschiedenen Teilbänden ist jetzt erneut eine Zweiteilung zugrunde gelegt worden. Diese grenzt nun den älteren Manuskriptbe-stand deutlich von der 1921 erschienenen ersten Lieferung von Max Webers Grundrißbeitrag ab, indem sie für das von Weber noch selbst für den Druck fertiggestellte neuere Manuskript eine separate Veröffentlichung in dem nun neu hinzugekommenen 23. Band der ersten Abtei-lung der Max-Weber-Gesamtausgabe vorsieht. Der ältere Manuskriptbestand wird dagegen wie in den bisherigen Verlagsankündigungen dem 22. Band dieser Abteilung zugeordnet und thematisch in die Teilbände *Gemeinschaften* (MWG I/22-1), *Religiöse Gemeinschaften* (MWG I/22-2), *Recht* (MWG I/22-3), *Herrschaft* (MWG I/22-4) sowie *Die Stadt* (MWG I/22-5) unter-gliedert und durch einen weiteren Teilband *Materialien und Register* (MWG I/22-6) ergänzt.[7]

Damit sind zwei folgenschwere herausgeberische Entscheidungen verbunden, die in der bisherigen Sekundärliteratur lange Zeit umstritten waren. Erstens: Mit Ausnahme des Ma-nuskriptes „Die rationalen und sozialen Grundlagen der Musik", das 2004 als Band I/14 der Max-Weber-Gesamtausgabe separat veröffentlicht wurde, ist also der ganze erhalten geblie-bene, im Wesentlichen aus den Jahren 1910-1914 stammende und von Marianne Weber für die Edition von *Wirtschaft und Gesellschaft* verwendete ältere Nachlaßbestand sachlich der 1921 erschienenen und für Band 23 der ersten Abteilung der Max-Weber-Gesamtausgabe vor-gesehenen ersten Lieferung von Webers Grundrißbeitrag zugeordnet worden. Zweitens: Ob-gleich die Herausgeber angesichts der überlieferten Textzeugnisse den Anspruch einer Re-konstruktion des von Max Weber geplanten Grundrißbeitrages als ein in sich geschlossenes Ganzes definitiv aufgegeben haben, versuchen sie dennoch dem thematischen Zusammenhang zwischen den älteren und den jüngeren Texten gerecht zu werden, indem sie nun für den 22. und 23. Band der ersten Abteilung der Max-Weber-Gesamtausgabe einen noch bis vor kur-zem ebenfalls heftig umstrittenen Obertitel gewählt haben, der diesen werkgeschichtlichen Zusammenhang zum Ausdruck bringen soll. Die neuen Titel für die Bände 22 und 23 der ers-

---

6   Ebd., S. 155.
7   Siehe hierzu die „Allgemeinen Hinweise der Herausgeber der Max-Weber-Gesamtausgabe" zur Edition von
      Wirtschaft und Gesellschaft in MWG I/22-5, S. VII ff.

ten Abteilung der Max-Weber-Gesamtausgabe lauten jetzt *Wirtschaft und Gesellschaft. Die Wirtschaft und die gesellschaftlichen Ordnungen und Mächte. Nachlaß* und *Wirtschaft und Gesellschaft. Soziologie. Unvollendet 1919-1920.*[8]

Man reibt sich die Augen angesichts dieser neuen Titulatur von Max Webers ‚hinterlassenem Hauptwerk'! Hatte sich nicht auch einer der verantwortlichen Herausgeber der Max-Weber-Gesamtausgabe bereits vor längerer Zeit demonstrativ von dem Titel *Wirtschaft und Gesellschaft* verabschiedet und als den einzigen von Weber für seinen Grundrißbeitrag autorisierten Titel *Die Wirtschaft und die gesellschaftlichen Ordnungen und Mächte* akzeptiert?[9] Und wodurch rechtfertigt sich der ominöse Zusatz „Soziologie" für den neuen Band 23 der ersten Abteilung der Max-Weber-Gesamtausgabe? Die Herausgeber der Max-Weber-Gesamtausgabe geben zu diesen in der einschlägigen Fachliteratur bisher sehr umstrittenen Fragen in den nun veröffentlichten Richtlinien zur Edition von *Wirtschaft und Gesellschaft* nur eine spärliche Auskunft. Für die Wahl von „Wirtschaft und Gesellschaft" als Obertitel der fraglichen Bände der Max-Weber-Gesamtausgabe läßt sich in diesen Richtlinien außer dem Hinweis, daß damit der Titelgebung im Verlagsvertrag Max Webers entsprochen würde, keine weitere Begründung finden. Dagegen wird von ihnen für die Wahl des Titels von Band 23 der ersten Abteilung der Max-Weber-Gesamtausgabe das Argument geltend gemacht, daß der Untertitel „Soziologie" zwar nicht formal von Weber autorisiert worden ist, jedoch als „autoreigen" zu betrachten sei, da Weber diesen Ausdruck seit 1913 selbst wiederholt gebraucht habe. Ferner sei Webers Grundrißbeitrag auch bereits in einer Verlagsnotiz vom April 1920 unter dem Titel „Wirtschaft und Gesellschaft. Soziologie" angekündigt worden.[10]

Trotz dieser auf den ersten Blick plausibel klingenden Argumente ist diese Herausgeberentscheidung wohl eher aus pragmatischen als sachlichen Gründen getroffen worden. Denn Weber hatte seinen eigenen Grundrißbeitrag seit 1914 unter dem Titel „Die Wirtschaft und die gesellschaftlichen Ordnungen und Mächte" angekündigt und an diesem Titel bis zu seinem Tod festgehalten, wie die noch von ihm persönlich für den Druck fertiggestellte erste Lieferung seines Beitrages für den *Grundriß der Sozialökonomik* aus dem Jahre 1921 zeigt. Unter strikt philologischen Kriterien kann also deshalb allein dieser Titel als von Weber formal autorisiert betrachtet werden, worauf im Übrigen ja auch einer der Herausgeber der Max-Weber-Gesamtausgabe hingewiesen hat.[11] Daß er im Rahmen der Max-Weber-Gesamtausgabe jetzt nur noch für den älteren Manuskriptbestand als Untertitel herangezogen worden ist und des-

---

8   Vgl. MWG I/22-5, S. XVI f. und 384.

9   Vgl. Wolfgang Schluchter, „Wirtschaft und Gesellschaft" – Das Ende eines Mythos, in: Johannes Weiß (Hrsg.), Max Weber heute. Erträge und Probleme der Forschung, Frankfurt am Main 1989, S. 55-89. Dieser Titel ist übrigens auch noch in dem Verlagsprospekt vom April 1995 sowie in den bisherigen Bänden der Max-Weber-Gesamtausgabe für die Ankündigung der einzelnen Teilbände von MWG I/22 verwendet worden.

10   Vgl. MWG I/22-5, S. XVI f.

11   Vgl. Wolfgang Schluchter, Max Webers Beitrag zum „Grundriß der Sozialökonomik". Editionsprobleme und Editionsstrategien, in: Kölner Zeitschrift für Soziologie und Sozialpsychologie 50 (1998), S. 327-343; ferner ders., Die Entstehung des modernen Rationalismus. Eine Analyse von Max Webers Entwicklungsgeschichte des Okzidents, Frankfurt am Main 1998, S. 12 ff. Wieso es Schluchter trotz seiner bereits mehrfach unter Beweis gestellten besseren Einsichten inzwischen als ein Vorteil ansieht, daß nach der nun definitiv getroffenen Herausgeberentscheidung „auch weiterhin nach dem strenggenommen falschen Titel *Wirtschaft und Gesellschaft* zitiert werden kann" (ebd., S. 20, Fußnote 20), bleibt sein Geheimnis und ist sachlich nicht nachzuvollziehen. Denn den hier zitierten Arbeiten Schluchters ist eindeutig zu entnehmen, welche triftigen Argumente *gegen* die jetzt für MWG I/22 und MWG I/23 gewählten Bandtitel sprechen!

halb für das von Weber noch selbst für den Druck fertig gestellte Manuskript nun ein neuer
Untertitel gefunden werden mußte, gibt im Nachhinein dem bereits von Marianne Weber und
Johannes Winckelmann gewählten editorischen Verfahren recht. Dessen Willkürlichkeit zeigt
sich im Übrigen allein schon daran, daß Marianne Weber bei den von ihr besorgten Ausgaben
von *Wirtschaft und Gesellschaft* den von ihrem Mann vorgesehenen Titel „Die Wirtschaft und
die gesellschaftlichen Ordnungen und Mächte" nur noch als Untertitel für den neueren Teil
seines Grundrißbeitrages verwendet hatte, während Winckelmann diesen Titel zur Kennzeichnung der älteren Manuskriptteile heranzog und aus diesem Grund dem ersten Teil seiner Ausgaben von *Wirtschaft und Gesellschaft* einen neuen, von ihm selbst erfundenen Untertitel geben mußte, der fortan „Soziologische Kategorienlehre" lautete und jetzt von den Herausgebern
der Max-Weber-Gesamtausgabe durch das schlichte Kürzel „Soziologie" ersetzt worden ist.

Zumindest der ‚späte‘ Max Weber ist jetzt also definitiv den Soziologen zugeschlagen
worden, wogegen prinzipiell auch nichts einzuwenden ist, sofern man im Auge behält, worin
sich die von ihm gepflegte Art der ‚Soziologie‘ von den älteren und neueren Richtungen gleichen Namens unterscheidet. Die philologisch sauberste und unter historisch-kritischen Gesichtspunkten am besten begründete Lösung wäre allerdings gewesen, wenn die Herausgeber der Max-Weber-Gesamtausgabe für die Veröffentlichung der ersten Lieferung von Webers
Grundrißbeitrag den von ihm selbst autorisierten Titel „Die Wirtschaft und die gesellschaftlichen Ordnungen und Mächte" beibehalten hätten und seinen gesamten erhalten gebliebenen
Nachlaß in der Form, wie er uns von seiner Witwe hinterlassen worden ist – also einschließlich seiner sogenannten ‚Musiksoziologie‘ – einer völlig neuen Abteilung der Max-Weber-Gesamtausgabe mit dem schlichten Namen „Nachlaß" zugeordnet hätten, was Herausgeber und
Verlag aus begreiflichen Gründen allein schon aufgrund der enormen wirkungsgeschichtlichen
Bedeutung der bisherigen Ausgaben von *Wirtschaft und Gesellschaft* allerdings wohl niemals
ernsthaft in Erwägung gezogen haben. Wenigstens bleibt Webers Nachlaß jetzt aber vermutlich
jenes Schicksal erspart, das Friedrich Nietzsches Nachlaß aus den 1880er Jahren widerfahren
ist, auch wenn die von den Herausgebern der Max-Weber-Gesamtausgabe jetzt definitiv ge-
troffene Entscheidung ebenfalls durch einen gewissen ‚Willen zur Macht‘ gekennzeichnet ist.

Die Geburt des okzidentalen Bürgertums aus dem ‚Geist‘ der christlichen Brüderlichkeitsethik

Die einst von Guenther Roth hinsichtlich des zukünftigen Schicksals von *Wirtschaft und
Gesellschaft* gestellte Alternative „Abschied oder Wiedersehen?"[12] ist also im Rahmen der
Max-Weber-Gesamtausgabe inzwischen eindeutig zugunsten eines nun freilich modifizierten
Wiedersehens entschieden worden. Und das ist in vielerlei Hinsicht auch gut so, weil allein
schon der jetzt vorliegende und von dem Berliner Althistoriker Wilfried Nippel herausgege-
bene Teilband *Die Stadt* zeigt, welches enorme theoretische und historische Potential sich in
diesen älteren Manuskripten aus Webers Nachlaß verbirgt, die in der vorliegenden Form für
die Nachwelt gerettet zu haben ja nicht das geringste Verdienst von Marianne Weber ist. Allerdings sollten wir uns endgültig von der immer wieder unternommenen Suche nach dem

---

12   Guenther Roth, Abschied oder Wiedersehen? Zur fünften Auflage von Max Webers „Wirtschaft und Gesell-
     schaft", in: Kölner Zeitschrift für Soziologie und Sozialpsychologie 31 (1979), S. 318-327.

,Hauptwerk' Max Webers verabschieden, da ja sein gesamtes Werk mit Ausnahme seiner Früh-
schriften nur in einer fragmentarischen Form vorliegt. Auch Tenbrucks Schwanken, ob dieser
Rang eher den religionssoziologischen Schriften Webers oder aber seiner ,Wissenschaftsleh-
re' gebührt, zeugt von der Fragwürdigkeit eines solchen Unternehmens, zumal sich Tenbruck
1959 noch demonstrativ von Webers methodologischen Schriften verabschiedet hatte, weil
uns seine Methodologie als Ganzes sachlich angeblich nichts mehr zu sagen habe, wobei zu
bemerken ist, daß Tenbruck später in zunehmendem Maße vom genauen Gegenteil überzeugt
gewesen ist, wie seine diesbezüglichen Schriften zeigen.[13] Merkwürdigerweise ist es aber Tenbruck offensichtlich entgangen, daß auch Webers Abhandlung über die Stadt eine besondere
werkgeschichtliche Bedeutung zukommt. Denn diese kulturvergleichende Untersuchung der
Entstehung des okzidentalen Bürgertums ist aus der für sie ursprünglich im *Grundriß der Sozialökonomik* vorgesehenen Rolle als exemplarischer Fall einer „nichtlegitimen Herrschaft"
in jeder Hinsicht herausgewachsen und stellt überdies einen wichtigen Bezug zu seinen religionssoziologischen Schriften her. Deshalb hatte Weber offensichtlich sogar damit geliebäugelt, diese bahnbrechende Studie als Teil seiner Untersuchungen über die *Wirtschaftsethik
der Weltreligionen* zu veröffentlichen, worauf Wilfried Nippel in seinem sachkundigen editorischen Bericht hinweist und der zugleich auf die damit verbundenen Schwierigkeiten einer eindeutigen werkgeschichtlichen Zuordnung des erhalten gebliebenen Textes *Die Stadt*
aufmerksam macht.[14]

Weber war zutiefst von der universalgeschichtlichen Eigenart der okzidentalen Stadt überzeugt. Er sah insbesondere zwischen der mittelalterlichen Stadtentwicklung und der Entstehung des modernen Kapitalismus sowie des modernen Staates einen engen historischen Zusammenhang gegeben, der ihn zu seiner vergleichenden Untersuchung der Stadtentwicklung
im Orient und Okzident, in der griechischen und römischen Antike sowie im mittelalterlichen
Europa motiviert hatte. Den eigentlichen Ursprung der okzidentalen Stadt sah er dabei in einem kultischen Akt der Verbrüderung gegeben, der die tabuistischen und rituellen Regelungen der überlieferten ständischen Kommensalitätsschranken aufzusprengen vermochte und
der ihm zufolge die Voraussetzung für die Entstehung einer städtischen Gemeinde als einem
eigenständigen politischen Verband von gleichberechtigten Stadtbürgern darstellte. Jedoch
erst die christliche Stadt des Mittelalters kannte jene revolutionäre Form der Machtusurpati-
on in Gestalt einer rituellen Eidverschwörung, welche sich gegen die traditionellen Formen
der ,legitimen' Herrschaft gerichtet hatte und die in immer neuen Bewegungen zu einer historisch völlig neuen Art der „gewillkürten" beziehungsweise „anstaltsmäßigen" Vergesellschaftung" führte.[15] Webers Abhandlung *Die Stadt* stellt also keinen Beitrag zur ,Stadtsoziologie'
im heutigen Sinn dar, sondern eine die Grenzen eines einzelnen Faches sprengende Untersuchung über die Entstehung sowie die universalgeschichtliche Eigenart des europäischen Bürgertums, dessen „Konzeptionsstunde" er bereits im „Tag von Antiochien" gegeben sah, an
dem erstmals das gemeinsame Abendmahl zwischen Juden und Nichtjuden vollzogen wurde
und das Weber zu den religiösen Vorbedingungen der revolutionären *Conjurationes* der mit-

---

13   Vgl. Tenbruck, Das Werk Max Webers, S. 53 f. und 219 ff.
14   Vgl. MWG I/22-5, S. 46 ff.
15   Vgl. ebd., S. 111 ff. und 123 ff.

telalterlichen Städte gezählt hatte, da ohne eine solche rituelle Tischgemeinschaft eine entsprechende Eidverbrüderung gar nicht möglich sei.[16]

Die jetzt vorliegende Neuausgabe von *Die Stadt* im Rahmen der Max-Weber-Gesamtausgabe besticht durch die Vielzahl der gelehrten Erläuterungen, die diesem Band im Apparat beigefügt sind und die diesen Text überhaupt erst einer vollständigen wissenschaftlichen Erschließung zugänglich machen. Wilfried Nippel hat überdies die mühsame Arbeit auf sich genommen, neben der von Weber nachweislich verwendeten Literatur auch alle jene Publikationen anzugeben, die bis zur mutmaßlichen schriftlichen Fixierung dieses Textes im Jahre 1914 erschienen sind und die Weber wahrscheinlich ebenfalls gekannt und verwendet hat. Zusammen mit der Einleitung und dem editorischen Bericht, der Vielzahl der vorgenommenen Emendationen und sachlichen Hinweise, die das Verständnis des Textes erleichtern, sowie den beigefügten Registern ist dem Herausgeber dieses Bandes eine vorbildliche editorische Leistung gelungen, die den Vergleich mit den bisher im Rahmen der Max-Weber-Gesamtausgabe veröffentlichten Briefbänden nicht zu scheuen braucht und die deutlich macht, warum auch die übrigen Nachlaßbände von *Wirtschaft und Gesellschaft* enorm von dieser Art der editorischen Bearbeitung und Präsentation profitiert haben, so daß jetzt eine völlig neue Basis für die Diskussion von Webers Nachlaß geschaffen worden ist, von der auch die zeitgenössische Soziologie noch erheblich profitieren könnte, wenn sie es denn überhaupt noch will.

In diese überaus positive Beurteilung ist auch der in zwei Teilbänden erschienene Briefband von Max Weber mit einzubeziehen, der Webers Korrespondenz aus den Jahren 1911-1912 umfaßt und in dem wie in den bereits vorliegenden Briefbänden erneut ein jetzt offensichtlich für die gesamte Max-Weber-Gesamtausgabe vorbildlich gewordenes Anspruchsniveau realisiert werden konnte, was die inzwischen erreichte hohe Professionalität dieses Editionsunternehmens unterstreicht.[17] Der Zeitraum vom Januar 1911 bis Dezember 1912 ist stark durch Webers Verstrickung in drei gerichtliche Prozesse geprägt, die er anläßlich der abfälligen Bemerkung eines Heidelberger Privatdozenten über die moderne Frauenbewegung bewußt provoziert hatte und in der die in der auswärtigen Presse veröffentlichte Unterstellung, Weber habe sich in diesem Zusammenhang der Duellforderung seines Gegners entzogen, eine zentrale Rolle gespielt hatte. Sowohl die zahlreichen Briefe, die Weber in dieser Angelegenheit geschrieben hatte, als auch die im Anhang dieses Briefbandes zum Abdruck gebrachten umfangreichen Prozeßakten zeigen, wie stark sich Weber anläßlich einer solchen Herausforderung seiner ,ständischen Ehre' zum Gegenangriff genötigt sah und daß der ihm gegenüber gelegentlich gemachte Vorwurf einer ,pathologischen Reizsamkeit' nicht ganz aus der Luft gegriffen war.

Sein starkes Engagement innerhalb dieses Rechtsstreites steht dabei in eigentümlichem Kontrast zu seiner gesundheitsbedingten Unfähigkeit zu einer kontinuierlichen wissenschaftlichen Arbeit, wie sie fast für diesen gesamten Zeitraum charakteristisch ist und die Weber in seinen Briefen immer wieder selbst hervorgehoben hat.[18] Gleichwohl legte er größten Wert auf die Feststellung, daß diese gesundheitsbedingte Einschränkung seiner Arbeitsfähigkeit

---

16   Ebd., S. 23 und 108 ff.

17   Vgl. Max Weber, Gesamtausgabe. Abteilung II: Briefe, Band 7: 1911-1912, hrsg. von M. Rainer Lepsius und Wolfgang J. Mommsen in Zusammenarbeit mit Birgit Rudhard und Manfred Schön, 2 Halbbände, Tübingen 1998.

18   Ebd., S. 154 f., 254, 459 ff. und 597.

keinesfalls seine „Fähigkeit zum Waffengebrauch" in Mitleidenschaft gezogen habe.[19] Anläßlich eines weiteren drohenden Rechtsstreites versteifte sich Weber sogar dazu, selbst einen
um mehr als ein Dutzend Jahre jüngeren Kieler Kollegen zum Waffengang herauszufordern.
Zu diesem Duell ist es dann aufgrund von ‚Terminschwierigkeiten' seines Kontrahenten allerdings glücklicherweise nicht mehr gekommen. Der ‚ständischen Ehre' war ohnehin Genüge getan, so daß Weber am 30. Dezember 1912 die dafür vorgesehenen Waffen wieder ein-
sammeln lassen konnte.[20]

Neben den von Weber geführten rechtlichen Auseinandersetzungen lassen sich seinen
Briefen eine Reihe von weiteren Aktivitäten entnehmen, die ihn in diesem Zeitraum stark in
Anspruch genommen haben. Zu erwähnen ist hier insbesondere:

a. die von ihm besorgte Herausgabe der „Verhandlungen des Ersten Deutschen Soziolo-
    gentages" von 1910[21];
b. sein Engagement bei der Autorengewinnung und der Koordination der Arbeiten für den
    Grundriß der Sozialökonomik[22];
c. sein Briefwechsel mit dem badischen Kultusministerium anläßlich der großen Reso-
    nanz, die Webers Auseinandersetzung mit dem ‚System Althoff' während des IV. Deut-
    schen Hochschullehrertages 1911 in der überregionalen Presse gefunden hatte[23];
d. die mit Gustav Schönbergs Erben geführte Auseinandersetzung über die Nachfolge des
    Handbuch der Politischen Ökonomie durch den *Grundriß der Sozialökonomik*[24];
e. die aufgetretenen Meinungsunterschiede bezüglich der geplanten, aber nicht zustande
    gekommenen Festveranstaltung anläßlich des vierzigjährigen Bestehens des Vereins für
    Sozialpolitik im Jahre 1912[25];
f. und schließlich die in diesem Zusammenhang stehende Vorbereitung einer sozialpo-
    litischen Kundgebung, die ebenfalls nicht zustande kam und die zu einem Zerwürfnis
    zwischen Lujo Brentano und Max Weber geführt hatte.[26]

Obgleich Weber wiederholt betont hatte, wie stark in diesem Zeitraum seine wissenschaftliche Arbeitsfähigkeit durch seinen schlechten gesundheitlichen Zustand eingeschränkt war,
worunter auch die schriftliche Fixierung seines geplanten Beitrages zum *Grundriß der Sozialökonomik* litt, die laut Auskunft der Herausgeber dieses Briefbandes erst im Winter 1912/13
erfolgt ist[27], läßt sich dennoch verschiedenen Briefen entnehmen, daß sich Weber offensichtlich bereits vorher intensiv mit einigen zentralen Themen seines Grundrißbeitrages und seiner späteren religionssoziologischen Schriften beschäftigt hatte. Dies betrifft insbesondere:

---

19   Ebd., S. 120.
20   Ebd., S. 813.
21   Ebd., S. 80 ff.
22   Ebd., S. 241 ff.
23   Ebd., S. 284 ff.
24   Ebd., S. 522 ff.
25   Ebd., S. 574 ff.
26   Ebd., S. 645 ff.
27   Ebd., S. 1.

a. seine Erörterung des Funktionswandels der Hausgemeinschaft in der Gegenwart in einem Schreiben an den dem George-Kreis nahestehenden Nationalökonomen Arthur Salz vom Februar 1912, in dem Weber auch auf den Gegensatz zwischen dem „persönlichen Charisma" und der „Heiligkeit der Tradition" eingegangen ist[28];

b. seine Ankündigung einer musikgeschichtlichen Untersuchung in einem Brief an seine Schwester Lili Schäfer vom 5. August 1912, in dem er die Bedeutung des abendländischen Mönchtums für die Entstehung einer „harmonischen Musik" hervorgehoben hatte[29];

c. die Erörterung von verschiedenen religionssoziologischen Fragestellungen in seiner Korrespondenz mit Hermann Graf Keyserling[30].

Interessant sind auch die volkswirtschaftlichen Kommentare und Ausführungen in seinem Schreiben an den Ökonomen Robert Liefmann vom Oktober 1912 sowie seine Einschätzung der Listenplatzchancen von Georg Simmel und seine diesbezügliche Bevorzugung des ‚Systematikers' Heinrich Rickert anläßlich einer möglichen Wiederbesetzung des seit Jahren vakanten Heidelberger Lehrstuhls von Kuno Fischer, obgleich Weber in einem anderen Zusammenhang ähnlich wie Nietzsche das Bedürfnis nach einer rein rationalen Ordnungs- und (Werth-) Hierarchie als „Symptom tiefer Schwäche und Ratlosigkeit allen echten Lebensproblemen gegenüber" bezeichnet hatte.[31] Alles in allem überwiegen in der in diesem Zeitraum von Weber geführten Korrespondenz jedoch eindeutig seine organisatorischen Tätigkeiten im Rahmen des Vereins für Sozialpolitik und der Deutschen Gesellschaft für Soziologie sowie die in diesem Zusammenhang stehenden herausgeberischen Funktionen, die er im Rahmen der langjährigen Kooperation mit seinem Verleger Paul Siebeck wahrgenommen hatte. Wer sich dafür interessiert, kann dem vorliegenden Briefband ferner entnehmen, daß zu diesem Zeitpunkt Webers privates Verhältnis zu Else Jaffé und seinem Bruder Alfred Weber aufgrund deren Liaison inzwischen auf einen Tiefpunkt gesunken war und daß zu diesem Zeitpunkt die Schweizer Pianistin Mina Tobler in sein Leben getreten ist. Es sollte vielleicht noch hinzugefügt werden, daß Weber bereits im Oktober 1912 zu dem von ihm mitgegründeten soziologischen Berufsverband auf Distanz gegangen ist und diesem fortan nur noch als „lediglich zahlendes Mitglied" angehörte, bevor er 1914 diese Mitgliedschaft auch förmlich aufgekündigt hat: „Soziologentage besuche ich nicht mehr. [...] Ich wünsche der Gesellschaft alles Gute."[32]

Max Webers Werk in der neueren Sekundärliteratur

Was wäre die ‚Weber-Industrie' ohne die Flut der Sekundärliteratur, die allein in Japan mehr als zweitausend Bücher und Aufsätze umfaßt und die inzwischen weltweit einen Umfang angenommen hat, den vollständig zu überblicken sich heute wohl kaum einer unter den Weber-Forschern anmaßt? In der dieser Sammelbesprechung zugrunde liegenden neueren deutschsprachigen Sekundärliteratur steht die Auseinandersetzung mit dem historisch-politischen

---

28   Ebd., S. 428 ff.
29   Ebd., S. 638 ff.
30   Ebd., S. 233 ff. und 801 f.
31   Ebd., S. 716 ff., 734 ff. und 801.
32   Ebd., S. 709.

Denken Max Webers im Mittelpunkt, was vielleicht kein Zufall ist, da in ihm noch am ehesten jene Einheit von Werk und Person faßbar wird, die gerade im Falle Webers immer wieder beschworen worden ist. Zugleich wird anhand dieser Sekundärliteratur eine zunehmende Historisierung seines Werkes deutlich, wie sie auch in den einzelnen Bänden der Max-Weber-Gesamtausgabe zum Ausdruck kommt. Daß bis vor Kurzem nahezu zwei Drittel der Gesamtauflage der Max-Weber-Gesamtausgabe nicht in Deutschland und den USA, sondern in Japan verkauft worden ist, war nur der äußere Anlaß für den Historiker Wolfgang Schwentker, seine jetzt auch gedruckt vorliegende Düsseldorfer Habilitationsschrift der Geschichte der japanischen Weber-Rezeption zu widmen.[33] Denn daß die japanischen Weber-Forscher den Vergleich mit ihren deutschen und amerikanischen Kollegen nicht zu scheuen brauchen, wurde bereits während des 15. Deutschen Soziologentages deutlich, der dem Andenken Max Webers gewidmet war und im April 1964 in Heidelberg stattgefunden hatte. Dessen Teilnehmer wurden nämlich durch die Mitteilung eines anwesenden japanischen Kollegen überrascht, daß zur selben Zeit in Japan die Vorbereitungen für ein Max Weber-Symposium auf Hochtouren liefen, das im Dezember 1964 in Tokio stattfand und dem zu entnehmen war, welches Ausmaß die japanische Weber-Forschung zu diesem Zeitpunkt bereits angenommen hatte.[34]

Schwentker beschreibt die Geschichte dieses für uns aufgrund der Sprachbarrieren bisher weitgehend verschlossen gebliebenen Rezeptionsprozesses mit großer Sachkenntnis und Sympathie, wobei er die jeweiligen Schwerpunkte der japanischen Weber-Diskussion vor dem Hintergrund der entsprechenden zeitgeschichtlichen Bezüge und des damit verbundenen Strukturwandels der japanischen Gesellschaft herausarbeitet. Dabei gelingt ihm ein eindrucksvolles Gemälde der Auseinandersetzung der japanischen Nationalökonomen, Sozialwissenschaftler, Historiker und Philosophen mit dem fortschreitenden Modernisierungsprozeß in ihrem Land, die sich in weiten Teilen im Medium einer nur noch mit der japanischen Rezeption des Marxschen Werkes vergleichbaren kritischen Aneignung der Schriften von Max Weber vollzieht. Die seit der Meiji-Reform von 1868 zu beobachtende Förderung des Wissenschaftsaustausches mit dem westlichen Ausland hatte dort nicht nur zu bemerkenswert frühen Versuchen zur Institutionalisierung der soziologischen Forschung an den japanischen Universitäten geführt, sondern auch zu einer intensiven Rezeption der Deutschen Historischen Schule der Nationalökonomie, die man als theoretisches Vorbild für eine gelungene obrigkeitsstaatliche Modernisierung der eigenen Gesellschaft betrachtet hatte, wie sie in den Augen der japanischen Forscher und Politiker auch für das wilhelminische Reich charakteristisch gewesen ist, dessen Sonderweg in die Moderne man dabei mehr oder weniger nachzuahmen versuchte.

Bezeichnenderweise ist das Werk von Max Weber in diesem Zusammenhang zuerst von japanischen Nationalökonomen rezipiert worden, wobei zunächst seine wirtschaftshistorischen und methodologischen Schriften im Mittelpunkt standen, bevor in den dreißiger und vierziger Jahren zunehmend das gesamte Spektrum seines Schaffens ausführlich diskutiert und gewürdigt worden ist. Eine wichtige Rolle innerhalb der japanischen Weber-Rezeption haben dabei Emil Lederer, Kurt Singer und Karl Löwith gespielt, die in den zwanziger und dreißiger Jahren für eine längere Zeit an japanischen Universitäten lehrten und dort die intel-

---

33   Vgl. Wolfgang Schwentker, Max Weber in Japan. Eine Untersuchung zur Wirkungsgeschichte 1905-1995, Tübingen 1998.

34   Ebd., S. 295 ff.

lektuelle Entwicklung einer neuen Generation von Weber-Forschern zu prägen vermochten.[35]
Löwiths berühmte Abhandlung über „Max Weber und Karl Marx" aus dem Jahre 1932 stand
nach dem Zweiten Weltkrieg im Mittelpunkt der Auseinandersetzungen zwischen den marxistischen und den ‚bürgerlichen' Sozialwissenschaftlern in Japan. Eine eigenwillige Synthese
zwischen Marxismus und Weberianismus gelang jedoch erst dem japanischen ‚Modernisten'
Otsuka Hisao, dessen umfangreiches Werk seit 1945 maßgeblich die japanische Weber-Forschung beeinflußt hat. Otsuka war es auch, der die intellektuelle Vormachtstellung des Marxismus innerhalb der japanischen Sozialwissenschaften zu brechen vermochte, indem er in
seinen zahlreichen Untersuchungen neben den materiellen Interessen die Macht der Ideen und
den Einfluß der Religion auf die wirtschaftliche Entwicklung verdeutlicht hatte.[36]
    Alles in allem beeindruckt die japanische Weber-Rezeption durch ihre starke historische
Orientierung und den Versuch, Webers Werk für eine Analyse von Japans Weg in die Moderne fruchtbar zu machen. Hierbei wurden insbesondere seine wirtschaftsgeschichtlichen und
seine religionssoziologischen Untersuchungen zur Klärung der Frage herangezogen, warum
es in Japan und China im Unterschied zu Westeuropa und Nordamerika nicht zur Ausbildung
eines kapitalistischen ‚Geistes' im Sinne von Webers Protestantismus-These gekommen ist.
Ferner ging es um eine Klärung der Voraussetzungen für eine erfolgreiche japanische Übernahme des westlichen Entwicklungsmodells innerhalb einer durch völlig andere kulturelle
Traditionen geprägten semifeudalen Gesellschaft, wobei Schwentker die nachhaltige Aktualität von Webers Werk in Japan mit dem „antinomischen Charakter der japanischen Moderne" zu erklären versucht, für den sich eine weberianischen Deutung geradezu anbiete.[37] Daß
die japanische Weber-Forschung in diesem Zusammenhang eine eigenständige Interpretation seines Werkes und eine produktive Weiterentwicklung seines kulturvergleichenden Forschungsprogramms zu leisten vermochte, ist ein weiterer Beleg dafür, daß seine diesbezüglichen kultur- und universalgeschichtlichen Untersuchungen nicht nur einen tieferen Einblick in
die historische Eigenart der okzidentalen Sonderentwicklung ermöglichen, sondern zugleich
die Voraussetzungen für ein besseres Verständnis der ostasiatischen Gesellschaften und ihrer
Entwicklung geschaffen haben.
    In Webers Analysen der politischen und sozialen Struktur der wilhelminischen Gesell-
schaft kommt seiner Auseinandersetzung mit dem preußischen Junkertum ein besonderer Stellenwert zu. Cornelius Torp zeigt in seiner einschlägigen Studie, daß diese Frage das ganze
Webersche Werk durchzieht und ihn wiederholt zu einer scharfen Kritik des deutschen Bürgertums veranlaßt hat, dem Weber eine zu starke Anpassung an die Wertvorstellungen dieser
seiner Ansicht nach zum ökonomischen Untergang verurteilten alten aristokratischen Herrenschicht vorwarf.[38] Die in seiner Untersuchung über die Lage der ostelbischen Landarbeiter und
in seiner Freiburger Antrittsrede von 1895 zum Ausdruck kommende Angst bezüglich einer
fortschreitenden ‚Polonisation' der deutschen Ostgebiete im Gefolge der zunehmenden Einstellung von polnischen Gastarbeitern in den großen, kapitalistisch geprägten Agrarbetrieben
des Ostens steht dabei in einem eigentümlichen Widerspruch zu seiner vorbehaltlosen Un-

---

35   Ebd., S. 94 ff.
36   Ebd., S. 220 ff.
37   Ebd., S. 14.
38   Cornelius Torp, Max Weber und die preußischen Junker, Tübingen 1998.

terstützung der Industrialisierung der deutschen Wirtschaft als Voraussetzung für eine erfolgreiche Weltpolitik. Während sich Weber im Bereich der Industriepolitik und der parlamentarischen Interessenvertretung nachhaltig für ein Bündnis zwischen dem Großbürgertum und der modernen ‚Arbeiteraristokratie‘ als Voraussetzung für eine erfolgreiche Modernisierung des deutschen Kaiserreichs eingesetzt hatte, vertrat er in der Landarbeiterfrage dagegen das Programm einer ‚inneren Kolonisation‘ des deutschen Ostens, das im agrarischen Bereich auf eine Bevorzugung von subsistenzwirtschaftlich orientierten Kleinbetrieben gegenüber einer an strikt kapitalistischen Prinzipien orientierten Landwirtschaft hinauslief. Denn Weber befürchtete langfristig eine Zersetzung der „Wehrkraft des deutschen Ostens", die seiner Meinung nach allein durch eine bewußte Ansiedlung eines aus eigener ökonomischer Kraft existenzfähigen deutschstämmigen Bauernstandes als „physischer Reserve der Nation" abgewendet werden konnte.[39]

Obgleich sich Weber selbst wiederholt als einen ‚klassenbewußten Bourgeois‘ bezeichnet hatte, der sich entschieden gegen zunehmende Feudalisierungstendenzen innerhalb seiner eigenen Klasse aussprach, war bei ihm die ‚Klassenfrage‘ in letzter Instanz doch der ‚nationalen Frage‘ untergeordnet. Seine Kritik am preußischen Junkertum und sein späteres Eintreten für eine vorbehaltlose Parlamentarisierung des Deutschen Reichs waren nämlich primär durch seine Sorge motiviert, daß das von Bismarck geschaffene zweite deutsche Kaiserreich aufgrund der Vormachtstellung einer zum ökonomischen Niedergang verurteilten alten aristokratischen Herrenschicht den Anschluß an die Westmächte verlieren und bei der imperialistischen Aufteilung der Erde in einzelne nationale Interessengebiete für immer zu kurz kommen könnte. Es stellt insofern eine gewisse Verkürzung dar, wenn Jan Rehmann Webers ‚Klassenstandpunkt‘ ausschließlich unter dem Gesichtspunkt der Schaffung einer „neuen bürgerlichen Hegemonie im Übergang zum Fordismus" zu bestimmen versucht, in deren Rahmen anstelle des bisher vorherrschenden „bürgerlich-junkerlichen Machtblocks" nun ein Klassenbündnis zwischen der industriellen Großbourgeoisie und der sozialdemokratisch geprägten Arbeiteraristokratie getreten sei.[40]

Gleichwohl gelingt es Rehmann mit seinem an Antonio Gramscis hegemonietheoretischen Ansatz orientierten Relektüre von Webers Werk die zahlreichen Querverbindungen herauszuarbeiten, die zwischen Webers idealtypischen Konstruktionen und seinem am Vorbild des anglo-amerikanischen Kapitalismus orientierten bürgerlich-liberalen Modell eines erfolgreichen gesellschaftlichen Modernisierungsprozesses bestehen. In der Suche nach einer gegenüber der obrigkeitsstaatlichen Fixierung des deutschen Luthertums überlegenen Form der kulturellen Vergesellschaftung habe sich Weber bewußt dem Studium der protestantischen Sekten in Nordamerika zugewendet, um die religiösen Wurzeln der nordamerikanischen Zivilgesellschaft und ihrer Verfassungskonstruktion für eine entsprechende Rekonstruktion der Genese des ‚kapitalistischen Geistes‘ fruchtbar zu machen.[41] Webers Protestantismusstudien sind dieser Lesart zufolge als ideologischer Ausdruck des von ihm angestrebten neuen Klassenbündnisses im Zeitalter der ‚fordistischen Massenproduktion‘ und des auch die Arbeiterschaft mit

---

39   Ebd., S. 69 ff.

40   Jan Rehmann, Max Weber: Modernisierung als passive Revolution. Kontextstudien zu Politik, Philosophie und Religion im Übergang zum Fordismus, Berlin / Hamburg 1998, S. 9 ff.

41   Ebd., S. 34 ff. und 223 ff.

einbeziehenden modernen Massenkonsums zu verstehen, was die ungeheuere Resonanz der *Protestantischen Ethik* in den Vereinigten Staaten erkläre, da es sich hierbei im Grunde genommen ja nur um den Reimport eines „anglo-amerikanischen Gründungsmythos" handele.[42]

Eigenwillig und in der Eindeutigkeit der vorgenommenen Bezüge durchaus problematisch ist dabei Rehmanns Interpretation von Webers Arrangement des entsprechenden religionsgeschichtlichen Materials. Während nämlich der bekannte Kirchenhistoriker Albrecht Ritschl in seiner Gegenüberstellung der verschiedenen protestantischen Strömungen der Neuzeit noch die unterschiedlichen Erscheinungsformen der ‚innerweltlichen Askese' als einen Rückfall in den mittelalterlichen Katholizismus gedeutet hatte und deshalb allein das Luthertum und den Zwinglianismus als eine weltzugewandte moderne Religion akzeptierte, ist bei Weber eine genau entgegengesetzte Bewertung dieser verschiedenen Strömungen des Protestantismus festzustellen. Indem Weber den Ursprung des ‚kapitalistischen Geistes' auf den Einfluß der aus dem Calvinismus und dem Täufertum hervorgegangenen protestantischen Sekten zurückführe, habe er im Grunde genommen einen „religiösen Unterbau" für das von ihm angestrebte Bündnis zwischen Bürgertum und Arbeiteraristokratie geliefert, da im Rahmen seiner „Mythistory" Calvinismus und Täufertum als Chiffren für das moderne Unternehmertum sowie eine vom moralischen Wert der Arbeit überzeugte Arbeiterklasse zu verstehen seien.[43]

Was an Rehmanns ‚ideologiekritischer' Weber-Interpretation etwas Unbehagen bereitet, ist der Umstand, daß sie aufgrund der Eindeutigkeit der von ihm postulierten Entsprechungen zwischen Webers Texten und dem sich dabei im Hintergrund angeblich bereits abzeichnenden ‚fordistischen Projekt' selbst immer wieder in eine ‚Mythistory umzukippen droht. Zwar ist es durchaus erfreulich, daß sich seit längerer Zeit auch wieder einmal ein marxistischer Autor in kompetenter Weise an der derzeitigen Weber-Diskussion zu beteiligen versucht. Doch wirkt eine solche Überlagerung der Weberschen Originaltexte durch eine marxistische Terminologie heute eher antiquiert als erfrischend oder gar erkenntnisfördernd. Denn Rehmann vermag mit seinem an Marx, Gramsci und der neueren Fordismus-Diskussion orientierten Weltbild Webers Texten auch nicht mehr Parteilichkeit und Klassengebundenheit zu entnehmen als dies zum Beispiel Christoph Steding in seiner beeindruckenden Charakterisierung von Weber als dem ‚letzten Liberalen' vor dem Hintergrund einer ganz anders gearteten politischen Philosophie bereits 1932 in eindrucksvoller Weise gelungen ist.[44] Vielleicht wird man aber auch Webers Verständnis des Politischen eher gerecht, wenn man von dessen eigenem zeitgeschichtlichen Engagement zunächst einmal absieht, dafür aber seine Stellung innerhalb der Geschichte des politischen Denkens im 20. Jahrhundert zu bestimmen versucht.

Diesen Vorschlag hat unlängst der finnische Politikwissenschaftler Kari Palonen gemacht, indem er der Bedeutung der *Kontingenz* in Webers Politikverständnis nachgegangen ist.[45] Weber ist für ihn derjenige moderne Denker, der wieder unmißverständlich die Eigenständigkeit des Politischen betonte, indem er es radikal von dem Einflußbereich der anderen gesellschaftlichen Wertsphären wie der Religion, Wirtschaft und Wissenschaft abgegrenzt hat. Da Weber auf eine gesellschaftstheoretische Fundierung seiner ‚verstehenden Soziologie' verzichte und

---

42   Ebd., S. 227.

43   Ebd., S. 218 ff.

44   Vgl. Christoph Steding, Politik und Wissenschaft bei Max Weber, Breslau 1932.

45   Kari Palonen, Das ‚Webersche Moment'. Zur Kontingenz des Politischen, Opladen / Wiesbaden 1998.

im Rahmen seines methodologischen Individualismus von der prinzipiellen Kontingenz des menschlichen Handelns ausgehe, um auf dieser Grundlage das alte Problem, ob unter solchen Voraussetzungen überhaupt eine dauerhafte soziale Ordnung möglich ist, in einer strikt anti-metaphysischen und streng nominalistischen Form der Begriffsbildung zu lösen, habe er zugleich die Rahmenbedingungen für ein neues Verständnis des Politischen geschaffen.[46] Indem Weber den in einem Zeitalter der Rationalisierung und Bürokratisierung noch verbliebenen Spielraum für ein genuin politisches Handeln und Entscheiden auszumessen versuche, trete bei ihm nicht zufällig der Begriff der ‚Chance‘ in den Mittelpunkt seiner Betrachtungen, der den kontingenten Charakter des Politischen in einer entzauberten Welt unterstreiche. In methodologischer Hinsicht trage Weber dieser Kontingenz des Politischen mit seinem theoretischen Konstrukt der ‚objektiven Möglichkeit‘ Rechnung, das er in seiner Auseinandersetzung mit dem Berliner Althistoriker Eduard Meyer entwickelt hatte und mit dem der ‚Wirklichkeitswissenschaftler‘ Max Weber die faktisch unrealisiert gebliebenen Möglichkeiten des geschichtlichen Verlaufs zum Kriterium einer objektiv gültigen Form der kausalen Zurechnung erhoben hatte.[47] Die prinzipielle Existenz von Alternativen ist also nicht nur für das menschliche Handeln im Allgemeinen, sondern auch für das politische Handeln charakteristisch. Weber trägt dieser unaufhebbaren Kontingenz des Handelns und der auf ihr beruhenden sozialen und politischen Ordnung durch eine strikt probabilistische Form der Begriffsbildung Rechnung. Die ‚Wahrscheinlichkeit‘, daß ein angestrebter Handlungsverlauf beziehungsweise eine erwünschte soziale Beziehung überhaupt zustande kommt, schließt also deren mögliches Scheitern gerade nicht aus, weshalb Palonen die „Priorität des Möglichen gegenüber dem Wirklichen" sowie den Versuch einer begrifflichen Bestimmung des „Möglichkeitshandelns" als eigentliches Kennzeichen des politischen Denkens von Max Weber ansieht.[48]

Mit der Aufdeckung der kontingenten Grundlagen des menschlichen Handelns hat Max Weber einen wichtigen Schritt in Richtung auf ein von allen konkreten inhaltlichen Zwecksetzungen und überlieferten normativen Rahmenbedingungen abstrahierendes Politikverständnis vollzogen und damit die ‚Eigengesetzlichkeit‘ des Politischen zu unterstreichen versucht. Dieser entsubstantialisierte, rein formale Begriff des Politischen steht also quer zu den im 19. Jahrhundert entstandenen weltanschaulichen Strömungen. Insofern ist er nicht zufällig nach dem Zweiten Weltkrieg immer wieder in die Nähe eines politischen ‚Dezisionismus‘ à la Carl Schmitt gerückt worden. Aufgrund Webers eigenartigem ‚Liberalismus‘ und seines Plädoyers für eine ‚plebiszitäre Führerdemokratie‘ deshalb das Kind gleich mit dem Bade auszuschütten und sich von ihm als ein zutiefst in seiner Zeit verwurzelten Gelehrten zu verabschieden, dessen „zerklüftetes und fragmentarisches Werk für das Verständnis seiner Epoche sehr viel hergibt", uns darüber hinaus aber im Grunde nichts mehr zu sagen habe, wie dies Gregor Schöllgen in seinem Einführungsband zu Leben und Werk Max Webers behauptet[49], stellt allerdings eine merkwürdige Form des Umgangs mit einem kultur- und sozialwissenschaftlichen Klassiker dar. Denn ein Klassiker zeichnet sich doch gerade dadurch aus, daß seinem Werk jenseits seiner jeweiligen Zeitgebundenheit eine *überzeitliche* Bedeutung zukommt und uns mit-

---

46   Ebd., S. 17 ff. und 83 ff.
47   Ebd., S. 121 ff.
48   Ebd., S. 150 ff.
49   Gregor Schöllgen, Max Weber, München 1998, S. 7 und 170 f.

hin auch heute noch eine *typische*, das heißt eben ‚klassische‘ Antwort auf ein allgemeines Menschheitsproblem zu geben vermag.

Davon ist in der von Schöllgen besorgten Einführung leider nicht viel zu merken, weshalb man sich nur darüber wundern kann, warum dieser Band in einer bewährten Schriftenreihe erschienen ist, die das Leben und Werk großer ‚Denker‘ zum Gegenstand hat. Wenn schon Schöllgen offensichtlich nicht in der Lage ist, seine pauschalen Vorbehalte gegenüber Max Weber sachlich zu begründen, warum betraut man ihn dann überhaupt mit der anspruchsvollen Aufgabe einer Einführung in das Werk eines heute weltweit anerkannten Klassikers der Kultur- und Sozialwissenschaften? Ist denn keinem in der Schriftleitung des hierfür verantwortlichen Verlages aufgefallen, daß solch stark abwertende Urteile über Webers Werk wie „inkonsistente Methodologie“, „widersprüchliche Handlungstheorie“ und „nicht selten dilletantisch wirkende Beschäftigung mit immer neuen Fragen in immer neuen Disziplinen“[50] auch ein Zeichen für Schöllgens mangelndes Verständnis des von ihm dergestalt malträtierten Werkes sein könnte? Wie kommt er überhaupt zu seinem Urteil, daß Weber nicht nur persönlich, sondern auch wissenschaftlich „gescheitert“ sei?[51] Vielleicht ist sein Eindruck, daß „das, was Weber treibt, kaum noch in einem inneren Zusammenhang [steht]“[52] ja eher Schöllgens eigener Unfähigkeit geschuldet, einen solchen ‚inneren Zusammenhang‘ in Webers Werk zu erkennen? Zumindest hätte er der einschlägigen Sekundärliteratur entnehmen können, daß der fragmentarische Charakter von Webers Werk nicht unbedingt gegen die Existenz einer übergreifenden ‚Fragestellung‘ beziehungsweise eines entsprechenden ‚Forschungsprogramms‘ spricht. Gemessen an den Kriterien, die man üblicherweise bei der Beurteilung von Einführungsbänden zugrunde legt, muß deshalb der Schluß gezogen werden, daß Schöllgen an der von ihm übernommenen Aufgabe einer objektiven Darstellung und Bewertung der geistesgeschichtlichen Bedeutung von Max Webers Werk gescheitert ist. Denn der Sinn einer solchen Einführung besteht ja nicht darin, den persönlichen Aversionen ihres Verfassers zur Publizität zu verhelfen, sondern vielmehr darin, die eigentliche Größe des jeweils behandelten Denkers in einer auch für den Laien sachlich nachvollziehbaren Weise deutlich zu machen. Und das ist in dem hier vorliegenden Einführungsband leider nicht der Fall.

---

50   Ebd., S. 169.
51   Ebd., S. 7 und 171.
52   Ebd., S. 21.

4. Die beiden Soziologien Max Webers

Mit der neuen Edition von *Wirtschaft und Gesellschaft* im Rahmen der Max-Weber-Gesamtausgabe ist eine Reihe von sachlichen Problemen verbunden, die in der Vergangenheit zu heftigen Kontroversen geführt hatten. Diese bezogen sich unter anderem auf die Frage, ob ‚Wirtschaft und Gesellschaft‘ überhaupt der adäquate Titel für die unter diesem Namen überlieferten Texte Max Webers sei, ob es sich dabei um ein einheitliches Werk handele und wenn ja, ob dieses sein ‚soziologisches‘ Hauptwerk darstelle oder aber nicht. Die Herausgeber der Max-Weber-Gesamtausgabe haben viele Anstrengungen unternommen, das damit verbundene werkgeschichtliche Geheimnis zu lösen. Unstrittig war von Anfang an, daß Weber die von ihm in diesem Zusammenhang verfaßten Texte ursprünglich nicht als selbständige Publikation geplant hatte, sondern als Beitrag zu dem von ihm mit herausgegebenem Handbuch *Grundriß der Sozialökonomik*. Dieses Gemeinschaftswerk, an dem zahlreiche Autoren beteiligt waren und dessen Schriftleitung er in Absprache mit seinem Tübinger Verleger Paul Siebeck 1909 übernommen hatte, sollte einen umfassenden Überblick über den damaligen Forschungsstand innerhalb der Deutschen Historischen Schule der Nationalökonomie geben. Wie wir heute wissen, hat Max Weber zwei völlig verschiedene Fassungen seines Beitrages zu diesem ‚Grundriß‘ geschrieben: nämlich eine ältere, noch vor dem Ersten Weltkrieg entstandene Fassung, die sich in seinem Nachlaß befand, und eine jüngere Fassung, die er zwischen 1919-1920 geschrieben hat und deren Drucklegung er kurz vor seinem Tod noch selbst vorbereitete. Seine Frau Marianne hatte diese ersten vier Kapitel der letzten Fassung von *Wirtschaft und Gesellschaft* dann um jene Texte ergänzt, die sie im Nachlaß ihres Mannes fand und damit wesentlich zu dem Mythos beigetragen, daß es sich bei den unter diesem Titel bekannt gewordenen Texten um ein ‚einheitliches‘ Werk handele.[1]

Diese in der Folgezeit heftig umstrittene Editionspraxis ist von den Herausgebern der Max-Weber-Gesamtausgabe dahingehend korrigiert worden, daß die ältere und die neuere Fassung von *Wirtschaft und Gesellschaft* fortan in zwei deutlich voneinander getrennten Bänden erscheint, die auch jeweils verschiedene Untertitel tragen. Damit soll der Tatbestand unterstrichen werden, daß uns zwei völlig verschiedene Fassungen von Webers Beitrag zum *Grundriß der Sozialökonomik* überliefert worden sind, wobei er selbst offensichtlich nur die letztere für die Drucklegung vorgesehen hatte. Insofern muß der werkgeschichtliche Status der im Nachlaß gefundenen Texte nach wie vor als ungeklärt angesehen werden. Für die Publikation des Nachlasses von *Wirtschaft und Gesellschaft* im Rahmen der Max-Weber-Gesamtausgabe wa-

---

1   Vgl. hierzu Johannes Winckelmann, Max Webers hinterlassenes Hauptwerk: Die Wirtschaft und die gesellschaftlichen Ordnungen und Mächte, Tübingen 1986; Wolfgang J. Mommsen, Max Weber's „Grand Sociology": The Origins and Composition of *Wirtschaft und Gesellschaft. Soziologie*, in: History and Theory 39 (2000), S. 364-383; ferner Wolfgang Schluchter, Individualismus, Verantwortungsethik und Vielfalt, Weilerswist 2000, S. 177 ff.

ren insgesamt fünf Teilbände sowie ein Materialienband vorgesehen, von denen mit Ausnahme des Materialienbandes inzwischen alle Bände erschienen sind.[2]

Unter diesen Teilbänden kommt dem von Wolfgang J. Mommsen in Zusammenarbeit mit Michael Meyer herausgegebenen Band *Gemeinschaften* eine besondere Bedeutung zu. Denn zum einen handelt es sich hierbei um die ersten Texte, die Max Weber anläßlich seiner Arbeit am *Grundriß der Sozialökonomik* geschrieben hat und die vermutlich im Zeitraum zwischen 1910-1912 entstanden sind. Zum anderen wird spätestens mit diesem Teilband eine werkgeschichtliche These in Frage gestellt, die insbesondere von dem japanischen Max-Weber-Forscher Hiroshi Orihara vertreten worden ist: nämlich die These, daß zumindest der Nachlaß von *Wirtschaft und Gesellschaft* ein „integriertes Ganzes" darstelle und daß dies der leitende Gesichtspunkt bei seiner Edition im Rahmen einer historisch-kritischen Gesamtausgabe sein müsse.[3] Orihara hob in diesem Zusammenhang die Bedeutung der internen Verweise zwischen diesen nachgelassenen Texten hervor, die es seiner Ansicht nach erlaube, ihre Reihenfolge in der Weise zu rekonstruieren, wie sie der ursprünglichen Fassung von Webers Nachlaß zugrunde gelegen habe. Ferner vertrat er die Ansicht, daß der von Max Weber 1913 separat veröffentlichte Aufsatz „Über einige Kategorien der verstehenden Soziologie", der in der Sekundärliteratur als ‚Kategorienaufsatz' bekannt geworden und seither viel zitiert worden ist, ein untrennbarer Bestandteil des Nachlasses von *Wirtschaft und Gesellschaft* sei, weil Weber in diesem Aufsatz die soziologischen Grundbegriffe definiert habe, die er in seinen nachgelassenen Texten verwendet hat.[4] Aus diesem Grund wurden übrigens auch einige Passagen aus diesem Aufsatz unter dem Titel „Types of Social Action and Groups" in die englische Ausgabe von *Wirtschaft und Gesellschaft* mit aufgenommen, um dem mit Webers deutscher Terminologie nicht vertrauten fremdsprachigen Leser ein besseres Verständnis dieser Texte zu ermöglichen.[5]

Demgegenüber versucht die vorliegende Edition den fragmentarischen Charakter des Nachlasses von *Wirtschaft und Gesellschaft* deutlich zu machen, der auch die Suche nach einem ‚Kopf des Ganzen' als sinnlos erscheinen läßt. Wolfgang J. Mommsen hat deshalb darauf verzichtet, den Kategorienaufsatz von 1913 in den von ihm herausgegebenen Teilband *Gemeinschaften* aufzunehmen, obgleich er die grundbegriffliche Relevanz dieses Aufsatzes für Webers Verständnis von Soziologie nicht bestreitet. Nur habe Weber die ursprüngliche Fassung dieses Aufsatzes Ende 1912 / Anfang 1913 stark überarbeitet, weshalb es gerecht-

---

2   Vgl. Max Weber, Gesamtausgabe (im Folgenden zitiert als MWG). Abteilung I: Schriften und Reden, Band 22: Wirtschaft und Gesellschaft. Die Wirtschaft und die gesellschaftlichen Ordnungen und Mächte. Nachlaß. Teilband 1: Gemeinschaften, hrsg. von Wolfgang J. Mommsen in Zusammenarbeit mit Michael Meyer, Tübingen 2001; Teilband 2: Religiöse Gemeinschaften, hrsg. von Hans G. Kippenberg in Zusammenarbeit mit Petra Schilm unter Mitwirkung von Jutta Niemeier, Tübingen 2001; Teilband 3: Recht, hrsg. von Werner Gephart und Siegfried Hermes; Tübingen 1910; Teilband 4: Herrschaft, hrsg. von Edith Hanke in Zusammenarbeit mit Thomas Kroll, Tübingen 2005; Teilband 5: Die Stadt, hrsg. von Wilfried Nippel, Tübingen 1999.

3   Vgl. Hiroshi Orihara, Max Webers Beitrag zum *Grundriß der Sozialökonomik*. Das Vorkriegsmanuskript als integriertes Ganzes, in: Kölner Zeitschrift für Soziologie und Sozialpsychologie 51 (1999), S. 724-734; ders., From ‚A Torso with a Wrong Head' to ‚Five Disjointed Body-Parts without a Head': A Critique of the Editorial Policy for *Max Weber Gesamtausgabe* I/22, in: Max Weber Studies 3:2 (2003), S. 133-168.

4   Vgl. Max Weber, Über einige Kategorien der verstehenden Soziologie (1913), in: Gesammelte Aufsätze zur Wissenschaftslehre, 6. Aufl. Tübingen 1985, S. 427-474.

5   Vgl. Max Weber, Economy and Society. An Outline of Interpretive Sociology. Edited by Guenter Roth and Claus Wittich, Berkeley, Los Angeles, London 1978, S. 1375-1380.

fertigt sei, ihn zusammen mit den anderen methodologischen Schriften Max Webers in einem anderen Band der Max-Weber-Gesamtausgabe zu veröffentlichen. Auch der Text „Die Wirtschaft und die Ordnungen"[6], dem ebenfalls eine erhebliche Bedeutung für das Verständnis der soziologischen Grundbegriffe zukommt, die Weber zu diesem Zeitpunkt gebraucht hat, ist nicht in dem Band *Gemeinschaften* aufgenommen worden, sondern in dem Teilband MWG I/22-3 zusammen mit dem ‚rechtssoziologischen‘ Kapitel von *Wirtschaft und Gesellschaft* erschienen, weil Weber diese sachliche Zuordnung in der von ihm geplanten Publikation seiner Rechtssoziologie später selbst vorgenommen hatte. Die Auswahl und die Reihenfolge der in dem Teilband *Gemeinschaften* aufgenommenen Texte orientiert sich gleichwohl an zwei Kriterien, deren Bedeutung für die Edition des Nachlasses von *Wirtschaft und Gesellschaft* auch von Orihara hervorgehoben worden ist: nämlich an der internen Verweisstruktur zwischen den einzelnen Texten sowie an der „Einteilung des Gesamtwerkes", die im Juni 1914 im ersten Band des *Grundriß der Sozialökonomik* abgedruckt worden ist und der auch zu entnehmen ist, welche Gliederung Weber zu diesem Zeitpunkt für seinen eigenen Beitrag vorschwebte.[7]

Unter Berücksichtigung dieser beiden Kriterien sind in dem Band *Gemeinschaften* folgende Texte aufgenommen worden: „Wirtschaftliche Beziehungen der Gemeinschaften im allgemeinen" (MWG I/22-1, S. 71-107), „Hausgemeinschaften" (MWG I/22-1, S. 108-161), „Ethnische Gemeinschaften" (MWG I/22-1, S. 162-190), „Marktgemeinschaft" (MWG I/22-1, S. 191-199), „Politische Gemeinschaften" (MWG I/22-1, S. 200-217), „Machtprestige und Nationalgefühl" (MWG I/22-1, S. 218-247) sowie „‚Klassen‘, ‚Stände‘ und ‚Parteien‘" (MWG I/22-1, S. 248-272). Es handelt sich also ausnahmslos um Texte, die bereits durch die bisherigen Editionen von *Wirtschaft und Gesellschaft* bekannt sind, die jetzt aber von Fehlern bereinigt und mit zahlreichen informativen Kommentaren versehen worden sind, die das Textverständnis wesentlich erleichtern. Wirklich neu ist nur das im Anhang zu diesem Band aufgenommene und vermutlich bereits 1906 entstandene Stichwortmanuskript „Hausverband, Sippe und Nachbarschaft" (MWG I/22-1, S. 282-327), dessen Entstehungszusammenhang nicht eindeutig geklärt werden konnte. In diesem bisher unveröffentlichten Manuskript werden Themen angesprochen, die später in das Kapitel „Hausgemeinschaften" von *Wirtschaft und Gesellschaft* Eingang gefunden haben und die auch Marianne Weber in ihrem 1907 erschienenen Buch *Ehefrau und Mutter in der Rechtsentwicklung* ausführlich behandelt hatte.[8] Dagegen wurde das religionssoziologische Kapitel aus dem Nachlaß von *Wirtschaft und Gesellschaft* nicht in dem Teilband *Gemeinschaften* aufgenommen, sondern unter dem Titel *Religiöse Gemeinschaften* als eigenständiger Band gesondert veröffentlicht, weil es nicht zuletzt aufgrund seines Umfanges und der Themen, die dort behandelt werden, den Rahmen des vorliegenden Bandes gesprengt hätte.[9]

---

6 Vgl. Max Weber, Wirtschaft und Gesellschaft. Grundriß der verstehenden Soziologie, 5. Aufl. Tübingen 1972, S. 181-198.

7 Vgl. Johannes Winckelmann, Max Webers hinterlassenes Hauptwerk, Anhang 3, S. 168-171.

8 Vgl. Marianne Weber, Ehefrau und Mutter in der Rechtsentwicklung. Eine Einführung, Tübingen 1907; siehe hierzu ferner Klaus Lichtblau, Die Bedeutung von „Ehefrau und Mutter in der Rechtsentwicklung" für das Werk Max Webers, in: Bärbel Meurer (Hrsg.), Marianne Weber. Beiträge zu Werk und Person, Tübingen 2004, S. 199-212 (in diesem Band S 237 ff.).

9 Siehe hierzu auch die informative Einleitung sowie den editorischen Bericht von Hans G. Kippenberg zu MWG I/22-2.

In welchem Verhältnis stehen diese frühen Texte zu den anderen Teilen von Wirtschaft und Gesellschaft? Und welches Verständnis von ‚Soziologie' kommt in ihnen zum Ausdruck? Wolfgang J. Mommsen unterscheidet in seiner Einleitung zu dem ersten Nachlaßteilband von *Wirtschaft und Gesellschaft* drei unterschiedliche Arbeitsphasen Max Webers, die auf den komplexen Entstehungsprozeß dieses Werkes verweisen: den Zeitraum 1910-12, in dem die frühen Texte über die ‚Gemeinschaften' entstanden sind; den Zeitraum 1913-1914, in dem Weber seine Religions- und Rechtssoziologie sowie die ältere Fassung seiner Herrschaftssoziologie niederschrieb; ferner den Zeitraum 1919-1920, in dem Max Weber mit der Überarbeitung seines Beitrages zum *Grundriß der Sozialökonomik* begann und in dem er die ersten vier Kapitel von *Wirtschaft und Gesellschaft* für den Druck vorbereitet hatte. Mommsen zufolge überwiegt in den frühen Texten noch ganz die Gemeinschaftsthematik. Dies lasse sich damit erklären, daß Weber ja eine ‚geschlossene' Darstellung der großen Gemeinschaftsformen beabsichtigt hatte, deren prinzipielles Verhältnis zur Wirtschaft er erörtern wollte. Erst in der zweiten Arbeitsphase von 1913-14 sei dann die ‚Rationalisierung' aller Lebensbereiche zum zentralen Thema von Max Webers Soziologie geworden. Terminologisch sei diese Veränderung daran zu erkennen, daß Weber erst in dieser zweiten Phase im vollen Umfang von den in seinem Kategorienaufsatz entwickelten soziologischen Grundbegriffen Gebrauch gemacht habe. Während in den Texten der ersten Arbeitsphase noch die Begriffe ‚Gemeinschaft', ‚Gemeinschaftshandeln' und ‚Vergemeinschaftung' im Mittelpunkt von Webers Analysen stünden, habe sich in der zweiten Phase das Schwergewicht auf die entsprechenden Gegenbegriffe ‚Gesellschaft', ‚Gesellschaftshandeln' und ‚Vergesellschaftung' verschoben. Mommsen interpretiert dies als eine Vorwegnahme des Sprachgebrauchs, wie er sich in der endgültigen Fassung der *Soziologischen Grundbegriffe* von 1919-1920 niedergeschlagen hat, auch wenn Weber in dieser letzten Phase die Begriffe ‚Vergemeinschaftung' und ‚Vergesellschaftung' in Anlehnung an Ferdinand Tönnies neu definierte. Grundsätzlich habe Weber jedoch sein in der zweiten Arbeitsphase entwickeltes Verständnis von Soziologie später nicht mehr verändert, weshalb sein Kategorienaufsatz von 1913 auch als Vorwegnahme der definitiven Fassung seiner ‚verstehenden Soziologie' von 1919-1920 verstanden werden könne.[10]

Mommsen bereichert die Weber-Forschung also um eine neue ‚These'. Während bisher von verschiedenen Interpreten die Ansicht vertreten worden ist, daß die *Soziologischen Grundbegriffe* Max Webers von 1919-1920 nicht mit denen des Kategorienaufsatzes identisch seien, relativiert Mommsen die entsprechenden konzeptionellen und terminologischen Neuerungen, die Weber in seiner dritten Arbeitsphase vorgenommen hat. Statt dessen neigt Mommsen dazu, die frühen Texte über die ‚Gemeinschaften' zu stark von jenen Texten abzugrenzen, die Weber im Zeitraum 1913-1914 geschrieben hat. Streng genommen läuft seine Argumentation darauf hinaus, daß wir es nicht nur mit drei verschiedenen Phasen von Max Webers Arbeit am *Grundriß der Sozialökonomik* zu tun haben, sondern daß Weber auch drei voneinander abweichende Konzeptionen von Soziologie vertrat, die in *Wirtschaft und Gesellschaft* Eingang gefunden haben, wie dies Stefan Breuer vermutet.[11]

---

10   Vgl. Wolfgang J. Mommsen, Einleitung zu MWG I/22-1, besonders S. 36 ff.
11   Vgl. Stefan Breuer, Ein neuer Band der Weber-Gesamtausgabe, in: Neue Zürcher Zeitung, Nr. 114, 21. Mai 2002.

Dies stellt meines Erachtens jedoch eine Überdramatisierung der feststellbaren Unterschiede in Webers Vorkriegsmanuskripten dar. Zwar trifft Mommsens Auffassung zu, daß Webers Religions-, Rechts- und Herrschaftssoziologie eine Weiterentwicklung gegenüber den Texten über die ‚Gemeinschaften' darstellt. Dies betrifft jedoch nicht die soziologischen Grundbegriffe, die Weber zu diesem Zeitpunkt verwendet hatte, sondern die *universalgeschichtliche* Perspektive, die in seiner Religions-, Rechts- und Herrschaftssoziologie zum Ausdruck kommt. Denn Weber hat bereits in seiner ersten Arbeitsphase von der später in seinem Kategorienaufsatz entwickelten Terminologie Gebrauch gemacht. Zwar stimmt es, daß in den frühen Texten die Gemeinschafts- gegenüber der Gesellschaftsterminologie überwiegt. Dies liegt jedoch daran, daß Weber in seinen Vorkriegsmanuskripten die Begriffe ‚Gemeinschaft', ‚Gemeinschaftshandeln' und ‚Vergemeinschaftung' noch in einem ganz neutralen Sinne als Oberbegriffe gebraucht hatte, während die Begriffe ‚Gesellschaftshandeln' und ‚Vergesellschaftung' wesentlich enger gefaßt sind, da sie auf verschiedene Erscheinungsformen einer Rationalisierung des sozialen Lebens Bezug nehmen. Diese Perspektive hatte Weber bereits in seiner Dissertation von 1889 im Auge, als er die Entstehung der geschlossenen Handelsgesellschaften im Mittelalter auf eine bestimmte Form der historischen Entwicklung der Hausgemeinschaft zurückzuführen versucht hatte.[12] In dem Text über die „Hausgemeinschaften", der im Nachlaß von *Wirtschaft und Gesellschaft* abgedruckt worden ist, stellt Weber die These auf, daß es zwei verschiedene universalhistorische Entwicklungsmöglichkeiten der ursprünglichen Hausgemeinschaft gebe: nämlich den *Oikos*, der zur patrimonialen Herrschaft führe, sowie den kapitalistischen *Betrieb*. Die eine Entwicklungsrichtung stelle dabei die ökonomische Grundlage für eine spezifisch traditionalistische Form der Herrschaft dar, während die andere den Übergang zur modernen ökonomischen Form der Bedarfsdeckung markiere.[13]

Weber hatte also auch in seinen frühen Texten über die ‚Gemeinschaften' bereits entwicklungsgeschichtliche Reihen konstruiert, die verschiedene Epochen übergreifen, auch wenn diese noch nicht so differenziert ausgearbeitet waren wie in seiner Religions-, Rechts- und Herrschaftssoziologie von 1913. Mommsen verweist ja selbst in seiner Einleitung zu dem vorliegenden Band darauf, daß diese frühen Texte Webers noch in der Tradition des evolutionistischen Denkens des 19. Jahrhunderts und der nationalökonomischen Stufentheorien stehen, auch wenn Weber selbst jeden geschichtsphilosophischen Dogmatismus vermieden hatte und immer nur von verschiedenen *Entwicklungsmöglichkeiten* sprach, die zu bestimmten Zeiten unter gewissen Voraussetzungen gegeben waren.[14] Guenther Roth hat diese universalgeschichtliche Betrachtungsweise Max Webers deshalb zu Recht als eine spezifische Variante jener ‚Entwicklungsgeschichte' interpretiert, die sich zu Webers Zeit im deutschen Sprachraum einer großen Beliebtheit erfreute.[15] Die soziologischen Grundbegriffe, die Weber 1913 in seinem Kategorienaufsatz erläuterte, nehmen insofern auf diese entwicklungsgeschichtliche Betrachtungsweise Bezug, als er dort das Verhältnis zwischen dem ‚Gemeinschaftshandeln', dem ‚Einverständnishandeln' und dem ‚Gesellschaftshandeln' im Sinne einer zunehmenden

---

12 Vgl. Max Weber, Zur Geschichte der Handelsgesellschaften im Mittelalter (1989), in: Gesammelte Aufsätze zur Sozial- und Wirtschaftsgeschichte, hrsg. von Marianne Weber, Tübingen 1924, S. 312-443.

13 Vgl. MWG I/22-1, S. 145 ff.

14 Vgl. Mommsen, Einleitung zu MWG I/22-1, S. 1-15.

15 Vgl. Guenther Roth, Max Webers Entwicklungsgeschichte und historische Soziologie, in: ders., Politische Herrschaft und persönliche Freiheit. Heidelberger Max-Weber-Vorlesungen 1983, Anhang, S. 283-305.

Rationalisierung des sozialen Lebens beschrieben hatte. Diese Grundbegriffe sowie die ihnen zugrunde liegende entwicklungsgeschichtliche Betrachtungsweise stellen deshalb das eigentliche Bindeglied zwischen den einzelnen Texten aus dem Nachlaß von *Wirtschaft und Gesellschaft* dar, auch wenn Weber dort diese Begriffe in unterschiedlichem Umfang gebraucht hat.[16]

Die entscheidende Veränderung innerhalb der Entwicklung von Webers Beitrag zum *Grundriß der Nationalökonomie* muß also an einer anderen Stelle gesucht werden, als dies Mommsen getan hat. Tatsächlich läßt sich der entsprechende Einschnitt im Kategorienaufsatz selbst feststellen. Denn dieser zerfällt in zwei unterschiedliche Teile, nämlich in einen älteren ‚terminologischen‘ Teil, den Weber dann nachträglich im Sinne seiner Verstehenden Soziologie stark überarbeitet hatte[17], und in einen neueren ‚methodologischen‘ Teil, den er an den Anfang dieses Aufsatzes gestellt hat[18]. Faktisch beinhalten diese beiden Teile jedoch zwei verschiedene Varianten von Webers Soziologie: nämlich eine ältere ‚entwicklungsgeschichtliche‘ Variante und eine neuere ‚individualistische‘ Variante, die bereits auf die *Soziologischen Grundbegriffe* von 1919-1920 verweist und die in der Sekundärliteratur als ‚methodologischer Individualismus‘ bekannt geworden ist. Wir müssen ferner davon ausgehen, daß jene Teile von *Wirtschaft und Gesellschaft*, die Weber im Zeitraum zwischen 1910-1914 geschrieben hat, noch nicht den Grundsätzen dieses ‚methodologischen Individualismus‘ folgen, sondern sich am Konzept der ‚Entwicklungsgeschichte‘ orientieren. Dies scheint auch der Grund zu sein, warum Weber 1919-1920 zwar die methodologischen Überlegungen aus dem Kategorienaufsatz weitgehend unverändert übernommen hat, jedoch sowohl seine soziologischen Grundbegriffe vollständig neu definierte als auch den älteren Teil von *Wirtschaft und Gesellschaft* zu überarbeiten begann. Das in der Sekundärliteratur schon öfter angesprochene Problem, warum sich Weber im älteren Teil von *Wirtschaft und Gesellschaft* gar nicht an den Prinzipien des methodologischen Individualismus orientiert habe, läßt sich also nur im Rahmen einer werkgeschichtlichen Betrachtungsweise lösen, wie sie jetzt durch die Max-Weber-Gesamtausgabe möglich gemacht worden ist.

Vermutlich werden sich jedoch auch durch diese historisch-kritische Edition nicht alle inhaltlichen Probleme der Weber-Forschung lösen lassen, da Weber bis zu seinem Tod immer wieder die Neigung hatte, in entwicklungsgeschichtliche Denkmuster zurückzufallen (zum Beispiel in seiner Münchner Vorlesung über „Wirtschaftsgeschichte" von 1919/20 und in seinen Aufsätzen über die „Wirtschaftsethik der Weltreligionen").[19] Doch was ist schon ‚Fortschritt‘, und was ‚Rückschritt‘? Das ist doch alles relativ und fachgeschichtlich ohnehin umstritten. Wir sollten allerdings nicht der Versuchung erliegen, Webers Lebenswerk vollends in rein philologische Probleme aufzulösen, sondern vielmehr lernen, jene beiden Varianten von Soziologie voneinander zu unterscheiden, wie sie in der älteren und der neueren Fassung von *Wirtschaft und Gesellschaft* zum Ausdruck kommen. Doch dies ist primär keine editorische,

---

16   Vgl. Klaus Lichtblau, „Vergemeinschaftung" und „Vergesellschaftung" bei Max Weber. Eine Rekonstruktion seines Sprachgebrauchs, in: Zeitschrift für Soziologie 29 (2000), S. 423-443 (in diesem Band S. 261 ff.).

17   Max Weber, Über einige Kategorien der verstehenden Soziologie, S. 441-474.

18   Ebd., S. 427-440.

19   Vgl. Max Weber, Gesammelte Aufsätze zur Religionssoziologie, 3 Bände, Tübingen 1920-1921; ders., Wirtschaftsgeschichte. Abriß der universalen Sozial- und Wirtschaftsgeschichte. Aus den nachgelassenen Vorlesungen herausgegeben von Prof. S. Hellmann und Dr. M. Palyi, 3. Aufl. besorgt von Johannes Winckelmann, Berlin 1958.

sondern eine interpretatorische Aufgabe. Allerdings wird auch diese nur im Zusammenhang mit der noch ausstehenden Edition der übrigen Teilbände von *Wirtschaft und Gesellschaft* im Rahmen der Max-Weber-Gesamtausgabe zu bewältigen sein.

5. Max Weber zur Einführung

In den letzten Jahren sind eine ganze Reihe von neuen Einführungen in das Werk Max Webers erschienen, die zeigen, daß sich zumindest im Rahmen des akademischen Unterrichts inzwischen weltweit eine gewisse Standardisierung der Weber-Interpretation durchgesetzt hat, die als Minimalkonsens der an diesem Geschäft Beteiligten angesehen werden kann. Dies gilt auch für die drei Einführungsbände, die hier zur Besprechung anstehen.[1] Ihre Autoren sind namhafte Soziologen, wobei zwei von ihnen – nämlich Stephen Kalberg und Gianfranco Poggi – bereits seit vielen Jahren international als Max-Weber-Forscher anerkannt sind, während der dritte Autor – der Berliner Soziologe Hans-Peter Müller – seine Weber-Interpretation bisher vor allem im Rahmen seines langjährigen akademischen Unterrichts entwickelt hat und nun erstmals in Form eines Buches öffentlich zur Diskussion stellt. In der Anlage ähneln sich diese drei Einführungsbände insofern, als sie neben entsprechenden Kurzdarstellungen der Biografie Max Webers auch ausführlich auf die methodologische Eigenart seiner historisch-soziologischen Untersuchungen, seine in diesem Zusammenhang entwickelten soziologischen Grundbegriffe, seine religionssoziologischen Schriften sowie seine Herrschafts- und Staatssoziologie eingehen. Dies ist für einführende Zwecke deshalb gerechtfertigt, weil sich Webers umfangreiches Werk naturgemäß nicht in einer stenografischen Kurzform darstellen läßt.

Es überrascht dennoch, daß im Unterschied zu Hans-Peter Müller weder Kalberg noch Poggi auf die im Rahmen der Edition der Max-Weber-Gesamtausgabe seit bereits mehreren Jahrzehnten geführten philologischen und sachlichen Kontroversen eingehen. Dies könnte ein Indiz dafür sein, daß die in diesem Zusammenhang stehenden werkgeschichtlichen Probleme in der englischsprachigen Weber-Literatur bisher überhaupt noch keine gebührende Berücksichtigung gefunden haben. Zwar wird auch in den hier zur Besprechung anstehenden Einführungsbänden darauf hingewiesen, daß es sowohl eine Vorkriegsfassung als auch eine Nachkriegsfassung von Max Webers hinterlassenen soziologischen Schriften gibt, die unter dem Titel *Wirtschaft und Gesellschaft* weltberühmt geworden sind. Jedoch zieht auch Hans-Peter Müller, der dieses Problem immerhin anspricht, daraus keine weitergehenden Schlußfolgerungen. Neben der von ihm vorgenommenen Unterscheidung zwischen einer ‚orthodoxen‘ und einer ‚heterodoxen‘ Richtung der Weber-Forschung muß deshalb auch noch eine andere Unterscheidung berücksichtigt werden: nämlich die zwischen einer ‚vorkritischen‘ und einer ‚kritischen‘ Interpretation von Webers Werk, wobei sich das Adjektiv ‚kritisch‘ auf einen *textkritischen* Umgang mit seinem Werk bezieht.[2]

---

1   Vgl. Stephen Kalberg, Max Weber lesen, Bielefeld 2006; Hans-Peter Müller, Max Weber: Eine Einführung in sein Werk, Köln / Weimar / Wien 2007; Gianfranco Poggi, Weber: A Short Introduction, Cambridge, UK / Malden, MA 2006.

2   Vgl. Müller, S. 21 und 224 ff.

Am Beispiel dieser drei Einführungsbände soll exemplarisch deutlich gemacht werden, welche Konsequenzen sich durch eine Nichtberücksichtigung dieser neueren werkgeschichtlichen Kontroversen im Rahmen der Weber-Forschung und Weber-Diskussion ergeben. Kann man heute überhaupt noch eine Einführung in Webers Werk schreiben, ohne diese Kontroversen zur Kenntnis zu nehmen und daraus die entsprechenden Schlußfolgerungen zu ziehen? Unter diesem Gesichtpunkt sollen im Folgenden einige kritische Anfragen an diese drei Einführungsbände gerichtet werden, ohne damit ihre Geeignetheit für den akademischen Unterricht grundsätzlich in Frage zu stellen. Denn sie sind aus der langjährigen Lehrtätigkeit ihrer Autoren hervorgegangen, die sich auch in der hohen didaktischen Qualität dieser Bände niedergeschlagen hat.

Der Einführungsband von Hans-Peter Müller ist der umfangreichste dieser drei Einführungen in das Werk Max Webers. Er ist aus einem Studienbrief hervorgegangen, den der Autor für die Fernuniversität Hagen verfaßt hat und der dort bereits seit Längerem im Rahmen des Fernstudiums erfolgreich zum Einsatz kommt. Müller bemüht sich im Unterschied zu den beiden anderen Autoren um eine möglichst umfassende Darstellung und Diskussion von Max Webers Werk, die allerdings weder die vor 1903 erschienenen Schriften Webers noch seinen in mehreren Fassungen existierenden Handbuchartikel „Agrarverhältnisse im Altertum" berücksichtigt, in dem bereits Webers allmählicher Übergang zu einer historisch-vergleichenden Betrachtungsweise feststellbar ist. Auch Webers umfangreiche Studie *Die Stadt* sowie seine ‚Rechtssoziologie' werden von Müller nur kursorisch berücksichtigt, ohne dabei die Frage nach deren werkgeschichtlichen Status zu erörtern.[3] Dies erklärt sich aus der Grundsatzentscheidung Müllers, Webers Werk nicht primär unter ‚genealogischen' sondern unter ‚systematischen' Gesichtspunkten zu rekonstruieren. Sein Anspruch ist eine „kohärente Lesart, die der Vielgestaltigkeit und Widersprüchlichkeit von Person und Werk keine Gewalt antut und gleichwohl die Grundlinien seines Denkens aufzeigt"[4]. Ob Müller dies tatsächlich gelungen ist, scheint ihm allerdings zum Schluß seiner umfangreichen Studie selbst fragwürdig geworden zu sein, da er auf das Problem verweist, überhaupt eine unbestrittene zentrale Fragestellung in Max Webers Werk feststellen zu können.[5]

Bei der Charakterisierung von Webers soziologischem Ansatz orientiert sich Müller primär an Wolfgang Schluchter, der in Bezug auf Webers Werk zwischen einer Handlungs-, Ordnungs- und Kulturtheorie unterscheidet. Ähnlich wie Schluchter begreift auch Müller die Religion als Teil der Kultur, obgleich Weber im Anschluß an Ernst Troeltsch immer wieder darauf hingewiesen hat, daß insbesondere die großen Erlösungsreligionen die kulturfeindlichen Mächte schlechthin darstellen würden.[6] Dies kommt auch in der berühmten „Zwischenbetrachtung" seiner *Gesammelten Aufsätze zur Religionssoziologie* zum Ausdruck, in der Weber die Konflikte und Spannungen zwischen den Erlösungsreligionen einerseits sowie den verschiedenen weltlichen Mächten beziehungsweise ‚Wertsphären' andererseits betont, zu denen ihm zufolge auch die Kunst, Musik und die Literatur gehören. Überhaupt geht Müller an keiner Stelle auf das Problem ein, wie eigentlich Webers ‚Kultursoziologie' ausgese-

3 Ebd., S. 236-247.
4 Ebd., S. 9.
5 Ebd., S. 14 und 249.
6 Ebd., S. 12.

hen hätte, wenn er denn eine hinterlassen hätte. Und auch Müllers kritiklose Übernahme der von Schluchter vorgenommenen Rekonstruktion von Webers Handlungstypologie ist insofern problematisch, als er überhaupt nicht die profunde Kritik berücksichtigt, die Rainer Döbert schon vor vielen Jahren in einer sehr überzeugenden Weise an Schluchters diesbezüglichen Bemühungen vorgenommen hat.[7]

Ein weiteres Problem sehe ich in der Art und Weise, wie Müller mit den *Soziologischen Grundbegriffen* Max Webers umgeht, von denen es bekanntlich zwei Fassungen gibt: nämlich den ‚Logos-Aufsatz‘ von 1913 sowie das 1919-20 entstandene erste Kapitel von *Wirtschaft und Gesellschaft*. Zwar hebt Müller ausdrücklich hervor, daß er „im Grundsatz" letzterer Version folge.[8] Dies hält ihn allerdings nicht davon ab, bei seiner Diskussion von Webers Methode des ‚Verstehens‘ das Kriterium der ‚Richtigkeitsrationalität‘ ins Spiel zu bringen, das er dem Aufsatz von 1913 entnommen hat und das überhaupt nicht in der definitiven Fassung der *Grundbegriffe* eingegangen ist. Auf die Gründe, warum dies der Fall ist, findet man bei Müller leider keinen Hinweis.[9] Auch Müllers Umgang mit den beiden Fassungen von *Wirtschaft und Gesellschaft* – der sogenannten ‚Vorkriegsfassung‘ und der nach dem Ersten Weltkrieg geschriebenen zweiten Fassung – ist nicht ganz unproblematisch. Zwei Beispiele seien in diesem Zusammenhang hervorgehoben:

Zwar bezieht sich Müller auf die beiden Fassungen der entsprechenden Ausführungen über „Stände und Klassen" beziehungsweise „Klassen, Stände und Parteien".[10] Warum aber in der älteren Fassung auch die politischen Parteien mit einbezogen worden sind, in der zweiten Fassung dagegen nicht, bleibt unerörtert, obwohl hierfür eine plausible werkgeschichtliche Erklärung naheliegt. Denn die Vorkriegsfassung von *Wirtschaft und Gesellschaft* beruht auf einem entwicklungsgeschichtlichen Modell, das Weber von der nationalökonomischen Literatur seiner Zeit übernommen hatte und von dem er sich später wieder distanzierte, um sich nicht den Vorwurf einzuhandeln, daß er seinen universalgeschichtlichen Überlegungen stillschweigend eine geschichtsphilosophische Konzeption der gesellschaftlichen Rationalisierung zugrunde gelegt habe. In der älteren Fassung von „Stände und Klassen" ist der Einbezug der politischen Parteien dagegen noch an der Vorstellung orientiert, daß diese unter dem Gesichtspunkt der ‚anstaltsmäßigen Vergesellschaftung‘ die rationalste Form der Interessenwahrnehmung sozialer Gruppen darstellen würden. Im diesem Fall wird das Verhältnis zwischen Ständen, Klassen und Parteien also noch im Rahmen einer entwicklungsgeschichtlichen Konstruktion erörtert, im zweiten Fall dagegen nicht mehr: ‚Ständische Lagen‘ und ‚Klassenlagen‘ werden von Weber nun auch in historischer Hinsicht als prinzipiell gleichwertig angesehen.

Das zweite Beispiel für Müllers ‚vorkritischen‘ Umgang mit den beiden Fassungen von *Wirtschaft und Gesellschaft* betrifft seine Darstellung des von Weber gebrauchten Begriffs der ‚Ordnung‘.[11] Bekanntlich beinhaltet der Ordnungsbegriff in den *Soziologischen Grundbegriffen* von 1920 eine normative, das heißt kontrafaktische Geltungsvorstellung, zu denen

---

7   Ebd., S. 115. Vgl. Rainer Döbert, Max Webers Handlungstheorie und die Ebenen des Rationalitätskomplexes, in: Johannes Weiß (Hrsg.), Max Weber heute. Erträge und Probleme der Forschung, Frankfurt am Main 1989, S. 210-249.

8   Müller, S. 107.

9   Ebd., S. 59 ff.

10 Ebd., S. 232 ff.

11 Ebd., S. 114 ff., 125 und 235.

Weber neben der Konvention und dem Recht auch die verschiedenen Erscheinungsformen der ‚legitimen‘ Herrschaft zählt. Der Begriff der ‚Ordnung‘ stellt in diesem Zusammenhang also bereits eine Übergangskategorie dar, an die sich seine Rechts- und Herrschaftssoziologie nahtlos anschließt. In der Vorkriegsfassung von *Wirtschaft und Gesellschaft* findet der Ordnungsbegriff dagegen noch eine andere Verwendung. Hier wird im Unterschied zu den *Soziologischen Grundbegriffen* von 1920 auch der Bereich der Wirtschaft als eine ‚Ordnung‘ verstanden. Dies bedeutet, daß Weber zu dieser Zeit den Ordnungsbegriff noch nicht in einem ausschließlich normativen Sinn gebraucht hat. Denn in einem Fragment aus dem älteren Teil von *Wirtschaft und Gesellschaft* erwähnt Weber nicht nur die Rechts- und Wirtschaftsordnung, sondern auch noch die ‚soziale Ordnung‘, die ihm zufolge primär die auf Ehrvorstellungen beruhende soziale Schichtung beinhaltet.[12] Im ‚Vorwort‘ des 1914 erschienenen ersten Bandes des *Grundriß der Sozialökonomik* stellt er den Bereich der Wirtschaft dagegen den „gesellschaftlichen Ordnungen“ gegenüber, und zwar absichtlich so, „daß dadurch auch die Autonomie dieser Sphären gegenüber der Wirtschaft deutlich hervortritt“[13]. Völlig unbedeutend sind diese terminologischen Unterschiede also nicht, obwohl Weber sie später selbst immer wieder zu relativieren versucht hatte. Auch Müller zitiert zum Teil die entsprechenden Passagen, ohne aus ihnen jedoch weitergehende Schlußfolgerungen zu ziehen. In welchem Verhältnis dieser Ordnungsbegriff ferner mit dem in der „Zwischenbetrachtung“, verwendeten Begriff der ‚Wertsphären‘ und deren ‚Eigengesetzlichkeit‘ steht, wird von ihm ebenfalls nicht erörtert.[14]

Ähnlich überraschend ist auch Stephen Kalbergs Umgang mit diesen werkgeschichtlichen und philologischen Problemen. Denn Kalberg ist seit vielen Jahren ein international renommierter Weber-Forscher und seine Verdienste bezüglich eines besseren Verständnisses von Max Webers historisch-vergleichenden Studien sind unbestritten. Vor dem Hintergrund der im Kontext der Max-Weber-Gesamtausgabe geführten Kontroversen sind jedoch eine ganze Reihe von Fragen an seine Einführung zu stellen. Kalberg spricht in diesem Zusammenhang von dem „Anschein, als fehle es Webers Büchern und Aufsätzen an Kohärenz“. Dennoch ist er der unerschütterlichen Überzeugung, daß sich zumindest dessen soziologische Schriften durch eine „thematische Einheitlichkeit“ auszeichnen.[15]

Auch bei Kalberg ist der Optimismus bezüglich der Legitimität einer ‚vorkritischen‘ Umgangsweise mit Webers Werk also noch völlig ungebrochen. Konsequenterweise benutzt er bei seinen Literaturangaben auch nicht die einzelnen Bände der inzwischen weit vorangeschrittenen Max-Weber-Gesamtausgabe, sondern ausschließlich die älteren deutschsprachigen Ausgaben von Webers verstreuten Schriften. Die von ihm dabei unterstellte ‚thematische Einheitlichkeit‘ von Webers Werk trägt jedoch weder dessen späteren strikten Unterscheidung zwischen Geschichtswissenschaft und Soziologie noch der fragmentarischen Überlie-

---

12   Max Weber, Wirtschaft und Gesellschaft. Grundriß der verstehenden Soziologie, 5. Aufl. Tübingen: 1972, S. 531 und 539.

13   Johannes Winckelmann, Max Webers hinterlassenes Hauptwerk. Die Wirtschaft und die gesellschaftlichen Ordnungen und Mächte, Tübingen 1986, p. 165.

14   Einen entsprechenden Erklärungsversuch unternimmt Thomas Schwinn, Wertsphären, Lebensordnungen und Lebensführungen, in: Agathe Bienfait / Gerhard Wagner (Hrsg.), Verantwortliches Handeln in gesellschaftlichen Ordnungen, Frankfurt am Main 1998, S. 270-319.

15   Kalberg, S. 9.

ferung von *Wirtschaft und Gesellschaft* Rechnung. Im Unterschied zu vielen neueren Weber-Forschern glaubt er vielmehr nach wie vor daran, daß es sich hierbei um eine „systematische Abhandlung" handelt.[16] Der in der einschlägigen Sekundärliteratur oft festgestellte Gegensatz zwischen dem von Weber vertretenen ‚methodologischen Individualismus' einerseits und seinen strukturtheoretischen und entwicklungsgeschichtlichen Betrachtungen im älteren Teil von *Wirtschaft und Gesellschaft* andererseits wird von ihm dabei zu einer vernachlässigenswerten Größe erklärt.[17] Und dessen ‚verstehende Soziologie' sieht Kalberg primär in den Dienst einer kausalen Erklärung von ‚historischen Individuen' gestellt, was Webers Soziologie zu einer Hilfskraft der geschichtswissenschaftlichen Forschung degradiert.

Eine Auseinandersetzung mit Webers Diktum von 1920, daß sich die Soziologie im Unterschied zur Geschichtsschreibung nicht mit der historischen Erklärung von singulären Fällen und Konstellationen, sondern mit der kausalen Erklärung von regelmäßig wiederkehrenden statistischen Massenerscheinungen befasse, sucht man in Kalbergs Einführungsband vergeblich. Und auch der Gedanke, daß sich Weber im Laufe seiner Entwicklung zunehmend von dem in seinem Objektivitätsaufsatz von 1904 entwickelten Methodologie einer ‚historischen Kulturwissenschaft' entfernt hat, scheint ihm nie in den Sinn gekommen zu sein. Statt dessen sieht er eine gerade werkgeschichtliche Linie von Webers *Protestantische Ethik* über die „Wirtschaftsethik der Weltreligionen" bis hin zu den beiden Fassungen von *Wirtschaft und Gesellschaft* gegeben. Ihm zufolge ist also die Auffassung abwegig, daß sowohl der Objektivitätsaufsatz von 1904 als auch die berühmten Protestantismusstudien noch zu Webers *vorsoziologischen* Phase gehören. Aber genau dies ist die logische Konsequenz aus der viel zitierten Auffassung, daß sich Weber erst um 1910 der Soziologie zugewendet hat und sich nun selbst als ‚Soziologe' verstand.

Überraschend ist auch, daß Kalberg Webers Infragestellung der angeblichen „Überlegenheit des Westens" als „Befreiung von einem festen Orientierungspunkt" interpretiert, um so das ganz ‚Andere' fremder Kulturen in den Blick zu bekommen und deren ‚Einzigartigkeit' beziehungsweise deren ‚eigenen Gesetze' zu erforschen.[18] Tatsächlich sagt Weber in seinen Abhandlungen über die „Wirtschaftsethik der Weltreligionen" jedoch ausdrücklich, daß er diese fremden Kulturen nur im Hinblick auf die Frage untersuche, warum sie im Unterschied zum Okzident keine ‚rationale Wirtschaftsethik' entwickelt haben beziehungsweise diese erfolgreich zu verhindern wußten. Eine umfassende Würdigung der Eigenart außereuropäischer Kulturen hat Weber insofern niemals für sich in Anspruch genommen. Und auch Kalbergs Behauptung, daß nur *„dynamische und offene* Gesellschaften" in der Lage seien, Werte dermaßen zu kultivieren, daß sie zugleich zu ethischen Handlungsorientierungen von verantwortlich handelnden Menschen werden, klingt einigermaßen überraschend.[19] Oder verfolgen etwa Muslime keine ‚ethischen Handlungsorientierungen'? Hat sich diesbezüglich in Kalbergs Kopf vielleicht doch die Vorstellung eingeschlichen, daß ‚dem Westen' zumindest in ethisch-moralischer Hinsicht weltweit eine Vormachtstellung zukommt? Und wie verträgt

---

16 Ebd., S. 48 f.
17 Ebd., S. 22.
18 Ebd., S. 23 f. und 80.
19 Ebd., S. 91.

sich dies mit Webers Auffassung, daß zwischen unterschiedlichen Gesinnungsethiken gar nicht rational entschieden werden könne, sondern jeder seinem eigenen ‚Dämon' folgen soll?

Auch Kalberg scheint es fraglich zu sein, ob die Soziologie bei solchen grundlegenden ethischen Überzeugungen überhaupt eine Hilfestellung geben kann.[20] Die von ihm zu Recht gestellte Frage, inwiefern die eigene Vergangenheit in der Gegenwart als ‚Vermächtnis' weiterlebt, kann dabei dahingehend beantwortet werden, daß solche Erbschaften im Rahmen eines grundsätzlich kontingenten Geschichtsverlaufs entweder angenommen oder aber auch abgelehnt werden können. Die in Europa durch die Reformation geprägten unterschiedlichen nationalen ‚Volkscharaktere' sind jedenfalls im Gefolge der beiden Weltkriege, des europäischen Einigungsprozesses sowie der Auswirkungen der Globalisierung zunehmend verwischt worden. Dies ist übrigens ein Prozeß, der in den USA bereits seit über einem Jahrhundert zu beobachten ist. Vielleicht besteht ja genau darin die sogenannte ‚Überlegenheit' der Vereinigten Staaten von Amerika?[21]

Auch Poggi relativiert in seinem Einführungsband die Bedeutung der Max-Weber-Gesamtausgabe für die weitere Forschung. Ihm zufolge ermögliche sie zwar ein besseres Verständnis von Webers ‚Denken' und Biographie. Jedoch würden die damit verbundenen editorischen Bemühungen die sich auf die bisherigen Ausgaben von Webers Schriften stützenden Interpretationen seines Werkes kaum tangieren.[22] Poggi verzichtet deshalb bei seiner Darstellung von Webers Werk, deren Selektivität er selbst ausdrücklich hervorhebt, konsequenterweise auf den Gebrauch der bereits erschienenen Bände der Max-Weber-Gesamtausgabe.[23] In seinem Literaturverzeichnis werden überdies nur englischsprachige Übersetzungen von Webers Schriften sowie englischsprachige Sekundärliteratur aufgeführt.

Ähnlich wie bei Kalberg steht auch bei Poggi das Verhältnis von Geschichte und Soziologie im Mittelpunkt seiner Erörterungen, denen eine ausführliche Auseinandersetzung mit Webers idealtypischer Methode der Begriffsbildung zugrunde liegt. Obwohl er den Begriff ‚Idealtypus' ohne Angabe von Gründen persönlich eher für „verwirrend" hält,[24] gelingt es ihm dennoch erstaunlich gut, sowohl den Gebrauch als auch die Funktion von Idealtypen in Webers Werk verständlich zu machen. Seiner Ansicht nach stellen sie die eigentliche Brücke zwischen Geschichte und Soziologie dar. Im Unterschied zu den einzelnen Idealtypen seiner früheren Schriften wie zum Beispiel dem des ‚kapitalistischen Geistes' habe Weber in *Wirtschaft und Gesellschaft* sowie in seinen *Gesammelten Aufsätzen zur Religionssoziologie* die Bildung von ‚Gruppen' von Idealtypen beziehungsweise Typologien bevorzugt. Das bekannteste Beispiel hierfür sind die berühmten vier Typen der sinnhaften Orientierung des Handelns, die Weber in seinen *Soziologischen Grundbegriffen* von 1920 dargestellt hat. Poggi scheint in diesem Zusammenhang Max Weber allerdings mit Talcott Parsons zu verwechseln, indem er unterstellt, daß auch bei Weber die Bildung von Untertypen und die ihnen zugrunde liegende Systematik manchmal zu einem Selbstzweck beziehungsweise „Spiel" geraten sei.[25] Auch stellt er ähn-

---

20   Ebd., S. 24 ff.
21   Dieser Ansicht ist bekanntlich Talcott Parsons. Vgl. ders., The System of Modern Societies, Englewood Cliffs, New Jersey 1971.
22   Poggi, S. 15.
23   Ebd., S. vii.
24   Ebd., S. 26.
25   Ebd., S. 31.

lich wie Kalberg nicht die Frage, welchen Stellenwert Webers spätere Bevorzugung von ‚flächenhaften Typologien' gegenüber den früheren, ausschließlich auf ‚historische Individuen' bezogenen Idealtypen für das Verhältnis von Geschichte und Soziologie in dessen Werk hat.

Ein weiteres von Poggi nicht gelöstes Rätsel stellt das Verhältnis zwischen Webers ‚methodologischem Individualismus' und den „strukturellen und kollektiven Aspekten" sowie dem Gebrauch der funktionalen Methode in *Wirtschaft und Gesellschaft* dar.[26] Poggi versucht dieses Problem zu lösen, indem er ausgehend von dem grundlegenden Begriff der Handlung die „Genesis" von kollektiven sozialen Akteuren wie Klassen, Stände und Parteien rekonstruiert.[27] Ob diese ‚Genesis' von Poggi als realer geschichtlicher Prozeß oder als eine logische Folge von Grundbegriffen verstanden wird, ist mir allerdings nicht ganz klar geworden. Auf jeden Fall sollte Webers methodologischer Individualismus keinesfalls mit den neuzeitlichen Vertragstheorien und ‚Robinsonaden' der modernen Wirtschaftswissenschaften verwechselt werden. Bei Webers diesbezüglicher Methode handelt es sich nämlich ausschließlich um eine Begriffsexplikation, die von der ‚Handlung' ihren logischen Ausgang nimmt und mit der Definition des politischen und hierokratischen ‚Anstaltsbetriebs' ihren krönenden Abschluß findet. Der scheinbare Widerspruch zwischen Webers ‚individualistischer' Methode und den struktur- und entwicklungsgeschichtlichen Modellen in *Wirtschaft und Gesellschaft* läßt sich meines Erachtens dagegen nur werkgeschichtlich auflösen, indem die diesbezüglichen Unterschiede zwischen der Vorkriegsfassung und der Nachkriegsfassung dieses Werks berücksichtigt werden. Denn erst im letzteren Fall hatte Weber einen strikten Gebrauch von den Prinzipien des ‚methodologischen Individualismus' gemacht, den er im Rahmen seiner wissenschaftstheoretischen Schriften entwickelt hatte, im ersteren dagegen nicht.

Diese kritische Würdigung der exemplarisch ausgewählten drei Einführungsbände hat sich auf die Frage konzentriert, welche Konsequenzen sich daraus ergeben, wenn man bei der Abfassung von Einführungen in Max Webers Werk die entsprechenden philologischen und werkgeschichtlichen Probleme nicht ausreichend berücksichtigt, die in den letzten Jahrzehnten im Rahmen der Max-Weber-Gesamtausgabe diskutiert und geklärt worden sind. Ein Referat des Inhalts der einzelnen Bände sowie eine entsprechende Würdigung ihrer in meinen Augen völlig unstrittigen Teile wurde dagegen bewußt unterlassen, weil letztere schon seit vielen Jahren zum akademischen Gemeingut gehören. Wie eine Einführung in Webers Werk aussehen könnte, die den hier vorgetragenen Argumenten Rechnung trägt, bleibt abzuwarten. Es bleibt jedoch zu hoffen, daß eine solche quellenkritische Einführung nicht mehr allzulang auf sich warten läßt.

---

26   Ebd., S. 37 und 49.
27   Ebd., S. 38 ff.

Drucknachweise

I. 1. *Von der 'Gesellschaft' zur 'Vergesellschaftung'. Zur deutschen Tradition des Gesell-schaftsbegriffs.* In: Bettina Heintz / Richard Münch / Hartmann Tyrell (Hrsg.), Weltge-sellschaft. Theoretische Zugänge und empirische Problemlagen (= Zeitschrift für Soziologie, Sonderheft „Weltgesellschaft"). Stuttgart: Lucius & Lucius 2005, S. 68-88.

I. 2. *Umstrittener Sinn – Zur logischen Begründung der historischen Kulturwissenschaften um 1900.* In: Kulturwissenschaftliches Institut im Wissenschaftszentrum Nordrhein-Westfalen (Hrsg.), Jahrbuch 1998/99, Essen 1999, S. 349-368. Der Aufsatz ist gegen-über der ursprünglichen Fassung erweitert worden.

I. 3. *Soziologie als Kulturwissenschaft? Zur Rolle des Kulturbegriffs in der Selbstreflexion der deutschsprachigen Soziologie.* In: Soziologie. Forum der Deutschen Gesellschaft für Soziologie, Jahrgang 30 (2001), Heft 1, S. 5-21; wieder abgedruckt in: Urte Hel-duser / Thomas Schwietring (Hrsg.), Kultur und ihre Wissenschaft. Beiträge zu einem reflexiven Verhältnis, Konstanz: Universitätsverlag Konstanz 2002, S. 101-120. Der Aufsatz ist gegenüber der ursprünglichen Fassung erweitert worden.

I. 4. *Der Streit um den Kulturbegriff in der Soziologie.* In: Ralf Konersmann (Hrsg.), Das Leben denken – Die Kultur denken, Band 2: Kultur. Freiburg / München: Verlag Karl Alber 2007, S. 58-78; wieder abgedruckt in: Richard Faber / Frithjof Hager (Hrsg.), Rückkehr der Religion oder säkulare Kultur? Kultur- und Religionssoziologie heute. Würzburg: Königshausen & Neumann 2008, S. 55-72.

II. 1. *Vom Geist der Gemeinschaft zum Geist der Neuzeit. Annotationen zur Ferdinand-Tön-nies-Gesamtausgabe.* In: Tönnies-Forum, Jahrgang 10 (2001), Heft 2, S. 41-60.

II. 2. *Das 'Pathos der Distanz' – Präliminarien zur Nietzsche-Rezeption bei Georg Simmel.* In: Heinz-Jürgen Dahme / Otthein Rammstedt (Hrsg.), Georg Simmel und die Moderne. Neue Interpretationen und Materialien. Frankfurt am Main: Suhrkamp Verlag 1984, S. 231-281.

II. 3. *Die Seele und das Geld – Kulturtheoretische Implikationen in Georg Simmels „Philosophie des Geldes".* In: Friedhelm Neidhardt / M. Rainer Lepsius / Johannes Weiß (Hrsg.), Kultur und Gesellschaft. Kölner Zeitschrift für Soziologie und Sozialpsychologie, Sonderheft 27. Opladen: Westdeutscher Verlag 1986, S. 57-74.

II. 4. *Die Einheit der Differenz. Georg Simmel und Ernst Troeltsch als Religionssoziologen.*
In: Sociologia Internationalis, Jahrgang 38 (2000), S. 144-151. Der Aufsatz ist gegenüber der ursprünglichen Fassung erweitert worden.

II. 5. *,Innerweltliche Erlösung vom Rationalen‘ oder ,Reich diabolischer Herrlichkeit‘? Zum Verhältnis von Kunst und Religion bei Georg Simmel und Max Weber.* In: Richard Faber / Volkhard Krech (Hrsg.), Kunst und Religion. Studien zur Kultursoziologie und Kulturgeschichte, Würzburg: Königshausen & Neumann 1999, S. 51-78.

II. 6. *Kausalität oder Wechselwirkung? – Simmel, Weber und die ,verstehende‘ Soziologie,* In: Gerhard Wagner / Heinz Zipprian (Hrsg.), Max Webers Wissenschaftslehre. Interpretation und Kritik, Frankfurt am Main: Suhrkamp 1994, S. 527-562.

III. 1. *Max Webers Verständnis von ,Sozialökonomik‘. Werkgeschichtliche Betrachtungen zum Ursprung seiner Verstehenden Soziologie* (unveröffentlicht).

III. 2. *Ethik und Kapitalismus. Zum Problem des ,kapitalistischen Geistes‘.* Einleitung zu Max Weber, Die protestantische Ethik und der „Geist“ des Kapitalismus. Textausgabe auf der Grundlage der ersten Fassung von 1904/05 mit einem Verzeichnis der wichtigsten Zusätze und Veränderungen aus der zweiten Fassung von 1920, hrsg. von Klaus Lichtblau und Johannes Weiß, Bodenheim: Athenäum / Hain / Hanstein 1993; 3. Aufl. Weinheim: Beltz Athenäum 2000, S. I-XXXV.

III. 3. *Max Webers Nietzsche-Rezeption in werkgeschichtlicher Betrachtung.* In: Wolfgang J. Mommsen / Wolfgang Schwentker (Hrsg.), Max Weber und das moderne Japan, Göttingen: Vandenhoeck & Ruprecht 1999, S. 499-518.

III. 4. *Die Bedeutung von „Ehefrau und Mutter in der Rechtsentwicklung“ für das Werk Max Webers.* In: Bärbel Meurer (Hrsg.), Marianne Weber. Beiträge zu Werk und Person. Tübingen: Mohr Siebeck 2004, S. 199-212.

III. 5. *Zum Status von ,Grundbegriffen‘ in Max Webers Werk.* In: Klaus Lichtblau (Hrsg.), Max Webers „Grundbegriffe“. Kategorien der kultur- und sozialwissenschaftlichen Forschung, Wiesbaden: VS Verlag für Sozialwissenschaften 2006, S. 243-257.

III. 6. *,Vergemeinschaftung‘ und ,Vergesellschaftung‘ bei Max Weber. Eine Rekonstruktion seines Sprachgebrauchs.* In: Zeitschrift für Soziologie 29 (2000), S. 423-443.

IV. 1. *Auf der Suche nach einer Neuen Kultursynthese. Zur Genealogie der Wissenssoziologie Max Schelers und Karl Mannheims.* In: Sociologia Internationalis 30 (1992), S. 1-33.

IV. 2. *Krise als Dauerzustand? Weltanschauliche Implikationen der Weimarer Soziologie.* In: Roman Köster / Werner Plumpe / Bertram Schefold / Korinna Schönhärl (Hrsg.), Das Ideal des schönen Lebens und die Wirklichkeit der Weimarer Republik. Vorstellungen von Staat und Gemeinschaft im George-Kreis, Berlin: Akademie Verlag 2009, S. 15-26.

IV. 3. *Sprachwandel und Gesellschaftswandel – Zur historischen Semantik von Epochenbegriffen.* In: Gerhard Preyer (Hrsg.), Neuer Mensch und kollektive Identität in der Kommunikationsgesellschaft, Wiesbaden: Verlag für Sozialwissenschaften 2008, S. 69-87.

IV. 4. *Aporien des ‚Poststrukturalismus'.* In: Richard Faber / Erhard Stölting (Hrsg.), Die Phantasie an die Macht? 1968 – Versuch einer Bilanz, Berlin / Wien: Philo Verlagsgesellschaft 2002, S. 256-269.

IV. 5. *Karl Mannheim und das Problem der historischen Zeit.* In: Vera Sparschuh / Anton Sterbling (Hrsg.), Karl Mannheim – Leben, Werk, Wirkung und Bedeutung für die Osteuropaforschung. Hamburg: Krämer 2007, S. 11-19.

V. 1. *Der Einbruch der Geschichte in das geschlossene Universum der Ethnologie.* Kommentar zu dem Aufsatz „Der Kampf um die Kultur. Zur Ent- und Resoziologisierung eines ethnologischen Konzepts" von Carola Lentz. In: Soziale Welt, Jahrgang 60 (2009), Heft 4, S. 419-422

V. 2. *Die Stellung der Soziologie innerhalb der geistes- und sozialwissenschaftlichen Disziplinen.* In: Soziologie. Mitteilungsblatt der Deutschen Gesellschaft für Soziologie, Jahrgang 39 (2010), Heft 3, S. 279-285.

V. 3. *Der Fortschritt einer Edition. Zur Wiederkehr von „Wirtschaft und Gesellschaft" innerhalb der Max-Weber-Gesamtausgabe.* In: Soziologische Revue 23 (2000), S. 123-131 und 425-430.

V. 4. *Die beiden Soziologien Max Webers* (deutschsprachige Erstveröffentlichung). Eine englischsprachige Version erschien in: Max Weber Studies, Jahrgang 3 (2003), Heft 2, S. 233-238.

V. 5. *Max Weber zur Einführung* (deutschsprachige Erstveröffentlichung). Eine englischsprachige Version erscheint in: Max Weber Studies, Jahrgang 10 (2010), Heft 2.

MIX
Papier aus verantwortungsvollen Quellen
Paper from responsible sources
FSC® C105338

If you have any concerns about our products,
you can contact us on
ProductSafety@springernature.com

In case Publisher is established outside the EU,
the EU authorized representative is:
**Springer Nature Customer Service Center GmbH
Europaplatz 3, 69115 Heidelberg, Germany**

Printed by Libri Plureos GmbH
in Hamburg, Germany